한 번에 합격,
자격증은 이기적

이렇게
기막힌
적중률

함께 공부하고 특별한 혜택까지!

이기적 스터디 카페 　🔍

구독자 13만 명, 전강 무료!

이기적 유튜브 　🔍

자격증 독학, 어렵지 않다!
수험생 합격 전담마크

이기적 스터디 카페

- 스터디 만들어 함께 공부
- 전문가와 1:1 질문답변
- 프리미엄 구매인증 자료
- 365일 진행되는 이벤트

인증만 하면, **고퀄리티 강의가 무료!**

100% 무료 강의

영진닷컴 이기적 🔍

1년 365일 이기적이 쏜다!

365일 진행되는 이벤트에 참여하고 다양한 혜택을 누리세요.

EVENT ❶
기출문제 복원

- 이기적 독자 수험생 대상
- 응시일로부터 7일 이내 시험만 가능
- 스터디 카페의 링크 클릭하여 제보

 이벤트 자세히 보기 ▶

EVENT ❷
합격 후기 작성

- 이기적 스터디 카페의 가이드 준수
- 네이버 카페 또는 개인 SNS에 등록 후
  이기적 스터디 카페에 인증

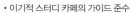 이벤트 자세히 보기 ▶

EVENT ❸
온라인 서점 리뷰

- 온라인 서점 구매자 대상
- 한줄평 또는 텍스트 & 포토리뷰 작성 후
  이기적 스터디 카페에 인증

 이벤트 자세히 보기 ▶

EVENT ❹
정오표 제보

- 이름, 연락처 필수 기재
- 도서명, 페이지, 수정사항 작성
- book2@youngjin.com으로 제보

 이벤트 자세히 보기 ▶

N Pay 20,000원
네이버페이 포인트 쿠폰

영진닷컴 쇼핑몰 30,000원

- N페이 포인트 5,000~20,000원 지급
- 영진닷컴 쇼핑몰 30,000원 적립
- 30,000원 미만의 영진닷컴 도서 증정

※이벤트별 혜택은 변경될 수 있으므로 자세한 내용은 해당 QR을 참고하세요.

이기적 크루를 찾습니다!

WANTED

저자 · 강사 · 감수자 · 베타테스터 상시 모집

저자 · 강사

- **분야** 수험서 전 분야
  수험서 집필 혹은 동영상 강의 촬영
- **요건** 관련 강사, 유튜버, 블로거 우대
- **혜택** 이기적 수험서 저자 · 강사 자격
  집필 경력 증명서 발급

감수자

- **분야** 수험서 전 분야
- **요건** 관련 전문 지식 보유자
- **혜택** 소정의 감수료
  도서 내 감수자 이름 기재
  저자 모집 시 우대(우수 감수자)

베타테스터

- **분야** 수험서 전 분야
- **요건** 관련 수험생, 전공자, 교사/강사
- **혜택** 활동 인증서 & 참여 도서 1권
  영진닷컴 쇼핑몰 30,000원 적립
  스타벅스 기프티콘(우수 활동자)
  백화점 상품권 100,000원(우수 테스터)

◀ 모집 공고 자세히 보기

이메일 문의하기 ✉ book2@youngjin.com

기억나는 문제 제보하고 N페이 포인트 받자!

기출 복원 EVENT

성명	이기적	수험번호	２	０	２	４	１	１	１	３

Q. 응시한 시험 문제를 기억나는 대로 적어주세요!

① 365일 진행되는 이벤트 　② 참여자 100% 당첨 　③ 우수 참여자는 N페이 포인트까지

영진닷컴 쇼핑몰
30,000원

N Pay

네이버페이
포인트 쿠폰 　　　　**20,000원**

적중률 100% 도서를 만들어주신 여러분을 위한 감사의 선물을 준비했어요.

신청자격 이기적 수험서로 공부하고 시험에 응시한 모든 독자님

참여방법 이기적 스터디 카페의 이벤트 페이지를 통해 문제를 제보해 주세요.
　　　　　※ 응시일로부터 7일 이내의 시험 복원만 인정됩니다.

유의사항 중복, 누락, 허위 문제를 제보한 경우 이벤트 대상에서 제외됩니다.

참여혜택 영진닷컴 쇼핑몰 30,000원 적립
　　　　　정성껏 제보해 주신 분께 N페이 포인트 5,000~20,000원 차등 지급

이벤트 페이지 확인하기 ▶

이기적이
다 드립니다

여러분은 합격만 하세요! 이기적 합격 성공세트

무엇이든 물어보세요,
1:1
질문답변

어려운 리눅스마스터 이론 때문에
고민이신가요?
이기적 스터디 카페에 질문을
올리면 상세히 답변해 드려요.

더 많은 자료를
원한다면,
핵심 명령어 250

시험 전 명령어로
빠르게 학습 마무리!
저자가 엄선하여 정리한 자료도
놓치지 말고 받아보세요.

※ 〈2025 이기적 리눅스마스터〉를 구매하고 인증한 회원에게만 드리는 자료입니다.

자료 받으러 가기 ▶

시험 환경 100% 재현!

CBT 온라인 문제집

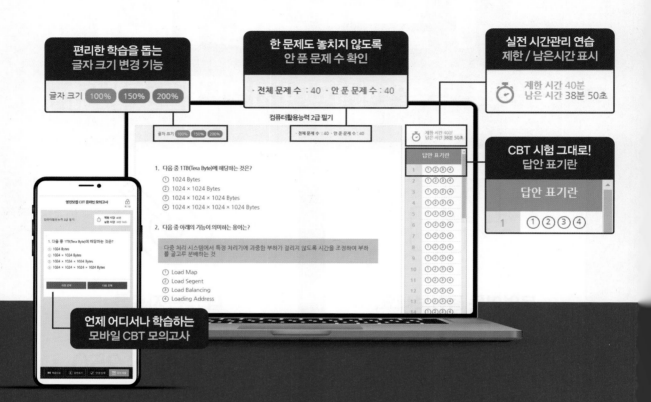

편리한 학습을 돕는 글자 크기 변경 기능
글자 크기 100% 150% 200%

한 문제도 놓치지 않도록 안 푼 문제 수 확인
· 전체 문제 수 : 40 · 안 푼 문제 수 : 40

실전 시간관리 연습 제한 / 남은시간 표시
제한 시간 40분
남은 시간 38분 50초

CBT 시험 그대로! 답안 표기란
답안 표기란
1 ① ② ③ ④

언제 어디서나 학습하는 모바일 CBT 모의고사

이용 방법

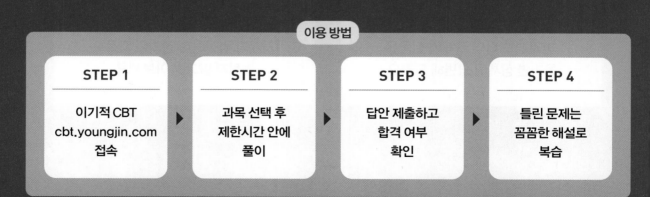

STEP 1
이기적 CBT
cbt.youngjin.com
접속

STEP 2
과목 선택 후
제한시간 안에
풀이

STEP 3
답안 제출하고
합격 여부
확인

STEP 4
틀린 문제는
꼼꼼한 해설로
복습

이기적 CBT

이렇게
기막힌
적중률

리눅스마스터
2급(1·2차)

"이" 한 권으로 합격의 "기적"을 경험하세요!

YoungJin.com Y.
영진닷컴

차례

이 책의 구성

STEP 01

꼼꼼하게 정리된 이론

다년간 분석한 기출문제의 출제 빈도, 경향을 토대로 각 섹션마다
핵심이론을 서술했습니다.

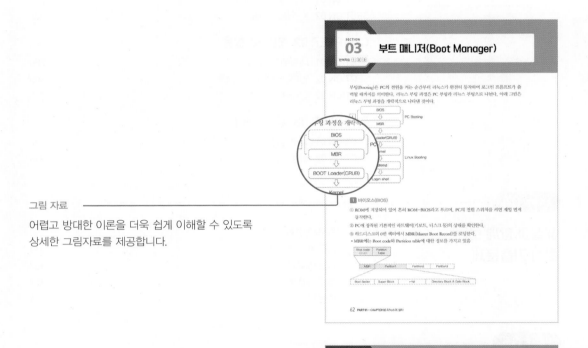

그림 자료

어렵고 방대한 이론을 더욱 쉽게 이해할 수 있도록
상세한 그림자료를 제공합니다.

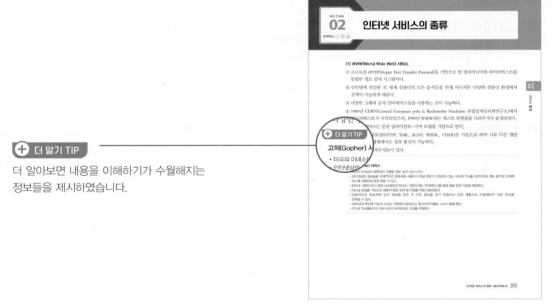

➕ 더 알기 TIP

더 알아보면 내용을 이해하기가 수월해지는
정보들을 제시하였습니다.

합격을 다지는 예상문제

섹션 학습 후 합격을 다지는 예상문제로 이론을
복습하고 자신의 실력을 체크하세요.

문제 바로 아래에 배치된 정답과 해설을 확인하며
오답에 대한 풀이도 제대로 점검하세요.

최신 기출문제

최신 기출문제 10회분도 알차게 준비했습니다.
실전처럼 풀어보고 감각을 키워보세요.

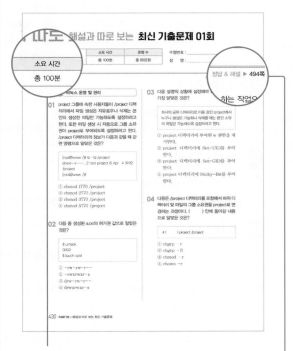

소요 시간
총 100분

소요 시간에 유의하며 실제 시험처럼 시간을 재고 풀
어보세요.

정답 & 해설 ▶ **494쪽**

해설과 따로 보는 최신 기출문제는 해당 시험지의 정
답 해설이 있는 페이지를 표기하였습니다. 풀이 후 바
로 채점해 보세요.

시험의 모든 것

01 리눅스마스터란?

① 리눅스로 운영되는 전세계 80% 이상의 스마트폰, 70% 이상의 클라우드 서버, 세계 상위의 500대 슈퍼컴퓨터를 비롯해서 5세대 이동통신(5G), 사물인터넷(IoT), 드론, 자율주행차 등 미래성장동력 분야에서 다양한 응용기반기술에 토대가 되는 자격 종목이다.

② 1급 자격은 리눅스 기반 시스템의 관리능력을 평가하는 자격이다.

③ 2급 자격은 리눅스 운영시스템의 프로그램 사용능력을 평가하는 자격이다.

④ 리눅스마스터 자격은 NCS(국가직무능력표준) 등을 바탕으로 SW 기술자의 체계적 역량 가이드라인 ITSQF(IT분야 역량체계)의 IT시스템관리자(L5, L3)로 인정받을 수 있다.

02 시험 장소

- 1차 : On-line 접속 가능한 모든 지역
- 2차 : 서울, 부산, 대구, 광주, 대전, 인천, 수원, 제주(8개 시)

03 응시 자격

- 1차 : 제한 없음(학력, 연령, 경력별)
- 2차 : 1차 시험 합격자에 한해 성적공개일 기준으로 2년 이내 응시

04 시험 접수

- 해당 자격시험 접수 기간 중 자격검정 홈페이지(www.ihd.or.kr)에 접속 후 단체 및 개인별 접수
- 수수료 입금
    - 접수가 완료된 자에 한하여 홈페이지에 공지된 입금 기간 내에만 납부 가능
    - 지정된 방법으로만 입금 가능
- 연기 및 환불 규정
    - 접수기간~시험 당일 10일 전 : 신청서 제출 시 연기 또는 응시비용 전액환불
    - 시험일 9일 전 ~ 시험 당일 : 신청서 및 규정된 사유의 증빙서류 제출 시 연기 및 응시비용 전액 환불
    - 시험일 이후 : 환불 불가

05 문항 수 및 합격기준

문항 수	과목	검정 방법	문항 수	제한 시간	만점	합격기준
1차	리눅스 일반(100%)	필기 (사지선다)	50문항	60분	100점	60점 이상
2차	리눅스 운영 및 관리(60%)		80문항	100분	100점	60점 이상 (과목당 40% 미만 과락)
	리눅스 활용(40%)					

06 출제기준

• 1차 시험 출제기준

과목	문항 수	주요 항목	세부 항목
리눅스 일반	10문항	리눅스의 이해	– 리눅스의 개요 – 리눅스의 역사 – 리눅스의 철학
	10문항	리눅스 설치	– 기본 설치 및 유형 – 파티션과 파일 시스템 – Boot Manager
	30문항	기본 명령어	– 사용자 생성 및 계정 관리 – 디렉터리 및 파일 – 기타 명령어

• 2차 시험 출제기준

과목	문항 수	주요 항목	세부 항목
리눅스 운영 및 관리	48문항	파일 시스템 관련 명령어	– 권한 및 그룹 설정 – 파일 시스템의 관리
		Shell	– 개념 및 종류 – 환경 설정
		프로세스 관리	– 개념 및 유형 – 프로세스 Utility
		에디터	– 에디터의 종류 – 에디터 활용
		소프트웨어 설치	– 개념 및 사용법 – 소프트웨어 설치 및 삭제
		장치 설정	– 주변장치 연결 및 설정 – 주변장치 활용
리눅스 활용	32문항	X 윈도우	– 개념 및 사용법 – X 윈도우 활용
		인터넷 활용	– 네트워크의 개념 – 인터넷 서비스의 종류 – 인터넷 서비스의 설정
		응용 분야	– 기술동향 – 활용기술

07 응시자 유의사항

- 시험 준비물
  - 신분증(주민등록증, 청소년증, 운전면허증(국내), 장애인등록증(복지카드), 여권(유효기간 내), 한국정보통신진흥협회(KAIT) 국가공인자격증 및 국가기술자격증 등, 공무원증
  - 필기도구

급수		필기도구	비고
1급	1차	컴퓨터용 사인펜	OMR 카드 작성
	2차	검정색 볼펜	단답식 답안 작성
2차	2차	컴퓨터용 사인펜	OMR 카드 작성

  - 수험표

08 수험 유의사항

- 입실 및 시험시간

급수		입실완료시각	시험시간
1급	1차	13:50	14:00~15:40(100분)
	2차		
2차	2차		

- 시험 진행 중 유의사항
  - 시험 시간 중에는 신분증을 자기 책상의 좌측 상단에 배치하여 놓습니다.
  - 시험 시간의 50%가 지난 시점부터 퇴실할 수 있으며, 다른 응시자에게 방해가 되지 않도록 조용히 퇴실합니다.
  - 시험 시간 중 화장실 이용 등의 외부 출입이 불가합니다.

09 자격 활용 현황

구분	내용	관련 근거
학점은행제 인정	• 1급 : 14학점 • 2급 : 5학점 인정(일반선택)	학점인정 등에 관한 법률 제7조
고등학생 재학 중 취득 학교생활기록부 기재 인정	1급, 2급	초 · 중등교육법 제25조
현역병 군지원(모병) 대상자 복무선정	1급, 2급	병무청 군지원(모병)안내
육군 학군부사관 모집 가점	1급	육군본부 학군부사관 모집공고

⑩ 자격 활용처

※ 활용처의 사정에 따라 달라질 수 있음

내용	활용처
인사 고과 반영	㈜KT, 네트웍오앤에스㈜, 신한데이터시스템, 에스큐브아이, 에프아이에스시스템㈜, 위니텍, ㈜애드캡슐소프트, ㈜엘에스씨시스템즈, ㈜파인원커뮤니케이션즈
졸업 인증	숙명여자대학교, 경동대학교, 공주대학교, 광안대학교, 국제대학교, 동덕여자대학교, 동서울대학교, 명지대학교, 방송통신대학교, 수원대학교, 유원대학교, 전북대학교, 중부대학교
취득 시 장학금 지급	가천대학교, 경기과학기술대학교, 경기대학교, 경민대학교, 김포대학교, 동덕여자대학교, 동원대학교, 부천대학교, 상지대학교, 성결대학교, 성결대학교, 중부대학교
학점 인정	건국대학교, 경동대학교, 경인대학교, 광안대학교, 동서울대학교, 동양미래대학교, 명지대학교, 상명대학교, 서강대학교, 서일대학교, 성균관대학교, 세명대학교, 세종대학교, 신안산대학교, 신안산대학교, 유원대학교, 인덕대학교, 중앙직업전문학교, 순천대학교, 목포대학교
직무교육 대체	성우전자㈜, 에프아이에스시스템㈜, ㈜디케이테크인, ㈜에이텍티앤, ㈜윈스, ㈜케이아이엔엑스, ㈜티시스, 한기술
채용 우대	한국지역정보개발원, 유앤파트너즈, 국가기상위성센터, ㈜트리피, ㈜엔에이치알커뮤니케이션즈, 인사바른(한국마사회), 국민건강보험공단, 농협중앙회, 한전KDN㈜, 인천공항시설관리㈜, 한국농수산식품유통공사, 중소기업기술정보진흥원, ㈜KT, KTDS, 한국사회능력개발원, 전통건축수리기술진흥단, 인트로맨, 카카오뱅크, ㈜더좋은생각, 한국과학기술평가원, 인사혁신처, 한국조폐공사, 롯데캐피탈㈜, 한국수목원정원관리원, 전국지방의료원연합회, 한국정보통신진흥협회, ㈜인스코리아, ㈜고고팩토리, SH수협은행, GS네오텍㈜, ㈜제타큐브, ㈜웨슬리퀘스트, ㈜마음AI, ㈜아테나컴퍼니, ㈜인하이브, ㈜백스포트, ㈜케이아이미디어, 대구경북첨단의료산업진흥재단, 한국노인인력개발원, 중앙선거관리위원회, 군인공제회C&C, 한국국방연구원, 서산시농업기술센터, 전쟁기념사업회, 한국특허기술진흥원, 한국해외인프라도시개발지원공사, 잡앤피플연구소, 신용회복위원회, 한국인터넷진흥원, ㈜경신, 한국사회보장정보원, 전력거래소, ㈜아톤
자격증 우대	농협은행, 농협경제지주, 순천대학교, 한국수력원자력, 농협하나로유통

CBT 시험 가이드

CBT란?

CBT는 시험지와 필기구로 응시하는 일반 필기시험과 달리, 컴퓨터 화면으로 시험 문제를 확인하고 그에 따른 정답을 클릭하면 네트워크를 통하여 감독자 PC에 자동으로 수험자의 답안이 저장되는 방식의 시험입니다.

오른쪽 QR코드를 스캔해서 큐넷 CBT를 체험해 보세요!

큐넷 CBT
체험하기

CBT 필기시험 진행방식

본인 좌석 확인 후 착석 ▶ 수험자 정보 확인 ▶ 화면 안내에 따라 진행 ▶ 검토 후 최종 답안 제출 ▶ 퇴실

CBT 응시 유의사항

- 수험자마다 문제가 모두 달라요. 문제은행에서 자동 출제됩니다!
- 답지는 따로 없어요!
- 문제를 다 풀면, 반드시 '제출' 버튼을 눌러야만 시험이 종료되어요!
- 시험 종료 안내방송이 따로 없어요.

FAQ

Q CBT 시험이 처음이에요! 시험 당일에는 어떤 것들을 준비해야 좋을까요?

A 시험 20분 전 도착을 목표로 출발하고 시험장에는 주차할 자리가 마땅하지 않은 경우가 많으므로, 대중교통을 이용하는 것을 추천합니다. 무사히 시험 장소에 도착했다면 수험자 입장 시간에 늦지 않게 시험실에 입실하고, 자신의 자리를 확인한 뒤 착석하세요.

Q 기존보다 더 어려워졌을까요?

A 시험 자체의 난이도 차이는 없지만, 랜덤으로 출제되는 CBT 시험 특성상 경우에 따라 유독 어려운 문제가 많이 출제될 수는 있습니다. 이러한 돌발 상황에 대비하기 위해 이기적 CBT 온라인 문제집으로 실제 시험과 동일한 환경에서 미리 연습해두세요.

CBT 진행 순서

좌석번호 확인	수험자 접속 대기 화면에서 본인의 좌석번호를 확인합니다.
수험자 정보 확인	시험 감독관이 수험자의 신분을 확인하는 단계입니다. 신분 확인이 끝나면 시험이 시작됩니다.
안내사항	시험 안내사항을 확인하고, 다음을 클릭합니다.
유의사항	시험과 관련된 유의사항을 확인합니다.
문제풀이 메뉴 설명	시험을 볼 때 필요한 메뉴에 대한 설명을 확인합니다. 메뉴를 이용해 글자 크기와 화면 배치를 조정할 수 있습니다. 남은 시간을 확인하며 답을 표기하고, 필요한 경우 아래의 계산기를 이용할 수 있습니다.
문제풀이 연습	시험 보기 전, 연습을 해 보는 단계입니다. 직접 시험 메뉴화면을 클릭하며, CBT가 어떻게 진행되는지 확인합니다.
시험 준비 완료	문제풀이 연습을 모두 마친 후 [시험 준비 완료] 버튼을 클릭하면 시험 감독관의 지시에 따라 시험이 시작됩니다.
시험 시작	시험이 시작되었습니다. 수험자분들은 제한 시간에 맞추어 문제풀이를 시작합니다.
답안 제출	시험을 완료하면 [답안 제출] 버튼을 클릭합니다. 답안을 수정하기 위해 시험화면으로 돌아가고 싶으면 [아니오] 버튼을 클릭합니다.
답안 제출 최종 확인	답안 제출 메뉴에서 [예] 버튼을 클릭하면, 수험자의 실수를 방지하기 위해 한 번 더 주의 문구가 나타납니다. 완벽히 시험 문제 풀이가 끝났다면 [예] 버튼을 클릭하여 최종 제출합니다.
합격 발표	CBT 시험이 모두 종료되면, 퇴실할 수 있습니다.

이제 완벽하게 CBT 필기시험에 대해 이해하셨나요?
그렇다면 이기적이 준비한 CBT 온라인 문제집으로 학습해 보세요!

이기적 온라인 문제집 : https://cbt.youngjin.com

이기적 CBT
바로가기

리눅스 일반

CHAPTER

01

리눅스의 이해

리눅스의 개요

1 리눅스의 특징 및 장단점

(1) 특징

① 오픈 소스 운영체제이다.

• 소스코드 및 모든 관련 자료가 공개되어 있는 운영체제이다.

② 멀티유저(다중 사용자), 멀티태스킹(다중 작업) 운영체제이다.

• 멀티유저 기능은 여러 사용자가 동시에 동일한 시스템에 접근이 가능한 것을 의미한다.

• 멀티태스킹은 여러 개의 태스크를 동시에 실행하고, 교대로 컴퓨터의 자원을 사용할 수 있는 기능이다.

• 가상 터미널 환경으로 하나의 모니터에 여러 개의 가상 화면(가상 콘솔)을 두어 화면마다 다른 작업을 실행할 수 있다.

③ 다중 스레드를 지원하는 네트워크 운영체제이다.

• 하나의 프로세스 내에서 여러 개의 네트워크 작업을 동시에 처리할 수 있기 때문에 강력한 네트워크 지원이 가능하다.

• 네트워크 서버로 사용이 가능하며 인터넷과 이더넷에 안정적으로 연결이 가능하다.

• 웹 브라우저, 메일, 뉴스, 웹 서버 등의 모든 인터넷 서비스 기능을 갖추고 있다.

④ 여러 종류의 파일 시스템을 지원하는 운영체제이다.

• 리눅스의 기본 파일 시스템인 ext2, ext3, ext4, DOS의 FAT16, Windows의 FAT32, NTFS, 네트워크 파일 시스템 SMB, CIFS, NFS 등도 지원한다.

(2) 장단점

① 리눅스는 유닉스와 완벽하게 호환 가능하다.

• 리눅스는 POSIX(Portable Operating System Interface) 규격을 따르고 있다.

• POSIX는 유닉스 운영체제에 기반을 두고 있는 표준 운영체제 인터페이스이다.

• 리눅스는 POSIX 표준화를 기반하기 때문에 유닉스 소스코드를 전혀 사용하지 않고 개발되었다.

• POSIX 규격을 따르므로 유닉스용 프로그램은 별도의 수정 없이 리눅스에서 동작할 수 있다.

② 리눅스는 PC용 운영체제보다 안정적이다.

• 일반 PC는 업무가 끝나면 전원을 끄지만 리눅스는 네트워크 사용을 전제로 설계되었기에 특별한 사항을 제외하고 항상 켜 놓아도 안정적으로 운영된다.

- 리눅스 시스템은 네트워크 기반하의 멀티유저, 멀티태스킹이 가능하여 많은 작업자가 동시에 사용해도 안정적인 시스템 운영이 가능하다.

③ 하드웨어 기능을 효과적으로 사용한다.
- 다른 운영체제보다 적은 양의 메모리를 필요로 한다.
- SWAP 방식을 통해 램(RAM)이 부족한 경우 Swap 영역을 늘려 메모리의 효율성을 높일 수 있다.

④ 리눅스는 오픈 소스 운영체제이다.
- 많은 인재가 확보되어 있기 때문에 우수한 소프트웨어 개발이 가능하고 여러 배포판 개발 업체들이 있어 사용자에게 넓은 선택권이 주어진다.
- 다양한 배포판들이 존재하여 운영체제뿐만 아니라 여러 가지 유틸리티 프로그램과 응용 프로그램들을 사용자 편의에 맞춰 무료로 사용할 수 있다.

⑤ 공개 운영체제이기 때문에 문제점 발생 시 기술 지원을 받는 데 한계가 있다.
- RHEL과 SUSE과 같은 몇몇 엔터프라이즈용 리눅스들은 기술 지원이 유료로 제공되고 있으나 대부분은 예상치 못한 오류 발생 시 개발자들의 기술 지원을 직접적으로 받는 것이 불가능하다.

⑥ 한글 지원이 미흡하다.
- 배포판마다 별도의 한글 지원 패키지를 설치한 후 사용해야 한다는 불편함이 있다.

⑦ 보안상의 취약점이 쉽게 노출될 가능성이 있다.
- 공개 운영체제이기 때문에 보안에 취약할 것이라는 선입관이 있으나 꾸준한 기술 개발로 비교적 높은 보안성을 지원하고 있다.
- 많은 프로그래머들이 리눅스를 연구하고 있기 때문에, 보안 문제가 발생하였을 경우 신속하게 해결될 수 있다.

2 운영체제의 구조와 기능

① 디렉터리란 파일 저장소를 의미하며, 리눅스 디렉터리는 최상위 디렉터리(/)를 기준으로 하위 디렉터리들이 존재하는 계층적 트리 구조로 구성되어 있다.

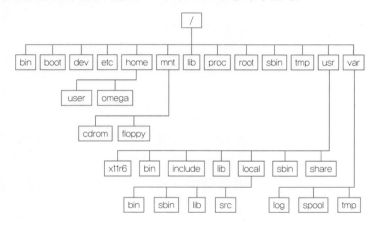

② 디렉터리 간에는 부모와 자식의 관계를 가지므로 상위 디렉터리와 하위 디렉터리는 부모 디렉터리와 자식 디렉터리로 구분한다.

③ 디렉터리별 저장 내용은 다음과 같다.

디렉터리	저장 내용
/	• 파일 시스템이 있는 최상위 디렉터리 • 모든 디렉터리의 출발점인 동시에 다른 시스템과의 연결점이 되는 디렉터리
/boot	부트 디렉터리로 부팅 시 커널 이미지와 부팅 정보 파일 저장
/proc	• 시스템 정보 디렉터리이며 커널 기능을 제어하는 역할 • 현재 실행되는 프로세스와 실제로 사용되는 장치, 하드웨어 정보 저장
/lib	• 공유 라이브러리 디렉터리 • 커널 모듈 파일들과 프로그램 실행을 지원해 주는 라이브러리 저장
/bin	• 기본적인 명령어가 저장된 디렉터리 • root 사용자와 일반 사용자가 함께 사용할 수 있는 명령어 디렉터리
/dev	• 시스템 디바이스 파일들을 저장하는 디렉터리 • 하드디스크 장치 파일, CD-ROM 장치파일 같은 파일 저장
/etc	시스템 환경 설정 파일 저장 디렉터리
/root	시스템 관리자용 홈 디렉터리
/sbin	관리자용 시스템 표준 명령 및 시스템 관리와 관련된 실행 명령어 저장
/usr	사용자 디렉터리로 사용자 데이터나 애플리케이션 저장
/home	• 사용자 계정 디렉터리로 계정들의 홈 디렉터리가 위치 • 일반 사용자들이 로그인 시 처음으로 위치하게 되는 디렉터리
/var	가변 자료 저장 디렉터리로 로그 파일이나 메일 데이터 저장
/tmp	• 각종 프로그램이나 프로세스 작업을 할 때 임시로 생성되는 파일 저장 • 모든 사용자에 대해서 읽기와 쓰기가 허용 • 스티키 비트(sticky bit) 설정으로 파일의 소유자만이 자신의 소유 파일 삭제 가능
/mnt	파일 시스템을 일시적으로 마운트할 때 사용
/lost+found	결함이 있는 파일에 대한 정보가 저장되는 디렉터리

• 디렉터리 /proc
  - 가상 파일 시스템이다.
  - 시스템에서 운영되고 있는 다양한 프로세스들에 관한 내용과 프로그램에 대한 정보를 포함한다.
  - 디렉터리에서 볼 수 있는 것은 실제 드라이브가 아니라 메모리 상에 저장되어 있다.

- 사용자가 /proc이나 하위 파일에 접근할 때마다 커널에서 파일 내용을 동적으로 만들어낸다.
- 각 프로세스는 고유의 식별자를 가지고 있으며, 이 식별자를 가진 디렉터리 밑에 정보를 저장한다.
- 디렉터리 /lib
  - 동적 공유 라이브러리를 저장하고 있다.
  - 공유 라이브러리에는 많은 프로그램에서 공통으로 사용하는 함수들이 들어있어 디스크의 공간을 절약할 수 있으며, 프로그램마다 동일한 코딩을 할 필요가 없다.
  - 라이브러리 공유 방법에는 정적 라이브러리와 동적 라이브러리 두 가지 방법이 있다.
  - 정적 라이브러리는 컴파일 과정에서 공유 라이브러리의 루틴을 사용하지 않고 프로그램 내에 라이브러리 루틴의 복사본을 갖도록 컴파일한다.
  - 동적 라이브러리는 실행 파일 내부에 라이브러리를 넣어두지 않고 프로그램을 실행할 때 가져와 사용하므로 메모리의 효율성이 높다.
- 디렉터리 /dev
  - 하드디스크, 프린터, 입출력장치 등과 같은 장치들을 파일화하여 관리한다. 따라서 특정 장치를 실행하기 위해서는 해당 장치 파일을 실행해야 한다.
  - 장치 파일(device file) 또는 특수 파일(special file)은 장치 드라이버이다.
  - 블록 장치 파일(block device)은 하드디스크, CD/DVD, 플로피 디스크와 같은 저장 장치들이며, 문자 장치 파일(character device)은 키보드, 마우스, 테이프, 모니터, 프린터 등의 같은 입출력장치들이다.
  - 리눅스의 표준 입력장치는 키보드이며, 표준 출력장치는 모니터이다.
- 디렉터리 /etc
  - 시스템 환경설정 파일과 부팅 관련 스크립트 파일들이 저장되어 있는 디렉터리이다.
  - 사용자 정보 및 암호 정보 파일, 보안 파일 등을 저장한다.

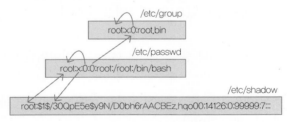

디렉터리	설명
/etc/group	그룹의 정보가 담겨 있는 파일
/etc/passwd	자원을 사용할 수 있는 사용자 목록 저장
/etc/shadow	• /etc/passwd의 두 번째 필드인 패스워드 부분을 암호화 관리 • 패스워드 만기일, 계정 만기일 등을 설정

- 디렉터리 /usr
  - 시스템이 아닌 일반 사용자들이 사용하는 디렉터리이다.
  - 공유 가능한 프로그램들이 설치되며 네트워크를 이용해서 여러 개의 시스템을 연결할 경우 이 디렉터리를 공유해서 설치된 프로그램들을 활용할 수 있다.
  - /usr 디렉터리는 읽기 전용으로 마운트 되어야 하며, 가변 자료들은 /var 디렉터리로 심볼릭 링크로 사용하게 된다.
- 디렉터리 /var
  - 시스템에서 사용되는 가변적인 파일들을 저장하는 디렉터리이다.
  - 가변적인 파일들로는 로그파일, 스풀링(spooling), 캐싱(caching) 등이 있다.
- 디렉터리 /lost+found
  - 파일 시스템의 이상 유무를 진단하고 복구하는 fsck에 의해서 사용되는 디렉터리이다.
  - 손상된 파일이나 디렉터리를 /lost+found 디렉터리로 연결한 뒤에 오류를 수정하게 되며 평상시에는 null 파일 링크에 의해서 비어있는 상태로 존재한다.
  - 리눅스 파일 시스템 ext2에 의한 fsck.ext2 프로그램도 이 디렉터리를 사용한다.

3 리눅스 배포판

(1) 특징

① 리눅스 배포판은 리눅스 전체 시스템을 구성하는 소프트웨어 패키지 형태이다.

② 리눅스 커널, GNU 소프트웨어 및 여러 가지 자유 소프트웨어로 구성된 운영체제이다.
- 운영체제는 리눅스 커널과 GNU 프로젝트에서 가져온 라이브러리와 유틸리티, X 윈도우 시스템의 그래픽으로 구성되며, 워드프로세서, 스프레드시트, 미디어 플레이어, 데이터베이스 등 여러 가지 소프트웨어 애플리케이션들도 포함하고 있다.

③ 전 세계에 300여 가지의 배포판이 있으며, 배포판을 구성하는 소프트웨어도 자유롭게 구성되어 있다.
- 용량을 맞춰서 X 윈도우를 빼거나 용량이 작은 GNU 유틸리티를 선택하기도 한다.

④ 대표적인 배포판은 슬랙웨어, 데비안, 레드햇 등이 있다.
- 페도라(Fedora)는 레드햇(Red Hat), openSUSE는 노벨(Novell), 우분투(Ubuntu)는 캐노니컬 등의 기업이 관리하는 배포판이다.
- 데비안(Debian)이나 젠투(Gentoo)는 리눅스 커뮤니티 기반의 배포판이다.

(2) 종류

① 슬랙웨어 리눅스(Slackware Linux)

- 배포판 가운데 가장 먼저 대중화된 배포판으로 1992년 패트릭 볼커딩에 의해 출시되었다.
- 최근 패키지 관리의 문제점으로 인하여 인기가 다소 떨어진 상태이다.
- 구조가 간결하고 파악하기 쉽기 때문에 유닉스 학습에 리눅스를 사용하고 싶어 하는 사용자들에게 적합하다.

② 데비안(Debian)

- 1994년 이안머독(Ian Murdock)에 의해 비영리 조직으로 데비안 프로젝트를 설립하였다.
- 데비안 프로젝트에서 만들어 배포하는 공개 운영체제로 GNU의 공식적인 후원을 받고 있는 유일한 배포판이다.
- 리눅스(Linux) 커널을 탑재한 데비안 GNU/리눅스, GNU 허드(GNU Hurd) 커널을 탑재한 데비안 GNU/허드, FreeBSD 커널을 탑재한 데비안 GNU/KFreeBSD, NetBSD 커널을 탑재한 데비안 GNU/NetBSD 등으로 나뉘며 현재 이 가운데 정식판이 존재하는 것은 데비안 GNU/리눅스뿐이다.
- 데비안은 패키지 설치 및 업그레이드의 과정이 단순하다. 인스톨 후 패키지 매니저인 apt 등을 이용하면 소프트웨어의 설치나 업데이트에서 다른 패키지와의 의존성 확인, 보안 관련 업데이트 등을 자동으로 해준다.

③ 우분투(Ubuntu)

- 데비안 GNU/리눅스(Debian GNU/Linux)에 기초한 운영체제이다.
- 고유한 데스크탑 환경인 유니티를 사용하는 리눅스 배포판이다.

- 영국에 기반을 둔 회사인 캐노니컬의 지원을 받고 있다.
- 여섯 달마다 새 버전이 하나씩 배포, GNOME의 새 버전이 나오는 시기와 비슷하다.
- 사용자 편의성에 초점을 맞추고 있다.

④ 레드햇

- 미국의 레드햇사가 개발하던 리눅스 배포판이다.
- 현재는 레드햇사가 유료로 기술지원을 하는 기업용 레드햇 엔터프라이즈 리눅스(RHEL)와 페도라 프로젝트에서 개발하고 있는 페도라로 나뉘어 있다.

- 레드햇은 기업용 유료 리눅스 배포판인 RHEL의 개발을 지원한다.

⑤ RHEL(Red Hat Enterprise Linux)

- 레드햇이 개발하여 판매하고 있는 상용 리눅스 배포판이다.
- 18~24개월에 한 번씩 새로운 버전이 공개되며 라이선스는 별도로 판매하지 않는다.
- 서브 스크립션의 형태로 요금을 지불하는 방식으로 계약한다.
- 기술 지원은 버전마다 출시 시점으로부터 7년 동안 제공한다.
- 계약기간 중에는 추가 비용 없이 업그레이드 및 다운그레이드를 자유롭게 실시할 수 있다.
- 상업용 패키지는 구입해야 하지만 소스코드는 레드햇의 FTP 사이트를 통해 공개한다.

⑥ 페도라

- 리눅스 커널에 기반한 운영체제와 레드햇의 후원과 개발 공동 체의 지원 아래 개발된 배포판이다.
- 일반적인 목적을 가진 RPM 기반의 소프트웨어가 결합된 운영 체제이다.
- 6개월 간격으로 새로운 버전이 배포되며 지원기간은 각 버전마다 13개월이다.
- 소프트웨어 개발이 안정적으로 이루어지기 위해서는 새 버전으로 계속 교체되어야 한다는 문제점이 있다.

⑦ CentOS

- 업스트림 소스인 레드햇 엔터프라이즈 리눅스와 완벽하게 호환 되는 무료 기업용 컴퓨팅 운영체제이다.
- 플랫폼을 제공할 목적으로 만들어진 리눅스계 운영체제이다.
- 자체 커뮤니티에 의해 관리되고 있다.
- 기본적으로 포함되는 소프트웨어와 업데이트되는 소프트웨어 를 아울러 이전 파일에 대해 상위판과 100%에 최대한 가까운 호환성을 유지하는 것을 원칙으로 하고 있다.
- 레드햇의 기술 지원은 받지 않는다.

⑧ 수세(SUSE)

- 독일에서 출시된 배포판으로 유럽에서 인기를 누리고 있다.
- 풍부한 기능과 안정성, 보안 기능을 포함하고 있다.
- 정기적인 배포판이 존재한다기보다는, 언제든지 새로운 버전이 출시되면 업데이트가 가능한 롤링 릴리즈(rolling release) 방식을 사용한다.
- 오픈 수세, 수세 엔터프라이즈 리눅스로 나뉜다.

01 다음 설명에 해당하는 리눅스의 기술적인 특징으로 알맞은 것은?

> 프로그램에서 특정한 기능을 하는 루틴(routine) 또는 라이브러리들을 실행 파일 내부에 넣어두지 않고 프로그램을 실행할 때 가져다 사용하므로 메모리의 효율성이 높다.

① 계층적인 파일 구조
② 가상 메모
③ 동적 라이브러리
④ 정적 라이브러리

리눅스 디렉터리 /lib에는 동적 공유 라이브러리를 저장한다. 공유 라이브러리에는 많은 프로그램에서 공통으로 사용하는 함수들이 들어있어 디스크의 공간을 절약할 수 있으며 프로그램마다 동일한 코딩을 할 필요가 없다.

02 리눅스에 대한 설명으로 알맞은 것은?

① 상업적인 소프트웨어이다.
② 리눅스 파일 시스템 ext3와 ext4만 지원한다.
③ 파일 구조는 단층 구조 형태이다.
④ POSIX 규격을 따른다.

POSIX는 유닉스 운영체제에 기반을 두고 있는 표준 운영체제 인터페이스이다. 리눅스는 POSIX 규격을 따르기 때문에 유닉스용 프로그램은 별도의 수정 없이 리눅스에서 동작할 수 있다.

03 다음 중 리눅스에 대한 설명으로 틀린 것은?

① 다중처리 및 다중 사용자 운영체제이다.
② 다중 스레드를 지원하는 네트워크 운영체제이다.
③ 리눅스는 유닉스와 완벽하게 호환 가능하다.
④ 어셈블리 언어로 작성되어 있다.

리눅스는 대부분 C언어로 작성되어 있으며 약간의 어셈블러로 작성되어 있다.

04 Linux의 특징을 나열한 것이다. 옳지 않은 것은?

① 처음에는 어셈블리어로 작성되었으나 후에 C 언어로 쓰여 이식성과 확장성이 뛰어나다.
② 다양한 파일 시스템을 지원한다.
③ 계층적 파일 시스템을 가지고 있어 디렉터리와 파일을 효율적으로 운영한다.
④ 윈도우에 비해 사용이 용이하다.

리눅스는 언어 지원이나 시스템 설치 등 여러 가지 면에서 윈도우에 비해 사용이 용이하지는 않다.

정답 01 ③ 02 ④ 03 ④ 04 ④

05 /home 디렉터리에 대한 일반적인 설명으로 맞는 것은?

① 사용자 계정의 홈 디렉터리가 위치하는 디렉터리
② 시스템 환경 설정 파일을 저장하는 디렉터리
③ 파일 시스템을 일시적으로 마운트 시 사용하는 디렉터리
④ 기본적인 명령어가 저장되는 디렉터리

/home 디렉터리는 사용자 홈 디렉터리로서, login 시 처음으로 위치하게 되는 디렉터리이다.

오답 피하기
② /etc
③ /mnt
④ /bin

06 리눅스에서 파일 시스템은 어떠한 구조로 구성되어 있는가?

① 배열 구조
② 단층 구조
③ 네트워크 구조
④ 계층적 트리 구조

리눅스는 최상위 디렉터리를 기준으로 하위 디렉터리들이 존재하는 계층적 트리 구조로 구성되어 있다.

07 다음 중 리눅스의 파일 시스템의 특징이 아닌 것은?

① 모든 주변기기를 파일화해서 관리한다.
② 공유 라이브러리를 통해 메모리를 효율적으로 사용할 수 있다.
③ 리눅스는 root 디렉터리를 기준으로 하위 디렉터리가 존재하는 계층적 트리 파일 구조이다.
④ 유닉스 표준인 POSIX를 준수한다.

리눅스는 최상위 디렉터리 /를 기준으로 하위 디렉터리가 존재하는 계층적 트리 파일 구조이다.

08 Linux의 디렉터리에 대한 설명으로 옳지 않은 것은?

① /bin : 시스템의 각종 드라이버들이 저장
② /var : 가변 자료 저장 디렉터리로 로그 파일 저장
③ /lib : 프로그램 실행을 지원해 주는 라이브러리 저장
④ /root : 루트 사용자의 홈 디렉터리로 루트 사용자의 관련 파일들을 저장

/bin : 실행 파일이나 기본 명령어 저장

09 Linux의 기본 디렉터리와 해당 디렉터리에 저장되는 파일들의 설명으로 옳지 않은 것은?

① /tmp : 프로세스 작업 시 임시로 생성되는 파일 저장
② /boot : 부팅 시 커널 이미지와 부팅 정보 저장
③ /var : 시스템의 로그 파일과 메일 데이터 저장
④ /sbin : 실행 파일이나 기본 명령어 저장

/sbin : 관리자용 시스템 표준 명령어 및 시스템 관리와 관련된 실행 명령어 저장

오답 피하기
/bin : 실행 파일이나 기본 명령어 저장

10 다음 중 가상 파일 시스템으로 프로세스 및 하드웨어에 대한 정보를 담고 있는 디렉터리는?

① /tmp
② /proc
③ /var
④ /lost+found

오답 피하기
① /tmp : 프로세스 작업 시 임시로 생성되는 파일 저장
③ /var : 시스템의 로그 파일과 메일 데이터 저장
④ /lost+found : 파일 시스템의 이상 유무를 진단하고 복구하는 fsck에 의해 사용

11 리눅스 배포판을 구성하고 있는 것으로 틀린 것은?

① 허드(Hurd)
② 셸(Shell)
③ 리눅스 커널
④ GNU 표준 유틸리티

허드(Hurd)는 운영체제용 커널 가운데 하나이다. GNU에서 사용하려고 한 커널이 허드였으나 개발이 너무 늦어져 '리눅스 커널'이 사용되었다.

12 리눅스 배포판에 대한 설명으로 알맞은 것은?

① 리눅스 전체 시스템을 구성하는 소프트웨어를 패키지 형태로 만들어 놓은 것
② 웹 브라우저만 패키지 형태로 만들어 놓은 것
③ 리눅스 유틸리티만 패키지 형태로 만들어 놓은 것
④ 서버용 프로그램만 패키지 형태로 만들어 놓은 것

배포판에는 리눅스 커널과 GNU 프로젝트에서 가져온 라이브러리와 유틸리티, X 윈도우 시스템의 그래픽으로 구성되며 워드프로세서 등 여러 가지 소프트웨어 애플리케이션들도 포함하고 있다.

13 다음에서 설명하는 리눅스 배포판으로 알맞은 것은?

> 레드햇의 후원과 개발 공동체의 지원 아래 배포되는 리눅스로 6개월 간격으로 새로운 버전이 배포되며 각 버전별로 지원되는 기간이 13개월로 다른 배포판에 비해 짧다.

① Slackware
② RHEL
③ Fedora
④ CentOS

페도라는 6개월 간격으로 새로운 버전이 배포되며 지원기간은 각 버전마다 13개월이다. 소프트웨어 개발이 안정적으로 이루어지기 위해서는 새 버전으로 계속 교체되어야 한다는 문제점이 있다.

14 다음에서 설명하는 리눅스 배포판으로 알맞은 것은?

> 상용 리눅스 배포판으로 18~24개월에 한 번씩 새로운 버전이 공개되며 기술지원은 버전마다 출시 시점으로부터 7년 동안 제공한다.

① Slackware
② RHEL
③ Fedora
④ CentOS

RHEL은 Red Hat Enterprise Linux로 레드햇이 개발하여 판매하고 있는 상용 리눅스 배포판이다.

15 다음에서 설명하는 리눅스 배포판으로 알맞은 것은?

> 영국 회사인 캐노니컬에서 지원을 받고 있으며 여섯 달마다 새 버전이 배포되며 고유한 데스크톱 환경인 유니티를 사용하는 배포판이다.

① Ubuntu
② CentOS
③ Slackware
④ SUSE

Ubuntu는 데비안 GNU/리눅스에 기초한 운영체제로 여섯 달마다 새 버전이 배포되며, GNOME의 새 버전이 나오는 시기와 비슷하다.

정답 13 ③ 14 ② 15 ①

SECTION 02 리눅스의 역사

반복학습 1 2 3

아래 그림은 리눅스 역사를 BSD 계열과 SystemV로 분류하여 나타낸 것이다.

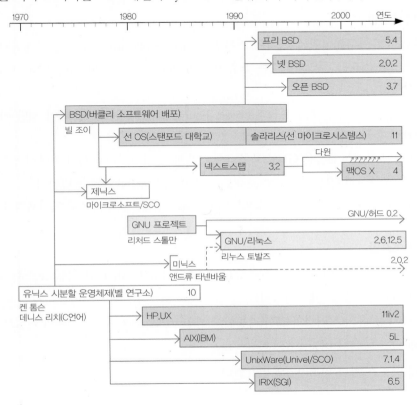

(1) 1960년대 후반

① 1965년 MIT, AT&T 벨 연구소, General Electric에서는 Multics라는 실험적인 운영체제를 공동으로 개발하는 프로젝트를 진행하였다.

② 이 프로젝트 팀은 멀티태스킹, 멀티유저를 지원하는 초기 형태의 시분할 운영체제를 만든다.

③ 1969년 프로젝트에 참여했던 벨 연구소 연구원 켄 톰슨(Ken Thompson)이 초기 형태의 UNIX를 개발하였다.

(2) 1970년대

① 1971년 벨 연구소의 데니스 리치(Dennis Ritchie)가 C언어를 개발함으로써, 어셈블리 언어로 되어 있던 UNIX가 C언어로 재작성된다.

② C언어로 개발된 UNIX는 이식성과 호환성 있는 시스템으로 발전한다.

• 소스(source) 프로그램이 공개되어 있었던 UNIX는 Berkeley Unix(BSD)와 SYSV로 분열되어 발전하게 된다.

(3) 1980년대 초중반

① MIT 연구소의 연구원이었던 리처드 스톨먼(Richard Stollman)은 소스를 공개하지 못하도록 하는 분위기와 기술을 상업화하려는 조류에 대한 반감으로 GNU(GNU is Not Unix) 프로젝트를 시작한다.

② 1985년 리처드 스톨먼은 FSF(Free Software Foundation, 자유 소프트웨어 재단)라는 비영리 단체를 설립 후 'GNU 선언문(Manifesto)'을 발표한다.

• 개발이 진행된 프로그램들은 GNU 프로그램들의 배포 라이선스인 GPL하에서 판매되었다.

③ 1987년 앤드루 타넨바움(Andrew Tanenbaum)은 미닉스(MINIX)를 개발한다.

• 미닉스(MINIX)는 자유/오픈 소스 소프트웨어로 교육용 유닉스 계열 운영체제이다.

(4) 1990년대 초중반

① 핀란드의 헬싱키 대학의 리누스 토발즈(Linux Torvalds)가 Minix의 커널 소스를 고쳐 GNU 시스템에 적합한 커널을 개발하였다.

② 스톨먼과 FSF는 유닉스 커널과 호환 가능한 커널인 리눅스를 GNU 시스템의 커널로 채택한다.

③ 1994년에 리눅스 커널 버전 1.0을 발표한다.

④ 1996년에 리눅스 커널 버전 2.0을 발표한다.

01 다음 중 리눅스 개발에 영향을 준 미닉스 (Minix) 운영체제를 개발한 인물로 알맞은 것은?

① 리누스 토발즈
② 앤드루 스튜어트 타넨바움
③ 리처드 스톨먼
④ 켄 톰슨

1987년 앤드루 타넨바움(Andrew Tanenbaum)은 미닉스(MINIX)를 개발한다. 미닉스(MINIX)는 자유/오픈 소스 소프트웨어로 교육용 유닉스 계열 운영체제이다.

오답 피하기
리누스 토발즈는 MINIX의 샘플을 가지고 리눅스를 만들 계획을 세웠다.

02 리눅스를 발전시켰으며 FSF(Free Software Foundation)를 설립한 사람은?

① 리누스 토발즈
② 앤드루 스튜어트 타넨바움
③ 리처드 스톨먼
④ 켄 톰슨

소스를 공개하지 못하도록 하는 분위기와 기술을 상업화 하려는 조류에 대한 반감으로 리처드 스톨먼은 FSF라는 비영리 단체를 설립 후 'GNU 선언문(Manifesto)'을 발표하였다.

03 다음 중 유닉스 운영체제를 개발한 사람은?

① 리누스 토발즈
② 앤드루 스튜어트 타넨바움
③ 리처드 스톨먼
④ 켄 톰슨

1969년 프로젝트에 참여했던 벨 연구소 연구원 켄 톰슨이 초기 형태의 UNIX를 개발하였다.

04 MINIX의 커널 소스를 고쳐 GNU 시스템에 적합한 커널을 개발한 사람은?

① 리누스 토발즈
② 앤드루 스튜어트 타넨바움
③ 리처드 스톨먼
④ 켄 톰슨

핀란드 헬싱키 대학의 리누스 토발즈가 GNU 시스템에 적합한 커널을 개발한 것이 리눅스의 시초가 되었다.

정답 01 ② 02 ③ 03 ④ 04 ①

리눅스 라이선스

(1) GNU(GNU's Not UNIX)

① 리처드 스톨만이 자유 소프트웨어 재단에서 진행하며 유지 중인 운영체제 프로젝트이다.

② 리처드 스톨만이 1983년에 GNU 개발을 처음 시작하였다.

• GNU는 'GNU(그누)는 유닉스가 아니다(GNU's Not UNIX).'의 약자이다.

③ GNU 프로젝트를 통하여 개발한 유닉스 계열 컴퓨터 운영체제로 '완전한 유닉스 호환 소프트웨어 시스템'이 되는 것이 목표이다.

(2) 자유 소프트웨어 재단(FSF, Free Software Foundation)

① 1985년 리처드 스톨만이 설립한 재단이다.

② 자유 소프트웨어는 사용자가 소프트웨어를 실행하고, 복제하고, 배포하고, 학습하고, 개작하고, 향상시킬 수 있는 소프트웨어이다.

③ 자유 소프트웨어의 특징은 다음과 같다.

• 어떤 목적이든 원하는 대로 프로그램을 실행시킬 수 있는 자유
• 무료 또는 유료로 프로그램 복제물을 재배포할 수 있는 자유
• 필요에 따라 프로그램을 개작할 수 있는 자유
• 공동체 전체가 개선된 이익을 나눌 수 있게 개작한 프로그램을 배포할 수 있는 자유

④ 자유는 금전적인 측면과 관계가 없기 때문에 자유 소프트웨어를 유료로 판매할 때 문제가 생기지는 않는다.

(3) 오픈 소스 소프트웨어(Open Source Software)

① 1998년 일부 커뮤니티에서 '자유 소프트웨어' 대신 '오픈 소스 소프트웨어'라는 용어를 사용하기 시작했다.

② 이것은 자유가 가진 무료라는 의미가 일으키는 혼동을 피하기 위함이다.

(4) GNU GPL(General Public License)

① GPL은 Free Software Foundation(FSF)에서 만든 Free 소프트웨어 라이선스이다.

② 1989년 1차 버전, 1991년 2차 버전, 2007년 3차 버전까지 발표되었다.

③ 기본적으로 어떤 프로그램을 개발할 때, GPL 코드를 일부라도 사용하게 되면 해당 프로그램은 GPL이 된다. GPL을 가진 프로그램을 유료로 판매하는 것은 가능하지만, 반드시 전체 소스코드는 무료로 공개해야 한다.

④ GPL 코드를 사용한 소프트웨어를 내부적인(개인, 기관, 단체 등) 목적으로만 사용할 때에는 소스코드를 공개할 필요가 없지만 어떤 형태(유료 혹은 무료)로든 외부에 공표 · 배포할 때에는 전체 소스코드를 공개해야 한다.

⑤ GPL 전문 : 만일 배포하고자 하는 프로그램의 특정 부분이 GPL 코드로부터 파생된 것이 아닌 독립적인 저작물일 경우에는 독립 저작물 모듈의 개별적인 배포에는 GPL이 적용되지 아니한다(즉, 코드를 공개할 필요가 없다). 하지만 프로그램을 전체(GPL 코드에서 파생된 모듈 + 독립 저작물 모듈)적으로 배포할 때에는 GPL을 따라야 한다.

(5) GNU LGPL(Lesser General Public License)

① LGPL은 GPL보다는 훨씬 완화된(lesser) 조건의 공개 소프트웨어 라이선스이다.

② LGPL이 적용된 라이브러리를 이용하여 개발하였을 경우 프로그램 소스코드는 공개하지 않아도 된다.

③ LGPL 코드를 사용했음을 명시만 하면 된다.

④ LGPL 코드를 단순히 이용하는 것이 아니라 이를 수정한 또는 이로부터 파생된 라이브러리를 개발하여 배포하는 경우에는 전체 코드를 공개해야 한다.

(6) BSD(Berkeley Software Distribution) 라이선스

① 버클리 캘리포니아 대학의 자유 소프트웨어 저작권의 한 가지이다.

② BSD 계열의 소프트웨어를 포함한 많은 프로그램에서 사용한다.

③ 소스코드 공개의 의무가 없으며 상용(상업적) 소프트웨어에서도 무제한 사용 가능한 라이선스이다.
- 해당 소프트웨어는 아무나 개작할 수 있고, 수정한 것을 제한 없이 배포할 수 있다.
- 수정본의 재배포는 의무적인 사항이 아니므로 상용 소프트웨어에서도 사용할 수 있다.
- GPL은 파생된 소프트웨어여도 GPL과 같은 라이선스를 갖도록 의무화하고 있다는 것에 BSD와 차이를 둔다.

④ OpenCV는 BSD 라이선스를 따른다.

(7) 아파치(Apache) 라이선스

① 아파치 소프트웨어 재단에서 자체적으로 만든 소프트웨어에 대한 라이선스 규정이다.

② 아파치 2.0 라이선스는 누구나 해당 소프트웨어에서 파생된 프로그램을 제작할 수 있으며 저작권을 양도, 전송할 수 있는 라이선스 규정이다.
- 누구든 자유롭게 아파치 소프트웨어를 다운로드 받아 부분 또는 전체를 개인적 혹은 상업적 목적으로 이용할 수 있다.

- 재배포 시 원본 소스코드 또는 수정한 소스코드를 반드시 포함시켜야 하는 것은 아니지만 아파치 라이선스 버전 2.0을 포함시켜야 하며, 아파치 소프트웨어 재단에서 개발된 소프트웨어라는 것을 명확하게 밝혀야 한다.

(8) MIT(Massachusetts Institute of Technology) 라이선스

① 미국 매사추세츠 공과 대학교에서 본교의 소프트웨어 공학도들을 돕기 위해 개발한 허가서이다.

② BSD 라이선스를 기초로 작성된 BSD 계열 라이선스 중의 하나이다.

③ 해당 소프트웨어는 누구나 개작할 수 있고, 수정본 재배포 시 소스코드 비공개가 가능하다.

④ 이 라이선스가 적용된 소프트웨어에는 X Window System, JQuery, Node.js 등이 있다.

⑤ 소프트웨어를 개조한 제품을 반드시 오픈 소스로 배포해야 한다는 규정이 없으며, GNU 일반 공중 허가서의 엄격함을 피하려는 사용자들에게 인기가 있다. GNU 일반 공중 사용 허가서 (GPL) 등과 달리 카피 레프트는 아니며, 오픈 소스 여부에 관계없이 재사용을 인정하고 있다.

⑥ MIT 허가서를 따르는 대표적 소프트웨어로 X 윈도우 시스템(X11)이 있다.

(9) MPL(Mozilla Public License)

① 오픈 소스와 자유 소프트웨어 라이선스이다.

② 1.0판은 넷스케이프 커뮤니케이션즈 코퍼레이션의 변호사로 일하고 있던 미첼 베이커에 의해 작성되었고, 1.1판은 모질라 재단이 작성하였다.

③ MPL은 변형 BSD 사용 라이선스와 GNU 일반 공중 사용 라이선스의 혼합적 성격을 띠고 있다.

④ 모질라 어플리케이션 스위트, 모질라 파이어폭스, 모질라 선더버드 및 그 외의 모질라 소프트웨어들에 적용되었다.

⑤ MPL의 특징은 소스코드와 실행파일의 저작권을 분리했다는 점이다.

⑥ 수정한 2차 소스코드는 MPL로 공개하고 원저작자에게 수정한 부분에 대해 알려야 하지만, 실행 파일은 독점 라이선스로 배포할 수 있다.

⑦ 사용한 MPL 소프트웨어와 수정한 MPL 소프트웨어에 대한 공개 의무만 가지며, 별도의 소스코드와 실행 파일은 독점 라이선스를 가질 수 있다.

(10) 주요 오픈 소스 SW 라이선스 비교

구분	무료 이용 가능	배포 허용 가능	소스코드 취득 가능	소스코드 수정 가능	2차적 저작물 재공개 의무	독점 SW와 결합 가능
GPL	○	○	○	○	○	×
LGPL	○	○	○	○	○	○
MPL	○	○	○	○	○	○
BSD license	○	○	○	○	×	○
Apache license	○	○	○	○	×	○

(○ : 가능 , × : 불가능)

01 GNU 프로젝트와 관련이 없는 것은?

① Linux
② Windows 2000
③ FSF(Free Software Foundation)
④ Richard Stallman

Windows 2000은 마이크로소프트가 윈도우 NT 4.0의 후속작으로 2000년 2월 17일에 발표한 윈도우 NT 계열의 32비트 기업용 운영체제이다.

02 다음 중 자유 소프트웨어에 대한 설명으로 틀린 것은?

① 필요에 따라 소스코드를 개작할 수 있다.
② GNU 프로그램은 철저히 무료이며 어떠한 대가를 받는 것을 금기시한다.
③ 개작한 프로그램을 배포할 수 있다.
④ 프로그램 복제물을 재배포 할 수 있다.

자유는 금전적인 측면과 관계가 없기 때문에 유료로 판매한다고 해도 문제가 생기지는 않는다.

03 다음에서 설명하는 라이선스로 알맞은 것은?

해당 소프트웨어를 누구나 개작할 수 있고, 수정본의 재배포 시에 소스코드 비공개가 가능하다. 이 라이선스가 적용된 소프트웨어에는 X Window System, JQuery, Node.js 등이 있다.

① BSD
② MPL
③ GPL
④ MIT

MIT 라이선스는 소프트웨어를 개조한 제품을 반드시 오픈 소스로 배포해야 한다는 규정이 없으며, 이에 GNU 일반 공중 사용 허가서의 엄격함을 피하려는 사용자들에게 인기가 있다.

04 이 설명에 해당하는 라이선스로 알맞은 것은?

독립적인 저작물일 경우에는 독립 저작물 모듈의 개별적인 배포에는 적용되지 않지만 어떤 형태로든(유료든 무료든) 외부에 공표·배포할 때에는 전체 소스코드를 공개해야 한다.

① BSD
② MPL
③ GPL
④ MIT

GPL을 가진 프로그램을 유료로 판매하는 것은 가능하지만, 반드시 전체 소스코드는 무료로 공개해야 한다.

05 다음 중 소스코드를 수정해서 만든 2차적 저작물을 반드시 공개해야 하는 라이선스로 알맞은 것은?

① GPL
② MPL
③ BSD
④ MIT

수정한 2차 소스코드는 MPL로 공개하고 원저작자에게 수정한 부분에 대해 알려야 하지만, 실행 파일은 독점 라이선스로 배포할 수 있다.

06 다음 중 아파치 라이선스에 대한 설명으로 틀린 것은?

① 아파치 소프트웨어 재단에서 자체적으로 만든 소프트웨어 라이선스 규정이다.
② GPL보다 완화된 조건의 공개 소프트웨어 라이선스이다.
③ 누구든 자유롭게 아파치 소프트웨어를 다운받아 부분 또는 전체를 개인적 혹은 상업적 목적으로 이용할 수 있다.
④ 재배포 시 아파치 라이선스 버전 2.0을 포함시켜야 한다.

GPL보다 완화된 조건의 공개 소프트웨어 라이선스는 LGPL(Lesser General Public License)이다.

07 다음 중 라이선스 특성이 다른 것은?

① Apache
② MIT
③ BSD
④ MPL

MPL은 Apache, MIT, BSD 라이선스가 적용된 프로그램들의 소스코드를 수정해서 사용할 경우에도 반드시 별도의 소스코드와 실행 파일을 공개할 필요는 없다.

08 다음 중 BSD 라이선스에 대한 설명으로 틀린 것은?

① 소스코드 공개의 의무가 없다.
② 상업적 소프트웨어에서도 무제한 사용 가능하다.
③ 수정본의 재배포는 의무사항이다.
④ 수정본은 소스코드로 공개하지 않아도 된다.

BSD 라이선스는 수정본의 재배포가 의무적인 사항이 아니므로 상용 소프트웨어에서도 사용할 수 있다.

정답 06 ② 07 ④ 08 ③

02

리눅스의 설치

기본 설치 및 유형

1 리눅스 설치의 개요

① 리눅스 설치 파일은 해당 배포본의 홈페이지에서 다운로드 받을 수 있다.

② 리눅스는 단 하나의 제품 또는 한 종류의 제품군만 있는 것이 아니다.

③ 특수한 목적으로 개발된 임베디드(Embeded) 디바이스에 적용된 리눅스부터 일반 사용자를 위해 만들어진 PC 또는 노트북과 같은 하드웨어에 사용할 수 있는 리눅스까지, 많은 종류의 리눅스 운영체제가 존재한다.

④ 리눅스 배포판마다 설치 환경과 설치 과정이 다르다.

⑤ 리눅스 설치 유형은 배포판마다 다르지만 패키지에 따라 데스크톱형, 서버형, 사용자 정의형 으로 구분한다.

Minimal	리눅스 설치 시 필수 패키지만 설치
데스크톱	• 개인용 컴퓨터에 적합한 패키지 설치 • 하드디스크의 모든 리눅스 파티션을 삭제하고 데스크톱 운영에 적합한 환경으로 설치 진행 • 문서 작성, 멀티미디어, 그래픽 도구 관련 프로그램들의 설치 　– Minimal Desktop은 개인용 컴퓨터로 사용하기 위해 최소 프로그램만 설치되며 문서 작성 　　과 같은 프로그램은 설치되지 않음
서버	하드디스크의 모든 파티션을 삭제하고 서버 운영에 적합한 패키지 설치 • Basic 서버 : 리눅스 서버의 필수 기본 패키지 설치 • Database 서버 : 데이터베이스 서버 관련 패키지 설치 • Web 서버 : 아파치 웹 서버 관련 패키지 설치
랩탑	노트북 등 랩탑 시스템에 적합한 패키지 설치
가상 호스트	• 가상화 시스템 운영을 위한 패키지 설치 • 하이퍼바이저 KVM이나 Xen을 설치
Software Development Workstation	• 소프트웨어 설치 시 필요한 다양한 도구(tool)들이 포함된 패키지 설치 • 소스 컴파일 도구를 기본적으로 포함하기 위해 선택
사용자 설정 시스템	사용자 취향에 맞는 소프트웨어 선택 후 설치

• 사용자 설정 시스템을 제외한 다른 설치 유형을 선택하게 되면 인스톨에서 하드디스크를 자동 으로 재구성하므로 기존 데이터는 모두 제거된다.

⑥ 설치 전에 시스템에 있는 모든 파일을 백업해 둔다.
- 디스크를 파티션하면 파티션 프로그램으로 어떤 프로그램을 사용하든 간에 그 디스크에 있는 모든 파일들이 지워진다.

⑦ 멀티 부팅 시스템을 만든다면, 현재 운영체제의 배포 미디어를 가지고 있어야 한다.

⑧ 부팅 드라이브를 다시 파티션하는 경우라면, 운영체제의 부트로더를 다시 설치해야 할 수도 있고, 더 많은 경우에 운영체제 전체를 해당 파티션에 다시 설치해야 한다.

2 리눅스 설치를 위한 하드웨어 정보 파악

(1) 하드웨어 정보

① 최근 리눅스 배포판들은 하드웨어 호환성이 우수하다.

② 설치 마법사의 Plug and Play(PNP) 기능으로 자동으로 하드웨어를 찾아낸다.

③ 설치 전에 하드웨어에 대한 정보를 알아두는 것이 설치 작업을 용이하게 한다.

④ 하드웨어 정보 파악은 하드웨어 문제가 발생했을 때 장애처리의 실마리가 될 수 있다.

⑤ 설치를 위한 하드웨어 정보를 파악해야 한다.

하드웨어	정보
CPU	• 제조사와 모델명 확인 • 32비트 CPU 또는 64비트 CPU 파악 • 가상화 환경에서는 CPU의 물리적 개수와 코어(core) 개수 확인
메모리(RAM)	• 메모리 용량 확인 • SWAP 파티션 설정 시 사용
하드디스크 드라이브	하드디스크의 파일명 확인 • IDE 또는 ATA 하드디스크 타입 파일명 : /dev/hdX • S-ATA, USB, SSD, SCSI 하드디스크 타입 파일명 : /dev/sdX
네트워크 인터페이스	• 제조사, 모델명, 유무선 여부, 어댑터 종류 • TCP/IP 속성 정보 확인
모니터	제조사, 모델명, 지원하는 모델 해상도와 색상
프린터	모델 및 제조사, 지원하는 인쇄 해상도
키보드	운영 타입(PS/2, USB 방식) 확인
마우스	종류(시리얼, PS/2, USB), 포트, 제조사
비디오카드	제조사, 모델명, 비디오램 크기, 지원하는 해상도와 색상 수

⑥ 필요한 시스템 정보를 얻을 수 있는 방법은 다음과 같다.
- 시스템 구매 시 받은 제품 설명서
- BIOS 설정 화면 : 시스템에 전원을 넣고 F2 또는 Delete 를 누르면 BIOS 설정 화면이 표시
- 장치 관리자 : 윈도우 시스템이 설치되어 있다면 [제어판] → [시스템 및 보안] → [장치관리자] 선택 실행
- 시스템 정보 수집 프로그램 사용

⑦ 시스템이 네트워크에 연결되어 있는 상태라면 네트워크 정보를 정확히 기록해 둔다.

⑧ 시스템의 이름 정보(호스트 이름, 도메인 이름)와 TCP/IP 주소 정보(IP 주소, 넷마스크, 게이트웨이 주소, DNS 주소)가 필요하다.

⑨ 윈도우에서는 [제어판] → [네트워크 및 인터넷] → [네트워크 및 공유 센터]를 선택하고 '네트워크 및 공유 센터'를 실행하여 필요한 정보를 얻을 수 있다.

(2) 하드웨어 호환성

① 리눅스는 많은 하드웨어 제품들에서 문제없이 작동하지만 다른 운영체제들(예 Windows)만큼 다양한 종류의 하드웨어에서 동작하지는 못한다.

② 하드웨어 호환성은 다음의 방법으로 확인할 수 있다.
- 제조사의 웹사이트에서 새 드라이버 확인하기
- 웹사이트와 매뉴얼에서 에뮬레이션에 대한 정보 찾기
  - 덜 알려진 상표의 제품이 더 많이 알려진 제품의 드라이버와 설정들을 그대로 사용
- 해당 아키텍처에 관한 웹사이트에서 리눅스 하드웨어 호환성 목록 확인

(3) 네트워크 설정

① 시스템 관리자는 네트워크 설정에 필요한 정보를 알고 있어야 한다.
- 호스트명과 도메인
- 컴퓨터의 IP주소, 서브넷 마스크
- 게이트웨이 주소
- DNS 서버 주소

② 무선 네트워크를 사용한다면 무선 네트워크 SSID와 보안키를 사용할 경우 WEP 키를 확인해야 한다.

3 CentOS 리눅스 설치하기

① CentOS 리눅스 주요 버전, 프로세서 아키텍처, 커널은 다음과 같다.

버전	프로세서 아키텍처	커널	발표일
2.1	i386	2.4.9	2004년 5월 14일
3.1	i386, ia64, s390, s390x, x86_64	2.4.21	2004년 3월 20일
4.0	i386, ia64, ppc, s390, s390x, x86_64	2.6.9	2005년 3월 20일
5.0	i386, x86_64	2.6.18	2007년 4월 12일
6.0	i386, x86_64	2.6.32	2011년 7월 10일
7.0	x86_64	3.10.0	2014년 7월 7일
8.0	x86_64	4.18.0	2019년 9월 24일
Stream 9	x86_64	5.14.0	2023년 5월 9일

② RedHat의 정책 변경에 따라 2022년부터 CentOS Stream 운영체제로 변경한다.
- 2020년 12월 8일에 레드햇은 CentOS 프로젝트 공식 블로그에서 'CentOS Project shifts focus to CentOS Stream'이라는 제목으로 중요한 정책 변경을 발표했다. CentOS Linux 8은 2021년 말까지 지원하고 업스트림인 'CentOS Stream'만을 지원한다.
- CentOS 버전 지원 기간

버전	지원 종료
CentOS 8	2021년 12월 31일
CentOS 6	2020년 11월 30일
CentOS 7	2024년 06월 30일

③ CentOS Stream 특징
- CentOS Stream은 RHEL의 베타버전으로, RHEL에 포함될 기능을 미리 테스트하기 위한 목적으로 사용된다.
  - RHEL의 Upstream 프로젝트
  - 버그패치나 신규 기능을 RHEL에 넣기 전에 CentOS Stream을 통해 테스트 및 검증
  - RHEL과 Binary 호환성이 없을 수 있음
  - 무료
- Fedora, CentOS, RHEL의 관계는 아래와 같다.
  - 2020년 이전   - 2020년 이후

④ Rocky Linux

- CentOS 원년 개발자인 그레고리 커쳐(Gregory Kurtzer)는 Red Hat 사의 CentOS 제작 중단 발표에 반발해 리눅스 개발 프로젝트를 진행하였다.

- 그레고리 커쳐(Gregory Kurtzer)에 의해 개발된 리눅스 배포판은 Rocky Linux이다.

- RHEL과 Rocky Linux의 비교

RHEL		Rocky Linux		커널 버전	지원 종료일
발표월	버전	발표월	버전		
2021년 5월	8.4	2021년 6월	8.4	4.18	
2021년 11월	8.5	2021년 11월	8.5	4.18	2029년 5월
2022년 5월	8.6	2021년 5월	8.5	4.18	
2022년 5월	9.0	2021년 7월	9.0	5.14	2032년 5월

- RHEL 9와 Rokcy Linux9는 동일한 기능을 가진다.

- Fedora, RHEL, CentOS, Rocky Linux 관계는 아래와 같다.

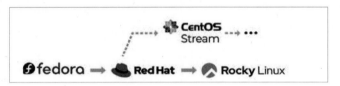

  – Fedora의 새로운 기능이 안정화가 되면, RHEL(Red hat)이 개발된다. 이후, RHEL의 소스 코드를 재컴파일해서 Rocky Linux을 제작한다. CentOS Stream은 RHEL 출시 이후 RHEL의 배타버전으로 제작된다.

⑤ CentOS Stream 9 설치 과정은 다음과 같다.

[단계 1] 설치 시작 화면

- Install CentOS Stream 9
  - 안전한 파일일 경우 선택 후 설치
- Test this media & Install CentOS Stream 9
  - 파일의 이상 여부를 점검한 후 설치 진행

[참고] Troubleshooting 설치 시작 화면

- Rescue a CentOS Sream system
  - 시스템이 정상 부팅이 되지 않은 경우 선택
  - 파일 시스템 손상 또는 GRUB 패스워드 분실 시 복구를 위한 선택
- Run a memory test
  - 시스템의 메모리 상태 점검
  - 시스템 점검에 오래 시간이 걸림
- Boot from local drive
  - 디스크 또는 DVD로 부팅 시 사용

[단계 2] 언어 선택

- 설치 과정의 언어 선택
- '한국어' 선택 → '계속 진행'

[단계 3] 설치 요약

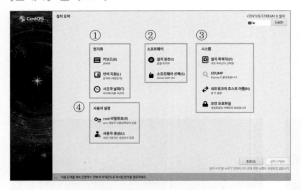

- 4개의 범주로 나누어 설치된다.
  - 현지화 : 리눅스 시스템이 사용하는 키보드 타입, 언어, 시간과 날짜 설정
  - 소프트웨어 : 패키지 그룹 선택
  - 시스템 : 설치 대상, KDUMP, 네트워크, 보안 프로파일 설정
  - 사용자 설정 : root의 비밀번호와 사용자 생성

[단계 4] 소프트웨어 선택

- 시스템 운영 목적에 맞도록 소프트웨어 '기본환경' 설정
- '기본환경'에 따라 설치되는 소프트웨어 패키지들이 달라짐
  - Server with GUI
  - Server
  - Minimal Install
  - Workstation
  - Custom Operating System
  - Virtualization Host
- '선택환경을 위한 추가 소프트웨어'에서 '기본환경'에 추가적으로 필요로 하는 소프트웨어 설치

- 리눅스가 설치할 '로컬 표준 디스크'를 선정
  - '저장소 구성' 중 '자동 설정' 또는 '사용자 정의' 중 선택
  - '사용자 정의'는 수동 설정으로 파티션 크기와 파일 시스템을 설치자가 결정

- 파티션은 기본적으로 루트(/) 파티션과 Swap 파티션으로도 운영이 가능
  - SWAP 파티션은 RAM의 2배 이상 설정을 권고
  - SWAP은 하드디스크의 일부를 메모리처럼 사용하게 하는 기술로 RAM 부족 시 SWAP 파티션 사용
  - 루트(/) 파티션과 Swap 파티션 외에 서버의 운영 방식에 따라 추가 파티션 지정 후 용량 지정

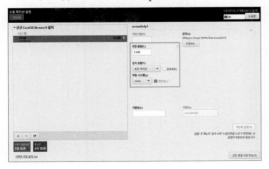

[참고] '특수 디스크 및 네트워크 디스크' 설치

다중 경로 장치	다중 경로는 물리적 서버와 스토리지의 연결을 백업하는 것을 목표로 하는 내결함성 기술
SAN	• 스토리지 디바이스의 공유 풀을 상호 연결하여 여러 서버에 제공하는 독립적인 전용 고속 네트워크 • 각 서버는 서버에 직접 연결된 드라이브처럼 공유 스토리지를 사용할 수 있음
NVDIMM	• 차세대 DIMM으로서 DIMM 모듈에 NAND FLASH를 결합한 하이브리드 메모리 • DIMM의 휘발성 메모리의 성격을 보완하면서 임시 데이터를 안전하게 저장, 복구가 가능
NVMe 구조형 장치	• NVMe(Non-Volatile Memory Express)는 PCIe가 제공하는 높은 대역폭을 활용하는 커뮤니케이션 인터페이스 및 드라이버 • SSD를 위해 설계되었으며 고속 PCIe 소켓을 사용하여 스토리지 인터페이스와 시스템의 CPU 사이에서 통신을 수행

[단계 6] KDUMP

- KDUMP는 커널 클래시 덤프 매커니즘임
  - 커널 충돌이 발생 시 시스템에서 정보를 수집하여 충돌 원인을 규명하는 자료를 제공
  - 시스템 운영 중 장애를 확인하기 위해 사용하는 기능

- KDUMP를 활성화 시 충돌원인을 파악 할 물리적 메모리 용량을 지정한다.

[단계 7] 네트워크와 호스트 이름

- 고정 IP 또는 유동 IP 주소 환경 지정
- '수동(manual, 고정 IP)'을 선택 시 네트워크를 위해 필요한 정보 입력
  - IP 주소, 서브넷마스크, 게이트웨이, DNS 서버 주소
- 가상화 환경을 구성 시 자동(DHCP)으로 IPv4 설정

[단계 8] 보안 프로파일(Security Profiles)

 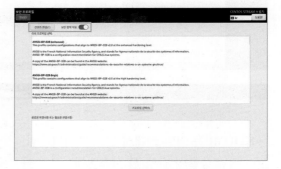

- CentOS 프로젝트는 CentOS Linux의 보안과 관련하여 검증을 제공하지 않음
- CentOS Linux 설치 프로그램에 있는 보안 프로파일(Security Profiles)은 RHEL 소스코드에 포함된 것의 프로파일을 변환하여 CentOS 보안 검증에 사용
- 사용할 보안 검증 방법 선택

[단계 9] 사용자 생성

- root 비밀번호 설정
- 사용자 생성과 비밀번호 설정

[단계 10] 설치 완료

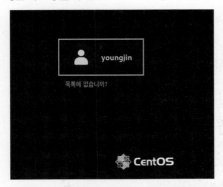

⑥ 설치된 운영체제의 커널 버전 확인

- 설치된 배포본 확인
  - [명령어] cat /etc/centos-release

```
[youngjin@localhost ~]$ cat /etc/centos-release
CentOS Stream release 9
[youngjin@localhost ~]$
```

- 커널 릴리즈 버전 확인
  - [명령어] uname -r

```
[youngjin@localhost ~]$ uname -r
5.14.0-388.el9.x86_64
[youngjin@localhost ~]$
```

- 커널(kernel)
  - 하드웨어와 응용 프로그램간의 다리 역할을 하는 커널(Kernel)을 의미
  - 시스템이 부팅될 때 load 되며 주된 역할은 시스템의 하드웨어 제어이다.
  - 메모리, CPU, 디스크, 단말기, 프린터 등 시스템 자원 활용도를 높이기 위한 스케줄링과 프로그램 관리, 자료 관리 등을 수행

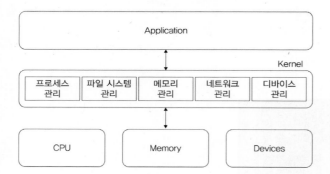

- http://www.kernel.org에서 최신 버전을 무료로 다운로드 받을 수 있다.

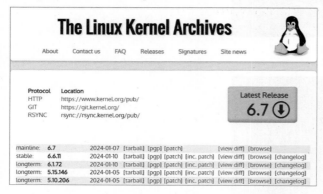

- 커널명은 '주버전.부버전.패치버전'으로 구성된다.

  - 커널 2 버전까지는 부번호가 짝수인 경우 안전 버전, 홀수인 경우 개발 버전을 의미
  - 커널 3 버전부터는 구분이 없어지고 순차적으로 버전이 올라가면서 배포
  - 배포판에 포함된 기본 커널을 사용자가 직접 최신의 커널로 업그레이드할 수 있음

01 시스템 이상이 발생했을 때나 GRUB 패스워드를 잊어버려서 패스워드 복구가 어려운 상황이다. 이와 같은 상황에서 가장 알맞은 선택 모드는?

① Install or upgrade an existing system
② Install system with basic video driver
③ Boot from local drive
④ Rescue installed system

> Rescue installed system은 설치된 리눅스가 정상적으로 부팅되지 못할 경우에 선택하는 모드이다.

02 리눅스 설치 시에 소스(source) 컴파일 도구를 기본적으로 포함하기 위해 선택하는 패키지 그룹으로 알맞은 것은?

① Database Server
② Web Server
③ Software Development Workstation
④ Virtual Host

> Software Development Workstation은 소프트웨어 설치 시 필요한 다양한 도구(tool)들이 포함된 패키지를 설치한다. 예를 들어 소스 컴파일 프로그램인 gcc 등이 설치된다.

03 리눅스 설치 시 가상화 시스템 운영을 위해 선택하는 패키지 그룹으로 알맞은 것은?

① Database Server
② Web Server
③ Software Development Workstation
④ Virtual Host

> Virtual host를 선택 시 가상화 시스템을 지원하는 하이퍼바이저인 KVM이나 Xen이 설치된다.

04 시스템 충돌 시 시스템에서 정보를 수집하여 충돌 원인을 규명하는 자료를 제공하는 것은?

① kerberos
② LDAP
③ NIS
④ Kdump

> Kdump는 커널 크래쉬(kernel crash) 덤프 메커니즘으로 이 기능을 사용하기 위해서는 리눅스 설치 시에 해당 기능의 사용 여부와 물리적 메모리를 할당해야 한다.

05 서버 유형 중 네트워크를 통해 날짜 및 시간을 동기화할 때 사용하는 것은?

① LDAP
② NTP
③ NFS
④ kerberos

> **오답 피하기**
> ① LDAP : TCP/IP 기반하에서 디렉터리 서비스를 조회하고 수정하는 응용 프로토콜
> ③ NFS : 컴퓨터 사용자가 원격지 컴퓨터에 있는 파일을 마치 자신의 컴퓨터에 있는 것처럼 검색하고 마음대로 저장하거나 수정하도록 해주는 클라이언트/서버형 응용 프로그램
> ④ kerberos : 티켓(ticket)을 기반으로 동작하는 컴퓨터 네트워크 인증 암호화 프로토콜

06 다음 중 네트워크상에서 사용자 인증 시스템으로 적합하지 않은 것은?

① LDAP
② NIS
③ NFS
④ kerberos

> 공유된 원격 호스트의 파일을 로컬에서 사용할 수 있도록 개발된 파일 시스템을 네트워크 파일 시스템(NFS)이라고 한다.

07 다음 중 리눅스에서 인식되는 장치 파일명의 종류가 다른 하나는?

① IDE 디스크
② SCSI 디스크
③ S-ATA
④ USB 메모리

> 장치 파일명은 /dev/hdX와 /dev/sdX로 구분한다.
> SATA, USB, SSD, SCSI 모두 /dev/sdX의 장치 파일명을 사용한다.

정답 01 ④ 02 ③ 03 ④ 04 ④ 05 ② 06 ③ 07 ①

파티션(Partition)

(1) 파티션(Partition)의 특징과 종류

① 파티션(Partition)이란, 하나의 물리적 디스크를 여러 개의 논리적인 디스크로 분할하는 것이다.

② 다중 파티션의 장점은 다음과 같다.

- 파티션마다 독립적인 파일 시스템이 운영되기 때문에 파일점검 시간이 줄어들어 부팅 시간을 단축시킬 수 있다.
- 특정 파티션의 파일 시스템이 손상되더라도 다른 파티션에 영향을 주지 않기 때문에 높은 안정성을 보장한다.
- 필요한 파티션만 포맷할 수 있기 때문에 백업과 업그레이드가 편리하다.
- 파티션 상태 정보를 확인할 수 있는 파일은 /proc/partitions이다.

③ 파티션은 주 파티션(Primary Partition), 확장 파티션(Extended Partition), 논리 파티션(Logical Partition), 스왑 파티션(Swap Partition)으로 구분된다.

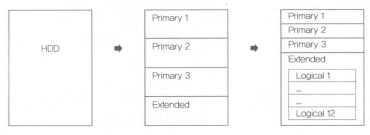

주 파티션	• 부팅이 가능한 기본 파티션 • 하나의 하드디스크에 최대 4개의 주 파티션 분할 가능 • 하드디스크를 4개 이상의 파티션으로 사용해야 할 때 하나의 확장 파티션을 설정하여 확장 파티션 안에 여러 개의 논리 파티션을 분할하여 데이터 저장
확장 파티션	• 주 파티션 내에 생성, 하나의 물리적 디스크에 1개만 생성 • 파티션 번호는 1~4번이 할당 • 데이터 저장 영역을 위한 것이 아니라 논리 파티션을 생성
논리 파티션	• 확장 파티션 안에 생성되는 파티션 • 논리 파티션은 12개 이상 생성하지 않는 것을 권고하며 5번 이후의 번호가 붙여짐
스왑 파티션	• 하드디스크의 일부를 메모리처럼 사용하는 영역 • 주 파티션 또는 논리 파티션에 생성 • 프로그램 실행 시 부족한 메모리 용량을 하드디스크로 대신함 • 리눅스 설치 시에 반드시 설치되어야 하는 영역 • 스왑(Swap) 영역의 크기는 메모리의 2배를 설정하도록 권고

(2) 디스크와 장치명

① 분할된 파티션은 디스크의 장치 파일명 뒤에 숫자를 붙인다.

② 아래 그림은 4개의 하드디스크와 첫 번째 하드디스크의 파티션 상태를 나타낸 것이다.

▼ 첫 번째 IDE(Integrated Drive Electronics) HDD의 세 번째 파티션

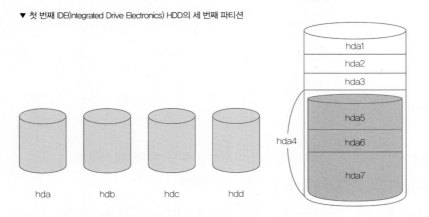

/dev/hd a 3
㉠ ㉡ ㉢

㉠	• 하드디스크 유형 지정 – sd : SCSI(Small Computer System Interface) 또는 USB 방식 디스크 – hd : IDE 또는 ATA(AT attachment) 방식 디스크 • IDE는 1988년 ANSI에서 ATA로 규격화
㉡	• 한 케이블에 묶인 하드디스크의 우선순위를 정함 • 마스터(master) 또는 슬레이브(slave)로 설정 – 첫 번째 하드디스크 : a – 두 번째 하드디스크 : b
㉢	• 파티션 번호 – 1번에서 4번 : primary 또는 extended – 5번부터 : logical 파티션

③ 리눅스에서 파티션을 만들고 마운트할 때 지정된 디바이스명을 사용한다.

디바이스 종류	디바이스명	
플로피 디스크	첫 번째 플로피	/dev/fd0
	두 번째 플로피	/dev/fd1
SCSI 디스크	첫 번째 SCSI 디스크	/dev/sda
	두 번째 SCSI 디스크	/dev/sdb
CD-ROM	SCSI CD-ROM	/dev/scd0 또는 /dev/sr0

IDE 디스크	Primary Master	/dev/hda
	Primary Slave	/dev/hdb
	Secondary Master	/dev/hdc
	Secondary Slave	/dev/hdd
XT 디스크	첫 번째 XT 디스크	/dev/xda
	두 번째 XT 디스크	/dev/xdb

(3) 파일 시스템

① 파일 시스템은 운영체제가 파일을 시스템의 디스크 파티션상에 구성하는 방식이다.

② 일정한 규칙을 가지고 파일을 저장하도록 규칙 방식을 제시한다.

③ 파티션에 파일 시스템이 없으면, 파일 시스템 생성을 거쳐야 사용이 가능하다.

④ 리눅스는 고유의 파일 시스템뿐만 아니라 다양한 파일 시스템을 지원하고 있다.

파일 시스템 유형	종류
리눅스 전용 파일 시스템	ext, ext2, ext3, ext4
저널링 파일 시스템	JFS, XFS, ReiserFS
네트워크 파일 시스템	SMB, CIFS, NFS
클러스터링 파일 시스템	레드햇 GFS, SGI cXFS, IBM GPFS, IBM SanFS, EMC highroad, Compaq CFS, Veritas CFS, 오라클 OCFS2
시스템 파일 시스템	ISO9660, UDF
타 운영체제 지원 파일 시스템	FAT, VFAT, FAT32, NTFS, HPFS, SysV

(4) LVM(Logical Volume Manager)

① 여러 개의 하드디스크를 합쳐서 사용하는 기술로 한 개의 파일 시스템을 사용한다.

② 작은 용량의 하드디스크 여러 개를 큰 용량의 하드디스크 한 개처럼 사용한다.

③ 서버를 운영하면서 대용량의 별도 저장 공간이 필요할 때 활용한다.

④ 다수의 디스크를 묶어서 사용함으로써 파티션의 크기를 줄이거나 늘릴 수 있다.

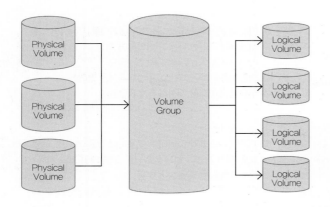

물리 볼륨	여러 개의 물리적 하드디스크 예 /dev/sda1, /dev/sdb1
볼륨 그룹	물리 볼륨을 합쳐서 하나의 물리적 그룹으로 만드는 것
논리 볼륨	볼륨 그룹을 나눠서 다수의 논리 그룹으로 나눔

(5) RAID

① RAID는 복수 배열 독립 디스크(Redundant Array of Independent Disks)의 약자이다.

② 여러 개의 물리적 디스크를 하나의 논리적 디스크로 인식하여 작동하게 하는 기술이다.

③ 여러 개의 하드디스크에 일부 중복된 데이터를 나눠서 저장하는 기술이다.

④ RAID 종류는 하드웨어 RAID와 소프트웨어 RAID로 나뉜다.

하드웨어 RAID	소프트웨어 RAID
• 하드웨어 제조업체에서 여러 개의 하드디스크를 장비로 만들어 그 자체를 공급 • 안정된 시스템일수록 고가	• 고가의 하드웨어 RAID의 대안 • 운영체제에서 지원하는 방식 • 저렴한 비용으로 안전한 데이터 저장이 가능

⑤ 데이터를 저장하는 다양한 방법이 존재하며 이 방법들을 레벨이라 한다.

⑥ 레벨에 따라 저장 장치의 신뢰성을 높이거나 전체적인 성능을 향상시키는 등 다양한 목적을 만족시킨다.

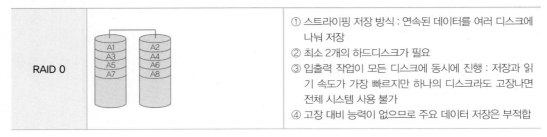

RAID 0	① 스트라이핑 저장 방식 : 연속된 데이터를 여러 디스크에 나눠 저장 ② 최소 2개의 하드디스크가 필요 ③ 입출력 작업이 모든 디스크에 동시에 진행 : 저장과 읽기 속도가 가장 빠르지만 하나의 디스크라도 고장나면 전체 시스템 사용 불가 ④ 고장 대비 능력이 없으므로 주요 데이터 저장은 부적합

RAID 1		① 미러링 방식 : 하나의 디스크에 데이터를 저장하면 다른 디스크에 동일한 내용이 백업되어 저장 ② 데이터 저장 시 두 배의 용량이 필요 ③ 결합허용을 제공하지만 공간 효율성은 떨어짐 ④ 주요한 데이터를 저장하기에 적절함
RAID 2		① 스트라이핑 저장 방식 ② 기록용 디스크와 데이터 복구용 디스크를 별도로 제공 : 오류 제어 기능이 없는 디스크를 위해 해밍 코드 사용 ③ 디스크의 사용 효율성이 낮음 ④ 모든 SCSI 디스크에 ECC(에러 검출 기능)를 탑재하고 있기 때문에 실제 사용되지 않음
RAID 3		① 스트라이핑 저장 방식 ② 오류 검출을 위해 패리티 방식을 이용 ③ 패리티 정보를 저장하기 위해 전용 디스크를 사용하기 때문에 최소 3개 이상의 하드디스크가 필요 ④ 데이터 복구는 패리티 저장 디스크에 기록된 정보의 XOR를 계산하여 수행 ⑤ 대형 레코드가 사용되는 단일 사용자 시스템에 적합
RAID 4		① RAID 3와 유사한 방식 : 2개 이상의 데이터 디스크와 전용 패리티 디스크 사용 ② RAID 3은 Byte단위로 데이터를 저장하는 반면 RAID 4는 Block(섹터) 단위로 저장
RAID 5		① 스트라이핑 저장 방식 ② 디스크마다 패리티 정보를 갖고 있어 패리티 디스크의 병목현상을 줄이는 것이 가능해 실무에서 많이 사용 ③ 디스크 섹터 단위로 저장 ④ 쓰기 작업이 많지 않은 다중 사용자 시스템에 적합
RAID 6		① 기본적으로 RAID 5를 확장한 것 ② 제2parity를 두는 dual parity를 사용함으로써 더 나은 무정지성을 갖게 함 ③ 최소 4개의 드라이브가 필요

⑦ RAID 0과 RAID 1을 비교하면 아래와 같다.

구분	RAID 0	RAID 1
성능	뛰어남	변화 없음
안정성(결합 허용)	• 결합 허용이 안 됨 • 안정성 보장 못함	• 결합 허용 • 안정성 보장
공간 효율성	좋음	낮음

⑧ RAID 5와 RAID 6을 비교하면 아래와 같다.

구분	RAID 5	RAID 6
Parity	Single	Dual
보호	드라이브 1개 불량	드라이브 2개 불량
필요조건	N+1 : 최소 3개의 드라이브 필요	N+2 : 최소 4개의 드라이브 필요

⑨ 각 레벨의 장점을 합친 RAID 구성으로는 대표적으로 RAID 0+1과 RAID 1+0이 있다.

RAID 0+1	① RAID 0(스트라이핑 방식)과 RAID 1(미러링)을 조합 ② 디스크 2개씩 RAID 0으로 구성 후 RAID 0으로 구성된 하드디스크들을 RAID 1로 구성 ③ 미러링 전 스트라이핑을 진행 ④ 속도는 빠르나 데이터 복구 시간이 오래 걸림
RAID 1+0	① RAID 0+1의 반대 구성 ② 디스크 2개씩 RAID 1로 구성 후 RAID 1로 구성된 하드디스크들을 RAID 0으로 구성 ③ 미러링 후 스트라이핑을 진행하여 손실된 데이터만 빠른 복원이 가능하므로 RAID 0+1보다 운영상 유리

(6) 파티션 분할

① fdisk는 파티션 테이블을 관리하는 명령어로 리눅스의 디스크 파티션을 생성, 수정, 삭제할 수 있는 일종의 유틸리티이다.

② fdisk 명령어들은 다음과 같다.

명령어	설명
a	부팅 파티션을 지정
l	파티션 종류를 선택할 때 리눅스에서 지원하는 파티션 목록 확인
n	새로운 파티션을 추가
t	파티션 종류를 변경
w	파티션 정보를 저장
p	파티션 정보를 확인
q	작업을 종료

③ 아래 그림들은 새로운 하드디스크를 추가하여 새로운 파티션을 나누는 과정이다.

• **단계 1.** 시스템에 정착되어 있는 하드디스크를 확인한다. 현재 sda와 sdb 두 개의 하드디스크로 되어 있으며 sdb는 파티션을 나누지 않았다.

```
[root@localhost ~]# cd /dev
[root@localhost dev]# ls sd*
sda   sda1   sda2   sdb
```

• **단계 2.** 두 번째 하드디스크 sdb의 주 파티션을 설정한다. 해당 파티션의 파일 시스템은 ext로 한다.

```
[root@localhost dev]# fdisk sdb
Welcome to fdisk (util-linux 2.23.2).

Changes will remain in memory only, until you decide to write them.
Be careful before using the write command.

Device does not contain a recognized partition table
Building a new DOS disklabel with disk identifier 0x8dc20996.

Command (m for help): n
Partition type:
   p   primary (0 primary, 0 extended, 4 free)
   e   extended
Select (default p): p
Partition number (1-4, default 1): 1
First sector (2048-2097151, default 2048):
Using default value 2048
Last sector, +sectors or +size{K,M,G} (2048-2097151, default 2097151):
Using default value 2097151
Partition 1 of type Linux and of size 1023 MiB is set

Command (m for help): t
Selected partition 1
Hex code (type L to list all codes): 83
Changed type of partition 'Linux' to 'Linux'
```

 − 주 파티션의 ID 번호는 83(Linux), LVM은 8e(Linux LVM), RAID는 fd(Linux raid auto)이다.

- **단계 3.** 설정된 파티션 정보를 확인 후 저장한다.

```
Command (m for help): p

Disk sdb: 1073 MB, 1073741824 bytes, 2097152 sectors
Units = sectors of 1 * 512 = 512 bytes
Sector size (logical/physical): 512 bytes / 512 bytes
I/O size (minimum/optimal): 512 bytes / 512 bytes
Disk label type: dos
Disk identifier: 0x8dc20996

   Device Boot      Start         End      Blocks   Id  System
   sdb1             2048     2097151     1047552   83  Linux

Command (m for help): w
The partition table has been altered!

Calling ioctl() to re-read partition table.
Syncing disks.
[root@localhost dev]# ls sd*
sda   sda1  sda2   sdb   sdb1
```

- **단계 4.** 명령어 fdisk −l으로 전체적인 하드디스크의 파티션 정보를 확인할 수 있다.

```
[root@localhost dev]# fdisk -l
Disk /dev/sda: 53.7 GB, 53687091200 bytes, 104857600 sectors
Units = sectors of 1 * 512 = 512 bytes
Sector size (logical/physical): 512 bytes / 512 bytes
I/O size (minimum/optimal): 512 bytes / 512 bytes
Disk label type: dos
Disk identifier: 0x0002eba4

   Device Boot      Start         End      Blocks   Id  System
/dev/sda1   *        2048     1026047      512000   83  Linux
/dev/sda2         1026048   104857599    51915776   8e  Linux LVM

Disk /dev/sdb: 1073 MB, 1073741824 bytes, 2097152 sectors
Units = sectors of 1 * 512 = 512 bytes
Sector size (logical/physical): 512 bytes / 512 bytes
I/O size (minimum/optimal): 512 bytes / 512 bytes
Disk label type: dos
Disk identifier: 0x8dc20996

   Device Boot      Start         End      Blocks   Id  System
/dev/sdb1            2048     2097151     1047552   83  Linux

Disk /dev/mapper/centos-root: 51.0 GB, 50964987904 bytes, 99540992 sectors
Units = sectors of 1 * 512 = 512 bytes
Sector size (logical/physical): 512 bytes / 512 bytes
I/O size (minimum/optimal): 512 bytes / 512 bytes
```

01 다음 중 파티션의 유형에 대한 설명으로 틀린 것은?

① 주 파티션은 4개까지 사용 가능하다.
② 주 파티션 4개 사용 후 확장 파티션의 선언이 가능하다.
③ 5개 이상의 파티션이 필요한 경우 확장 파티션의 선언이 필요하다.
④ 부팅 가능한 파티션은 디스크에 하나 이상 존재해야 한다.

4개 이상의 파티션을 사용해야 할 때 하나의 주 파티션 안에 확장 파티션을 설정한다. 확장 파티션 안에 여러 개의 논리 파티션을 분할하여 데이터를 저장한다.

02 다음 중 스왑 파티션에 대한 설명으로 틀린 것은?

① 리눅스에서 반드시 분할해야 한다.
② 리눅스에서는 전통적으로 RAM 용량의 2배를 권장한다.
③ 가상 메모리 역할을 담당하는 영역이다.
④ 스왑 파티션의 ID 번호는 8e이다.

SWAP 파티션의 ID 번호는 82, LVM은 8e, RAID는 fd이다.

03 물리적 시스템의 메모리의 크기가 512MB일 때 권장하는 스왑 공간 용량으로 알맞은 것은?

① 256MB
② 512MB
③ 1,024MB
④ 1,536MB

스왑 영역은 메모리의 2배이므로 512×2=1,024MB이다.

04 다음 중 리눅스를 정상 설치했을 경우 기본적으로 생성되는 파일 시스템으로 틀린 것은?

① Proc 파일 시스템(/proc)
② Swap 파일 시스템
③ RamDrive 파일 시스템
④ 하나 이상의 Ext3(혹은 Ext4 등의 Native) 파일 시스템

RAM Drive는 RAM Disk라고도 부르는데, RAM의 공간 일부를 보조 저장 공간으로 사용하는 소프트웨어 또는 장치이다. 반대 개념은 스왑 영역이다.

오답 피하기
① Proc 파일 시스템(/proc) : 계층적 파일 구조 형식을 보여주는 파일 시스템
② Swap 파일 시스템 : 가상 메모리 관리 파일 시스템
④ Ext3(혹은 Ext4 등의 Native) 파일 시스템 : 리눅스 전용 파일 시스템

05 다음 중 파티션 분할에 대한 설명으로 틀린 것은?

① 파티션을 분할하면 여러 운영체제의 부트로더의 사용이 가능하다.
② 파티션을 분할하면 파티션 단위의 다양한 정책 설정이 가능하다.
③ 파티션 분할을 통해 여러 개의 운영체제를 사용할 수 있다.
④ 파티션을 분할하면 부팅이 빨라진다.

부트로더는 하드디스크의 맨 앞쪽 영역인 MBR에 설치된다. MBR은 부트 매니저 프로그램과 파티션 정보를 기록한다. MBR에 설치된 부트로더에 의해 여러 개의 운영체제의 사용이 가능하다.

정답 01 ③ 02 ④ 03 ③ 04 ③ 05 ①

06 다음 중 E-IDE 타입의 디스크를 Secondary Slave에 연결했을 경우에 인식하는 장치 파일명으로 알맞은 것은?

① /dev/hda

② /dev/hdb

③ /dev/hdc

④ /dev/hdd

500MB를 초과하는 하드디스크를 지원하는 E-IDE 타입의 디스크는 ATA-2로 규격화하였다. 리눅스에서 HDE의 디바이스명은 다음과 같다.
① /dev/hda : Primary Master
② /dev/hdb : Primary Slave
③ /dev/hdc : Secondary Master
④ /dev/hdd : Secondary Slave

07 다음 중 /dev/sdb6에 대한 설명으로 틀린 것은?

① 첫 번째 확장 파티션이다.

② 디스크 유형은 IDE이다.

③ 해당 파티션은 확장 파티션에 속해 있다.

④ 두 번째 논리 파티션이다.

디스크 유형은 SCSI 또는 S-ATA이다.

08 다음 중 논리 파티션에 부여될 수 있는 최소 파티션 번호값은?

① 5   ② 6

③ 7   ④ 8

파티션 번호는 1번에서 4번까지는 주 파티션 또는 확장 파티션에서 사용하며 5번부터 논리 파티션에서 사용한다.

09 다음 중 파티션에 대한 설명으로 틀린 것은?

① 주 파티션의 번호는 1번부터 4번이 할당된다.

② 주 파티션을 2개만 분할해서도 사용 가능하다.

③ 확장 파티션은 하나의 물리적 디스크에 1개만 선언 가능하다.

④ 확장 파티션을 선언해야 주 파티션을 5개 이상 사용 가능하다.

하나의 하드디스크에 최대 4개의 주 파티션 분할이 가능하다. 4개 이상의 파티션을 사용해야 할 때 하나의 확장 파티션에 여러 개의 논리 파티션을 분할하여 데이터를 저장한다.

정답 06 ④ 07 ② 08 ① 09 ④

부트 매니저(Boot Manager)

부팅(Booting)은 PC의 전원을 켜는 순간부터 리눅스가 완전히 동작하여 로그인 프롬프트가 출력될 때까지를 의미한다. 리눅스 부팅 과정은 PC 부팅과 리눅스 부팅으로 나뉜다. 아래 그림은 리눅스 부팅 과정을 개략적으로 나타낸 것이다.

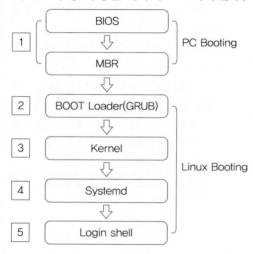

1 바이오스(BIOS)

① ROM에 저장되어 있어 흔히 ROM-BIOS라고 부르며, PC의 전원 스위치를 켜면 제일 먼저 동작한다.

② PC에 장착된 기본적인 하드웨어(키보드, 디스크 등)의 상태를 확인한다.

③ 하드디스크의 0번 섹터에서 MBR(Master Boot Record)를 로딩한다.

• MBR에는 Boot code와 Partition table에 대한 정보를 가지고 있음

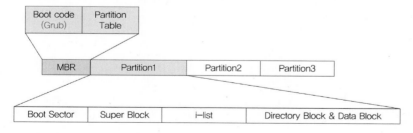

2 부트로더(boot loader)

(1) 부트로더 기능

① 부트스트랩 로더(bootstrap loader)의 준말로 컴퓨터를 사용자가 사용할 수 있도록 디스크나 플래시에 저장된 운영체제를 읽어 주기억장치에 적재해 주는 프로그램이다.

② 부트로더(boot loader)는 운영체제가 시동되기 이전에 미리 실행되면서 커널이 올바르게 시동되기 위해 필요한 모든 관련 작업을 마무리하고 최종적으로 운영체제를 시동시키기 위한 프로그램이다.

③ 임베디드 시스템(embedded system) 부트로더란, PC의 BIOS와 OS Loader의 기능을 수행하는 프로그램으로 시스템이 부팅할 때 가장 먼저 수행된다.

④ 운영체제 실행에 필요한 환경을 설정하고 운영체제 이미지를 메모리에 복사한다.

⑤ 부트로더(boot loader)는 부트 매니저라고도 부르며 크기가 512바이트로 하드디스크의 첫 번째 섹터인 MBR(Master Boot Record)에 위치한다.

⑥ MBR은 하드디스크의 첫 번째 섹터로 부트 매니저 프로그램과 파티션 정보를 저장한다.

⑦ 주 파티션마다 부트 섹터(boot sector)가 할당된다.

⑧ 부트 섹터는 디스크의 다른 부분에 저장되는 부팅 프로그램을 담을 수 있는 하드디스크, 플로피 디스크 또는 비슷한 기억 장치의 섹터를 말한다.

⑨ 분할된 주 파티션들은 자신의 부트 레코드를 MBR에 기록하여 실행된다.

⑩ 한 컴퓨터에 다수의 운영체제가 설치되어 있을 경우 작업 운영체제를 선택하여 부팅할 수 있게 한다.

⑪ x86 아키텍처에서 많이 사용되는 부트로더는 LILO(LInux LOader)와 GRUB(GRand Unified Bootloader)이다.

- LILO는 리눅스 운영체제에 한정되어 사용되는 반면 GRUB은 리눅스 운영체제 외에도 다른 운영체제에서도 사용 가능하다.
- GRUB과 LILO 모두 System 전원이 공급되면 가장 먼저 ROM-BIOS에서 시스템 제어권을 가지고 장착된 하드웨어에 대한 기본적인 점검과 인식을 한다.
- ROM-BIOS는 하드디스크의 첫 번째 부트 섹터인 MBR(Master Boot Record)에 있는 Boot Loader에게 제어권을 넘긴다.

(2) GRUB(GRand Unified Bootloader)

① Erich Stefan Boleny에 의해서 개발된 부트로더이다.

② GRUB 부트로더는 리눅스 부팅 시 처음 나오는 선택 화면이다.

③ 리눅스의 전통적인 부트로더로 사용되어 왔던 LILO의 단점을 보완한 것이다.

④ LILO에 비해 설정 및 사용이 편리하다.

⑤ 부트 정보를 사용자가 임의로 변경해 부팅할 수 있어, 부트 정보가 올바르지 않더라도 부팅 시 바로 수정하여 부팅할 수 있다.

⑥ 다른 운영체제와 멀티부팅할 수 있다.

⑦ 대화형 설정이므로 커널의 경로와 파일 이름만 알면 부팅할 수 있다.

⑧ 메뉴 인터페이스 환경을 지원하며, 대화명 모드로 부트 정보를 설정할 수 있다.

⑨ 파일 시스템과 커널 실행 포맷을 인식하여 하드디스크상에서 커널의 물리적 위치를 기록 하지 않아도 커널 위치와 커널 이미지 파일명만 알고 있으면 부팅이 가능하다.

⑩ 환경 설정 파일

- CentOS 6에서는 Grub Legacy를, CentOS 7 이상부터는 GRUB 2 버전을 사용한다.
- 기존 GRUB 1(Legacy) 버전과 GRUB 2 버전의 주요 차이점은 다음과 같다.

구분	GRUB 1	GRUB 2
설정 파일	/boot/grub/menu.lst	/boot/grub2/grub.cfg
파티션	첫 번째 파티션은 0부터 시작	첫 번째 파티션은 1부터 시작
root 파티션 지정 방법	root (hd0,0)	set root=(hd0,msdos1)
커널 이미지 설정 옵션	kernel=옵션으로 커널 이미지 명시	linux=옵션으로 커널 이미지 명시

- GRUB 1(Legacy)
  - GRUB의 환경 설정 파일은 /boot/grub/grub.conf와 링크 파일 /etc/grub.conf이다.

```
[root@localhost /]# cat /boot/grub/grub.conf
# grub.conf generated by anaconda
#
# Note that you do not have to rerun grub after making changes to this file
# NOTICE:    You have a /boot partition.  This means that
#            all kernel and initrd paths are relative to /boot/, eg.
#            root (hd0,0)
#            kernel /vmlinuz-version ro root=/dev/mapper/VolGroup-lv_root
#            initrd /initrd-version.img
#boot=/dev/sda
default=0
timeout=0
splashimage=(hd0,0)/grub/splash.xpm.gz
hiddenmenu
title Fedora (2.6.29.4-167.fc11.i686.PAE)
        root (hd0,0)
        kernel /vmlinuz-2.6.29.4-167.fc11.i686.PAE ro root=/dev/mapper/VolGroup-lv_root rhgb quiet
        initrd /initrd-2.6.29.4-167.fc11.i686.PAE.img
```

root(hd0,0)	• root 파티션의 위치를 지정 • (hd0,0) primary master의 첫 번째 파티션을 의미
kernel/boot/vmlinuz	• 부팅하면서 메모리에 위치하는 리눅스 커널에 전달할 인수를 지정하는 옵션 • /boot 파티션을 별도로 사용하고 있으면 커널의 위치는 kernel/boot/vm
initrd/boot/initrd	이미지 파일의 경로를 지정하는 옵션

- GRUB 2
  - GRUB 2의 설정 파일은 /boot/grub2/grub.cfg과 링크 파일 /etc/grub2.cfg이다.
  - 파일 /boot/grub2/grub.cfg는 읽기 전용이다.
  - 파일 /etc/default/grub과 /etc/grub.d을 통해 grub 환경을 설정한다.
  - 명령어 grub2-mkconfig를 설정 내용을 적용한다.

```
[root@localhost /]# cat /etc/default/grub
GRUB_TIMEOUT=5
GRUB_DISTRIBUTOR="$(sed 's, release .*$,,g' /etc/system-release)"
GRUB_DEFAULT=saved
GRUB_DISABLE_SUBMENU=true
GRUB_TERMINAL_OUTPUT="console"
GRUB_CMDLINE_LINUX="crashkernel=auto rd.lvm.lv=centos/root rd.lvm.lv=centos/swap rhgb quiet"
GRUB_DISABLE_RECOVERY="true"
```

GRUB_TIMEOUT	자동 부팅 시간 설정(초 단위로 설정)
GRUB_DISTRIBUTOR	부팅 화면의 각 엔트리 앞에 명시되는 이름 지정
GRUB_DEFAULT	GRUB 2의 기본 부트 엔트리 지정 시 사용
GRUB_DISABLE_SUBMENU	서브 메뉴 사용 여부 설정
GRUB_TERMINAL_OUTPUT	GRUB 표시 방법을 명시(console : 콘솔창, gfxterm : 그래픽 모드)
GRUB_CMDLINE_LINUX	부팅 시 커널에 전달할 파라미터 지정
GRUB_DISABLE_RECOVERY	Recovery mode 화면 명시 유무 표시

⑪ 장치명

- GRUB에서는 ROM-BIOS에서 사용하는 정보를 사용하며 IDE, SCSI 장치명을 별도로 구분 짓지 않는다.
- IDE와 SCSI의 구분 없이 시스템에 정착된 순서대로 hd0, hd1로 표기한다.
- 디스크 번호와 파티션 번호는 모두 0부터 시작한다.
- (디스크장치명,파티션명) 형식으로 표기한다.

구분	DISK	Partition
1	hd0	(hd0,0), (hd0,1), (hd0,2) ..
2	hd1	(hd1,0), (hd1,1), (hd1,2) ..
3	hd2	(hd2,0), (hd2,1), (hd2,2) ..

⑫ GRUB 2 작업 모드

- GRUB 2 명령 모드(초기 화면에서 'c')

```
    Minimal BASH-like line editing is supported. For the first word,
    TAB lists possible command completions. Anywhere else TAB lists
    possible device or file completions. ESC at any time exits.

grub> _
```

- GRUB 2 편집 모드(초기 화면에서 'e')

```
'CentOS Linux (3.10.0-327.el7.x86_64) 7 (Core)'

load_video
set gfxpayload=keep
insmod gzio
insmod part_msdos
insmod xfs
set root='hd0,msdos1'
if [ x$feature_platform_search_hint = xy ]; then
   search --no-floppy --fs-uuid --set=root --hint-bios=hd0,msdos1 --hint-efi=hd0,\
   msdos1 --hint-baremetal=ahci0,msdos1 --hint='hd0,msdos1'  b988bb88-2\
   690-41fe-a3c2-0997d2a3645a
else
   search --no-floppy --fs-uuid --set=root b988bb88-2690-41fe-a3c2-0997\d2a3645a

Press Ctrl-x to start, Ctrl-c for a command prompt or Escape to
discard edits and return to the menu. Pressing Tab lists
possible completions.
```

- 편집모드에서 사용할 수 있는 키와 기능은 다음과 같다.

↑, ↓	위, 아래 이동
a (append)	grub.conf에서 커널과 관련된 매개변수를 추가
b (boot)	선택된 boot menu로 시스템을 부팅
e (edit)	선택된 boot menu의 명령어를 편집
c (command)	• 상호 대화식으로 직접 입력할 수 있는 모드 • 명령어를 입력하는 환경이 bash 셸과 유사
o (open)	새로운 행을 커서 다음 행에 삽입
O (Open)	새로운 행을 커서 앞 행에 삽입
d (delete)	선택된 행을 삭제
ESC	GRUB 이전 메뉴로 이동

① 커널은 가장 먼저 시스템에 연결된 메모리, 디스크, 키보드, 마우스 등 장치들을 검사한다.

② 장치 검사 등 기본적인 초기화 과정이 끝나면 프로세스와 스레드를 생성한다.

③ 이 프로세스들은 메모리 관리 같은 커널의 여러 가지 동작을 수행한다.

④ 프로세스의 개수와 종류는 리눅스의 버전과 종류에 따라 다르다.

⑤ 커널 프로세스가 생성되면 커널이 수행할 작업이 끝난다.

```
UID        PID   PPID  C STIME TTY      TIME CMD
root         1 ◄── 0  0 17:58 ?     00:00:02 /usr/lib/systemd/systemd
root         2 ◄── 0  0 17:58 ?     00:00:00 [kthreadd]
root         3      2  0 17:58 ?     00:00:00 [ksoftirqd/0]
root         5      2  0 17:58 ?     00:00:00 [kworker/0:0H]
root         6      2  0 17:58 ?     00:00:00 [kworker/u256:0]
root         7      2  0 17:58 ?     00:00:00 [migration/0]
root         8      2  0 17:58 ?     00:00:00 [rcu_bh]
root         9      2  0 17:58 ?     00:00:00 [rcuob/0]
root        10      2  0 17:58 ?     00:00:00 [rcuob/1]
root        11      2  0 17:58 ?     00:00:00 [rcuob/2]
root        12      2  0 17:58 ?     00:00:00 [rcuob/3]
root        13      2  0 17:58 ?     00:00:00 [rcuob/4]
root        14      2  0 17:58 ?     00:00:00 [rcuob/5]
root        15      2  0 17:58 ?     00:00:00 [rcuob/6]
root        16      2  0 17:58 ?     00:00:00 [rcuob/7]
```

⑥ 커널은 메모리 관리, 스케줄링 같은 동작을 수행하기 위해 여러 개의 프로세스(커널 프로세스)들을 생성한다.

⑦ 이 프로세스는 일반적인 프로세스와 구분되도록 대괄호([ ])로 표시, 주로 PID 번호를 낮게 배정한다.

⑧ 커널 프로세스가 생성되면 커널이 수행할 작업이 끝나면서 system 서비스를 동작시킨다.

4 Systemd

① systemd 서비스는 기존의 init 스크립트를 대체한 것으로 다양한 서비스를 동작시킨다.

• Systemd는 다양한 서비스 데몬을 시작하고 프로세스를 유지하며 시스템 상태를 관리한다.

② 각 서비스를 시작하는 과정은 화면에 메시지로 출력된다.

(1) init 프로세스와 런레벨

① CentOS는 버전 7부터 init 대신에 시스템과 서비스 관리자로 systemd를 사용하기 시작했고, systemd 프로세스가 1번 프로세스이다.

• 이전 버전과의 호환성 때문에 inittab 파일을 유지하지만 init를 사용하지 않고 systemd를 사용한다.

• inittab 설정 파일은 /etc/inittab이다.

```
[root@localhost rc.d]# ls -l /etc/inittab
-rw-r--r--. 1 root root 490  8월 22 21:44 /etc/inittab
[root@localhost rc.d]#
[root@localhost rc.d]# cat /etc/inittab
# inittab is no longer used.
#
# ADDING CONFIGURATION HERE WILL HAVE NO EFFECT ON YOUR SYSTEM.
#
# Ctrl-Alt-Delete is handled by /usr/lib/systemd/system/ctrl-alt-del.target
#
# systemd uses 'targets' instead of runlevels. By default, there are two main targets:
#
# multi-user.target: analogous to runlevel 3
# graphical.target: analogous to runlevel 5
#
# To view current default target, run:
# systemctl get-default
#
# To set a default target, run:
# systemctl set-default TARGET.target
[root@localhost rc.d]#
```

② init는 시스템의 상태를 7개로 정의하여 구분하고 각 단계에 따라 셀 스크립트를 실행한다.

③ 이 단계들을 런레벨(Runlevel)이라고 한다.

런레벨	의미	관련 스크립트의 위치
0	시스템 종료	/etc/rc0.d
1, S	단일 사용자 모드	/etc/rc1.d
2	다중 사용자 모드(NFS를 실행하지 않음)	/etc/rc2.d
3	다중 사용자 모드(NFS 포함)	/etc/rc3.d
4	사용하지 않음(예비 번호)	/etc/rc4.d
5	X11 상태로 부팅	/etc/rc5.d
6	재시작	/etc/rc6.d

④ init 프로세스가 실행하는 스크립트 파일은 /etc/rc.d/init.d 디렉터에 위치한다.

• init 프로세스를 더 이상 사용하지 않지만 렌레벨에 대한 개념을 이해해야 한다. CentOS stream 9의 /etc/rc.d의 상태는 다음과 같다.

```
[root@localhost rc.d]#
[root@localhost rc.d]# ls -l /etc/rc.d
합계 8
drwxr-xr-x. 2 root root 4096 12월  3 12:19 init.d
-rw-r--r--. 1 root root  474  8월 22 21:44 rc.local
[root@localhost rc.d]#
```

⑤ 현재 실행되는 런레벨을 확인하는 명령어는 runlevel이다.

```
[root@localhost /]# runlevel
N 5
[root@localhost /]#
```

(2) Systemd 서비스와 런레벨

① CentOS는 버전 7부터 대부분의 서비스가 systemd 기반으로 바뀌었다.

② systemd의 장점은 다음과 같다.

- 소켓 기반으로 동작하여 inetd와 호환성을 유지한다.
- 셸과 독립적으로 부팅이 가능하다.
- 마운트와 fsck 제어가 가능하다.
- 시스템 상태에 대한 스냅숏을 유지한다.
- SELinux와 통합이 가능하다.
- 서비스에 시그널을 전달할 수 있다.
- 셧다운 전에 사용자 세션의 안전한 종료가 가능하다.

③ systemd은 시스템을 관리하는 데 유닛(Unit)을 사용한다.

- 관리 대상 이름을 '서비스명.유닛종류' 형태로 관리한다.
- 각 유닛은 같은 이름과 종류로 구성된 설정 파일과 동일한 이름을 사용한다.
- 유닛 종류와 기능은 다음과 같다.

유닛	기능	예
service	시스템 서비스 유닛으로, 데몬을 시작/종료/재시작/로드한다.	atd.service
target	유닛을 그루핑한다. (예 multi-user.target → 런레벨 5에 해당하는 유닛)	basic.target
automount	디렉터리 계층 구조에서 자동 마운트 포인트를 관리한다.	proc-sys-fs-binfmt_misc.auto mount
device	리눅스 장치 트리에 있는 장치를 관리한다.	sys-module-fuse.device
mount	디렉터리 계층 구조의 마운트 포인트를 관리한다.	boot.mount
path	파일 시스템의 파일이나 디렉터리 등 경로를 관리한다.	cups.path
scope	외부에서 생성된 프로세스를 관리한다.	init.scope
slice	시스템의 프로세스를 계층적으로 관리한다.	system-getty.slice
socket	소켓을 관리하는 유닛으로, AF_INET, AF_INET6, AF_UNIX 소켓 스트림과 데이터그램, FIFO를 지원한다.	dbus.socket
swap	스압 장치를 관리한다.	dev-mapper-fedora\x2dswap.swap
timer	타이머와 관련된 기능을 관리한다.	dnf-makecache.timer

④ systemd 기반 서비스를 제어하는 명령어는 systemctl이다.

명령어	설명
systemctl	현재 동작 중인 유닛 출력
systemctl -a	전체 유닛 출력
systemctl status 유닛명	유닛 서비스 상태 확인
Systemctl stop 유닛명	유닛 서비스 정지
systemctl start 유닛명	유닛 서비스 시작
systemctl restart 유닛명	유닛 서비스 재시작

⑤ 디렉터리 /usr/lib/system/system에 런레벨 관련 파일들이 있다.

```
[root@localhost /]# ls -ld /usr/lib/systemd/system/run*
-rw-r--r--. 1 root root  469 11월  9 19:17 '/usr/lib/systemd/system/run-vmblock\x2dfuse.mount'
lrwxrwxrwx. 1 root root   15 8월 22 21:44 /usr/lib/systemd/system/runlevel0.target -> poweroff.target
lrwxrwxrwx. 1 root root   13 8월 22 21:44 /usr/lib/systemd/system/runlevel1.target -> rescue.target
drwxr-xr-x. 2 root root 4096 8월 22 21:44 /usr/lib/systemd/system/runlevel1.target.wants
lrwxrwxrwx. 1 root root   17 8월 22 21:44 /usr/lib/systemd/system/runlevel2.target -> multi-user.target
drwxr-xr-x. 2 root root 4096 8월 22 21:44 /usr/lib/systemd/system/runlevel2.target.wants
lrwxrwxrwx. 1 root root   17 8월 22 21:44 /usr/lib/systemd/system/runlevel3.target -> multi-user.target
drwxr-xr-x. 2 root root 4096 8월 22 21:44 /usr/lib/systemd/system/runlevel3.target.wants
lrwxrwxrwx. 1 root root   17 8월 22 21:44 /usr/lib/systemd/system/runlevel4.target -> multi-user.target
drwxr-xr-x. 2 root root 4096 8월 22 21:44 /usr/lib/systemd/system/runlevel4.target.wants
lrwxrwxrwx. 1 root root   16 8월 22 21:44 /usr/lib/systemd/system/runlevel5.target -> graphical.target
drwxr-xr-x. 2 root root 4096 8월 22 21:44 /usr/lib/systemd/system/runlevel5.target.wants
lrwxrwxrwx. 1 root root   13 8월 22 21:44 /usr/lib/systemd/system/runlevel6.target -> reboot.target
[root@localhost /]#
```

- 각 레벨 관련 파일들은 runlevel$N$.target 심볼릭 링크 형태이다.
- 런레벨과 target 유닛과의 관계는 다음과 같다.

런레벨	target 파일(심볼릭 링크)	target 원본 파일
0	runlevel0.target	poweroff.target
1	runlevel1.target	rescue.target
2	runlevel2.target	multi-user.target
3	runlevel3.target	
4	runlevel4.target	
5	runlevel5.target	graphical.target
6	runlevel6.target	reboot.target

⑥ target와 런레벨 관련 명령어들은 다음과 같다.

명령어	설명	예제
systemctl get-default	현재 타켓 확인	systemctl get-default
systemctl set-default 〈타겟명〉.target	기본 타켓(레벨) 지정	systemctl set-default rescue.target systemctl set-default multi-user.target systemctl set-default graphical.target
systemctl isolate 런레벨	타켓(레벨) 변경	systemctl isolate rescue systemctl isolate graphical 또는 systemctl isolate runlevel1 systemctl isolate runlevel5
init, telinit	런레벨 변경	init 1 init S

• init은 프로세스이기도 하지만 런레벨 변경 시에도 사용 가능한 명령어이다.

```
[root@localhost /]# init --help
init [OPTIONS...] COMMAND

Send control commands to the init daemon.

Commands:
  0            Power-off the machine
  6            Reboot the machine
  2, 3, 4, 5   Start runlevelX.target unit
  1, s, S      Enter rescue mode
  q, Q         Reload init daemon configuration
  u, U         Reexecute init daemon

Options:
    --help     Show this help
    --no-wall  Don't send wall message before halt/power-off/reboot

See the telinit(8) man page for details.
[root@localhost /]#
```

5 로그인과 로그아웃

(1) 로그인

① 리눅스는 X 윈도우상에서의 로그인/로그아웃과 콘솔상에서의 로그인/로그아웃이 있다.

② 로그인 과정은 다음과 같다.

- 입력한 패스워드와 파일 /etc/passwd 필드를 비교한다.
- 셸 설정 파일을 실행한다. 셸 설정 파일은 다음과 같은 일을 수행한다.
  - 검색 경로 설정
  - 터미널 종류 설정 및 다양한 터미널 설정
  - 환경변수 설정
  - 로그인 시 실행 명령어 실행
  - 로그인 메시지 출력

파일	특징	상태
/etc/issue	콘솔(로컬) 접속 시 보여줄 메시지 파일	로그인 전
/etc/issue.net	원격지에서 접속 시 보여줄 메시지 파일	로그인 전
/etc/motd	로컬접속, 원격접속 모두에 해당하며 로그인 성공 후 보여줄 메시지 파일	로그인 후

③ 로그인 셸을 실행한다.

- 로그인 셸은 파일 /etc/passwd의 마지막 필드에 정의되어 있다.
- 로그인 셸에 따라 프롬프트가 다르다.

셸 종류	저장 위치	프롬프트
sh	본셸, /bin/sh에 위치	$
csh	C셸, /bin/csh에 위치	%
ksh	콘셸, /bin/ksh에 위치	$
bash	배쉬셸, /bin/bash에 위치	$

(2) 로그아웃

① 로그아웃은 logout, exit 또는 조합키 Ctrl + D 를 사용한다.

② 관리자는 일정 시간 작업을 수행하지 않는 모든 사용자들을 강제로 로그아웃할 수 있다.

- 강제 로그아웃은 /etc/profile에 TMOUT 변수에 값을 지정하여 해당 작업을 수행한다.

01 다음 중 부트 매니저가 설치되는 영역으로 알맞은 것은?

① Primary Partition
② Extend Partition
③ Logical Partition
④ MBR

부트로더(bootloader)는 부트 매니저라고도 부르며, 크기가 512바이트로 하드디스크의 첫 번째 섹터인 MBR(Master Boot Record)에 위치한다.

02 다음 중 파일 시스템 점검하고 복구할 때 사용하는 런레벨로 알맞은 것은?

① 1   ② 2
③ 3   ④ 4

레벨 1은 root 관리자만이 로그인할 수 있는 모드로 root 패스워드 분실, 파일 시스템 점검 및 복구, 시스템 점검을 할 때 사용한다.

03 GRUB(GRand Unified Bootloader)에 대한 설명으로 틀린 것은?

① ext2, BSD, FFS, FAT16, FAT32 등을 지원한다.
② 파일 시스템과 커널 포맷에 상관없이 커널의 물리적 위치를 기준으로 커널을 로드한다.
③ MBR(Master Boot Record)에만 설치가 가능하다.
④ Linux, FreeBSD, NetBSD, Open-BSD 등 비멀티부트 커널을 지원한다.

• LILO나 GRUB과 같은 부트로더들은 MBR에만 설치가 가능한 것이 아니다.
• GRUB의 설치 위치에 따라 멀티부팅을 관리하는 방법이 달라진다.

04 다음 중 부트로더인 GRUB 관련 파일들이 들어있는 디렉터리로 알맞은 것은?

① /usr   ② /boot
③ /sbin   ④ /var

디렉터리 /boot는 부팅 시 커널 이미지와 부팅 정보 파일을 저장한다. 특히 GRUB의 환경설정 파일은 /boot/grub/grub.conf 또는 /etc/groub.conf이다.

05 시스템에 로그인한 사용자에게 서버 점검 시간을 통보하는 메시지를 전송하는 파일은?

① /etc/motd.net   ② /etc/motd
③ /etc/issue.net   ④ /etc/issue

파일 /etc/issue.net과 /etc/issue는 로그인 전에 사용자에게 메시지를 전달한다.

06 다음 중 일정 시간 동안 작업을 하지 않는 사용자를 강제적으로 로그아웃되도록 설정 시 사용하는 파일로 알맞은 것은?

① /etc/profile   ② /etc/motd
③ /etc/issue.net   ④ /etc/issue

강제 로그아웃은 /etc/profile에 TMOUT 변수에 값을 지정하여 해당 작업을 수행한다.

07 GRUB 설정 중 (hd2,2)에 대한 설명은?

① 두 번째 디스크의 2번째 파티션
② 두 번째 디스크의 3번째 파티션
③ 세 번째 디스크의 2번째 파티션
④ 세 번째 디스크의 3번째 파티션

GRUB의 장치 파일명 표기 방식은 (디스크장치명,파티션명)이다. 번호는 0부터 시작한다.

정답 01 ④ 02 ① 03 ③ 04 ② 05 ② 06 ① 07 ④

CHAPTER

03

리눅스의
기본 명령어

사용자 생성 및 계정 관리

1 리눅스 명령어 개요

(1) 명령어 which

① 명령어의 경로를 확인하는 명령어이다.

② 명령어 위치를 찾아주거나 alias를 보여주는 명령어이다.

③ 사용자가 현재 위치에서 명령을 실행시켰을 때 어떤 명령이 실행되는지를 알고 확인할 수 있다.

④ $PATH가 설정되어 있는 경로에서만 해당 명령어의 경로를 찾는다.

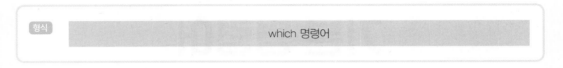

형식
which 명령어

예제 ....

명령어 httpd, pwd, m의 위치를 확인한다.

```
[youngjin@localhost ~]$ which httpd
/usr/sbin/httpd
[youngjin@localhost ~]$ which m
alias m='ls -al | more'
        /bin/ls
        /bin/more
[youngjin@localhost ~]$ which pwd
/bin/pwd
```

(2) 명령어 alias

① 자주 사용하는 명령어를 특정 문자로 입력해 두고 명령어 대신 해당 문자를 사용할 수 있게 하는 명령어이다.

형식
alias [별명='명령어']

명령어 'ls –al|more'를 문자 'm'으로 단축시킨다.

```
[youngjin@localhost ~]$ alias m='ls -al | more'
```

(3) 명령어 unalias

① alias 기능을 해제한다.

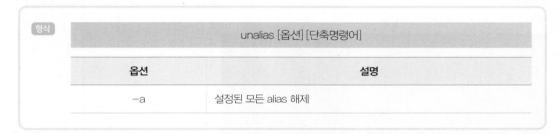

형식	unalias [옵션] [단축명령어]	
옵션		**설명**
–a		설정된 모든 alias 해제

예제 ....

단축 명령어 'm'을 더 이상 사용하지 않는다.

```
[youngjin@localhost ~]$ unalias m
```

(4) 환경변수 PATH

① PATH는 실행 파일들의 디렉터리 위치를 저장해 놓은 환경 변수이다.

② 명령어 입력자의 현재 작업 디렉터리와 상관없이 특정 명령어를 입력하면 PATH 변수에 저장되어 있는 경로에서 해당 명령어를 찾아 실행한다.

③ 명령어 echo $PATH는 지정된 PATH값을 확인할 수 있다.

예제 1 ....

계정명 youngjin에 설정되어 있는 PATH를 확인한다.

```
[youngjin@localhost ~]$ echo $PATH
/usr/lib/qt-3.3/bin:/usr/kerberos/bin:/usr/lib/ccache:/usr/local/bin:
/usr/bin:/bin:/usr/local/sbin:/usr/sbin:/sbin:/home/youngjin/bin
```

④ 기존의 PATH에 새로운 경로를 추가하는 방법에는 명령어 PATH나 홈 디렉터리의 .bash_profile에 PATH를 추가한다. 기존 경로와 새 경로는 콜론(:)으로 구분한다.

형식	export 변수명=$변수명:변수값

예제 2 ··

기존 PATH에 디렉터리 /dev를 추가한다.

```
[youngjin@localhost ~]$ PATH=$PATH:/dev
[youngjin@localhost ~]$ echo $PATH
/usr/lib/qt-3.3/bin:/usr/kerberos/bin:/usr/lib/ccache:/usr/local/bin:
/usr/bin:/bin:/usr/local/sbin:/usr/sbin:/sbin:/home/youngjin/bin:/dev
```

예제 3 ··

파일 .bash_profile에 PATH 부분을 확인한다.

```
# .bash_profile

# Get the aliases and functions
if [ -f ~/.bashrc ]; then
        . ~/.bashrc
fi

# User specific environment and startup programs

PATH=$PATH:$HOME/bin

export PATH
```

2 리눅스 도움말

(1) 명령어 man

① 리눅스에서 사용하는 명령어들의 매뉴얼을 제공한다.

형식		
	man [섹션] [옵션] 명령어	

옵션	설명
-a	찾고자 하는 명령어의 검색된 매뉴얼 페이지를 모두 출력
-h	사용법을 출력
-f	whatis 명령과 동일. 키워드와 동일한 man 페이지만 출력
-k	apropos 명령과 동일. 키워드가 포함된 man 페이지 출력
-w	찾고자 하는 문자의 매뉴얼 페이지가 있는 위치를 출력

② 매뉴얼은 9개의 섹션(section)으로 구분되어 해당 섹션에서 해당 정보들을 확인할 수 있다.

섹션	설명
1	일반 명령어 관련 매뉴얼이 들어있는 영역
2	시스템 호출 관련 매뉴얼이 들어있는 영역
3	C 표준 라이브러리 함수 관련 매뉴얼이 들어있는 영역
4	장치 드라이버 또는 특수 파일에 대한 정보가 들어있는 영역
5	특정 파일들에 대한 정보가 들어있는 영역
6	게임과 화면보호기에 대한 정보가 들어있는 영역
7	리눅스 파일 표준, 프로토콜, 시그널 목록 정보가 들어있는 영역
8	시스템 관리 명령어와 데몬 정보가 들어있는 영역
9	커널 관리 정보가 들어있는 영역

예제

명령어 uname의 사용법을 확인한다.

man −a uname	uname의 모든 man 페이지 섹션을 표시
man 2 uname	uname의 섹션 2의 man 페이지를 표시
man uname −P more	uname의 man 페이지를 more 명령을 사용하여 페이지 단위로 표시
man −f uname	uname이 포함된 man 페이지 표시

(2) 명령어 info

① 리눅스 명령어의 사용 방법, 옵션 등을 나타낸다.

② 명령어 man에 비해 제공되는 명령어가 한정적이다.

형식 info 명령어

(3) 명령어 whatis

① 명령어에 대한 기능을 간략하게 나타낸다.

② 자세한 사용법과 설명은 명령어 man이나 info로 확인해야 한다.

③ 완전히 키워드가 일치해야만 해당 명령어의 기능을 확인할 수 있다.

④ whatis 데이터베이스에서 문자열만 검색한다.

형식   whatis 명령어

예제 ··

명령어 ls의 기능을 확인한다.

```
[youngjin@localhost ~]$ whatis ls
ls (1)              - 경로의 내용을 나열한다.
ls (1p)             - list directory contents
```

(4) 명령어 manpath

① man 페이지의 위치 경로를 검색하여 표시해 주는 명령어이다.

형식   manpath [명령어]

예제 ··

man 명령이 참조하는 매뉴얼 페이지의 경로를 표시한다.

```
[youngjin@localhost ~]$ manpath
/usr/local/share/man:/usr/share/man/overrides:/usr/share/man
```

(5) 명령어 whereis

① 찾고자 하는 명령어의 실행 파일 절대 경로와 소스코드, 설정 파일 및 매뉴얼 페이지를 찾아
출력하는 명령어다.

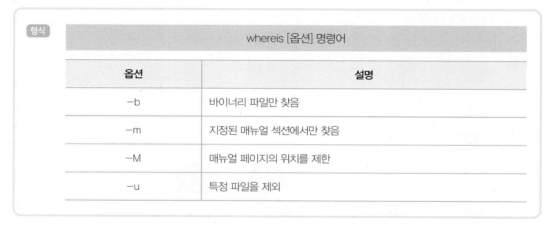

형식	whereis [옵션] 명령어
옵션	설명
−b	바이너리 파일만 찾음
−m	지정된 매뉴얼 섹션에서만 찾음
−M	매뉴얼 페이지의 위치를 제한
−u	특정 파일을 제외

명령어 shutdown의 소스 파일 위치나 매뉴얼 페이지의 위치 정보를 출력한다.

```
[youngjin@localhost ~]$ whereis shutdown
shutdown: /usr/sbin/shutdown /usr/share/man/man2/shutdown.2.gz
/usr/share/man/man3p/shutdown.3p.gz /usr/share/man/man8/shutdown.8.gz
```

(6) 명령어 apropos

① 맨(man) 페이지 설명에서 지정한 키워드를 포함하고 있는 명령어이다.

② whatis 데이터베이스에서 문자열을 포함한 것을 검색한다.

③ whatis 데이터베이스가 만들어져 있어야 이 명령을 쓸 수 있다.

형식

apropos 문자열

명령어 매뉴얼에서 system이 포함된 명령어 목록을 출력한다.

```
[root@localhost /]# apropos system
DMX []                   (3)  - X Window System DMX (Distributed Multihead X) extension
DeviceKit-power []       (7)  - System-wide Power Management
Errno []                 (3)  - System errno constants
FileCache []             (3)  - keep more files open than the system permits
Git []                   (3)  - Perl interface to the Git version control system
IO::Poll []              (3)  - Object interface to system poll call
IO::Select []            (3)  - OO interface to the select system call
README.aix []            (1)  - Perl version 5 on IBM Unix (AIX) systems
README.freebsd []        (1)  - Perl version 5 on FreeBSD systems
README.hpux []           (1)  - Perl version 5 on Hewlett-Packard Unix (HP-UX) systems
README.irix []           (1)  - Perl version 5 on Irix systems
README.linux []          (1)  - Perl version 5 on Linux systems
README.machten []        (1)  - Perl version 5 on Power MachTen systems
README.openbsd []        (1)  - Perl version 5 on OpenBSD systems
README.solaris []        (1)  - Perl version 5 on Solaris systems
```

system으로 시작하는 명령어를 찾는다.

```
[root@localhost /]# apropos system | grep ^system
system []                (3)  - execute a shell command
system []                (3p) - issue a command
system-auth []           (5)  - Common configuration file for PAMified services
system-auth-ac []        (5)  - Common configuration file for PAMified services written
system-config-date [] (8)  - graphical interface for changing system date and time
system-config-printer [] (1)  - configure a CUPS server
system-config-printer-applet [] (1)  - print job manager
system-config-services [] (8)  - Service Configuration Utility
system-config-users [] (8)  - User and Group Management tool
```

(1) 명령어 useradd

① 계정을 생성하는 명령어로 명령어 adduser와 동일한 기능을 갖는다.

② 계정자의 홈 디렉터리는 '/home/계정명'이다.

③ 생성된 계정 정보는 파일 /etc/passwd, /etc/shadow, /etc/group에 저장된다.

형식	useradd [옵션] 계정명	
옵션	**설명**	
−s	사용자의 로그인 기본 셸을 지정	
−d	계정의 홈 디렉터리를 지정	
−f	패스워드가 만기된 후 계정이 영구히 말소될 때까지의 기간 지정	
−e	• 사용자 계정의 유효기간을 설정 • 일정 시간 동안 사용 가능한 임시 계정을 만들고자 할 때 사용	
−c	파일 /etc/passwd에 새로운 사용자 설명을 추가	
−G	계정이 속한 그룹 외에 다른 그룹에 계정 추가	

예제

계정 ihd를 생성한다. 계정자 ihd의 홈 디렉터리를 /IHD로 지정한다.

```
[root@localhost /]# useradd -d /IHD ihd
[root@localhost /]# su - ihd
[ihd@localhost ~]$ cd ~
[ihd@localhost ~]$ pwd
/IHD
```

(2) 명령어 passwd

① 생성된 계정자의 패스워드를 입력 및 변경하는 명령어이다.

② 생성된 계정자의 패스워드는 /etc/shadow 파일 안에 기록된다.

passwd [옵션] 계정명	
옵션	**설명**
-S	계정 상태 표시(Status) (PS : 정상, NP : 패스워드가 없음, LK : Lock 상태이거나 NP 상태)
-d	계정 패스워드 삭제(delete)
-l	계정을 lock 상태로 변경(lock)
-u	계정의 lock 상태를 해제(unlock)

예제

계정자 ihd의 상태를 확인한다. 확인 후 패스워드가 지정되어 있지 않으면 패스워드를 지정한다.

```
[root@localhost ~]# passwd -S ihd
ihd LK 2017-09-20 0 99999 7 -1 (비밀 번호 잠금.)
[root@localhost ~]# passwd ihd
ihd 사용자의 비밀 번호 변경 중
새   암호:
새   암호 재입력:
[root@localhost ~]# passwd -S ihd
ihd PS 2017-09-20 0 99999 7 -1 (Password set, SHA512 crypt.)
```

(3) 명령어 su

① 명령어 su는 switch user(또는 substitute user)의 줄임말이다.

② 현재의 사용자 계정에서 로그아웃하지 않고 다른 사용자 계정으로 로그인하여 해당 사용자의 권한을 획득하는 명령어이다.

su [옵션] [사용자] [셸변수]	
옵션	**설명**
-, -l, --login	지정한 사용자의 환경변수를 적용하여 로그인
-s	지정된 셸로 로그인
-c	셸을 실행하지 않고 주어진 명령어 수행

예제 1 ....

셀 환경변수를 가져오지 않고 관리자 root로 계정을 변경한다.

```
[youngjin@localhost ~]$ su root
암호:
[root@localhost youngjin]# pwd
/home/youngjin
```

예제 2 ....

관리자 root의 셀 환경변수를 가져온다.

```
[youngjin@localhost ~]$ su - root
암호:
[root@localhost ~]# pwd
/root
```

예제 3 ....

사용자 계정 변환 없이 root 권한으로 명령어 'cat /etc/shadow'를 수행한다.

```
[youngjin@localhost ~]$ su -c 'cat /etc/shadow' - root
암호:
bin:*:14344:0:99999:7:::
daemon:*:14344:0:99999:7:::
adm:*:14344:0:99999:7:::
lp:*:14344:0:99999:7:::
sync:*:14344:0:99999:7:::
shutdown:*:14344:0:99999:7:::
halt:*:14344:0:99999:7:::
mail:*:14344:0:99999:7:::
uucp:*:14344:0:99999:7:::
```

4 사용자 관련 파일

(1) 파일 /etc/default/useradd

① 명령어 useradd로 사용자 계정을 추가할 때 사용되는 정보를 읽어오는 파일이다.

```
[root@localhost ~]# cat /etc/default/useradd
# useradd defaults file
GROUP=100
HOME=/home
INACTIVE=-1
EXPIRE=
SHELL=/bin/bash
SKEL=/etc/skel
CREATE_MAIL_SPOOL=yes
```

옵션	설명
GROUP	새로 생성되는 계정이 기본적으로 소속될 그룹의 GID를 지정
HOME	새로 생성되는 계정의 홈 디렉터리 위치를 지정
INACTIVE	• 새로 생성되는 계정의 패스워드 사용 기간이 만료된 후 계정이 사용 불가능해지는 날을 지정 • 0이면 바로 사용 불가능, −1이면 기능을 사용하지 않음
EXPIRE	• 새로 생성되는 계정의 패스워드 만료일을 지정 • 지정 방식은 YYYY−MM−DD
SHELL	새로 생성되는 계정의 기본 셸을 지정
SKEL	새로 생성되는 계정 사용자의 홈 디렉터리로 복사될 초기 환경설정 파일들이 저장된 디렉터리를 지정
CREATE_MAIL_SPOOL	새로 생성되는 계정의 메일 파일 저장 여부를 지정

② 파일 /etc/default/useradd은 vi편집기 또는 명령어 "useradd −D"로 변경한다.

예제

관리자의 gid는 500, 홈 디렉터리는 /home/TST, 셸은 /bin/sh로 변경한다.

옵션	설명
−g	그룹 변경
−b	홈 디렉터리 변경
−f	INACTIVE 변경
−e	계정 종료일 변경
−s	셸 변경

```
[root@localhost ~]# useradd -D -g 500 -b /home/TST -s /bin/sh
[root@localhost ~]# useradd -D
GROUP=500
HOME=/home/TST
INACTIVE=-1
EXPIRE=
SHELL=/bin/sh
SKEL=/etc/skel
CREATE_MAIL_SPOOL=yes
```

(2) 파일 /etc/passwd

① 계정자의 정보를 가지고 있는 파일로 리눅스에 로그인할 때 사용된다.

② 파일 내용은 여러 개의 필드로 구성되어 있으며, ':'(colon)으로 각각의 필드를 구분한다.

예제 ....

계정 ihd의 계정 정보를 확인한다.

```
[root@localhost ~]# tail -1 /etc/passwd
ihd:x:504:504::/IHD:/bin/bash
```

<u>username</u> : <u>password</u> : <u>uid</u> : <u>gid</u> : <u>comment</u> : <u>homedirectory</u> : <u>shell</u>
    ㄱ   ㄴ   ㄷ   ㄹ   ㅁ   ㅂ   ㅅ

㉠	사용자 이름

㉡	• 암호화된 비밀번호
	• pwconv가 활성화되어 있는 경우는 x로 표시되며 실제 패스워드는 /etc/shadow에 나타남
	• pwunconv가 활성화되어 있는 경우는 /etc/passwd 해당 필드에 패스워드가 나타남
	
	`[root@master ~]# pwunconv`
	`[root@master ~]# tail -1 /etc/passwd`
	`centos:$6$OJA/cKXkKECiXV42$1jKfs03RmJh9/uU1tZ820:1000:1000:centos:/home/centos:/bin/bash`
	`[root@master ~]# pwconv`
	`[root@master ~]# tail -1 /etc/passwd`
	`centos:x:1000:1000:centos:/home/centos:/bin/bash`

㉢	사용자의 UID(사용자를 관리하기 위해서 사용자에게 부여한 번호)
㉣	사용자의 GID(기본 그룹 : main 그룹, OS가 사용자가 속한 그룹에 부여한 번호)
㉤	설명문(보안상 요즘에는 사용하지 않음)
㉥	사용자의 홈 디렉터리(사용자마다 /home이 존재)
㉦	실행할 프로그램(일반적으로 사용자의 로그인 셸이 저장)

(3) 파일 /etc/shadow

① 계정자의 패스워드 정보가 암호화되어 있는 파일로 암호화 패스워드 및 계정의 유효 기간 등을 기록하고 있는 파일이다.

예제 ....

계정 ihd의 패스워드 관련 정보를 확인한다.

```
[root@localhost ~]# tail -1 /etc/shadow
ihd:$6$CCZLNGtn$6pWtjVSPoN3:17429:0:99999:7:::
```

username	password	lastchange	mindays	maxdays	warndays	inactive	expire	flag
㉠	㉡	㉢	㉣	㉤	㉥	㉦	㉧	㉨

㉠	사용자 계정명
㉡	암호화 된 비밀번호
㉢	최근 비밀번호 변경일(1970년 1월 1일을 기준으로 표시된 날 수)
㉣	암호를 변경 후 사용해야 하는 최소 기간 예 mindays가 1이면 최소한 1일은 해당 암호를 써야 함
㉤	암호를 사용할 수 있는 최대 기간 예 maxday가 90일이면 해당 암호를 최대 90일 동안만 사용할 수 있음
㉥	암호가 만료되기 전에 경고를 시작하는 날수 예 Warning이 5이면 암호가 만료되기 5일 전부터 로그인 시 경고 메시지가 나타남
㉦	암호가 만료된 후에도 이 항목에 지정한 날수 동안은 로그인이 가능 예 Inactive가 7이면 암호가 만료된 후에도 7일 동안은 로그인 가능 　　이 기간이 지나면 계정이 잠겨버림(관리자에게 문의해야 해결 가능)
㉧	사용자 계정이 만료되는 날짜로 이 날짜가 지나면 해당 계정으로 로그인을 할 수 없음 (1970년 1월 1일을 기준으로 표시된 날 수)
㉨	나중에 사용하기 위해 예약으로 세팅되어 있고 현재는 사용되지 않으며, 0으로 지정

② 다음은 /etc/shadow 설정 내용을 변경한 화면이다.

```
[root@master ~]# tail -1 /etc/shadow
youngjin:$6$y.rIkuFH$MmA7tf59Wtq4w3DgdRtpQ.k.5RowXK.fOQ6O5aU1MXsUz:18198:2:30:2:10:18261:
[root@master ~]# chage -l youngjin                    ㉢  ㉧  ㉦  ㉨  ㉣  ㉤  ㉥
마지막으로 암호를 바꾼 날                    :10월 29, 2019  ㉢
암호 만료                                     :11월 28, 2019  ㉧
암호가 비활성화 기간                          :12월 08, 2019  ㉦
계정 만료                                     :12월 31, 2019  ㉨
암호를 바꿀 수 있는 최소 날 수                : 2              ㉣
암호를 바꿔야 하는 최대 날 수                 : 30             ㉤
암호 만료 예고를 하는 날 수                   : 2              ㉥
```

- 패스워드 변경일 10월 29일을 기준으로, 해당 패스워드는 이틀 동안은 변경 불가능하다.
- 같은 패스워드를 사용하는 최대일은 30일이므로 10월 29일을 기준으로 11월 28까지 사용한다.
- 암호 만료일 11월 28일 이후에도 패스워드 변경이 진행되지 않으면 암호 만료일 다음날부터 10일간 로그인 시마다 패스워드 변경을 유도한다.
- 만일 10일이 지나도 패스워드가 변경되지 않으면 해당 계정은 비활성화가 된다(12월8일).
- 계정 만료일 2019년 12월 31일에는 암호 만료와 상관없이 해당 계정 사용을 중지시킨다.

(4) 파일 /etc/login.defs

① 사용자 계정 설정과 관련된 기본값을 정의한 파일이다.

② 새로운 계정을 생성할 때 반드시 참조하는 파일이다.

③ 아래 그림은 파일 /etc/login.defs의 일부분을 나타낸 것이다.

```
# Password aging controls:
#   PASS_MAX_DAYS   Maximum number of days a password may be used.
#   PASS_MIN_DAYS   Minimum number of days allowed between password changes.
#   PASS_MIN_LEN    Minimum acceptable password length.
#   PASS_WARN_AGE   Number of days warning given before a password expires.
#
PASS_MAX_DAYS   99999
PASS_MIN_DAYS   0
PASS_MIN_LEN    5
PASS_WARN_AGE   7

# Min/max values for automatic uid selection in useradd
#
UID_MIN                 500
UID_MAX                 60000

# Min/max values for automatic gid selection in groupadd
#
GID_MIN                 500
GID_MAX                 60000
```

MAIL_DIR	메일 디렉터리 지정
PASS_MAX_DAYS	패스워드 변경 없이 사용할 수 있는 최대일자
PASS_MIN_DAYS	패스워드 설정 후 최소 사용기간
PASS_MIN_LEN	패스워드의 최소 바이트 수
PASS_WARN_AGE	패스워드 만료 경고일 지정
UID_MIN	생성할 수 있는 UID 시작번호
UID_MAX	생성할 수 있는 최대 UID 번호
GID_MIN	새로 생성되는 그룹의 GID 시작번호
GID_MAX	새로 생성되는 그룹에서 지정할 수 있는 최대 GID 번호
CREATE_HOME	홈 디렉터리를 생성할 것인가의 여부

5 사용자 계정 관리

(1) 명령어 usermod

① 디렉터리 /home에 위치한 사용자들의 정보를 변경하는 명령어이다.

② 사용자의 홈 디렉터리 변경, 그룹 변경, 유효기간 등을 변경한다.

형식

usermod [옵션] 계정명	
옵션	**설명**
−u uid	• 새로운 UID를 지정 • −o 옵션과 같이 사용하면 강제 설정이 가능
−g	• 새로운 GID 지정 • 사용자 그룹을 지정 또는 변경
−G	• 새로운 보조그룹 지정 • 기존 그룹에 포함되어 있는 상태에서 새로운 그룹에 추가 지정
−d 홈 디렉터리	• 새로운 홈 디렉터리를 지정 • −m 옵션과 같이 사용하면 새로 생성이 가능
−s 셸	새로운 셸 지정
−c 주석	새로운 주석 지정
−l ID	로그인 ID를 바꾸는 옵션으로 새로운 계정명으로 변경

(2) 명령어 userdel

① 기존 계정 정보를 삭제하는 명령어이다.

② 옵션 없이 userdel을 사용하면 디렉터리 /etc/passwd, /etc/shadow, /etc/group에서 해당 계정의 정보가 삭제된다.

형식

userdel [옵션] 계정명	
옵션	**설명**
−r	계정명의 /var/spool/mail의 메일 파일과 홈 디렉터리의 내용 모두를 삭제

(3) 명령어 chage

① 패스워드의 만료 정보를 변경하는 리눅스 명령어이다.

형식	chage [옵션] [계정명]	
	옵션	**설명**
	−l	사용자 계정 정보를 출력
	−m	설정 암호 최소 사용 일자
	−M	설정 암호 사용 가능 일자
	−E	암호 만기일 지정
	−W	만기 전 변경 요구 경고 날짜 지정(지정된 날짜에 경고 메시지 출력)

옵션 예시	설명
chage −l ihd	계정자 ihd의 패스워드 정보를 표시
chage −m 2 ihd	최소 패스워드 사용 일자는 2일
chage −M 30 ihd	최대 패스워드 사용 일자는 30일
chage −E 2020/12/31 ihd	2020년 12월 31일에 패스워드 만기
chage −W 10 ihd	만기 10일부터 경고 메시지 출력

6 그룹관리

(1) 파일 /etc/group

① 사용자 그룹에 대해 정의되어 있는 파일이다.

② 모든 계정은 한 개 이상의 그룹에 포함되어 있다. 파일 /etc/group을 이용하여 계정의 그룹에 대한 변경을 직접 파일을 수정하거나 명령어를 이용하여 변경할 수 있다.

	groupname : password : gid : members
	㉠ ㉡ ㉢ ㉣

㉠	그룹명
㉡	그룹 비밀번호(x로 되어 있음)
㉢	그룹 번호 GID(기본 그룹)

㉣	그룹 멤버 리스트(여러 멤버가 존재할 때 콤마(,)로 구분한다)
	예 /etc/group
	    root:x:0:root
	    bin:x:1:root,bin,daemon
	    daemon:x:2:root,bin,daemon

(2) 파일 /etc/gshadow

① 그룹의 암호를 MD5로 하여 저장하며 그룹의 소유주, 구성원 설정이 가능하다.

```
[root@localhost ~]# cat /etc/gshadow | tail -1
youngjin:!::
```

	youngjin : ! : _ : _
	㉠ ㉡㉢ ㉣

㉠	그룹명
㉡	그룹 암호(! = 부여되지 않음)
㉢	그룹의 소유주
㉣	그룹 구성원(콤마로 구분)

(3) 명령어 groupadd

① 새로운 그룹을 생성하는 명령어이다.

형식	groupadd [옵션] 그룹명	
	옵션	**설명**
	-g gid	그룹에 gid를 지정
	-r	시스템 그룹 생성 시 사용, 500번 이하 값 지정(남아있는 가장 높은 범위로 할당)

(4) 명령어 groupdel

① 기존의 그룹을 삭제하는 명령어이다.

② 그룹 안에 소속되어 있는 계정명이 있을 경우 해당 그룹은 삭제되지 않는다.

형식

groupdel 그룹명

(5) 명령어 groupmod

① 그룹의 설정을 변경하는 명령어이다.

형식

groupmod [옵션] 그룹명	
옵션	설명
-g gid	• gid를 변경 • 옵션 -o와 같이 사용해서 중복 설정을 해줌
-n 그룹명	새로운 그룹명을 변경할 때 사용

7 사용자 조회 명령어

(1) 명령어 users

① 시스템에 로그인한 사용자 정보를 출력하는 명령어이다.

형식

users [옵션]	
옵션	설명
--version	users 명령어 버전 정보 출력

예제

현재 시스템에 로그인 사용자 정보를 출력한다.

```
[youngjin@localhost ~]$ users
youngjin
```

(2) 명령어 who

① 현재 시스템에 접속해 있는 사용자들을 조회하는 명령어이다.

② 사용자 계정명, 터미널 정보, 접속 시간, 접속한 서버 정보 등을 확인할 수 있다.

③ 관리자 root와 일반 사용자 모두 사용이 가능하다.

④ 명령어 'who am i' 또는 'whoami'는 자신의 정보를 조회할 수 있다.

형식	who [옵션]	
옵션		**설명**
-b		마지막 시스템 부팅 시간 출력
-q		로그인한 사용자와 사용자 수를 모두 출력
-r		현재 시스템의 실행 레벨을 확인 가능

```
[youngjin@localhost ~]$ who
youngjin pts/0        2017-10-03 17:13 (:0)

[youngjin@localhost ~]$ who -r
         run-level 5 2017-10-03 17:12
[youngjin@localhost ~]$ who -b
         system boot  2017-10-03 17:11
```

(3) 명령어 w

① 현재 접속 중인 사용자들의 정보를 나타내는 명령어이다.

```
[youngjin@localhost ~]$ w
 22:18:17 up 3 min,   3 users,  load average: 0.39, 0.44, 0.20
USER     TTY      FROM             LOGIN@   IDLE   JCPU   PCPU WHAT
youngjin tty7     :0               22:15    3:58   7.38s  0.06s pam: gdm-password
youngjin pts/0    :0.0             22:15    2:39   0.01s  0.01s bash
youngjin pts/1    :0.0             22:16    0.00s  0.02s  0.00s w
```

② 확인 가능한 정보는 서버의 현재 시간 정보, 서버 부팅 후 시스템 작동 시간, 서버 접속자의 총 수, 접속자별 서버 평균 부하율, 접속자별 서버 접속 계정명, TTY명, 로그인 시간 정보 등이다.

③ JCPU은 TTY 필드의 장치명에서 사용되는 모든 프로세스의 CPU 사용 시간이다.

④ PCPU은 WHAT 필드에 나타나는 프로세스명에서 사용하는 CPU 총 사용 시간이다.

(4) 명령어 id

① 사용자 계정의 uid, gid, group을 확인하는 명령어이다.

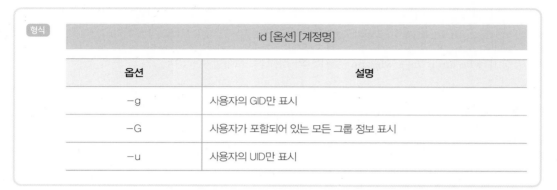

형식	id [옵션] [계정명]	
옵션		**설명**
-g		사용자의 GID만 표시
-G		사용자가 포함되어 있는 모든 그룹 정보 표시
-u		사용자의 UID만 표시

예제 ···

현재 시스템에 로그인 사용자의 uid, gid, group을 확인한다.

```
[youngjin@localhost ~]$ id
uid=502(youngjin)  gid=502(youngjin)  groups=502(youngjin)
```

(5) 명령어 groups

① 사용자 계정이 속한 그룹 목록을 확인하는 명령어이다.

형식	groups [계정명]

예제 ···

현재 시스템에 로그인 사용자의 그룹명을 확인한다.

```
[youngjin@localhost ~]$ groups
youngjin
```

01 다음 (　　) 안에 들어가는 명령으로 알맞은 것은?

```
# (    ) ls
alias ls='ls –color=auto'
         /bin/ls
```

① which
② find
③ pwd
④ path

명령어 which는 명령어의 위치를 찾거나 alias를 보여준다.

02 다음 중 명령행에서 c라고 입력하면 clear라는 명령이 실행되도록 설정하려고 할 때 알맞은 것은?

① alias –m clear c
② alias c=clear
③ alias –m clear=c
④ alas c clear

명령어 alias는 명령어를 간소화하여 다른 이름으로 사용할 수 있도록 해주는 셀 내부 명령어이다. 명령어 형식은 'alias 별명=명령어'이다.

03 명령 F를 입력하면 'ls –alF'가 실행된다. 이 명령의 실행을 중단할 때 가장 알맞은 것은?

① alias F 'ls –alF'
② alias F= 'ls –alF'
③ unalias F
④ unalias F 'ls –alF'

unalias는 alias 기능을 해제하는 명령어이다. unalias의 형식은 'unalias 별명'이다.

04 다음 중 특정 명령어의 매뉴얼 페이지 위치를 찾는 명령으로 알맞은 것은?

① manpath
② whatis
③ apropos
④ whereis

오답 피하기

① manpath : 특정 명령어의 man 페이지 파일이 존재하는 위치를 찾는 검색 경로를 확인한다.
② whatis : 명령어에 대한 간략한 기능을 출력하는 명령어이다.
③ apropos : whatis DB를 검색해 관련 명령어와 그 명령어에 대한 간단한 설명을 표시한다.

05 Bash 셀(Shell)에서 설정되어 있는 PATH 환경변수에 /usr/bin이라는 새로운 값을 추가하는 명령으로 알맞은 것은?

① export PATH=/usr/bin
② path=/usr/bin
③ path=$PATH:/usr/bin
④ export PATH=$PATH:/usr/bin

지정된 변수명에 변수값을 추가하는 방법은 'export 변수명=$변수명:변수값'이다.

06 파일 /etc/passwd 파일의 필드 정보를 얻기 위한 명령으로 알맞은 것은?

① man passwd
② mans 1 passwd
③ man 5 passwd
④ man 8 passwd

명령어 man에서 특정 파일에 대한 정보를 갖고 있는 섹션은 5이다.

정답 01 ① 02 ② 03 ③ 04 ④ 05 ④ 06 ③

07 GNU 프로젝트에 의해 배포되는 온라인 매뉴얼로서 하이퍼텍스트 형식으로 관련 정보를 제공하는 명령어는?

① whereis
② info
③ whatis
④ man

① whereis : 명령어의 실행 파일 위치, 소스 위치, man 페이지 파일의 위치를 찾아주는 명령어이다.
③ whatis : 명령어에 대한 간략한 기능을 출력하는 명령어이다.
④ man : 명령어들의 자세한 사용법이나 매뉴얼을 볼 때 사용하는 명령어이다.

08 다음 명령어에 대한 설명으로 맞는 것은?

> useradd −f −5 ihd

① 계정 ihd는 패스워드 만기 후 5일 동안 사용할 수 있다.
② 계정 ihd의 우선순위를 5만큼 낮춰 생성한다.
③ 계정 ihd의 UID를 5로 지정한다.
④ 계정 ihd의 실행 권한 수준을 5로 변경한다.

useradd의 옵션 −f는 패스워드가 만기된 후 계정이 영구히 말소될 때까지의 기간을 지정한다.

09 다음 중 일반적인 사용자 관리 명령어로 틀린 것은?

① userdel
② useradd
③ usercreate
④ usermod

① userdel : 계정을 삭제하는 명령어이다.
② useradd : 새로운 사용자 계정을 추가하는 명령어이다.
④ usermod : 계정 설정을 변경할 때 사용하는 명령어이다.

10 다음 중 사용자 생성 및 삭제 명령으로 틀린 것은?

① adduser
② deluser
③ userdel
④ useradd

명령어 adduser와 useradd는 사용자 계정 생성, 명령어 userdel은 사용자 계정 삭제 명령어이다.

명령어 deluser는 우분투에서 사용되는 계정 삭제 명령어이다.

11 명령어 su를 이용해서 사용자를 전환할 때 실제 로그인한 것처럼 사용자의 환경까지 적용되는 옵션으로 틀린 것은?

① −l
② −
③ −−login
④ −c

명령어 su의 옵션 −c는 셸을 실행하지 않고 주어진 명령어를 수행한다.

12 사용자 ihd의 비밀번호를 변경하는 데 사용하는 명령어는?

① vi /etc/passwd
② chage password
③ info ihd
④ passwd ihd

① 파일 /etc/passwd은 리눅스 계정 정보를 담은 텍스트 파일로 패스워드 자리는 X로 표시된다.
② 명령어 chage는 패스워드의 만료 정보를 변경한다.
③ 명령어 info는 특정한 명령어에 대한 매뉴얼 페이지를 표시한다.

정답 07 ② 08 ① 09 ③ 10 ② 11 ④ 12 ④

13 파일 /etc/passwd 파일에 대한 설명으로 틀린 것은?

> ihd:x:501:501::/home/ihd:/bin/false

① 계정 ihd의 uid와 gid는 각각 501이다.
② 계정 ihd의 홈 디렉터리는 /bin/sh이다.
③ 계정 ihd는 해당 시스템에 로그인할 수 없다.
④ 계정 ihd의 패스워드는 지정되어 있지 않다.

홈 디렉터리는 '/home/ihd'이다.

14 다음 명령의 실행 결과를 보고, (   ) 안에 알맞은 것은?

> root@youngjin:/etc# cat (   )
> root:1RZNlrqFS$hkyTndruSAJW65MoPjd
> 6p0:11618:0:99999:7:::
> daemon:*:11130:0:99999:7:::
> bin:*:11130:0:99999:7:::
> sys:*:11130:0:99999:7:::
> sync:*:11130:0:99999:7:::
> ihd:1E8BXX1fG$lKpWkMMqyS9iKeWSSIN
> vc0:11234:0:99999:7:::

① /etc/shadow   ② /etc/group
③ /etc/passwd   ④ /etc/profile

파일 /etc/shadow는 파일 /etc/passwd의 두 번째 필드인 패스워드 부분을 암호화 저장, 패스워드 만기일, 계정 만기일 등을 설정한다.

15 다음 중 사용자의 패스워드에 대한 정보를 출력하고 /etc/shadow의 날짜 관련 필드에 모두 설정할 수 있는 명령어로 알맞은 것은?

① chage   ② chpasswd
③ /passwd   ④ usermod

명령어 chage은 사용자의 패스워드에 대한 정보를 보여주거나 제한한다.

16 다음 중 계정자 ihd의 아이디를 youngjin으로 변경할 때 알맞은 것은?

① usermod -u youngjin ihd
② usermod -l youngjin ihd
③ usermod -u ihd youngjin
④ usermod -l ihd youngjin

명령어 usermod를 이용한 계정 변경 방법은 'usermode -l 변경ID 기존ID'이다.

17 다음 명령에 대한 설명으로 맞는 것은?

> groupadd -g 600 ihd

① ihd라는 파일을 그룹에 추가한다.
② ihd 파일을 600이라는 그룹에 추가한다.
③ ihd라는 그룹을 생성한다.
④ ihd라는 그룹을 600 그룹에 추가한다.

명령어 groupadd는 새로운 그룹을 만들 때 사용하며, 옵션 -g는 그룹에 gid를 지정한다. 문제의 명령어는 새로운 그룹 ihd를 생성하고, 이때 gid는 600으로 지정한다는 의미이다.

18 다음 중 그룹명 ihd을 youngjin으로 변경할 때 알맞은 것은?

① groupmod -g youngjin ihd
② groupmod -g ihd youngjin
③ groupmod -n youngjin ihd
④ groupmod -n ihd youngjin

명령어 groupmod를 이용해 그룹명을 변경하는 방법은 'groupmod -n 변경그룹명 기존그룹명'이다.

정답 13 ② 14 ① 15 ① 16 ② 17 ③ 18 ③

디렉터리 및 파일

1 디렉터리 관리 명령어

(1) 명령어 pwd

① 현재 작업 중인 디렉터리의 위치를 나타내는 명령어이다.

형식	pwd

```
[youngjin@localhost ~]$ pwd
/home/youngjin
```

(2) 명령어 cd

① change directory의 약자로 디렉터리를 이동할 때 사용하는 명령어이다.

② 절대 경로는 시작 위치와 상관없이 경로에 모든 디렉터리를 표시하며, 절대 경로의 시작은 /(루트)에서부터 시작한다.

③ 상대 경로는 현재 작업 중인 디렉터리를 기준으로 표시하는 경로이다.

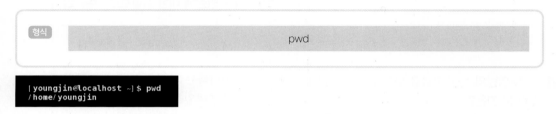

형식	cd [상대경로|절대경로] [설정경로]	
설정 경로	**설명**	
~ (틸다)	현재 사용자의 홈 디렉터리로 이동	
. (점 하나)	현재 디렉터리	
.. (점 둘)	현재에서 한 단계 상위 디렉터리로 이동	
/	루트 디렉터리로 이동	

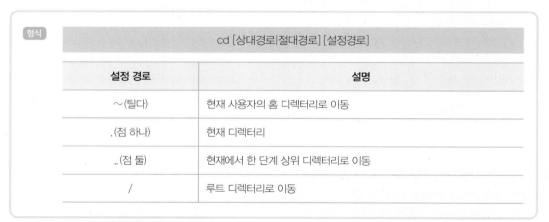

```
[youngjin@localhost /]$ cd .
[youngjin@localhost /]$ pwd
/
[youngjin@localhost /]$ cd ~
[youngjin@localhost ~]$ pwd
/home/youngjin
[youngjin@localhost ~]$ cd ..
[youngjin@localhost home]$ pwd
/home
```

(3) 명령어 mkdir

① make directory의 약자로 새로운 디렉터리를 생성할 때 사용하는 명령어이다.

형식	mkdir [옵션] 디렉터리명	
옵션		**설명**
-m		디렉터리를 생성할 때 권한을 설정(디폴트는 755)
-p		상위 경로 생성
-v		디렉터리 생성 후 생성된 디렉터리의 메시지 출력

```
[youngjin@localhost ~]$ pwd
/home/youngjin
[youngjin@localhost ~]$ mkdir TST
[youngjin@localhost ~]$ ls -l
drwxrwxr-x. 2 younqjin younqjin 6 10월  2 19:32 TST
[youngjin@localhost ~]$ mkdir -m 755 TST1
[youngjin@localhost ~]$ ls -l
drwxrwxr-x. 2 youngjin youngjin 6 10월  2 19:32 TST
drwxr-xr-x. 2 youngjin youngjin 6 10월  2 19:33 TST1
```

(4) 명령어 rmdir

① remove directory의 약자로 디렉터리만 삭제하는 명령어로 디렉터리 안에 파일이 존재하는 경우 삭제되지 않는다.

형식	rmdir 디렉터리명

```
[youngjin@localhost ~]$ pwd
/home/youngjin
[youngjin@localhost ~]$ ls -l
drwxrwxr-x. 2 youngjin youngjin 6 10월  2 19:43 TST
drwxr-xr-x. 2 youngjin youngjin 6 10월  2 19:33 TST1
[youngjin@localhost ~]$ rmdir TST1
[youngjin@localhost ~]$ ls -l
drwxrwxr-x. 2 youngjin youngjin 6 10월  2 19:43 TST
```

2 파일 관련 명령어

(1) 명령어 ls

① 현재 위치한 디렉터리의 파일 목록들을 나타내는 명령어이다.

ls [옵션] [경로명]	
옵션	**설명**
-a	히든 파일을 포함한 모든 파일과 디렉터리 표시
-l	퍼미션, 크기, 사이즈 등의 자세한 정보 표시
-d	지정된 디렉터리의 정보 출력
-r	알파벳 역순으로 정보 출력
-R	하위 경로와 그 안에 있는 파일 표시

예제

현재 디렉터리의 히든 파일을 포함하여 파일 및 디렉터리 정보를 자세히 표시한다.

```
[youngjin@localhost ~]$ ls -al
drwx------. 18 youngjin youngjin 4096 10월  2 19:44
drwxr-xr-x.  5 root     root       47  9월 27 15:34
-rw-r--r--.  1 youngjin youngjin   18 11월 20  2015 .bash_logout
-rw-r--r--.  1 youngjin youngjin  193 11월 20  2015 .bash_profile
-rw-r--r--.  1 youngjin youngjin  231 11월 20  2015 .bashrc
drwx------.  6 youngjin youngjin   56 10월  2 09:24 .cache
drwxr-xr-x.  9 youngjin youngjin 4096 10월  2 09:26 .config
drwxrwxr-x.  2 youngjin youngjin    6 10월  2 19:43 TST
```

(2) 명령어 cp

① 파일 또는 디렉터리를 복사하는 명령어이다.

형식

cp [옵션] 원본 대상	
옵션	**설명**
-b	복사 대상 파일이 이미 존재할 경우를 대비하여 백업 파일을 만듦
-f	복사 대상이 이미 존재하면 복사 대상 파일을 강제로 지우고 복사
-i	복사 대상이 이미 존재하면 사용자에게 덮어씌울 것인지 유무 확인
-r	디렉터리를 복사할 경우 하위 디렉터리와 파일을 모두 복사

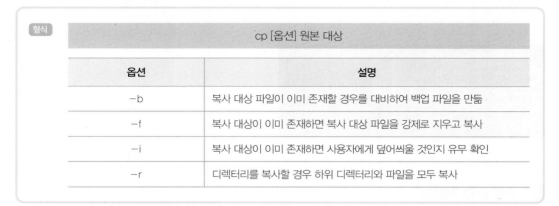

```
[youngjin@localhost TST]$ pwd
/home/youngjin/TST
[youngjin@localhost TST]$ ls
TEST
[youngjin@localhost TST]$ cat TEST
This is test!
[youngjin@localhost TST]$ cp TEST RE_TEST
[youngjin@localhost TST]$ ls
RE_TEST  TEST
[youngjin@localhost TST]$ cat RE_TEST
This is test!
```

(3) 명령어 rm

① 파일 또는 디렉터리를 삭제하는 명령어이다.

형식	rm [옵션] 파일명|디렉터리명
옵션	**설명**
−f	질의 메시지 없이 강제로 파일이나 디렉터리 삭제
−i	삭제 시 사용자에게 질의
−r	삭제 디렉터리가 포함하고 있는 하위 디렉터리를 포함하여 모든 파일 삭제

```
[youngjin@localhost TST]$ pwd
/home/youngjin/TST
[youngjin@localhost TST]$ ls -l
-rw-rw-r--. 1 youngjin youngjin 14 10월  2 20:09 RE_TEST
-rw-rw-r--. 1 youngjin youngjin 14 10월  2 20:08 TEST
[youngjin@localhost TST]$ rm -f RE_TEST
[youngjin@localhost TST]$ ls -l
-rw-rw-r--. 1 youngjin youngjin 14 10월  2 20:08 TEST
```

(4) 명령어 mv

① 파일 또는 디렉터리를 이동하거나 파일명을 변경할 때 사용하는 명령어이다.

형식	mv [옵션] 원본 대상
옵션	**설명**
−b	대상 파일이 이미 있어 지워지는 것을 대비해 백업 파일 생성
−f	대상 파일이 이미 있어도 사용자에게 어떻게 처리할지 묻지 않음
−v	파일이 옮겨지는 과정이 자세히 표시

```
[youngjin@localhost TST]$ ls
TEST
[youngjin@localhost TST]$ cat TEST
This is test!
[youngjin@localhost TST]$ mv -v TEST RE_TEST
`TEST' -> `RE_TEST'
[youngjin@localhost TST]$ ls
RE_TEST
[youngjin@localhost TST]$ cat RE_TEST
This is test!
```

(5) 명령어 touch

① 파일 크기가 0바이트인 빈 파일을 생성한다.

② 서버의 현재 시간으로 파일의 최근 사용한 시간과 최근 수정 시간 등 타임 스탬프를 변경한다.

- 타임 스탬프는 파일의 시간 정보를 나타내는 것으로 접근시간, 수정시간, 변경시간이 있다.
- 접근시간(access time)은 애플리케이션이나 서비스가 시스템 호출을 사용해 파일을 읽을 때마다 접근시간이 갱신된다.
- 수정시간(modify time)은 파일 내용이 변경될 때 파일 수정 시간이 갱신된다.
- 변경시간(change time)은 파일 내용을 수정했을 때 기록되는 시간으로 변경 불가능한 시간이다.

형식

touch [옵션] 파일명	
옵션	**설명**
-a	접근시간(access time)을 변경
-m	수정시간(modify time)을 변경
-c	시스템 현재 시간으로 파일 시간 정보를 수정
-t 시간정보	특정 파일의 시간 정보 변경
-r 파일1 파일2	파일1의 시간 정보를 파일2에 동일하게 적용

예제

파일 TEST_1의 파일 시간을 현재 시간으로 변경한다.

```
[youngjin@localhost TST]$ touch TEST_1
[youngjin@localhost TST]$ ls -l
-rw-rw-r--. 1 youngjin youngjin 14 10월  2 20:08 RE_TEST
-rw-rw-r--. 1 youngjin youngjin  0 10월  2 20:38 TEST_1
[youngjin@localhost TST]$ touch TEST_1
[youngjin@localhost TST]$ ls -l
-rw-rw-r--. 1 youngjin youngjin 14 10월  2 20:08 RE_TEST
-rw-rw-r--. 1 youngjin youngjin  0 10월  2 20:39 TEST_1
```

(6) 명령어 file

① 파일의 종류 및 파일 속성값을 나타내는 명령어이다.

형식	file [옵션] 파일명	
옵션		**설명**
-b		파일명은 출력하지 않고 파일 유형만 표시
-f		파일 목록에서 지정한 파일들에 대해서만 명령을 실행
-z		압축된 파일의 내용 출력
-i		MIME 타입 문자로 출력

예제

파일 RE_TEST의 파일 유형을 표시한다.

```
[youngjin@localhost TST]$ ls
RE_TEST   TEST_1
[youngjin@localhost TST]$ file -b RE_TEST
ASCII text
```

(7) 명령어 find

① 현재 디렉터리에서부터 하위 디렉터리까지 주어진 조건의 파일을 찾아 해당 경로를 표시한다.

형식	find [경로] [옵션] [정규표현식] [파일명]	
옵션		**설명**
-name		이름을 기준으로 파일 검색
-user		user의 파일이나 디렉터리 검색
-perm		지정된 권한의 파일 검색
-type		파일 유형에 따라 파일 검색
-atime n		n일 이전에 접근한 파일 검색
-exec		검색된 파일에 수행할 명령어를 지정

이름이 RE_TEST인 파일들을 검색한다.

```
[root@localhost /]# pwd
/
[root@localhost /]# find -name RE_TEST
./home/youngjin/TST/RE_TEST
```

옵션 예시	설명
find /etc −name "*.conf"	/etc에 확장자 conf 파일 검색
find ∼ −perm 644	허가권이 644인 파일 검색
find /bin −size +10k −size −100k	• +를 붙이는 경우에는 크기가 10kbyte 이상인 것을 찾고, −100Kbyte 이하를 찾는다. • +, −를 붙이지 않는 경우에는 지정된 크기의 파일을 찾는다.
find ∼ −size 0k −exec ls −l {} \;	사용자 홈 디렉터리 하위에 파일 크기가 0인 파일 목록을 상세히 출력
find /home −name "*.swp" −exec rm {} \;	/home 홈 디렉터리 하위에 확장자 swp 파일 삭제

(8) 명령어 locate

① 파일의 위치를 찾는 명령어이다.

형식

locate [파일명]

현재 시스템에 존재하는 *.bak 파일을 검색한다.

```
[root@master ~]# locate *.bak
/etc/nsswitch.conf.bak
/home/centos/.cache/imsettings/log.bak
/root/.cache/imsettings/log.bak
/var/lib/nfs/statd/sm.bak
```

(1) 명령어 cat

① 파일의 내용을 출력하는 명령어이다.

형식	cat [옵션] [파일]
옵션	**설명**
-n	각 문장 앞에 번호 표시, 비어있는 행 포함
-b	각 문장 앞에 번호 표시, 비어있는 행 제외
-s	연속되는 2개 이상의 빈 행을 한 행으로 출력
-A	텍스트 파일에 존재하는 개행 문자나 탭 문자 등을 확인

예제

파일 config의 내용을 확인한다. 확인 시 문장의 라인번호를 표시한다.

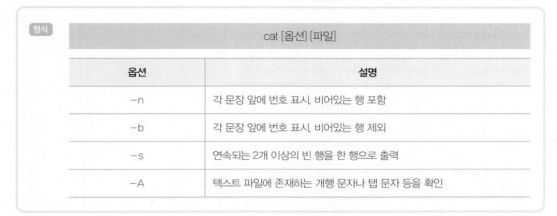

```
[youngjin@localhost TST]$ cat config
 This file is written by xdg-user-dirs-update
 If you want to change or add directories, just edit the line you're
 interested in. All local changes will be retained on the next run
 Format is XDG_xxx_DIR="$HOME/yyy", where yyy is a shell-escaped
 homedir-relative path, or XDG_xxx_DIR="/yyy", where /yyy is an
 absolute path. No other format is supported.

[youngjin@localhost TST]$ cat -n config
     1  This file is written by xdg-user-dirs-update
     2  If you want to change or add directories, just edit the line you're
     3  interested in. All local changes will be retained on the next run
     4  Format is XDG_xxx_DIR="$HOME/yyy", where yyy is a shell-escaped
     5  homedir-relative path, or XDG_xxx_DIR="/yyy", where /yyy is an
     6  absolute path. No other format is supported.
```

(2) 명령어 head

① 파일의 앞부분을 지정한 만큼 출력하는 명령어이다.

형식	head [옵션] 파일명
옵션	**설명**
-c	• 출력을 원하는 용량 지정 • 지정된 '숫자' 바이트만큼의 문자 출력
-숫자 또는 -n 숫자	• 출력을 원하는 줄 수 지정 • 옵션이나 숫자를 지정하지 않으면 기본적으로 10개씩 출력

```
[root@localhost /]# head /etc/passwd
root: x: 0: 0: root: /root: /bin/bash
bin: x: 1: 1: bin: /bin: /sbin/nologin
daemon: x: 2: 2: daemon: /sbin: /sbin/nologin
adm: x: 3: 4: adm: /var/adm: /sbin/nologin
lp: x: 4: 7: lp: /var/spool/lpd: /sbin/nologin
sync: x: 5: 0: sync: /sbin: /bin/sync
shutdown: x: 6: 0: shutdown: /sbin: /sbin/shutdown
halt: x: 7: 0: halt: /sbin: /sbin/halt
mail: x: 8: 12: mail: /var/spool/mail: /sbin/nologin
operator: x: 11: 0: operator: /root: /sbin/nologin
```

```
[root@localhost /]# head -3 /etc/passwd
root: x: 0: 0: root: /root: /bin/bash
bin: x: 1: 1: bin: /bin: /sbin/nologin
daemon: x: 2: 2: daemon: /sbin: /sbin/nologin
```

```
[root@localhost /]# head -n 3  /etc/passwd
root: x: 0: 0: root: /root: /bin/bash
bin: x: 1: 1: bin: /bin: /sbin/nologin
daemon: x: 2: 2: daemon: /sbin: /sbin/nologin
```

예제

파일 config의 처음 2줄을 확인한다.

```
[youngjin@localhost TST]$ head -2 config
 This file is written by xdg-user-dirs-update
 If you want to change or add directories, just edit the line you're
```

(3) 명령어 tail

① 파일의 마지막 행을 기준으로 지정한 행까지의 파일 내용 일부를 출력하는 명령어이다.

형식

tail [옵션] 파일명	
옵션	**설명**
−c	출력을 원하는 용량 지정
−숫자 또는 −n 숫자	• 출력을 원하는 줄 수 지정 • 옵션이나 숫자를 지정하지 않으면 기본적으로 10개씩 출력
−f	지정된 파일에 새롭게 추가되는 파일 내용을 실시간으로 출력
−v	파일을 출력할 때 파일명을 표시
−q	파일을 출력할 때 파일명을 표시하지 않음

파일 config의 마지막 2줄을 확인한다.

```
[youngjin@localhost TST]$ tail -2 config
 homedir-relative path, or XDG_xxx_DIR="/yyy", where /yyy is an
 absolute path. No other format is supported.
```

(4) 명령어 more

① 파일을 확인하는 명령어로 파일을 화면 단위로 끊어서 출력하는 명령어이다.

② 위에서 아래 방향으로만 출력되기 때문에 지나간 내용을 다시 볼 수 없다.

형식	more [옵션] 파일명	
옵션	**설명**	
−숫자	한 페이지에 표시되는 라인 수	

```
[youngjin@localhost etc]$ more wgetrc
###
### Sample Wget initialization file .wgetrc
###

## You can use this file to change the default behaviour of wget or to
## avoid having to type many many command-line options. This file does
## not contain a comprehensive list of commands -- look at the manual
## to find out what you can put into this file.
##
## Wget initialization file can reside in /etc/wgetrc
## (global, for all users) or $HOME/.wgetrc (for a single user).
##
## To use the settings in this file, you will have to uncomment them,
## as well as change them, in most cases, as the values on the
## commented-out lines are the default values (e.g. "off").


##
## Global settings (useful for setting up in /etc/wgetrc).
## Think well before you change them, since they may reduce wget's
## functionality, and make it behave contrary to the documentation:
##

# You can set retrieve quota for beginners by specifying a value
# optionally followed by 'K' (kilobytes) or 'M' (megabytes).  The
# default quota is unlimited.
#quota = inf

# You can lower (or raise) the default number of retries when
# downloading a file (default is 20).
--More--(26%)
```

③ 명령어 실행 상태에서 키 입력으로 다양한 작업을 수행할 수 있다.

Space Bar	다음 페이지로 전환
Enter	한 줄씩 출력
Ctrl + D	반 페이지 출력
Ctrl + B	이전 페이지 출력
Q	종료
/패턴	지정한 패턴의 문자열 검색

(5) 명령어 less

① 텍스트 파일을 한 번에 한 화면씩 나타내는 명령어이다.

② 기능적으로 more를 확장한 것으로 커서를 파일의 상하좌우로 이동할 수 있다.

(6) 명령어 grep

① 파일에서 특정한 패턴(문자열) 또는 정규 표현식으로 나타낸 단어를 찾는 명령어이다.

형식

grep [옵션] 문자열 파일명	
옵션	**설명**
-r	디렉터리 내의 모든 디렉터리와 파일들을 검색하도록 지정
-E	패턴을 정규 표현식으로 확장
-i	대문자, 소문자 차이 무시
-v	검색할 문자열이 포함되지 않은 줄만 출력
-n	라인 수 출력
-l	문자열이 포함된 파일명 출력

예제 ....

파일 /etc/passwd에서 문자 adm을 포함하는 내용을 출력한다. 이때 해당 문자열의 라인 수도 표시한다.

```
[youngjin@localhost /]$ grep adm /etc/passwd
adm:x:3:4:adm:/var/adm:/sbin/nologin
[youngjin@localhost /]$ grep -n adm /etc/passwd
4:adm:x:3:4:adm:/var/adm:/sbin/nologin
```

② 명령어 grep을 이용하여 다양한 내용들을 검색할 수 있다.

grep −n 'rm' config	파일 config에서 'rm'이 들어간 문자열과 행 번호 검색
grep −l 'rm' *	현재 디렉터리에서 'rm'이라는 문자열이 들어간 파일 이름 검색
grep '^a' config	파일 config에서 'a'로 시작하는 행을 검색
grep 'apple$' config	파일 config에서 'apple'로 끝나는 행을 검색
grep 'appl*' config	파일 config에서 'appl'로 시작하는 모든 단어를 검색(또는 'appl'을 포함한 행 검색)
grep 'apple' c*	c로 시작하는 모든 파일에서 'apple'를 포함하는 모든 행 검색
grep '^[ab]' config	파일 config에서 'a'나 'b'로 시작되는 모든 행 검색

[7] 명령어 wc

① 파일의 라인 수, 단어 수, 알파벳 수를 알려주는 명령어이다.

형식	wc [옵션] 파일명	
옵션	**설명**	
−l	전체 라인 수 출력	
−w	전체 단어 수 출력	
−c	전체 문자(알파벳) 수 출력	

예제 ....

파일 RE_TEST의 단어 수를 확인한다.

```
[youngjin@localhost TST]$ ls
RE_TEST
[youngjin@localhost TST]$ wc RE_TEST
 1  3 14 RE_TEST
```

	1 3 14 RE_TEST ㉠ ㉡ ㉢	
㉠	라인 수 : 1개	
㉡	단어 수 : 3개	
㉢	알파벳 수 : 14개	

(8) 명령어 sort

① 명령어 결과나 문서 내용을 정렬하는 명령어이다.

형식	sort [옵션] 정렬할 파일명	
옵션	**설명**	
-b	앞 공백 무시	
-o	저장할 파일 명시	
-r	역순으로 표시	
-f	대소문자 구분하지 않음	
-t	필드 구분자 지정	
-u	중복 행 제거	
-m	정렬 파일 병합	
-n	숫자만 비교	

예제

파일 config의 내용을 확인하고, 알파벳순으로 정렬하여 파일 내용을 표시한다.

```
[youngjin@localhost TST]$ sort -f config
absolute path. No other format is supported.
Format is XDG_xxx_DIR="$HOME/yyy", where yyy is a shell-escaped
homedir-relative path, or XDG_xxx_DIR="/yyy", where /yyy is an
If you want to change or add directories, just edit the line you're
interested in. All local changes will be retained on the next run
This file is written by xdg-user-dirs-update
```

(9) 명령어 cut

① 파일에서 특정 필드를 추출해 낸다. 필드는 구분자로 구분할 수 있다.

형식	cut [옵션] 파일명	
옵션	**설명**	
-c	잘라낼 곳의 글자 위치를 지정, 콤마나 하이픈을 사용하여 범위 지정	
-f	잘라낼 필드 지정	
-d	필드를 구분하는 문자 지정, 디폴트는 탭	
-s	대소문자 구분하지 않음	

파일 config의 행들의 시작 문자열 5개를 추출해서 출력한다.

```
[youngjin@localhost TST]$ cut -c 1-5 config
 This
 If y
 inte
 Form
 home
 abso
```

(10) 명령어 split

① 하나의 파일을 여러 개의 작은 파일로 분리할 때 사용한다.

② 파일의 내용을 라인 수로 분할할 수도 있고, 용량 단위로 분할할 수도 있다.

③ 주로 디스켓에 파일을 나누어 복사하거나 백업할 때 CD-RW 용량 단위로 분할할 경우 유용하다.

형식	split [옵션] 파일명	
옵션	**설명**	
-b	파일을 byte 단위로 분할	
-l	파일을 주어진 라인 수 단위로 분할	

예제

파일 config를 100byte 단위로 분할한다.

```
[youngjin@localhost TST]$ ls -l
-rw-------. 1 youngjin youngjin 358 10월  3 14:52 config
[youngjin@localhost TST]$ split -b 100 config
[youngjin@localhost TST]$ ls -l
-rw-------. 1 youngjin youngjin 358 10월  3 14:52 config
-rw-rw-r--. 1 youngjin youngjin 100 10월  3 16:09 xaa
-rw-rw-r--. 1 youngjin youngjin 100 10월  3 16:09 xab
-rw-rw-r--. 1 youngjin youngjin 100 10월  3 16:09 xac
-rw-rw-r--. 1 youngjin youngjin  58 10월  3 16:09 xad
```

4 파일 비교 명령어

(1) 명령어 diff

① 두 개의 파일을 행 단위로 비교하여 다른 부분을 출력하는 명령어이다.

② 두 개의 파일명을 매개변수로 사용하여 화면에 차이점을 나열한다.

형식	diff [옵션] 파일명1 파일명2 또는 diff [옵션] 디렉터리1 디렉터리2	
옵션		**설명**
−b		연속된 공백 무시
−i		대소문자를 구분하지 않음
−s		두 파일이 같은지 확인
−r		두 디렉터리의 차이점 출력

예제

파일 T1과 T2의 내용을 비교한다.

```
[youngjin@localhost TST]$ diff T1 T2
1c1
< This is Book!
---
> This is Good!
```

(2) 명령어 cmp

① 두 개의 파일을 바이트(문자) 단위로 비교하여 출력하는 명령어이다.

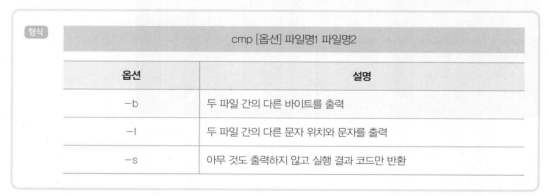

형식	cmp [옵션] 파일명1 파일명2	
옵션		**설명**
−b		두 파일 간의 다른 바이트를 출력
−l		두 파일 간의 다른 문자 위치와 문자를 출력
−s		아무 것도 출력하지 않고 실행 결과 코드만 반환

예제

파일 T1과 T2의 차이를 바이트로 출력한다.

```
[youngjin@localhost TST]$ cmp -b T1 T2
T1 T2 differ: byte 9, line 1 is 102 B 107 G
```

(3) 명령어 comm

① 두 개의 파일을 줄 단위로 비교하여 출력하는 명령어이다.

형식	comm [옵션] 파일1 파일2	
옵션	**설명**	
−1	'파일1'에만 있는 내용을 제외하고 내용 출력	
−2	'파일2'에만 있는 내용을 제외하고 내용 출력	
−3	'파일1'과 '파일2'에 공통으로 존재하는 내용을 제외하고 출력	

예제

두 개의 파일의 공통점과 차이점을 비교 출력한다.

```
[youngjin@localhost TST]$ comm -1 T1 T2
This is Good!
[youngjin@localhost TST]$ comm -2 T1 T2
This is Book!
[youngjin@localhost TST]$ comm -3 T1 T2
This is Book!
        This is Good!
```

5 리다이렉션(redirection)과 정규 표현식

(1) 리다이렉션(redirection)

① 표준 입력과 표준 출력의 방향을 재지정하는 것이다.

② 표준 입력/출력/에러가 화면이 아닌 파일로 대체된다. 즉, 모니터로 출력이 파일로 재지정한다.

③ 표준 입력 장치는 키보드, 표준 출력 장치는 모니터, 표준 에러 장치는 모니터이다.

④ 리다이렉션 연산자는 다음과 같다.

연산자	설명
〉	• 명령을 화면에 출력하는 것이 아니라 프린터나 파일에 출력하도록 전송 • 파일이 존재하지 않으면 새로운 파일을 만들고 같은 파일이 존재하면 덮어씀
〉〉	• 파일이 있는 경우 지정된 파일에 결과를 추가 • 파일이 존재하지 않으면 지정된 이름으로 파일 생성
〈	키보드가 아닌 지정된 파일에서 입력 내용을 읽어옴
〉&	명령의 출력을 다른 명령의 입력으로 보냄
〈&	명령의 입력을 읽고 다른 명령의 출력으로 보냄

예제

현재 접속한 사용자 정보를 파일 LOGIN에 저장한다(연산자를 이용한 표준 출력 재지정).

```
[youngjin@localhost TST]$ who > LOGIN
[youngjin@localhost TST]$ cat LOGIN
youngjin tty1        2017-09-29 07:08 (:0)
youngjin pts/0       2017-09-29 07:08 (:0.0)
```

(2) 파이프(Pipe)

① 둘 이상의 명령을 함께 묶어 출력 결과를 다른 프로그램의 입력으로 전환하는 기능이다.

② 현재 명령의 표준 출력을 다음 명령의 표준 입력으로 사용하는 것이다.

③ 명령어와 명령어의 연결은 '|' 기호를 사용한다.

형식

명령어1 | 명령어2 | 명령어3

④ 명령어1의 출력 결과는 명령어2의 입력으로 처리되며 명령어2의 처리 결과는 명령어3의 입력이 된다.

⑤ 더 이상 처리할 명령어가 없으면 표준 출력 장치인 화면으로 출력한다.

파일 /usr/bin의 파일을 정렬해서 zip 관련 파일만 확인한다.

```
[youngjin@localhost TST]$ ls /usr/bin | sort | grep zip
bunzip2
bzip2
bzip2recover
funzip
gpg-zip
gunzip
gzip
hunzip
hzip
mzip
unzip
unzipsfx
zip
zipcloak
zipgrep
zipinfo
zipnote
zipsplit
```

(3) 정규 표현식

기호	의미	사용 예	설명
^	라인의 첫 글자	^a	a로 시작하는 문자
$	라인의 끝 글자	a$	a자로 끝나는 문자
.	한 글자	a...b	a와 b 사이에 3개의 문자가 들어있는 단어
*	* 기호 바로 이전의 글자나 정규 표현식이 0회 이상 반복	abc*	c가 0번 이상 반복 예 ab, abc, abcc, abccc 등
[ ]	• 대체 글자 목록을 [ ]에 나열 • "-"로 문자의 범위 지정	[abc]d	• ad, bd, cd를 뜻함 • a, b, c 중 어떤 한 글자라도 반드시 있는 단어 • "[a-z]" : a부터 z까지 중 하나의 문자 • "[1-9]" : 1부터 9까지 중 하나의 숫자
[^]	• 대체 못할 글자 목록을 [^]에 나열 • "-"로 문자의 범위 지정	[^abc]d	• ad, bd, cd는 포함하지 않고 ed, fd 등을 포함 • [^a-z] : 알파벳 소문자로 시작하지 않는 모든 문자
+	+ 기호 바로 이전 글자나 정규 표현식이 1회 이상 반복	abc+	c가 1회 이상 반복 예 abc, abcc, abccc 등
?	? 기호 바로 이전 글자나 정규 표현식이 없거나 1회만 존재	abc?	c가 없거나 한 번만 존재 예 ab, abc
()	부분 정규 표현식의 시작과 끝을 표시	a(bc)* a(bc)+ a(bc)?	• bc가 0회 이상 반복 : a, abc, abcbc 등 • bc가 1회 이상 반복 : abc, abcbc 등 • bc가 있거나 없거나 : a, abc
		|로 구분된 단어들 중 최소 하나 존재	a(b|c)	b 또는 c가 최소 하나 존재 예 ab, ac, abc, acb
{m,n}	{ } 기호 바로 이전 글자나 정규 표현식이 m개 이상 n개 이하 반복	a{1,3}b	'ab', 'aab', 'aaab'를 포함하지만, 'b'나 'aaaab'는 포함하지 않음

01 파일 또는 디렉터리와 관련된 명령으로 거리가 먼 것은?

① ps ② rm
③ ls ④ cp

명령어 ps는 현재 실행되고 있는 프로세스들의 상태 정보를 표시한다.

02 pwd명령에 대한 설명으로 알맞은 것은?

① 사용자의 홈 디렉터리를 알기 위한 명령이다.
② 디렉터리에 존재하는 파일의 개수를 알기 위한 명령이다.
③ 사용자의 password를 수정하기 위한 명령이다.
④ 작업 중인 디렉터리의 경로를 알기 위한 명령이다.

오답 피하기
① cat /etc/passwd | grep 사용자명 : 사용자의 홈 디렉터리를 확인하기 위한 명령
② ls –R 디렉터리명 | wc –l : 디렉터리에 존재하는 파일의 개수를 알기 위한 명령
③ passwd : 사용자의 password를 수정하기 위한 명령

03 다음 (   ) 안에 들어갈 명령으로 알맞은 것은?

```
[ihd@www ~]$ (      )
/home/ihd
```

① which
② cd
③ whereis
④ pwd

명령어 pwd는 현재 작업 중인 디렉터리의 경로를 확인할 수 있다.

04 (   ) 안에 'cd ..'라고 실행했을 때 이동되는 디렉터리로 알맞은 것은?

```
[ihd@www /]$ cd /usr/local/src
[ihd@www src]$ (      )
```

① /
② /usr
③ /usr/local
④ /usr/local/src

명령어 'cd ..'는 현재 디렉터리에서 한 단계 상위 디렉터리로 이동한다.

05 다음 중 mkdir 명령으로 디렉터리 생성 시 부모 디렉터리가 존재하지 않을 경우에 부모 디렉터리까지 생성하는 옵션으로 알맞은 것은?

① –c ② –p
③ –m ④ –v

오답 피하기
옵션 –m은 디렉터리 생성 때 권한을 설정하며, 옵션 –v는 디렉터리 생성 후 생성된 디렉터리의 메시지를 출력한다. 명령어 mkdir의 옵션에는 –c가 없다.

06 명령어 ls의 옵션에 대한 설명으로 틀린 것은?

① –a : 해당 경로 안의 모든 파일을 나열한다.
② –R : 하위 디렉터리의 내용까지 모두 출력한다.
③ –F : 파일의 특성에 따라 끝에 특수문자를 덧붙여 출력한다.
④ –i : 대화형 옵션으로 진행한다.

–i : 각 파일의 인덱스 값을 출력

정답 01 ① 02 ④ 03 ④ 04 ③ 05 ② 06 ④

07 다음 중 ls 명령에서 알파벳 역순으로 출력할 때의 옵션으로 알맞은 것은?

① -R
② -z
③ -Z
④ -r

오답 피하기

① -R : 하위 경로와 그 안에 있는 파일 표시
② -z : 각 파일이나 블록에 할당된 크기를 출력
③ -Z : 각 파일의 SELinux 보안 컨텍스트를 출력

08 다음 중 cp 명령으로 디렉터리를 복사할 때 사용하는 옵션으로 알맞은 것은?

① -r
② -f
③ -i
④ -b

오답 피하기

② -f : 복사 대상이 존재할 경우 복사 대상 파일을 지우고 복사
③ -i : 복사 대상이 존재할 경우 사용자에게 덮어씌울 것인지 유무 확인
④ -b : 복사 대상이 존재할 경우 백업 파일을 만듦

09 파일을 삭제하기 전에 삭제 여부를 하나씩 확인하려고 할 때 안에 들어갈 옵션으로 알맞은 것은?

$ rm (   ) *.txt

① -i
② -r
③ -y
④ -q

명령어 rm은 특정 파일이나 디렉터리를 삭제한다. 삭제 시 사용자에게 질의 옵션은 -i이다.

오답 피하기

옵션 -r은 삭제 파일이 일반 파일이면 삭제, 디렉터리면 디렉터리를 포함하여 하위 경로와 파일을 모두 삭제한다.

10 다음 중 파일이나 디렉터리의 이름을 변경하는 명령으로 알맞은 것은?

① touch
② cat
③ mv
④ file

오답 피하기

① touch : 0바이트 파일을 생성하거나 파일의 시간을 변경하는 명령어
② cat : 파일의 내용을 확인할 때 사용하는 명령어
④ file : 파일의 종류를 확인할 때 사용하는 명령어

11 명령어 touch에 대한 설명으로 틀린 것은?

① 파일의 수정시간(modify time)을 과거의 시간으로 변경할 수 있다.
② 파일의 접근시간(access time)을 과거의 시간으로 변경할 수 있다.
③ 파일의 변경시간(change time)을 과거의 시간으로 변경할 수 있다.
④ 0바이트의 빈 파일을 생성한다.

명령어 touch에서 옵션 -a로는 접근시간을, 옵션 -m으로는 수정시간을 바꿀 수 있다.

12 다음 중 파일에 부여되는 타임스탬프(timestamp) 중에 절대 불변의 시간으로 알맞은 것은?

① Access Time
② Modify Time
③ Format Time
④ Change Time

Change Time은 파일 내용이 수정되었을 때 기록되는 시간으로 변경이 불가능하다.

13

다음 (   ) 안에 들어가는 옵션으로 알맞은 것은?

> $ file (   ) IHD.txt
> IHD.txt: text/plain; charset=us−ascii

① −b
② −f
③ −i
④ −z

'IHD.txt: text/plain; charset=us−ascii'은 MIME 타입으로 파일을 나타낸 것이다. 이와 같이 MIME 타입으로 파일 정보를 확인할 때는 옵션 −i 를 사용한다.

14

다음 조건으로 파일을 검색하려 할 때 알맞은 것은?

> • /etc 디렉터리에서 검색한다.
> • 'conf'로 끝나는 파일 및 디렉터리를 찾는다.
> • 오류 메시지는 화면에 출력하지 않는다.

① find −name '*.conf'
② find /etc −name '*.conf' 〉 /dev/null
③ find /etc −name '*.conf' 1〉 /dev/null
④ find /etc −name '*.conf' 2〉 /dev/null

• 디렉터리 /etc에서 파일명이 'conf'를 검색하는 것은 find /etc −name '*.conf'이다.
• 파일 /dev/null은 null 장치 파일로 불필요한 출력 스트림을 버리는 곳으로 사용된다.
• 숫자 0, 1, 2는 각각 표준 입력, 표준 출력, 그리고 표준 에러를 의미한다.
• 즉, 2〉 /dev/null는 오류 메시지를 화면에 출력하지 않고 /dev/null 파일에 버리는 것을 의미한다.

15

다음 중 파일의 일부만을 출력하는 명령어로 틀린 것은?

① most
② more
③ tail
④ head

② more : 텍스트 파일의 내용을 한 페이지씩 차례대로 확인하는 명령어
③ tail : 지정된 파일의 뒷부분부터 내용을 확인하는 명령어
④ head : 지정된 파일의 앞부분부터 내용을 확인하는 명령어

16

다음 중 tail 명령으로 로그 파일처럼 실시간으로 바뀌는 정보를 확인할 때 유용한 옵션은?

① −c
② −f
③ −q
④ −n

옵션 −f는 파일에 새롭게 추가되는 내용을 실시간으로 출력하므로 로그 파일을 모니터링할 때 유용하다.

17

다음 명령어 실행 결과에 대한 설명으로 알맞은 것은?

> [youngjin@ihd]$ ls −al | more

① 현재 디렉터리의 파일 목록을 more라는 파일에 저장한다.
② 현재 디렉터리의 파일 목록을 모니터에 출력하고 이를 more 파일에 저장한다.
③ more 파일 정보를 조회한다.
④ 현재 디렉터리의 파일 목록을 한 페이지씩 나누어 출력한다.

명령어 more를 이용하면 'ls −al' 결과를 표준 출력 장치인 화면에 출력 시 화면 단위로 끊어서 표시한다.

18 다음 명령에 대한 설명으로 가장 적절한 것은?

```
[root@ihd root]# cat /etc/passwd | grep -v
ihd
```

① /etc/password 파일에서 ihd라는 문자열을 가진 행들을 출력한다.
② /etc/password 파일에서 ihd라는 문자열을 가진 행들의 줄번호를 출력한다.
③ /etc/password 파일에서 ihd라는 문자열이 포함되지 않은 행만 출력한다.
④ /etc/password 파일에서 ihd라는 문자열이 포함된 행들을 삭제한다.

명령어 grep의 옵션 -v는 검색할 문자열이 포함되지 않은 줄만 출력한다.

19 명령어 cut으로 필드 구분자는 ':'으로 해서 /etc/shadow의 첫 번째와 세 번째 필드를 출력하는 방법으로 알맞은 것은?

① cut -f: -d 1,3 /etc/shadow
② cut -d: -f 1,3 /etc/shadow
③ cut -f: -d 1-3 /etc/shadow
④ cut -d: -f 1-3 /etc/shadow

옵션 -d는 필드 구분 문자를 지정하며, 옵션 -f는 잘라낼 필드 범위를 지정한다. 단절된 필드를 표시할 때는 쉼표(,)를 사용하고, 연속된 필드를 표시할 때는 하이픈(-)을 사용한다.

20 다음 (　　　) 안에 명령으로 알맞은 것은?

```
$ (    ) a.txt  b.txt
a.txt b.txt differ: byte 9, line 2
```

① diff　　　　　　② cmp
③ comm　　　　　④ wc

명령어 cmp는 두 개의 파일을 바이트 단위로 비교하여 출력한다.

21 파이프(Pipe)에 대한 설명으로 알맞은 것은?

① 실행된 명령의 입력을 다른 명령의 출력으로 보내는 도구이다.
② 파이프를 만드는 심볼은 '>'이다.
③ 파이프라인의 각 명령은 하나의 프로세스로 진행된다.
④ 하나의 명령행에 여러 개의 파이프를 사용하는 것도 가능하다.

① 실행된 명령의 입력을 다른 명령의 출력으로 보내는 도구는 I/O 재지정(redirection)이다.
② 파이프를 만드는 심볼은 '|'이다.
③ 파이프라인의 각 명령은 여러 개의 프로세스를 순차적으로 처리한다.

22 다음 중 a.txt 파일의 내용을 b.txt 파일에 추가하는 명령으로 알맞은 것은?

① cat 〈 a.txt 〉 b.txt
② cat 〈 a.txt 〉〉 b.txt
③ cat 〈 b.txt 〉 a.txt
④ cat 〈 b.txt 〉〉 a.txt

리다이렉션 연산자 〈은 표준 입력을 파일로, 리다이렉션 연산자 〉〉은 표준 출력을 기존 파일로 추가한다.

23 키보드를 이용하여 사용하는 유용한 키 (Back Space), (Ctrl)+(C) 등)를 설정하는 명령행 편집 기능 명령어는?

① stty　　　　　　② sort
③ split　　　　　　④ set

② sort : 사용자가 지정한 파일의 내용을 정렬하거나, 정렬된 파일의 내용을 병합하는 명령어
③ split : 하나의 파일을 두 개 이상의 작은 파일들로 분할하는 명령어
④ set : 환경변수를 설정하거나 설정된 정보를 확인하는 명령어

정답 18 ③ 19 ② 20 ② 21 ④ 22 ② 23 ①

PART 01
리눅스 일반

기타 명령어

1 네트워크 관련 명령어

(1) 명령어 ping

① 외부 호스트에 신호를 보내며 신호를 받은 호스트는 응답을 주면서 서로 네트워크가 연결되어 있음을 확인시켜 주는 명령어이다.

형식

ping [옵션] [도메인명 혹은 IP주소]	
옵션	**설명**
−c [요청 수]	ping을 보낼 횟수로 생략될 경우 무제한으로 실행
−i [초]	신호를 보내는 시간 간격으로 생략될 경우 1초 단위로 설정
−s [패킷 크기]	전송하는 패킷 크기를 바이트(byte) 단위로 설정

예제

호스트 192.168.10.30과의 통신 가능 여부를 확인한다. 확인 시 5개의 테스트 패킷을 보내며 각 패킷당 크기를 32바이트로 지정한다.

```
[youngjin@localhost home]$ ping -c 5 -s 32 192.168.10.30
PING 192.168.10.30 (192.168.10.30) 32(60) bytes of data.
40 bytes from 192.168.10.30: icmp_seq=1 ttl=64 time=0.395 ms
40 bytes from 192.168.10.30: icmp_seq=2 ttl=64 time=0.676 ms
40 bytes from 192.168.10.30: icmp_seq=3 ttl=64 time=0.546 ms
40 bytes from 192.168.10.30: icmp_seq=4 ttl=64 time=0.678 ms
40 bytes from 192.168.10.30: icmp_seq=5 ttl=64 time=0.961 ms
--- 192.168.10.30 ping statistics ---
5 packets transmitted, 5 received, 0% packet loss, time 4003ms
rtt min/avg/max/mdev = 0.395/0.651/0.961/0.187 ms
```

(2) 명령어 traceroute

① 목적지 호스트까지의 경로를 표시하고 그 구간의 정보를 기록하는 명령어이다.

② 목적지 호스트까지의 패킷 전송 지역을 측정하거나 목적지 호스트로 향하는 경로상에 어떤 장애가 있는 경우 위치를 파악할 수 있다.

> 형식
>
> traceroute [도메인명 혹은 IP주소]

(3) 명령어 nslookup

① 도메인명으로 IP 주소를 조회하거나 또는 IP 주소로 도메인명을 조회하는 명령어이다.

> 형식
>
> nslookup [옵션] [호스트명]

옵션	설명
-type=레코드	레코드 타입을 지정

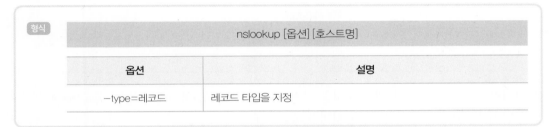

```
[youngjin@localhost home]$ nslookup www.youngjin.com
Server:        192.168.10.2
Address:       192.168.10.2#53

Non-authoritative answer:
Name:   www.youngjin.com
Address: 222.235.64.78
```

② DNS의 레코드 타입은 다음과 같다.

레코드	설명
NS	도메인의 네임서버 정보
MX	도메인의 MX(Mail Exchange) 서버
A	호스트의 IP 주소
CNAME	별칭으로 부여된 canonical name
SOA	도메인의 start-of-authority 정보
PRT	IP 주소에 대한 호스트명

(4) 명령어 dig(domain information groper)

① 명령어 nslookup과 유사한 기능을 가진 명령어로 호스트명에 대한 IP 주소 정보 또는 IP 주소에 대한 호스트명을 조회하는 명령어이다.

형식	dig [서버명] [호스트명] [질의타입]	
질의타입	**설명**	
a	도메인 IP 정보	
any	지정된 도메인의 모든 정보	
mx	지정된 도메인의 메일 서버 정보	
ns	네임 서버 정보	
soa	SOA 정보	

② 서버명은 확인하고자 할 네임 서버를 지정하는 것이며 지정하지 않을 경우 /etc/resolv에 등록된 네임 서버를 이용하여 루트 서버를 조회하게 된다.

```
[youngjin@localhost home]$ dig www.youngjin.com
; <<>> DiG 9.9.4-RedHat-9.9.4-29.el7 <<>> www.youngjin.com
;; global options: +cmd
;; Got answer:
;; ->>HEADER<<- opcode: QUERY, status: NOERROR, id: 28563
;; flags: qr rd ra; QUERY: 1, ANSWER: 1, AUTHORITY: 0, ADDITIONAL: 1

;; OPT PSEUDOSECTION:
; EDNS: version: 0, flags:; HBZ: 0005 , udp: 4096
;; QUESTION SECTION:
;www.youngjin.com.              IN      A

;; ANSWER SECTION:
www.youngjin.com.       5       IN      A       222.235.64.78

;; Query time: 8 msec
;; SERVER: 192.168.10.2#53(192.168.10.2)
;; WHEN: 화 10월 03 18:22:48 KST 2017
;; HSG SIZE  rcvd: 61
```

(5) 명령어 host

① 호스트명을 알고 있는데 IP 주소를 모르거나 그 반대의 경우에 사용하는 명령어이다.

② 호스트명을 이용하면 IP 주소뿐만 아니라 하위 호스트명도 조회할 수 있다.

③ 호스트는 시스템에 등록된 DNS 서버를 이용하여 검색하는데 다른 DNS 서버를 이용 시 따로 지정할 수 있다.

형식	host [옵션] [도메인 또는 IP주소] [DNS서버]	
옵션		**설명**
−d		디버깅 모드로 출력
−l zone		zone 아래 모든 시스템을 출력
−r		반복 처리 안 함
−t type		type을 지정하여 정보를 얻음

예제

www.youngjin.com의 IP 주소 정보를 확인한다.

```
[youngjin@localhost home]$ host www.youngjin.com
www.youngjin.com has address 222.235.64.78
```

(6) 명령어 hostname

① 시스템 이름을 확인하거나 변경할 때 사용하는 명령어이다.

형식	hostname [옵션] [파일명]	
옵션		**설명**
−a		별칭 출력
−d		도메인명 출력
−F		지정한 파일에서 호스트명을 설정
−v		호스트 설정이나 호스트명을 자세히 출력

(1) 명령어 shutdown

① 시스템을 종료하거나 재부팅하는 명령어이다.

② 현재 수행 중인 프로세스들을 종료하며 sync를 수행하여 저장되지 않은 데이터를 디스크에 저장하고 모든 파일 시스템을 mount시킨 후에 시스템을 종료한다.

③ root 사용자만이 권한을 가지고 있는 명령어이다.

형식	shutdown [옵션] 시간 [경고메시지]	
옵션		**설명**
−r		종료 후 재부팅
−h		시스템 종료
−c		진행 중인 shutdown 명령 취소
−k		경고 메시지만 출력하고 shutdown을 하지 않음
−f		재부팅 시 fsck 명령을 생략하고 부팅을 빠르게 진행
−n		init를 호출하지 않고 shutdown
−t sec		지정 시간에 시스템 재시동

④ 명령어 shutdown을 이용하여 다양한 방법으로 시스템을 제어할 수 있다.

옵션 예시	설명
shutdown −h now	즉시 종료
shutdown −h +5	5분 후 종료
shutdown −r now	즉시 재부팅
shutdown −r 10:00	10시에 재부팅
shutdown −h 10:00	10시에 종료

(2) 명령어 init

① shutdown 명령어와 동일한 기능을 가진 명령어이다.

형식	init 런레벨	
런레벨	**설명**	
0	지금 즉시 종료	
1	단일 사용자 복구 모드로 재시작	
2	다중 사용자 모드(NFS 사용 불가로 서버와 공유 안 됨)	
3	텍스트 모드로 재시작	
4	사용 안 함	
5	X 윈도우 모드로 재시작	
6	재가동 모드(재부팅)	

(3) 명령어 reboot

① 시스템을 재부팅하는 명령어이다.

형식	reboot [옵션]	
옵션	**설명**	
-f	시스템 강제 재부팅	

(4) 명령어 halt

① 시스템을 종료하는 명령어이다.

형식	halt [옵션]	
옵션	**설명**	
-f	시스템 강제 종료	

3 기타 명령어

(1) 명령어 cal(calender)

① 시스템에 설정된 달력을 출력하는 명령어이다.

② 옵션 없이 실행시킬 시 현재 시스템 날짜로 기록된 달(month)을 출력한다.

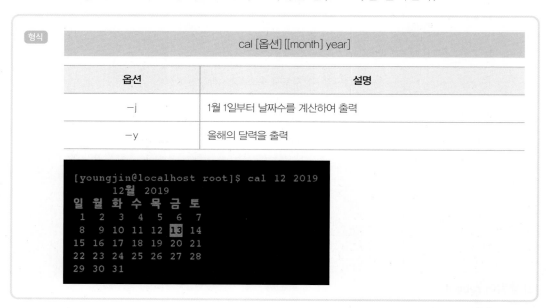

형식	cal [옵션] [[month] year]	
옵션	**설명**	
−j	1월 1일부터 날짜수를 계산하여 출력	
−y	올해의 달력을 출력	

```
[youngjin@localhost root]$ cal 12 2019
      12월 2019
일  월  화  수  목  금  토
 1   2   3   4   5   6   7
 8   9  10  11  12  13  14
15  16  17  18  19  20  21
22  23  24  25  26  27  28
29  30  31
```

(2) 명령어 date

① 시스템의 날짜와 시간을 표시하거나 변경한다.

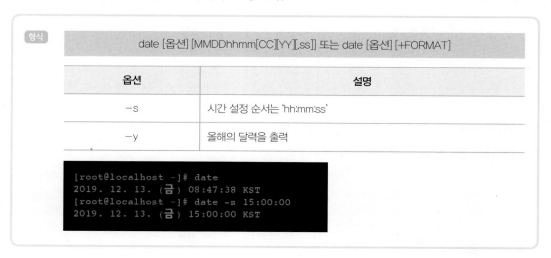

형식	date [옵션] [MMDDhhmm[CC][YY][.ss]] 또는 date [옵션] [+FORMAT]	
옵션	**설명**	
−s	시간 설정 순서는 'hh:mm:ss'	
−y	올해의 달력을 출력	

```
[root@localhost ~]# date
2019. 12. 13. (금) 08:47:38 KST
[root@localhost ~]# date -s 15:00:00
2019. 12. 13. (금) 15:00:00 KST
```

(3) 명령어 clear

① 터미널의 내용을 지우는 명령어이다.

(4) 명령어 tty

① 현재 사용하고 있는 단말기 장치의 경로명과 파일명을 나타낸다.

② 보통 텔넷 등에서 동일한 계정으로 여러 개 로그인한 경우 확인 시 유용하다.

(5) 명령어 time

① 프로그램이 수행되는 데 걸리는 시간을 측정하여 출력하는 명령어이다.

② 명령어 실행 시간을 측정할 수 있으므로 셸 스크립트 작성이나 간단한 성능 체크에 유용하다.

③ 세 가지 시간 결과 real, user, sys를 보여준다. real은 총 수행시간, user는 CPU가 사용자 영역
에서 보낸 시간, sys는 시스템 호출 실행에 걸린 시간이다.

```
[youngjin@localhost httpd]$ time run
real    0m0.001s
user    0m0.000s
sys     0m0.001s
```

(6) 명령어 wall

① 모든 로그인된 사용자들에게 터미널을 통해 메시지를 전달하는 명령어이다.

형식
wall 〈메세지 내용〉

(7) 명령어 write

① 해당 사용자에게 메시지를 전달하는 명령어이다.

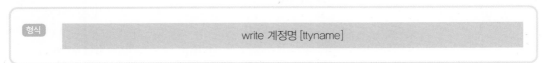

형식
write 계정명 [ttyname]

(8) 명령어 mesg

① write을 사용해서 들어오는 메시지 수신 여부를 확인하고 제어하는 명령어이다.

형식
mesg [y/n]

01 다음은 사용자 ihd의 파일이나 디렉터리를 찾는 과정이다. (   ) 안에 들어갈 옵션으로 알맞은 것은?

> \# find /home (   ) ihd

① −uname   ② −uid
③ −name   ④ −user

① −user uname : 지정한 uname의 소유로 된 모든 파일(UID로 지정 가능) 검색
② −uid n : 지정된 n값의 UID를 갖는 파일 검색
③ −name : 지정된 형식의 패턴을 가진 파일 검색

02 시스템을 30분 후에 재시작하기 위한 명령은?

① shutdown −r 00:30
② shutdown −h 00:30
③ shutdown −r +30
④ shutdown −h +30

① shutdown −r 00:30 : 오전 12시 30분에 재부팅
② shutdown −h 00:30 : 오전 12시 30분에 종료
④ shutdown −h +30 : 30분 후에 시스템을 종료
(최근에는 + 기호 없이도 동일한 기능 수행)

03 다음 중 시스템의 현재 날짜와 시간을 출력하는 명령어는?

① date   ② nice
③ cal   ④ time

② nice : 스케줄링 우선권을 변경하여 프로그램이 작동할 때 할당되는 순위를 변경
③ cal : 달력을 출력하는 명령어
④ time : 특정 파일의 실행 시간을 측정

04 사용 중인 시스템의 도메인 네임을 출력하기 위해 사용하는 명령어로 가장 알맞은 것은?

① cat /etc/fstab
② hostname
③ ifconfig
④ ping

① 파일 /etc/fstab : 리눅스 파일 시스템의 정보와 부팅 시 마운트 정보를 포함한 파일
③ ifconfig : 네트워크 인터페이스 설정 및 확인 명령어
④ ping : 송수신 사이에 서로 네트워크가 연결되어 있는지의 유무를 확인하는 명령어

05 다음 중 현재 사용 중인 가상 콘솔창 정보를 확인하는 명령어는?

① cls   ② cal
③ tty   ④ stty

① cls : 화면을 지우는 명령어
② cal : 달력을 출력하는 명령어
④ stty : 프롬프트 설정을 변경하는 명령어

06 다음 (   ) 안에 들어갈 명령으로 알맞은 것은?

> \# (   ) −s time.bora.net

① dig   ② touch
③ date   ④ rdate

명령어 rdate −s는 지정된 서버와 현재 시스템의 날짜와 시간을 동기화한다.

07 다음 중 시스템의 하드웨어 시간 정보를 출력하는 명령으로 알맞은 것은?

① rdate
② date
③ time
④ hwclock

오답 피하기
① rdate : 시간 동기화 명령어
② date : 현재 서버의 날짜와 시간을 확인하거나 설정할 수 있는 명령어
③ time : 명령어 실행 시간에 대한 자세한 통계 정보를 출력하는 명령어

08 다음 중 특정 도메인이 사용하는 IP 주소를 조회하는 명령으로 알맞은 것은?

① route
② hostname
③ nslookup
④ ip

오답 피하기
① route : 호스트의 라우팅 테이블을 확인하는 명령어
② hostname : 사용 중인 시스템의 도메인 네임을 출력하기 위해 사용할 수 있는 명령어
④ ip : 네트워크 인터페이스에 IP 주소를 지정하는 명령어

09 다음은 특정 명령어의 실행 결과 중 일부이다. 관련 명령으로 알맞은 것은?

```
xxxx to www.ihd.or.kr (211.202.42.101), 30
hops max, 60 byte packets
1 203.247.40.1 (203.247.40.1) 4.218 ms 4.968
ms 5.576 ms
2 203.247.40.2 (203.247.40.2) 0.713 ms 1.199
ms 1.463 ms
3 202.30.54.169 (202.30.54.169) 0.999 ms
1.216 ms 1.450 ms
```

① route
② dig
③ traceroute
④ ping

명령어 traceroute는 목적지 호스트의 경로를 표시하고 해당 구간의 정보를 기록하는 명령어이다.

10 다음은 ihd.or.kr의 메일 서버 정보를 조회하는 과정이다. (　　　) 안에 들어갈 옵션으로 알맞은 것은?

```
# dig ihd.or.kr (      )
```

① type=mail
② type=mx
③ mx
④ mail

명령어 dig는 호스트명에 대한 IP 주소 정보 또는 IP 주소에 대한 호스트명을 조회한다. 특정 서비스 서버를 조회하는 방법은 질의 타입을 지정하면 되는데, 메일 서버의 질의 타입은 mx이다.

PART

02

리눅스 운영 및 관리

01

파일 시스템
관련 명령어

권한 및 그룹 설정

- 리눅스 시스템의 모든 파일과 디렉터리에는 접근권한(permission)과 소유권(ownership)이 부여된다.
- 명령어 'ls –l'은 파일 속성을 나타낸다.

```
[youngjin@localhost ~]$ ls -l
합계 8
-rw-rw-r-- 1 youngjin youngjin   53 2017-09-16 18:49 TST
drwxrwxr-x 2 youngjin youngjin 4096 2017-09-16 18:50 Youngjin
```

| − rw−rw−r−− 1 youngjin youngjin 53 2017−09−16 18:49 TST |
| ① ② ③ ④ ⑤ ⑥ ⑦ |

	속성 값	의미
①	− rw−rw−r−− ㉠ ㉡	• 파일 허가권(permission) • 파일 유형(㉠)과 파일 접근 권한(㉡)으로 구성
②	1	물리적 파일 연결 개수
③	youngjin	파일 소유자명(User Ownership)
④	youngjin	파일 소유 그룹명(Group Ownership)
⑤	53	파일 크기(바이트 단위)
⑥	2017−09−16	파일이 마지막으로 변경된 시간
⑦	TST	파일명

- 속성 필드 중 첫 번째 필드는 파일이나 디렉터리의 허가권(permission), 세 번째와 네 번째 필드는 파일이나 디렉터리의 소유권(ownership)을 나타낸다.
- 파일의 허가권이나 소유권을 설정하는 명령어는 chmod, chown, chgrp, umask 등이 있다.

1 소유권(Ownership)과 관련 명령어

- 소유권은 임의의 파일 또는 디렉터리에 대해 사용자와 그룹들의 소유 권한을 나타낸 것이다.
- 그룹은 사용자들의 시스템 운영 특성에 따라 묶어 놓은 것으로, 같은 그룹에 속한 사용자들은 파일 또는 디렉터리에 대해 동일한 소유권과 작업 권한을 갖는다.
- 아래 그림에서 파일 TST에 대한 소유권은 사용자 youngjin과 그룹 youngjin에게 있다.

```
-rw-rw-r-- 1 youngjin youngjin   53 2017-09-16 18:49 TST
```

(1) 명령어 chown

① 명령어 chown는 파일과 디렉터리의 사용자 소유권과 그룹 소유권을 변경한다.

형식	#chown [옵션] 소유재:[그룹명] 파일명	
옵션	**설명**	
−R	하위 디렉터리를 포함하여 디렉터리 내부의 모든 파일의 소유권 변경	

예제 1 ··

디렉터리 Youngjin의 모든 파일과 하위 디렉터리의 소유권을 root로 변경한다.

#chown −R root Youngjin

```
[root@localhost youngjin]# ls -l
drwxrwxr-x 2 youngjin youngjin 4096 2017-09-16 18:50 Youngjin
[root@localhost youngjin]# chown -R root Youngjin
[root@localhost youngjin]# ls -l
drwxrwxr-x 2 root      youngjin 4096 2017-09-16 18:50 Youngjin
```

예제 2 ··

파일 TST의 그룹 소유권을 root로 변경한다.

#chown :root TST

```
[root@localhost youngjin]# ls -l
-rw-rw-r-- 1 youngjin youngjin   53 2017-09-16 18:49 TST
[root@localhost youngjin]# chown :root TST
[root@localhost youngjin]# ls -l
-rw-rw-r-- 1 youngjin root       53 2017-09-16 18:49 TST
```

(2) 명령어 chgrp

① 명령어 chgrp는 change group을 줄인 명령어로 파일이나 디렉터리의 그룹 소유권을 변경한다.

② 명령어 chown은 소유자와 소유 그룹을 모두 변경할 수 있지만 chgrp는 그룹 소유권만을 변경한다.

형식	#chgrp [옵션] 그룹명 파일명	
옵션	**설명**	
−R	하위 디렉터리를 포함하여 디렉터리 내부의 모든 파일의 그룹 소유권 변경	

예제 ....

파일 TST의 그룹 소유권을 youngjin으로 변경한다.

#chgrp youngjin TST

```
[root@localhost youngjin]# ls -l
-rw-rw-r-- 1 youngjin root        53 2017-09-16 18:49 TST
[root@localhost youngjin]# chgrp  youngjin TST
[root@localhost youngjin]# ls -l
-rw-rw-r-- 1 youngjin youngjin    53 2017-09-16 18:49 TST
```

2 허가권(permission)과 관련 명령어

① 명령어 'ls −l'으로 파일 유형과 허가권을 알 수 있다.

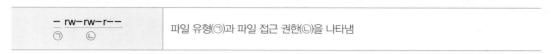

```
-rw-rw-r-- 1 youngjin youngjin    53 2017-09-16 18:49 TST
```

− rw−rw−r−− ⓐ ⓑ	파일 유형(ⓐ)과 파일 접근 권한(ⓑ)을 나타냄

② 파일 허가권의 첫 번째 자리는 파일 유형을 기호로 정의한다.

③ 파일은 일반 파일, 디렉터리 파일, 특수 파일로 나뉜다.

④ 명령어 ls −l /dev를 실행하면 파일 유형이 'b'나 'c'인 파일들을 확인할 수 있다.

기호	파일 유형
–	일반 파일
d	디렉터리 파일
특수파일 b	• 블록 단위로 읽고 쓰는 블록 장치 특수 파일 • 블록 장치 : 하드디스크, 플로피디스크, CD/DVD 등의 저장 장치
특수파일 c	• 문자 단위로 읽고 쓰는 문자 장치 특수 파일 • 문자 장치로는 마우스, 키보드, 프린터의 입출력 장치
특수파일 l	• 기호적 링크로 바로가기 아이콘 역할 수행 • 연결되어 있는 파일과 실제 파일은 다른 곳에 존재
특수파일 p	파이프
특수파일 s	소켓

⑤ 파일 허가권의 두 번째 자리에서 열 번째 자리는 파일 접근 권한을 정의한다.

⑥ 리눅스는 사용자별로 파일 권한을 부여한다.

⑦ 파일 사용자는 파일 소유자(owner), 그룹 소속자(group), 그리고 기타 사용자(others 또는 public)로 구분한다.

⑧ 파일 권한은 읽기(read), 쓰기(write), 실행(execute)이 있다.

⑨ 읽기, 쓰기 또는 실행의 접근 제한 표시는 하이픈(–)으로 나타낸다.

⑩ 사용자별 권한은 기호 모드(symbolic mode) 또는 8진수 숫자 모드(numeric mode)로 표시한다.

	사용자 권한			그룹 권한			기타 사용자 권한		
기호 모드	r	w	x	r	w	x	r	w	x
8진수 숫자 모드	4	2	1	4	2	1	4	2	1

⑪ TST.txt의 기호 권한 'rw–rw–r– –'는 숫자 권한으로 '664'이다. 즉, 파일 소유자와 그룹 사용자들은 TST.txt 파일에 대해 읽고 쓰기가 가능하며 실행 권한은 없다. 그 외 사용자들은 파일 TST.txt에 대해 읽기 기능만 갖는다.

	사용자 권한			그룹 권한			기타 사용자 권한		
기호 모드	r	w	–	r	w	–	r	–	–
8진수 숫자 모드	4	2	0	4	2	0	4	0	0
	6			6			4		

⑫ 권한은 파일 유형에 따라 다르게 정의된다.

	일반 파일	디렉터리 파일	특수 파일
읽기(r)	파일 내용 읽기	디렉터리 내 파일 목록 읽기	read()로 파일 읽기
쓰기(w)	파일 수정/삭제	디렉터리 내 파일 생성/삭제 가능	write()로 파일 내용 변경
실행(x)	파일 실행	cd 명령을 이용하여 디렉터리로 이동 가능	권한 의미 없음

(1) 명령어 chmod

① 파일이나 디렉터리의 접근 허가권을 변경하는 명령어이다.

형식	#chmod [옵션] 파일명	
옵션	**설명**	
−R	하위 디렉터리에 포함되어 있는 모든 디렉터리 및 파일의 권한 변경	

② 권한 변경은 '숫자 모드' 또는 '기호 모드'가 있다.
• '숫자 모드'를 이용한 권한 변경

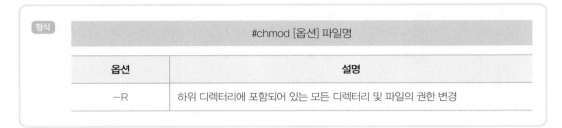

```
[youngjin@localhost ~]$ touch TST.txt
[youngjin@localhost ~]$ ls -l TST.txt
-rw-rw-r-- 1 youngjin youngjin 0 2017-10-09 20:07 TST.txt
[youngjin@localhost ~]$ chmod 666 TST.txt
[youngjin@localhost ~]$ ls -l TST.txt
-rw-rw-rw- 1 youngjin youngjin 0 2017-10-09 20:07 TST.txt
```

− 숫자별 권한은 아래 표와 같다.

기호	숫자(2진수)	숫자(8진수)	의미
rwx	111	7	읽기, 쓰기, 실행 권한을 모두 가짐
rw−	110	6	읽기와 쓰기 권한을 가짐
r−x	101	5	읽기와 실행 권한을 가짐
r−−	100	4	읽기 권한만을 가짐
−wx	011	3	쓰기와 실행 권한을 가짐
−w−	010	2	쓰기 권한만을 가짐
−−x	001	1	실행 권한만을 가짐
−−−	000	0	아무런 권한이 없음

- '기호 모드'를 이용한 권한 변경

```
[youngjin@localhost ~]$ chmod -R o+w Youngjin
[youngjin@localhost ~]$ ls -l
drwxrwxrwx 2 youngjin youngjin 4096 2017-10-09 20:15 Youngjin
```

- 디렉터리 Youngjin과 Youngjin 디렉터리에 포함되어 있는 모든 파일들은 기타 사용자 권한을 쓰기 권한으로 변경한다.
- 기호들의 의미는 다음과 같다.

기호 모드		의미	적용 예제
사용자	u	소유자	• chmod u+w : 소유자에게 쓰기 권한 부여 • chmod u−x : 소유자의 실행 권한 제거 • chmod o=rx : 기타 사용자에게 읽기와 실행 권한 부여
	g	그룹	
	o	기타 사용자	
	a	모든 사용자(u+g+o)	
연산자	+	허가권 부여	
	−	허가권 제거	
	=	특정 사용자에게 허가권 지정	
권한	r	읽기	
	w	쓰기	
	x	실행	

(2) 명령어 umask

① 명령어 umask는 새로 생성되는 파일이나 디렉터리의 기본 허가권 값을 지정한다.

② 파일의 기본 권한은 666, 디렉터리의 기본 권한은 777이다. 명령어 umask는 디폴트 권한 값을 변경한다.

형식	umask[옵션][값]	
	옵션	**설명**
	−S	umask 값을 문자로 표기

③ 파일이나 디렉터리 생성 시 디폴트 권한 값에서 설정한 umask 값을 뺀 값을 기본 허가권을 설정한다. 예를 들어, umask가 022인 경우 디폴트 파일 권한은 644(666−022), 디폴트 디렉터리 권한은 755(777−022)으로 변경된다.

④ 아래 그림에서 기본 umask 값은 0002이다. 여기서 첫 번째 자리의 0은 특수 권한 설정 값이다. 이와 같이 특수 권한이 부여되어 있지 않는 일반 파일의 권한은 664(0666-0002)이며 디렉터리 권한은 775(0777-0002)이다.

```
[youngjin@localhost ~]$ umask
0002
[youngjin@localhost ~]$ touch LINUX
[youngjin@localhost ~]$ mkdir MASTER
[youngjin@localhost ~]$ ls -l
-rw-rw-r-- 1 youngjin youngjin    0 2017-09-16 21:10 LINUX
drwxrwxr-x 2 youngjin youngjin 4096 2017-09-16 21:10 MASTER
```

⑤ umask -S는 umask 값을 문자로 나타낸다.

```
[youngjin@localhost ~]$ umask -S
u=rwx, g=rwx, o=rx
```

예제 ....

umask 값을 0022로 변경 후 새로 생성되는 파일은 644(666-022) 권한을, 디렉터리는 755(777-022) 권한을 갖는다.

```
[youngjin@localhost TST]$ umask 0022
[youngjin@localhost TST]$ umask
0022
[youngjin@localhost TST]$ touch LINUX_2
[youngjin@localhost TST]$ mkdir MASTR_2
[youngjin@localhost TST]$ ls -l
합계 4
-rw-r--r-- 1 youngjin youngjin    0 2018-04-04 12:58 LINUX_2
drwxr-xr-x 2 youngjin youngjin 4096 2018-04-04 12:58 MASTR_2
```

⑥ **Umask 적용 방법**

- 허가권 umask 값에 보수를 취한 다음에 AND 연산으로 권한이 설정된다.
- 일반적으로 보수 후 AND 연산은 빼기 과정과 유사하기 때문에 umask를 빼기로 표시된다.

예제 ....

1. umask가 754인 경우

① 754 (111 101 100)의 보수를 먼저 취한다. 754의 보수는 000 010 011이다.

② Umask를 파일(666) 또는 디렉터리(777)의 기본 권한과 AND 연산을 한다.

파일 권한				디렉터리 권한			
	000	010	011 Umask		000	010	011 Umask
&	110	110	110 파일 권한	&	111	111	111 파일 권한
	000	010	010		000	010	011
권한 표시	(---	-w-	-w-)	권한 표시	(---	-w-	-wx)

2. umask가 775인 경우

① 775 (111 111 101)의 보수를 먼저 취한다. 775의 보수는 000 000 010이다.

② Umask를 파일(666) 또는 디렉터리(777)의 기본 권한과 AND 연산을 한다.

파일 권한				디렉터리 권한			
	000	000	010 Umask		000	000	010 Umask
&	110	110	110 파일 권한	&	111	111	111 파일 권한
	000	000	010		000	000	010
권한 표시	(---	---	-w-)	권한 표시	(---	---	-w-)

3 특수 권한

(1) SetUID와 SetGID

① 프로세스가 실행되는 동안 해당 프로세스의 root 권한을 임시로 가져오는 기능이다.

② 프로세스가 사용자보다 높은 수준의 접근을 요구할 때 파일 접근 제한으로 인해 원활한 기능을 제공할 수 없기 때문에 이러한 문제점을 해결하기 위한 방법이다.

③ SetUID의 경우 사용자가 사용할 때만 소유자 권한으로 파일을 실행시키고, SetGID의 경우 사용자가 사용할 때만 그룹 권한으로 파일을 실행한다.

• SetUID는 프로그램을 실행하는 동안 프로세스는 파일의 소유자와 같은 권한으로 실행된다.

• SetGID는 프로그램을 실행하는 동안 프로세스는 파일의 그룹과 같은 권한으로 실행된다.

• SetGID 권한이 명시된 디렉터리에 생성되는 모든 하위 디렉터리나 파일도 SetGID 권한을 가진다.

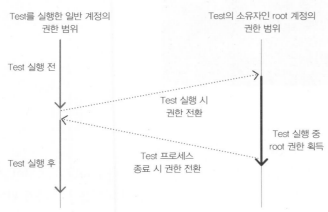

④ 특수 권한의 절대적인 표기 방법은 4자리로 나타낸다.

	코드	절대값	설명
SetUID	s	4000	프로세스 실행 당시 UID로 설정
SetGID	s	2000	프로세스 실행 당시 GID로 설정
Sticky bit	t	1000	실행 후에도 메모리를 점유하도록 설정

⑤ SetUID 소문자 's'와 대문자 'S'

• 실행 파일에 setuid를 설정하면 소문자 's'가 되고 정상적으로 실행할 수 있다.

• 실행 파일이 아닌데 setuid를 설정하면 대문자 'S'가 되고 실행할 수 없다.

⑥ 아래 그림은 파일 SYN에 SetUID 설정의 예제이다. 처음 설정 시 실행 권한이 없으므로 대문자 'S', 권한 변경 'chmod 4744' 이후에는 실행 권한을 갖게 되므로 소문자 's'로 표시된다.

```
[root@localhost TST]# ls -l
-rw-r--r--. 1 root     root      231 10월   5 12:21 SYN
[root@localhost TST]# chmod 4644 SYN
[root@localhost TST]# ls -l
-rwSr--r--. 1 root     root      231 10월   5 12:21 SYN
[root@localhost TST]# chmod 4744 SYN
[root@localhost TST]# ls -l
-rwsr--r--. 1 root     root      231 10월   5 12:21 SYN
```

⑦ 아래 그림은 디렉터리 HKHome에 SetGID 설정의 예제이다.

```
[root@localhost TST]# ls -l
drw-r--r--. 2 root     root        6 10월   5 12:47 HKHome
[root@localhost TST]# chmod 2644 HKHome
[root@localhost TST]# ls -l
drw-r-Sr--. 2 root     root        6 10월   5 12:47 HKHome
[root@localhost TST]# chmod 2774 HKHome
[root@localhost TST]# ls -l
drwxrwsr--. 2 root     root        6 10월   5 12:47 HKHome
```

(2) Sticky bit

① 일반적으로 공용 디렉터리를 사용할 때 sticky bit를 설정하여 사용한다.

② sticky bit가 설정되어 있는 디렉터리 안의 내용은 해당 파일의 소유자나 root만이 변경이 가능하게 하여 공용 디렉터리라도 권한에 제약을 두어 다른 사용자들의 파일을 보호하기 위한 목적으로 만든 것이다.

③ 사용자 권한을 지정하기 어려운 프로그램들이 일시적으로 특정 디렉터리에 파일을 생성하고 삭제하도록 이용된다.

④ 특정 응용 프로그램이 다른 응용 프로그램에서 생성한 파일을 삭제하지 못하는 권한 설정을 한다.

⑤ 설정된 디렉터리에는 누구든 접근 가능하고 파일을 생성할 수 있다.

⑥ 생성된 sticky bit 파일을 삭제 시에는 소유자(파일 생성자)와 관리자만 지울 수 있다. 다른 사용자는 자신의 소유가 아닌 파일을 삭제할 수 없다.

- sticky bit가 적용된 디렉터리 내에 파일을 생성하는 것은 누구나 가능하지만 삭제는 생성자 본인과 관리자만 가능하다.
- 일반적으로 sticky bit로 설정되는 디렉터리는 /tmp 안에 생성한다.

예제 ....

디렉터리 /tmp/ClassA는 A반 학생들이 파일을 다운로드 받을 수 있도록 설정한다.

```
[root@localhost tmp]# pwd
/tmp
[root@localhost tmp]# ls -l ClassA
drwxr-xr-x. 2 root root 6 10월  5 13:41 ClassA
[root@localhost tmp]# chmod 1777 ClassA
[root@localhost tmp]# ls -l ClassA
drwxrwxrwt. 2 root root 6 10월  5 13:41 ClassA
```

4 디스크 쿼터(Disk Quota)

① 파일 시스템마다 사용자나 그룹이 생성할 수 있는 파일의 용량 및 개수를 제한하는 것이다. 보통 블록 단위의 용량 제한과 inode의 개수를 제한한다.

② 사용자나 그룹이 가질 수 있는 inode의 수, 사용자나 그룹에게 할당된 디스크 블록 수를 제한한다.

③ 쿼터는 사용자별, 파일 시스템별로 동작된다.

④ 그룹 단위로도 용량을 제한할 수 있으며 웹호스팅 서비스를 하는 경우에 유용하다.

예제 ....

디스크 쿼터를 지정하라.

● **단계 1 :** 파일 /etc/fstab에 디스크 쿼터 관련 설정

```
[root@localhost etc]# cat fstab
/dev/sdb1    /QUOTA   ext4   defaults,usrjquota=aquota.user,jqfmt=vfsv0    1    2
```

옵션	적용 대상	설명
quota	fsfold, vfsv0	사용자 할당량 사용
gquota	xfs	그룹 할당량 사용
usrquota	모든 유형	사용자 할당량 사용
grpquota	모든 유형	그룹 할당량 사용
usrjquota=파일명	vfsv0	• 저널 사용자 할당량 사용 • jqfmt 옵션의 스펙(spec) 및 할당량 데이터베이스 파일명이 필요 • 일반적으로 사용되는 파일명은 aquota.user
grpjquota=파일명	vfsv0	• 저널 그룹 할당량 사용 • jqfmt 옵션의 스펙(spec) 및 할당량 데이터베이스 파일명이 필요 • 일반적으로 사용되는 파일명은 aquota.group
jqfmt=format	vfsv0	• usrjquota 또는 grpjquota가 지정될 때 사용된 할당량의 형식 • 현재는 vfsv0가 유일하게 지원되는 형식

● **단계 2 :** 재마운팅(remounting) 실행 후 확인

```
[root@localhost ~]# mount -o remount /QUOTA
[root@localhost ~]# mount
/dev/sdb1 on /QUOTA type ext4 (rw,usrjquota=aquota.user,jqfmt=vfsv0)
```

● **단계 3 :** 마운트된 쿼터를 끄고 생성된 쿼터 파일 삭제

```
[root@localhost ~]# cd /QUOTA
[root@localhost QUOTA]# quotaoff -augp ── ①
group quota on /QUOTA (/dev/sdb1) is off
user quota on /QUOTA (/dev/sdb1) is off
[root@localhost QUOTA]# quotacheck -augmn ── ②
[root@localhost QUOTA]# rm -rf aquota.* ── ③
```

① 디스크 쿼터 기능 해제

② 파일 시스템의 쿼터 관련 점검

③ 생성된 쿼터 파일 삭제

● 단계 4 : 쿼터 데이터베이스 생성

```
[root@localhost QUOTA]# touch aquota.user aquota.group ──①
[root@localhost QUOTA]# chmod 600 aquota.*
[root@localhost QUOTA]# quotacheck -augmn
[root@localhost QUOTA]# quotaon -avug ──②
/dev/sdb1 [/QUOTA]: user quotas turned on
[root@localhost QUOTA]# ls -l
-rw------- 1 root root     0 2017-09-29 07:21 aquota.group
-rw------- 1 root root  6144 2017-09-29 07:21 aquota.user
drwx------ 2 root root 16384 2017-09-29 07:10 lost+found
```

① 디스크 쿼터 파일 생성 후 권한 설정

• aquota.user : 사용자 쿼터 파일

• aquota.group : 그룹 쿼터 파일

② 쿼터 관련 검점 후 쿼터 서비스 개시

• 명령어 quotaon은 쿼터 서비스를 활성화한다.

● 단계 5 : 사용자별 쿼터 지정

```
[root@localhost QUOTA]# edquota -u youngjin
Disk quotas for user youngjin (uid 502):
  Filesystem         blocks    soft    hard    inodes   soft    hard
  /dev/sdb1               0   10240   15360         0      0       0
```

필드	설명
Filesystem	사용자별 쿼터를 할당하는 파일 시스템
blocks	• 현재 사용자가 사용하는 디스크 블록 • 기본 단위는 KB
soft	• 소프트 사용한도 • 사용자가 사용할 수 있는 최대 용량 • 한 파티션에서 사용자가 사용할 수 최대 용량 • 유예기간 내에 사용자는 사용 용량 초과에 대해 경고를 받음 • 지정 용량이 hard 값보다 적을 때 지정한 유예기간 동안은 초과 가능
hard	• 하드 사용한도 • 유예 기간이 설정되어 있을 때에만 동작 • 디스크 사용에 있어 절대적인 사용 제한 • hard 용량 초과 불가
inodes	현재 사용자가 사용하는 inode(파일과 디렉터리) 개수
soft	사용자에게 지정된 파일과 디렉터리 생성 개수

① 유예 기간(grace period)

• 사용자의 사용량이 soft limit 용량을 넘은 후부터 적용되는 시작 제한이다.

• 시간은 sec(onds), min(utes), hour(s), day(s), week(s), month(s) 단위이다.

• "edquota -t" 명령을 실행하면 유예 기간을 보거나 수정할 수 있다.

● 단계 6 : 쿼터 현재 상황 점검

옵션	설명
used	현재 사용량
soft	현재 설정된 soft limit
hard	현재 설정된 hard limit
grace	soft limit에 지정된 용량 초과 시 남은 유예기간 표시

⑤ 디스크 쿼터 관련 명령어

• 명령어 quotaoff
  - 명령어 quotaoff 쿼터 서비스를 비활성화한다.

옵션	설명
−a	파티션 정보 출력
−u	사용자 쿼터 비활성화
−g	그룹 쿼터 비활성화
−v	메시지 출력

• 명령어 quotacheck
  - 파일 시스템의 디스크 사용 상태를 검색한다.
  - quota 기록 파일인 'quota.user, quota.group' 또는 'aquota.user, aquota.group' 파일들을 최근 상태로 갱신하기 위해 사용한다.

옵션	설명
−a	모든 파일 시스템을 체크(all)
−u	사용자 쿼터 관련 체크(user)
−g	그룹 쿼터 관련 체크(group)
−m	재마운트를 생략(no−remount)
−n	첫 번째 검색된 것을 사용(use−first)
−p	처리 결과를 출력(print−state)
−v	파일 시스템의 상태를 보여줌(verse)

- 명령어 edquota
  - 편집기를 이용하여 사용자나 그룹에 디스크 사용량을 할당하는 명령어이다.

형식	#edquota [옵션] [계정명 또는 그룹명]	
옵션		**설명**
−u		사용자 디스크 할당량 설정
−g		그룹 디스크 할당량 설정
−t		디스크 할당량 유예기간 설정
−p		디스크 할당량 설정을 다른 사용자와 동일하게 설정

- 명령어 setquota
  - 편집기가 기반이 아닌 명령행에서 직접 사용자나 그룹에 디스크 사용량을 할당하는 명령어이다.

형식	#setquota [옵션] [계정명 또는 그룹명] [Block soft limit] [Block hard limit] [inode soft limit] [inode hard limit] [파티션명]	
옵션		**설명**
−u		사용자 디스크 할당량 설정
−g		그룹 디스크 할당량 설정
−a		해당 시스템의 모든 설정
−t		유예기간을 초(sec) 단위로 설정

01 다음 파일의 소유 그룹을 ihd로 변경하고자 할 때 (   ) 안에 들어갈 명령으로 알맞은 것은?

```
[root@www ~] # (        ) :ihd test.txt
```

① chown

② chmod

③ chgrp

④ csh

명령어 chown 형식은 'chown [옵션] [:그룹명] 파일명'이다. 이때 그룹명 앞에 콜론(:)을 붙여 사용자 소유권과 그룹 소유권을 구분한다.

02 사용자 ihd, 그룹 grep 소유인 디렉터리 /home/ihd를 포함한 하위 디렉터리 및 파일의 소유자를 모두 youngjin으로 변경하려고 할 때 명령으로 알맞은 것은?

① chown −R youngjin /home/ihd

② chown −H youngjin /home/ihd

③ chmod −R youngjin /home/ihd

④ chmod −H youngjin /home/ihd

명령어 chown의 옵션 −R은 하위 디렉터리를 포함하여 디렉터리 내부의 모든 파일의 소유권을 지정된 소유자로 변경한다.

03 다음 중 명령어 chgrp에 대한 설명으로 알맞은 것은?

```
[root@www ~] # ls − test.txt
−rw−rw−r− 1 root grp1 4 Aug 8 13:48 test.txt
[root@www ~] # chgrp grp2 test.txt
```

① root가 grp2로 변경된다.

② 해당 명령은 틀린 명령으로 실행되지 않는다.

③ test.txt가 grp2로 변경된다.

④ grp1이 grp2로 변경된다.

그룹 소유권을 변경하는 명령어 chgrp의 형식은 'chgrp 그룹명 파일명'이다.

04 명령어 chgrp 옵션 중 하위 디렉터리를 포함하여 디렉터리 내부의 모든 파일의 그룹 소유권을 변경할 때 사용하는 옵션으로 알맞은 것은?

①−h

②−f

③−R

④−v

명령어 chgrp의 옵션 −R은 하위 디렉터리를 포함하여 디렉터리 내부의 모든 파일의 소유권을 지정된 그룹명으로 변경한다.

정답 01 ① 02 ① 03 ④ 04 ③

05 명령어 'ls -l'을 실행한 결과에 대한 설명으로 알맞은 것은?

> srw-r--r-- 1 root root 0 Aug 8 13:41 control

① 소켓 파일을 의미한다.
② 입출력에 사용되는 특수 파일을 의미한다.
③ 심볼릭 링크 파일을 의미한다.
④ 블록 구조의 특수 파일을 의미한다.

심볼릭 링크 파일은 'l', 블록 파일은 'b', 소켓 파일은 's', 입출력 파일은 'c'로 기호화한다.

06 다음 중 허가권(Permission)에 대한 설명으로 틀린 것은?

① 파일의 내용을 볼 수 있는 권한 표시는 r을 사용한다.
② 실행 파일을 실행시킬 수 있는 권한 표시는 x를 사용한다.
③ 디렉터리 안에 파일을 생성 또는 삭제할 수 없는 권한 표시는 w를 사용한다.
④ 디렉터리 내부로 접근할 수 있는 권한 표시는 x를 사용한다.

파일을 생성 또는 삭제할 수 없는 권한 표시는 하이픈(-)을 사용한다.

07 다음 중 chmod 명령어에 대한 설명으로 알맞은 것은?

① 파일이나 디렉터리에 접근할 수 없는 허가권(Permission)을 설정하는 명령이다.
② 16진수의 값을 사용하는 숫자 모드(Numeric Mode)로 지정한다.
③ 문자 모드에서 권한의 표시는 r, m, x를 사용한다.
④ 파일이나 디렉터리의 소유권 및 그룹 소유권을 변경하는 명령이다.

오답 피하기

② chmod는 8진수의 값을 사용하는 숫자 모드(Numeric Mode)로 지정한다.
③ 문자 모드에서 권한의 표시는 r, w, x를 사용한다.
④ 파일이나 디렉터리의 소유권 및 그룹 소유권을 변경하는 명령은 chown이다.

08 파일의 허가권을 '사용자는 읽기, 쓰기, 실행 권한을 부여하고, 그룹과 다른 사용자는 읽기와 실행 권한'만 설정하려고 할 때 알맞은 것은?

> [root@www ~] # ls −l test.txt
> −rwxrw−r−− 12 ihd ihd 4096 2017−02−02 17:37 test.txt

① chmod 755 test.txt
② chmod u+rwx,g+rx,o+rx test.txt
③ chmod 577 test.txt
④ chmod u+rwx,go+rx test.txt

기호 모드 u는 파일 소유자, g는 그룹, o는 기타 사용자이며, 숫자 모드 5는 'r−x', 7은 'rwx'이다.

오답 피하기

② chmod u+rwx,g+rx,o+rx test.txt : 소유자, 그룹, 그 외 사용자들은 공통적으로 읽기와 실행 권한을 갖지만, 쓰기 권한은 소유자만 갖는다.
③ chmod 577 test.txt : 소유자는 읽기와 실행 권한, 그룹 사용자와 그 외 사용자는 읽기, 쓰기, 실행 권한을 갖는다.
④ chmod u+rwx,go+rx test.txt : 소유자와 그룹 사용자는 읽기, 쓰기, 실행 권한을 가지며 그 외 사용자는 읽기와 실행 권한을 갖는다.

09 다음은 test.txt 파일의 속성이다. 소유자에게는 읽기, 쓰기, 실행 권한을 부여하고, 그룹과 다른 사용자에게는 읽기 권한만 부여할 때 (   ) 안에 들어갈 내용으로 알맞은 것은?

> [root@www ~] # ls − text.txt
> −rw−r−−r−− 1 root root 4 Aug 8 13:48 test.txt
> [root@www ~] # chmod (   ) text.txt

① 744
② u+x,go+x
③ u+rwx,go+rx
④ 644

소유자는 읽기, 쓰기, 실행 권한 부여, 그룹과 다른 사용자는 읽기 권한만 부여할 경우

소유자(u)			그룹 사용자(g)			그 외 사용자(o)		
r	w	x	r	−	−	r	−	−
4	2	1	4	0	0	4	0	0
7			4			4		

이므로 숫자로는 '744'이며, 기호로는 'u+rwx, go+r'로 나타낸다.

10 모든 txt 파일의 모든 사용자에 대해 읽기 권한을 설정하려고 한다. 괄호 안에 들어갈 내용으로 알맞은 것은?

```
# chmod (      ) *.txt
```

① a=

② o−r

③ o=w

④ a+r

명령어 chmod에서 소유자는 u, 그룹은 g, 기타 사용자는 o, 모든 사용자는 a로 사용자 기호를 표시한다.

11 다음 (   ) 안에 들어갈 내용으로 알맞은 것은?

> umask 명령어는 파일이나 디렉터리 생성 시 부여되는 기본 허가권을 지정하는 명령이다. umask 값이 0002일 때 파일 생성 시 기본 권한은 (㉠)이고 디렉터리의 기본 권한은 (㉡)으로 설정된다.

① ㉠ u=rw,g=rw,o=r
   ㉡ u=rwx,g=rwx,o=rx

② ㉠ u=rw,g=r,o=rw
   ㉡ u=rwx,g=rw,o=rx

③ ㉠ u=rw,g=rw,o=r
   ㉡ u=rwx,g=rwx,o=r

④ ㉠ u=rw,g=rw,o=rw
   ㉡ u=rw,g=rw,o=rx

umask 값이 0002인 경우 생성되는 파일 권한은 664(666−002)이며 디렉터리 권한은 775(777−002)이다. 즉, 파일 권한은 '−rw−rw−r−−'이며 디렉터리 권한은 'drwx rwx r−x'이다.

12 명령어 umask 옵션 중 umask 값을 문자로 표기하려고 할 때 알맞은 것은?

① −p

② −u

③ −S

④ −t

umask의 옵션 −S는 umask 값을 u, g, o와 r, w, x와 같은 문자로 나타낸다.

13 다음 중 보안상 가장 안전한 umask 설정 값으로 알맞은 것은?

① umask 000

② umask 066

③ umask 077

④ umask 022

umask 077 으로 설정하면 디렉터리의 권한은 777(777−077, rwx−−−−−−)로 그룹과 그 외 사용자들에게 어떠한 권한도 주지 않게 된다.

오답 피하기

① umask 000일 경우 권한은 777(777−000) 즉, rwxrwxrwx이다.
② umask 066일 경우 권한은 711(777−066) 즉, rwx−−x−−x이다.
④ umask 022일 경우 권한은 755(777−022) 즉, rwxr−xr−x이다.

14 다음 중 Sticky-Bit가 설정된 디렉터리로 알맞은 것은?

① /root

② /tmp

③ /usr

④ /etc

디렉터리 /tmp는 모든 사용자들이 공동으로 사용하는 디렉터리 특성을 갖고 있기 때문에 sticky-bit의 공용 디렉터리 설정 시 사용한다.

15 다음 중 data 디렉터리를 공유 모드로 설정할 때 명령으로 알맞은 것은?

① chmod o+s data/

② chmod u+s data/

③ chmod o+t data/

④ chmod g+s data/

권한 기호 't'는 sticky bit 설정을 의미한다. 따라서 해당 디렉터리 data는 공유 디렉터리 설정을 의미한다.

16 /project 디렉터리에 Set-GID를 설정 시 ( ) 안에 들어갈 옵션으로 알맞은 것은?

> # chmod ( ) /project

① g+s

② a+r

③ g+t

④ o+t

SetGID는 프로그램을 실행하는 동안 프로세스는 파일의 그룹과 같은 권한으로 실행된다. SetGID의 설정 코드는 대문자 S 또는 소문자 s이다.

17 다음 ( ) 안에 들어갈 내용으로 알맞은 것은?

> 보통 실행 파일에 사용되며 ( )가 부여된 파일을 실행 시, 해당 파일을 실행하는 동안에는 실행시킨 사용자의 권한이 아닌 해당 파일의 소유자 권한으로 인식한다.

① Sticky-Bit

② Set-UID

③ Set-GID

④ Set-UUID

오답 피하기

① Sticky-Bit로 설정된 디렉터리는 누구든 접근 가능한 공유 디렉터리로 사용된다.
③ Set-GID은 프로그램을 실행하는 동안 프로세스는 파일의 그룹과 같은 권한으로 실행한다.
④ UUID(Universally Unique IDentifier)는 16byte로 이루어진 규격화된 숫자로 하드 디스크 추가 시 드라이브명이 바뀔 경우 UUID값을 설정하게 되면 드라이브 문자가 바뀐다고 하더라도 이상 없이 동작한다.

18 다음 (　　) 안에 들어갈 내용으로 알맞은 것은?

> (　　)가 파일에 설정되어 있을 경우, 해당 파일을 소유한 그룹 권한으로 인식한다. 현재는 주로 디렉터리에 설정되는데, 이 권한이 설정된 디렉터리에 사용자들이 파일이나 디렉터리를 생성하면 사용자가 속한 그룹에 상관없이 디렉터리 소유 그룹 권한으로 만들어진다.

① Sticky-Bit　　② Set-UID
③ Set-GID　　④ Set-UUID

오답 피하기

① Sticky-Bit로 설정된 디렉터리는 누구든 접근 가능한 공유 디렉터리로 사용된다.
② Set-UID는 파일이 실행하는 동안에는 실행시킨 사용자의 권한이 아닌 해당 파일의 소유자 권한으로 실행한다.
④ UUID(Universally Unique IDentifier)는 16byte로 이루어진 규격화된 숫자로 하드 디스크 추가 시 드라이브명이 바뀔 경우 UUID값을 설정하게 되면 드라이브 문자가 바뀐다고 하더라도 이상 없이 동작한다.

19 다음 디렉터리에 대한 설명으로 틀린 것은?

```
[root@ihd ~] # ls -ld /tmp
drwxrwxrwt. 12 root root 4096 2016-02-02
16:47 /tmp
```

① 사용자 소유권과 그룹 소유권 모두 root 이다.
② Set-UID와 Set-GID가 설정되어 있다.
③ 특정 응용 프로그램이 다른 응용 프로그램에서 생성한 파일을 삭제하지 못한다.
④ X 윈도우 실행 시에 필요한 소켓 등 시스템에서 필요한 파일들이 임시 저장되는 디렉터리이다.

디렉터리 권한 t로 해당 디렉터리가 sticky-bit로 설정된 것을 확인할 수 있다.

20 다음 중 ihd 사용자의 디스크 용량을 Soft 20MB, Hard 30MB로 설정하기 위한 명령어로 알맞은 것은?

① setquota -u ihd 20M 30M 0 0 / home/ihd
② setquota -u ihd 30M 20M 0 0 / home/ihd
③ setquota -u ihd 20M 30M 0 0 / home
④ setquota -u ihd 30M 20M 0 0 / home

특정 사용자의 디스크 쿼터를 명령어 setquota로 사용하는 형식이다. 사용자 디스크 쿼터는 특정 사용자의 홈 디렉터리가 아닌 파티션명을 기준으로 지정한다.
형식 : #setquota -u 계정명 [블록soft] [블록hard][inode soft][inode hard][파티션명]

21 다음 중 사용자 ihd에게 설정된 쿼터를 사용자 youngjin에게도 적용하는 방법으로 알맞은 것은?

① edquota -p ihd youngjin
② edquota -p youngjin ihd
③ edquota -c ihd youngjin
④ edquota -c youngjin ihd

명령어 edquota의 옵션 -p는 디스크 할당량 설정을 다른 사용자와 동일하게 설정한다.

정답 18 ③ 19 ② 20 ③ 21 ①

1 파일 시스템의 개요와 종류

(1) 개요

① 운영체제가 파일을 시스템의 디스크상에 구성하는 방식이다.

② 컴퓨터에서 파일이나 자료를 쉽게 발견 및 접근할 수 있도록 보관 또는 조직하는 체제이다.

③ 하드 디스크나 CD-ROM과 같은 물리적 저장소를 관리한다.

④ 파일 서버상의 자료로의 접근을 제공하는 방식과 가상의 형태로서 접근 수단만이 존재하는 방식(procfs 등)도 파일 시스템의 범위에 포함한다.

⑤ 리눅스 파일 시스템의 구조는 다음과 같이 나타낼 수 있다.

Boot Block	Block group 0	......	Block group n-1	Block group n

Super Block	Group Descriptors	Block Bitmap	inode Bitmap	inode Table	Data Blocks
1 block	n blocks	1 block	1 block	n blocks	n blocks

Super Block	해당 파일 시스템 관련 정보 저장 • 블록의 크기(1KB, 2KB, 4KB) • 총 블록의 개수와 블록 그룹의 개수 • inode의 개수
Group Descriptor Table	각 Block Group을 관리하는 정보 저장 • Block Bitmap와 inode Bitmap의 블록 번호 • 첫 번째 inode Table Block의 블록 번호 • 그룹 안에 있는 빈 블록 수, 그룹 안에 있는 inode 수, 그룹 안에 있는 빈 디렉터리 수
Block bitmap	그룹 내에 있는 각 블록의 사용 상태를 나타냄
inode	• 파일에 대한 제어 정보 및 데이터 블록 포인터 저장 • 파일의 이름을 제외한 해당 파일의 모든 정보를 저장 • 파일 이름에 부여되는 고유번호, 파일 형태, 크기, 위치, 파일의 소유자 등 • 모든 파일들과 디렉터리들은 각각 1개의 inode를 할당 • inode bitmap : 이 블록에 속한 각 비트는 그룹 내에 있는 각 inode의 사용 상태를 나타냄 • inode table : 각각의 inode에 대한 정보를 나타내는 inode descriptor로 구성

(2) 종류

① 리눅스 전용 디스크 기반 파일 시스템

파일 시스템	설명
ext (ext1)	• 리눅스 초기에 사용되던 파일 시스템이며 호환성이 없음 • ext2의 원형 • 2GByte의 데이터와 파일명을 255자까지 지정 가능 • 파일 접근에 대한 타임 스탬프, 아이노드 수정 지원 불가
ext2	• ext 파일 시스템의 다음 버전 • 고용량 디스크 사용을 염두에 두고 설계된 파일 시스템 • 쉽게 호환되며 업그레이드도 쉽게 설계되어 있음
ext3	• ext2의 확장판 • 리눅스의 대표적인 저널링(journaling)을 지원하도록 확장된 파일 시스템 • ACL(Access Control List)을 통한 접근 제어 지원

ext4	• ext2 및 ext3와 호환성이 있는 확장 버전
	• 파일에 디스크 할당 시 물리적으로 연속적인 블록을 할당
	  – 파일 접근 속도 향상 및 단편화를 줄이도록 설계된 파일 시스템
	• 64비트 기억 공간 제한을 없앰
	• 16 TeraByte의 파일을 지원
	  – 파일 확장자는 필요 없으며 파일 특성을 알리기 위해 확장자 사용 가능
	  – '.'으로 시작하는 파일은 숨겨진 파일('ls −a' 명령으로 보임)
	  – '.'은 현재 디렉터리, '..'은 부모 디렉터리

• 아래 표는 파일 시스템을 비교한 것이다.

	ext2	ext3	ext4
개발년도/커널버전	1993년	2001년 커널 2.4.15	2006년 커널 2.6.19 2008년 커널 2.6.28
최대 파일 크기	16GB ~ 2TB	16GB ~ 2TB	16GB ~ 16TB
최대 파일 시스템 크기	2TB ~ 32TB	2TB ~ 32TB	1EB
특징	저널링 기능 없음	저널링 기능 포함	확장 멀티블록 할당

② 저널링 파일 시스템

• 시스템의 비정상적인 종료 시 저널(로그)을 이용해 빠르면서도 안정적인 복구가 가능하다.
• 데이터를 디스크에 쓰기 전에 로그에 데이터를 남겨 시스템의 비정상적인 셧다운에도 로그를 사용해 빠르고 안정적인 복구 기능을 제공하는 기술이다.
  – 기존의 ext2 파일 시스템의 경우에는 시스템이 동작을 멈추기 직전에 파일 시스템에 수정을 가하고 있었는지 전혀 알 수 없다.
  – 저널 기능이 없는 경우 시스템을 복구하기 위해서 fsck에 의해 관리되는 슈퍼블록, 비트맵, 아이노드 등을 모두 검사해야 하기 때문에 시간이 오래 걸린다.

- 운영 형태는 다음과 같다.
  - 저널이라는 로그에 시스템 전 상태를 저장한다.
  - 시스템의 비정상적인 종료 시 저널(로그)을 검사한다.
  - 저널(로그) 정보를 바탕으로 파일 시스템에 수정 내용을 적용한다.
- 저널링 기술이 적용된 파일 시스템은 ext3, ext4, XFS, JFS, ResierFS 등이 있다.

파일 시스템	설명
JFS	• Journaling File System의 약자 • IBM사의 독자적인 저널링 파일 시스템 • GPL로 공개하여 현재 리눅스용으로 개발
XFS	• eXetended File System • 고성능 저널링 시스템 • 64비트 주소를 지원하며 확장성이 있는 자료 구조와 알고리즘 사용 • 파일 수에 관계없이 예상치 못한 상황으로부터 신속한 복구와 재시작 가능 • 데이터 읽기/쓰기 트랜잭션으로 성능 저하를 최소화 • 64비트 파일 시스템으로 큰 용량의 파일도 다룰 수 있음 • 높은 확장성과 처리량을 가짐
ReiserFS	• 독일의 한스 라이저(Hans Reiser)가 개발한 파일 시스템 • 리눅스용 저널링 파일 시스템 중에서 가장 안정적이라는 평가를 받음 • 모든 파일 객체들을 B트리에 저장, 간결하고 색인화된 디렉터리 지원

③ 네트워크 파일 시스템

파일 시스템	설명
SMB	• 삼바(samba) 파일 시스템을 마운트 지정 • Server Message Block(서버 메시지 블록) • 윈도우 계열 OS 환경에서 사용되는 파일/프린터 공유 프로토콜 • 리눅스, 유닉스 OS와 윈도우 OS와의 자료 및 하드웨어 공유 • 윈도우에서 표준 클라이언트 환경으로 처음부터 구성되었고 NFS 유닉스 표준 응용부터 운용상 쉽다는 장점이 있음
CIFS	• Common Internet File System • SMB를 확장한 파일 시스템 • SMB를 기초로 응용하여 라우터를 뛰어넘어 연결할 수 있는 프로토콜
NFS	• Network File System(네트워크 파일 시스템) • 썬마이크로시스템(SUN)이 개발한 네트워크 공유 프로토콜 • 파일 공유 및 파일 서버로 사용됨 • 공유된 영역을 마운트할 때 지정 • 하드웨어, 운영체제 또는 네트워크 구조가 달라도 공유 가능 • NFS 서버의 특정 디렉터리를 마운트하여 사용할 수 있음

④ 기타 지원 가능한 파일 시스템

파일 시스템	설명
FAT	• Windows NT가 지원하는 파일 시스템 중 가장 간단한 시스템 • FAT로 포맷된 디스크는 클러스터 단위로 할당 • 클러스터 크기는 볼륨 크기에 따라 결정 • 읽기 전용, 숨김, 시스템 및 보관 파일 특성만 지원 • 삼바(samba) 파일 시스템을 마운트 지정
VFAT (Virtual FAT)	• FAT 파일 시스템이 확장된 것으로 FAT와 호환 • FAT보다 제한이 적음 • 파일 이름 최고 255자까지 가능 • 공백이나 여러 개의 구두점도 포함 • 대소문자는 지정한 대로 보존되기는 하나 구별하지는 않음
FAT32	• Windows 95, 98 및 ME과 같은 버전과 다중 부팅을 구성 • 32GB보다 큰 파티션을 만들 수 없고 파티션에 4GB를 초과하는 파일을 저장할 수 없음
NTFS	• 윈도우에서 사용하는 파일 시스템 • 안정성이 뛰어나고 대용량 파일도 저장 • 안정성, 자세한 사용자 제한, 보안성 등이 FAT32보다 뛰어남 • 파일 크기 및 볼륨은 이론상으로 최대 16EB(ExaByte=10의 18승byte)이나 실질적으로는 2TB로 한계가 있음
ISO 9660	• CD-ROM의 표준 파일 시스템 • 1988년에 제정된 표준
UDF	• Universal Disk Format의 약자로 최신 파일 시스템 형식 • OSTA(Optical Storage Technology Association)에 의해 개발 • 광학 매체용 파일 시스템 표준 • ISO 9660 파일 시스템을 대체하기 위한 것으로 대부분 DVD에서 사용 • DVD 멀티미디어 디스크들은 MPEG 오디오 및 비디오 스트림을 담기 위해 사용
HPFS	• OS/2 운영체제를 위해 만들어진 파일 시스템 • 1988년 발표, 마이크로소프트와 IBM이 공동 개발

2 관련 명령어

(1) 명령어 mount와 umount

① 마운트는 특정 디바이스를 특정 디렉터리처럼 사용하기 위해 장치와 디렉터리를 연결하는 것이다.

② 리눅스는 PnP(Plug and Play) 기능을 지원하지만 지원하는 하드웨어가 많지 않으므로 시스템 부팅 후에 수동으로 마운트해서 사용을 하고 사용이 끝난 후에는 언마운트를 시킨다.

③ 마운트 설정 명령어 형식은 아래와 같다.

형식	mount [옵션] [디바이스명] [디렉터리명]	
옵션		**설명**
−a		/etc/fstab 파일에 정의된 모든 시스템 마운트
−n		/etc/mtab 파일에 정보를 저장하지 않고 마운트
−f		실제 마운트하는 것이 아니라 마운트가 가능한지를 테스트
−t	파일 시스템	• vfat : 마이크로소프트 파일 시스템 FAT 32를 마운트 • ext2, ext3, ext4 : 리눅스 파일 시스템 마운트 • iso9660 : CD_ROM이나 DVD 마운트 • smbfs : 삼바 파일 시스템 마운트 • nfs : 네트워크 파일 시스템인 공유된 영역을 마운트
−o	추가 설정	• ro : 읽기 전용으로 마운트 • rw : 읽기/쓰기 모드로 마운트 • loop : Loop 디바이스나 CD−ROM 이미지 파일 iso 마운트 • remount : 파티션을 재마운트 • noatime : 파일이 변경되기 전까지 access time이 변경되지 않음 • sync : 파일 시스템에 대한 입출력을 동기화 • user : 일반 사용자가 마운트

④ 파일 /etc/mtab은 현재 마운트된 블록 시스템 정보를 표시한다.
• 시스템 부팅 시에는 파일 /etc/fstab의 마운트 정보를 참조한다.
• 파일 /etc/mtab에서는 현재 시스템의 마운트 정보를 확인할 수 있다.

⑤ 마운트 해제 명령어 형식은 아래와 같다.

형식	umount [옵션] [디바이스명] [디렉터리명]
옵션	**설명**
−a	파일 /etc/mtab에 명시된 파일 시스템을 마운트 해제
−n	파일 /etc/mtab 파일을 갱신하지 않고 마운트 해제
−t	언마운트할 파일 시스템을 지정

(2) 명령어 eject

① 이동식 보조기억장치(DVD 또는 CD-ROM) 등과 같은 미디어를 해제하고 장치를 제거하는 명령어이다.

형식	eject [옵션] [디바이스명]	
옵션	**설명**	
-r	시디롬을 마운트 해제	
-f	플로피를 마운트 해제	

(3) 명령어 fdisk

① 새로운 파티션의 생성, 기존 파티션의 삭제, 파티션의 타입 결정 등의 작업을 수행할 수 있다.

② fdisk 프로그램은 한 번에 한 디스크에 대해서만 작업을 수행한다.

③ fdisk는 명령어 프롬프트 중심의 매우 간단한 인터페이스를 가지고 있다.

형식	fdisk [옵션] [장치명]	
명령어	**설명**	
-v	fdisk 버전 정보 표시	
-l	현재 디스크의 파티션 테이블 정보 표시	
-s	지정된 파티션의 크기를 블록 단위로 표시	

④ fdisk를 실행하기 위해서는 어떠한 디스크의 파티션을 나눌 것인지 알려 주어야 한다.

⑤ 하나의 컴퓨터에 여러 개의 하드디스크가 설치될 수 있으므로 어떤 하드디스크의 파티션을 변경할 것인지 알려 주어야 한다.

⑥ fdisk 실행 과정에서 사용되는 주요 명령어들은 아래와 같다.

명령어	설명
p	디스크 정보 표시
n	파티션 생성
t	파티션 속성 지정
d	파티션 삭제
w	변경된 파티션 정보 저장
q	파티션 설정 작업 종료

(4) 명령어 mkfs

① 리눅스 파일 시스템을 생성한다.

② fdisk로 하드디스크의 파티션을 나눈 후 해당 파티션에 맞는 파일 시스템을 생성한다.

형식

mkfs [옵션] 장치이름	
옵션	**설명**
−V	자세한 정보 보기
−t 파일 시스템	생성할 파일 시스템 타입(ext2, ext3, ext4 등)을 지정
−c	파일 시스템을 생성하기 전에 배드블록(Bad Block)을 검사
−l 파일명	지정된 파일명으로부터 배드블록(Bad Block) 목록 읽기
−v	작업 상태와 결과를 자세히 보기

(5) 명령어 mke2fs

① ext2, ext3, ext4 타입의 리눅스 파일 시스템을 생성(포맷)하는 명령어이다.

② fdisk 명령어로 파티션 작업을 한 후에 mke2fs 혹은 mkfs 명령어로 파일 시스템을 생성해야 한다.

형식	mke2fs [옵션] 장치명	
옵션	**설명**	
-t	파일 시스템 타입 지정(ext2, ext3, ext4 등)	
-b	블록 크기를 바이트 수로 지정	
-f	프래그먼트 크기 지정	
-i	inode당 바이트 수를 지정	
-j	파티션을 저널링 파일 시스템 ext3으로 생성	
-R	• RAID4 장치를 포맷할 때 사용하는 특수 옵션 • -R stripe은 RAID 장치에 적합한 데이터 구조 저장	

(6) 명령어 fsck

① 파일 시스템의 무결성을 점검하고 대화식으로 복구하는 명령어이다.

② 파일 시스템 점검은 다음과 같은 여러 단계로 이루어져 있다.

• 오류에 대한 저널 로그의 점검

• i-node, 간접 데이터 블록, 데이터 블록, 그리고 메모리에 할당되지 않은 블록들을 리스트화한 빈칸목록(free-list)을 점검

• 파일 크기의 점검과 디렉터리 항목의 점검

③ 디렉터리 /lost+found은 fsck에서 사용하는 디렉터리이다.

• 손상된 파일을 /lost+found 디렉터리로 연결한 뒤에 오류를 수정하게 되며, 평상시에는 null 파일 링크에 의해서 비어있는 상태로 존재한다.

• 디렉터리 /lost+found에서 작업을 수행하다가 정상적으로 복구가 되면 파일은 사라진다.

형식	fsck [옵션] 장치명
옵션	**설명**
-A	/etc/fstab에 표시된 모든 파일 시스템을 점검
-a	질의 없이 자동 복구
-r	질의 후 복구
-s	fsck 동작을 시리얼화, 대화형 모드에서 여러 파일 시스템 점검 시 유용
-t 파일 시스템	점검할 파일 시스템 유형 지정

(7) 명령어 e2fsck

① ext2, ext3, ext4 타입의 리눅스 파일 시스템을 점검 및 복구하는 명령어이다.

	e2fsck [옵션] [디바이스명]
옵션	**설명**
−p	파일 시스템을 검사하면서 자동으로 복구(preen)
−n	모든 질문에 대한 응답을 no로 취급(only check)
−y	모든 질문에 대한 응답을 yes로 취급
−c	BAD BLOCK을 CHECK
−f	깨끗한 파일 시스템까지 강제적으로 check(force)

(8) 명령어 du

① Disk Usage의 약자로 디렉터리별로 디스크 사용량을 확인할 수 있다.

	du [옵션] [파일 및 디렉터리명]
옵션	**설명**
−h	용량 단위(KB, MB, GB) 단위로 표시
−a	디렉터리가 아닌 모든 파일에 대한 정보 표시
−m	결과 값을 MB 단위로 표시
−k	결과 값을 KB 단위로 표시(기본값)
−s	• 사용량의 총 합계만 표시 • 파일의 전체 크기를 합한 값으로 표시
−c	모든 파일의 디스크 사용 정보를 보여주고 나서 합계를 표시

(9) 명령어 df

① 시스템에 마운트된 하드 디스크의 용량을, 파티션 단위로 사용량을 확인하는 명령어이다.

② 기본적으로 1,024Byte 블록 단위로 출력하며, 옵션을 통해 다른 단위로 출력이 가능하다.

형식	df [옵션] [파일명]	
옵션	**설명**	
−h	용량 단위(KB, MB, GB)로 표시	
−T	파일 시스템 유형과 파티션 정보 출력	
−t	표시되는 파일 시스템 유형을 지정	
−a	0 블록의 파일 시스템을 포함하여 모든 파일 시스템을 출력	
−k	−−block−size=1K와 같은 의미	
−i	inode 사용률 확인, 사용 공간, 사용 퍼센트를 출력	

3 파일 /etc/fstab

① 리눅스에서 사용하는 파일 시스템 정보를 정적으로(고정적으로) 저장하고 있는 파일이다.

② 리눅스 파일 시스템 정보와 부팅 시 마운트 정보를 가지고 있다.

- 리눅스가 부팅되면서 어떤 파티션들을 어디에 자동으로 마운트하고 외부 장치들에 대한 마운트를 어떻게 설정할 것인지 그리고 사용 권한 및 복구 등과 관련된 옵션을 어떻게 지정할 것인지에 대해 설정하는 파일이다.

```
[root@localhost etc]# cat fstab
#
# /etc/fstab
# Created by anaconda on Fri Aug  5 23:03:14 2016
#
# Accessible filesystems, by reference, are maintained under '/dev/disk'
# See man pages fstab(5), findfs(8), mount(8) and/or vol_id(8) for more info
#
UUID=b462c38c-32d6-4b3c-9d27-93426ab6f9c4 /boot   ext3    defaults  1  2
/dev/mapper/VolGroup-lv_root /                    ext4    defaults  1  1
/dev/mapper/VolGroup-lv_swap swap                 swap    defaults  0  0
tmpfs                     /dev/shm               tmpfs   defaults  0  0
devpts                    /dev/pts               devpts  defaults  0  0
sysfs                     /sys                   sysfs   defaults  0  0
proc                      /proc                  proc    defaults  0  0
```

	proc	/proc	proc	defaults 0 0
	㉠	㉡	㉢	㉣ ㉤ ㉥

	필드	설명
㉠	파일 시스템 장치명	장치명, 볼륨라벨, UUID가 기록
㉡	마운트 포인트	파일 시스템이 마운트될 위치 명시
㉢	파일 시스템 종류	파일 시스템 종류 설정
㉣	옵션	파일 시스템 속성 설정
		defaults | auto, exec, suid, ro, rw 등을 모두 가지는 속성
		auto | 부팅 시 자동 마운트
		exec | 실행 파일이 실행되는 것을 허용
		suid | SetUID와 SetGID의 사용을 허용
		ro | 읽기 전용
		rw | 읽고 쓰기
		user | 일반 사용자들의 마운트 권한 부여
		usrquota | 사용자의 디스크 쿼타 설정 명시
		grpquota | 그룹별 디스크 쿼타 설정 명시
		noauto | 부팅 시 자동 마운트 비활성화
		noexec | 실행 파일 실행 허용 비활성화
		nosuid | SetUID와 SetGID의 사용 비활성화
		nouser | 일반 사용자들은 마운트 권한 부여 금지
㉤	dump 관련 설정	dump 명령으로 백업 시 덤프 레벨을 결정, 즉 사용 주기 결정
		0 | 덤프 불가
		1 | 매일 데이터 백업 가능
		2 | 이틀에 한 번 데이터 백업 가능
㉥	파일 점검 옵션	부팅 시 파일 시스템을 점검하는 fsck 순서 부여
		0 | 부팅 시 파일 시스템을 점검하지 않음
		1 | 루트 파일 시스템을 점검
		2 | 루트 파일 시스템 이외의 파일 시스템을 점검

01 리눅스 파일 시스템에서 특별한 종류의 디스크 블록으로 파일 이름, 소유주, 권한, 시간, 디스크에서의 위치 등에 대한 정보를 담고 있는 것으로 알맞은 것은?

① inode
② data block
③ partition table
④ super block

> 오답 피하기
>
> ② data block은 디렉터리별로 디렉터리 엔트리와 실제 파일에 대한 데이터가 저장된다.
> ③ partition table은 용량이 크거나 지속적인 데이터 증가가 예상되는 테이블에서 데이터에 여러 개의 작은 단위로 나누므로 성능 저하를 방지하고 관리를 편이하게 하는 방법이다.
> ④ super block은 해당 파일 시스템 관련 정보(블록의 크기, 총 블록의 개수와 블록 그룹의 개수, Inode의 개수)를 저장한다.

02 다음에서 설명하는 파일 시스템의 종류로 알맞은 것은?

> 2001년 11월, 리눅스 커널 2.4.15 버전부터 포함된 파일 시스템으로 ext2의 확장판이며, 리눅스의 대표적인 저널링 파일 시스템이다. 또한 ACL(Access Control List)를 통한 접근 제어를 지원한다.

① ext   ② ext4
③ xfs   ④ ext3

> 오답 피하기
>
> ① ext는 리눅스 초기 파일 시스템으로 1992년 4월 커널 0.96에 공개되었다.
> ② ext4는 2006년 8월 커널 2.6.19과 2008년 8월 커널 2.6.28에 공개되었다.
> ③ xfs는 1993년 실리콘 그래픽스가 만든 64비트 저널링 파일 시스템이다.

03 다음에서 설명하는 파일 시스템의 종류로 알맞은 것은?

> 256바이트 길이의 파일 이름, 2GB의 단일 파일, 4TB의 디스크를 사용할 수 있으며, ext3 이전까지 대부분의 리눅스가 채택한 파일 시스템이다.

① xfs
② ext
③ ext2
④ nfs

> ext2 파일 시스템은 255자까지의 긴 파일 이름을 지원한다. 파일 시스템의 최대 크기는 블록 사이즈에 따라 2TiB~32TiB이며, 서브 디렉터리 개수 제한은 32,768개이다.

04 다음 중 리눅스 배포판에서 iso9660으로 지정해도 마운트할 수 있는 파일 시스템으로 알맞은 것은?

① udf
② nfs
③ cifs
④ ntfs

> 오답 피하기
>
> ② nfs은 네트워크 파일 시스템으로 파일 공유 및 파일 서버에서 사용한다.
> ③ cifs은 SMB를 확장한 파일 시스템이다.
> ④ ntfs는 윈도우에서 사용하는 파일 시스템으로 대용량 파일 저장이 가능하다.

정답 01 ① 02 ④ 03 ③ 04 ①

05 다음 ( ) 안에 들어갈 내용으로 알맞은 것은?

> 리눅스 커널 2.4 버전부터는 ( ) 파일 시스템 기능이 있는 ext3를 사용하였고, 시스템에 충돌이 발생하거나 전원 문제가 발생된 경우에 데이터 복구 확률을 높여준다.

① 저널링(journaling)
② msdos
③ ext
④ ext2

저널링 파일 시스템은 시스템의 비정상적인 종료 시 로그를 이용해 빠르면서도 안정적인 복구가 가능하도록 한다. 대표적인 파일 시스템들로는 ext3, ext4, XFS, JFS, ResierFS 등이 있다.

06 다음 중 IBM사 개발한 저널링 파일 시스템으로 알맞은 것은?

① EXT3
② XFS
③ JFS
④ NTFS

① EXT3 : 스테픈 트웨디가 개발
② XFS : SGI에서 개발
④ NTFS : 윈도우 NT 계열의 파일 시스템

07 다음 중 ( ) 안에 들어갈 옵션으로 알맞은 것은?

> [root@www ~] # df ( )
> Filesystem Type Size Used Avail Use% Mounted on
> /dev/sda2 ext4 15G 4.8G 9.0G 35% /

① −h
② −hT
③ −k
④ −i

파티션 /dev/sda2의 파일 시스템은 ext4이며 전체 저장 파일 용량의 15GB 중 4.8GB는 사용 중이고 사용 가능한 용량은 9.0GB. 따라서 전체 공간 중 35%를 사용 중임을 알 수 있다. 이와 같이 해당 파티션의 파일 시스템을 확인할 수 있는 것은 옵션 −T이며, 저장 용량을 MB나 GB로 표시하는 것은 옵션 −h이다.

08 /dev/sda2 파티션을 ext4 파일 시스템으로 생성 시 ( ) 안에 들어갈 내용으로 틀린 것은?

> [root@www ~] # ( ) /dev/sda2

① mke2fs −j
② mke2fs −t ext4
③ mkfs −t ext4
④ mkfs.ext4

옵션 −j는 파티션 /dev/sda2를 저널링 파일 시스템 ext3으로 생성한다.

09 /dev/sda3 파티션을 ext3 파일 시스템으로 생성 시 ( ) 안에 들어갈 내용으로 틀린 것은?

```
[root@www ~] # ( ) /dev/sda3
```

① mkfs.ext3
② mke2fs −t ext3
③ mkfs −c
④ mke2fs −j

옵션 −c는 파일 시스템을 생성하기 전에 배드블록(Bad Block)을 검사한다. ext3 파일 시스템으로 생성하고자 한다면 mkfs −c −t ext3와 같은 추가 옵션을 넣어야 한다.

10 다음 중 생성되는 파일 시스템의 종류가 다른 것은?

① mke2fs −j /dev/sdb1
② mkfs.ext3 /dev/sdb1
③ mkfs /dev/sdb1
④ mke2fs −t ext3 /dev/sdb1

명령어 mkfs /dev/sdb1은 해당 파티션의 마운트 정보와 파일 시스템 정보를 확인할 수 있다. 나머지 세 개의 명령어들은 파티션 /dev/sdb1을 파일 시스템 ext3으로 생성한다.

11 다음 중 파일 시스템을 검사하고 수리하는 명령으로 알맞은 것은?

① mount
② fsck
③ umount
④ eject

① mount는 장치와 디렉터리를 연결하는 명령어이다.
③ umount는 연결된 장치와 디렉터리의 연결을 해제하는 명령어이다.
④ eject는 이동식 보조기억장치를 제거하는 명령어이다.

12 다음 중 fsck 명령 옵션에 대한 설명으로 틀린 것은?

① −A 옵션을 사용하면 /etc/fstab의 모든 파일 시스템에 대해 기능을 수행한다.
② −a 옵션을 사용하면 오류 발견 시 자동으로 복구를 시도한다.
③ −r 옵션을 사용하면 복구 시도 전에 확인을 요청한다.
④ −s 옵션을 사용하면 파일 시스템 점검 전에 모든 inode를 출력한다.

옵션 −s는 fsck 동작을 시리얼화한다. 이것은 대화형 모드로 파일 시스템 점검 시 유용하다.

13 다음 조건으로 파일 시스템을 생성하려 할 때 알맞은 것은?

> 가. RAID 장치인 /dev/md0를 ext3 파일 시스템으로 생성하고 블록 사이즈를 8192바이트로 한다.
> 나. stripe당 블록 사이즈를 32바이트로 설정한다.

① mke2fs −j −b 8192 −R stripe=32 / dev/md0
② mke2fs −j −b 4096 −R stripe=32 / dev/md0
③ mke2fs −j −b 8192 −R stripe=64 / dev/md0
④ mke2fs −j −b 4096 −R stripe=64 / dev/md0

옵션 −b는 파일 시스템의 블록 사이트를 정하며, 옵션 −R stripe는 RAID 장치에 적합한 데이터 구조를 만든다.

14 명령어 fdisk의 옵션 중 파티션 크기를 표시할 때 사용되는 것으로 알맞은 것은?

① −l
② −v
③ −t
④ −s

오답 피하기
① 옵션 −l은 현재 디스크의 파티션 테이블 정보를 나타낸다.
② 옵션 −v는 fdisk 버전을 나타낸다.
③ 옵션 −t는 파일 시스템의 유형을 결정한다.

15 다음 중 fdisk 실행 시 주요 명령에 대한 설명으로 틀린 것은?

① p 명령은 현재 디스크의 정보를 출력한다.
② d 명령은 파티션을 삭제한다.
③ n 명령은 파티션을 새롭게 생성(추가)한다.
④ t 명령은 파티션을 마운트한다.

fdisk 구동 과정에서 명령어 t는 파티션의 속성(Swap, RAID 등)을 지정한다.

16 디렉터리 / 이하의 디렉터리별 크기를 KB, MB, GB 등의 단위로 출력하기 위한 명령으로 알맞은 것은?

① du −sh /*
② df −sh /*
③ du −s /*
④ df −s /*

명령어 du는 디렉터리별 디스크 용량을 확인, df는 마운트 된 디스크의 용량을 확인할 때 사용하는 명령어이다. 특히 du −s은 파일들의 전체 크기를 합한 값을 나타낸다. 옵션 −h는 파일 용량을 KB, MB, GB 등의 단위로 표시한다.

정답 13 ① 14 ④ 15 ④ 16 ①

17 명령어 df 명령을 사용 시 파일 시스템 종류를 확인할 때 사용하는 옵션으로 알맞은 것은?

① -T
② -t
③ -h
④ -a

② 옵션 -t는 표시되는 파일 시스템의 유형을 지정한다.
③ 옵션 -h는 용량단위(KB, MB, GB) 단위로 표시한다.
④ 옵션 -a는 0 블록의 파일 시스템을 포함하여 모든 파일 시스템을 나타낸다.

18 다음 (   ) 안에 들어갈 내용으로 알맞은 것은?

> fsck 명령으로 리눅스 파일 시스템을 검사하고 수리하는 명령이다. fsck 명령은 손상된 디렉터리나 파일을 수정할 때 임시로 (   ) 디렉터리에 작업을 수행하고 정상적인 복구가 되면 사라진다.

① /found
② /lost+found
③ /lost
④ /lost-found

디렉터리 /lost+found는 파일 시스템의 이상 유무를 진단하고 복구하는 프로그램인 fsck에서 사용되는 디렉터리이다. 손상된 파일을 /lost+found 디렉터리로 연결한 뒤에 오류를 수정하게 되며, 평상시에는 null 파일 링크에 의해서 비어있는 상태로 존재한다.

19 다음 중 파일이나 디렉터리의 크기를 확인할 때 사용하는 명령어는?

① free
② fsck
③ df
④ du

명령어 fsck는 손상된 파일을 수정하고자 할 때 디렉터리 /lost+found 에서 작업을 수행한다.

① free : 시스템의 메모리 상태(유휴 메모리 양, Swap 메모리 양 등)를 점검하는 명령어
② fsck : 파일 시스템을 점검하고 복구하는 명령어
③ df : 현재 마운트된 디스크의 크기, 사용량, 남아있는 용량 등의 정보를 확인하는 명령어

20 명령어 mount 옵션 중 access time을 갱신하지 않도록 할 때 설정하는 것은?

① remount
② noatime
③ loop
④ atime

① 명령어 remount는 파티션을 재마운트할 때 사용한다.
③ 명령어 loop는 Loop 디바이스나 CR-ROM의 이미지 파일을 ios로 마운트한다.
④ 명령어 atime은 마지막으로 파일에 접속한 시간을 나타낸다.

정답 17 ① 18 ② 19 ④ 20 ②

21 명령어 umount에서 파일 /etc/mtab에 명시된 파일 시스템을 호출할 때 사용하는 옵션으로 알맞은 것은?

① -h

② -t

③ -o

④ -a

파일 /etc/mtab은 마운트된 파일 시스템의 목록이 필요할 때 사용된다. umount -a는 파일 /etc/mtab에 명시된 모든 파일 시스템의 마운트를 해제한다.

22 다음은 윈도우 파일 시스템 FAT-32를 읽기 모드로 /mnt 디렉터리에 마운트하는 과정이다. ( ) 안에 들어갈 내용으로 알맞은 것은?

mount -t (㉠) -o (㉡) /mnt

① ㉠ ntfs   ㉡ rw

② ㉠ vfat   ㉡ ro

③ ㉠ msdows   ㉡ rw

④ ㉠ msdos   ㉡ ro

옵션 -t '파일 시스템 유형'의 읽기 전용을 위한 마운트 옵션은 -o ro이다. FAT32는 VFAT을 확장시킨 파일 시스템으로 위 문제에서 파일 시스템은 vfat 또는 FAT32이다.

23 다음 중 명령 fsck가 시스템 부팅 시 파일 시스템 점검을 위해 참조하는 필드 영역으로 알맞은 것은?

```
[root@www ~] # tail - /etc/fstab
/dev/sda1 /backup_data ext4 defaults 1 2
              A              B   C D
```

① A   ② B

③ C   ④ D

오답 피하기

① A : 파일 시스템이 마운트 될 위치를 명시한 것이다.

② B : 파일 시스템의 속성 설정으로 default는 auto, exec, suid, ro, rw 등을 속성을 가진다.

③ C : dump 명령으로 값 1은 데이터 백업이 가능하다.

24 파일 /etc/fstab의 4번째 필드의 주요 옵션 중 로컬(Local) 시스템에서 일반 사용자가 마운트할 수 있는 권한을 부여하는 것은?

① defaults

② user

③ grpquota

④ usrquota

오답 피하기

① defaults는 해당 파일 시스템의 속성이 auto, exec, suid, ro, rw를 모두 갖게 한다.

③ grpquota은 그룹별 디스크 쿼타 설정을 명시한다.

④ usrquota은 사용자의 디스크 쿼타 설정을 명시한다.

CHAPTER

02

셸(Shell)

개념 및 종류

1 개념

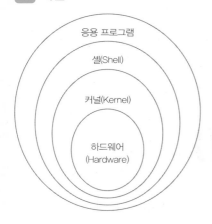

① 명령어 해석기(command interpreter)이다.
- 사용자가 입력한 명령어를 해석하여 커널에 전달한다.
- DOS의 Command.com과 동일한 기능을 수행한다.
- 커널과 사용자 간의 대화식 인터페이스를 제공한다.

② 로그인할 때 실행되어 사용자별로 사용 환경 설정을 가능하게 한다.

③ 강력한 스크립트 언어이다.
- 셸 자체가 프로그래밍 기능을 갖고 있다.

④ 입출력 방향 재지정(redirection)과 파이프(pipe) 기능을 제공한다.

⑤ 포어그라운드/백그라운드 프로세스를 실행한다.

2 종류

① 본셸(Bourne shell) 계열과 C셸 계열로 나뉜다.

② 사용자 프롬프트가 '$'이면 본셸 계열, '%'이면 C셸 계열을 사용하고 있다는 것이다.

③ 대부분의 셸은 본셸 계열의 기능을 포함하여 확대 발전한 형태이다.

④ C셸은 본셸의 모든 기능과 명령어 히스토리(history), 별명(alias), 작업 제어 기능을 추가로
가지고 있다.

⑤ 아래 표는 본셸들의 주요 특징을 나타낸 것이다.

종류		실행 파일	특징
본셸 계열 (Bourne shell)	본셸	/bin/sh	• 벨 연구소의 스티븐 본이 1979년에 개발 • 유닉스에서 기본 셸로 사용
	콘셸 (korn shell)	/bin/ksh	• AT&T사의 데이비드 콘이 1986년에 개발 • 벨 연구소에서 본셸을 확장해서 만듦 • 명령어 완성 기능, 히스토리 기능을 가짐
	배쉬셸 (bash shell)	/bin/bash	• 브라이언 폭스가 1989년에 개발 • 본셸을 기반으로 GNU 프로젝트에 의해 개발 • Linux 표준 셸로 채택 • 리눅스, 맥OS X 등 다양한 운영체제에서 사용 • 명령어 완성 기능, 히스토리, 명령어 치환, 편집 등의 지원 • POSIX와 호환 가능
	지셸 (z shell)	/bin/zsh	• 폴 팔스타드가 1990년에 개발 • 확장형 본셸으로 Korn shell의 재작성 셸 • 강력한 history 기능 • 향상된 명령행 편집 기능 • 파일명 중간에서부터도 자동 완성 기능 가능 • 탭이나 화살표 키를 이용해 선택 기능 포함

⑥ 아래 표는 C셸들의 주요 특징을 나타낸 것이다.

종류		실행 파일	특징
C셸 계열	C셸	/bin/csh	• 버클리 대학의 빌조이가 1981년에 개발 • C 언어의 특징을 많이 포함 • 히스토리, 별명, 작업 제어 등의 기능 포함 • 다양한 프로그래밍 작성 기능을 가짐
	tc셸	/bin/tcsh	• Ken Greer가 1982년에 개발 • 확장 C셸로 BSD 계열에서 가장 많이 사용 • 명령어 편집 기능을 제공 • emacs • history explorer • 자동 완성 기능 • 자동 로그아웃 • 로그인 상태, 사용자, 터미널 모니터링 • $host, $hosttype 등의 새로운 환경 변수 포함

3 셸 확인 및 변경

셸은 사용자가 로그인 후 자동으로 생성되는 로그인 셸(login shell)과 사용자가 직접 변경 실행하는 서브 셸(sub shell)로 구분할 수 있다.

(1) 로그인 셸 확인

① 파일 /etc/shells에서 사용할 수 있는 셸들을 확인할 수 있다.

```
[youngjin@localhost ~]$ cat /etc/shells
/bin/sh
/bin/bash
/sbin/nologin
/usr/bin/sh
/usr/bin/bash
/usr/sbin/nologin
/bin/tcsh
/bin/csh
```

② 파일 /etc/passwd 파일에서 계정마다 할당된 셸을 확인할 수 있다.

```
youngjin:x:1001:1001::/home/youngjin:/bin/bash
```

③ 명령어 'echo $SHELL'은 현재 로그인한 사용자가 사용하고 있는 셸을 확인할 수 있다.

```
[youngjin@localhost ~]$ echo $SHELL
/bin/bash
```

(2) 셸 변경

① 로그인 셸 변경은 반영구적인 셸 변경 방법으로 관리자가 셸 변경 후 다음 변경을 하기 전까지 지정된 셸을 사용한다.

② **명령어 chsh**

- 일반 사용자 환경에서 셸 변경 시 사용한다.

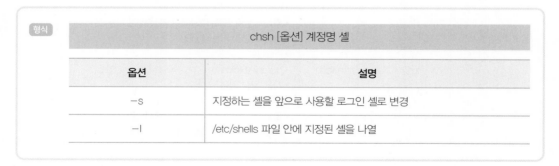

형식	chsh [옵션] 계정명 셸	
옵션	**설명**	
−s	지정하는 셸을 앞으로 사용할 로그인 셸로 변경	
−l	/etc/shells 파일 안에 지정된 셸을 나열	

```
[youngjin@localhost ~]$ grep youngjin /etc/passwd ── ⓐ
youngjin:x:1001:1001::/home/youngjin:/bin/bash
[youngjin@localhost ~]$ chsh youngjin -s /bin/csh ── ⓑ
Changing shell for youngjin.
암호:
Shell changed.
[youngjin@localhost ~]$ grep youngjin /etc/passwd ── ⓒ
youngjin:x:1001:1001::/home/youngjin:/bin/csh
```

- ⓐ : 사용자 youngjin에 설정된 셸을 확인
- ⓑ : 명령어 chsh를 이용하여 셸을 bash에서 csh로 변경
- ⓒ : 파일 /etc/passwd로 변경된 셸을 확인할 수 있다.

• chsh −l 옵션은 /etc/shells의 파일 내용과 동일한 내용을 보여준다.

• 셸 변경 후에 재부팅을 해야 명령어가 인식된다.

③ **명령어 usermod**

• 관리자 환경에서 지정된 계정의 정보를 변경할 때 사용하는 명령어이다.

 형식   usermod [옵션] 계정명

• '옵션 −s 변경 셸'은 기존의 셸에서 새로운 셸로 변경 시 사용된다.

01 다음 중 셸에 대한 설명으로 틀린 것은?

① 커널에서 분리된 별도의 프로그램이며 다양한 종류의 셸이 존재한다.
② 리눅스에는 ksh와 csh 계열의 장점을 결합한 bash(Bourne Again Shell)를 표준으로 하고 있다.
③ 콘셸(Korn shell)은 AT&T사의 데이비드 콘(David Korn)이 개발하였다.
④ 사용자가 로그인 셸을 일시적으로 변경하려면 chsh 명령을 사용하면 된다.

명령어 chsh는 관리자가 셸을 변경한 후 다음에 변경하기 전까지 해당 셸을 반영구적으로 사용한다.

02 다음 (   ) 안에 들어갈 설명으로 알맞은 것은?

> (   )은 본셸을 기반으로 GNU 프로젝트에 의해서 개발되었으며 GNU 운영체제, 리눅스, 맥 OS X 등 다양한 운영체제에서 사용 중이다. 현재 리눅스의 표준 셸이며 명령어 히스토리, 명령어 완성 기능, 명령어 치환, 편집 등을 지원하고 POSIX와도 호환된다.

① C셸
② tcsh셸
③ ksh셸
④ bash셸

오답 피하기

C셸과 tcsh셸은 C셸 계열이며, ksh셸은 명령어 완성 기능과 히스토리 기능은 가지고 있지만 POSIX와 호환되는 기능은 없다.

03 다음 설명과 관련 있는 셸(Shell)의 종류로 알맞은 것은?

> 버클리 대학의 빌 조이가 개발한 것으로 강력한 프로그램 작성 기능을 가지고 있으며 히스토리, 별명(Alias), 작업 제어 등의 유용한 기능들을 포함하였다.

① csh
② tcsh
③ ksh
④ zsh

오답 피하기

② tcsh는 C셸을 확장시킨 것이다.
③ ksh는 AT&T사의 David Korn이 개발하였다.
④ zsh는 Paul Falstad가 1990년에 개발하였다.

04 다음에서 설명하는 내용으로 알맞은 것은?

> AT&T사의 데이비드 콘(David Korn)이 개발하였고, 명령어 완성 기능, 히스토리 기능 등을 제공한다.

① C셸
② bash
③ tcsh
④ ksh

오답 피하기

① C셸은 버클리 대학의 빌 조이가 개발하였다.
② bash은 GNU 프로젝트를 위해 브라이언 폭스가 개발한 셸이다.
③ tcsh은 csh과 호환되는 셸로 Ken Greer가 개발하였다.

정답 01 ④ 02 ④ 03 ① 04 ④

05 다음 중 명령행 편집 기능을 제공하는 확장 C셸로 알맞은 것은?

① csh
② tcsh
③ sh
④ bash

bash와 sh은 본셸 계열의 셸이며, csh은 C셸 계열의 기초가 되는 셸이다.

06 다음 중 시스템에서 사용 가능한 셸(Shell)의 목록을 확인하는 명령어로 알맞은 것은?

① chsh −l
② echo $SHELL
③ ls /etc/shells
④ cat /etc/passwd

오답 피하기

② echo $SHELL은 현재 로그인한 사용자의 셸을 확인할 수 있다.
③ ls /etc/shells은 디렉터리 /etc 아래에 shells 파일의 유무를 확인하는 명령어이다.
④ cat /etc/passwd은 계정자의 UID, GID 또는 홈디렉터리와 같은 상세 정보를 확인할 수 있다.

07 다음 (   ) 안에 들어갈 내용으로 알맞은 것은?

```
# (          ) −s /bin/bash ihd
# grep user01 /etc/passwd
ihd:x:500:500::/home/user01:/bin/bash
```

① usermod
② chkconfig
③ adduser
④ chown

명령어 usermod는 지정된 계정자의 설정을 변경하는 명령어이다. 문제에서 계정자 ihd의 셸을 /bin/bash로 변경하기 위해서 옵션 −s를 사용하였다.

08 다음 (   ) 안에 들어갈 내용으로 알맞은 것은?

```
$ (          ) −s /bin/bash
Changing shell for ihd.
Password:
Shell changed.

$ grep user01 /etc/passwd
ihd:x:500:500::/home/user01:/bin/bash
```

① chsh
② mkfs
③ groupmod
④ usermod

일반 사용자가 현재 사용하는 셸을 변경할 때 사용하는 명령어는 chsh 이다.

09 다음 (   ) 안에 들어갈 내용으로 알맞은 것은?

```
# cat (          )
/bin/sh
/bin/bash
/sbin/nologin
/bin/tcsh
/bin/csh
/bin/ksh
```

① /etc/profile
② /etc/passwd
③ /etc/shells
④ /etc/bashrc

파일 /etc/shells은 현재 시스템에서 사용할 수 있는 셸 목록을 확인한다.

정답 05 ② 06 ① 07 ① 08 ① 09 ③

환경 설정

1 환경 변수와 셀 변수

① 변수는 시스템 환경 정보 저장소로 환경 변수(전역 변수)와 셀 변수(지역 변수)로 구분한다.

환경 변수(전역 변수)	셀 변수(지역 변수)
• 전체 셀에서 사용 가능한 전역 변수 • 서브 셀에 기능 상속 가능 • 환경 변수 확인 명령 : env	• 현재 로그인 셀에서만 사용 가능한 지역 변수 • 서브 셀에 기능 상속 불가능 • 셀 변수 확인 명령 : set

② 주요 환경 변수

변수	기능
PATH	실행할 명령어 경로 검색, 셀 설정 파일 중 하나에 설정
HOME	사용자의 홈 디렉터리 절대 경로
HOSTNAME	호스트명
USER	사용자 이름
DISPLAY	X-windows 시스템에서 xterm과 같은 X 응용 프로그램이 화면 출력을 위해 접속할 X 서버의 주소를 지정
PS1	셀 프롬프트를 선언 시 사용하는 변수
PS2	2차 셀 프롬프트 선언 시 사용하는 변수
PWD	현재 디렉터리의 절대 경로명
SHELL	로그인 셀의 절대 경로명
TERM	터미널 종류의 이름
TMOUT	로그아웃 관련 시간 제어
LANG	프로그램 사용 시 기본 지원 언어
PRINT	기본 프린터(설정이 되어 있으면 lpr에게 알려주지 않아도 됨)
MAIL	도착한 메일이 저장되는 경로

③ 환경 변수 설정

명령어	설명
export	환경 변수 리스트 확인
export 변수명 = 변수값	해당 변수명에 변수값 등록, 셸 변수를 환경 변수로 변경
echo $변수명	변수명에 해당하는 환경 변수 값 확인
export 변수명=$변수명:변수값	기존 변수명에 변수 값 추가
unset 변수명	변수 정의 해제

예제 1 ....

변수 YJ에 값 YoungJin을 지정한다. 정의된 변수값을 확인 후 해당 값을 해제한다.

```
[youngjin@localhost ~]$ YJ=YoungJin
[youngjin@localhost ~]$ export=YJ
[youngjin@localhost ~]$ echo $YJ
YoungJin
[youngjin@localhost ~]$ unset YJ
[youngjin@localhost ~]$ echo $YJ

[youngjin@localhost ~]$
```

예제 2 ....

현재 PATH를 확인 후 PATH 변수에 /TST/bin을 추가한다.

- 아래와 같이 기존 PATH에 새로운 경로를 추가할 경우 형식은 '$PATH:추가경로'이다.
- 기존 PATH와 추가 경로 사이의 구분은 콜론(:)으로 한다.

```
[youngjin@localhost ~]$ echo $PATH
/usr/sbin:/sbin:/home/youngjin/bin

[youngjin@localhost ~]$ export PATH=$PATH:/TST/bin

[youngjin@localhost ~]$ echo $PATH
/usr/sbin:/sbin:/home/youngjin/bin:/TST/bin
```

④ 프롬프트 설정 형식

- 셸의 프롬프트 형식을 사용자 임의대로 변경할 수 있다.

명령어	설명
\t	24시로 현재 시간을 표시
\W	현재 작업 디렉터리의 전체 경로 중 마지막 디렉터리만 표시
\w	현재 작업 디렉터리를 절대 경로로 표시
\s	사용 중인 셸 이름 표시
\u	현재 사용자의 이름을 표시
\h	호스트 이름을 표시

2 환경 설정 파일

① 셸 시작 시 자동으로 실행되는 고유의 시작 파일이 있다. 이 파일은 사용자 운영환경을 설정한다.

② 배쉬셸의 시작 파일은 /etc/profile, /etc/bashrc, ~/.bash_profile, ~/.bashrc이다.

③ 셸 파일은 전역적 파일과 지역적 파일로 나뉜다.
- 전역적 파일에는 사용자에게 공통으로 영향을 주는 내용이 들어 있으며, /etc 아래에 위치한다.
- 지역적 파일에는 사용자 개개인을 위한 설정 내용이 들어 있으며, 사용자의 홈 디렉터리에서 숨김 파일 형태로 위치한다.

④ bash 셸 관련 설정 파일들

환경 설정 파일		기능
전역 설정 파일	/etc/profile	• 모든 사용자의 셸 환경을 제어하는 전역적인 시스템 설정 파일 • 환경 변수와 bash가 수행 시 실행되는 프로그램을 제어 • 관리자만 설정 가능해야 하며 모든 사용자들에게 반영되어야 함
	/etc/bashrc	• 별칭(alias)과 bash가 수행 시 실행되는 함수를 전역적으로 제어 • 생략되기도 하며 /etc/profile에 내용이 포함되기도 함
지역 설정 파일	~/.bash_profile	• 개인 사용자의 셸 환경을 제어하는 지역적인 시스템 설정 파일 • PATH, 환경 변수 등을 설정 또는 변경할 때 사용 • 로그인 시 로딩
	~/.bash_history	• 사용자가 명령어나 키보드로 입력한 내용들을 파일 안에 기록 • 위/아래 화살표를 사용하여 사용했던 명령어 검색 가능 • 전에 입력했던 명령어의 재사용이 가능하게 함
	~/.bashrc	별칭(alias)과 bash가 수행 시 실행되는 함수를 지역적으로 제어
	~/.bash_logout	로그아웃하기 직전에 실행되는 시스템 설정 파일

⑤ 디렉터리 /etc/profile.d은 몇몇 응용 프로그램들이 시작 시 자동 실행할 스크립트 파일 경로를 넣어둔다.
- 지정된 경로에 있는 스크립트 파일들이 부팅 시 자동 실행된다.
- 일반 사용자의 alias 설정 등과 관련된 스크립트도 존재한다.

(1) History 기능

① 일정 개수(기본 1,000개) 이상 사용했던 명령어를 .bash_history에 저장해 두고 다시 불러서 사용할 수 있게 하는 기능이다.

② 대부분의 셸은 이전에 입력했던 명령어를 반복하거나 약간 변형하여 다시 사용할 수 있도록 하는 기능을 한다.

③ 이전에 입력했던 명령어들을 다시 입력하지 않아도, 상하 화살표 키만 누르면 다시 사용할 수 있다.

④ 이 기능은 복잡하거나 긴 명령어를 입력할 때 유용하다.

⑤ 파일 .bash_history는 개별 사용자들의 홈 디렉터리에 있다.

⑥ 명령어 history와 관련된 다양한 옵션들은 작업을 용이하게 한다.

!!	마지막으로 실행했던 명령문 실행
!n	n번째 명령어 실행
!-n	현재 명령행에서 n 개수를 뺀 행의 명령어 실행
!string	가장 최근에 'string'으로 시작하는 명령문 실행
!$ 또는 !!$	마지막 명령의 argument
!*	마지막으로 실행된 명령에 사용된 모든 argument
!?string?	가장 최근에 string을 포함하고 있는 단어를 나타냄

⑦ History 관련 환경 변수는 아래와 같다.

HISTSIZE	히스토리 스택의 크기 지정. 지정 시 단위는 명령어 개수
HISTFILE	히스토리 파일 위치
HISTFILESIZE	물리적인 히스토리 파일 크기
HISTTIMEFORMAT	히스토리 명령어 수행 시간 출력 형태 지정
HISTCONTROL	중복되는 명령어에 대한 기록 유무를 지정하는 변수

예제 1 ···

History 사이즈를 확인 후 다른 값으로 변경한다.

```
[youngjin@localhost ~]$ echo $HISTSIZE
1000
[youngjin@localhost ~]$ export HISTSIZE=500
[youngjin@localhost ~]$ echo $HISTSIZE
500
```

명령어 history 수행 시 수행 시간을 "년(%Y).월(%m).일(%d) 시간(%T)"으로 출력한다.

- 시간 설정 전

```
[youngjin@localhost ~]$ history
    1  clear
    2  ls -l /etc/passwd
    3  cat /etc/passwd
    4  clear
    5  cat /etc/passwd
    6  exit
    7  ls
    8  pwd
```

- 시간 설정 후

```
[youngjin@localhost ~]$ export HISTTIMEFORMAT="%Y. %m. %d %T"
[youngjin@localhost ~]$ history
    1  2017. 10. 09 19:44:32clear
    2  2017. 10. 09 19:44:32ls -l /etc/passwd
    3  2017. 10. 09 19:44:32cat /etc/passwd
    4  2017. 10. 09 19:44:32clear
    5  2017. 10. 09 19:44:32cat /etc/passwd
    6  2017. 10. 09 19:44:32exit
    7  2017. 10. 09 19:44:32ls
    8  2017. 10. 09 19:44:32pwd
```

(2) alias 기능

① 자주 사용하는 명령어를 특정 문자로 입력해 두고 간편하게 사용할 수 있게 하는 기능이다.

명령어	설명
alias	설정되어 있는 별명들 확인
alias 별명 ='명령어 정의'	새로운 별명 정의
unalias 별명	지정된 별명 해제

명령어 ls 수행 시 디렉터리 파일들만 화면에 출력되도록 별칭을 지정한다.

```
[youngjin@localhost ~]$ alias ld='ls -l | grep "^d"'
[youngjin@localhost ~]$ alias
alias l.='ls -d .* --color=auto'
alias ld='ls -l | grep "^d"'
alias ll='ls -l --color=auto'
alias ls='ls --color=auto'
alias vi='vim'

[youngjin@localhost ~]$ unalias ld
[youngjin@localhost ~]$ alias
alias l.='ls -d .* --color=auto'
alias ll='ls -l --color=auto'
alias ls='ls --color=auto'
alias vi='vim'
```

01 다음 중 셸 사용 시 기본으로 지원되는 언어를 확인하는 명령어로 알맞은 것은?

① echo $PWD
② echo $TERM
③ echo $LANG
④ echo $USER

오답 피하기
① echo $PWD는 현재 디렉터리의 절대 경로명을 표시한다.
② echo $TERM은 로그인한 터미널 정보를 표시한다.
④ echo $USER는 사용자 이름을 출력한다.

02 다음 중 현재 셸에 선언된 모든 환경 변수를 확인하는 명령어로 알맞은 것은?

① test
② env
③ ksh
④ while

환경 변수란 전체 셸에서 사용 가능한 전역 변수로, 환경 변수를 확인하는 명령어는 env이다.

03 다음 조건으로 bash 셸의 변수를 설정하고 확인하려 할 때, 알맞은 것은?

> ㉠ city 변수값은 seoul로 지정한다.
> ㉡ echo 명령으로 city 변수값을 출력한다.

① ㉠ seoul=city   ㉡ echo $CITY
② ㉠ seoul=city   ㉡ echo $city
③ ㉠ city=seoul   ㉡ echo $city
④ ㉠ city=seoul   ㉡ echo $CITY

위 문제에서 변수는 city이며, 변수에 지정되는 값은 seoul이다. 따라서 지정된 변수값을 확인하는 명령어는 'echo $city'이다.

04 다음 중 셸 환경 변수에 대한 설명으로 틀린 것은?

① 프롬프트 변경, PATH 변경과 같이 셸의 환경을 정의하는 역할을 수행하는 변수이다.
② bash에서는 소문자로 된 변수로 구성되어 있다.
③ 현재 설정된 전체 환경 변수의 값은 env 명령으로 확인 가능하다.
④ 미리 예약된 변수명을 사용한다.

모든 셸 프로그램에서 사용 가능한 전역 변수는 대문자로 작성한다.

05 다음 중 bash에서 사용자가 로그인한 후 일정 시간 동안 작업을 하지 않을 경우에 로그아웃 시키는 환경 변수로 알맞은 것은?

① HOSTNAME
② TERM
③ GID
④ TMOUT

오답 피하기
① HOSTNAME은 호스트명을 나타내는 환경 변수이다.
② TERM은 로그인한 터미널의 종류가 저장되는 환경 변수이다.
③ GID는 그룹 ID로 특정 그룹을 나타내는 고유값이다.

정답 01 ③ 02 ② 03 ③ 04 ② 05 ④

06 다음 (　　　) 안에 들어갈 내용으로 알맞은 것은?

> (　　　)(은)는 몇몇 응용 프로그램들이 시작할 때 필요한 스크립트가 위치하는 디렉터리로 보통 /etc/profile에서 호출된다. 일반 사용자의 alias 설정 등과 관련된 스크립트가 존재한다.

① /etc/profile.d
② /etc/bashrc
③ ~/.bash_profile
④ ~/.bashrc

② /etc/bashrc는 별칭과 bash가 수행 시 실행되는 함수를 전역적으로 제어하는 파일이다.
③ ~/.bash_profile은 개인 사용자의 셸 환경을 제어하는 지역 설정 파일이다.
④ ~/.bashrc는 별칭과 bash가 수행 시 실행되는 함수를 지역적으로 제어하는 파일이다.

07 다음에서 설명하는 내용으로 알맞은 것은?

> 개별 사용자의 셸 환경을 설정하는 파일로 경로, 환경 변수 등이 설정되어 있고 로그인 시 읽어 들인다.

① /etc/profile
② ~/.bash_profile
③ ~/.bash_logout
④ /etc/bashrc

① 파일 /etc/profile은 모든 사용자의 셸 환경을 제어하는 전역적인 시스템 설정 파일이다.
③ 파일 ~/.bash_logout은 로그아웃하기 직전에 실행되는 시스템 설정 파일이다.
④ 파일 /etc/bashrc는 별칭과 bash가 수행 시 실행되는 함수를 전역적으로 제어한다.

08 다음 중 아래에 제시한 조건을 갖고 있는 환경 설정 파일로 알맞은 것은?

> • bash 셸을 사용하는 모든 사용자에게 로그인 시에 alias를 설정하고 싶다.
> • 반드시 관리자만 설정 가능하여야 하며 모든 사용자에게 반영되어야 한다.

① /etc/shells
② /etc/profile
③ /etc/bash_profile
④ /etc/bash_logout

① 파일 /etc/shells은 현재 시스템에서 사용할 수 있는 셸들을 나타낸다.
③ 파일 /etc/bash_profile은 개인 사용자의 셸 환경을 제어하는 지역적인 시스템 설정 파일이다.
④ 파일 /etc/bash_logout은 로그아웃하기 직전에 실행되는 전역 설정 파일이다.

09 다음 중 echo $SHELL 〉〉IHD.txt 명령을 실행했을 때의 설명으로 알맞은 것은?

① IHD.txt 파일에 $SHELL이라는 내용이 저장된다.
② 터미널에 현재 사용하는 셸의 경로(Path)와 IHD.txt 파일의 내용이 출력된다.
③ 현재 사용하는 로그인 셸의 경로(Path)가 IHD.txt 파일에 추가된다.
④ 터미널에 $SHELL 문자열과 IHD.txt 파일이 내용이 출력된다.

특수 문자 〉〉는 표준 출력을 파일 끝에 덧붙이는 출력 리다이렉션 기능을 갖는다.

10 다음 중 히스토리에 저장된 명령어 목록에서 마지막에 사용한 명령을 실행하는 방법으로 알맞은 것은?

① !!
② !last
③ !?
④ !1

② !last : 히스토리에 저장된 명령어 목록 내 'last'로 시작하는 가장 최근 명령문 실행
③ !?문자열? : 해당 문자열이 포함된 명령어 실행
④ !1 : 히스토리에 저장된 명령어 목록에서 첫 번째 명령어 실행

11 다음 중 히스토리 파일의 스택 크기를 변경하려 할 때 사용하는 환경 변수로 알맞은 것은?

① HISTSIZE
② HISTFILE
③ HISTORY
④ HISTFILESIZE

② HISTFILE : 히스토리 파일의 위치를 나타내는 환경 변수
④ HISTFILESIZE : 물리적인 히스토리 파일 크기를 지정하는 환경 변수

12 아래 예제와 같이 history 명령어 수행 시 명령어 수행 시간을 출력하도록 하는 설정하는 명령어는?

```
$ history
    524 2016.08.08 14:05:14 useradd ihd
    525 2016.08.08 14:05:17 passwd ihd
    526 2016.08.08 14:05:23 clear
    527 2016.08.08 14:05:28 id
    528 2016.08.08 14:05:33 id ihd
    529 2016.08.08 14:05:49 whoami
```

① export HISTTIMEFORMAT="%Y.%m.%d %T "
② export HISTFILESIZE="%Y.%m.%d %T "
③ export HISTFILE="%Y.%m.%d %T "
④ export HISTSIZE="%Y.%m.%d %T "

환경 변수 HISTTIMEFORMAT은 history 명령어 실행 시 출력되는 시간 형식을 지정할 때 사용한다.

13 다음 중 히스토리에 대한 기능 설명으로 틀린 것은?

① !! : 히스토리 명령 목록에서 4만큼 거슬러 올라가서 해당 명령을 실행
② history : 히스토리에 저장된 명령어 목록을 출력
③ history 10 : 최근에 입력한 마지막 10개의 명령어 목록을 출력
④ !a : 히스토리 목록 중 a로 시작하는 명령을 찾아서 실행

옵션 '!!'는 스토리에 저장된 명령어 목록에서 마지막에 사용한 명령을 실행한다.

14 다음 중 최근에 사용한 명령 목록에서 'vi' 문자열을 포함하고 있는 명령을 찾아서 실행하는 것은?

① !*vi*
② !vi!
③ !*vi
④ !?vi?

히스토리 명령어 중 '!?문자열?'은 가장 최근에 사용한 명령 중에 '문자열'을 포함하고 있는 명령어를 찾아서 실행한다.

15 다음 중 프롬프트 형식을 현재 사용자 이름과 마지막 작업 디렉터리만 표시하려고 할 때의 설정으로 알맞은 것은?

① PS1='[\u@ \W]\$ '
② PS1='[\h@ \W]\$ '
③ PS1='[\u@ \w]\$ '
④ PS1='[\h@ \w]\$ '

• \h : 호스트명을 표시
• \u : 현재 사용자의 이름을 표시
• \w : 현재 작업 디렉터리를 절대 경로로 표시
• \W : 현재 작업 디렉터리의 전체 경로 중 마지막 디렉터리만 표시

16 다음 (   ) 안에 들어갈 내용으로 알맞은 것은?

```
[root@15:42:13 log]$ echo $PS1
[\u@\t \W]$
[root@15:42:17 log]$ PS1="\u@\t \(         )]$ "
[root@15:42:31 /var/log]$
```

① s
② w
③ W
④ S

• \u : 현재 사용자의 이름을 표시
• \t : 24시로 현재 시간을 표시
• \w : 현재 작업 디렉터리를 절대 경로로 표시
• \W : 현재 작업 디렉터리의 전체 경로 중 마지막 디렉터리만 표시
• \s : 사용 중인 셸 이름 표시

정답 14 ④ 15 ① 16 ②

CHAPTER

03

프로세스 관리

섹션 차례

개념 및 유형

1 프로세스의 개념

① 프로세스는 CPU와 메모리를 할당받아 실행시키는 프로그램이다.

② 프로세스들마다 고유의 프로세스 ID(PID)를 할당받는다.

• 가장 먼저 실행되는 프로세스는 init이다. init의 PID는 1이다.

• 프로세스 init에 의해 다른 모든 프로세스들이 시작된다.

2 프로세스의 유형

(1) 포어그라운드 프로세스와 백그라운드 프로세스

① 프로세스는 실행 형태에 따라 포어그라운드(Foreground) 프로세스와 백그라운드(Background)프로세스로 나뉜다.

포어그라운드 프로세스 (Foreground)	• 사용자와 상호작용하는 프로세스 • 터미널에 직접 연결되어 입출력을 주고받는 프로세스 • 명령 입력 후 수행 종료까지 기다려야 하는 프로세스 • 화면에서 실행되는 것이 보이는 프로세스 예 응용 프로그램, 명령어 등
백그라운드 프로세스 (Background)	• 사용자와 직접적인 대화를 하지 않고 뒤에서 실행되는 프로세스 • 사용자의 입력에 관계없이 실행되는 프로세스 • 실행은 되지만 화면에 나타나지 않고 실행되는 프로세스 예 시스템 프로그램, 데몬 등

(2) fork( )와 exec( )

사용자가 새로운 프로세스를 생성하기 위해 사용하는 시스템 호출 함수로는 fork( )와 exec( )가 있다.

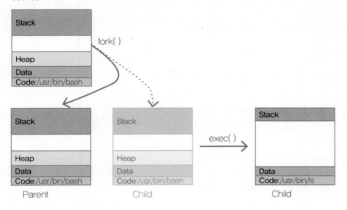

① fork( ) 함수

- 새로운 프로세스를 만들 때 기존 프로세스를 복제하는 방식을 사용한다.
- 새로운 프로세스를 위한 메모리를 할당한다.
- 새로 생성된 프로세스는 원래의 프로세스와 똑같은 코드를 가지고 있다.
- 원본 프로세스를 부모 프로세스(parent process)라고 부르고, 새로 복제된 프로세스를 자식 프로세스(child process)라고 부른다.

② exec( ) 함수

- 호출하는 프로세스가 새로운 프로세스로 변경되는 방식이다.
- 새로운 프로세스를 위한 메모리를 할당하지 않는다.
- 호출한 프로세스의 메모리에 새로운 프로세스의 코드를 덮어씌워 버린다.
- exec( )를 호출한 프로세스가 아닌 exec( )에 의해 호출된 프로세스만 메모리에 남게 된다.

(3) 데몬(Daemon)

① 리눅스 시스템이 부팅 시 자동으로 실행되는 백그라운드 프로세스이다.

② 메모리에 상주하면서 사용자의 특정 요청이 오면 즉시 실행되는 대기 중인 서버 프로세스이다.

③ 주기적이고 지속적인 서비스 요청을 처리하기 위해 실행된다.

④ 사용자들은 이 프로세스들을 볼 수 있는 권한이 없다.

⑤ 리눅스에서 데몬을 실행하는 방법에는 세 가지가 있다.

standalone 데몬	• 서비스가 요청이 들어오기 전에 서비스가 메모리에 상주하는 단독 실행 방식 • 독립적으로 수행되며 서비스 요청에 응답하기 위해 항상 메모리에 상주 • 빠른 응답속도를 요하는 경우에 사용 • 메모리에 항상 상주하므로 메모리 점유로 인한 서버 부하가 큼 • 실행 스크립트 위치는 "/etc/inetd.d/" • 관련 서비스 : http, mysql, nameserver, sendmail
inetd 데몬 (슈퍼 데몬)	• inetd는 다른 데몬들의 상위에 존재하는 standalone 데몬 • inetd는 자체적으로는 하나의 독립 데몬이지만 여러 가지 다른 서비스들을 제어하고 관리 • 보안상의 이유로 리눅스 커널 2.4 버전부터 xinetd(extended inetd)가 inetd 역할을 수행
inetd 타입 데몬	• inetd 타입 데몬들은 직접 서비스를 가동하지 못하고 inetd 데몬이 활성화가 되어야만 해당 서비스 제공 • Telnet, FTP, rlogin과 같은 데몬들이 inetd 타입 데몬에 해당 • inetd 서비스 요청이 종료되면 inetd 타입 데몬들도 자동으로 종료 • 실행 스크립트 파일 위치는 "/etc/xinetd.d/"

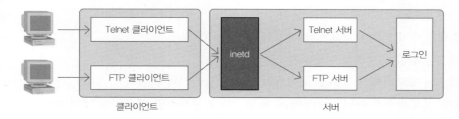

(4) 시그널(Signal)

① 시그널은 프로세스에게 이벤트 발생을 전달해주는 소프트웨어 인터럽트이다.

② 시그널이 프로세스에게 전달될 때 4가지 상황이 발생한다.

SIG_IGN (SIG_PF)1	운영체제에 의해 시그널이 무시된다.
SIG_ERR (SIG_PF)−1	운영체제는 프로그램을 강제로 종료한다.
SIG_DFL (SIG_PF)0	지정한 시그널 처리 루틴(routine)을 실행한다.
SIG_HOLD (SIG_PF)2	시그널이 블로킹된다.

③ 명령어 kill −l로 시그널 리스트를 확인할 수 있다.

```
[youngjin@localhost ~]$ kill -l
 1) SIGHUP       2) SIGINT       3) SIGQUIT      4) SIGILL       5) SIGTRAP
 6) SIGABRT      7) SIGBUS       8) SIGFPE       9) SIGKILL     10) SIGUSR1
11) SIGSEGV     12) SIGUSR2     13) SIGPIPE     14) SIGALRM     15) SIGTERM
16) SIGSTKFLT   17) SIGCHLD     18) SIGCONT     19) SIGSTOP     20) SIGTSTP
21) SIGTTIN     22) SIGTTOU     23) SIGURG      24) SIGXCPU     25) SIGXFSZ
26) SIGVTALRM   27) SIGPROF     28) SIGWINCH    29) SIGIO       30) SIGPWR
31) SIGSYS      34) SIGRTMIN    35) SIGRTMIN+1  36) SIGRTMIN+2  37) SIGRTMIN+3
38) SIGRTMIN+4  39) SIGRTMIN+5  40) SIGRTMIN+6  41) SIGRTMIN+7  42) SIGRTMIN+8
43) SIGRTMIN+9  44) SIGRTMIN+10 45) SIGRTMIN+11 46) SIGRTMIN+12 47) SIGRTMIN+13
48) SIGRTMIN+14 49) SIGRTMIN+15 50) SIGRTMAX-14 51) SIGRTMAX-13 52) SIGRTMAX-12
53) SIGRTMAX-11 54) SIGRTMAX-10 55) SIGRTMAX-9  56) SIGRTMAX-8  57) SIGRTMAX-7
58) SIGRTMAX-6  59) SIGRTMAX-5  60) SIGRTMAX-4  61) SIGRTMAX-3  62) SIGRTMAX-2
63) SIGRTMAX-1  64) SIGRTMAX
```

④ 아래 표는 지정된 이벤트의 시그널이 프로세스에 전달될 때 어떤 상황(기본 동작)이 발생하는지를 나타낸 것이다.

번호	시그널	발생 조건	기본 동작
1	SIGHUP	터미널과 연결이 끊어졌을 때	종료 후 재시작
2	SIGINT	Ctrl+C 입력 시	종료
3	SIGQUIT	Ctrl+\ 입력 시	코어덤프
6	SIGABRT	abort(비정상 종료) 함수에 의해 발생	코어덤프
9	SIGKILL	프로세스 강제 종료 시	종료
13	SIGPIPE	종료된 소켓에 쓰기를 시도할 때	코어덤프
14	SIGALRM	알람 타이머 만료 시	코어덤프
15	SIGTERM	Kill 시스템 호출 시	종료
17	SIGCHLD	자식 프로세스가 종료 시	무시
18	SIGCONT	중지된 프로세스 실행 시	무시
19	SIGSTOP	SIGCONT 시그널을 받을 때까지	종료
20	SIGTSTP	Ctrl+Z 입력 시	프로세스 대기로 전환

01 다음 중 프로세스에 관한 설명으로 틀린 것은?

① 하나의 프로세스가 다른 프로세스를 실행하기 위해 fg와 bg를 사용한다.
② init는 PID가 1이다.
③ exec는 원래 프로세스의 메모리에 새로운 프로세스의 코드를 덮어씌운다.
④ PPID는 부모 프로세스이다.

··

하나의 프로세스가 다른 프로세스를 실행하기 위해 fork와 exec를 사용한다.

02 다음 ( ) 안에 들어갈 내용으로 알맞은 것은?

프로세스는 크게 두 가지로 나눌 수 있는데, 사용자의 입력에 관계없이 실행되는 (㉠) 프로세스와 명령 입력 후 수행 종료까지 기다려야 하는 (㉡) 프로세스가 있다.

① ㉠ Background ㉡ Foreground
② ㉠ Foreground ㉡ Background
③ ㉠ Background ㉡ Frontground
④ ㉠ Frontground ㉡ Background

··

Background 프로세스는 실행은 되지만 화면에 나타나지 않고 실행되는 것이므로 사용자의 입력에 관계없이 수행이 가능하며, Foreground 프로세스는 화면에서 실행되는 응용 프로세스로 사용자와 상호작용한다.

03 다음 설명으로 알맞은 것은?

주기적이고 지속적인 서비스 요청을 처리하기 위해 계속 실행되는 프로세스이다. 백그라운드 프로세스의 일종으로 보통 서버 역할을 하는 프로그램들이 이에 해당된다.

① inetd ② daemon
③ cron ④ atd

오답 피하기

① inetd : 슈퍼 데몬으로 여러 가지 다른 서비스들을 제어하고 관리한다.
③ cron : 잡 스케줄러(job scheduler)로 셸 명령어들을 주어진 일정에 주기적으로 실행하게 한다.
④ atd : 잡 스케줄러(job scheduler)로 셸 명령어들을 주어진 일정에 한 번만 실행하게 한다.

04 다음 ( ) 안에 들어갈 설명으로 알맞은 것은?

하나의 프로세스가 다른 프로세스를 실행하기 위해 시스템 호출을 받는 방법에는 (㉠)(와)과 (㉡)(이)가 있다. (㉠)(은)는 새로운 프로세스를 위해 메모리를 할당받아 복사본 형태의 프로세스를 실행하는 형태로 기존의 프로세스는 그대로 실행되어 있다. 새롭게 생성된 프로세스는 원래의 프로세스와 똑같은 코드를 기반으로 실행된다. (㉡)(은)는 원래의 프로세스를 새로운 프로세스로 대체하는 형태로 호출한 프로세스의 메모리에 새로운 프로세스의 코드를 덮어씌워버린다.

① ㉠ background ㉡ foreground
② ㉠ foreground ㉡ background
③ ㉠ exec ㉡ fork
④ ㉠ fork ㉡ exec

··

Background 프로세스와 Foreground 프로세스는 프로세스 실행 형태에 따라 분류한다.

정답 01 ① 02 ① 03 ② 04 ④

05 다음 중 리눅스 커널 2.4 버전부터 inetd의 역할을 대신 수행하는 데몬명으로 알맞은 것은?

① crond ② xinetd
③ acpid ④ xinit

> 오답 피하기
>
> ① crond : 잡 스케줄러(job scheduler)로서, 셸 명령어들을 주어진 일정에 주기적으로 실행하는 데몬
> ③ acpid : 시스템의 지능적 전원 관리를 허용하고 배터리와 구성 상태에 대한 질의를 수행하는 ACPI(Advanced Configuration and Power Interface)의 이벤트를 처리하는 데몬
> ④ xinit : X-window를 초기화시키는 프로그램으로, 초기 화면은 윈도우 매니저가 없는 화면 표시

06 다음 중 서비스 데몬을 구동하는 방법으로 틀린 것은?

① service crond restart
② /etc/init.d/httpd start
③ /etc/rc.d/nfs start
④ /etc/rc.d/init.d/httpd start

> nfs 구동 방법은 /etc/rc.d/init.d/nfs start이다.

07 하루에 발생하는 서비스별 요청이 아래와 같다. 다음 중 데몬 실행을 단독 실행(stand-alone) 방식으로 변경할 경우에 가장 효율적인 서비스로 알맞은 것은?

> • httpd : 1,000회
> • sendmail : 500회
> • ssh : 300회
> • telnet : 20회

① httpd ② ssh
③ telnet ④ sendmail

> 단독 실행 방식은 자주 실행되는 서비스를 클라이언트 요청이 들어오기 전에 메모리에 상주시켜 작업 효율성을 높이는 방법이다. 그러므로 문제에서 가장 많은 서비스 요청이 있는 httpd를 단독 실행 방식으로 실행하는 것이 적합하다.

08 다음 중 리눅스 시스템에서 inetd 기반으로 운영하는 서비스로 가장 알맞은 것은?

① httpd
② ssh
③ telnet
④ samba

> inetd 기반 방식은 클라이언트 서비스가 요청이 있을 경우 메모리에 상주하는 것으로 운영 빈도수가 낮은 프로세스들로 설정하는 것이 효율적이다. telnet, pop3, finger 서비스들이 이에 해당한다.

09 다음에서 설명하는 내용으로 알맞은 것은?

> 필요한 서비스이나 자주 사용하지 않는 서비스들을 관리할 때 유용한 방법으로 특히 메모리 관리에 효율적이다.

① exec
② inetd
③ standalone
④ fork

> 오답 피하기
>
> ① exec : 시스템 호출 함수로 호출하는 프로세스가 새로운 프로세스로 변경되는 방식
> ③ standalone : 독립적으로 수행되며 서비스 요청에 응답하기 위해 항상 메모리에 상주하는 데몬
> ④ fork : 시스템 호출 함수로 새로운 프로세스를 만들 때 기본 프로세스를 복제하는 방식

정답 05 ② 06 ③ 07 ① 08 ③ 09 ②

10 다음 그림과 가장 관련 있는 프로세스 생성 방식으로 알맞은 것은?

```
[youngjin@localhost ~]$ pstree -h
init─┬─NetworkManager
     ├─acpid
     ├─atd
     ├─auditd─┬─audispd─┬─sedispatch
     │        │         └─{audispd}
     │        └─{auditd}
     ├─avahi-daemon───avahi-daemon
     ├─bluetoothd
     ├─bonobo-activati───{bonobo-activati}
     ├─clock-applet
     ├─console-kit-dae───62*[{console-kit-dae}]
     ├─crond
     ├─cupsd
     ├─2*[dbus-daemon]
     ├─2*[dbus-launch]
     ├─devkit-daemon
     ├─devkit-disks-da───devkit-disks-da
     ├─devkit-power-da
     ├─fprintd
     ├─gconf-im-settin
     ├─gconfd-2
     ├─gdm-binary───gdm-simple-slav─┬─Xorg
     │                              └─gdm-session-wor───gnome-session
```

① fork
② exec
③ standalone
④ inetd

fork( )는 프로세스를 생성할 때 사용한다. 이때 생성된 프로세스는 부모 프로세스, 새로 생성된 프로세스는 자식 프로세스라 부른다. 명령어 pstree -h로 fork( )에 의해 생성된 부모 프로세스와 자식 프로세스의 관계를 확인할 수 있다.

11 다음 중 메모리에 탑재되어 작업 중인 프로세스를 일시적으로 중지시키는 명령어로 알맞은 것은?

① Halt
② stop
③ shutdown
④ Suspend

오답 피하기
명령어 halt는 시스템을 종료하는 명령어이다.

12 리눅스가 지정한 NI값 중에서 우선순위가 가장 높은 값은?

① −21
② −19
③ 19
④ 0

조정할 수 있는 NI값의 범위는 −20~19이다. −20은 가장 높은 우선권을 가지며 19는 가장 낮은 우선권을 갖는다.

13 다음 중 Ctrl + C 입력 시 전송되는 시그널의 번호로 알맞은 것은?

① 2
② 4
③ 6
④ 8

Ctrl + C 입력 시 전송되는 시그널은 SIGINT이며, 시그널 번호는 2로 프로그램을 종료시킨다.

14 다음 중 SIGTERM(또는 TERM)의 시그널 번호로 알맞은 것은?

① 5
② 10
③ 15
④ 20

kill을 사용 시 시그널 SIGTERM(또는 TERM) 이벤트가 발생하여 시스템을 강제로 종료시킨다. 이때 SIGTERM(또는 TERM)의 시그널 번호는 15이다.

15 다음 중 SIGTSTP 시그널이 의미하는 것으로 알맞은 것은?

① Fork로 실행 중이던 Process가 종료되었다.
② Exec로 실행 중이던 Process가 종료되었다.
③ Foreground로 실행 중이던 Process가 Suspend로 전환되었다.
④ Ctrl + \ 입력 시에 보내지는 시그널이다.

Ctrl + Z 입력 시 SIGTSTP 시그널이 발생하여 프로세스를 대기(suspend)로 전환시킨다.

정답 10 ① 11 ④ 12 ② 13 ① 14 ③ 15 ③

프로세스 유틸리티

1 프로세스 관련 명령어

(1) ps(process status)

① 현재 실행 중인 프로세스의 상태를 보여주는 명령어이다.

② CPU 사용도가 낮은 순서로 출력한다.

형식

ps [옵션]

③ 옵션 없이 명령어 'ps'를 실행하면 자신의 터미널에서 실행되고 있는 프로세스들의 관련 정보만 나타낸다.

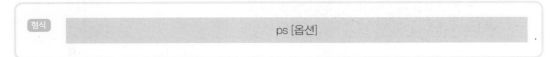

```
[root@localhost ~]# ps
  PID TTY          TIME CMD
   ㉠   ㉡          ㉢   ㉣
 2898 pts/0     00:00:00 su
 2901 pts/0     00:00:00 bash
```

상태		설명
㉠	PID	프로세스 식별번호
㉡	TTY	프로세스와 연결된 터미널 번호
㉢	TIME	총 CPU 사용 시간
㉣	CMD	실행 명령

④ 명령어 ps에서 많이 사용하는 옵션들은 아래와 같다.

옵션	설명
a	현재 실행 중인 모든 프로세스 출력
e	모든 프로세스 정보
u	사용자 이름과 프로세스 시작 시간 출력
x	접속된 터미널뿐만 아니라 사용되고 있는 모든 프로세스들을 출력
l	자세한 정보 출력

⑤ 명령어 'ps'와 'grep'을 이용하여 특정 프로세스의 상태 정보를 확인할 수 있다. 명령어 'ps ax | grep httpd'는 httpd 프로세스들의 상태를 나타낸다.

```
[root@localhost ~]# ps ax | grep httpd
 3054 ?        Ss     0:00 /usr/sbin/httpd
 3056 ?        S      0:00 /usr/sbin/httpd
 3057 ?        S      0:00 /usr/sbin/httpd
```

⑥ 명령어 'ps aux'를 수행한 결과이다.

```
[root@localhost ~]# ps aux
USER       PID %CPU %MEM    VSZ   RSS TTY      STAT START   TIME COMMAND
 ㉠         ㉡   ㉢   ㉣     ㉤    ㉥          ㉦    ㉧     ㉨    ㉩
root         1  0.0  0.2   2012   536 ?        Ss   14:56   0:03 /sbin/init
root         2  0.0  0.0      0     0 ?        S<   14:56   0:00 [kthreadd]
root         3  0.0  0.0      0     0 ?        S<   14:56   0:00 [migration/0]
```

	상태	설명
㉠	USER	프로세스 소유자명(계정명)
㉡	PID	프로세스 식별번호
㉢	%CPU	CPU 사용 비율의 추정치
㉣	%MEM	메모리 사용 비율의 추정치
㉤	VSZ	페이지 단위의 가상메모리 사용량
㉥	RSS	실제 사용된 메모리량(Resident Set Size)
㉦	TTY	프로세스와 연결된 터미널 번호
㉧	STAT	현재 프로세스 상태
		P	수행 가능/수행 중
		R	현재 실행 상태
		S	잠든 상태, 20초 이상 된 상태
		D	I/O 작업이 끝나기를 기다리면서 정지된 상태
		T	정지된 상태(suspend), 일시 정지 상태
		Z	좀비(zombie) 프로세스, 작업종료 후 부모 프로세스로부터 회수되지 않아 메모리에 적재되어 있는 상태
㉨	START	프로세스 시작 시간
㉨	TIME	총 CPU 사용 시간
㉩	COMMAND	실행 명령

⑦ 좀비 프로세스는 kill 시그널을 받아도 종료되지 않는다. 이 프로세스는 이미 현재 프로세스에 대한 모든 정보가 메모리에서 사라졌음에도 부모 프로세스가 정상적인 종료 처리를 하지 못해 발생한다.

⑧ 명령어 'ps −l'을 수행한 결과이다.

```
[root@localhost ~]# ps -l
F S   UID   PID  PPID C PRI  NI ADDR SZ WCHAN  TTY          TIME CMD
ㄱ ㄴ  ㄷ          ㄹ    ㅁ ㅂ   ㅅ ㅇ   ㅈ  ㅊ

4 S     0  2898  2315 0  80   0 -   2002 wait   pts/0    00:00:00 su
4 R     0  2901  2898 0  80   0 -   1540 -      pts/0    00:00:00 bash
```

	상태	설명
ㄱ	F	프로세스 플래그로 8진수 값의 합을 나타냄 • 01 : 주기억장치 내에 있음 • 02 : 시스템 프로세스 • 04 : 주기억장치 내에서 잠김(Locked) • 10 : 스왑(Swap)되고 있음 • 20 : 다른 프로세스에 의해 추적되고 있음
ㄴ	S	프로세스 상태를 표시 • R : Running • T : Terminated • S : Sleeping • Z : Stopped • W : Waiting • I : Intermediated
ㄷ	UID	프로세스 소유자의 Username
ㄹ	PPID	부모 프로세스 PID
ㅁ	C	짧은 시간 동안의 CPU 사용률
ㅂ	PRI	실행 우선순위 값. 값이 작을수록 우선순위가 높음
ㅅ	NI	NICE 우선순위를 계산할 때 사용되는 nice값
ㅇ	ADDR	프로세스의 주기억장치 내의 주소
ㅈ	SZ	프로세스 크기로 단위는 블록
ㅊ	WCHAN	• 프로세스가 대기나 수면 상태에서 기다리는 사건 • 기다리는 사건이 실행될 주기억장치 내의 주소를 가리킴 • 실행 중인 프로세스는 공백

⑨ NICE값이 '프로세스의 실행 우선순위가 높다'라는 의미는 실행 우선순위가 낮은 프로세스보다 더 많은 시스템 자원을 할당하게 되므로 실행속도가 빨라지게 된다는 것을 뜻한다. 즉, NICE값으로 프로세스의 실행 우선순위를 설정한다.

(2) pstree

① 명령어 'pstree'는 실행 중인 프로세스들을 트리구조로 나타낸다.

형식	pstree [옵션]	
옵션	**설명**	
-p	프로세스 ID 표시	
-n	프로세스 ID를 정렬해서 표시	
-a	명령행 인자를 포함한 정보를 트리구조에 표시	
-h	현재 프로세스와 해당 프로세스의 부모 프로세스를 음영으로 강조해서 표시	

```
[root@localhost ~]# pstree
init─┬─NetworkManager
     ├─acpid
     ├─atd
     ├─auditd─┬─audispd─┬─sedispatch
     │        │         └─{audispd}
     │        └─{auditd}
     ├─avahi-daemon───avahi-daemon
     ├─bluetoothd
     ├─bonobo-activati───{bonobo-activati}
     ├─clock-applet
     ├─console-kit-dae───62*[{console-kit-dae}]
```

② 명령어 'pstree -p'는 실행 중인 프로세스들을 트리구조로 출력하면서 PID도 나타낸다.

```
[root@localhost ~]# pstree -p
init(1)─┬─NetworkManager(1516)
        ├─acpid(1353)
        ├─atd(1626)
        ├─auditd(1205)─┬─audispd(1207)─┬─sedispatch(1208)
        │              │               └─{audispd}(1209)
        │              └─{auditd}(1206)
        ├─avahi-daemon(1322)───avahi-daemon(1323)
        ├─bluetoothd(1528)
        ├─bonobo-activati(2061)───{bonobo-activati}(2065)
        ├─clock-applet(2262)
        ├─console-kit-dae(1364)─┬─{console-kit-dae}(1365)
```

③ 명령어 'pstree -n'은 실행 중인 프로세스들을 트리구조로 출력하면서 PID를 정렬해서 나타낸다.

④ 명령어 'pstree −a'는 각 프로세스의 명령행 인자를 포함한 정보를 트리구조로 나타낸다.

```
[root@localhost ~]# pstree -a
init
  ├──NetworkManager --pid-file=/var/run/NetworkManager/NetworkManager.pid
  ├──acpid
  ├──atd
  ├──auditd
  │   ├──audispd
  │   │   ├──sedispatch
  │   │   └──{audispd}
  │   └──{auditd}
  ├──avahi-daemon
  │   └──avahi-daemon
  ├──bluetoothd
  ├──bonobo-activati --ac-activate --ior-output-fd=18
  │   └──{bonobo-activati}
  ├──clock-applet --oaf-activate-iid=OAFIID:GNOME_ClockApplet_Factory--oaf-io
  ├──console-kit-dae
  │   ├──{console-kit-dae}
  │   ├──{console-kit-dae}
  │   ├──{console-kit-dae}
  │   ├──{console-kit-dae}
  │   ├──{console-kit-dae}
  │   ├──{console-kit-dae}
```

(3) jobs

① 작업이 중지된 상태, 백그라운드로 진행 중인 상태, 변경되었지만 보고되지 않은 상태 등을 표시한다.

형식	jobs [옵션] [작업번호]

옵션	설명
−l	프로세스 그룹·ID를 state 필드 앞에 표시
−n	프로세스 그룹 중 대표 프로세스 ID 표시
−p	프로세스 ID를 한 행씩 표시

② 백그라운드로 실행 중인 프로세스를 확인한다. [숫자]는 '작업번호'이다.

```
[root@localhost ~]# jobs
[1]+  Stopped                 vi youngjin-list
[2]-  Running                 find / -name 'txt' > /txt.list &
```

③ 출력된 목록에서 +는 현재 작업 실행, −는 앞으로 실행될 작업(대기 상태 작업)을 나타낸다.

④ 작업의 상태값은 다음과 같다.

상태	설명
Running	작업이 일시 중단되지 않았고 종료하지 않고 계속 진행 중
Stopped	작업이 일시 중단
Done	작업이 완료되어 0을 반환하고 종료
Done(code)	작업이 정상적으로 완료되었으며, 0이 아닌 코드를 반환

(4) bg와 fg

① 포어그라운드(foreground)에서 백그라운드(background)로의 전환

- 명령어 bg는 현재 실행 중인 프로세스를 백그라운드 작업으로 전환한다.

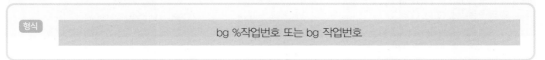

> 형식
> bg %작업번호 또는 bg 작업번호

- 작업이 빨리 끝날 것이라고 예상하고 실행했지만 시간이 지나도 끝나지 않을 때 또는 현재 작업을 유지한 상태로 다른 작업을 실행하고 싶을 때 백그라운드로 전향해서 작업을 진행하는 경우가 있다.
- 포어그라운드에서 백그라운드로 전환 시 먼저 실행 중인 작업을 일시 중지시킨 후(Ctrl + Z), bg 명령을 수행한다.
- 명령어를 실행할 때 백그라운드 작업으로 실행하고자 할 때는 명령어 뒤에 '&'를 붙여주면 된다.

```
[root@localhost ~]# find / -name 'txt' > /txt.list &
[1] 3205
[root@localhost ~]# jobs -p | grep '^[3\]'
3205
[1]+  Done                    find / -name 'txt' > /txt.list
```

② 백그라운드(background)에서 포어그라운드(foreground)로의 전환

- 명령어 fg는 현재 백그라운드로 실행 중인 명령어를 포어그라운드로 전환한다.

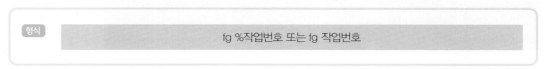

> 형식
> fg %작업번호 또는 fg 작업번호

- 작업번호를 부여하지 않으면 현재 수행 중인 작업을 포어그라운드로 전환한다.
- 포어그라운드 작업을 종료하려면 Ctrl + C 를 입력한다.

(5) kill

① 프로세스를 종료시킨다.

형식	kill [옵션] [시그널번호 또는 시그널이름] [PID 또는 %작업번호]	
옵션		**설명**
−l		시그널 종류 나열
−s 시그널번호 −s 시그널명		전달할 시그널의 종류를 지정
−1		−HUP, 프로세스를 재시작
−9		프로세스를 강제로 종료

② 아래 화면은 프로세스 2997을 강제로 종료시킨 것이다.

```
[root@localhost ~]# ps
  PID TTY          TIME CMD
 2898 pts/0     00:00:00 su
 2901 pts/0     00:00:00 bash
 2996 pts/0     00:00:00 top
 2997 pts/0     00:00:00 top
 3009 pts/0     00:00:00 ps
[root@localhost ~]# kill -9 2997
[root@localhost ~]# ps
  PID TTY          TIME CMD
 2898 pts/0     00:00:00 su
 2901 pts/0     00:00:00 bash
 2996 pts/0     00:00:00 top
 3010 pts/0     00:00:00 ps
[2]+  죽었음                  top
```

(6) killall

① 같은 데몬의 여러 프로세서를 한 번에 종료시킬 때 사용한다.

② 프로세스명으로 연관된 프로세스들을 종료시킨다.

형식	killall [옵션] 프로세스명	
옵션	**설명**	
-g	• 그룹을 지정하여 프로세스를 종료 • 같은 프로세스 그룹에 속한 여러 프로세스가 발견되더라도 시그널은 그룹별로 한 번만 보내짐	
-i	프로세스 종료 전 확인 메시지 표시	
-l	시그널 목록 표시	
-v	상세 정보 표시	

③ 명령어 'killall −l'은 시그널 옵션들을 확인할 수 있다.

```
[root@localhost ~]# killall -l
HUP INT QUIT ILL TRAP ABRT IOT BUS FPE KILL USR1 SEGV USR2 PIPE ALRM TERM
STKFLT CHLD CONT STOP TSTP TTIN TTOU URG XCPU XFSZ VTALRM PROF WINCH IO PWR SYS
UNUSED
```

(7) nice

① 프로세스 사이의 우선순위를 확인하고 우선순위를 변경할 수 있는 명령어이다.

② NI값을 조정하여 프로세스의 우선순위를 변경한다.

형식	nice [옵션] 프로세스명	
옵션		**설명**
-n 조정수치 -조정수치 --adjustment 조정수치		명령의 우선권에 조정수치를 더함(양수값 : -, 음수값 : --)

③ 조정할 수 있는 NI값의 범위는 -20(가장 높은 우선권) ~ 19(가장 낮은 우선권)이다.

④ 우선순위 0의 값을 가지며 값이 작을수록 우선순위가 높다.

⑤ 옵션 -n을 사용하지 않으면 디폴트는 10을 사용한다.

⑥ 조정수치가 생략되면 명령의 우선권은 10만큼 증가한다.

⑦ 일반 사용자는 nice값을 증가시킬 수밖에 없으며, root는 nice값을 감소시켜 우선순위를 높일 수 있다.

⑧ 명령어 'nice -10 bash'는 bash 프로세스 NI값을 10만큼 증가시키는 것이며 값이 증가한다는 것은 우선순위를 낮추는 것이다. 우선순위를 높이는 명령어는 'nice --10 bash'이다. 이것은 NI값을 -10만큼 감소시켜 우선순위를 높인다.

```
[root@localhost ~]# ps -l
F S   UID   PID  PPID  C PRI  NI ADDR SZ WCHAN  TTY          TIME CMD
4 S     0  3149  3122  0  80   0 -    2002 wait  pts/1    00: 00: 00 su
4 R     0  3155  3149  0  80   0 -    1540 -     pts/1    00: 00: 00 bash
0 T     0  3223  3155  0  80   0 -    1646 signal pts/1   00: 00: 00 vi
4 R     0  3240  3155  0  80   0 -    1456 -     pts/1    00: 00: 00 ps
[root@localhost ~]# nice -10 bash
[root@localhost ~]# ps -l
F S   UID   PID  PPID  C PRI  NI ADDR SZ WCHAN  TTY          TIME CMD
4 S     0  3149  3122  0  80   0 -    2002 wait  pts/1    00: 00: 00 su
4 S     0  3155  3149  0  80   0 -    1540 wait  pts/1    00: 00: 00 bash
0 T     0  3223  3155  0  80   0 -    1646 signal pts/1   00: 00: 00 vi
0 R     0  3241  3155  0  90  10 -    1540 -     pts/1    00: 00: 00 bash
4 R     0  3259  3241  0  90  10 -    1457 -     pts/1    00: 00: 00 ps
```

(8) renice

① 이미 실행 중인 프로세스의 우선순위를 변경한다.

② 프로세스 소유자와 루트 권한자만이 명령을 내릴 수 있다.

형식	renice [옵션] NI값 PID	
옵션	**설명**	
-p	프로세스 ID 지정	
-u	사용자명 지정	
-g	프로세스의 GID 지정	

③ 우선순위 변경 시 프로세스 ID, 사용자명, 프로세스 그룹 ID를 사용한다.

④ 명령어 nice는 기존 NI값을 증감시키지만 명령어 renice는 지정한 NI값을 설정한다.

⑤ nice는 양수값에 −, 음수값에 −−를 사용하지만, renice는 양수값에 −를 사용하지 않는다.

⑥ 명령어 'renice −20 3241'는 프로세스 3241의 NI값을 −20으로 변경한다.

```
[root@localhost ~]# ps -l
F S   UID   PID  PPID  C PRI  NI ADDR SZ WCHAN   TTY          TIME CMD
4 S     0  3149  3122  0  80   0 -    2002 wait   pts/1    00: 00: 00 su
4 S     0  3155  3149  0  80   0 -    1540 wait   pts/1    00: 00: 00 bash
0 T     0  3223  3155  0  80   0 -    1646 signal pts/1    00: 00: 00 vi
0 R     0  3241  3155  0  70 -10 -    1540 -      pts/1    00: 00: 00 bash
4 R     0  3272  3241  0  70 -10 -    1458 -      pts/1    00: 00: 00 ps
[root@localhost ~]# renice -20 3241
3241:  old priority -10, new priority -20
[root@localhost ~]# ps -l
F S   UID   PID  PPID  C PRI  NI ADDR SZ WCHAN   TTY          TIME CMD
4 S     0  3149  3122  0  80   0 -    2002 wait   pts/1    00: 00: 00 su
4 S     0  3155  3149  0  80   0 -    1540 wait   pts/1    00: 00: 00 bash
0 T     0  3223  3155  0  80   0 -    1646 signal pts/1    00: 00: 00 vi
0 R     0  3241  3155  0  60 -20 -    1540 -      pts/1    00: 00: 00 bash
4 R     0  3274  3241  0  60 -20 -    1457 -      pts/1    00: 00: 00 ps
```

(9) top

① 리눅스 시스템의 운영 상태를 실시간으로 모니터링하거나 프로세스 상태를 확인할 수 있다.

형식	top [옵션] [PID]	
옵션	**설명**	
−d 시간	실시간 화면 출력 시간 지정(초 단위)	
−p PID	모니터할 프로세스 ID(PID) 지정	

```
[root@localhost ~]# top
top - 18:15:31 up  3:18,  2 users,  load average: 0.01, 0.03, 0.00
Tasks: 140 total,   2 running, 137 sleeping,   1 stopped,   0 zombie
Cpu(s):  1.4%us,  0.3%sy,  0.0%ni, 98.3%id,  0.0%wa,  0.0%hi,  0.0%si,  0.0%st
Mem:    252008k total,   237792k used,    14216k free,    32524k buffers
Swap:   524280k total,    11204k used,   513076k free,    70060k cached

  PID USER      PR  NI  VIRT  RES  SHR S %CPU %MEM    TIME+  COMMAND
  ㉠   ㉡       ㉢  ㉣   ㉤    ㉥    ㉦ ㉧   ㉨   ㉩       ㉪
 1707 root      20   0 63692  15m 5872 S  1.0  6.4  0:32.34 Xorg
   16 root      15  -5     0    0    0 S  0.3  0.0  0:18.83 ata/0
 2247 target    20   0 48916  15m 8684 S  0.3  6.5  0:03.30 python
```

	상태	설명
㉠	PID	프로세스 식별자 번호
㉡	USER	프로세스 소유자
㉢	PR	프로세스 우선순위
㉣	NI	프로세스의 NICE값
㉤	VIRT	해당 프로세스가 사용하는 가상 메모리의 총량(Virtual Image(kb))
㉥	RES	해당 프로세스의 물리적 메모리 사용량(Resident Size(kb))
㉦	SHR	해당 프로세스에 의해 사용된 공유 메모리 총량(Shared Mem Size(kb))
㉧	S	해당 프로세스의 상태 • D : 중단될 수 없는 Sleep 상태(uninterrupted sleep) • R : 실행 중인 상태(Running) • S : 휴면 상태(sleeping) • T : Trace되거나 정지된 프로세스 • Z : 좀비 프로세스
㉨	%CPU	해당 프로세스의 CPU 사용률
㉩	%MEM	해당 프로세스의 메모리 사용률
㉪	TIME+	100분의 1초 단위로 나타내는 CPU 사용 시간

② 기본으로 5초에 한 번씩 실시간으로 시스템 상태 정보가 갱신된다.

③ top이 실행된 상태에서 다양한 명령을 입력하여 프로세스의 상태를 출력하거나 제어할 수 있다.

h 또는 ?	도움말 확인
t	두 번째와 세 번째 행 정보인 CPU와 프로세스 정보를 보여주거나 감춤(토글)
i	좀비 프로세스 정보를 보여주거나 감춤(토글)
n 수치	지정된 개수만큼의 프로세스만을 화면에 표시
r 조정치	renice값을 변경하여 실행 우선순위 조정
k PID	지정된 PID를 종료(kill -p PID와 동일)
q 또는 Ctrl + C	top 실행 종료

(10) nohup

① 프로세스가 중단되지 않고 백그라운드로 작업을 수행할 수 있게 한다.

② 사용자가 로그아웃하거나 작업 중인 터미널 창이 닫혀도 실행 중인 프로세스를 백그라운드 프로세스로 계속 작업할 수 있도록 한다.

③ 용량이 큰 데이터 압축 해제와 같은 실행 시간이 오래 걸리는 프로세스들에 대해 nohup으로 처리하여 작업하면 작업 중단 없이 해당 업무를 완료할 수 있다.

④ 백그라운드로 실행될 수 있도록 명령행 뒤에 '&'를 명시한다.

> 예제 ....

source.tar 파일 압축 해제를 백그라운드 방식으로 처리하도록 한다.

```
[root@localhost ~]# nohup tar cvf source.tar /opt/src &
[1] 4562
```

⑤ 실행 중인 프로세서의 표준 출력 결과는 'nohup.out'이라는 파일을 생성하여 기록한다.

```
[root@localhost ~]# echo Welcome to YoungJin
Welcome to YoungJin
[root@localhost ~]# nohup echo Welcome to YoungJin
nohup: ignoring input and appending output to `nohup.out'
[root@localhost ~]# cat nohup.out
Welcome to YoungJin
```

⑥ 작업 디렉터리에 쓰기가 불가능할 경우 '$HOME/nohup.out' 파일을 자동으로 생성하여 기록한다.

(11) 명령어 tail

① 파일의 마지막 행을 기준으로 지정한 행까지 파일 내용의 일부를 출력한다.

② 기본값으로 마지막 10줄을 출력한다.

형식	tail [옵션] [파일명]	
옵션	**설명**	
−f	파일의 10줄을 출력하고 파일의 내용을 실시간으로 출력	
−n N	N 개수만큼의 라인을 출력	

```
[root@localhost ~]# tail -n 5 /etc/passwd
haldaemon: x: 68: 68: HAL daemon: /: /sbin/nologin
squid: x: 23: 23: : /var/spool/squid: /sbin/nologin
gdm: x: 42: 42: : /var/lib/gdm: /sbin/nologin
target: x: 500: 500: : /home/target: /bin/bash
youngjin: x: 501: 501: : /home/youngjin: /bin/bash
[root@localhost ~]#
```

2 스케줄링과 cron

① 주기적으로 반복되는 일을 자동적으로 실행될 수 있도록 설정한다.

② 스케줄링 데몬(서비스)은 "crond"이며, 관련 파일은 "/etc/crontab"이다.

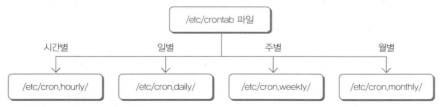

③ 파일 /etc/crontab은 7개의 필드로 구성되어 있다.

```
[root@localhost ~]# cat /etc/crontab
SHELL=/bin/bash
PATH=/sbin:/bin:/usr/sbin:/usr/bin
MAILTO=root
HOME=/
# .--------------- minute (0 - 59)
# |  .------------ hour (0 - 23)
# |  |  .--------- day of month (1 - 31)
# |  |  |  .------ month (1 - 12) OR jan, feb, mar, apr ...
# |  |  |  |  .---- day of week (0 - 6) (Sunday=0 or 7)   OR
#sun, mon, tue, wed, thu, fri, sat
# |  |  |  |  |
# *  *  *  *  *   command to be executed
```

④ 명령어 crontab은 사용자가 주기적인 작업을 등록할 수 있게 한다.

형식	crontab [옵션] 파일명

옵션	설명
−l	crontab에 설정된 내용 출력
−e	crontab을 작성하거나 수정
−r	crontab 내용 삭제
−u	특정 사용자의 일정 수정

예제

백업 스크립트 파일 /etc/backup.sh를 매주 화요일과 목요일 오전 4시에 실행한다.

분(min)	시(hour)	날(day)	달(month)	요일	명령어
*	4	*	*	2,4	/etc/backup.sh

따라서 /etc/crontab에 * 4 * * 2,4 /etc/backup.sh를 추가하면 된다.

01 ps 명령으로 볼 수 있는 프로세스 STAT 값 중에서 Z에 대한 설명으로 가장 알맞은 것은?

① 인터럽트에 의한 sleep 상태로 특정 이벤트가 끝나기를 기다리는 상태
② 작업 종료 후 Parent Process로부터 회수되지 않아 메모리에 적재되어 있는 상태
③ 현재 실행 상태
④ 디스크 I/O에 의해 대기하고 있는 상태

오답 피하기

① S : 인터럽트에 의한 sleep 상태로 특정 이벤트가 끝나기를 기다리는 상태
③ R : 현재 실행 상태
④ D : 디스크 I/O에 의해 대기하고 있는 상태

02 ps 명령 수행 시 나타나는 정보에 대한 설명 중 틀린 것은?

① USER : BSD 계열에서 나타나는 항목으로 프로세스 사용자의 이름이다.
② TTY : 프로세스와 연결된 터미널 번호를 나타낸다.
③ TIME : 총 CPU 사용 시간이다.
④ RSS : 실제 사용하는 CPU의 사용량을 나타낸다.

RSS : 실제 사용하는 메모리량을 나타낸다.

03 다음 결과와 관련 있는 ps 옵션으로 알맞은 것은?

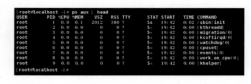

① af ② aux
③ −f ④ −a

명령 'ps aux'는 현재 시스템 사용자가 사용하고 프로세스의 모든 정보를 확인할 수 있다.

04 다음 중 FTP 서버(vsftpd) 프로세스의 가동 유무를 확인하기 위한 명령어로 알맞은 것은?

① process aux │ grep vsftpd
② find / −name process │ grep vsftpd
③ mrevsftpd
④ ps ax │ grep vsftpd

명령어 ps는 현재 실행 중인 프로세스의 상태를 보여주는 명령어이다.

05 실행 중인 프로세스의 정보를 트리구조로 출력 시 프로세스 ID값을 출력하는 명령어로 알맞은 것은?

① pstree −p
② pstree −a
③ ps −tree −h
④ ps −tree −n

명령어 pstree의 옵션 −a는 프로세스 실행 시 포함되는 인자나 옵션들이 함께 트리에 출력되고, 옵션 −p는 PID가 출력된다.

정답 01 ② 02 ④ 03 ② 04 ④ 05 ①

06 다음 중 프로세스의 우선순위와 가장 관련이 없는 명령어는?

① ps
② top
③ nice
④ pstree

명령어 pstree는 실행 중인 프로세스들을 트리구조로 나타낸다. 옵션 −p 를 사용하면 프로세스들의 ID(PID)를 확인할 수 있다.

07 다음 그림에 해당하는 명령으로 알맞은 것은?

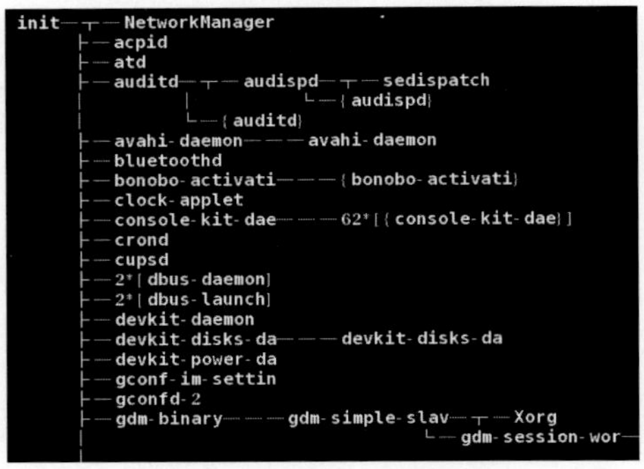

```
init─┬─NetworkManager
     ├─acpid
     ├─atd
     ├─auditd─┬─audispd─┬─sedispatch
     │        │         └─{audispd}
     │        └─{auditd}
     ├─avahi-daemon───avahi-daemon
     ├─bluetoothd
     ├─bonobo-activati───{bonobo-activati}
     ├─clock-applet
     ├─console-kit-dae───62*[{console-kit-dae}]
     ├─crond
     ├─cupsd
     ├─2*[dbus-daemon]
     ├─2*[dbus-launch]
     ├─devkit-daemon
     ├─devkit-disks-da───devkit-disks-da
     ├─devkit-power-da
     ├─gconf-im-settin
     ├─gconfd-2
     ├─gdm-binary───gdm-simple-slav─┬─Xorg
     │                              └─gdm-session-wor
```

① ps
② top
③ pstree
④ jobs

명령어 pstree는 프로세스 간의 부모 자식 관계를 트리 형태로 나타낸다.

08 백그라운드로 실행 중인 작업 중, 작업번호 4번인 프로세스만 조회하여 PID와 함께 명령어를 출력하는 것으로 알맞은 것은?

① jobs −p | grep '^\[4\]'
② ps aux | grep '\[4\]'
③ jobs −l | grep '^\[4\]'
④ jobs −p | head −4

① 프로세스 ID가 4인 프로세스 정보를 출력한다.
② 동작 중인 모든 프로세스들 중에서 '4'를 포함하고 있는 정보를 소유자 정보와 함께 출력한다.
④ head −4는 출력 내용 중 4번째 줄의 내용을 출력한다.

09 다음 중 백그라운드로 실행 중인 프로세스를 확인하는 명령으로 알맞은 것은?

① jobs
② bg
③ signal
④ nohup

② bg : 현재 실행 중인 프로세스를 백그라운드 작업으로 전환한다.
③ signal : 특정 프로세스가 다른 프로세스에게 메시지를 보낼 때 사용한다.
④ nohup : 터미널 창이 닫혀도 실행 중인 프로세스를 백그라운드 프로세스로 실행 유지한다.

10 다음 중 프로세스 대기(suspend) 상태를 확인할 수 있는 명령어로 알맞은 것은?

① find
② find / −name suspend
③ vi
④ jobs

명령어 jobs은 백그라운드로 실행 중인 프로세스를 확인할 수 있다. 출력된 목록 중에서 기호 '−'는 대기 상태 작업을 나타낸다.

정답 06 ④ 07 ③ 08 ③ 09 ① 10 ④

11 다음 중 포어그라운드 프로세스를 백그라운드 프로세스로 전환하기 위해 사용하는 인터럽트 키 조합으로 알맞은 것은?

① Ctrl + \
② Ctrl + Z
③ Ctrl + C
④ Ctrl + D

포어그라운드에서 백그라운드로 전환 시 먼저 실행 중인 작업을 일시 중지시킨 후(Ctrl+Z), bg 명령을 수행한다.

12 실행 중인 작업의 상태가 다음과 같을 때 Suspend(Stopped) 상태인 작업번호 2번 프로세스를 다시 메모리에 적재하여 실행하는 방법으로 틀린 것은?

```
[1]- stopped tail -f /var/log/dmesg
[2]+ stopped tail -f /var/log/syslog
```

① fg
② fg 1+1
③ bg 2
④ fg 2

명령어 fg의 형식은 'fg %작업번호' 또는 'fg 작업번호'이다.

13 다음 그림에 해당하는 내용으로 알맞은 것은?

```
[ihd@www ~]$ find / -name -type d 2>/
dev/null
> dir.txt & [1] 6924
```

① inetd process
② standalone process
③ foreground process
④ background process

백그라운드 작업으로 실행하고자 할 때 명령어 뒤에 '&'를 붙인다.

14 다음 중 kill -1 %6 명령어를 입력한 상황을 설명한 것으로 알맞은 것은?

① jobs 명령으로 출력되는 6번 작업에 hangup signal을 보낸다.
② PPID가 6번인 프로세스에 재시작 요청을 한 번 보낸다.
③ PID가 30~39번에 해당하는 프로세스에 Z 상태를 찾아서 강제종료 요청을 보낸다.
④ jobs 명령으로 출력되는 우선순위 상위 2개의 작업을 하나로 모아서(파이프) 처리해 준다.

옵션 -1은 -HUP과 동일하다. 이것은 작업번호 6에게 재시작을 요청하는 것이다.

15 다음 중 프로세스 식별번호가 501, 502, 503인 프로세스를 강제 종료하는 명령으로 알맞은 것은?

① die -2 501 502 503
② kill -15 501, 502, 503
③ kill -9 50{1..3}
④ killall -9501 502 503

오답 피하기

② kill 501, 502, 503은 kill -15 501, 502, 503과 동일하다. 15는 TERM으로 가능한 정상 종료시키는 시그널이다.
④ killall은 '프로세스명'으로 프로세스를 종료한다.

정답 11 ② 12 ② 13 ④ 14 ① 15 ③

16 다음 그림에 해당하는 명령으로 알맞은 것은?

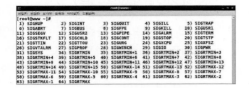

① killall −l   ② kill −s

③ kill −l   ④ killall −s

명령어 'kill −l'로 시그널 옵션들을 확인할 수 있다.

17 리눅스 시스템에서 실행 중인 MySQL의 프로세스의 실행 상태를 강제로 중단하는 명령으로 알맞은 것은?

```
[root@ihd ~]# ps
PID     TTY     TIME    CMD
2690    pts/1   12:01   httpd
2691    pts/2   12:20   mysqld
2692    pts/3   12:30   bash
```

① kill −9 2691
② kill −9 2190
④ rm −r 2692
③ rm −9 2692

명령어 kill의 옵션 −9는 지정된 프로세스를 무조건 종료시킨다. MySQL의 프로세스의 PID는 2691이므로 해당 프로세스를 강제 종료하는 명령어는 'kill −9 2691'이다.

18 다음 중 nice 명령어에 대한 설명으로 틀린 것은?

① 일반 사용자만이 NI값을 감소시켜 우선순위를 높일 수 있다.
② 프로세스의 우선순위를 변경하는 명령으로 NI값을 설정할 때 사용한다.
③ NI의 기본값은 0이고, 지정 가능한 값의 범위는 −20~19까지이다.
④ NI값이 작을수록 우선순위가 높다.

일반 사용자는 nice값을 증가시킬 수밖에 없으며, root로 nice값을 감소시켜 우선순위를 높일 수 있다.

19 다음 명령의 결과에 대한 설명으로 틀린 것은?

```
# renice −0 5546
```

① 5546는 PID를 나타낸다.
② 기존의 값에서 −10이 된 NI값으로 설정된다.
③ 일반 사용자는 위의 명령을 실행할 수 없다.
④ 우선순위를 높인 것이다.

명령어 renice는 기존 NI값에 상관없이 지정한 NI값을 설정한다.

정답 16 ③ 17 ① 18 ① 19 ②

20 다음 그림과 같은 상황에서 nice 명령 실행 시에 적용되는 bash 셸의 NI값으로 알맞은 것은?

```
F S   UID   PID  PPID  C PRI  NI ADDR SZ WCHAN  TTY          TIME CMD
4 S     0  7847  7844  0  75  -5 - 27117 wait   pts/0    00:00:00 bash
4 R     0 30940  7847  0  75  -5 - 27032 -      pts/0    00:00:00 ps
```

```
# nice −10 bash
```

① −15 ② −10
③ 10 ④ 5

bash의 NI 값이 −5이므로 조정된 값은 '−5+(10)=5'이다.

21 다음 중 프로세스 우선순위 변경에 사용되는 NI값의 범위로 알맞은 것은?

① −19 ~ 19
② −19 ~ 20
③ −20 ~ 19
④ −20 ~ 20

조정할 수 있는 NI값의 범위는 −20~19이다. −20은 가장 높은 우선권을 가지며 19는 가장 낮은 우선권을 갖는다.

22 리눅스의 NI값 중에서 우선순위가 가장 높은 값으로 알맞은 것은?

① 0
② 19
③ −21
④ −19

조정할 수 있는 NI값의 범위는 −20~19이다. −21은 값의 범위를 넘는 값이므로 −19, 0, 19 중에서 우선순위가 가장 높은 값은 −19이다.

23 다음 그림에 해당하는 명령으로 알맞은 것은?

```
root@www:~
파일(F) 편집(E) 보기(V) 검색(S) 터미널(T) 도움말(H)
top - 17:01:29 up 3 days, 53 min,  1 user,  load average: 0.00, 0.00, 0.00
Tasks: 278 total,   1 running, 274 sleeping,   0 stopped,   3 zombie
Cpu(s):  0.2%us,  0.0%sy,  0.0%ni, 99.8%id,  0.0%wa,  0.0%hi,  0.0%si,  0.0%st
Mem:   7993276k total,  1546132k used,  6447144k free,   240300k buffers
Swap:  8191996k total,        0k used,  8191996k free,   586228k cached

  PID USER      PR  NI  VIRT  RES  SHR S %CPU %MEM    TIME+  COMMAND
 2362 root      20   0  141m  40m 8924 S  0.7  0.5   0:24.28 Xvnc
   35 root      20   0     0    0    0 S  0.3  0.0   1:18.20 events/0
 3213 root      20   0  327m  24m  12m S  0.3  0.3   0:01.18 python
 7844 root      20   0  314m  15m  11m S  0.3  0.2   0:03.68 gnome-terminal
32139 root      10 -10 15168 1368  932 R  0.3  0.0   0:00.09 top
    1 root      20   0 19360 1536 1224 S  0.0  0.0   0:05.90 init
    2 root      20   0     0    0    0 S  0.0  0.0   0:00.00 kthreadd
    3 root      RT   0     0    0    0 S  0.0  0.0   0:00.11 migration/0
    4 root      20   0     0    0    0 S  0.0  0.0   0:00.17 ksoftirqd/0
    5 root      RT   0     0    0    0 S  0.0  0.0   0:00.00 stopper/0
    6 root      RT   0     0    0    0 S  0.0  0.0   0:00.20 watchdog/0
    7 root      RT   0     0    0    0 S  0.0  0.0   0:00.09 migration/1
    8 root      RT   0     0    0    0 S  0.0  0.0   0:00.00 stopper/1
    9 root      20   0     0    0    0 S  0.0  0.0   0:00.11 ksoftirqd/1
   10 root      RT   0     0    0    0 S  0.0  0.0   0:00.17 watchdog/1
   11 root      RT   0     0    0    0 S  0.0  0.0   0:00.11 migration/2
   12 root      RT   0     0    0    0 S  0.0  0.0   0:00.00 stopper/2
```

① nohup
② pstree
③ nice
④ top

명령어 top은 시스템 운영 상태를 실시간으로 모니터링하거나 프로세스 상태를 확인할 수 있다.

24 다음 top 명령에 관한 설명으로 틀린 것은?

```
# top −d 1 −p 4056
```

① PID가 4056인 프로세스만을 실시간으로 화면에 출력한다.
② 실행 상태에서 다양한 명령을 입력하여 프로세스 상태를 출력하거나 제어할 수 없다.
③ 프로세스의 상태와 CPU, 메모리, 부하 상태 등을 화면에 출력한다.
④ −d 옵션을 사용하여 1초 간격으로 화면에 실시간 출력한다.

명령어 'top −d 1 −p 4056'는 프로세스 4056의 상태와 시스템 상태 정보를 1초 간격으로 화면에 출력한다. 명령어 실행 과정에서 다양한 명령을 프로세스 상태를 제어할 수 있다.

정답 20 ④ 21 ③ 22 ④ 23 ④ 24 ②

25 다음 중 top 명령어 실행 상태에서 NI값을 조정할 때 사용하는 명령으로 알맞은 것은?

① k   ② n
③ r   ④ i

26 동작 중인 프로세스의 상태를 실시간으로 화면에 출력할 때 CPU 항목을 ON/OFF 하려고 한다. 다음 제시된 방법 중에 알맞은 것은?

① top 명령어 실행 상태에서 C키를 입력한다.
② pstree -f 명령어 실행 상태에서 C키를 입력한다.
③ pstree 명령어 실행 상태에서 P키를 입력한다.
④ top 명령어 실행 상태에서 T키를 입력한다.

명령어 pstree는 실행 과정에서 출력 내용을 제어할 수 없다. top 명령어 실행 상태에서 T키를 입력하면 명령어라인 항목을 ON/OFF한다.

27 top 명령을 이용하여, 프로세스 상태를 실시간으로 모니터링 하던 중 특정 프로세스를 종료하고자 할 때 사용할 수 있는 방법으로 알맞은 것은?

① K키를 입력하고 해당 PID를 입력한다.
② 해당 PID를 입력 후 Esc키를 입력한다.
③ S키를 입력하고 해당 PID를 입력한다.
④ 해당 PID를 입력 후 Q키를 입력한다.

28 다음 중 nohup 명령어에 대한 설명으로 틀린 것은?

① 실행 중인 프로세스의 표준 출력과 에러는 'nohup.out'이라는 파일을 생성하여 기록한다.
② 사용자가 로그아웃하거나 작업 중인 터미널 창이 닫혀도 실행 중인 프로세스를 백그라운드 프로세스로 작업될 수 있도록 해주는 명령이다.
③ 작업 디렉터리에 쓰기가 불가능할 경우 '$HOME/nohup.out' 파일을 자동으로 생성하여 기록한다.
④ 실행한 명령을 자동으로 백그라운드로 보내지 않고, 사용자가 명령행 뒤에 '&&'를 명시해야 한다.

실행 프로세스를 자동으로 백그라운드로 실행될 수 있도록 명령행 뒤에 '&'를 명시해야 한다.

29 다음 중 작업 중인 터미널이 닫혀도 실행 중인 프로세스를 백그라운드 프로세스로 작업될 수 있도록 해주는 명령으로 알맞은 것은?

① nohup tar cvf source.tar /opt/src
② bg tar cvf source.tar /opt/src
③ nohup tar cvf source.tar /opt/src &
④ bg tar cvf source.tar /opt/src &

터미널이 닫혀도 실행 중인 프로세스를 백그라운드 프로세스로 작업될 수 있게 하는 명령어는 nohup이며 명령행 뒤에 '&'를 명시해야 한다.

30 작업 중인 터미널 창이 종료되더라도 실행 중인 프로세스를 백그라운드 프로세스로 계속 작업할 수 있도록 하려고 한다. 다음 (   ) 안에 들어갈 내용으로 알맞은 것은?

> # (   ) tar cvf home.tar /home &

① fork
② exec
③ renice
④ nohup

---

fork()나 exec()는 한 프로세스가 다른 프로세스를 실행시키기 위해 사용하는 시스템 호출 함수이며, renice는 프로세스의 우선순위를 변경할 때 사용하는 명령어이다.

31 다음 중 tail 명령어를 백그라운드 프로세스로 실행하여 멀티태스킹을 수행할 때 사용된 예로 알맞은 것은?

① tail −f /var/log/syslog >>./a.log &&tail −f /var/log/dmesg >>./b.log &&
② tail −f /var/log/syslog >./a.log &tail −f /var/log/dmesg >./b.log &
③ tail −f /var/log/syslog >./a.log &&tail −f /var/log/dmesg >./b.log &&
④ tail −f /var/log/syslog &&./a.log | tail −f /var/log/dmesg &&./b.log |

백그라운드 상태로 프로세스를 실행하기 위해서는 명령어 끝에 기호 '&'를 추가해야 한다.

32 tail −f /var/log/syslog 명령어로 실행 중인 프로세스를 백그라운드 프로세스로 관리하려고 한다. 다음 중 프로세스를 대기시키기 위해 사용할 수 있는 인터럽트 키 조합으로 알맞은 것은?

① `Ctrl`+`Z`
② `Ctrl`+`D`
③ `Ctrl`+`B`
④ `Ctrl`+`C`

---

② `Ctrl`+`D` : 진행 중인 작업을 정상 종료 또는 shell 상태에서는 로그아웃시킴
④ `Ctrl`+`C` : 진행 중인 작업을 취소

정답 29 ③ 30 ④ 31 ② 32 ①

33 다음 중 시스템로그(/var/log/messages)에 기록되는 로그 정보를 백그라운드 상태로 사용자의 홈 디렉터리로 출력하려고 할 때 알맞은 것은?

① tail −f /var/log/messages 〉~/ syslog
② tail −f /var/log/messages 〉~/ syslog @
③ tail −f /var/log/messages 〉~/ syslog %
④ tail −f /var/log/messages 〉~/ syslog &

백그라운드로 상태로 프로세스를 실행하기 위해서는 명령어 끝에 기호 '&'를 추가해야 한다.

34 다음과 같이 설정된 crontab 파일에 대한 설명으로 알맞은 것은?

> 0 1 * * 1−5 ihd /usr/bin/dcs.sh

① 1월~6월 사이 오전 1시 정각에 /usr/bin/dcs.sh를 실행한다.
② 월~금요일마다 매시간 1분 0초에 /usr/bin/dcs.sh를 실행한다.
③ 1월~6월 사이 매시간 1분 0초에 /usr/bin/dcs.sh를 실행한다.
④ 월~금요일마다 오전 1시 정각에 /usr/bin/dcs.sh를 실행한다.

파일 crontab는 7개의 필드로 구성되어 있다.

분(min)	시(hour)	날(day)	달(month)	요일	사용자명	명령어
0	1	*	*	1−5(월−금)	ihd	/usr/bin/dcs.sh

35 다음 중 root 사용자가 ihd 사용자의 cron 작업을 변경하려고 할 때 명령으로 알맞은 것은?

① crontab −e ihd
② crontab −u ihd
③ crontab −u −e ihd
④ crontab −e −u ihd

crontab 옵션 −u는 특정 사용자, 옵션 −e는 파일 crontab의 내용을 수정한다.

36 급여 담당자는 직원들의 월급을 정산하기 위해서 매월 24일 12시 정각에 "/finance/pay.sh"라는 패치 프로그램을 실행하려 한다. 다음 중 crontab 설정으로 알맞은 것은?

① 24 12 0 * * /finance/pay.sh
② 0 12 24 * * /finance/pay.sh
③ * * 24 12 0 /finance/pay.sh
④ * * 0 12 24 /finance/pay.sh

파일 crontab의 필드 구성은 다음과 같다.

분(min)	시(hour)	날(day)	달(month)	요일	명령어
0	12	24	*	*	/finance/pay.sh

37 다음 중 cron을 통해 매년 1월부터 8월까지 두 달 주기로 1일 오전 9시 정각에 /bin/vip-check.sh라는 스크립트를 실행하는 것으로 알맞은 것은?

① 0 9 1 1−8/2 * /bin/vipcheck.sh
② 1−8/2 9 0 1 * /bin/vipcheck.sh
③ 1−8/2 1 9 0 * root /bin/vipcheck.sh
④ * 0 9 1 1−8/2 root /bin/vipcheck.sh

파일 crontab의 필드 구성은 다음과 같다.

분(min)	시(hour)	날(day)	달(month)	요일	명령어
0	9	1	1−8/2	*	/bin/vipcheck.sh

정답 33 ④ 34 ④ 35 ④ 36 ② 37 ①

CHAPTER

04

에디터

에디터 종류

1 개요

① 리눅스에서 지원하는 편집기로는 vi, emacs, pico, gedit, xedit 등이 있다.

② 리눅스 편집기는 편집기를 통해 파일을 수정한다.

• 원래의 파일은 훼손되지 않게 남겨두고 해당 파일의 복사판을 만들어 임시 기억 장치에 둔다.

• 임시 기억 장치는 편집기의 버퍼 역할을 한다.

• 편집기를 통한 파일에 대한 변화 내용은 복사된 파일에 나타낸다.

③ 버퍼 기반 편집기 방식의 장점은 사용자가 잘못 편집 시 해당 내용의 기록 없이 중지할 수 있어 원본 파일을 보존할 수 있다는 것이다.

④ 버퍼 기반 편집기 방식의 단점은 외부적인 원인으로 갑자기 편집기가 종료되었을 경우 변화된 내용을 모두 잃게 된다는 것이다.

2 종류

[1] Pico

① 워싱턴 대학의 Aboil Kasar가 개발한 유닉스 기반의 텍스트 에디터이다.

② 메뉴 선택 방식의 텍스트 편집기로 기본 인터페이스가 윈도우의 메모장과 유사하여 간단하다.

③ 초기 리눅스 배포판 버전이 낮았을 때 사용했던 편집기이다.

④ 자유 소프트웨어 라이선스가 아니기 때문에 소스 수정이 불가능하다.

⑤ 다른 편집기에 비해 사용하기 쉽고 사용하기 편리하지만 기능이 부족하고 업데이트가 잘 되지 않는다.

⑥ GNU 프로젝트에서는 pico의 복제 버전 에디터인 nano를 개발하였다.

⑦ vi나 emacs와 달리 윈도우의 메모장처럼 쉽게 사용할 수 있다.

⑧ vi 편집기처럼 입력모드와 명령모드가 존재하지 않고 바로 텍스트 입력이 가능하다.

(2) Emacs

① 리처드 스톨만(Richard Stallman)이 매크로 기능이 있는 텍스트 교정 및 편집기로 개발하였다.

② 최초의 개발자는 리처드 스톨만이며, 이후 제임스 고슬링이 LISP 언어를 기반으로 emacs에 다양한 기능을 개발하여 추가하였다.

③ LISP에 기반을 둔 환경 설정 언어를 가지고 있으며 C, LISP, FORTRAN, HTML 등의 소스 코드를 작성할 경우 각각에 해당하는 모드를 설정할 수 있다.

④ 단순 편집기를 넘어 텍스트 처리를 위한 포괄적인 통합 환경을 제공한다.

⑤ LISP 코드를 불러오는 데 시간이 많이 걸린다는 단점이 있다.

⑥ 많은 개발 환경에 편리한 편집기 기능을 제공한다.

⑦ 간단한 문서 편집부터 프로그래밍까지 다양하게 사용된다.

⑧ 비모드형 편집기로 여러 가지 명령을 수행하기 위해 Ctrl 또는 Alt 와 다른 키를 조합하여 이용한다.

(3) vi

① 1976년 빌 조이(Bill Joy)가 초기 BSD 릴리즈에 포함될 편집기로 만들었다.

② 리눅스 배포판과 유닉스에 기본적으로 포함되어 있다.

③ 유닉스 환경에서 가장 많이 쓰이는 문서 편집기이다.

④ 다른 편집기들과 다르게 모드(mode)형 편집기이다.

⑤ vi의 작업모드는 명령모드, 입력모드, 편집모드로 구성되어 있다.

⑥ 한 줄씩 편집하는 줄 단위 편집기가 아니라 한 화면을 편집하는 비주얼 에디터(visual editor)이며, 기종별 다양한 vi 클론(clone)들이 존재한다.

(4) vim

① 브람 무레나르(Bram Mooleannar)가 만든 편집기이다.

② vi 편집기와 호환되면서 독자적으로 다양한 기능을 추가하여 만든 편집기이다.

③ 편집 시 다양한 색상을 이용하여 가시성을 높일 수 있다.

④ 패턴 검색 시 하이라이트 기능을 제공하여 빠른 검색을 가능하게 해준다.

⑤ ex모드에서 히스토리 기능을 제공한다.

⑥ 확장된 정규 표현식 문법과 강력한 문법 강조 기능을 갖는다.

⑦ 다중 되돌리기 기능 및 유니코드를 비롯한 다국어 지원, 문법 검사 기능도 지원한다.

(5) gedit

① 그놈 데스크톱 환경용으로 개발된 자유 소프트웨어 텍스트 편집기이다.

② 마이크로소프트, 윈도, 맥OS X에서도 사용할 수 있다.

③ UTF-8과 호환되며 프로그램 코드, 마크업 언어와 같은 구조화된 텍스트 문서를 편집하는 용도에 중점을 두었다.

④ X-윈도우 시스템에 맞춰 개발되었다.

⑤ GTK+와 그놈 라이브러리를 이용하여 개발되었고, 그놈 파일 관리자인 노틸러스와의 사이에서 드래그 앤 드롭이 가능하다.

⑥ 텔넷 접속 시나 텍스트 기반 콘솔 창에서는 사용할 수 없다.

에디터 활용

1 에디터 기초 사용법

(1) pico

① pico 편집기 형식은 다음과 같다.

형식	pico [옵션] [파일명]	
옵션	**설명**	
−w	긴 라인에서 라인이 깨지는 경우에 사용	

② pico 실행 후 주요 메뉴들이다.

메뉴	기능
Ctrl + O	파일 저장
Ctrl + X	파일 종료, 종료 시 저장이 안 되어 있으면 저장할 것인지 물어봄
Ctrl + R	현재 커서 위치에 다른 파일을 불러옴
Ctrl + A	현재 행의 맨 앞으로 이동
Ctrl + E	현재 행의 맨 끝으로 이동
Ctrl + V	이전 페이지로 이동
Ctrl + Y	다음 페이지로 이동
Ctrl + C	현재 커서의 위치를 표시
Ctrl + T	영문자의 철자를 확인
Ctrl + W	키를 누르고 문자열을 입력하면 원하는 문자열을 찾음
Ctrl + K	현재 라인을 삭제
Ctrl + U	마지막으로 삭제된 라인을 복구
Ctrl + I	화면 갱신

(2) emacs

① emacs 편집기 형식은 다음과 같다.

메뉴	기능
Ctrl + X , Ctrl + S	파일 저장
Ctrl + X , Ctrl + C	종료
마크 설정 후 Ctrl + W	• 잘라내기 • 마크 설정 방법 : 설정을 시작하고 싶은 부분으로 커서를 이동시킨 후 Ctrl + Space Bar 로 마크 설정
Ctrl + K	• 커서 뒤에 있는 한 줄이 모두 지워짐 • 지워진 문자는 클립보드에 저장
Ctrl + A	커서를 줄의 맨 앞으로 이동
Ctrl + E	커서를 줄의 맨 뒤로 이동
Ctrl + N	커서를 한 줄 아래로 이동
Ctrl + S 찾을 문자열	커서의 아랫부분에서 찾을 문자열을 검색
Ctrl + R 찾을 문자열	커서의 윗부분에서 찾을 문자열을 검색
Ctrl + G	진행되고 있는 명령을 끔

2 vi 에디터 사용법

• 편집기의 작업 형태는 EX 명령 모드, 명령 모드, 편집 모드로 구성된다.

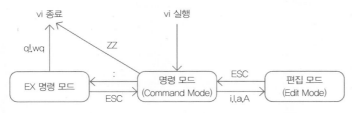

(1) 명령 모드에서 편집 모드로 전환

	키(key)	기능
입력모드 전환	a	커서 뒤부터 입력
	A	줄의 마지막에 입력
	i	현재 문자 앞에 입력
	I	줄의 시작 부분에 입력
	o	현재 줄 다음 줄에 입력
	p	커서가 있는 줄 위에 입력

(2) EX 명령 모드에서 저장 및 종료, 환경 설정

	키(key)	기능
저장 및 종료	:wq	버퍼를 파일에 기록하고 종료
	:q!	버퍼의 내용을 파일에 기록하지 않고 무조건 종료
	:q	버퍼의 내용과 파일의 내용이 일치하는 경우 종료
환경 설정	:set nu	줄 번호 표시 설정
	:set nonu	줄 번호 표시 설정 해제

(3) 명령 모드에서 삭제, 복사, 붙여넣기

	키(key)	기능
삭제	x	커서가 위치한 곳의 한 문자 삭제
	dd	한 라인 삭제
	dw	커서 위치에서 오른쪽 한 단어 삭제
	db	커서 위치에서 왼쪽 한 단어 삭제
복사	yy	한 라인 복사
	yw	커서 위치에서 오른쪽 한 단어 복사
	yb	커서 위치에서 왼쪽 한 단어 복사
붙여넣기	P	커서 위치에서 윗줄에 붙여넣기
	p	커서 위치에서 아랫줄에 붙여넣기

01 다음 중 pico 편집기에 대한 설명으로 틀린 것은?

① pico의 복제 프로그램에는 nano가 있다.
② 워싱턴 대학의 Aboil Kasar가 개발한 텍스트 편집기이다.
③ pico 편집기는 GPL 라이선스를 따른다.
④ Pine이라는 E-mail 클라이언트 프로그램과 같이 배포되었다.

pico 편집기는 자유 소프트웨어의 라이선스가 아니다.

02 다음 중 pico 에디터 단축키 조합의 설명으로 틀린 것은?

① Ctrl + O : 새로운 파일명을 지정한다.
② Ctrl + J : 상위 줄과 결합하여 한 문단으로 만들어 준다.
③ Ctrl + X : 프로그램을 종료한다.
④ Ctrl + G : 도움말을 출력한다.

Ctrl + O : 파일을 저장한다.

03 다음 중 pico 편집기에서 커서의 위치를 해당 줄의 시작 부분으로 이동하는 조합으로 알맞은 것은?

① Ctrl + C
② Ctrl + A
③ Ctrl + E
④ Ctrl + S

오답 피하기
① Ctrl + C : 현재 커서 위치 표시
③ Ctrl + E : 현재 행의 맨 끝으로 이동

04 다음 중 다양한 편집기에서 프로그램 종료할 때 입력하는 조합으로 알맞은 것은?

① emacs : Ctrl + A 이후에 Ctrl + S
② emacs : Ctrl + N 이후에 Ctrl + U
③ pico : Ctrl + A
④ pico : Ctrl + X

pico의 프로그램 종료 명령어는 Ctrl + X 이며, emacs의 종료 명령어는 Ctrl + X 이후에 Ctrl + C 이다.

05 다음 중 emacs 편집기에 대한 설명으로 알맞은 것은?

① 워싱턴 대학의 Aboil Kasar가 만든 유닉스용 편집기로 윈도우의 메모장처럼 간편하게 사용 가능하다.
② 리처드 스톨만이 개발한 고성능 문서 편집기로 포괄적인 통합 환경을 제공한다.
③ 1976년 빌 조이(Bill Joy)가 개발하였다.
④ 브람 무레나르가 vi 편집기와 호환되면서 독자적으로 다양한 기능을 추가한 편집기이다.

오답 피하기
① 워싱턴 대학의 Aboil Kasar가 만든 유닉스용 편집기는 Pico이다.
③ 1976년 빌 조이(Bill Joy)가 개발한 것은 vi 편집이다.
④ 브람 무레나르가 vi 편집기에 다양한 기능을 추가한 편집기는 vim이다.

정답 01 ③ 02 ① 03 ② 04 ④ 05 ②

06 emacs 에디터에 대한 설명으로 틀린 것은?

① emacs는 모드형 편집기이다.
② 강력한 질의, 치환 명령을 가지고 있다.
③ 명령어의 형태가 Ctrl 키 혹은 Alt 키의 조합으로 구성되는 경우가 많다.
④ 단순한 문서 편집 기능뿐만 아니라 프로그램 개발, 메일 송수신 등 다양한 작업이 가능하다.

다양한 모드(mode) 기반의 편집기는 vi이다.

07 다음 중 emacs 최초 개발자로 알맞은 것은?

① 빌 조이
② 톰 켄스
③ 제임스 고슬링
④ 리처드 스톨만

emacs의 최초 개발자는 리처드 스톨만이며, 이후 제임스 고슬링이 LISP 언어를 기반으로 emacs에 다양한 기능을 개발하여 추가시켰다.

08 LISP 기반의 환경 설정 언어를 가지고 있으며 다양한 소스 코드를 작성할 경우 해당하는 작업 모드를 설정할 수 있는 편집기는?

① vi
② pico
③ emacs
④ gedit

LISP에 기반의 환경 설정 언어를 기반으로 한 편집기는 emacs이다.

09 다음 중 emacs 에디터 단축키 조합의 설명으로 틀린 것은?

① Ctrl + J : 행의 끝을 나란히 맞춘다.
② Ctrl + F : 새문서 작업을 위해 새로운 파일명을 지정하고 편집한다.
③ Ctrl + S : 편집된 내용을 저장한다.
④ Ctrl + C : emacs를 종료한다.

Ctrl + F : 커서를 오른쪽으로 이동한다.

10 다음 같은 특성을 갖는 편집기로 알맞은 것은?

> 유닉스 환경에서 가장 많이 쓰이는 문서 편집기이며, 다른 편집기들과 다르게 모드(mode)형 편집기이다.

① pico
② emacs
③ vi
④ nano

vi의 작업모드는 명령모드, 입력모드, 편집모드로 구성된다.

11 다음 중 vi 편집에서 작업한 파일을 저장하고 종료하는 명령으로 알맞은 것은?

① :wq
② :%
③ :q
④ :q!

오답 피하기
② :% : 전체 줄을 표시
③ :q : 버퍼의 내용과 파일의 내용이 일치하는 경우 종료
④ :q! : 버퍼의 내용을 파일에 기록하지 않고 무조건 종료

정답 06 ① 07 ④ 08 ③ 09 ② 10 ③ 11 ①

12 다음 중 전체 9줄로 이루어진 문서를 vi 편집기를 이용하여 fail이라는 문자열 모두를 success로 치환하려고 할 때 알맞은 것은?

① :$ s/fail/success/g

② :9,1 s/fail/success/g

③ :1,9 s/fail/success/g

④ :1,9 %s/fail/success/g

지정된 범위 내에서 특정 문자열 치환 방식은 ': 시작줄, 끝줄 s/바꿀문자열/바뀔문자열/g'이다.

13 다음은 vi 편집기 실행에 대한 예이다. 명령에 대한 설명으로 알맞은 것은?

> # vi +ihd.txt

① ihd.txt 파일을 읽기 전용으로 열기

② ihd.txt 파일을 열면서 행 번호를 붙이기

③ ihd.txt 파일을 열면서 커서의 위치를 첫 번째 줄로 이동하기

④ ihd.txt 파일을 열면서 커서의 위치를 마지막 줄로 이동하기

명령어 'vi +[num] 파일명'은 파일을 열면서 커서를 해당 줄로 이동시킨다. [num]이 생략되고 '+'만 나타날 경우에는 커서의 위치를 마지막 줄로 이동한다.

14 다음 중 vi 편집기를 통해 4번째 줄부터 10번째 줄까지 주석을 제거하는 명령으로 알맞은 것은? (단, 셸에서 주석은 '#'이다.)

① : 4,$s/^/#/

② : 4,$s/^#//

③ : 4,10s/^/#/

④ : 4,10s/^#//

지정된 범위 내에서 줄의 첫 번째 문자열을 치환하는 방식은 ': 시작줄,끝줄 s/바꿀문자열/바뀔문자열/'이다. 기호 ^는 줄의 시작을 의미한다.

15 vi 명령모드에서 편집 중인 텍스트 파일의 가장 마지막 줄로 이동하는 것은?

① :e

② :!

③ :#

④ :$

$는 마지막을 의미한다.

16 다음 중 vi 편집기에서 문자열 검색을 위해 사용하는 명령이 아닌 것은?

① s

② n

③ /

④ ?

오답 피하기

② n은 같은 방향으로 다음 문자열을 검색한다.

③ '/정규표현식'은 해당 패턴을 가진 문자열을 현재 커서가 위치한 곳부터 아래 방향으로 검색한다.

④ '?정규표현식'은 해당 패턴을 가진 문자열을 현재 커서가 위치한 곳부터 위 방향으로 검색한다.

17 다음 중 vi 편집기에서 나머지 셋과 성격이 다른 명령은?

① y

② i

③ a

④ o

명령 i, a, o는 명령모드에서 입력모드로 전환시킨다.

18 vi 편집기로 작업 중인 ihd.txt 파일이 비정상적으로 종료되었다. 다음 중 작업 중이던 파일 내용을 불러오는 명령으로 알맞은 것은?

① vi -r ihd.txt
② vi -R ihd.txt
③ vi -c ihd.txt
④ vi -C ihd.txt

vi의 옵션 -r은 파일 편집 중 시스템 다운과 같은 갑작스러운 사고로 인해 파일이 손상되었을 경우 파일을 복구할 때 사용한다.

19 다음 중 vi 명령모드에서 커서가 위치한 줄부터 9줄을 삭제하려고 할 때 알맞은 것은?

① 9yy
② yy9
③ 9dd
④ dd9

명령 dd는 현재 커서가 위치한 줄을 삭제하며 명령 yy는 현재 커서가 위치한 줄을 버퍼에 복사한다. 다수 개의 줄을 삭제할 경우에는 '삭제할 줄 번호dd'를 입력하면 된다.

20 vi 편집기를 실행할 때 줄 번호를 나타나도록 설정하는 과정의 일부이다. 다음 (   ) 안에 들어갈 내용으로 알맞은 것은?

```
[posein@www ~]$ cat > ( ㉠ )
( ㉡ )
```

① ㉠ exrc   ㉡ set nu
② ㉠ .exrc   ㉡ set nu
③ ㉠ exrc   ㉡ :set nu
④ ㉠ .exrc   ㉡ :set nu

파일 .exrc는 vi 편집기의 환경 설정을 등록하여 지정된 설정을 지속적으로 사용하도록 해주는 파일이다. 일반적으로 해당 파일 안에 set 명령을 사용 시에는 :(콜론)을 사용하지 않는다. 'set nu'는 현재 작업 중인 파일의 편집 모드에서 환경 설정을 지정할 때 사용한다.

21 다음 같은 특성을 갖는 편집기로 알맞은 것은?

- 브람 무레나르(Bram Moolenaar)가 만든 편집기
- 편집 시 다양한 색상을 이용하여 가시성을 높임
- ex 모드에서 히스토리 기능 제공
- 확장된 정규 표현식 문법, 강력한 문법 강조 기능
- 다중 되돌리기 기능 및 유니코드를 비롯한 다국어 지원, 문법 검사 등의 기능도 지원

① emacs
② vi
③ pico
④ vim

오답 피하기

① emacs은 리처드 스톨만이 개발한 고성능 문서 편집기로 포괄적인 통합 환경을 제공한다.
② vi은 유닉스 계열 시스템에서 가장 많이 쓰이는 편집기로 1976년 빌 조이가 개발했다.
③ pico는 워싱턴 대학의 Aboil Kasar가 개발한 유닉스 기반 텍스트 에디터이다.

22 다음 중 vim에서 한글이 제대로 입력되지 않을 경우 사용하는 명령어로 알맞은 것은?

① set term=euc-kr
② set lang=euc-kr
③ set char=euc-kr
④ set fileencoding=euc-kr

.vimrc 파일에 'set fileencodings=utf8, euc-kr'을 추가하면 문서를 열때 자동적으로 fileencoding이 utf8인지 euc-kr인지 encoding에 맞게 열고 저장한다.

정답 18 ① 19 ③ 20 ② 21 ④ 22 ④

23 다음은 $HOME/.vimrc 파일의 설정 내용이다. 다음 중 설정에 대한 설명으로 틀린 것은?

```
set nu
set no ai
set ts=4
map q :wq!
```

① 자동 들여쓰기 기능이 켜져 있다.
② 탭의 크기를 4로 설정한다.
③ 행의 앞에 행 번호를 표시 기능이 켜져 있다.
④ 매크로가 선언되어 있고 기능이 켜져 있다.

set noai는 'ai' 설정을 해제한다. set ai는 [Enter] 키를 입력하여 다음 행으로 이동할 때 윗줄과 같은 열에 커서를 위치시킨다.

[오답 피하기]
② set ts=4는 탭의 크기를 4로 설정한다.
③ set nu는 행의 앞에 행 번호를 표시 기능이 켜져 있다.
④ map q 매크로가 선언되어 있고 기능이 켜져 있다.

24 다음 그림에서 설명하는 편집기로 알맞은 것은?

① gedit
② vi
③ nano
④ emacs

nano 편집기는 윈도우의 메모장과 유사하여 사용하기가 편리하다.

25 다음 중 리눅스에서 사용하는 편집기의 종류로 틀린 것은?

① emacs
② pico
③ vi
④ evince

에빈스(Evince)는 PDF 형식이나 포스트스크립트 형식의 문서를 그놈 데스크톱 환경에서 읽을 수 있는 소프트웨어이다.

26 다음 설명에 해당하는 편집기로 알맞은 것은?

그놈 데스크톱 환경용으로 개발된 자유 소프트웨어인 텍스트 편집기이다. 마이크로소프트, 윈도, 맥OS X에서도 사용할 수 있다. UTF-8과 호환하며, 프로그램 코드, 마크업 언어와 같은 구조화 된 텍스트 문서를 편집하는 용도에 중점을 두었다. X 윈도우 시스템에 맞춰 개발했으며, GTK+와 그놈 라이브러리를 이용하여 개발되었고, 그놈 파일 관리자인 노틸러스와의 사이에서 드래그 앤 드롭이 가능하다.

① vi
② vim
③ pico
④ gedit

그래픽 모드로 부팅된 X 윈도우에서는 GUI 에디터인 gedit를 사용한다.

05

∨

소프트웨어
설치 및 삭제

프로그램 설치

- 리눅스 시스템에서 소프트웨어를 설치하고 관리하는 방법에는 배포업체의 패키지를 설치하거나 소스코드를 컴파일하는 것이 있다.
- 슬렉웨어와 같은 예외도 있지만 일반적으로 리눅스는 데비안 계열과 레드햇 계열로 나뉜다. 각 계열에서 사용하고 있는 패키지 관리 유틸리티는 다음과 같다.

데비안 계열	배포업체	Debian, Ubuntu, Xandros, Linspire
	패키지 툴	dpkg, apt-get, aptitude
레드햇 계열	배포업체	Fedora, CentOS, RHEL, openSUSE, mandirva
	패키지 툴	rpm, yum

(1) RPM(RedHat Package Manager)

① 레드햇 사에서 만들어낸 패키지 관리 툴이다.

② 새로운 패키지를 설치하거나 업그레이드, 삭제 시 사용한다.

③ Windows의 setup.exe와 유사하게 만든 프로그램이다.

④ 레드햇 계열의 패키지 파일 확장명은 '*.rpm'이다. 파일명 구성은 다음과 같다.

```
sendmail-8.14.3-5.fc11.i586
```

sendmail−8.14.3−5.fc11.i586.rpm
ㄱ ㄴ ㄷㄹ ㅁ

	상태		설명
㉠	패키지명	sendmail	패키지명은 하이픈으로 연결되어 길게 명시될 수도 있음
㉡	버전	8.14.3	주버전(8),부버전(14),패치번호(3)
㉢	릴리즈번호	5	문제점을 개선할 때마다 붙여지는 번호
㉣	페도라버전	fc11	페도라에서 배포할 경우 붙여지며 생략 가능
㉤	아키텍처	i586	• 파일이 설치 가능한 CPU를 의미 • i586 또는 i686은 인텔 또는 AMD 계열의 32비트의 구형 CPU

```
kernel-3.10.0-327.el7.x86_64
```

			kernel	−	3.10.0	−	327.	el7.	x86_64	.rpm
			㉠		㉡		㉢	㉣	㉤	

	상태		설명
㉠	패키지명	kernel	패키지명은 하이픈으로 연결되어 길게 명시될 수도 있음
㉡	버전	3.10.0	주버전(3).부버전(10).패치번호(0)
㉢	릴리즈번호	327	문제점을 개선할 때마다 붙여지는 번호
㉣	CentOS버전	el7	• CentOS에서 배포할 경우 붙여짐 • el(enterprise linux)은 centOS 7 또는 Redhat Enterprise Linux 7용을 의미 • 반드시 centOS 7에만 설치할 수 있는 것은 아님 • 다른 버전의 centOS 또는 다른 리눅스에도 설치 가능
㉤	아키텍처	x86_64	• 인텔 또는 AMD 계열의 64비트 CPU • x86_64 대신 noarch(no architecture)가 오는 경우도 있음

⑤ 패키지 설치, 확인, 삭제에 관한 옵션들이다.

형식	rpm [옵션] 패키지명	

옵션	기능
−i	새로운 패키지를 설치
−h	패키지를 풀 때 해시(#) 마크 표시
−U	기존의 패키지를 업그레이드
−e	패키지 제거
−q	• 패키지 설치 여부 확인 • 질의 옵션과 같이 사용되는 옵션 　− −f 〈파일〉 : 〈파일〉을 포함하는 패키지에 대하여 질문을 수행 　− −F : −f와 같지만 파일 이름을 표준 입력에서 읽음
−v	진행 과정을 메시지로 표시
−vv	메시지를 상세히 명시
−−nodeps	의존성 관계를 무시하고 설치
−−oldpackage	구 버전으로 다운그레이드
−−replacepkgs	패키지 재설치

--replacefiles	이미 설치된 다른 패키지의 파일을 덮어쓰면서라도 패키지를 강제로 설치	
--force	• --replacepkgs, --replacefiles, --oldpackage를 모두 사용 • 기존에 설치된 패키지와 관계없이 강제로 설치	

⑥ 설치된 패키지들이 보안상 침입자에 의해 권한 획득이나 변조가 되었는지를 검사한다.

```
[root@localhost ~]# rpm -V httpd
missing     c /etc/httpd/conf.d/welcome.conf
S.5....T.   c /etc/httpd/conf/httpd.conf
.....UG..     /var/www
missing       /var/www/error/noindex.html
.....UG..     /var/www/html
```

옵션	기능
-V	verify의 약자로 검증할 때 쓰는 기본 옵션
-a	모든 패키지 검사

⑦ RPM 검증 코드는 다음과 같다.

코드	기능	코드	기능
5	MD5체크섬을 변경	D	장치파일을 변경
S	파일의 크기를 변경	U	파일 사용자/소유자가 변경
L	심볼릭 링크를 변경	G	파일 그룹이 변경
T	파일의 수정일을 변경	M	파일 모드(권한과 파일 형태)가 변경

(2) YUM(Yellowdog Updater Modified)

① 네트워크를 통해 기존 RPM 패키지 파일의 업데이트 자동 수행, 새로운 패키지 설치 및 제거를 수행한다.

② RPM의 의존성 문제를 해결하기 위한 유틸리티이다.

③ 인터넷을 기반으로 설치하므로 네트워크가 정상적으로 연결된 상태여야만 한다.

④ YUM은 페도라 22 버전 이후부터 YUM의 문제점을 보완한 DNF로 전환되고 있다.

구분		기능
설치	yum install 패키지명	사용자에게 설치 여부를 묻는 부분이 나옴
	yum groupinstall 패키지명	지정한 패키지 그룹 설치

	yum −y install 패키지명	설치 여부를 묻는 질문에 Yes로 간주, 자동 설치 가능
	yum update 패키지명	yum install과 동일한 기능
	yum localinstall 패키지명	인터넷을 통해 다운로드해서 설치하지 않고 현재 디렉터리 내의 *.rpm 파일을 설치
삭제	yum remove 패키지명	지정한 패키지 제거
	yum groupremove 패키지명	지정한 패키지 그룹 제거
확인	yum info 패키지명	패키지 요약 정보 확인
	yum list	전체 패키지에 대한 정보 출력
	yum grouplist	패키지 그룹 정보 출력
	yum check update	패키지 중에서 업데이트가 가능한 패키지 목록 출력
	yum search 문자열	해당 문자열이 포함된 패키지 검색
	yum check−update	업데이트가 필요한 패키지 출력
	yum history	패키지 설치, 삭제 등 작업 이력 확인

(3) dpkg

① dpkg는 데비안의 저(low)레벨 패키지 관리 툴이다.

② deb 패키지의 설치, 삭제, 정보 제공을 위해 사용된다. 확장자 deb 파일은 데비안 패키지 파일이다.

형식

패키지명_버전−릴리즈번호−리버전_아키텍처.deb	
상태	**설명**
패키지명	패키지의 속성을 나타내는 파일명을 사용
버전	패키지 버전을 나타냄
릴리즈번호	해당 버전의 문제점을 개선할 때마다 붙여지는 번호
리버전	소스 버전이 업그레이드되지는 않았지만 패키지의 보안 문제나 의존성 변화, 스크립트의 변화 등이 있음을 의미
아키텍처	all은 시스템과 상관없는 문서나 스크립트 등을 의미

③ 루트 권한으로 패키지 설치와 삭제를 할 수 있다.

④ 패키지 설치 및 제거 시 RPM과 같은 의존성 문제를 일으킨다.

	dpkg [옵션] 패키지명.deb

옵션	기능
−i	• 패키지 설치 • 패키지들 간의 의존성 문제로 정상적인 설치가 안 되는 경우 발생
−r	설치된 패키지만 삭제
−P	패키지와 설정 정보 모두를 삭제
−s	패키지의 상황 정보(패키지 버전, 관리자, 간략 설명 등)를 나타냄
−L	dpkg가 설치한 모든 파일 목록을 확인할 수 있음

⑤ 명령어 'dpkg −s 패키지'는 지정된 패키지에 대한 자세한 정보를 나타낸다.

```
root@metasploitable:~# dpkg -s gcc
Package: gcc
Status: install ok installed
Priority: optional
Section: devel
Installed-Size: 64
Maintainer: Ubuntu Core developers <ubuntu-devel-discuss@lists.ubuntu.com>
Architecture: i386
Source: gcc-defaults (1.62ubuntu6)
Version: 4:4.2.3-1ubuntu6
```

(4) apt−get(advanced packaging tool get)

① 데비안 리눅스에서 소프트웨어 설치와 제거를 위한 패키지 관리 유틸리티이다.

② 패키지 관련 정보를 확인하거나 패키지 설치 시 발생할 수 있는 의존성과 충돌문제를 해결하기 위해 '/etc/apt/sources.list' 파일을 참조한다.

③ 아래 그림은 '/etc/apt/sources.list' 파일을 구성하고 있는 내용의 일부분이다.

```
## N.B. software from this repository may not have been tested as
## extensively as that contained in the main release, although it includes
## newer versions of some applications which may provide useful features.
## Also, please note that software in backports WILL NOT receive any review
## or updates from the Ubuntu security team.
deb http://us.archive.ubuntu.com/ubuntu/ hardy-backports main restricted univers
e multiverse
deb-src http://us.archive.ubuntu.com/ubuntu/ hardy-backports main restricted uni
verse multiverse

## Uncomment the following two lines to add software from Canonical's
## 'partner' repository. This software is not part of Ubuntu, but is
## offered by Canonical and the respective vendors as a service to Ubuntu
## users.
deb http://archive.canonical.com/ubuntu hardy partner
deb-src http://archive.canonical.com/ubuntu hardy partner

deb http://security.ubuntu.com/ubuntu hardy-security main restricted
deb-src http://security.ubuntu.com/ubuntu hardy-security main restricted
deb http://security.ubuntu.com/ubuntu hardy-security universe
deb-src http://security.ubuntu.com/ubuntu hardy-security universe
deb http://security.ubuntu.com/ubuntu hardy-security multiverse
deb-src http://security.ubuntu.com/ubuntu hardy-security multiverse
```

④ Sources.list 파일에는 패키지 유형(바이너리, 소스), 저장소 주소(URL), 우분투 버전 정보, 카테고리로 구성되어 있다.

형식	apt-get [옵션] 명령어 패키지명	

명령어	기능
install	새 패키지 설치
dist-upgrade	의존성을 검사하며 설치
update	• 새 패키지 목록 가져오기 • /etc/apt/sources.list의 인덱스 정보를 업데이트
upgrade	업그레이드 실행
remove	패키지 제거

옵션	기능
-y	모든 질문을 표시하지 않고 '예'로 자동 처리
-u	업그레이드한 패키지 목록 표시
-V	자세한 버전 표시

(5) aptitude

① 우분투의 패키지 관리 유틸리티로 APT처럼 패키지 관리를 자동화한다.

형식	aptitude 서브명령

01 다음은 RPM 패키지의 파일 형식이다. ( ) 안에 들어갈 내용으로 알맞은 것은?

> sendmail−8.12.8−6.( ).rpm

① x686
② redhat
③ fc21
④ i686

RPM 패키지명 형식은 '패키지명−버전−릴리즈번호.아키텍처.rpm'이다. 아키텍처는 패키지가 설치 가능한 CPU로 i586 또는 i686은 인텔 또는 AMD 계열의 32비트의 구형 CPU이다.

02 다음 중 rpm 명령을 이용하여 설치 과정을 보기 위해서 사용하는 옵션으로 알맞은 것은?

> warning:ntp−4.2.6p5−10.el6.centos.2.x86_64.
> rpm: Header
> V3 RSA/SHA1 Signature, Key ID c105b9de:
> NOKEY
> Preparing...################### [100%]
> 1:ntp ################### [100%]

① −k
② −vv
③ −l
④ −h

옵션 −h는 패키지 설치 과정을 해시(#) 마크로 표시한다.

03 vsftpd 패키지의 검증 결과가 다음과 같을 때 관련 설명으로 틀린 것은?

> # rpm −V vsftpd
> S.5....T. c /etc/vsftpd/vsftpd.conf

① vsftpd.conf 파일의 크기가 변경되었다.
② vsftpd.conf 파일의 소유자가 변경되었다.
③ vsftpd.conf 파일의 메시지 다이제스트 값이 변경되었다.
④ vsftpd.conf 파일의 수정 시간이 변경되었다.

옵션 −V는 verify의 약자로 해당 파일이 침입자에 의해 권한 획득이나 변조가 되었는지를 검사한다. 검증 코드 S는 파일 크기 변경 상태, 5는 MD5 체크섬 변경 상태, T는 파일의 수정일 변경 상태를 확인한다.

04 다음 중 RPM 설치 시 강제적으로 설치하는 −−force 옵션에 포함되는 옵션들로 알맞은 것은?

① replacepkgs, replacefiles, repackage
② replacepkgs, replacefiles, oldpackages
③ replacepkgs, replacefiles, relocate
④ nodeps, replacefiles, oldpackage

−−force에 포함되는 옵션들로는 패키지를 재설치하는 replacepkgs, 이미 설치된 다른 패키지의 파일을 덮어쓰면서라도 패지키를 강제로 설치하는 replacefiles, 구 버전으로 다운그레이드를 진행하는 oldpackage가 있다.

정답 01 ④ 02 ④ 03 ② 04 ②

05 다음 중 설치하려는 rpm 파일에 대한 정보를 보려고 할 때, (   ) 안에 들어갈 내용은?

> x# rpm (   ) totem−2.28.6−2.el6.i686.rpm

① −qfp   ② −qap
③ −qcp   ④ −qip

오답 피하기
① −qfp은 지정한 파일을 설치한 패키지 이름을 출력한다.
② −qap은 시스템에 설치된 모든 패키지 목록을 출력한다.
③ −qcp은 패키지의 설정 파일이나 스크립트 파일을 출력한다.

06 다음은 httpd 패키지를 제거하는 과정이다. (   ) 안에 들어갈 내용으로 알맞은 것은?

> # rpm (   ) httpd

① −f   ② −e
③ −d   ④ −r

옵션 −e는 설치된 패키지를 삭제하는 것으로 의존성을 갖는 패키지가 있는 경우에는 삭제되지 않는다.

07 다음 중 하위 버전의 패키지가 있다면 업데이트를 진행하고, 존재하지 않는다면 초기 설치를 진행하는 rpm 옵션으로 알맞은 것은?

① rpm −Uvh [package명]
② rpm −uvh [package명]
③ rpm −ivh [package명]
④ rpm install [package명]

옵션 −U는 기존의 패키지를 업그레이드하는 것으로 설치된 패키지가 존재하지 않으면 새로운 버전이 설치된다.

08 다음 조건일 때 (   ) 안에 들어갈 내용으로 알맞은 것은?

> 가. vsftpd 패키지가 설치한 파일이나 디렉터리 목록을 출력한다.
> 나. sendmail에 대한 정보를 출력한다.

> # rpm (㉠) vsftpd
> # rpm (㉡) sendmail

① ㉠ −qp   ㉡ −qf
② ㉠ −qf   ㉡ −qp
③ ㉠ −ql   ㉡ −qi
④ ㉠ −qi   ㉡ −ql

옵션 −ql은 패키지 파일에서 설치되는 파일 목록을 출력하며, 옵션 −qi은 패키지 파일에 대한 정보를 출력한다.

09 다음 (   ) 안에 들어갈 내용으로 알맞은 것은?

> 데비안 리눅스에서 패키지 설치 시에 발생할 수 있는 의존성을 해결하기 위해서는 (㉠)(을)를 사용하고 레드햇 리눅스에서는 (㉡)(을)를 사용한다.

① ㉠ apt−get   ㉡ yum
② ㉠ yum   ㉡ aptitude
③ ㉠ apt−get   ㉡ yast
④ ㉠ yum   ㉡ yum

apt−get은 dpkg의 의존성 문제를 해결하기 위한 데비안 기반의 유틸리티이며 yum은 RPM의 의존성 문제를 해결하기 위한 레드햇 리눅스의 유틸리티이다.

10 다음 중 yum을 이용하여 httpd이라는 패키지를 제거하는 명령으로 알맞은 것은?

① yum delete httpd
② yum erase httpd
③ yum remove httpd
④ yum eliminate httpd

yum의 패키지 제거 명령은 'yum remove 패키지명'이다.

정답 05 ④   06 ②   07 ①   08 ③   09 ①   10 ③

리눅스 운영 및 관리

11 다음 중 yum 명령으로 play라는 문자열이 포함된 패키지를 찾으려고 할 때 알맞은 것은?

① yum search play
② yum find play
③ yum info play
④ yum list play

'yum search 문자열'은 해당 문자열이 포함된 패키지를 검색한다.

오답 피하기

③ yum info play는 패키지 play의 요약 정보를 출력한다.
④ yum list play는 패키지 play의 전체 정보를 출력한다.

12 다음 중 yum을 이용하여 "Development Tools" 그룹을 설치하기 위한 방법으로 알맞은 것은?

① yum groupinstall "Development Tools"
② yum install –group "Development Tools"
③ yum –g install "Development Tools"
④ yum install "Development Tools"

'yum groupinstall 패키지그룹명'은 지정한 그룹 패키지를 설치하는 명령어이다.

13 다음 중 yum 명령어의 옵션에 대한 설명으로 틀린 것은?

① list : 전체 패키지에 대한 정보를 출력한다.
② install : 패키지를 설치할 때 사용한다. 의존성이 걸린 패키지는 설치되지 않는다.
③ groupinfo : 해당 패키지 그룹명과 관련된 패키지의 정보를 보여준다.
④ info : 패키지에 대한 정보를 출력한다.

yum install은 의존성을 고려하면서 패키지를 설치한다.

14 데비안 패키지 관리인 deb 파일의 형식으로 알맞은 것은?

① 패키지이름_릴리즈-버전-아키텍처.deb
② 패키지이름_버전-아키텍처-릴리즈.deb
③ 패키지이름_버전-릴리즈-아키텍처.deb
④ 패키지이름_아키텍처-릴리즈-버전.deb

'deb 파일 형식은 '패키지이름_버전-릴리즈번호_아키텍처.deb'이다.

15 dpkg 명령어의 결과가 다음과 같다. ( ) 안에 알맞은 옵션은?

```
# dpkg ( ) gcc
Package: gcc
Status: install ok installed
Priority: optional
Section: devel
Installed-Size: 64
Maintainer: Ubuntu Developers
<ubuntu-devel-discuss@lists.ubuntu.com>
Architecture: i386
Source: gcc-defaults (1.98ubuntu3)
Version: 4:4.5.2-1ubuntu3
```

① –c
② –s
③ ––pack
④ –L

옵션 –s는 패키지 버전, 관리자, 간략 설명 등 패키지의 정보를 출력한다.

16 다음 중 dpkg로 현재 디렉터리의 vim_5.1.2.deb 패키지를 설치할 때 알맞은 것은?

① dpkg −U ./vim_5.1.2.deb
② dpkg −L vim
③ dpkg −i ./ vim_5.1.2.deb
④ dpkg −p / vim_5.1.2.deb

'dpkg −i는 지정된 패키지를 설치하는 것으로 의존성 문제로 정상적인 설치가 안 되는 경우도 있다.

오답 피하기
② dpkg −L vim은 패키지 vim에서 설치된 모든 파일 목록들을 출력한다.
④ dpkg −p /vim_4.5.3.deb은 패키지의 환경 설정 파일을 포함하여 모두 제거한다.

17 다음 중 apt−get 명령어가 의존성과 충돌성 해결을 위해 참조하는 파일명으로 알맞은 것은?

① /etc/apt/sources.list
② /etc/sources.list
③ /var/cache/archive
④ /var/cache/apt/archive

패키지 정보를 확인하거나 패키지 설치 시 발생하는 의존성과 충돌 문제를 해결하기 위해 파일 /etc/apt/sources.list를 참조한다. 이 파일에는 패키지 유형, 저장소 주소, 우분투 버전 정보와 카테고리로 구성되어 있다.

18 apt−get의 패키지 저장소 위치를 특정 저장소로 변경하여 적용하려고 한다. 다음 중 수정하려는 내용처럼 패키지 관련 정보를 포함하고 있는 파일로 알맞은 것은?

① /etc/system/apt
③ /var/cache/apt/archive
③ /etc/apt/sources.list
④ /etc/apt/archive.list

파일 /etc/apt/sources.list는 apt−get 명령이 패키지 관련 정보를 확인하기 위해 참조한다.

19 다음 중 리눅스 배포판별 패키지 관리 기법과 유틸리티로 알맞게 짝지어진 것은?

① 데비안 − dpkg: yum
② 우분투 − dpkg: apt−get
③ 레드햇 − rpm: apt−get
④ 수세 − YaST: yum

데비안 − dpkg: apt−get, 레드햇 − rpm: yum

20 다음 중 apt−get 명령으로 vsftp라는 패키지를 설치하는 명령으로 알맞은 것은?

① apt−get build vsftp
② apt−get vsftp build
③ apt−get install vsftp
④ apt−get vsftp install

apt−get의 패키지 설치 명령어 형식은 'apt−get install 패키지명'이다.

정답 16 ③ 17 ① 18 ③ 19 ② 20 ③

소스 파일 설치

1 파일 아카이브와 압축

(1) 파일 아카이브

① 아카이브(archive)는 다수 개의 파일이나 디렉터리를 하나의 파일로 묶는 것이다.

② 아카이브 파일은 다른 시스템으로 다수 개의 파일을 한 번에 전송하거나 파일 백업용으로 사용한다.

형식	tar [옵션] 파일명
옵션	**기능**
c	새로운 아카이브 파일 tar 생성
x	tar로 묶은 파일을 원본 파일로 복원(묶음 해제)
d	아카이브에 있는 파일과 비교
r	아카이브된 파일의 마지막 부분에 파일 추가
t	아카이브 파일 안에 있는 파일 목록 나열
u	아카이브에 있는 기존 파일보다 새로운 파일로 업데이트
f	아카이브 파일명을 지정. 생략하면 디폴트 파일명으로 지정
v	처리하고 있는 파일의 정보를 화면에 출력
z	gzip으로 압축하거나 해제
j	bzip2로 압축하거나 해제
P	절대 경로 정보 유지
J	xz 옵션으로 압축 파일인 tar.xz에 사용
──exclude	특정 디렉터리를 제외하고 묶음

(2) 파일 압축과 해제

① 대표적인 파일 압축 명령은 compress, gzip, bzip2, xz가 있다.

② 일반적으로 많이 사용되는 압축 명령어는 gzip과 bzip2이다.

③ 압축률이 가장 낮은 것은 명령어 compress이며 압축률이 가장 높은 것은 명령어 xz이다.

- compress와 uncompress

압축 파일명	압축/해제 명령어	기능
.Z	compress [옵션] 파일명	확장자 .Z로 파일 압축 -d : 파일 압축을 해제 -c : 기본 생성 파일인 .Z가 아닌 지정 파일로 생성 -v : 압축 진행 과정을 화면에 표시 -V : compress 명령어 버전 정보 출력
	uncompress 파일명	확장자가 .Z인 파일 압축 해제

- gzip와 gunzip

압축 파일명	압축/해제 명령어	기능
.gz 파일	gzip [옵션] 파일명	확장자 .gz로 파일 압축 - d : 파일 압축을 해제 - l : 압축된 파일 정보를 나타냄 - v : 압축 과정을 화면에 표시
	gunzip 파일명	- 확장자가 .gz인 파일 압축 해제 - 'gzip -d'와 동일한 기능
	zcat 파일명	압축된 파일의 내용을 출력

- bzip2와 bunzip2

압축 파일명	압축/해제 명령어	기능
.bz2 파일	bzip2 [옵션] 파일명	- 확장자 .bz2로 파일 압축 - .gzip의 옵션과 동일
	bunzip2 파일명	확장자 .bz2인 파일 압축 해제
	bzcat 파일명	압축 파일의 내용 출력

• xz와 unxz

압축 파일명	압축/해제 명령어	기능
.xz 파일	xz [옵션] 파일명	확장자 .xz로 파일 압축 – z : 강한 파일 압축 – d : 강한 파일 압축 해제 – v : 압축 과정을 화면에 표시
	unxz 파일명	– 확장자 .xz인 파일 압축 해제 – 'xz –d'와 동일한 기능

2 소스 코드 설치

① 소스 코드를 압축 해제 후 컴파일 순서에 따라 프로그램을 설치한다.

• 소스코드는 고급언어(사람이 이해하기 쉽게 만든 프로그램 언어)로 작성된 프로그램이다.
• 컴파일은 고급언어를 저급언어(기계어)로 변환시켜주는 것이다.
• 리눅스에서 소스코드는 대부분 C언어로 작성한다.

② 컴파일 순서는 설치 파일의 환경설정(configure), 컴파일(make), 파일 설치(make install)이다.

1단계 환경설정	./configure	프로그램 설치 과정에서 필요로 하는 환경파일 makefile 생성 • 시스템 파일 위치 지정 또는 설치 파일의 위치 지정 • configure 뒤에 옵션을 넣음
2단계 컴파일	make	• makefile을 기반으로 소스 파일을 컴파일 • make가 끝나면 소스파일은 실행파일(setup)로 전환
3단계 파일 설치	make install	컴파일된 실행파일을 지정된 속성으로 지정된 디렉터리에 설치

예제 ....

아래 예제는 PHP를 설치하는 과정이다.

① ./configure로 환경 설정 시 php−config 파일의 경로를 지정한다. (선택적 작업)

```
[root@master src]# ./configure -with-php-config=/usr/local/php/bin/php-config
checking for gcc... gcc
checking for C compiler default output file name... a.out
checking whether the C compiler works... yes
checking whether we are cross compiling... no
checking for suffix of executables...
checking for suffix of object files... o
checking whether we are using the GNU C compiler... yes
checking whether gcc accepts -g... yes
checking for gcc option to accept ANSI C... none needed
checking whether gcc and cc understand -c and -o together... yes
checking if compiler supports -R... no
checking if compiler supports -Wl,-rpath,... yes
checking for PHP prefix... /usr/local/php
checking for PHP includes... -I/usr/local/php/include/php -I/usr/local/php/include/php/
main -I/usr/local/php/include/php/TSRM -I/usr/local/php/include/php/Zend -I/usr/local/p
hp/include/php/ext -I/usr/local/php/include/php/ext/date/lib
```

② 명령어 make && make install로 컴파일과 파일 설치를 동시에 처리할 수 있다.

```
[root@master src]# make && make install
/bin/sh /usr/local/src/php-json-ext-1.2.1/libtool --mode=compile gcc  -I. -I/usr/local/
src/php-json-ext-1.2.1 -DPHP_ATOM_INC -I/usr/local/src/php-json-ext-1.2.1/include -I/us
r/local/src/php-json-ext-1.2.1/main -I/usr/local/src/php-json-ext-1.2.1 -I/usr/local/ph
p/include/php -I/usr/local/php/include/php/main -I/usr/local/php/include/php/TSRM -I/us
r/local/php/include/php/Zend -I/usr/local/php/include/php/ext -I/usr/local/php/include/
php/ext/date/lib  -DHAVE_CONFIG_H  -g -O2  -prefer-pic -c /usr/local/src/php-json-ext-1
---------------------------------------------------------------------------
Libraries have been installed in:
   /usr/local/src/php-json-ext-1.2.1/modules

If you ever happen to want to link against installed libraries
in a given directory, LIBDIR, you must either use libtool, and
specify the full pathname of the library, or use the `-LLIBDIR'
flag during linking and do at least one of the following:
   - add LIBDIR to the `LD_LIBRARY_PATH' environment variable
     during execution
   - add LIBDIR to the `LD_RUN_PATH' environment variable
     during linking
   - use the `-Wl,--rpath -Wl,LIBDIR' linker flag
   - have your system administrator add LIBDIR to `/etc/ld.so.conf'

See any operating system documentation about shared libraries for
more information, such as the ld(1) and ld.so(8) manual pages.
---------------------------------------------------------------------------
Build complete
(It is safe to ignore warnings about tempnam and tmpnam).
```

③ CMake(Cross Platform Make)

- 멀티 플랫폼으로 사용할 수 있는 Make의 대용품을 만들기 위한 오픈소스 프로젝트이다.
- 키트웨어와 인사이트 콘소시엄에서 개발하였다.
- 스스로 기존의 Make의 과정을 수행하지는 않고 지정한 운영 체제에 맞는 Make 파일(마이크로소프트 윈도우에서는 솔루션 파일)의 생성만을 수행하기 때문에 Meta Make라고도 불린다.
- 유닉스 계열 OS 중심이던 기존의 Make와는 달리 한 번 작성해 두면 유닉스 계열은 물론 마이크로소프트 윈도우 계열의 프로그래밍 도구도 지원한다.
- 주요 특징은 다음과 같다.
  - 소프트웨어 빌드에 특화된 언어로 독자적 설정 스크립트를 사용한다.
  - C, C++, 자바, 포트란에 대해서는 자체적으로 의존 관계를 분석할 수 있다.
  - 스위그, QT 지원에 특화되어 있다.
  - 마이크로소프트 비주얼 스튜디오를 자체적으로 지원한다(6, 7, 7.1, 8.0, 9.0 등).
  - 이클립스용 빌드 파일을 생성할 수 있다.
  - 타임스탬프를 통해 파일 내용의 변화를 알아낼 수 있다.
  - 평행 빌드를 할 수 있다.
  - 크로스 컴파일을 할 수 있다.
  - 다양한 플랫폼을 지원한다.

01 tar.gz으로 압축된 파일의 압축 전 파일명과 크기, 압축률에 대한 정보를 출력하기 위해 사용될 명령어와 옵션의 조합으로 알맞은 것은?

① compress, −l
② uncompress, −9
③ gzip, −l
④ gunzip, −9

아래는 압축명에 따른 압축 파일과 압축 해제에 대한 정보이다. compress에서의 압축 상세 과정을 출력하는 옵션은 −v이며, gzip의 압축 상세 과정 옵션은 −l이다.

압축명	압축 파일	압축 해제
.Z	compress	uncompress
.gz	gzip	gunzip

02 다음의 조건에 맞는 압축 명령으로 알맞은 것은?

- 압축 대상 디렉터리는 /home이며, /home/user1 디렉터리는 제외한다.
- 압축명은 ihd.tgz로 한다.
- 압축 과정은 보이지 않게 한다.

① tar zxvf ihd.tgz /home --exclude
   -dir /home/user1
② tar zcf ihd.tgz /home --exclude /
   home/user1
③ tar zxf ihd.tgz /home --exclude-
   dir /home/user1
④ tar zcvf ihd.tgz /home --exclude
   /home/user1

파일명 tgz는 압축과 묶음을 같이 진행해야 하며, 압축 과정을 출력하지 않게 하기 위해서 옵션 −v는 생략한다.

옵션	기능
z	압축하거나 해제
c	tar 파일 생성
f	아카이브 파일명 지정
v	처리 과정을 화면에 출력

03 다음 중 압축 명령과 압축 해제 명령 조합으로 틀린 것은?

① xz, unxz
② gzip, ungzip
③ bzip2, bunzip2
④ compress, uncompress

gzip의 압축 해제 명령어는 gunzip이다.

04 다음 중 etc.tgz 파일에 vsftpd.conf 파일이 포함되었는지 확인하는 명령으로 알맞은 것은?

① tar −tvf ./etc.tgz | grep "vsftpd.
   \.conf"
② tar −xvf ./etc.tgz | grep "vsftpd.
   \.conf"
③ tar −rvf ./etc.tgz | grep "vsftpd.
   \.conf"
④ tar −dvf ./etc.tgz | grep "vsftpd.
   \.conf"

옵션 −t와 명령어 grep을 이용하여 특정 파일의 포함 여부를 확인할 수 있다.

옵션	기능
t	아카이브 파일 안에 있는 파일 목록을 출력
f	아카이브 파일명 지정
v	처리 과정을 화면에 출력

정답 01 ③ 02 ② 03 ② 04 ①

05 다음은 test.tar에 묶여 있는 파일 목록을 확인하는 과정이다. (   ) 안에 들어갈 옵션을 알맞은 것은?

```
[root@ihd ~]# tar (    ) test.tar
```

① tvf
② cvf
③ evf
④ xvf

옵션 t는 묶여 있는 파일 안의 목록을 출력한다.

06 다음 (   ) 안에 들어갈 내용으로 알맞은 것은?

```
# tar (    ) linux-4.1.4.tar.xz
```

① zxvf
② Jxvf
③ Zxvf
④ jxvf

옵션 J는 압축 파일 tar.xz에 사용한다.

07 다음 중 gzip에 의해 압축되어 있는 텍스트 파일의 내용을 확인할 때 사용하는 명령어는?

① mcat
② ncat
③ gcat
④ zcat

명령어 zcat은 모든 압축된 입력 파일의 압축을 풀어서 standard out에 출력한다. zcat은 cat의 기능과 동일하다.

08 다음 중 messages.xz 파일의 압축 해제 명령으로 알맞은 것은?

① xz -zv messages.xz
② xz -Vv messages.xz
③ xz -dv messages.xz
④ xz -tv messages.xz

xz 옵션 -d는 압축 해제 시, 옵션 -v는 압축 해제 과정을 표시한다.

09 다음 중 압축률이 가장 높은 프로그램으로 알맞은 것은?

① bzip2
② compress
③ xz
③ gzip

gzip 〈 bz2 〈 xz의 순서로 높은 압축률을 가진다.

10 다음 중 소스 파일로 프로그램을 설치하는 단계로 알맞은 것은?

① configure → make install → make
② configure → make → make install
③ make → make install → configure
④ make → configure → make install

소스 파일을 설치하는 과정은 환경 설정(configure), 컴파일(make), 파일 설치(make install) 과정을 거친다.

11 다음 소스 설치 단계와 관련 있는 프로그램으로 알맞은 것은?

> 압축 풀기 및 디렉터리 이동 → cmake → make install

① MySQL
② SAMBA
③ 아파치 웹 서버
④ PHP

명령어 cmake는 make 과정을 수행하지 않고 지정한 운영체제에 맞는 make 파일을 생성한다. MySQL 5.5 버전부터는 cmake를 이용하여 컴파일한다.

12 다음 중 수세 리눅스의 패키지 관리 기법으로 알맞은 것은?

① alien
② yum
③ dselect
④ YaST

YaST는 Yet another Setup Tool의 약자로 오픈 수세를 대표하는 기능이다. 이것은 시스템 관리를 위한 GUI 및 ncurses 인터페이스를 제공한다.

13 다음 중 cmake의 특징으로 틀린 것은?

① 평행 빌드를 지원한다.
② 크로스 컴파일은 지원되지 않는다.
③ 마이크로소프트 Visual Studio .Net을 지원한다.
④ 타임스탬프를 통해 파일 내용의 변화를 알 수 있다.

크로스 컴파일은 컴파일러가 실행되는 플랫폼이 아닌 다른 플랫폼에서 실행 가능한 코드를 생성할 수 있는 컴파일로 cmake는 크로스 컴파일을 지원한다.

06

장치 설정

주변 장치 연결 및 설정

1 프린터 설치 및 설정

(1) 프린터 인쇄 시스템

리눅스의 프린터 인쇄 시스템으로는 LPRng(Line Printer next generation)와 CUPS(Common Unix Printing System)가 있다.

① LPRng

- 리눅스 초기에 사용되었던 인쇄 시스템이다.
- 버클리 프린팅 시스템으로 BSD 계열 유닉스에서 사용하기 위해 개발되었다.
- 라인 프린터 데몬 프로토콜을 사용하여 프린터 스풀링과 네트워크 프린터 서버를 지원한다.
- LPRng 설정 파일은 /etc/printcap이다.

② CUPS

- 애플이 개발한 오픈 소스 프린팅 시스템이다.
- 유닉스 계열 운영체제의 시스템을 프린터 서버로 사용 가능하게 해준다.
- 매킨토시나 윈도우 등 시중에 시판되는 대부분의 프린터를 지원한다.
- HTTP 기반의 IPP(Internet Printing Protocol)를 사용하여 프린터를 웹 기반으로 제어한다.
    - LPRng는 515 포트, CUPS는 631 포트를 사용한다.
- CUPS 설정 디렉터리는 /etc/cups이다.
- 사용자 및 호스트 기반의 인증을 제공한다.
- CUPS 관련 파일은 cupsd.conf, printers.conf, classes.conf, cupsd 등이 있다.

파일	기능
/etc/cups/cupsd.conf	프린터 데몬 환경 설정 파일
/etc/cups/printers.conf	• 프린터 큐 관련 환경 설정 파일 • lpadmin 명령을 이용하거나 웹을 통해 제어
/etc/cups/classes.conf	CUPS 프린터 데몬의 클래스 설정 파일
cupsd	CUPS의 프린터 데몬

(2) 프린터 설정

다음은 Red Hat Enterprise Linux상에서의 인쇄 설정에 관한 것이다. Red Hat Enterprise Linux 4 이상에서는 CUPS 인쇄 시스템을 사용한다.

① 일반적으로 X-Windows상에서 '프린트 설정 도구'로 프린터를 설치한다.
- '주메뉴 → 시스템 설정 → 인쇄' 항목을 선택하거나 명령어 system-config-printer를 입력한다.
- '프린트 설정 도구'는 프린터 설정 파일, 프린터 스풀 디렉터리, 프린터 필터를 관리한다.
- '프린트 설정 도구'는 루트 권한이 있어야 한다.

② '로컬 접속'으로 프린터를 직접 연결할 수 있다.
- 병렬 포트나 USB 포트로 컴퓨터에 직접 연결되면 자동으로 프린터 관련 파일이 생성된다.

직렬 포트	/dev/lp0 파일로 사용 가능
USB 포트	/dev/usb/lp0 파일로 사용 가능

- 'CUPS'를 사용하여 로컬에 직접 연결한 프린터를 'http://localhost:631'로 접속하여 네트워크 프린터처럼 설정이 가능하다.

③ 네트워크 프린터를 설정할 경우 5가지 방법을 제공하고 있다.

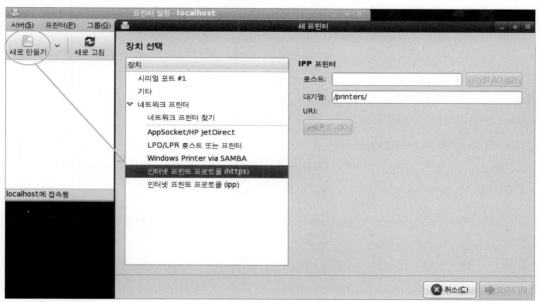

AppSocket/HP Jetdirect	프린터가 컴퓨터에 연결되어 있지 않고 네트워크에 연결된 경우 사용
LPD/LPR 호스트 또는 프린터	IPP 프로토콜 기반의 프린터 설정 시 사용
Windows Printer via SAMBA	• 윈도우 시스템에 연결된 프린터 설정 시 사용 • 삼바 기반의 SMB(Server Message Block) 프로토콜 사용
인터넷 프린터 프로토콜(https)	https 프로토콜 기반의 프린터 설정 시 사용
인터넷 프린터 프로토콜(ipp)	IPP 프로토콜 기반의 프린터 설정 시 사용

2 사운드 카드 설치 및 설정

리눅스 환경에서의 사운드 카드 지원 시스템은 OSS와 ALSA가 있다.

① OSS(Open Sound System)

- 리눅스 및 유닉스 계열 운영체제에서 사운드를 만들고 캡처하는 인터페이스이다.
- 표준 유닉스 장치 시스템 콜(POSIX READ, WRITE, IOCTL 등)에 기반을 둔 것이다.
- 현재 리눅스 커뮤니티에서는 ALSA로 대체되었다.

② ALSA(Advanced Linux Sound Architecture)

- 사운드 카드용 장치 드라이버를 제공하기 위한 리눅스 커널 요소이다.
- 1998년 Jaroslav Kysela에 의해 시작되었고 현재는 GPL 및 LGPL 라이선스 기반으로 배포되고 있다.
- 사운드 카드를 자동으로 구성하고 시스템에 여러 개의 사운드 장치를 관리하는 것이 목적이다.
- OSS의 지원을 받아서 하드웨어 기반 미디어 합성, 다중 채널 하드웨어 믹싱, 전이중 통신, 다중 프로세서와의 조화, 스레드 안정장치 드라이버 등의 기능을 지원한다.
- 환경 설정 파일은 /etc/asound.state이다.

3 스캐너 설치 및 설정

리눅스 환경에서의 스캐너 지원 시스템은 SANE와 XSANE이다.

① SANE(Scanner Access Now Easy)

- 평판 스캐너, 핸드 스캐너, 비디오 캠 등 이미지 관련 하드웨어를 제어하는 API이다.
- GPL 라이선스, 리눅스 및 유닉스 계열, OS2, Windows도 지원한다.

SCSI 스캐너	/dev/sg0, /dev/scanner로 인식
USB 스캐너	/dev/usb/scanner, /dev/usbscanner로 인식

② XSANE(X based interface for the SANE)

- SANE 스캐너 인터페이스를 이용하여 X-Windows 기반의 스캐너 프로그램이다.
  - GTK+ 라이브러리로 만들어졌다.
  - X-window 터미널에서 xsane이라고 입력하면 실행된다.
- 스캐너, 디지털 카메라, 디지털 캠 등 다양한 장치에서 사용이 가능하다.
- 스캔 작업뿐만 아니라 캡처한 이미지에 수정 작업을 할 수도 있다.
- GPL 라이선스, 리눅스 및 유닉스 계열, OS2, Windows도 지원한다.

01 다음 설명으로 알맞은 것은?

> 애플이 개발한 오픈 소스로 유닉스 계열 운영체제의 시스템을 프린터 서버로 사용 가능하게 해주는 프린팅 시스템이다.

① LPRng
② ALSA
③ OSS
④ CUPS

오답 피하기

① LPRng는 버클리 프린팅 시스템으로 BSD계열 유닉스에 사용하기 위해 개발되었다.
② ALSA는 사운드 카드용 장비 드라이버를 제공하기 위한 리눅스 커널 요소이다.
③ OSS는 유닉스 계열 운영체제에서 사운드를 만들고 캡처하는 인터페이스이다.

02 다음 중 CUPS에 대한 설명으로 틀린 것은?

① 웹을 통해 관련 장치의 제어가 가능하다.
② 설정한 정보는 /etc/printcap 파일에 저장된다.
③ lpadmin이라는 명령어를 사용한다.
④ 애플이 개발한 오픈 소스 프린팅 시스템이다.

CUPS 설정 정보는 /etc/cups에 저장된다.

03 다음 중 CUPS 관련 파일에 대한 설명으로 틀린 것은?

① cupsd : 프린터 데몬
② /etc/cups/cupsd.conf : 프린터 데몬의 환경 설정 파일
③ /etc/printcap : 프린터 큐 관련 환경 설정 파일
④ /etc/cups/classess.conf : 프린터 데몬의 클래스(class) 설정 파일

/etc/cups/printers.conf : 프린터 큐 관련 환경 설정 파일

04 다음 중 리눅스 시스템과 윈도우 시스템 간에 프린터를 공유하기 위한 서비스로 알맞은 것은?

① JetDirect
② Unix Printer
③ Line Printer
④ Samba Printer

리눅스 시스템상에서 윈도우 시스템에 연결된 프린터 설정 시 삼바(SAMBA) 기반의 SMB 프로토콜을 사용한다.

05 다음 중 LPRng의 설명으로 틀린 것은?

① BSD 계열 유닉스에서 사용하기 위해 개발되었다.
② 애플이 개발한 오픈 소스 프린팅 시스템이다.
③ 프린터 스풀링과 네트워크 프린터 서버를 지원한다.
④ 설정 정보는 /etc/printcap에 저장된다.

LPRng는 버클리 프린팅 시스템으로 BSD 계열 유닉스에서 사용하기 위해 개발되었다.

정답 01 ④ 02 ② 03 ③ 04 ④ 05 ②

06 다음 ( ) 안에 들어갈 내용으로 알맞은 것은?

> 프린터를 웹 기반으로 제어하기 위해서는 (㉠)(이)라는 프로토콜을 사용해야 하며, 관련 포트 번호는 (㉡)이다.

① ㉠ PPD   ㉡ 631
② ㉠ IPP   ㉡ 631
③ ㉠ PPD   ㉡ 931
④ ㉠ IPP   ㉡ 931

CUPS는 HTTP 기반의 IPP(Internet Printing Protocol)를 사용하여 프린터를 웹 기반으로 제어한다. CUPS의 IPP 포트 번호는 631이다.

07 다음에서 설명하는 내용으로 알맞은 것은?

> 버클리 프린팅 시스템으로 라인 프린터 데몬 프로토콜을 사용하여 프린터 스풀링 및 네트워크 프린터 서버를 지원한다.

① LPRng
② SAMBA
③ CUPS
④ PPD

오답 피하기

② SAMBA는 리눅스 시스템과 윈도우 시스템 간에 프린터를 공유하기 위한 서비스이다.
③ CUPS는 애플이 개발한 오픈 소스 프린팅 시스템이다
④ PPD(PostScript Printer Description) 파일은 프린터의 옵션과 기능을 지정한다.

08 다음 ( ) 안에 들어갈 내용으로 알맞은 것은?

> 리눅스 시스템에서 프린터를 직접 연결하는 경우에는 자동으로 관련 파일이 생성된다. 직렬 포트에 연결하면 (㉠)(이)라는 파일로 사용 가능하고, USB 포트에 연결하면 (㉡)(이)라는 파일로 사용 가능하다.

① ㉠ /dev/print/lp0   ㉡ /dev/lp0/usb
② ㉠ /dev/print/lp0   ㉡ /dev/usb/lp0
③ ㉠ /dev/lp0   ㉡ /dev/lp0/usb
④ ㉠ /dev/lp0   ㉡ /dev/usb/lp0

'로컬 접속'으로 프린터를 연결 시 병렬 포트나 USB 포트로 컴퓨터에 연결된다. 이때 프린터 관련 파일은 직렬 포트에 대해 /dev/lp0, USB 포트에 대해 /dev/usb/lp0이다.

09 다음 설명과 관련 있는 장치 종류로 알맞은 것은?

> 리눅스에서 사운드를 만들고 캡처하는 인터페이스로 표준 유닉스 장치(POSIX READ, WRITE, IOCTL 등)에 기반을 두고 있다.

① CUPS   ② SANE
③ ALSA   ④ OSS

오답 피하기

① CUPS는 애플이 개발한 오픈 소스 프린팅 시스템이다.
② SANE은 평판/핸드 스캐너, 비디오 캠 등 이미지 관련 하드웨어를 제어하는 API이다.
③ ALSA는 사운드 카드용 장비 드라이버를 제공하기 위한 리눅스 커널 요소이다.

정답 06 ② 07 ① 08 ④ 09 ④

10 다음 (   ) 안에 들어갈 내용으로 알맞은 것은?

> (   )(은)는 사운드 카드용 장치 드라이버를 제공하기 위한 리눅스 커널의 구성요소로서, 사운드 카드를 자동으로 구성하고 시스템이 여러 개의 사운드 장치를 관리하는 것을 목적으로 하고 있다.

① USB   ② ALSA
③ XSANE   ④ SATA

오답 피하기
① USB는 컴퓨터와 주변 기기를 연결하는 데 쓰이는 입출력 표준의 하나이다.
③ XSANE은 SANE 스캐너 인터페이스를 이용하여 X-Windows 기반의 스캐너 프로그램이다.
④ SATA는 하드 디스크 혹은 광학 드라이브와 데이터 전송을 주요 목적으로 만든 컴퓨터 버스의 한 가지이다.

11 다음 중 ALSA 사운드 카드를 제어하는 명령으로 알맞은 것은?

① cdparanoia   ② ossctl
③ alsactl   ④ alsamixer

오답 피하기
① cdparanoia는 오디오 CD에서 파일을 추출하는 명령어이다.
② ossctl : 오픈 사운드 시스템(OSS)을 제어하는 명령어이다.
④ alsamixer는 ALSA의 사운드 카드 오디오 믹서 프로그램이다.

12 다음 중 평판 스캐너, 핸드 스캐너, 비디오 캠 등 이미지 관련 하드웨어를 사용할 수 있도록 해주는 API로 알맞은 것은?

① SANE   ② OSS
③ ALSA   ④ CUPS

오답 피하기
② OSS는 유닉스 계열 운영체제에서 사운드를 만들고 캡처하는 인터페이스이다.
③ ALSA는 사운드 카드용 장비 드라이버를 제공하기 위한 리눅스 커널 요소이다.
④ CUPS는 애플이 개발한 오픈 소스 프린팅 시스템이다.

13 다음 중 X-윈도우 기반의 스캐너 관련 도구로 알맞은 것은?

① sane   ② scan
③ xsane   ④ xscan

XSANE은 SANE 스캐너 인터페이스를 이용하여 X-윈도우 기반의 스캐너 프로그램이다.

14 다음 (   ) 안에 들어갈 내용으로 알맞은 것은?

> XSANE은 SANE 스캐너 인터페이스를 이용하여 (㉠) 기반으로 만든 프로그램이다. XSANE은 GTK+ 라이브러리로 만들어졌으며, 실행 명령은 (㉡)이다.

① ㉠ X-Window   ㉡ xsane
② ㉠ X-Window   ㉡ sane
③ ㉠ X-Client   ㉡ xsane
④ ㉠ X-Client   ㉡ sane

XSANE은 SANE 스캐너 인터페이스를 이용하여 X-윈도우 기반의 스캐너 프로그램이다. 이것은 GTK+ 라이브러리로 만들어졌다.

15 다음 중 리눅스의 장치 관련 설명으로 틀린 것은?

① /dev/sda3은 첫 번째 SCSI 디스크 세 번째 파티션을 의미한다.
② /dev/lp0을 사용하여 텍스트 파일 문서 출력이 가능하다.
③ 리눅스는 원격 프린터를 지원한다.
④ /dev/fd는 스캐너 장치를 사용할 때 이용된다.

SCSI 스캐너는 /dev/sg0 또는 /dev/scanner, USB 스캐너는 /dev/usb/scanner 또는 /dev/usbscanner로 인식한다.

정답 10 ②   11 ③   12 ①   13 ③   14 ①   15 ④

주변 장치 활용

1 프린터 관련 명령어

유닉스 계열에 따라 서로 다른 프린터 명령어를 지원한다. 대부분의 배포판에서는 이 두 계열의
명령어를 모두 지원하고 있다.

계열	프린터 명령어
BSD 계열	lpr, lpq, lprm, lpc
System V 계열	lp, lpstat, cancel

(1) BSD 계열 프린터 명령어들

① **lpr** : 프린터 작업 요청을 한다.

형식

lpr [옵션] [파일명]	
옵션	**설명**
-# 값	인쇄할 매수를 지정(1~100)
-m	작업이 완료되면 관련 정보를 E-mail로 전송
-P 프린터명	기본 설정 프린트 이외에 다른 프린터 지정
-r	출력한 뒤에 지정한 파일 삭제

② **lpq** : 프린터 큐에 있는 작업 목록을 출력한다.

<table>
<tr><td>형식</td><td colspan="2">lpq [옵션]</td></tr>
<tr><td></td><td>옵션</td><td>설명</td></tr>
<tr><td></td><td>-a</td><td>설정되어 있는 모든 프린터의 작업 정보를 출력</td></tr>
<tr><td></td><td>-l</td><td>출력 결과를 자세히 출력</td></tr>
<tr><td></td><td>-P 프린터명</td><td>특정 프린터를 지정</td></tr>
</table>

③ **lprm**

- 프린터 큐에 대기 중인 작업을 삭제한다.
- 취소할 프린트 작업 번호를 입력한다.
- 작업번호가 명시되지 않은 경우 가장 마지막에 요청한 작업이 취소된다.

<table>
<tr><td>형식</td><td colspan="2">lprm [옵션] [파일명]</td></tr>
<tr><td></td><td>옵션</td><td>설명</td></tr>
<tr><td></td><td>-</td><td>프린터 큐에 있는 모든 작업 취소</td></tr>
<tr><td></td><td>-U 사용자명</td><td>지정한 사용자의 인쇄 작업 취소</td></tr>
<tr><td></td><td>-P 프린트명</td><td>특정 프린터를 지정</td></tr>
<tr><td></td><td>-h 서버</td><td>지정한 서버의 인쇄 작업 취소</td></tr>
</table>

④ **lpc**

- 라인 프린터 컨트롤 프로그램이다.
- 프린터나 프린터 큐를 제어한다.

(2) System V 계열 프린터 명령어들

① lp : 프린터 작업 요청(명령어 lpr과 유사한 기능)을 한다.

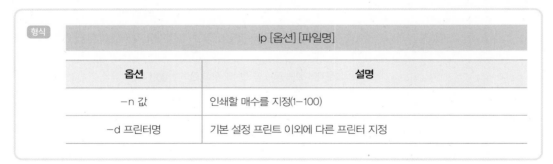

옵션	설명
−n 값	인쇄할 매수를 지정(1−100)
−d 프린터명	기본 설정 프린트 이외에 다른 프린터 지정

lp [옵션] [파일명]

② lpstat : 프린터 큐의 상태를 확인한다.

lpstat [옵션]

옵션	설명
−p	프린터의 인쇄 가능 여부를 출력
−t	프린터의 상태 정보를 출력
−a	프린터가 허가(accept)된 상황 정보 출력

③ cancel

- 프린트 작업을 취소한다.
- 취소할 요청 ID를 lpstat로 확인 후 삭제한다.

cancel 요청ID

옵션	설명
−a	프린터 큐에 있는 모든 작업 취소

2 사운드 카드 관련 명령어

① **alsactl** : ALSA 사운드 카드를 제어한다.

형식	alsactl [옵션] [명령]	

옵션	설명
-d	디버그 모드를 사용
-f	환경 설정 파일 선택

명령	기능
store	사운드 카드에 대한 정보를 환경 설정 파일에 저장
restore	환경 설정 파일로부터 선택된 사운드카드 정보를 다시 읽어 들임
init	사운드 장치를 초기화

② **alsamixer** : 커서(ncurses) 라이브러리 기반의 오디오 프로그램이다.

③ **cdparanoia** : 오디오 CD로부터 음악 파일을 추출 시 사용한다.

형식	cdparanoia [옵션]

옵션	설명
-w	wav 파일 추출
-a	Apple AIFF-C 포맷으로 추출
-B	모든 트랙을 cdda2wav 스타일로 추출

3 스캐너 관련 명령어

① **sane − find − scanner** : SCSI 스캐너와 USB 스캐너 관련 장치 파일을 찾아주는 명령어이다.

형식

sane−find−scanner [옵션] [장치파일명]	
옵션	**설명**
−q	스캐너 장치만 출력
−v	자세한 정보를 출력
−p	직렬 포트에 연결된 스캐너만 찾음

② **scanimage** : 이미지를 스캔한다.

옵션	설명
−d	SANE 장치 파일명 입력 옵션
−−format	• 이미지 형식 지정 • pnm과 tiff 지정 • 옵션 미지정 시 pnm 형식으로 지정
−L	사용 가능한 스캐너 장치 목록 출력

③ **scanadf** : 자동 문서 공급 장치가 장착된 스캐너에서 여러 개의 사진을 스캔한다.

형식

scanadf [옵션]	
옵션	**설명**
−d	SANE 장치 파일명 입력 옵션
−L	사용 가능한 스캐너 장치 목록 출력

④ **xcam** : GUI 기반으로 평판 스캐너나 카메라로부터 이미지를 스캔한다.

01 다음 중 seoul.txt 파일 내용을 인쇄하기 위한 명령으로 틀린 것은?

① cat seoul.txt >/dev/lp0
② cat seoul.txt | lpr
③ cat seoul.txt </dev/lp0
④ lpr seoul.txt

〈은 표준 입력 리다이렉션 기호이다.

02 다음 중 프린터 작업을 요청하여 인쇄를 할 때 사용 가능한 명령어 조합으로 알맞은 것은?

① lp, lpstat
② lpr, lpc
③ lpr, lp
④ lpc, lpstat

lpr과 lp는 프린터 작업 요청 명령이다.

오답 피하기
• lpstat는 프린터 큐의 상태를 출력한다.
• lpc는 프린터 컨트롤 프로그램으로 프린터나 프린터 큐를 제어한다.

03 다음 중 BSD 계열 프린터 명령으로 알맞은 것은?

① lpstat
② lp
③ cancel
④ lpc

lpstat, lp, cancel은 System V 계열 프린터 명령어들이다.

04 다음 중 리눅스 시스템에서 사용하는 프린트 관련 명령어로 틀린 것은?

① lpp
② lpq
③ lpr
④ lprm

오답 피하기
② lpq는 프린터 큐에 있는 작업 목록을 출력한다.
③ lpr은 프린터 작업을 요청한다.
④ lprm은 프린터 큐에 대기 중인 작업을 삭제한다.

05 lp 명령어로 파일을 여러 장 출력하고자 할 때 사용하는 옵션으로 알맞은 것은?

① -p
② -n
③ -d
④ -#

명령 lpr은 옵션 '-# 숫자', 명령 lp는 옵션 '-n 숫자'로 인쇄할 매수를 지정한다.

06 다음 중 이름이 ihd인 프린터로 youngjin.txt 문서를 10장 출력하기 위한 명령으로 알맞은 것은?

① lpr -% 10 -P ihd youngjin.txt
② lpr -$ 10 -P ihd youngjin.txt
③ lpr -# 10 -P ihd youngjin.txt
④ lpr -& 10 -P ihd youngjin.txt

옵션 '-# 숫자'는 인쇄할 매수를 지정하며 옵션 '-P 프린터명'은 기본 설정 프린터 외에 다른 프린터를 지정할 때 지정한다.

정답 01 ③ 02 ③ 03 ④ 04 ① 05 ② 06 ③

07 lp 명령으로 파일의 내용을 7매 출력하려고 한다. 다음 중 ( ) 안에 들어갈 내용으로 알맞은 것은?

> # lp ( ) /etc/hosts

① −7
② −n 7
③ −P 7
④ −# 7

명령 lp는 옵션 '−n 값'으로 인쇄할 매수를 지정한다.

08 cancel 명령으로 한 개의 프린터 작업을 취소하려고 한다. 다음 중 필수로 선행되어야 할 작업으로 알맞은 것은?

① lpr 명령을 이용해 출력한 뒤 지정한 파일을 삭제한다.
② lpstat 명령을 이용해 요청 ID를 확인한다.
③ lpc 명령을 이용해 지정한 프린터를 사용할 수 없게 한다.
④ lp 명령을 이용해 다른 프린터를 지정한다.

① lpr 명령을 이용해 프린터 작업을 요청한다.
③ lpc 명령을 이용해 프린터나 프린터 큐를 제어한다.
④ lp 명령은 프린터 작업을 요청한다. 다른 프린터 지정을 위해서는 옵션 '−d 프린트명'을 지정해야 한다.

09 다음 ( ) 안에 들어갈 내용으로 알맞은 것은?

> 프린터 큐에 대기 중인 작업을 삭제하기 위해서는 먼저 (㉠) 명령을 실행하여 큐의 상태를 확인한 후에 (㉡)(을)를 사용하여 관련 작업을 삭제한다.

① ㉠ lpstat ㉡ cancel
② ㉠ lpq ㉡ lpr
③ ㉠ lpq ㉡ lp
④ ㉠ lpstat ㉡ lpr

명령 lpr은 프린트 작업 요청하며, 명령 lpq는 프린터 큐에 있는 작업 목록을 출력한다.

10 다음 중 커서(ncurses) 라이브러리 기반의 오디오 프로그램으로 알맞은 것은?

① cdparanoia
② scanadf
③ xcam
④ alsamixer

① cdparanoia은 오디오 CD로부터 음악 파일을 추출 시 사용한다.
② scanadf은 자동 문서 공급 장치가 장착된 스캐너에서 여러 개의 사진을 스캔한다.
③ xcam은 GUI 기반으로 평판 스캐너나 카메라로부터 이미지를 스캔한다.

11 다음 중 오디오 CD로부터 음악 파일을 추출할 때 사용하는 명령어로 알맞은 것은?

① cdparanoia
② alsactl
③ alsamixer
④ xcam

② alsactl은 ALSA 사운드 카드를 제어한다.
③ alsamixer은 커서 라이브러리 기반의 오디오 프로그램이다.
④ xcam은 GUI 기반으로 평판 스캐너나 카메라로부터 이미지를 스캔한다.

12 다음 중 사용 가능한 SCSI 및 USB 스캐너의 정보를 출력해 주는 명령으로 알맞은 것은?

① scanadf
② xcam
③ scanimage
④ sane−find−scanner

① scanadf는 자동 문서 공급 장치가 장착된 스캐너에서 여러 개의 사진을 스캔하는 명령이다.
② xcam은 GUI 기반으로 평판 스캐너나 카메라로부터 이미지를 스캔하는 명령이다.
③ scanimage는 이미지를 스캔하는 명령어이다.

13 다음 중 이미지를 스캔하는 scanimage 명령어 옵션에 대한 설명으로 틀린 것은?

① −h : 프로그램 버전 확인
② −L : 사용 가능한 장치 목록 표시
③ −−format : 이미지 형식 지정
④ −d : 장치 파일명 지정

−h : 도움말 옵션

14 다음 중 GUI 기반으로 평판 스캐너나 카메라로부터 이미지를 스캔해 주는 도구로 알맞은 것은?

① scanadf
② xcam
③ scanimage
④ sane−find−scanner

① scanadf는 자동 문서 공급 장치가 장착된 스캐너에서 여러 개의 사진을 스캔하는 명령이다.
③ scanimage는 이미지를 스캔하는 명령이다.
④ sane−find−scanner는 스캐너와 관련 장치 파일을 찾아주는 명령이다.

15 다음 명령어를 실행시켰을 때 해당하는 결과로 틀린 것은?

```
# scanimage − 150 − 150 −−format=tiff 〉
image.tiff
```

① 이미지 형식을 기본 설정된 값으로 스캔한다.
② 150×150mm 크기로 스캔한다.
③ 파일 이름은 image.tiff로 저장한다.
④ 이미지 파일 형식은 tiff이다.

이미지 파일 형식은 tiff로 파일명은 image.tiff로 저장된다.

리눅스 활용

01

X-Windows

개념 및 사용법

1 X−윈도우의 특징과 구성 요소

(1) 개념과 특징

① 리눅스 환경의 각종 애플리케이션과 유틸리티에 대해 그래픽 사용자 인터페이스(GUI)를 제공한다.

② 플랫폼과 독립적으로 작동하는 그래픽 시스템이다.

③ X−윈도우는 X11, X, X Window System이라 한다.

④ X−윈도우의 출현 배경은 아래와 같다.

Athena(아데나) 프로젝트	• IBM과 MIT, DEC Athena(아데나) 프로젝트를 통해서 Bob Scheifler와 Jim Gettys가 1984년에 X−윈도우를 처음으로 개발 • 1986년 Bob Scheifler가 오픈 소스 프로젝트 디자인을 만듦 • 1987년 오픈 소스 프로젝트 하에 X11 발표
x컨소시엄	• 1988년 여러 컴퓨터 제조업체로 구성 • x11 버전이 처음 개정되어 x11r2에서 x11r6까지 발표 • x11r6.3을 끝으로 x컨소시엄 해체
오픈 그룹	• 1996년 오픈 소프트웨어 재단과 x/open으로 형성된 그룹 • x11r6.4 발표
X.org	• 1999년 오픈 그룹을 기반으로 2004년에 x.org 재단이 만들어짐 • 2004년 9월 x11r6.8 발표

⑤ X−윈도우의 특징은 다음과 같다.

• 네트워크 기반의 그래픽 환경을 지원한다.

• 이기종 시스템 사이에서도 사용 가능하다.

• 스크롤바, 아이콘, 색상 등 그래픽 환경 자원들이 특정 형태로 정의되어 있지 않다.

• 디스플레이 장치에 의존적이지 않으며 원하는 인터페이스를 만들 수 있다.

⑥ X−윈도우는 네트워크 프로토콜(X프로토콜) 기반의 클라이언트/서버 시스템이다.

• 서버 프로그램과 클라이언트 프로그램으로 나누어 작동한다.

• 서버는 클라이언트들의 디스플레이에 관한 접근 허용, 클라이언트 간의 자원 공유, 네트워크 메시지 전달, 클라이언트와 입출력 기기와의 중계를 담당한다.

• 클라이언트는 애플리케이션으로 X 서버가 제공하는 기능들을 이용한다.

⑦ 오픈 데스크톱 환경으로 KDE, GNOME, XFCE 등이 있다.

(2) 구성요소

① 구성요소의 종류

XProtocol	• X 서버와 클라이언트 사이의 메시지 타입, 메시지 교환 방법을 규정 • 요구(request), 응답(reply), 오류(error), 입력 발생(event)으로 구성 　－ 서버는 클라이언트에게 요구(request)를 받게 되면 신호를 처리해서 응답, 오류, 입력 발생 등의 신호를 클라이언트에게 전송 • Xlib라는 저수준 인터페이스와 Xtoolkit이라는 상위 수준 인터페이스를 사용
Xlib	C나 Lisp 언어로 만든 XProtocol 지원 클라이언트 라이브러리 • 윈도우 생성, 이벤트 처리, 창 조회, 키보드 처리와 같은 라이브러리 제공
XCB	Xlib를 대체하기 위해 등장한 클라이언트 라이브러리 • Xlib보다 향상된 스레드 기능을 지원하고 확장성이 뛰어남 • 라이브러리의 크기가 작고 단순 • XProtocol에 직접 접근도 가능
Xtoolkit	• Xlib로 스크롤바, 메뉴, 버튼 등의 GUI 부품을 개발 시 효율성 문제 발생 • 고급 레벨의 GUI 생성 시 Xtoolkit 이용 • Xtoolkit은 Widget과 Xt Intrinsic을 포함 | Widget(위젯) | 스크롤바, 메뉴 등 GUI를 구성하는 객체(object) | | Xt intrinsic | widget가 Xlib의 기본 함수의 집합 | • 그 밖에 툴 킷으로는 XView, Xaw, Motif, Qt, GTK 등이 있음
XFree86	• 인텔 X86 계열의 유닉스 운영체계에서 동작하는 X 서버 • 어떤 목적에 사용하든 무료로 사용할 수 있는 X 시스템
XF86Config	XF86Config은 XFree86 설정 파일 • X 서버는 XF86Config 파일을 찾아 읽음 • XF86Config 파일의 위치는 /etc/X11 또는 /usr/X11R6/lib/X11 • 폰트, 키보드, 모니터, 마우스, 비디오카드, 색상 설정에 관한 정보를 포함 | Xconfigurator | 텍스트 터미널에서 쓰는 다른 X 환경 설정 | | XF86Config | X를 위한 기본 환경 설정(텍스트 터미널에서 실행) | | XF86Setup | X를 위한 X-윈도우 환경 설정 |

② 아래 그림은 xlib와 XCB와 그와 관련된 라이브러리들이다.

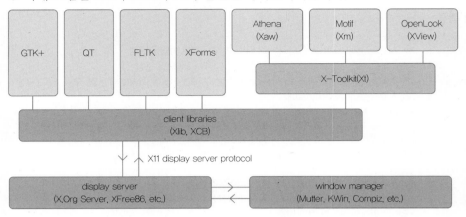

2 X-윈도우 설정과 실행

(1) X-윈도우 실행

① 그래픽 환경이 아닌 터미널 윈도우로 로그인한 경우에는 몇 개의 프로그램을 실행해야 한다.

② 터미널 윈도우의 명령어 프롬프트상에서 다음의 명령어를 실행시켜야 한다.

형식

startx -- [인자값]

③ 명령어 startx는 X-윈도우를 실행하는 스크립트로 시스템 환경을 초기화하고 xinit를 호출한다.

④ 명령어 startx 실행 시 인자값(argument)을 xinit에 전달하는 옵션은 '--'이다.

⑤ 다음은 X-윈도우 관련 키 조합이다.

기능	키 조합
터미널 변경	⌨Ctrl + ⌨Alt + ⌨F1 부터 ⌨F4 (각 tty1, tty2, tty3, tty4)
X-window 상태 전환	⌨Ctrl + ⌨Alt + ⌨F7
X-window 강제 종료	⌨Ctrl + ⌨Alt + ⌨Back Space

(2) 환경 변수 DISPLAY

① 환경 변수는 프로세스가 컴퓨터에서 동작하는 방식에 영향을 주는 동적인 값이다.

② 셸에서 정의되고 실행하는 동안 프로그램에 필요한 변수이다.

③ 환경 변수 DISPLAY는 현재 X-윈도우 Display 위치를 지정할 수 있다.

> **형식**
>
> export DISPLAY=IP주소:디스플레이번호.스크린번호

3 윈도우 매니저와 데스크톱 환경

(1) 윈도우 매니저

① 윈도우 매니저는 X window상에서 창(window)의 배치와 표현을 담당하는 시스템 프로그램이다.

② 창 열기와 닫기, 창의 생성 위치, 창 크기 조정, 창의 외양과 테두리를 변화시킬 수 있다.

③ 라이브러리는 Xlib와 XCB를 사용한다.

④ 리눅스에서 사용 가능한 윈도우 매니저들은 다양하다. 윈도우 매니저의 대표적인 종류로는 fvwm, twm, mw, windowMaker, AfterStep 등이 있다.

윈도우 매니저	특성
fvwm	• twm에서 파생되어 나온 것 • 안정적이고 일반화되어 오랜 기간 동안 많이 사용 • Virtual Window Manager의 약자로 가상 윈도우 매니저로서 실제로 가상 데스크톱을 지원
twm	• X-윈도우 시스템의 초창기 창 관리자로 X-윈도우의 개발에 큰 영향을 줌 • C로 만들어졌음 • 텍스트 형식의 간단한 윈도우 매니저 • GTK+, Qt와 같은 별도의 툴 킷을 쓰지 않고 xlib를 사용 • 크노픽스가 twm을 기본으로 탑재
AfterStep	• fvwm을 기반으로 만들어진 윈도우 매니저 • 넥스트 스텝의 GUI와 유사한 사용자 인터페이스를 제공 • 여러 사용자의 요구사항에 맞추어 개선되면서 기능적으로 많은 발전을 가짐
Window Maker	• 오픈스텝 호환 환경으로서의 넥스트 사의 GUI를 가상으로 구현 • 그래픽 응용 프로그램들이 유닉스 계열 운영 체제에서 실행할 수 있음 • GNU 데스크톱을 지원 • 현재는 GNOME과 KDE에 통합
Blackbox	넥스트스텝의 인터페이스를 기반으로 하는 윈도우 매니저
kwm	KDE 1.x의 기본 윈도우 매니저
Enlightment	GNOME의 기본 윈도우 매니저

(2) 데스크톱 환경(Desktop Environment 또는 Desktop Manager)

① GUI 사용자에게 제공하는 인터페이스 스타일로 데스크톱 관리자라고도 한다.

② 윈도우 매니저, 파일 관리자, 도움말, 제어판 등 다양한 도구를 제공하는 패키지 형태의 프로그램이다.

③ 아이콘, 창, 도구 모음, 폴더, 배경화면, 데스크톱 위젯도 제공한다.

④ 드래그 앤 드롭(drag & drop)과 프로세스 간의 통보 기능을 지원한다.

⑤ 대표적인 데스크톱 환경에는 KDE, GNOME, LXDE, XFCE 등이 있다.

- KDE
  - Kool Desktop Environment의 약자이다.
  - 독일을 중심으로 한 인터내셔널 팀이 개발하는 오픈 소스 데스크톱 환경이다.
  - 파일 매니저, 윈도우 매니저, 헬프 시스템, configuration 시스템과 각종 애플리케이션의 집합체이다.
  - 노키아의 QT 툴 킷을 기반으로 한다.
  - KDE가 실행되는 시스템은 UNIX/Linux, Solaris, IRIX, HP−UX, FreeBSD 등이 있다.

- GNOME
  - GNU Network Object Model Environment의 약자이다.
  - GNU에서 만든 공개형 데스크톱으로 소스 공개 자유 소프트웨어이다.
  - GTK+(Gim Tool Kit+) 라이브러리를 기반으로 한다.
  - BSD와 GNU/리눅스에 포함되어 배포되고 있으며 다른 여러 UNIX 시스템에서도 작동한다.
  - 전용 윈도우 관리자가 없는 대신 윈도우 관리자를 선택하여 사용한다.
  - 윈도우 매니저가 바뀌더라도 데스크톱의 중요한 부분들은 바뀌지 않는다.
  - 세션 매니저로 이전 설정을 저장하여 항상 해당 환경을 유지한다.
  - 패널 크기 조정이 가능하고 어디로든 옮기거나 숨길 수 있으며 원하는 만큼 패널을 추가하는 것이 가능하다.
  - 드래그 앤 드롭(drag & drop) 프로토콜을 지원한다.
  - 패널, 표준 데스크 툴, 응용 프로그램 외 다른 프로그램들과의 상호 간 협약으로 동작할 수 있도록 지원하고 있다.

– KDE와 GNOME의 사용 툴들은 다음과 같다.

	KDE	GNOME
그래픽 라이브러리	QT	GTK+
설정 항목 수	최대한 많이 보여줌	필요한 것만 보여줌
기본 텍스트에디터	kate	gedit
기본 브라우저	Konqueror	Web
파일 탐색기	Konqueror	Nautilus
윈도우 매니저	Kwin	Mutter 또는 Metacity

• LXDE
  – Light X11 Desktop Environment의 약자이다.
  – 2006년부터 개발되었으며, 우분투, Peppermint OS, Raspbian 등의 배포판들에서 기본 데스크톱으로 채택되었다.
  – 창 관리자로 Openbox, 툴 킷으로는 GTK 2를 사용하고 있다.
  – 가벼운 데스크톱 환경과 빠른 성능과 에너지 절약을 위해서 개발되었다.
  – cpu 성능이 낮고 메모리가 적은 pc와 모바일 디바이스를 위해 디자인되었다.
  – 파일 브라우저 PCMANFM은 NAUTILUS, DOLPHIN, THUNAR를 재조합하여 가볍고 빠르다.

• XFCE
  – XForums Common Environment의 약자이다.
  – 유닉스 및 유닉스 계열 플랫폼을 위한 자유 소프트웨어 데스크톱 환경이다.
  – GNOME 2.x과 같이 GTK+ 2 툴 킷을 기반으로 하고 있다.
  – Xfwm 윈도우 매니저를 사용한다.
  – XFCE은 KDE와 GNOME 같은 거대 규모 데스크톱과는 달리 적은 시스템 자원을 활용한다.
  – 모듈 간의 의존성이 낮으며 하드 디스크의 공간을 적게 차지하여 설치에 적은 시간이 걸린다.

(3) 디스플레이 매니저(Display manager)

① X window system상에서 작동하는 프로그램이다.

② 1988년 X11R3에서 xdm 디스플레이 매니저가 도입되었다.

③ 1989년 X11R4에서 원격에서 제어가 가능하도록 xdmcp(X Display Manager Control Protocol)가 도입되었다.

④ 디스플레이 매니저 종류들로는 XDM, GDM, KDM, dtlogin 등이 있다.

⑤ 로컬 또는 리모트 컴퓨터의 X server의 접속과 세션 시작을 담당한다.

⑥ 사용자에게 그래픽 로그인 화면을 띄워주고 아이디와 패스워드를 입력받아 인증을 진행하고 인증이 정상적으로 완료되면 세션을 시작한다.

매니저	기능
xdm	• X Display Manager • 초기 X11에 도입된 디스플레이 매니저 • 그래픽 로그인 화면을 띄우고 세션 관리를 해줌 • 현재 xdm은 거의 사용되지 않음
dtlogin	• 유닉스 쪽의 데스크톱 환경인 CDE에서는 디스플레이 매니저로 사용 • AIX, HP-UX, Unixware, 구 버전 Solaris에서 사용하는 데스크톱 매니저 • Motif 라이브러리를 사용해 구현 • RedHat Linux에도 탑재되어 있었으나 GNOME과 KDE에게 밀려남 • Solaris도 2011년부터는 GNOME으로 넘어가고 CDE를 버림 • 단지 호환성을 위해 motif 라이브러리만 유지함
kdm	• KDE(Kool Desktop Environment) Display Manager • KDE 데스크톱에서 사용되는 디스플레이 매니저
gdm	• GNOME의 디스플레이 매니저 • 그래픽 로그인 프로그램 • GTK 라이브러리를 사용해 구현됨 • xdm 기반으로 개발되지 않고, 완전히 독립적으로 새롭게 작성 • GNU GPL 기반 라이선스

01 다음 중 X-윈도우에 대한 설명으로 틀린 것은?

① 네트워크 프로토콜 기반의 서버/클라이언트 모델을 지향한다.
② 명령 줄 인터페이스 환경이다.
③ 데스크톱 환경으로 GNOME, KDE가 있다.
④ 원격 연결을 지원한다.

X-윈도우는 리눅스 환경의 각종 애플리케이션들에 대해 그래픽 사용자 인터페이스를 제공한다.

02 다음 중 X-윈도우에 대한 설명으로 틀린 것은?

① X 컨소시엄에 의해서 X01 버전이 처음으로 개정되어 X01R2가 발표되었다.
② 플랫폼과 독립적으로 작동하는 그래픽 시스템이다.
③ 1986년에 Bob Scheifler가 오픈 소스 프로젝트로 만들었다.
④ X-윈도우는 클라이언트/서버 구조로 되어 있다.

X 컨소시엄에 의해서 X11 버전이 처음으로 개정되어 X01R2에서 X01R6까지 발표되었다.

03 다음 중 윈도우 매니저에 대한 설명으로 틀린 것은?

① fvwm2는 virtual windows manager 버전 2.x 약어로 fvwm에 기능을 추가시킨 것이다.
② windowmaker는 KDE 2.x부터 현재까지 지원하는 윈도우 매니저다.
③ Blackbox는 넥스트스텝의 인터페이스를 기반으로 한 윈도우 매니저다.
④ kwm은 KDE 1.x의 기본 윈도우 매니저이다.

Windowsmaker는 GNOME과 KDE에 통합되었다.

04 다음 중 KDE에 대한 설명으로 틀린 것은?

① Metacity라는 윈도우 매니저를 사용한다.
② 데스크톱 환경의 일종이다.
③ 리눅스뿐만 아니라 FreeBSD, Solaris, OS X 등도 지원한다.
④ Qt 라이브러리를 기반으로 만들어졌다.

Gnome에서는 Mutter 또는 Metacity, KDE에서는 Kwin을 윈도우 매니저로 사용하고, 설치 시 다양한 기본 프로그램이 설치된다.

05 다음 중 윈도우 매니저의 종류로 알맞은 것은?

① KDE
② GRUB
③ GNOME
④ Mutter

KDE와 GNOME는 데스크톱 매니저이며, GRUB은 GNU 프로젝트의 부트로더이다.

06 다음 중 X-윈도우의 구성요소 중에 사용자 로그인 및 세션 관리 역할을 수행하는 것으로 알맞은 것은?

① 유저 인터페이스
② 디스플레이 매니저
③ 데스크톱 환경
④ 윈도우 매니저

오답 피하기
① 유저 인터페이스 : 사람들이 컴퓨터와 상호 작용하는 시스템이다.
③ 데스크톱 환경 : GUI 사용자에게 제공하는 인터페이스 스타일이다.
④ 윈도우 매니저 : X-윈도우상에서 윈도우의 배치와 표현을 담당하는 시스템 프로그램이다.

정답 01 ② 02 ① 03 ② 04 ① 05 ④ 06 ②

PART
03

리눅스 활용

07 다음 설명 중 (   )에 들어갈 내용으로 알맞은 것은?

> X-윈도우 시스템은 서버/클라이언트로 구성되었고 (㉠)(은)는 애플리케이션에 해당하며, (㉡)(은)는 (㉢)(와)과 입출력 기기와의 중계를 담당하는 프로그램으로 정의될 수 있다.

① ㉠ 서버
　㉡ 클라이언트
　㉢ 클라이언트
② ㉠ 서버
　㉡ 클라이언트
　㉢ 서버
③ ㉠ 클라이언트
　㉡ 서버
　㉢ 클라이언트
④ ㉠ 클라이언트
　㉡ 서버
　㉢ 서버

....

클라이언트/서버는 두 개의 컴퓨터 프로그램 사이에 이루어지는 역할 관계를 나타내는 것이다. 클라이언트는 다른 프로그램에게 서비스를 요청하는 프로그램이며, 서버는 그 요청에 대해 응답을 해주는 프로그램이다.

08 다음 중 X-윈도우 환경에서 윈도우의 배치와 표현을 담당하는 시스템 소프트웨어로 알맞은 것은?

① X protocol
② Totem
③ Display
④ 윈도우 매니저

....

오답 피하기

① X protocol은 X 서버와 클라이언트 사이의 메시지 타입, 메시지 교환 방법을 규정한다.
② Totem은 동영상/음악 재생 프로그램이다.
③ X-window 시스템에서 DISPLAY 변수의 의미는 xterm과 같은 X 응용 프로그램이 화면 출력을 위해 접속할 X 서버의 장소를 의미한다.

09 다음 중 GNOME에 대한 설명으로 알맞은 것은?

① GNU 프로젝트에 의해서 만들어졌다.
② Qt 라이브러리 기반으로 만들어졌다.
③ GPL 라이선스만 따른다.
④ 대표적인 윈도우 매니저이다.

....

GNOME은 BSD와 GNU/리눅스에 포함되어 배포되고 있으며, 다른 여러 UNIX 시스템에서도 작동하는 데스크톱 매니저로 GTK+ 라이브러리를 기반으로 한다.

10 다음 그림의 디스플레이 매니저로 알맞은 것은?

① XDM
② GDM
③ QDM
④ KDM

....

화면은 CentOS 로그인 화면이며 CentOS의 디스플레이 매니저는 GDM이다.

11 다음 중 데스크톱 환경의 종류로 틀린 것은?

① LXDE
② KDE
③ MWM
④ Xfce

....

MWM은 Motif toolkit을 기반으로 개발된 윈도우 매니저이다.

정답 07 ③　08 ④　09 ①　10 ②　11 ③

12 다음 중 리눅스 부팅 시 CLI 환경 또는 GUI 환경으로 시작할 수 있도록 설정하는 파일로 알맞은 것은?

① /etc/inittab
② /etc/fstab
③ /etc/hosts
④ /etc/profile

② /etc/fstab : 파일시스템과 부팅 시에 마운트 정보를 가지고 있는 파일
③ /etc/hosts : 호스트 이름을 IP 주소에 매핑할 때 사용하는 컴퓨터 파일
④ /etc/profile : 프로그램을 제어하는 전역적인 시스템 설정과 관련된 파일

13 다음은 리눅스 부팅 시에 X-윈도우를 사용하려 할 때 (　　　) 안에 들어갈 내용으로 알맞은 것은?

> id:(　　　):initdefault:

① 3
② 4
③ 5
④ 6

런레벨 3은 텍스트 모드(CUI)로, 런레벨 5는 그래픽 모드로 부팅한다.

14 다음 중 /etc/inittab 파일에 대한 설명으로 알맞은 것은?

① X-윈도우를 실행시키는 스크립트이다.
② X 클라이언트의 접근 목록을 출력한다.
③ 리눅스의 부팅 모드를 설정한다.
④ Xlib의 기능을 포함하는 고수준의 라이브러리다.

파일 /etc/inittab은 리눅스 부팅 시 CLI 환경 또는 GUI 환경으로 시작할 수 있도록 설정한다.

15 다음 중 부팅 관련 런레벨(runlevel)이 5인 경우에만 실행되는 프로그램으로 알맞은 것은?

① 디스플레이 매니저
② 데스크톱 환경
③ 사용자 인터페이스
④ 윈도우 매니저

디스플레이 매니저는 X window system상에서 작동하는 프로그램으로, 리눅스 부팅 시에 X-윈도우를 사용하기 위해서는 런레벨(runlevel)을 5로 설정해야 한다.

16 다음 중 X-윈도우를 강제로 종료하기 위한 키 조합으로 알맞은 것은?

① Alt + Tab
② Ctrl + Alt + C
③ Ctrl + Alt + Back Space
④ Ctrl + Alt + A

① Alt + Tab : 창 전환 단축키
② Ctrl + Alt + C : 선택한 링크 주소 복사

17 다음 중 startx 사용 시에 명령행의 인자값(argument)을 xinit에 전달하는 옵션으로 알맞은 것은?

① --
② --depth
③ :1
④ -

startx는 X-윈도우를 실행하는 스크립트로 시스템 환경을 초기화하고 xinit를 호출하며 명령어 startx 실행 시 인자값(argument)을 xinit에 전달하는 옵션은 '--'이다.

18 다음의 설명으로 알맞은 것은?

> export DISPLAY="192.168.30.200:0:1:"

① X 클라이언트 프로그램을 192.168.30.200의 두 번째 실행된 X 서버의 두 번째 모니터로 전송한다.
② X 클라이언트 프로그램을 192.168.30.200의 첫 번째 실행된 X 서버의 첫 번째 모니터로 전송한다.
③ X 클라이언트 프로그램을 192.168.30.200의 두 번째 실행된 X 서버의 첫 번째 모니터로 전송한다.
④ X 클라이언트 프로그램을 192.168.30.200의 첫 번째 실행된 X 서버의 두 번째 모니터로 전송한다.

환경 변수 DISPLAY의 형식은 'export DISPLAY=IP주소:디스플레이번호.스크린번호'이다.

19 다음 중 X-윈도우에서 사용되는 클라이언트 라이브러리로 윈도우 창 생성, 이벤트 처리, 창 조회, 키보드 처리와 같은 라이브러리를 제공하는 것으로 알맞은 것은?

① xlib ② GTK
③ Qt ④ glibc

- X 관련 라이브러리 중에 가장 저수준의 라이브러리
- X 윈도에서 사용되는 클라이언트 라이브러리로 윈도우 창 생성, 이벤트 처리, 창 조회, 키보드 처리와 같은 라이브러리를 제공하는 라이브러리
- xlib의 역할을 대체하기 위해 XCB라는 클라이언트 라이브러리가 등장

오답 피하기

GTK와 Qt는 Xlib를 구성하는 라이브러리이다. Gblic은 print()처럼 기본적인 함수부터 네트워크 연결을 위한 함수까지 라이브러리 Gblic으로 동작한다.

20 다음 중 Xlib와 비교하여 향상된 스레딩 기능을 지원하고 확장성이 뛰어나며 직접 X프로토콜에 접근이 가능한 것으로 알맞은 것은?

① Motif
② Tk
③ XCB
④ SDL

XCB는 X-윈도우에서 사용되는 클라이언트 라이브러리로 윈도우 창 생성, 이벤트 처리, 창 조회, 키보드 처리와 같은 라이브러리를 제공한다.

21 다음 중 인텔 x86 계열의 유닉스 계열 운영체계에서 동작하는 X 서버로 알맞은 것은?

① GTK
② XView
③ QT
④ XFree86/Xorg

XView, Qt, GTK는 Xtoolkit의 구성 툴 킷이다.

22 다음 중 XFree86으로 X-윈도우를 사용하려 할 때 사용하는 명령으로 틀린 것은?

① Xconfigurator
② redhat-config-xfree86
③ system-config-display
④ xf86cfg

명령 system-config-display는 X-윈도우 환경 설정 파일 /etc/X11/xorg.conf를 호출한다.

정답 18 ④ 19 ① 20 ③ 21 ④ 22 ③

23 다음은 두 번째 윈도우 터미널에 X-window를 실행하는 과정이다. (   ) 안에 들어갈 내용으로 알맞은 것은?

```
$ startx (      ) :1
```

① −   ② −dpi
③ −−   ④ −depth

인자값 :1은 두 번째 윈도우 터미널을 실행시키는 것으로 이 값을 xinit에 넘기기 위해서는 '−−'를 붙여야 한다.

24 X 프로토콜은 Xlib라는 저수준 인터페이스와 상위 라이브러리인 X toolkit을 사용한다. 다음 중 X toolkit으로 틀린 것은?

① Xt Intrinsics   ② Qt
③ Xing   ④ GTK

고급 레벨의 GUI을 생성 시 X toolkit을 이용한다. X toolkit은 Xt Intrinsic과 Widget을 포함하며 그 밖에 툴 킷으로는 XView, Xaw, Motfi, Qt, GTK, KTK 등이 있다.

25 다음 중 X 클라이언트 프로그램을 IP 주소가 201.11.46.20인 시스템에 실행된 첫 번째 X 서버의 세 번째 모니터로 전송하는 설정으로 알맞은 것은?

① export DISPLAY="201.11.46.20:0.2"
② export DISPLAY="201.11.46.20:0.3"
③ export DISPLAY="201.11.46.20:1.2"
④ export DISPLAY="201.11.46.20:1.3"

환경 변수 DISPLAY의 형식은 'export DISPLAY=IP주소:디스플레이번호.스크린번호'이다.

X-윈도우 활용

1 원격지에서 X 클라이언트 이용

(1) xhost

① 명령어 xhost는 X 서버에 접속할 수 있는 클라이언트를 지정하거나 해제한다.

② X 서버에게 디스플레이를 요청 시 해당 요청에 대해 허용 여부를 호스트 단위로 제어한다.

형식	xhost [+|−] [IP|도메인명]
xhost +	X 서버에 모든 클라이언트 접속을 허용
xhost −	X 서버에 모든 클라이언트 접속을 금지
xhost + IP 주소	해당 IP 주소를 가진 호스트의 접속 허용
xhost − IP 주소	해당 IP 주소를 가진 호스트의 접속 금지

③ 환경변수 DISPLAY로 X 서버 프로그램이 실행될 때 표시되는 클라이언트 주소를 지정한다.

(2) xauth

① xauth는 .Xauthority 파일의 쿠키 내용을 추가, 삭제, 리스트를 출력하는 유틸리티이다.

② xhost가 호스트 기반 인증 방식을 사용하기 위해 필요한 유틸리티라면 xauth는 MMC 방식의 인증 방식을 사용하기 위한 필수 유틸리티이다.

③ 원격지에서 접속하는 X 클라이언트를 허가할 때 IP 주소나 호스트명이 아닌 X−윈도우 실행 시에 생성되는 키 값으로 인증할 때 사용한다.

④ 사용자 인증 기반을 지원하기 위해 각 사용자에게 네트워크화된 홈 디렉터리에 파일 $HOME/.Xauthority에 대해 읽기 및 쓰기 권한이 있어야 한다.

• .Xauthority 파일에는 응용 프로그램이 실행될 표시장치에 대한 "매직 쿠키(magic cookie)"가 있어야 한다.

• 매직 쿠키는 MIT−MAGIC−COOKIE−1이라는 쿠키값을 가진다.

형식	xauth [옵션]

옵션	기능
list	• 현재 사용되는 모든 쿠키값 리스트 확인 • 지정된 '표시장치'의 쿠키값 확인
list [표시장치명]	• 지정된 프로토콜 및 키를 지정된 표시장치의 권한 부여 • 파일에 추가

2 X-윈도우 응용 프로그램

응용 프로그램		설명
오피스	LibreOffice	오피스 프로그램 패키지 • LibreOffice Writer : 문서 작성기 • LibreOffice Impress : 프레젠테이션 • LibreOffice Calc : 스프레드시트 • LibreOffice Draw : 드로잉 프로그램
	gedit	텍스트 편집 프로그램
	kwrite	KDE 기반의 텍스트 편집기
그래픽	GIMP	이미지 편집 프로그램
	ImageMagick	• 이미지의 생성 및 편집을 지원하는 프로그램 • bitmap, gif, jpeg, png 등 다양한 포맷을 지원
	eog	GNOME의 이미지 뷰어 프로그램
	kolourpaint	Ubuntu 이미지 편집 프로그램
	gThumb	• GNOME 데스크톱 이미지 뷰어 프로그램 • JPEG, GIF, TIF, PNG 등 일반적인 이미지 파일 지원 • 간단한 이미지 편집
	gwenview	• KDE의 기본 이미지 뷰어 • kio를 이용해 zip, rar 압축 파일도 볼 수 있는 이미지 뷰어
멀티미디어	Totem	GNOME 기반의 사운드 및 비디오 재생 프로그램
	RHYTHMBOX	통합형 음악 관리 프로그램
	CHEESE	GNOME 기반의 카메라 동영상 프로그램
개발	Eclipse	• 통합 개발 환경으로 자바를 비롯한 다양한 언어를 지원 • OSGi를 도입하여 범용 응용 소프트웨어 플랫폼으로 발전
기타	Dolphin	• KDE용 파일 관리자, KDE 버전에서는 컹커러(Konqueror)가 웹 브라우저와 파일 관리자의 역할 수행 • 이동 경로 표시, 파일 미리보기, 실행 취소/재실행 기능 등 수행
	KSnapshot	스크린샷 프로그램

01 다음 (   ) 안에 들어갈 내용으로 알맞은 것은?

> [root@www ~]$ (   )
> www/unix:0MIT−MAGIC−COOKIE−1
> da74bfcf88494117a326677d6702ad34

① xauth list DISPLAY
② xhost list DISPLAY
③ xauth list $DISPLAY
④ xhost list $DISPLAY

xauth 명령은 X 서버의 연결에 사용되는 권한 부여 정보를 설정하거나 나타낸다.

02 다음 중 원격지에서 접속하는 X 클라이언트를 허가할 때 IP 주소나 호스트명이 아닌 X−윈도우 실행 시에 생성되는 키 값으로 인증할 때 사용하는 것으로 알맞은 것은?

① xhost
② xauth
③ xwininfo
④ xmodmap

xhost가 호스트 기반 인증 방식을 사용하기 위해 필요한 유틸리티라면 xauth는 사용자 인증 기반, 즉 MMC 방식의 인증 방식을 사용하기 위한 필수 유틸리티이다.

03 다음 X 서버에서 보내온 키 값을 설치하려고 할 때, (   ) 안에 들어갈 내용으로 알맞은 것은?

> [root@server ~]# xauth list $DISPLAY
> ihd/unix:0 MIT−MAGIC−COOKIE−1
> cb050f6145a84aa3ecab81de685ea074
> [root@x_client ~]# xauth (   ) $DISPLAY.
> cb050f6145a84aa3ecab81de685ea074

① add
② echo
③ cat
④ xhost

명령어 'xauth add 표시장치명 프로토콜명 쿠키값'은 지정된 프로토콜 및 키를 지정된 표시 장치의 권한 부여 파일에 추가한다.

04 다음 중 X 서버에 접근하는 IP 주소 201.10.1.40의 X 클라이언트를 허가하려고 할 때 알맞은 것은?

① xhost 201.10.1.40
② xhost + 201.10.1.40
③ xhost − 201.10.1.40
④ xhost add 201.10.1.40

명령어 xhost 형식은 'xhost [+|−] [IP|도메인명]'이다. 'xhost + IP주소'는 X 서버에 IP 주소의 호스트의 접속을 허용, 'xhost − IP주소'는 X 서버에 IP 주소의 호스트 접속을 금지한다.

정답 **01** ③ **02** ② **03** ① **04** ②

05 다음 중 원격지에서 X-윈도우에 연결을 허락하거나 거부할 때 사용하는 명령어로 알맞은 것은?

① xhost
② env
③ startx
④ host

'xhost +'는 X 서버에 모든 클라이언트 접속을 허용, 'xhost -'는 X 서버에 모든 클라이언트 접속을 금지한다.

06 X-윈도우에 필요한 도움말이 저장되어 있는 디렉터리로 알맞은 것은?

① /usr/X11R6/man
② /usr/X11R6/lib/xinit/.xinitr
③ /etc/X11/xinit/Xclients
④ /etc/sysconfig/desktop

디렉터리 /usr/share/man은 명령어들의 도움말 매뉴얼 페이지를 저장하며 디렉터리 /usr/X11R6/man에는 X-윈도우 시스템의 도움말 매뉴얼 페이지를 저장한다.

07 다음 중 X-윈도우에서 사용 가능한 응용 프로그램에 대한 설명으로 알맞은 것은?

① KSnapshot : 비디오 재생 프로그램
② gThumb : 파일 관리 프로그램
③ LibreOffice : 동영상 편집기
④ eog : 이미지 뷰어 프로그램

오답 피하기
① KSnapshot : 스크린샷 프로그램
② gThumb : 이미지 뷰어 프로그램
③ LibreOffice : 오피스 프로그램 패키지

08 다음 중 문서 뷰어 프로그램으로 알맞은 것은?

① gwenview
② kolourpaint
③ okular
④ ksnapshot

오답 피하기
① gwenview : KDE의 기본 이미지 뷰어 프로그램
② kolourpaint : Ubuntu 기반의 이미지 편집 프로그램
④ ksnapshot : 스크린샷 프로그램

09 다음 중 사운드 및 비디오 재생 프로그램으로 알맞은 것은?

① totem
② dolphin
③ gimp
④ Okular

오답 피하기
② dolphin : KDE용 파일 관리자
③ gimp : 이미지 편집 프로그램
④ Okular : 문서 뷰어 프로그램

10 다음 중 X-윈도우 환경에서 사용 가능한 멀티미디어 프로그램이 아닌 것은?

① Totem
② KMid
③ Dragon Player
④ Krfb

Krfb은 데스크톱 공유 프로그램이다.

정답 05 ① 06 ① 07 ④ 08 ③ 09 ① 10 ④

11 다음 중 통합형 음악 관리 프로그램으로 알맞은 것은?

① LibreOffice
② Rythmbox
③ kdegraphics
④ eog

① LibreOffice : 오피스 프로그램 패키지
③ kdegraphics : KDE 기반의 이미지 편집 패키지 프로그램
④ eog : 이미지 뷰어 프로그램

12 다음 중 GUI 환경을 이용하기 위해 사용자에게 제공되는 인터페이스 스타일로 파일 관리자, 도구모음 등을 포함하고 있는 것으로 알맞은 것은?

① 데스크톱 환경
② 윈도우 매니저
③ 유저 인터페이스
④ 디스플레이 매니저

② 윈도우 매니저 : X-윈도우상에서 윈도우의 배치와 표현을 담당하는 시스템 프로그램
③ 유저 인터페이스 : 사람들이 컴퓨터와 상호 작용하는 시스템
④ 디스플레이 매니저 : X-윈도우 구성요소 중에 사용자 로그인 및 세션 관리 역할 수행 프로그램

13 다음 중 LibreOffice에서 프레젠테이션 프로그램으로 알맞은 것은?

① LibreOffice Calc
② LibreOffice Writer
③ LibreOffice Impress
④ LibreOffice Draw

① LibreOffice Calc : 스프레드시트
② LibreOffice Writer : 문서 작성기
④ LibreOffice Draw : 드로잉 프로그램

14 다음 중 GNOME 데스크톱 기반의 파일 관리 프로그램으로 알맞은 것은?

① evince
② Totem
③ eog
④ nautilus

① evince : PDF와 PS 같은 문서 뷰어 프로그램
② Totem : GNOME 기반의 사운드 및 비디오 재생 프로그램
③ eog : 이미지 뷰어 프로그램

정답 11 ② 12 ① 13 ③ 14 ④

CHAPTER

02

인터넷 활용

1 네트워크의 개요와 통신망 종류

(1) 통신망 종류

통신망은 지역적 범위에 따라 LAN(Local Area Network), MAN(Metropolitan Area Network), WAN(Wide Area Network)으로 구분한다.

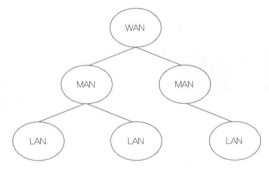

네트워크 타입	컴퓨터 사이의 거리	영역
LAN	1m ~ 10m	Room
	10m 〈 d 〈 1km	Office Building
MAN	1km ~10km	City
	10km 〈 d 〈 100km	Province
WAN	〉=100km	State
	〉=1,000km	Continent
Internet	〉=10,000km	Inter—Continental

① LAN(Local Area Network, 근거리 통신망)

- 빌딩 내 혹은 근접한 거리의 빌딩들로 제한된 지역에 설치된 정보 기기들 사이의 고속 통신을 제공하는 통신망이다.
- LAN의 종류에는 Ethernet, Token Ring, FDDI 등이 있다.

LAN 종류	주요 특징
Ethernet / IEEE 802.3 LAN	– 1980년 DEC, Intel, Xerox 회사에 의해 DIX ethernet 표준 발표 – Ethernet의 또 다른 형태가 IEEE에 의해 표준으로 정의 – 매체 접근 제어 기술 CSMA/CD 사용
Token Ring / IEEE 802.5 LAN	– 1980년 초반 IBM사에 의해 개발한 LAN 기술 – 데이터는 한 쪽 방향으로 흐르도록 하여 한 컴퓨터에서 다음 컴퓨터 순으로 순서대로 전달 – 통신 회선의 길이 제한이 없으며 확장성이 용이하지 않음 – 매체 접근 제어 기술 Token passing 사용
FDDI(Fiber–Distributed Data Interface) LAN	– 1987년 ANSI X3T9.5 표준위원회에 의해 발표 – LAN상의 고속스테이션을 연결 또는 백본망 연결 시 사용 – 이중 링(Dual–ring) 구조 : 데이터 전송 링과 백업용 링 – 매체 접근 제어 기술 Token passing 사용

② MAN(Metropolitan Area Network)

- MAN은 LAN보다는 큰 규모를 가지지만 WAN보다는 지리적으로 작은 규모에서 컴퓨터 자원들과 호스트들을 연결하는 도시권 통신망이다.
- 같은 도시나 지역 사회와 같이 지리적으로 같은 위치에 존재하는 여러 개의 랜을 연결한다.
- 몇몇 근거리 통신망(LAN)을 연결하여 백본라인(backbone line)을 형성한다.

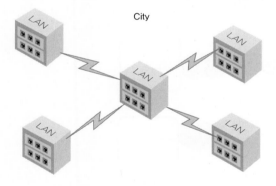

- 고가의 라우터나 광전송 장비 없이도 저렴하게 인터넷 서비스를 이용할 수 있는 장점이 있다.
- 전송 매체로는 광섬유 또는 동축 케이블이 사용되며, 45Mbps, 100Mbps의 속도를 제공한다.
- DQDB(Distributed Queue Dual Bus)는 MAN에서 사용되는 IEEE 802.6 규격인 QPSX (Queued Packet Synchronous Exchange)의 제어접속에 사용된다.
  - DQDB의 토폴로지는 이중 버스(Dual Bus) 토폴로지를 사용한다.
  - 각 버스는 단방향이며 버스의 머리(Head) 부분에는 53바이트(Byte)의 슬롯 생성기가 있다.
  - 회선 교환과 패킷 교환이 모두 가능하며, 데이터, 음성 및 비디오 등의 전송을 지원한다.

③ WAN(Wide Area Network, 원거리 통신망)

• 국가, 대륙 등과 같이 넓은 지역을 연결하는 네트워크이다.

• 거리의 제한은 없으나 다양한 경로를 경유해 도달하므로 속도가 느리고 전송 에러율도 높다.

• 장거리 망 사이의 연결을 위한 WAN 구성 방식으로는 전용선, 회선교환망, 패킷교환망이 있다.

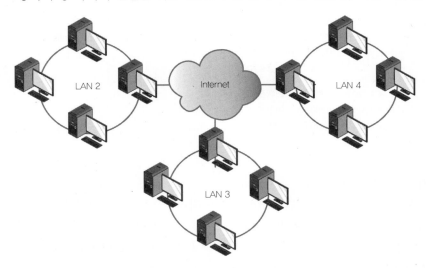

• 망 환경에 따른 WAN 관련 프로토콜들은 아래와 같다.

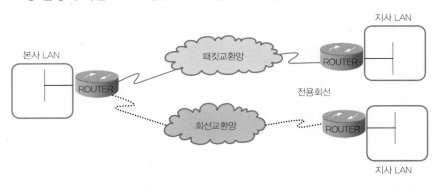

WAN 종류	프로토콜	기능
전용회선 & 회선교환망	HDLC	– Serial Interface의 기본 Encapsulation type – 동(同) 기종 간 Synchronous(동기식 전송) Serial 연결 시 사용 – 3계층 Protocol이 일치해야 함
	PPP	– Async, Sync Interface에서 모두 사용 가능 – 이(異) 기종 간 연결 시 사용 – Multi Protocol 지원 NCP(Network Control Protocol) – 다양한 옵션 제공 LCP(Link Control Protocol) – 인증, 압축, Call Back, Error Detect, Multilink

	X.25	– ITU-T의 표준화 통신 규약 – 패킷망에서 DCE(회선 종단장치)와 DTE(데이터 단말장치) 사이에 이루어진 상호 작용을 위한 프로토콜 – 가변 길이 프레임 전송을 지원하는 프레임릴레이의 근간을 이룸
패킷교환망	Frame-relay	– 안정적인 Data망 구축 이후 개발 – 속도에 초점을 둠 – Frame 단위 전송이므로 실시간 Data 전송이 어려움
	ATM	– Frame을 Cell 단위로 쪼개어 전송 – 53Bytes : 48bytes(Data) + 5bytes(헤더 정보) – 실시간 데이터 전송 용이

④ SAN(Storage Area Network)

- 스토리지를 위해 고안된 스토리지 전용 고속 네트워크이다.
- 파이버 채널을 이용하여 구성되는 저장장치 네트워크이다.
- 호스트 컴퓨터의 종류에 구애받지 않고 별도의 연결된 저장장치 사이에 대용량의 데이터를 전송시킬 수 있는 고속 네트워크이다.
- 서버가 클라이언트로부터 받은 파일 I/O 요청을 직접 블록 I/O로 전환하여 SAN에 연결된 스토리지로 전송한다.

(2) 네트워크 개요

① LAN 토폴로지(Topology)

- 토폴로지는 호스트 및 장비들의 물리적인 배치 형태이다.
- 토폴로지는 성형(star), 망형(full mesh), 버스형(bus), 링형(ring), 트리형(tree) 등이 있다.

토폴로지	특징	연결 형태
성형	– 중앙 컴퓨터에 여러 대의 컴퓨터가 허브 또는 스위치와 같은 장비로 연결 – 중앙 집중식 형태로 네트워크 확장이 용이 – 고속의 대규모 네트워크에 적합 – 관리하는 중앙 컴퓨터 고장 시 전체 네트워크 사용이 불가능	
망형	– 모든 노드가 서로 일대일로 연결된 형태 – 대량의 데이터를 송수신할 경우 적합 – 장애 발생 시 다른 시스템에 영향이 적고 우회할 수 있는 경로가 존재하여 가장 신뢰성이 높은 방식 – 회선 구축 비용이 많이 듦(노드 수가 N개인 경우 회선수는 N(N−1)/2개)	
버스형	– 하나의 통신회선에 여러 컴퓨터를 연결해서 전송 – 연결된 컴퓨터 수에 따라 네트워크 성능이 변동 – 단말기 추가 및 제거가 용이하며 설치 비용이 저렴 – 노드 수 증가 시 트래픽 증가로 병목현상 발생, 네트워크 성능 저하 초래 – 문제가 발생한 노드의 위치를 파악하기 어려움	

링형	- 각 노드가 좌우의 인접한 노드와 연결되어 원형을 이룬 형태 - 앞의 컴퓨터로부터 수신한 내용을 다음 컴퓨터로 재전송하는 방법 - 토큰패싱(Token passing)이라는 방법을 통해 데이터 전송 - 고속 네트워크로 자주 네트워크 환경이 바뀌지 않는 경우 구성 - 분산 제어와 검사 및 회복이 가능 - 네트워크의 전송상 충돌이 없고 노드 숫자가 증가하더라도 망 성능의 저하 가 적음 - 논리적인 순환형 토폴로지로 하나의 노드장애가 전체 토폴로지에 영향 - 노드의 추가 및 삭제가 용이하지 않음	
트리형	- 버스형과 성형 토폴로지의 확장 형태 - 백본(backbone)과 같은 공통 배선에 적절한 분기 장치(허브, 스위치)를 사 용하여 링크를 덧붙여 나갈 수 있는 구조 - 트래픽 양 증가 시 병목 현상의 가능성 증대	

② **매체 접근 제어 방식** : 매체 접근 제어 방식(Media Access Control)은 여러 단말들이 공유 매체 사용에 대한 단말 간 충돌/경합 발생을 제어하는 것이다.

• CSMA/CD(Carrier Sense Multiple Access/Collision Detection)
  - 단말기가 전송로의 신호 유무를 조사하고 다른 단말기가 신호를 송출하는지 확인한다.
  - 운영 방식은 4단계로 구성되어 있다.

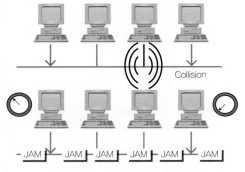

　　　　[1단계] 전송을 원하는 호스트는 네트워크 캐리어를 감지해 전송이 가능한지 검사
　　　　[2단계] 호스트는 전송이 가능할 경우 전송을 시작
　　　　[3단계] 충돌(collision)이 감지될 경우 잼 신호를 브로드캐스트
　　　　[4단계] Back-off 알고리즘에 따라 랜덤한 시간이 지난 후에 다시 전송 시도

• 토큰 패싱(Token Passing)
  - Token의 흐름에 의해 전송 순서가 결정된다.
  - Token passing은 free token과 busy token을 이용하여 매체 접근을 제어한다.
　　Free token : 회선에 어떠한 데이터를 전송하지 않는 것을 나타내는 제어신호
　　Busy token : 특정 컴퓨터에 의해 데이터가 전송되어 회선을 사용할 수 없는 상태 제어신호

– 운영 방식은 다음과 같다.

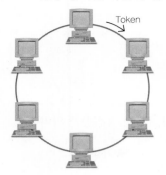

[1단계] 송신자는 제어신호가 free token인지 busy token인지를 확인

[2단계] Free token인 경우 송신자는 free token을 busy token으로 변환하고 데이터를 전송

[3단계] 송신자는 데이터 전송이 완료되면 busy token을 free token으로 전환 후 데이터 전송 완료

2 네트워크 장비

(1) LAN 구성 장비

① 케이블(cable)

- 보호 외피나 외장 안에 두 개 이상의 전선이나 광섬유로 묶여 있는 것이다.
- TP(twisted pair) 케이블, 동축 케이블, 광섬유 케이블 등을 사용할 수 있다.
  - TP(twisted pair) 케이블은 전기적 간섭을 줄이기 위해 여러 꼬임선들을 절연체로 피복하여 구성한 케이블이다. TP 케이블은 UTP와 STP 케이블이 있다.

	UTP(Unshielded TP)	STP(Shielded TP)
피복 여부	꼬임선들이 절연체로 피복되어 있지 않음	꼬임선들이 절연체로 피복(shield)되어 있음
전송 길이	100M	100M
전송 속도	10~100Mbps	최대 155Mbps
설치 및 유지	설치가 쉽고 취급이 용이	설치가 UTP보다 조금 어려움
외부 간섭	전기적 간섭에 약함	전기적 간섭 없음
설치 비용	매우 저렴	저렴
용도	이더넷	Token-ring, Appletalk

– 이더넷 케이블의 특징을 전송매체와 전송거리를 기반으로 나타낸 것이다.

$$\underset{\text{속도}}{\underline{100}} \ \underset{\text{채널}}{\underline{\text{BASE}}} \ \underset{\text{케이블 타입}}{\underline{\text{FX}}}$$

– SX는 단파장(shortwave), LX/LH(longwave/long-haul)은 장파장, FX는 광전송을 의미한다.

	케이블 타입	전송 거리
100BaseTX	EIA/TIA CAT5, 2Pair	100m
100BaseFx	62.5/125 멀티모드 광섬유	400m
1000Base-CX	STP	25m
1000Base-T	EIA/TIA CAT5, UTP 4Pair	100m
1000Base-SX	62.5/50 멀티모드 광섬유	• 62.5 멀티모드 – 275m • 50 멀티모드 – 550m
1000Base-LX	• 62.5/50 멀티모드 광섬유 • 9 싱글모드 광섬유	• 62.5 멀티모드 – 440m • 50 멀티모드 – 550m • 9 싱글모드 – 5km

② **리피터(repeater) :** 신호의 재생 및 증폭 기능을 수행하여 물리적인 거리를 확장시킨다.

③ **허브(Hub)**

• 신호를 노드에 전달해 주는 장비이다.

• 네트워크 확장, 다른 허브와의 상호 연결, 신호의 증폭 등의 기능을 제공한다.

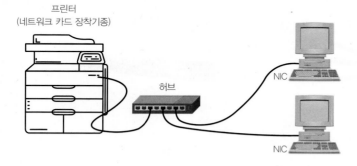

프린터
(네트워크 카드 장착기종)

허브

NIC

NIC

더미허브	각 노드들을 집중화하는 장비
인텔리전트허브	허브 내에 자체 중앙 처리 장치 및 소량의 버퍼를 보유하고, SNMP를 이용한 관리 기능 가능
스택커블허브	허브의 백본-버스를 상호 연결할 수 있도록 별도의 트렁크 포트를 구비한 허브
이더넷허브	10Mbps 인터페이스 포트를 구비한 허브
패스트이더넷허브	100Mbps 인터페이스 포트를 구비한 허브
토큰링허브	16Mbps 인터페이스 포트를 구비한 허브

④ LAN 카드

- 네트워크에 접속할 수 있도록 컴퓨터 내에 설치되는 확장 카드이다.
- 전기신호로부터 데이터를 송신하고 변환하며, 데이터를 전기신호로 변환하여 송신한다.
- MAC 주소를 이용하여 데이터의 수신 여부를 판별한다.

⑤ 브릿지(bridge)

- 모든 수신 프레임을 일단 버퍼에 저장하고, 주소에 따라 목적지 포트로 프레임을 전달하는 장비이다.
- 큰 네트워크를 단일 네트워크상의 트래픽 감소 등과 같은 작고 관리하기 쉬운 Segment로 나눌 필요가 있을 때 사용한다.
- 전기적으로 신호의 재생 및 패킷의 송수신 어드레스를 분석하여 패킷의 통과 여부를 판정하는 필터링을 작용한다.

⑥ 스위치(switch)

- 브릿지와 비슷한 기능을 갖는 장비이다.
- 소프트웨어 기반인 처리 방식으로 브릿지보다 빠르게 데이터를 전송한다.
- 맥 주소 테이블(MAC Address Table)을 기반으로 프레임 전송한다.
- 스위칭 허브(Switching HUB)는 전용매체교환 기술을 이용하여 트래픽 병목 현상을 제거하고, 포트별로 속도가 전용으로 보장된다.

(2) 인터네트워킹 장비

① 라우터(router)

- OSI 모델의 물리 계층, 데이터링크 계층, 네트워크 계층의 기능을 지원하는 장치이다.
- 서로 다른 통신망과 프로토콜을 사용하는 네트워크 간의 통신을 가능하게 한다.
- LAN을 연결시켜주는 망 연동 장치로서 통신망에서 정보를 전송하기 위해 경로를 설정하는 역할을 제공하는 핵심적인 통신장비이다.
- 전용회선으로 LAN에 연결된 컴퓨터들이 동시에 인터넷을 사용할 수 있게 해준다.
- 목적지로 향하는 최적의 경로 설정 데이터를 목적지까지 전달하는 기능을 수행한다.

② 게이트웨이(gateway)

- 서로 다른 형태의 네트워크를 상호 접속하는 장치이다.
- 서로 다른 통신망이나 프로토콜을 사용하는 네트워크 간의 통신을 가능하게 하는 장비를 통칭한다.
- 데이터 포맷 등 두 개의 시스템 사이에서 중계자 역할을 수행한다.

(3) UTP 케이블링

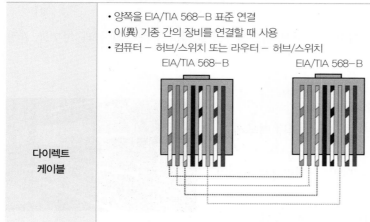

- 양쪽을 EIA/TIA 568-B 표준 연결
- 이(異) 기종 간의 장비를 연결할 때 사용
- 컴퓨터 – 허브/스위치 또는 라우터 – 허브/스위치

EIA/TIA 568-B   EIA/TIA 568-B

다이렉트 케이블

[RJ-45잭 핀과 EIA/TIA 568-B 케이블선 규격]

PIN 번호	1	2	3	4	5	6	7	8
568-B	빗금 주황	주황	빗금 녹색	파랑	빗금 파랑	녹색	빗금 갈색	갈색

- 한쪽은 EIA/TIA 568–B, 다른 한쪽은 568–A 연결
- 같은 기종의 장비를 연결할 때 사용
- 컴퓨터 – 컴퓨터 또는 스위치 – 스위치 *컴퓨터–라우터(예외)

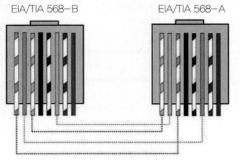

EIA/TIA 568–B   EIA/TIA 568–A

크로스오버
케이블

[RJ–45잭 핀과 EIA/TIA 568–B 케이블선 규격]

PIN 번호	1	2	3	4	5	6	7	8
568–B	빗금 주황	주황	빗금 녹색	파랑	빗금 파랑	녹색	빗금 갈색	갈색
568–A	빗금 녹색	녹색	빗금 주황	파랑	빗금 파랑	주황	빗금 갈색	갈색

3 프로토콜 개요와 기능

(1) OSI 7 모델과 TCP/IP 모델

- ISO(국제표준기구)는 서로 다른 시스템 간의 통신을 허용하기 위해 호환성 있는 네트워크 프로토콜 개발 지침서인 OSI(Open System Interconnection) 모델을 정의하였다.
- OSI 참조 모델은 네트워크가 제공하는 기능을 7개의 계층으로 나누었으며, 각 계층의 기능과 프로토콜을 정의한다.
- 7 계층은 고유한 기능을 가지며 계층 간에 상호 의존적이다.
- 단, 7 계층은 인터넷 표준 프로토콜이지만 계층의 구분이 OSI 참조 모델과 정확히 일치하지는 않는다.
- TCP/IP는 다양한 프로토콜의 집합체로 가장 신뢰성 있는 통신 규약으로 다양한 운영체제에서 제공한다.
- OSI 모델과 TCP/IP 모델의 유사점과 차이점은 다음과 같다.

OSI 7 모델		기능	TCP/IP 모델
7	응용 계층	사용자에게 다양한 네트워크 서비스를 제공하기 위해 User Interface를 제공, UI로 데이터를 생성	응용 계층
6	표현 계층	부호화(encoding), 압축(compression), 암호화(encryption)	응용 계층
5	세션 계층	종단 간 애플리케이션들의 연결 설정, 유지, 해제	응용 계층
4	전송 계층	종단 간 연결(end-to-end connection), 응용 계층 사이에 논리적인 통로 제공(virtual circuit)	전송 계층
3	네트워크 계층	– 논리적인 주소를 사용 – 경로 관리, 최적 경로 결정	인터넷 계층
2	데이터링크 계층	– 데이터 전송을 위한 형식 결정 – 데이터 전송을 위하여 Media에 접근하는 방법 제공 – 오류 검출 기능 제공	네트워크 액세스 계층
1	물리 계층	물리적인 연결, 전기적, 기계적, 기능적 절차적인 수단 제공	네트워크 액세스 계층

(2) 계층별 프로토콜

- 프로토콜(protocol)은 특정 통신 기능을 수행하기 위한 규약(통신규약)이다. 이것은 두 노드 사이의 정보 교환 시 발생하는 통신상의 에러를 피하기 위하여 합리적인 통제를 한다.
- 프로토콜 구성요소는 형식(syntax), 의미(semantic), 순서(timing)이다.

형식(Syntax : 문법, 구문)	데이터 포맷(형식), 부호화 및 신호 레벨 등
의미(Semantic)	– 특정 패턴을 어떻게 해석하고, 어떤 동작을 할 것인가 결정 – 전송의 조정 및 오류 처리를 위한 제어 정보 등
순서(Timing)	속도 일치 및 순서 제어 등

① **인터넷/네트워크 계층 프로토콜**

프로토콜	주요 기능
IP	• 송수신 호스트가 패킷 교환 네트워크에서 정보를 주고받는 데 사용하는 규약 • TCP에 의해 패킷으로 변환된 데이터를 데이터 링크에 전달 • 비신뢰성, 비연결형 서비스 지원, 호스트의 논리 주소 지정 • MTU(최대 전송 단위)를 초과하는 데이터에 대해 단편화 및 재조립 수행

ICMP	• Internet Control Message Protocol
	• 송신 시스템에게 IP 전달에 대한 다양한 메시지를 전달하기 위한 프로토콜
	• 망 내 교환 장비들이 오류 상황에 대한 보고를 할 수 있게 하고, 예상하지 못한 상황이 발생할 경우 이를 알릴 수 있도록 지원
	• 오류 보고 메시지와 질의 메시지로 구분
	  – 오류 보고 메시지는 IP 패킷 처리 도중 발생한 문제를 보고
	  – 질의 메시지는 다른 호스트로부터 특정 정보를 획득하거나 네트워크 문제를 진단
	• 호스트 사이의 연결 신뢰성을 테스트하기 위해 반향(reverberation)과 회답(reply) 메시지를 지원

IGMP	• Internet Group Management Protocol • 로컬 네트워크상의 멀티캐스팅, 그룹 제어 수행 • 라우터 및 호스트들이 어떤 멀티캐스트 그룹에 속하는지를 알리기 위한 그룹 관리용 • 비대칭 프로토콜이며 TTL(Time to Live)이 제공 • 최초의 리포트를 잃어버리면 갱신하지 않고 그대로 진행 처리
ARP	• IP → MAC • Address Resolution Protocol • IP 주소를 물리적 하드웨어 주소로 대응(mapping)시키기 위해 사용하는 프로토콜 • IP 주소를 기반으로 네트워크 인터페이스 카드의 하드웨어 주소를 변환 • ARP 요청은 브로드캐스트로 동작, ARP 응답은 유니캐스트로 동작
RARP	• MAC → IP • Reverse Address Resolution Protocol • 네트워크 인터페이스의 하드웨어 주소를 기반으로 IP 주소를 변환 • ARP와 유사한 패킷 구조

② **전송 계층 프로토콜**

• TCP(Transmission Control Protocol)
- 근거리 통신망이나 인트라넷, 인터넷에 연결된 컴퓨터에서 실행되는 프로그램 간에 처리과 정을 순차적이면서, 안정적으로 오류 없이 교환할 수 있게 하는 프로토콜이다.
- 연결 지향 프로토콜로 전송 전에 송수신지 사이에 연결이 설정되어 있어야 한다.
- 신뢰할 수 있는 방법으로 데이터를 송신해야 하는 업무에 적합하다.
- 전송속도는 빠르지만 UDP 만큼은 아니다.
- TCP 계열 프로토콜들로는 FTP, Telnet, SMTP, DNS, HTTP, POP 등이 있다.
- TCP는 연결설정, 데이터전송, 연결해제 상태를 거친다. 연결설정은 3-Way Handshaking 과정을 거치며, 연결해제는 4-Way Handshaking 과정을 거친다.
　3-Way Handshaking : TCP 클라이언트와 서버 간에 신뢰성 있는 데이터를 전송하기 위해 데이터를 전송하기 전 통신을 개시할 것을 상호 확인하는 과정이다. 3-Way Handshaking의 패킷 교환 순서는 'SYN→ACK/SYN→ACK'이다.

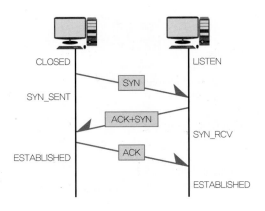

LISTEN	서버에서 클라이언트로부터 들어오는 패킷을 위해 소켓을 열고 기다리는 상태
SYN_SENT	로컬에서 원격으로 연결 요청(SYN 신호를 보냄)을 시도한 상태
SYN_RECEIVED	서버 시스템이 원격 클라이언트로부터 접속을 요구 받아 클라이언트에게 응답했지만, 아직 클라이언트에게 확인 메시지를 받지 않은 상태
ESTABLISHED	클라이언트로부터 관련 요청을 받아 3-Way Handshaking이 완료된 후 서버와 클라이언트가 서로 연결된 상태

4-Way Handshaking : TCP 클라이언트와 서버 사이에 모든 데이터 전송이 완료되고 난 후 세션을 종료하는 과정이다.

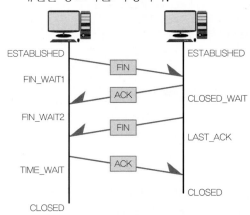

FIN_WAIT1	소켓이 닫히고 연결이 종료되고 있는 상태로 원격의 응답은 받을 수 있음
FIN-WAIT-2	로컬이 원격으로부터 연결 종료 요구를 기다리는 상태
Time-Wait	연결은 종료되었으나 원격의 수신 보장을 위해 기다리고 있는 상태
Last-Ack	연결이 종료되었고 승인을 기다리는 상태
Closed	완전히 연결이 종료된 상태

- UDP(User Datagram Protocol)
  - IP를 사용하는 네트워크 내에서 컴퓨터들 간에 메시지들이 교환될 때 제한된 서비스만을 제공하는 통신 프로토콜이다.
  - 비연결 지향, 송수신지 사이에 연결설정 없이 데이터 송신이 가능하다.
  - 비신뢰성, 수신측의 승인 없이도 연속된 데이터 전송이 가능하다.
  - 매우 빠른 전송 속도를 가진다.
  - 데이터의 안정성보다 전달 속도가 중요하고, 소량의 데이터를 송신한다.
  - 멀티캐스트/브로드캐스트를 사용하는 업무에 적합하다.
  - 멀티미디어 애플리케이션, DNS, BOOTP, DHCP , TFTP, SNMP 등이 UDP 계열의 프로토콜이다.

③ 응용 계층 프로토콜

종류	주요 기능	포트 번호
SMTP	• Simple Mail Transfer Protocol • 전자우편을 송신할 때 사용하는 서버 프로토콜	25
POP	• Post Office Protocol • 전자우편을 수신, 보관하기 위해 사용되는 메일 서버 프로토콜 • 사용자는 주기적으로 서버에 있는 자신의 메일 수신함을 점검하고, 수신된 메일이 있으면 클라이언트 쪽으로 다운로드시킴	110
Telnet	• CUI 기반의 원격지 컴퓨터 접속 지원 인터넷 표준 프로토콜 • 호스트에 접속하기 위해서는 도메인명, 주소 또는 IP 정보가 필요 • 특정 호스트를 사용할 수 있는 사용자 ID와 암호를 알아야 함	23
SSH	• Telnet의 보안 기능을 강화 • 초기 유닉스 계열 명령어에 보안 기능을 보완하여 원격지에 있는 호스트를 보다 안전하게 접속할 수 있도록 한 응용 계층 프로토콜 • 전송되는 데이터들이 암호화하여 전송	22
FTP	• 대량의 데이터를 고속으로 전송하는 서버/클라이언트 프로토콜 • 접속에는 계정 접속과 익명(anonymous) FTP 계정 접속이 있음	20, 21
HTTP	• WWW를 이용 시 서버와 클라이언트 간의 정보교환 담당 • 하이퍼텍스트 전송 담당	80
SNMP	• Simple Network Management Protocol • 네트워크 장비들을 관리 감시하여 특정 망의 상태 파악 • 원격 관리에 필요한 정보 및 장비와 서버 상태를 관리	161, 162
TFTP	• FTP보다 단순화된 파일 전송 프로토콜 • UDP 기반으로 데이터 전송 과정에서 데이터가 손실될 가능성이 있음	69
DHCP	• Dynamic Host Configuration Protocol • 유동 주소 체계를 사용하는 호스트들에게 통신에 필요한 환경설정 • 정보(IP 주소, 게이트웨이 주소, DNS 주소 등)를 할당	67, 68

4 IP 주소와 도메인

(1) IPv4 주소체계

① IPv4 주소는 4개의 옥텟(octet)으로 구성된다.

② 각 옥텟은 8비트이므로 IPv4는 총 32비트이다.

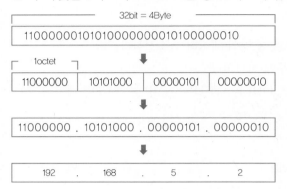

③ IP 주소는 5개의 클래스 A, B, C, D, E로 구분한다.

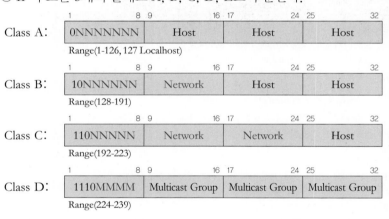

④ 클래스 E는 240~255 사이의 대역에 있으며 IP 주소 부족을 위해 예약해 놓은 것이다.

⑤ IP 주소는 네트워크 ID(네트워크 주소)와 호스트 ID(네트워크 내 호스트 주소)로 구성되어 있다.

⑥ 서브넷 마스크는 네트워크 부분과 호스트 부분을 구분해 주는 값이다. 이것은 효율적인 네트워크 분리를 가능하게 한다.

⑦ 아래 그림은 클래스별 네트워크 ID와 호스트 ID 자리 수, 그리고 서브넷 마스크를 나타낸 것이다.

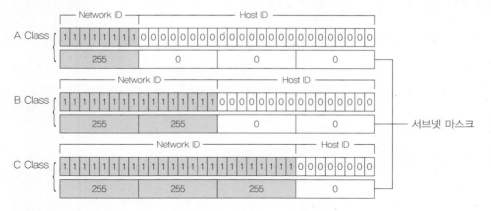

⑧ 아래 표는 다양한 특수 네트워크 주소를 나타낸 것이다.

Network 주소	• 호스트 ID(호스트 비트)의 주소가 모두 0인 주소 • 네트워크를 대표하는 값
Direct Broadcast 주소	• 호스트 ID(호스트 비트)의 주소가 모두 1인 주소 • 특정 망 내부에 있는 모든 호스트들에게 패킷이 전달
Limited Broadcast 주소	• 255.255.255.255 • DHCP 클라이언트가 DHCP 서버를 찾을 경우 사용
Loopback 주소	• 127.0.0.0 ~ 127.255.255.255 • Network 부분의 값이 Class A에 속한 127 • 호스트 부분의 값은 지정되지 않은 값 • 패킷 송수신 과정에 대한 시스템 내부 시험 시 주로 사용
0.0.0.0	부팅 시 자신의 IP 주소를 모를 경우 사용
사설 IP 주소	• 공식적인 승인 없이 사용할 수 있는 주소 • 라우팅이 불가능한 주소로 인터넷상에서 사용할 수 없음 　- A 클래스 10.0.0.0 ~ 10.255.255.255 　- B 클래스 172.16.0.0 ~ 172.31.255.255 　- C 클래스 192.168.0.0 ~ 192.168.255.255

(2) 서브넷팅(subnetting)

① 서브넷은 특정 네트워크를 여러 개의 네트워크로 분리하여 브로드캐스트 도메인을 나누는 것이다.

② IP 주소의 부족 현상을 해소하기 위한 방안이다.

③ 서브넷팅은 디폴트 서브넷 마스크를 기준으로 해서 네트워크 ID 비트수를 늘리고 호스트 ID 비트수를 줄이는 것이다. 이때 기준에서 늘어난 네트워크 ID 비트는 서브넷 ID라 부른다.

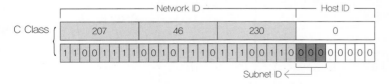

예를 들어 IP 주소 207.46.230.0의 서브넷 마스크는 255.255.255.0이다. 이것을 서브넷팅하여 255.255.255.224을 사용한다면 기준보다 서브넷 마스크 비트를 3비트 더 사용한 것이다. 즉, 서브넷 ID 비트수는 3이다. 따라서 기준 네트워크에서 $8(2^3)$개의 네트워크가 분할한 것이다. 분할된 8개의 그룹마다 들어가는 호스트 개수는 $30(2^5-2)$개이다.

(3) IPv6 주소체계

① IPv4 주소체계와 IPv6 주소체계의 차이점은 아래 표와 같다.

	IPv4	IPv6
IP 주소 비트수	32비트	128비트
IP 주소 방식	지정 주소 방식 (일반주소, 브로드캐스트주소)	자동 설정 주소 방식 (유니캐스트주소, 멀티캐스트주소, 애니캐스트주소)
IP 헤더 길이	20바이트(기본헤더)에서 60바이트(옵션필드 사용 시)	40바이트(기본헤더)와 확장필드 이용
기능	IP 헤더를 이용한 기본 기능	확장필드를 이용한 다양한 기능 • 암호 및 인증 기능 • QoS 관련 기능 • 보안 기능

② IPv6 주소 표기 시 고려해야 할 항목들은 다음과 같다.

- 128비트이며, ' : '으로 구분된 16진수 8자리로 표현한다.
- 대소문자는 구별하지 않는다.

> **형식**
>
> X : X : X : X : X : X : X : X
>
> [16진수]   21DA : 00D3 : 0000 : 2F3B : 02AA : 00FF : FE28 : 9C5A
>
> [단순화 형식] 21DA : D3 : 0 : 2F3B : 2AA : FF : FE28 : 9C5A

- IPv6는 IPv4처럼 소수점으로 표현되는 서브넷 마스크 양식을 사용하지 않는다. IPv6는 주소 표현에서 prefix 길이만 표시한다.

> **형식**
>
> IPv6 prefix 표현 = IPv6 / prefix 길이

- Unspecified 주소는 '0:0:0:0:0:0:0:0' 또는 '::'로 IPv4의 0.0.0.0과 동일한 의미이다.
- Loopback 주소는 '0:0:0:0:0:0:0:1' 또는 ' :: 1'로 IPv4의 127.0.0.1과 같다.

예제 1

21DA : 00D3 : 0000 : 2F3B : 02AA : 00FF : FE28 : 9C5A/64

→ 1DA : 00D3 : 0000 : 2F3B ::/64

- IPv6 주소의 표현에서 '0'이 연속적으로 표현된다.
  - 연속적인 '0'field는 ' :: ' 기호로 대체 가능하다.
  - ' :: ' 기호는 하나의 주소에서 한 번만 사용한다.

예제 2

2001 : 2B8 : 0 : 0 : 0 : 0 : 0 : AC1 2001 : 2B8 : : AC1

→ 2031 : 0000 : 130F : 0000 : 0000 : 90C : 876A : 130B

→ 2031 : 0000 : 130F : : 90C : 876A : 130B (O)

→ 2031 : : 130F : : 90C : 876A : 130B (X)

01 다음에서 하나의 통신회선에 여러 컴퓨터를 연결하고 연결된 컴퓨터 수에 따라 네트워크 성능이 변동되는 LAN 구성 방식으로 알맞은 것은?

① 스타(Star)형
② 링(Ring)형
③ 버스(Bus)형
④ 망(Mesh)형

버스(Bus)형은 확장성이 용이하나 문제가 발생한 노드의 위치를 파악하기가 어렵다.

02 다음 중 설치비용이 많이 들지만 장애 발생 시 다른 시스템에 영향이 적고 신뢰성이 가장 높은 LAN 구성 방식으로 알맞은 것은?

① 스타(Star)형
② 망(Mesh)형
③ 버스(Bus)형
④ 링(Ring)형

망(mesh)형은 대량의 데이터를 송수신할 경우 적합하다.

03 LAN 구성 방식 중 관리하는 중앙 컴퓨터 고장에 가장 큰 문제점을 유발하는 방식으로 알맞은 것은?

① 스타형
② 링형
③ 망형
④ 버스형

스타형은 중앙 컴퓨터에 여러 대의 컴퓨터가 허브 또는 스위치와 같은 장비로 연결되는 방식이다. 이때 관리하는 중앙 컴퓨터가 고장나면 전체 네트워크 사용이 불가능하다.

04 다음 중 논리적인 순환형 토폴로지로 하나의 노드장애가 전체 토폴로지에 영향을 미치는 LAN 구성 방식으로 알맞은 것은?

① 망 토폴로지
② 스타 토폴로지
③ 버스 토폴로지
④ 링 토폴로지

링 토폴로지는 각 노드가 좌우의 인접한 노드와 연결된 형태로 노드의 추가 및 삭제가 용이하지 않으나 네트워크 전송상 충돌이 없고 노드 숫자가 증가하더라도 망 성능의 저하가 적은 고속 네트워크로 네트워크 환경이 자주 바뀌지 않는 경우에 구성하는 것이 좋다.

05 다음에서 국가 및 대륙과 같이 넓은 지역을 연결하는 네트워크로 알맞은 것은?

① WAN
② LAN
③ SAN
④ MAN

오답 피하기

② LAN : 빌딩 내 혹은 근접한 거리의 빌딩들로 제한된 지역에 설치된 기기들은 연결한다.
③ SAN : 스토리지를 위해 고안된 스토리지 전용 고속 네트워크이다.
④ MAN : LAN보다는 큰 규모, WAN보다는 지리적으로 작은 규모의 자원들을 연결한다.

06 다음 중 DQDB(Distributed Queue Dual Bus)와 관련 있는 구성 방식으로 알맞은 것은?

① LAN
② WAN
③ MAN
④ Wi-Fi

DQDB는 MAN에서 사용되는 IEEE 802.6 규격인 QPSX(Queued Packet Synchronous Exchange)의 제어접속에 사용된다.

정답 01 ③ 02 ② 03 ① 04 ④ 05 ① 06 ③

07 다음에서 CSMA/CD 방식을 기반으로 다른 단말기가 신호를 송출 여부를 확인하는 방식으로 알맞은 것은?

① ATM
② FDDI
③ Token Ring
④ Ethernet

오답 피하기

FDDI와 Token Ring의 매체 접근 제어 방식은 토큰패싱(token passing)이다.

08 다음에서 설명하는 네트워크 계층의 프로토콜로 알맞은 것은?

> ITU-T의 표준화한 통신 규약으로 패킷망에서 DCE(회선 종단 장치)와 DTE(데이터 단말 장치) 사이에 이루어지는 상호 작용을 규정한 프로토콜이다. 네트워크 계층의 대표적인 프로토콜로 가변 길이 프레임 전송을 지원하는 프레임 릴레이(Frame Relay)의 근간을 이룬다.

① FDDI
② X.25
③ Token Ring
④ Ethernet

FDDI, Token Ring, Ethernet은 LAN을 연결하는 프로토콜이며, X.25는 WAN 프로토콜이다.

09 다음 중 IEEE 802.5의 표준화된 LAN 기술로 알맞은 것은?

① X.25
② Ethernet
③ Token Ring
④ FDDI

Token Ring LAN은 토큰(token)의 흐름에 의해 전송 순서가 결정된다.

10 다음에서 토큰 패싱 방법을 이용하여 데이터를 전송하는 LAN 구성 방식으로 알맞은 것은?

① 링형
② 망형
③ 스타형
④ 버스형

링(ring)형은 토큰(token)의 흐름에 의해 전송 순서가 제어되어 매체 접근을 제어한다.

11 다음 중 네트워크상에서 다중 송신자와 다중 수신자 간의 데이터 전송 방식을 무엇이라 하는가?

① 유니캐스트
② 멀티캐스트
③ 브로드캐스트
④ 애니캐스트

오답 피하기

① 유니캐스트은 하나의 송신지가 하나의 수신자에게 데이터를 전송하는 방식이다.
③ 브로드캐스트는 하나의 송신자가 불특정 다중 수신자에게 데이터를 전송하는 방식이다.
④ 애니캐스트는 하나의 송신자가 특정 다수의 수신자들 중에서 인접한 하나의 수신자를 선택해서 데이터를 전송하는 방식이다.

12 다음 중 패킷 교환 방식에 대한 설명으로 틀린 것은?

① 패킷마다 오버헤드 비트는 존재하지 않는다.
② 전송 대역폭이 동적이다.
③ 이론상 호스트의 무제한 수용이 가능하다.
④ 모든 데이터가 같은 경로로 전송되지 않을 수도 있다.

패킷 교환은 송수신지 간의 콜 설정(call setup)에 대한 오버헤드가 존재한다는 단점이 있다.

13 다음에서 서로 다른 통신망과 프로토콜을 사용하는 네트워크 간에 통신 기능을 가능하게 해주는 장치로 알맞은 것은?

① 리피터
② 브리지
③ X.25
④ 라우터

① 리피터 : 신호의 재생 및 증폭 기능을 수행하여 물리적인 거리를 확장시키는 장비
② 브리지 : 주소에 따라 목적지 포트로 프레임을 전달 장비
③ X.25 : 패킷망에서 가변 길이 프레임 전송하는 장비

14 다음 중 라우터의 장점에 대한 설명으로 틀린 것은?

① 모든 프로토콜을 지원하고 있다.
② 다양한 경로를 따라 통신량을 분산할 수 있다.
③ 전체 네트워크의 성능을 개선할 수 있다.
④ 대규모 통신망을 쉽게 구성할 수 있다.

라우터는 다른 기종 망을 연결하는 중계 장비로 연동할 망의 형태에 따라 모듈을 구매하여 프로토콜을 정착해야 한다.

15 다음 중 서로 다른 통신망이나 프로토콜을 사용하는 네트워크 간의 통신을 가능하게 하는 컴퓨터나 소프트웨어의 통칭으로 알맞은 것은?

① 넷마스크
② 네임서버
③ 브로드캐스트
④ 게이트웨이

① 넷마스크 : 네트워크 ID와 호스트 ID를 구분하는 식별자
② 네임서버 : 도메인을 기반으로 IP 주소를 조회하는 서버
③ 브로드캐스트 : 하나의 송신지가 불특정 다수에게 트래픽을 전송하는 방식

16 2대의 컴퓨터를 UTP 케이블로 직접 연결하려고 한 쪽을 T568B 배열로 만들어 둔 상태이다. 다음 중 다른 한 쪽 배열과 관련된 설명으로 알맞은 것은?

① T568A 배열로 구성한다.
② T568A 배열의 역순으로 구성한다.
③ T568B 배열로 구성한다.
④ T568B 배열의 역순으로 구성한다.

같은 기종의 장비, PC와 PC를 연결하기 위해서는 크로스오버 케이블이 필요하다. 크로스오버 케이블이란 한쪽은 568A, 다른 쪽은 568B로 연결한 선이다.

17 UTP 케이블의 8가닥 선 중에서 실제 쓰이는 선은 4개이다. 다음 중 이 배열에 속하는 선으로 알맞은 것은?

① 파란선
② 흰색-파란선
③ 갈색선
④ 녹색선

8가닥 선 중에서 실제 쓰이는 선은 4개의 선은 주황, 흰주황, 녹색, 흰녹색이다.

18 다음 중 T568B의 배열 순서로 알맞은 것은?

① 흰주, 주, 흰녹, 파, 흰파, 녹, 흰갈, 갈
② 흰녹, 녹, 흰파, 파, 흰주, 주, 흰갈, 갈
③ 흰주, 주, 흰녹, 녹, 흰파, 파, 흰갈, 갈
④ 흰녹, 녹, 흰주, 파, 흰파, 주, 흰갈, 갈

T568A의 배열 순서는 '흰녹, 녹, 흰주, 파, 흰파, 주, 흰갈, 갈'이다.

정답 13 ④ 14 ① 15 ④ 16 ① 17 ④ 18 ①

19 다음에서 장파장의 광섬유의 전송 규격으로 최대 전송거리는 다중모드가 550m, 단일모드가 5km인 이더넷 매치로 알맞은 것은?

① 1000BASE-CX

② 1000BASE-FX

③ 1000BASE-SX

④ 1000BASE-LX

오답 피하기

① 1000BASE-CX의 전송거리 : 25m

② 1000BASE-FX의 전송거리 : 400m

③ 1000BASE-SX의 전송거리 : 62.5 멀티모드-275m, 50 멀티모드-550m

20 다음 중 이더넷 배선 방식과 설명으로 알맞은 것은?

① 1000BASE-LX : 단파장의 광섬유를 사용하는 규격으로 최대 200~550Mbps까지 가능

② 1000BASE-T : 1000Mbps의 전송속도에 전송매체는 UTP-5를 사용

③ 1000BASE-SX : 장파장의 광섬유를 사용하는 규격으로 최대 단일 모드일 때 최대 전송거리는 5km까지 가능

④ 100BASE-FX : 100Mbps의 전송속도에 전송매체는 UTP-5 또는 STP 사용

오답 피하기

① 1000BASE-LX : 장파장의 광섬유를 사용하는 규격으로 최대 1000Mbps까지 가능

③ 1000BASE-SX : 단파장의 광섬유를 사용하는 규격

④ 100BASE-FX : 100Mbps의 전송속도에 전송매체는 광섬유 케이블

21 다음 중 OSI-7 계층의 하위 계층부터 상위 계층의 순서로 알맞은 것은?

> ㉠ 네트워크 계층
> ㉡ 전송 계층
> ㉢ 물리 계층
> ㉣ 세션 계층
> ㉤ 표현 계층
> ㉥ 데이터링크 계층
> ㉦ 응용 계층

① ㉢ → ㉥ → ㉡ → ㉣ → ㉠ → ㉤ → ㉦

② ㉢ → ㉥ → ㉠ → ㉡ → ㉣ → ㉤ → ㉦

③ ㉥ → ㉢ → ㉠ → ㉡ → ㉣ → ㉤ → ㉦

④ ㉥ → ㉢ → ㉡ → ㉣ → ㉠ → ㉦ → ㉤

최하위 계층은 1계층인 물리 계층이며, 최상위 계층은 7계층인 응용 계층이다.

22 다음 중 데이터의 암호화와 해독을 수행하고, 효율적인 전송을 위해 필요에 따라 압축과 해제를 수행하는 OSI 모델 계층으로 알맞은 것은?

① 응용 계층

② 표현 계층

③ 세션 계층

④ 데이터링크 계층

오답 피하기

① 응용 계층 : 사용자에게 다양한 네트워크 서비스를 제공하기 위해 User Interface를 제공

③ 세션 계층 : 종단 간 애플리케이션 사이의 연결 설정, 유지, 해제

④ 데이터링크 계층 : 오류 검출과 매체 접근 제어 기능 제공

정답 19 ④ 20 ② 21 ② 22 ②

23 다음에서 송수신 호스트 간 올바른 경로를 선택할 수 있도록 라우팅 역할을 수행하는 계층은?

① 데이터 링크 계층
② 전송 계층
③ 세션 계층
④ 네트워크 계층

네트워크 계층은 IP 주소를 기반으로 목적지로 향하는 최적의 경로 설정을 한다. 네트워크 계층의 프로토콜은 IP, ICMP, IGMP, ARP, RARP가 있다.

24 다음에서 데이터 구조나 형식을 말하는 것으로 부호화, 신호레벨을 규정하는 프로토콜 구성요소로 알맞은 것은?

① 구문(Syntax)
② 의미(Semantics)
③ 순서(Timing)
④ 소켓(Socket)

프로토콜 구성요소는 구문, 의미, 순서이며, 데이터 구조와 관련된 항목은 구문이다.

25 다음 중 프로토콜의 기능과 설명으로 틀린 것은?

① 멀티플렉싱 : 하나의 통신 선로에서 다중 시스템이 동시에 통신할 수 있는 기법
② 흐름제어 : 송신 속도가 수신측의 데이터 처리능력을 초과하지 않도록 하는 것
③ 캡슐화 : 송신자와 수신자의 주소, 오류 검출 코드, 프로토콜 제어 정보를 덧붙이는 것
④ 오류제어 : 연결 설정에 있어서의 구문, 의미, 시간을 제어하는 것

오류제어 : 데이터 전송 중 발생되는 에러를 검출(에러 검출), 보정(에러 정정)하는 메커니즘

26 TCP/IP 프로토콜에 대한 일반적인 설명으로 틀린 것은?

① 각 머신은 서로 구별할 수 있도록 64바이트 숫자인 IP 주소가 부여되어 있다.
② 원래 군사적 목적으로 설립된 ARPA-net에서 사용하기 위해 만들어졌다.
③ IP 주소는 네트워크 주소와 호스트 주소의 두 부분으로 나누어진다.
④ TCP/IP로 통신하는 프로세스들은 목적지 IP 주소 외에 포트 주소를 명시해야 한다.

각 머신은 서로 구별할 수 있도록 32바이트 숫자인 IP 주소가 부여되어 있다.

27 다음 중 OSI 7 계층의 해당 계층과 관련된 내용으로 알맞은 것은?

① 응용 계층 : HTTP, NFS, SSH
② 데이터링크 계층 : 이더넷, 토큰링, DSL
③ 네트워크 계층 : ICMP, POP3, ARP
④ 전송 계층 : IP, TCP, UDP

오답 피하기
② 데이터링크 계층 : 이더넷, 토큰링
③ 네트워크 계층 : ICMP, ARP
④ 전송 계층 : TCP, UDP

28 다음 중 TCP 및 UDP 프로토콜의 특징 비교에 대한 설명으로 틀린 것은?

① TCP는 연결지향 전송 프로토콜이다.
② TCP가 UDP에 비해 안정성과 신뢰성이 뛰어나다.
③ UDP가 TCP에 비해 전송 속도는 빠르다.
④ UDP는 ACK 패킷을 주고받으면서 전송 여부를 확인한다.

TCP는 ACK 패킷을 주고받으면서 전송 여부를 확인한다.

정답 23 ④ 24 ① 25 ④ 26 ① 27 ① 28 ④

29 다음 중에서 3-way handshaking이 완료된 후 서버와 클라이언트가 연결된 상태로 알맞은 것은?

① LISTEN
② SYS-SENT
③ SYN_RECEIVED
④ ESTABLISHED

① LISTEN : 서버에서 클라이언트로부터 들어오는 패킷을 위해 소켓을 열고 기다리는 상태
② SYS-SENT : 로컬에서 원격으로 연결 요청(SYN 신호를 보냄)을 시도한 상태
③ SYN_RECEIVED : 원격지로부터 접속을 요구받아 응답했지만, 아직 클라이언트에게 확인 메시지를 받지 않은 상태

30 다음 중에서 원격 클라이언트로부터 접속 요청을 받아 클라이언트에서 응답했지만 아직 클라이언트에게 확인 메시지를 받지 않은 netstat 명령의 상태값(State)으로 알맞은 것은?

① ESTABLISHED
② SYS-SENT
③ SYN_RECEIVED
④ LISTEN

① ESTABLISHED : 3-way handshaking이 완료된 후 서버와 클라이언트가 서로 연결된 상태
② SYS-SENT : 로컬에서 원격으로 연결 요청(SYN 신호를 보냄)을 시도한 상태
④ LISTEN : 서버에서 클라이언트로부터 들어오는 패킷을 위해 소켓을 열고 기다리는 상태

31 다음 중 3-way handshaking의 패킷 교환 순서로 알맞은 것은?

① SYN → ACK/SYN → ACK
② ACK → ACK/SYN → SYN
③ ACK/SYN → SYN → ACK
④ ACK/SYN → ACK → SYN

3-way handshaking은 TCP 클라이언트와 서버 간에 신뢰성 있는 데이터를 전송하기 위해 실제 데이터를 전송하기 전 통신을 개시할 것을 상호 확인하는 과정이다.

32 모든 소켓의 PID 및 프로그램명을 출력하고, 호스트명 및 포트명은 숫자값으로 출력하려고 한다. 다음 ( ) 안에 들어갈 내용으로 알맞은 것은?

> [posein@www ~]$ netstat ( )

① -an
② -anp
③ -ap
④ -aux

옵션 -a는 모든 접속과 수신 중인 포트, 옵션 -n은 IP 주소와 포트번호, 옵션 -p는 지정된 프로토콜의 통계치를 나타낸다.

33 다음 중 서버에서 클라이언트로 들어오는 패킷을 위해 소켓을 열고 기다리는 상태로 알맞은 것은?

① SYS-SENT
② ESTABLISHED
③ LISTEN
④ SYN_RECEIVED

① SYS-SENT : 로컬에서 원격으로 연결 요청(SYN 신호를 보냄)을 시도한 상태
② ESTABLISHED 3-way handshaking이 완료된 후 서버와 클라이언트가 서로 연결된 상태
④ SYN_RECEIVED : 원격지로부터 접속을 요구받아 응답했지만, 아직 클라이언트에게 확인 메시지를 받지 않은 상태

34 다음 중 로컬 루프백(Local Loopback)의 IP 주소로 알맞은 것은?

① 0.0.0.0
② 192.168.0.1
③ 127.0.0.1
④ 255.255.255.255

① 0.0.0.0 : 디폴트 경로(default route)
② 192.168.0.1 : 사설 IP 주소
④ 255.255.255.255 : 브로드캐스트 IP 주소

정답 29 ④ 30 ③ 31 ① 32 ② 33 ③ 34 ③

35 다음 중 IP 주소(Internet Protocol Address)의 설명으로 틀린 것은?

① IP 주소는 특수한 번호로 각 컴퓨터마다 고유한 값으로 제공한다.
② IP 주소는 첫 4비트 영역의 값에 따라 A, B, C, D 총 4개의 클래스로 나뉜다.
③ IPv4는 32비트의 이진 숫자로 구성된다.
④ IP 주소는 0.0.0.0~255.255.255.255 사이의 값을 갖는다.

IP 주소는 첫 4비트 영역의 값에 따라 A, B, C, D, E 총 5개의 클래스로 나뉜다.

36 다음 중 사설 IP 주소 대역으로 틀린 것은?

① 192.168.15.31
② 172.32.168.2
③ 192.168.16.33
④ 10.192.168.2

B 클래스의 사설 IP 주소 대역은 172.16.0.0~172.31.255.255이다.

37 다음 중 C 클래스의 netmask 값이 255.255.255.128일 경우 분할되는 서브넷 개수와 사용 가능한 총 IP 주소 개수로 알맞은 것은?

① 2개의 서브넷, 252개 IP
② 1개의 서브넷, 256개 IP
③ 2개의 서브넷, 128개 IP
④ 1개의 서브넷, 248개 IP

C 클래스의 분할된 서브넷 마스크는 255.255.255.128이므로 서브넷 ID 비트수는 1, 호스트 ID 비트수는 7
∴ 서브넷 개수 2^1≒2, 서브넷당 들어가는 호스트 수 2^7-2 = 126
∴ 사용 가능한 총 IP 주소 = 252(126×2)개

38 다음 중 B 클래스의 기본 호스트 개수로 알맞은 것은?

① 256
② 512
③ 1,024
④ 65,536

B 클래스의 호스트 비트수는 16개이므로 기본 호스트 개수는 2^{16} = 65,536

오답 피하기
실제 주소 할당이 가능한 호스트 개수는 $2^{16}-2$ = 65,534이다.

39 다음 중 C 클래스 주소 대역에서 넷마스크 값을 255.255.255.192로 설정했을 경우 해당 서브넷에 속한 전체 호스트의 개수로 알맞은 것은?

① 2
② 64
③ 4
④ 192

C 클래스의 분할된 서브넷 마스크는 255.255.255.192이므로
– 서브넷 ID 비트수는 2, 호스트 ID 비트수는 6
∴ 서브넷 개수 2^2=4, 서브넷당 전체 호스트 개수 2^6 = 64

오답 피하기
실제 주소 할당이 가능한 호스트 개수는 2^6-2 = 62(개)이다.

40 다음 중 IPv6의 특징으로 틀린 것은?

① 헤더 구조 복잡성
② 흐름제어 기능 지원
③ 호스트 주소 자동 설정
④ 패킷 크기의 확장

IPv6 헤더는 40바이트의 기본헤더와 확장헤더로 구성되어 있다. IPv4보다는 헤더 크기는 늘어났지만 고정길이 헤더와 단편화나 QoS 관련 필드를 확장헤더로 전환시켜 헤더 구조를 단순화시켰다.

정답 35 ② 36 ② 37 ① 38 ④ 39 ② 40 ①

인터넷 서비스의 종류

(1) WWW(World Wide Web) 서비스

① 프로토콜 HTTP(Hyper Text Transfer Protocol)를 기반으로 한 멀티미디어와 하이퍼텍스트를 통합한 정보 검색 시스템이다.

② 인터넷에 연결된 전 세계 컴퓨터의 모든 문서들을 언제 어디서든 다양한 컴퓨터 환경에서 검색이 가능하게 해준다.

③ 다양한 그래픽 유저 인터페이스들을 사용하는 것이 가능하다.

④ 1989년 CERN(Conseil European polu la Rechereche Nucleaire 유럽입자물리학연구소)에서 하이퍼텍스트가 시작되었으며, 1990년 WWW라는 넥스트 플랫폼용 브라우저가 공개되었다.

⑤ WWW 서비스는 분산 클라이언트–서버 모델을 기반으로 한다.

⑥ 표준 웹 프로토콜(HTTP, XML, SOAP, WSDL, UDDI)을 기본으로 하여 서로 다른 개발 환경과 운영체제에서도 상호 통신이 가능하다.

⑦ 다양한 웹 브라우저들이 있다.

➕ 더 알기 TIP

고퍼(Gopher) 서비스

• 미국의 미네소타 대학에서 개발된 정보 검색 서비스이다.
• 인터넷상의 정보들을 체계적으로 분류하여 사용자가 특정 정보가 저장되어 있는 서버의 주소를 모르더라도 메뉴 방식의 인터페이스를 이용하여 쉽게 찾을 수 있다.
• 인터넷 기반의 문서 검색 시스템으로 텍스트 기반의 메뉴 인터페이스를 통해 정보 검색 기능을 제공한다.
• 터미널 환경을 기반으로 대량의 정보 검색 및 저장을 위해 사용되었다.
• 계층적으로 분류되어 있어 정보를 찾은 후 다른 정보를 찾기 위해서는 상위 계층으로 이동해야만 다른 정보를 검색할 수 있다.
• 1990년대 후반에 이르러 고퍼는 주류에서 밀려났고, 웹 브라우저들도 고퍼 지원을 뺏다.
• 인터넷 익스플로러의 경우 6.0이 마지막으로 고퍼를 지원했다.

(2) 메일 서비스

① 전자 메일 시스템은 컴퓨터 사용자끼리 편지를 주고받는 서비스이며 MTA, MUA, MDA로 구성된다.

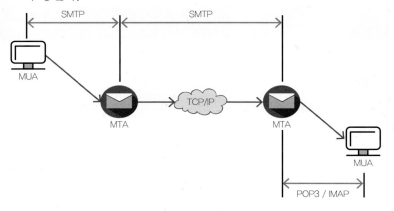

MTA(Mail Transfer Agent)	자신에 등록되어 있는 메일 서버에 SMTP를 사용하여 메일 전달
MUA(Mail User Agent)	메일을 작성하고 읽는 사용자 인터페이스
MDA(Mail Delivery Agent)	메일 서버에서 수신된 메일을 분류하여 해당 수신자의 메일박스에 메일 전달

② 메일 클라이언트에서 송신은 SMTP, 수신은 POP3 또는 IMAP4를 이용한다.

③ 메일을 보내거나 메일 서버 간의 메시지 교환은 SMTP 프로토콜을 사용하고, 메일 서버에 도착한 메일을 사용자 컴퓨터에서 확인할 때에는 POP3와 IMAP를 사용한다.

④ MIME(Multipurpose Internet Mail Extension)은 멀티미디어 전자우편을 위한 표준으로, 멀티미디어 데이터를 ASCII 형식으로 변환할 필요 없이 인터넷 전자 우편으로 송신하기 위한 SMTP의 확장 규격이다.

(3) FTP 서비스

① FTP(File Transfer Protocol) TCP/IP에 의해 제공되는 호스트 간의 파일 복사를 위한 프로토콜이다.

② FTP의 통신 모드는 패시브 모드(passive mode)와 액티브 모드(active mode)로 구분한다.

• 패시브 모드 : FTP 서버가 지정해 준 포트로 클라이언트는 트래픽을 송신한다.

- 액티브 모드 : 클라이언트가 요청한 포트로 FTP 서버는 트래픽을 송신한다.

③ FTP는 20번(일반 데이터 전송용)과 21번(제어 데이터 전송용) 포트 번호를 사용한다.

④ FTP은 계정을 가진 사용자들의 접속과 익명(anonymous)의 로그인을 허용하고 있다.

⑤ 익명(anonymous)은 공개 소프트웨어를 제공하는 FTP 서버에 접속할 때 입력할 수 있는 계정이다.

- 아래 그림은 명령어 기반 방식으로 FTP 서버(㉠ 192.168.10.20)에 익명 로그인(㉡) 후 파일 리스트(㉢)를 검색한 것이다.

- 익명 로그인 시에는 'Password' 부분에 Enter 를 치면 된다.

```
ftp> open 192.168.10.20
Connected to 192.168.10.20 (192.168.10.20).          ㉠
220 (vsFTPd 2.3.4)

Name (192.168.10.20:target): anonymous
331 Please specify the password.                     ㉡
Password:

 230 Login successful.
 Remote system type is UNIX.
 Using binary mode to transfer files.

ftp> dir
227 Entering Passive Mode (192,168,10,20,166,222).
150 Here comes the directory listing.                ㉢
-rwxr-xr-x    1 0        0            15972 Aug 02 14:15 banner
226 Directory send OK.
```

⑥ FTP 관련 명령어는 다음과 같다.

open	호스트 이름이나 IP 주소를 사용하여 접속
close	현재 접속 중인 연결을 끊고 FTP 명령어 모드로 돌아감
ascii	ASCII 형태로 파일을 송수신
binary	Binary 형태로 파일을 송수신
(m)get	FTP 서버로부터 (복수 개의) 파일을 전송받음
(m)put	자신의 시스템에 있는 (복수 개의) 파일을 FTP 서버로 전송
hash	파일 전송 상태를 # 문자를 통해서 확인
delete	FTP 서버의 파일을 삭제

(4) DNS(Domain Name System) 서비스

① 호스트 이름을 기반으로 IP 주소로 변환(또는 조회)하거나 IP 주소를 기반으로 호스트 이름을 변환(또는 조회)시켜 주는 프로토콜이다.

② DNS에서는 도메인명을 분산된 트리 형태의 계층적 구조로 관리한다.

③ 일반 최상위 도메인(generic Top-Level Domain, gTLD)은 특정한 조직 계열에 따라 사용된다. 도메인의 길이는 3글자 이상이며 조직의 종류에 따라 사용하는 이름이 다르다.

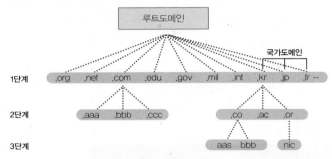

최상위 도메인	설명
org	비영리기관
net	네트워크기관
com	영리를 목적으로 하는 기관
edu	교육기관
gov	정부기관
mil	군사기관
int	국제 조약 등으로 만들어진 국제기관
kr, jp, fr	국가기관

④ 호스트명에 대해 IP 주소를 획득하는 과정은 아래와 같다.

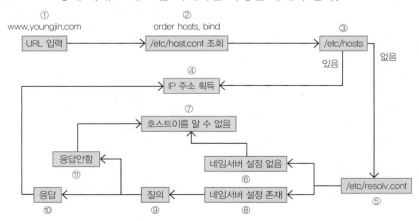

⑤ DNS 설정 정보나 질의응답을 점검하기 위한 명령어로 nslookup과 dig가 있다.

(5) Telnet과 SSH 서비스

① 네트워크상에 있는 다른 컴퓨터에 로그인하거나 원격 시스템에서 명령 실행, 파일 복사 등을 제공하는 서비스이다.

② Telnet과 SSH는 사용자가 서버에 접속하여 서버 관리, 파일 편집 등을 Text 모드 환경에서 시스템 명령을 실행하고 결과를 화면을 통해 볼 수 있다.

③ Telnet은 서버와 주고받는 정보를 Byte 스트림 형식으로 전송하고, SSH는 DES, RSA 등의 암호화 기법을 사용해서 전송한다. 따라서 Telnet보다 SSH가 안전한 데이터 전송을 보장한다.

④ SSH는 암호화뿐만 아니라 압축 기술도 제공한다. 암호화를 통해서 늘어난 데이터의 크기를 압축하여 사용자와 서버가 송수신하는 것을 가능하게 한다.

형식	telnet [hostname]	
−d	디버깅을 작동	
−a	자동 로그인을 시도	
−l user	자동 로그인을 위해 사용자 이름(user)을 원격 시스템으로 전송	
port	• 원격 시스템에 연결될 포트 번호를 지정 • 해당 서비스 활성화 여부 확인 가능 • 이 인수는 다른 네트워크 프로그램을 지정하는 데 사용됨	

• port를 지정하지 않으면 아래와 같이 기본 telnet 포트에 연결된다.

```
[root@Youngjin ~]# telnet 192.168.10.20
Trying 192.168.10.20...
Connected to 192.168.10.20.
Escape character is '^]'.
```

• 서버 192.168.10.20에 FTP 서비스가 활성화가 되어있는지 점검한다.

```
[target@Youngjin ~]$ telnet 192.168.10.20 21
Trying 192.168.10.20...
Connected to 192.168.10.20.
Escape character is '^]'.
220 (vsFTPd 2.3.4)
```

- 명령어 telnet을 이용하여 특정 인터넷 서비스의 활성화 상태를 확인할 수 있다.
- 명령어 형식은 'telnet 서버 IP 주소 포트번호' 또는 'telnet 도메인명 포트번호'이다.
- 웹 서비스 활성화 여부는 포트번호 80번으로 지정한다.

	ssh [옵션] [서버IP주소|도메인명] 또는 ssh [계정자명@서버IP주소]

옵션	설명
-a	인증 에이전트의 전송을 불가능하게 한다.
-c	• 세션을 암호화하는 데 사용할 암호 해독기를 선택한다. • idea가 기본값이고, arcfour가 가장 빠르며, none은 rlogin이나 rsh(암호화 없음)를 사용하는 것과 같다.
-p	원격 호스트에 있는 연결할 포트를 설정해 준다.
-l	원격 시스템에 사용할 로그인 이름을 설정해 준다.

```
[target@Youngjin ~]$ ssh 192.168.10.20
The authenticity of host '192.168.10.20 (192.168.10.20)' can't be established.
RSA key fingerprint is 56:56:24:0f:21:1d:de:a7:2b:ae:61:b1:24:3d:e8:f3.
Are you sure you want to continue connecting (yes/no)? yes
Warning: Permanently added '192.168.10.20' (RSA) to the list of known hosts.
target@192.168.10.20's password:
```

(6) NFS(Network File System)

① 네트워크 기반에 다른 시스템과 파일 시스템을 공유하기 위한 클라이언트/서버 프로그램이다.

② 1984년 썬 마이크로시스템즈 사에서 개발하였다.

③ 원격지에 있는 리눅스 서버의 특정 디렉터리를 로컬 시스템의 하위 디렉터리처럼 사용할 수 있다.

④ 다른 컴퓨터의 파일 시스템을 마운트하고 공유하여 자신의 디렉터리인 것처럼 사용할 수 있게 해준다.

⑤ NFS는 portmap이 먼저 수행되어 있어야만 서비스가 실행된다. Portmap은 NIS, NFS 등 RPC(Remote Procedure Call) 연결에 관여하는 데몬이다.

⑥ NFS 서비스는 nfsd, rpc.mounted, rpc.statd, rpc.rockd, rpc.rquotad 데몬들이 구동된다.

• NFS 서버 : nfsd, rpc.mountd, rpc.statd, rpc.lockd 데몬이 작업

• NFS 클라이언트 : rpc.statd, rpc.rockd, rpc.rquotad 데몬이 작업

(7) RPC(Remote Procedure Call)

① 동적으로 서비스와 포트를 연결할 때 사용하는 방법이다.

② 기본적으로 포트와 서비스가 정적으로 구성될 때는 /etc/services 파일을 참조하지만 동적으로 포트를 할당받아 사용할 때는 RPC인 rpcbind(SUN에서는 sunrpc)를 사용한다.

③ RPC의 운영 과정은 다음과 같다.

- 동적으로 포트를 할당받기 위한 원격 서비스는 rpcbind(port# 111)를 접속한다.

- 접속 후 서비스를 위해 포트번호를 할당받도록 요구한다.

- rpcbind는 현재 시스템에서 사용되지 않고 있는 포트번호를 RPC를 이용하여 요청한 시스템에 전달하고, 그 포트번호를 자신이 동작하는 시스템의 해당 서비스에 할당한다.

- 할당받은 포트를 사용하여 다시 패킷을 수신할 시스템에 서비스를 요청한다.

- 서비스 요청을 받은 시스템은 포트번호에 해당하는 서비스를 처리할 프로그램에 패킷을 전달한다.

01 다음 중 메일 서비스를 사용하기 위해서 적용되는 인터넷 전송규약과 서비스 프로그램 연결 조합으로 틀린 것은?

① SMTP : sendmail
② POP : qpopper
③ IMAP : imapd
④ ICMP : inetd

ICMP 프로토콜은 IP 패킷을 처리할 때 발생되는 문제를 알리거나 진단한다. inetd(internet service daemon)는 유닉스 시스템의 슈퍼 서버 데몬으로서 인터넷 서비스들을 제공한다.

02 다음 중 메일 서비스와 가장 관련이 없는 프로토콜로 알맞은 것은?

① POP3   ② IMAP
③ AUTH   ④ SMTP

SMTP는 메일 송신 프로토콜, POP3와 IMAP은 메일 수신 프로토콜이다.

03 다음 (   ) 안에 들어갈 내용으로 알맞은 것은?

> 전자우편은 컴퓨터 사용자끼리 편지를 주고받는 서비스이다. 메일을 보내거나 메일 서버 간의 메시지 교환은 (㉠) 프로토콜을 사용하고, 메일 서버에 도착한 메일을 사용자 컴퓨터에서 확인할 때에는 (㉡) 프로토콜을 사용한다.

① ㉠ IMAP   ㉡ SMTP
② ㉠ SNMP   ㉡ POP3
③ ㉠ SMTP   ㉡ IMAP
④ ㉠ POP3   ㉡ SMTP

클라이언트에서 메일 서버로 메일 송신 프로토콜은 SMTP, 메일 서버에서 사용자 컴퓨터에 메일을 수신하는 프로토콜은 POP3와 IMAP이다.

04 다음 중 월드 와이드 웹(WWW)에 대한 설명으로 틀린 것은?

① 분산 클라이언트–서버 모델을 기반으로 한다.
② 클라이언트는 서버의 문서에 대해서 HTML을 사용하여 간단한 수정을 할 수 있다.
③ 하이퍼텍스트와 하이퍼미디어의 개념을 사용한다.
④ 분산된 자원 처리를 목적으로 CERN에서 시작되었다.

클라이언트는 서버의 문서 HTML 전송을 요청은 가능하나 수정은 할 수 없다.

05 다음 중 WWW에 대한 설명으로 틀린 것은?

① 문자 환경 서비스로서 전문가들이 사용하고, 다양한 컴퓨팅 환경에서 사용할 수 있다.
② World Wide Web의 약어로 인터넷상에서 멀티미디어와 하이퍼텍스트를 통합한 것이다.
③ WWW 서비스를 위해서는 특정 클라이언트 프로그램인 브라우저가 필요하다.
④ 인터넷에 연결된 전 세계 컴퓨터의 모든 문서들을 연결하여 언제 어디서든 정보 검색이 가능하게 해주는 서비스이다.

표준 웹 프로토콜(HTTP, XML, SOAP, WSDL, UDDI)을 기본으로 하여 서로 다른 개발 환경과 운영체제에서도 상호 통신이 가능하다.

정답 01 ④ 02 ③ 03 ③ 04 ② 05 ①

06 다음 중 전송규약과 해당하는 서버 프로그램의 연결로 틀린 것은?

① SMTP : qmail
② DNS : bind
③ FTP : proftpd
④ HTTP : mozilla

Mozilla는 자유 소프트웨어 웹 브라우저로 클라이언트 프로그램이다.

07 다음 중 탭 브라우저 기능과 웹 페이지를 네모난 썸네일 형태로 가지런히 배열하는 '스피드 다이얼'을 최초로 선보인 웹 브라우저로 알맞은 것은?

① safari
② chrome
③ opera
④ firefox

스피드 다이얼 기능은 웹 브라우저의 첫 화면(시작 페이지)이나 신규 탭 화면에서 사용자가 지정한 여러 사이트를 등록 시켜 이동할 수 있게 한 즐겨찾기 기능이다. Opera 웹 브라우저에 기본적으로 포함된 기능으로 다른 웹 브라우저에서도 이 기능을 사용할 수 있다.

08 다음에서 설명하는 내용으로 알맞은 것은?

> 인터넷 기반의 문서 검색 시스템으로 텍스트 기반의 메뉴 인터페이스를 통해 정보 검색 기능을 제공한다. 인터넷이 처음 등장했던 시기에 터미널 환경을 기반으로 대량의 정보 검색 및 저장을 위해 사용되었다.

① Usenet   ② IRC
③ Gopher   ④ Newsgroup

① Usenet : 텍스트 형태의 기사들을 사용자들이 공개된 공간에서 주고받아 토론할 수 있게 고안된 분산 네트워크
② IRC : 실시간 인터넷 채팅 프로토콜
④ Newsgroup : 인터넷 사이트에 특정 주제에 관해 짧은 글들을 올려서 서로 토론할 수 있도록 만들어진 인터넷 서비스

09 다음에서 모질라 재단에서 개발한 자유 소프트웨어 웹 브라우저로 리눅스뿐만 아니라 윈도우 Ma OS 등의 웹 브라우저로 알맞은 것은?

① Safari
② Chrome
③ Firefox
④ Opera

① Safari : 애플이 개발한 웹 브라우저
② Chrome : 구글이 개발한 웹 브라우저
④ Opera : 노르웨이의 오슬로에 설립된 오페라 소프트웨어가 개발한 웹 브라우저

10 FTP는 2개의 포트 번호를 사용한다. 다음 중 전통적으로 사용되는 FTP 관련 포트 번호의 조합으로 알맞은 것은?

① 21번과 23번
② 22번과 23번
③ 20번과 21번
② 21번과 22번

FTP는 20번(일반 데이터 전송용)과 21번(제어 데이터 전송용) 포트 번호를 사용한다.

11 다음 중 FTP 명령어와 설명이 틀린 것은?

① mget : 로컬 시스템에 여러 개의 파일을 가져온다.
② passive : 파일 전송할 때 진행 상태를 "#"로 표시한다.
③ bi : 파일 전송 모드를 바이너리 모드로 변경한다.
④ ls : 디렉터리의 리스트를 출력한다.

hash : 파일 전송할 때 진행 상태를 "#"로 표시한다.

12 다음 중 FTP 서버 접속된 상태에서 파일을 삭제할 때 사용하는 명령으로 알맞은 것은?

① rm   ② delete
③ remove   ④ get

FTP 명령어 get은 ftp 서버로부터 복수 개의 파일을 전송받는 것이며, delete는 서버 파일을 삭제한다.

13 다음 중 공개 소프트웨어를 제공하는 FTP 서버에 접근할 때 입력할 수 있는 계정으로 알맞은 것은?

① root   ② rpc
③ nobody   ④ anonymous

FTP는 사용자 계정을 가진 사용자의 접속과 익명의 로그인을 허용하고 있다. 익명의 로그인은 공개 소프트웨어를 제공하는 FTP 서버 접속 시 사용하는 계정이다.

14 IP 주소를 기억하기 쉬운 문자(이름)로 변환시켜 주는 프로토콜로 알맞은 것은?

① HTTP   ② NFS
③ ARP   ④ DNS

오답 피하기

① HTTP : WWW상에서 정보를 주고받을 수 있는 프로토콜
② NFS : 네트워크 기반에 다른 시스템과 파일 시스템을 공유하기 위한 프로그램
③ ARP : IP 주소를 물리적 네트워크 주소로 대응시키기 위해 사용하는 프로토콜

15 다음 중 DNS 서버의 설정 정보를 확인할 때 사용하는 명령으로 알맞은 것은?

① dig   ② arp
③ dns   ④ ping

DNS 설정 정보나 질의응답을 점검하기 위한 명령어에는 nslookup과 dig가 있다.

16 다음 중 국제 인터넷 주소 관리 기구에서 인터넷 초창기에 만든 7개의 일반 최상위 도메인에 속하지 않는 것은?

① edu
② biz
③ int
④ mil

국제 인터넷 주소 관리 기구(ICANN)에서는 도메인명 포화 상태를 막기 위해 2000년 초반에 새로운 인터넷 도메인 7개를 확정했다. 새롭게 제시된 도메인명은 biz, info, name, coop, meseum, aero, pro 등이 있다.

17 다음 중 www.ihd.or.kr 서버에 admin 계정으로 접속하는 명령으로 알맞은 것은?

① telnet admin@www.ihd.or.kr
② telnet −l www.ihd.or.kr admin
③ ssh −l www.ihd.or.kr admin
④ ssh admin@www.ihd.or.kr

계정명을 기반으로 ssh 접속 방법은 'ssh 아이디@서버주소 [명령어]' 또는 'ssh −l 아이디 서버IP|도메인명'이다.

18 다음 중 SSH에 대한 설명으로 틀린 것은?

① anonymous(익명)라는 계정을 제공한다.
② 서버−클라이언트 구성으로 서버에 접속하려면 클라이언트 프로그램이 설치되어야 한다.
③ 패스워드 없이 로그인이 가능하다.
④ 원격 셸, 원격 복사, 원격 파일 전송도 지원한다.

anonymous(익명)의 접속을 허용하지 않는다.

정답   12 ②   13 ④   14 ④   15 ①   16 ②   17 ④   18 ①

19 www.ihd.or.kr 서버에서 190 포트로 접속하려 한다. 다음 중 ( ) 안에 들어가는 옵션으로 알맞은 것은?

> # ssh ( ) 190 www.ihd.or.kr

① --p ② --port
③ -p ④ -port

ssh의 옵션 -p는 원격 호스트의 연결 포트를 지정한다.

20 ssh 명령을 이용해서 원격 서버에 접속할 때 현재 계정인 posein 대신에 yuloje라는 계정으로 전환하려고 한다. 다음 ( ) 안에 들어갈 내용으로 알맞은 것은?

> [posein@www ~] ssh ( ) 192.168.12.22

① -r yuloje
② -l yuloje
③ -u yuloje
④ -p yuloje

계정명을 기반으로 ssh 접속 방법은 'ssh 아이디@서버주소 [명령어]' 또는 'ssh -l 아이디 서버IP도메인명'이다.

21 다음에서 설명하는 인터넷 서비스로 알맞은 것은?

> 네트워크상에 있는 다른 컴퓨터에 로그인하거나 원격 시스템에서 명령 실행, 파일 복사 등을 가능하게 해주는 서비스로 암호화 기법을 사용하여 안전하다.

① rsync ② rlogin
③ telnet ④ ssh

오답 피하기
① rsync : 로컬과 리모트 간에 데이터 동기 유틸리티
② rlogin : 텔넷과 비슷하지만 유닉스 호스트에만 연결 가능
③ telnet : 원격 접속 프로토콜

22 www.youngjin.com 서버에 FTP 서비스가 활성화되어 있는지 점검하는 방법으로 알맞은 것은?

① telnet www.youngjin.com 21
② ssh www.youngjin.com:21
③ telnet www.youngjin.com@22
④ telnet -p 23 www.youngjin.com

명령어 telnet을 이용하여 특성 인터넷 서비스의 활성화 상태를 확인할 수 있다. 명령어 형식은 'telnet 서버IP 주소 포트번호' 또는 'telnet 도메인명 포트번호'이다. FTP 활성화 여부는 포트번호 21번으로 지정한다.

23 다음은 특정 명령을 이용해서 웹 서비스 동작여부를 확인하는 과정의 일부이다. ( ) 안에 들어갈 명령어로 알맞은 것은?

> [root@www ~]$ ( ) www.ihd.or.kr 80
> Trying 211.202.42.101...
> Connected to www.ihd.or.kr

① ssh ② ftp
③ ping ④ telnet

명령어 telnet을 이용하여 특성 인터넷 서비스의 활성화 상태를 확인할 수 있다. 명령어 형식은 'telnet 서버IP 주소 포트번호' 또는 'telnet 도메인명 포트번호'이다. 웹 서비스 활성화 여부는 포트번호 80번으로 지정한다.

24 다음에서 다른 컴퓨터의 파일 시스템을 마운트하고 공유하여 자신의 디렉터리인 것처럼 사용할 수 있게 해주는 클라이언트/서버형 인터넷 서비스로 알맞은 것은?

① SAMBA ② NFS
③ FTP ④ CIFS

오답 피하기
① SAMBA : Windows 운영체제를 사용하는 PC에서 Linux 서버에 접속하여 파일이나 프린터를 공유하여 사용할 수 있도록 해주는 소프트웨어
③ FTP : 파일 전송 프로토콜
④ CIFS : MS사에서 개발한 파일 공유를 위한 SMB 프로토콜의 확장판

정답 19 ③ 20 ② 21 ④ 22 ① 23 ④ 24 ②

25 다음 중 NFS 서비스와 관련 있는 데몬으로 알맞은 것은?

① nmbd
② export
③ rpcbind
④ smb

NFS는 portmap이 먼저 수행되어 있어야만 해당 서비스가 실행된다. Portmap은 NIS, NFS 등 RPC(Remote Procedure Call) 연결에 관여하는 데몬이다. 데몬 rpcbind는 시스템에서 RPC 서비스를 관리한다.

26 다음 중 ( ) 안에 들어갈 내용으로 알맞은 것은?

> NFS는 네트워크 기반의 다른 시스템과 파일 시스템을 공유하기 위해 사용된다. NFS는 (㉠)(와)과 더불어 (㉡) 프로토콜 기반으로 작동되므로, 해당 서비스를 해주는 (㉢) 데몬을 먼저 실행시켜야 한다.

① ㉠ NIS ㉡ RPC ㉢ portmap
② ㉠ UDP ㉡ HTTP ㉢ yum
③ ㉠ TCP ㉡ NIS ㉢ realmd
④ ㉠ NAS ㉡ CIFS ㉢ xinetd

NFS는 portmap이 먼저 수행되어 있어야만 해당 서비스가 실행된다. Portmap은 NIS, NFS 등 RPC(Remote Procedure Call) 연결에 관여하는 데몬이다.

27 다음 중 삼바 서비스와 관련 있는 프로토콜의 조합으로 알맞은 것은?

① RPC, CIFS
② NFS, CIFS
③ SMB, RPC
④ SMB, CIFS

SAMBA는 Windows 운영체제를 사용하는 PC에서 Linux 서버에 접속하여 파일이나 프린터를 공유하는 서비스로 SMB 또는 CIFS 프로토콜을 이용한다.

28 NFS는 RPC(Remote Procedure Call) 기반의 인터넷 서비스로서 관련 데몬을 먼저 실행해야 한다. 다음 중 관련 데몬명으로 알맞은 것은?

① bind
② rpcbind
③ rpcinfo
④ bindinfo

NFS는 portmap이 먼저 수행되어 있어야만 해당 서비스가 실행된다. Portmap은 NIS, NFS 등 RPC(Remote Procedure Call) 연결에 관여하는 데몬이다. 데몬 rpcbind는 시스템에서 RPC 서비스를 관리한다.

29 다음 중 리눅스와 윈도우 시스템 간의 자료 공유를 위해 사용되는 인터넷 서비스로 가장 알맞은 것은?

① SSH
② NFS
③ VNC
④ SAMBA

SAMBA는 Windows 운영체제를 사용하는 PC에서 Linux 서버에 접속하여 파일이나 프린터를 공유하는 서비스이다.

정답 25 ③ 26 ① 27 ④ 28 ② 29 ④

1 네트워크 인터페이스 설정

① 리눅스는 다양한 네트워크 인터페이스를 지원한다. 리눅스가 지원하는 네트워크 인터페이스 종류는 다음과 같다.

인터페이스명	설명
lo	루프백 인터페이스
eth	이더넷 인터페이스, 인터페이스 번호는 0부터 시작
ppp	PPP 인터페이스
dl	D-Link-DE-600 포켓 어댑터 시리즈의 인터페이스
plip	병렬(패러럴) 라인 인터페이스
sl	SLIP 인터페이스

② 일반적으로 네트워크 인터페이스는 자동으로 인식되지만 자동으로 인식되지 않을 경우 수동으로 설정해야 한다.

③ 네트워크 인터페이스 수동 설정 방법은 컴파일된 인터페이스 모듈을 커널에 적재하는 것이다. 해당 모듈을 커널에 적재하는 방법은 수동 적재 방법과 자동 적재 방법이 있다.

모듈 적재 방법	설명
수동	모듈 적재 관련 명령어 • /sbin/lsmod : 현재 적재되어 있는 모듈들의 정보 확인(list) • /sbin/insmod : 적재하고자 하는 모듈을 삽입(insert) • /sbin/rmmod : 현재 적재되어 있는 모든 모듈을 제거(remove) • /sbin/modprobe : 모듈의 적재 및 제거
자동	• 부팅 시 자동으로 적재할 정보가 담긴 파일의 정보를 읽어오게 함 • 자동 적재 모듈 파일명 : /etc/modprobe.conf

2 네트워크 설정 파일

네트워크 설정 파일은 배포판별로 다를 수 있으나 일반적으로 /etc/sysconfig/network와 /etc/sysconfig/network-scripts/ifcfg-ethX(데비안에서는 /etc/network/interfaces)이다.

① /etc/sysconfig/network

- 네트워크의 기본 정보가 설정되어 있는 파일이다.
- 시스템 전체의 게이트웨이주소, 호스트명, 네트워크 연결 허용 여부를 설정한다.

항목	설명
NETWORKING=yes|no	네트워크 사용 유무
HOSTNAME=호스트명	전체 도메인명 지정
GATEWAY=GWIP 주소	게이트웨이 주소
GATEWAY DEV=디바이스명	게이트웨이로 연결된 장비명

예제

```
[root@localhost ~]# cat /etc/sysconfig/network
NETWORKING=yes
HOSTNAME=youngjin.com
GATEWAY=192.168.10.2
```

② /etc/sysconfig/network-scripts/ifcfg-ethX : 지정된 네트워크 인터페이스의 네트워크 환경 설정 정보가 저장된다.

항목	설명
DEVICE=디바이스명	네트워크 장치명
BOOTPROTO=static|dhcp|none	• static : 고정 IP 주소 환경 • dhcp : 유동 IP 주소 환경 • none : IP 주소 지정하지 않음
BROADCAST=브로드캐스트주소	• Limited 브로드캐스트 주소 : 255.255.255.255 • Directed 브로드캐스트 주소 : 호스트 비트가 모두 1 예 192.168.1.255
IPADDR=IP 주소	할당받은 호스트의 IP 주소
NETMASK=서브넷 마스크	할당받은 서브넷 마스크
NETWORK=네트워크주소	네트워크 주소
ONBOOT=yes|no	부팅 시 해당 장비 활성화 유무 결정
TYPE=네트워크타입	장치가 실행하는 네트워크 환경 지정

```
[root@localhost /]# cat /etc/sysconfig/network-scripts/ifcfg-eth0
DEVICE=eth0
BOOTPROTO=static
BROADCAST=192.168.10.255
IPADDR=192.168.10.30
NETMASK=255.255.255.0
NETWORK=192.168.10.0
ONBOOT=yes
TYPE=Ethernet
```

- ifcfg-ethX에서 X는 0, 1, 2등 이더넷 카드번호가 들어간다.
  - /etc/sysconfig/network-scripts/ifcfg-eth0 : 첫 번째 이더넷 카드 설정파일
  - /etc/sysconfig/network-scripts/ifcfg-eth1 : 두 번째 이더넷 카드 설정파일

③ /etc/resolv.conf

- 기본적으로 사용할 도메인명과 네임서버를 설정한다.
- 네임서버는 여러 개 지정할 수 있고 첫 번째 네임서버가 작동하지 않을 경우 다음 네임서버가 작동한다.

항목	설명
domain	도메인명
nameserver	네임서버주소

```
[root@localhost ~]# cat /etc/resolv.conf
domain     youngjin.com
nameserver 210.107.239.10
nameserver 192.168.10.2
```

④ /etc/hosts

- IP 주소와 도메인 주소를 1:1로 등록하여 도메인에 대한 IP 주소를 조회(lookup)하도록 한다.
- DNS 질의를 걸치지 않고 직접적으로 IP 주소를 획득할 수 있다.

항목	설명
IP 주소 도메인명	IP 주소와 도메인명을 일대일로 매핑

```
[root@localhost /]# cat /etc/hosts
127.0.0.1       localhost localhost.localdomain
::1             localhost6 localhost6.localdomain6
192.168.10.30   youngjin
```

⑤ /etc/host.conf : DNS 서비스를 제공할 때 먼저 이 파일을 검사하여 파일의 설정에 따라 서비스한다.

네트워크 인터페이스를 자동 또는 수동으로 인식 후에는 네트워크 설정 파일과 관련 명령어들을 이용하여 TCP/IP 관련 설정(IP 주소, 게이트웨이, DNS 등)을 한다.

(1) IP 주소 설정

① **네트워크 설정 파일로 주소 설정** : 파일 /etc/sysconfig/network 또는 /etc/sysconfig/network-scripts/ifcfg-ethX로 IP 주소를 할당한다.

② **명령어를 이용한 주소 설정** : 명령어 ifconfig를 이용하여 IP 주소를 할당한다.

> **형식**
>
> ifconfig 인터페이스명 ⟨IPaddr⟩ netmask ⟨addr⟩ [broadcast ⟨addr⟩] [up|down]

예제 ....

```
ifconfig eth0 192.168.10.30 netmask 255.255.255.0 up
```

또는

```
ifconfig eth0 192.168.10.30 netmask 255.255.255.0 broadcast 255.255.255.0 up
```

③ **유틸리티를 이용한 주소 설정** : nmtui, gnome-control-center, nm-connection-editor 등의 다양한 유틸리티를 이용하여 주소를 할당한다.

• nmtui는 network manager text user interface의 약자로 네트워크 주소 관련 설정을 수행한다.

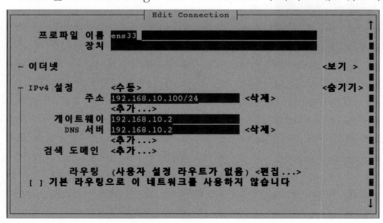

• X윈도 그래픽 모드에서는 gnome-control-center와 nm-connection-editor를 이용해 네트워크를 설정한다.

– 명령어 gnome-control-center network를 이용한 네트워크 설정은 다음과 같다.

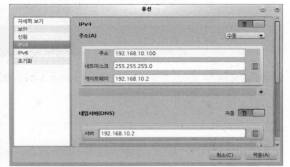

– 명령어 nm-connection-editor를 이용한 네트워크 설정은 다음과 같다.

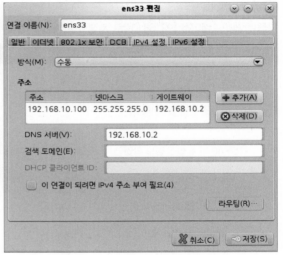

- 변경된 네트워크 설정을 해당 시스템에 적용 명령어는 'systemctl [start | stop | restart] network' 이다.
- 활성화 또는 비활성화된 네트워크 상태를 확인하는 명령어는 'systemctl status network'이다.

(2) 라우팅 테이블 설정 및 관리

① 라우팅이란 송신 패킷이 목적지까지 전송할 수 있도록 경로를 설정하는 작업이다.

② 송신 패킷은 라우팅 테이블에 목적지 경로 정보가 있다면 해당 경로로 패킷을 전송한다.

③ 명령어 route는 라우팅 테이블을 설정하거나 확인한다.

형식 route 〈add|del〉 [-net|-host NETaddr] [netmask MASKaddr] [[dev] 인터페이스명]

목적지 네트워크 192.168.10.0/24을 향하는 트래픽들은 인터페이스 eth0로 전송한다.

```
route add -net 192.168.10.0 mask 255.255.255.0 dev eth0
```

④ 목적지 경로가 라우팅 테이블에 없다면 디폴트 게이트웨이로 트래픽을 전송할 수 있게 라우팅 테이블을 설정할 수 있다.

route add default gw 〈GW〉 dev 〈인터페이스명〉

디폴트 게이트웨이를 192.168.10.2로 지정하며 해당 인터페이스는 eth0이다.

```
route add default gw 192.168.10.2 dev eth0
```

4 네트워크 관련 명령어

TCP/IP 주소 설정 정보 확인	ifconfig, nslookup
네트워크 경로 상태 확인	ping, traceroute
네트워크 연결 상태 확인	netstat
라우팅 테이블 확인	route
NIC 상태 확인	ethtool, mii-tool, arp

① ifconfig : 네트워크 인터페이스 구성을 위한 설정 또는 확인하는 시스템 관리 유틸리티이다.

```
[root@localhost ~]# ifconfig -a
eth0      Link encap: Ethernet   HWaddr 00: 0C: 29: D4: 2B: B2
          inet addr: 192.168.10.30  Bcast: 192.168.10.255  Mask: 255.255.255.0
          inet6 addr: fe80::20c: 29ff: fed4: 2bb2/64 Scope: Link
          UP BROADCAST RUNNING MULTICAST  MTU: 1500  Metric: 1
          RX packets: 1675 errors: 0 dropped: 0 overruns: 0 frame: 0
          TX packets: 82 errors: 0 dropped: 0 overruns: 0 carrier: 0
          collisions: 0 txqueuelen: 1000
          RX bytes: 189419 (184.9 KiB)   TX bytes: 15647 (15.2 KiB)
          Interrupt: 19 Base address: 0x2000

lo        Link encap: Local Loopback
          inet addr: 127.0.0.1  Mask: 255.0.0.0
          inet6 addr: ::1/128 Scope: Host
          UP LOOPBACK RUNNING  MTU: 16436  Metric: 1
          RX packets: 64 errors: 0 dropped: 0 overruns: 0 frame: 0
          TX packets: 64 errors: 0 dropped: 0 overruns: 0 carrier: 0
          collisions: 0 txqueuelen: 0
          RX bytes: 9607 (9.3 KiB)   TX bytes: 9607 (9.3 KiB)
```

㉠	이더넷 인터페이스명
㉡	루프백 인터페이스명
㉢	eth0 인터페이스의 MAC 주소
㉣	IP 주소, 브로드캐스트주소, 서브넷 마스크
㉤	인터페이스의 운영 상태 UP 또는 DOWN
㉥	TX : 송신패킷 수, RX : 수신패킷 수

② ping : 특정 호스트 또는 네트워크 장비까지의 통신 가능 여부를 점검하는 ICMP 기반의 명령어이다.

```
[root@localhost /]# ping youngjin.com
PING youngjin.com (222.235.64.78) 56(84) bytes of data.
64 bytes from 222.235.64.78: icmp_seq=1 ttl=128 time=10.8 ms
64 bytes from 222.235.64.78: icmp_seq=2 ttl=128 time=9.17 ms
64 bytes from 222.235.64.78: icmp_seq=3 ttl=128 time=5.54 ms
64 bytes from 222.235.64.78: icmp_seq=4 ttl=128 time=5.12 ms
64 bytes from 222.235.64.78: icmp_seq=5 ttl=128 time=7.25 ms
^C
--- youngjin.com ping statistics ---
5 packets transmitted, 5 received, 0% packet loss, time 4530ms
rtt min/avg/max/mdev = 5.122/7.585/10.826/2.162 ms
```

③ traceroute

- 특정 호스트 또는 네트워크 장비까지의 어떤 통신경로를 걸쳐 패킷이 전달되는지를 확인할 수 있는 명령어이다.
- 목적지까지의 홉 수(게이트웨이 수) 및 통신 장애 구간을 확인할 수 있다.

```
[root@localhost /]# traceroute youngjin.com
traceroute to youngjin.com (222.235.64.78), 30 hops max, 60 byte packets
  1  192.168.10.2 (192.168.10.2)  0.126 ms  0.107 ms  0.099 ms
  2  200.10.110.240 (200.10.110.240)  2.133 ms  3.11 ms  2.99 ms
  3  222.235.64.78 (222.235.64.78)  5.33 ms  4.66 ms  7.25 ms
```

④ route

- 라우팅 테이블을 확인할 수 있다.
- 시스템에 설정된 게이트웨이 주소값을 확인할 때 사용한다.
- 라우팅을 확인하거나 변경할 때 사용하는 명령어이다.

```
[root@localhost /]# route
Kernel IP routing table
Destination     Gateway         Genmask         Flags Metric Ref    Use Iface
192.168.10.0    *               255.255.255.0   U     1      0        0 eth0
default         192.168.10.2    0.0.0.0         UG    0      0        0 eth0
```

⑤ **nslookup** : 인터넷 도메인 네임서버에게 특정 호스트에 대한 정보를 질의하는 대화식 명령어이다.

nslookup [-type=레코드] [호스트명]

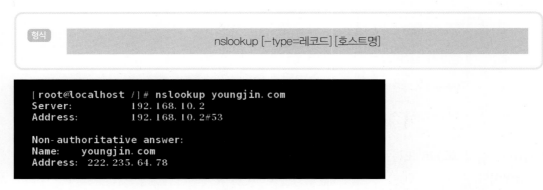

```
[root@localhost /]# nslookup youngjin.com
Server:          192.168.10.2
Address:         192.168.10.2#53

Non-authoritative answer:
Name:    youngjin.com
Address: 222.235.64.78
```

⑥ **netstat** : 전송 제어 프로토콜, 라우팅 테이블, 수많은 네트워크 인터페이스, 네트워크 프로토콜 통계 및 네트워크 연결 상태를 확인할 수 있는 명령어이다.

netstat [옵션]	
옵션	**기능**
-r	라우팅 테이블 내용 표시
-e	랜카드에서 송신한 패킷의 용량 및 종류 확인
-n	IP 주소 형태로 주소와 포트번호를 표시
-i	인터페이스의 정보를 출력
-s	• 각종 프로토콜의 상태를 보여줌 • IP, ICMP, TCP, UDP의 통계치를 표시
-c	1초 단위로 보여줌
-l	현재 LISTEN되고 있는 소켓 정보 표시
-a	현재 다른 호스트와 연결되어 있거나 대기 중인 모든 포트 번호 표시

```
[root@localhost /]# netstat -rn
Kernel IP routing table
Destination     Gateway         Genmask         Flags   MSS Window  irtt Iface
192.168.10.0    0.0.0.0         255.255.255.0   U         0 0          0 eth0
0.0.0.0         192.168.10.2    0.0.0.0         UG        0 0          0 eth0
```

⑦ mii-tool : 네트워크 인터페이스의 속도와 전송모드 등을 확인할 수 있다.

```
[root@localhost /]# mii-tool eth0
eth0: negotiated 1000baseT-FD flow-control, link ok
```

⑧ ethtool

- 네트워크 인터페이스의 물리적 연결 여부를 확인할 수 있는 명령어이다.
- 유틸리티 mii-tool보다는 상세한 네트워크 인터페이스의 상태 정보를 확인할 수 있다.

```
[root@localhost /]# ethtool eth0
Settings for eth0:
        Supported ports: [ TP ]
        Supported link modes:   10baseT/Half 10baseT/Full
                                100baseT/Half 100baseT/Full
                                1000baseT/Full
        Supported pause frame use: No
        Supports auto-negotiation: Yes
        Advertised link modes:  10baseT/Half 10baseT/Full
                                100baseT/Half 100baseT/Full
                                1000baseT/Full
        Advertised pause frame use: No
        Advertised auto-negotiation: Yes
        Speed: 1000Hb/s
        Duplex: Full
        Port: Twisted Pair
        PHYAD: 0
        Transceiver: internal
        Auto-negotiation: on
        HDI-X: off (auto)
        Supports Wake-on: d
        Wake-on: d
        Current message level: 0x00000007 (7)
                               drv probe link
        Link detected: yes
```

⑨ arp : 시스템이 가지고 있는 arp 테이블을 확인하고 추가, 삭제하는 명령어이다.

형식	arp [옵션]	
옵션	**설명**	
-a	arp 테이블 확인	
-s IP 주소 MAC 주소	지정된 IP 주소와 MAC 주소를 테이블에 추가	

```
[root@localhost /]# arp
Address              HWtype  HWaddress           Flags Mask      Iface
192.168.10.90        ether   00:0c:29:08:ce:c3   C               eth0
192.168.10.2         ether   00:50:56:f1:de:78   C               eth0
```

01 다음 중 인터넷 서비스를 사용하기 위해 사용하는 명령과 가장 거리가 먼 것은?

① traceroute
② netconfig
③ ifconfig
④ route

명령어 traceroute는 연결하려는 특정 호스트까지의 경로를 확인할 수 있는 명령어이며, 목적지 호스트까지의 통신 장애 구간을 확인할 수 있다.

02 다음 중 로컬 네트워크상에 있는 다른 시스템의 MAC 주소를 확인할 때 사용하는 명령으로 알맞은 것은?

① ifconfig
② ethtool
③ arp
④ ipctl

오답 피하기
① ifconfig : 네트워크 인터페이스 구성을 위한 설정 또는 확인하는 명령어
② ethtool : 네트워크 상태 정보 확인 명령어

03 다음은 IP 주소를 설정하는 명령이다. (   ) 안에 들어갈 명령어로 알맞은 것은?

```
# (        ) addr add 192.168.0.109/24 dev eth1
```

① ethtool
② mii-tool
③ ip
④ ifconfig

명령어 'ip addr add'는 지정된 인터페이스(eth1)에 IP 주소를 지정할 경우에 사용한다.

04 다음 (   ) 안에 들어갈 명령으로 알맞은 것은?

```
[root@www ~]# (        ) e1000
[root@www ~]# lsmod l grep e1000
e1000  149798 0
```

① rmmod
② depmod
③ modprobe
④ lsmod

오답 피하기
명령어는 modprobe는 리눅스 커널에 모듈을 추가하거나 제거하는 데 사용한다.

정답 01 ① 02 ③ 03 ③ 04 ③

05 다음 중 리눅스가 지원하는 네트워크 인터페이스에 대한 설명으로 틀린 것은?

① lo : 루프 백 인터페이스로서 자기 자신을 가리킨다.
② sl : SLIP 인터페이스를 말한다.
③ dl : 다이렉트 인터페이스로서 이더넷에서 사용된다.
④ plip : 패러럴 라인 인터페이스이다.

dl : D-LINK DE-600 포켓 어댑터 시리즈의 인터페이스

06 다음 중 루프백 장치를 나타내는 파일명으로 알맞은 것은?

① lo
② lo0
③ loop
④ loop0

lo는 Loopback Interface의 약자로 127.0.0.1로 고정되며 자기 자신을 가리키게 되어있는 프로토콜의 일종이다.

07 다음 중 네트워크 인터페이스의 물리적 연결 여부를 확인할 수 있는 명령어로 가장 알맞은 것은?

① ethtool
② route
③ arp
④ ifconfig

오답 피하기

② route : 설정된 게이트웨이 주소 값을 확인할 때 사용하는 명령어
③ arp : IP 주소를 물리적 하드웨어 주소로 대응(mapping)시키기 위해 사용하는 프로토콜
④ ifconfig : 네트워크 인터페이스 구성을 위한 설정 또는 확인하는 명령어

08 다음 (   ) 안에 들어갈 명령으로 알맞은 것은?

```
[root@www ~]# (      ) eth0
eth0: negotiated 100baseTx-FD flow-con-
trol, link ok
```

① mii-tool
② ip
③ ifconfig
④ ethtool

mii-tool는 네트워크 인터페이스의 속도와 전송모드 등을 확인하는 명령어이다.

09 다음 중 라우팅 경로를 확인하거나 변경할 때 사용하는 명령으로 알맞은 것은?

① route
② traceroute
③ ifconfig
④ netstat

오답 피하기

② traceroute : 연결하려는 특정 호스트까지의 경로를 확인할 수 있는 명령어
③ ifconfig : 네트워크 인터페이스 구성을 위한 설정 또는 확인 명령어
④ netstat : TCP와 UDP를 사용하는 애플리케이션의 연결을 확인하는 명령어

정답 05 ③ 06 ① 07 ① 08 ① 09 ①

10 다음 그림에 해당하는 네트워크 유틸리티를 실행하기 위한 명령으로 알맞은 것은?

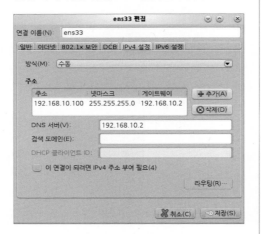

① nettool
② nm-connection-editor
③ service network start
④ system-config-network

명령어 nmtui는 GNOME 그래픽 모드를 제공하지 않는다. X 윈도우 그래픽 모드에서 네트워크를 설정하려면 gnome-control-center network 또는 nm-connection-editor를 사용한다. 해당 화면은 nm-connection-editor를 이용해 네트워크 설정하기 위한 화면이다.

11 첫 번째 이더넷 카드에 IP 주소를 설정하려고 한다. 다음 ( ) 안에 들어갈 내용으로 맞은 것은?

> ifconfig (㉠) 192.168.12.34 (㉡) 255.255.255.0 up

① ㉠ eth0 ㉡ subnet
② ㉠ eth0 ㉡ netmask
③ ㉠ dev0 ㉡ netmask
④ ㉠ dev0 ㉡ subnet

IP 주소 지정 형식은 'ifconfig [interface명] [IP주소] [netmask 서브넷마스크] [up|down]'이다.

12 리눅스 시스템에 설정된 첫 번째 네트워크 인터페이스를 해제하려고 할 때 사용하는 명령으로 알맞은 것은?

① ifconfig eth0 terminate
② ifconfig eth0 down
③ ipconfig eth0 terminate
④ ipconfig eth0 down

이더넷 네트워크 인터페이스 활성화 명령어는 'ifconfig eth0 up'이며, 비활성화 명령어는 'ifconfig eth0 down'이다.

13 다음 그림에 해당하는 명령으로 알맞은 것은?

```
                                        root@www:~
파일(F) 편집(E) 보기(V) 검색(S) 터미널(T) 도움말(H)
[root@www ~]#
Address              HWtype   HWaddress          Flags Mask       Iface
203.247.40.6         ether    00:22:46:10:d6:b5  C                eth0
203.247.40.1         ether    00:14:0e:3f:d4:40  C                eth0
203.247.40.244       ether    24:f5:aa:c0:c6:dd  C                eth0
```

① ethtool
② mii-tool
③ arp
④ route

명령어 arp는 시스템이 가지고 있는 arp 테이블을 확인하고 추가, 삭제하는 명령어이다.

14 다음의 네트워크 설정파일과 명령어를 통해서 공통적으로 변경되는 항목으로 알맞은 것은?

> • 네트워크 설정 파일 : /etc/sysconfig/network
> • 명령어 : route add default gw 192.168.1.1 eth0

① Gateway Address
② DNS Address
③ Network Address
④ IP Address

명령어 'route add default gw IP 주소 인터페이스명'은 지정된 인터페이스에 디폴트게이트 주소를 지정하는 것이다.

15 다음 중 텔넷(Telnet)과 관련된 메시지 파일로 틀린 것은?

① /etc/issue
② /etc/issue.net
③ /etc/motd
④ /etc/motd.net

① /etc/issue : 내부(로컬) 접속 시 로그인 전 출력
② /etc/issue.net : 외부 접속 시 로그인 전 출력
③ /etc/motd : 내부/외부 접속 시 로그인 후 출력

16 다음 중 DNS 설정과 가장 관련 있는 파일로 알맞은 것은?

① /etc/sysconfig/network
② /etc/sysconfig/network-scripts/ifcfg-bond0
③ /etc/hosts
④ /etc/resolv.conf

DNS 설정 파일은 /etc/host.conf와 /etc/resolv.conf이며 파일 /etc/resolv.conf은 네임서버를 지정하는 파일이다.

파일 /etc/host.conf은 네트워크 도메인 서버에게 호스트 네임을 찾는 방법을 지정한다.

17 다음 중 인터넷 서비스 관련 포트 번호를 확인할 때 사용하는 파일로 알맞은 것은?

① /etc/protocols
② /etc/services
③ /etc/ports
④ /etc/port_numbers

① /etc/protocols : 서비스 가능한 프로토콜 목록이 정의된 파일

18 다음 중 네트워크 인터페이스의 환경 설정과 관련된 파일이 저장되는 디렉터리로 알맞은 것은?

① /etc/sysconfig/network-scripts
② /etc/sysconfig/network-scripts/ifcfg-eth0
③ /etc/sysconfig
④ /etc/sysconfig/network

① /etc/sysconfig/network-scripts
• 네트워크 인터페이스 환경 설정과 관련된 파일들을 저장
• 이더넷 카드들의 파일명 저장

② /etc/sysconfig/network-scripts/ifcfg-eth0
• 지정된 인터페이스(ifcfg-eth0, 첫 번째 이더넷 카드)의 환경 설정을 저장
• IP 주소, 게이트웨이주소, DNS 주소 등 해당 인터페이스(ifcfg-eth0)의 네트워크 환경 설정을 저장
③ /etc/sysconfig : 시스템 제어용 설정파일
④ /etc/sysconfig/network : 시스템 게이트웨이 주소, 호스트명, 네트워크 연결 허용 여부 설정

정답 15 ④ 16 ④ 17 ② 18 ①

19 다음 중 커널에 로드되어 있는 네트워크 모듈을 확인할 때 사용하는 명령으로 알맞은 것은?

① insmod
② modprobe
③ lsmod
④ rmmod

① insmod : 적재하고자 하는 모듈 삽입
② modprobe : 모듈의 적재 및 제거
④ rmmod : 현재 적재되어 있는 모든 모듈 제거

20 다음 중 두 번째 이더넷 카드의 IP 주소 정보가 기록되는 파일로 알맞은 것은?

① /etc/sysconfig/network-scripts/ifcfg-eth1
② /etc/sysconfig/network-scripts/ifcfg-eth2
③ /etc/networks
④ /etc/sysconfig/network

네트워크 설정 파일 /etc/sysconfig/network-scripts/ifcfg-ethX를 이용하여 인터페이스의 IP 주소를 지정할 수 있다. 일반적으로 인터페이스 번호 X는 0부터 시작한다. 따라서 두 번째 인터페이스 카드 기록파일은 /etc/sysconfig/network-scripts/ifcfg-eth1이다.

21 네트워크 통신을 위해 네트워크 인터페이스를 설정하려 한다. 다음 중 설정 방법으로 틀린 것은?

① 명령 터미널에서 system-config-network 명령 실행 후 나타나는 텍스트 기반 유틸리티에서 설정
② /etc/init.d/network, /etc/hosts 파일을 vi편집기를 이용해 내용을 직접 변경해서 설정
③ 명령 터미널에서 ipconfig, route 명령어를 이용해서 설정
④ 명령 터미널에서 nm-connection-editor 명령 실행 후 나타나는 GUI에서 설정

명령어 '/etc/init.d/network 〈start|restart|stop〉'로 네트워크 서비스를 시작/정지/재시작할 수 있다.

정답 19 ③ 20 ① 21 ②

CHAPTER

03

∨

응용 분야

기술 동향

1 리눅스 동향

① 1991년 초기 리눅스는 주로 서버로 이용되었다.

② 현재의 리눅스 활용 분야는 크게 서버, 데스크톱 및 개발, 임베디드 분야로 나눌 수 있다.

- 서버 분야에서는 유닉스 시장을 대체하는 강력한 운영체제로 대두되었다.
- 임베디드 분야에서는 스마트폰 및 Tablet(태블릿) 등의 모바일 분야, 스마트 TV, IVI(In-Vehicle Infotainment), 가전기기 등 상당 부분을 리눅스가 점유하고 있다.
- 리눅스 기반으로 만든 모바일 운영체제 분야에서 점유율이 높다. 리눅스 운영체제인 안드로이드와 애플의 운영체제 X(유닉스 운영체제)가 경쟁 중이다.
- 클러스터링으로 웹 서비스, 온라인 게임 서비스 등 고성능 컴퓨팅 환경도 리눅스가 솔루션으로 대두되고 있다.
- 하둡과 분석 파일 시스템의 오픈 소스 소프트웨어를 이용하여 빅데이터 분석에 활용하고 있다.

③ 리눅스 탑재 운영체제 판매는 증가하나, 유상 리눅스 운영체제 서버 판매는 감소하는 추세이다.

④ 리눅스는 기본적으로 POSIX 표준, 인터넷 프로토콜 표준 등 국제 표준을 따르고 있다.

- 리눅스는 오픈 소스라는 특성 때문에 국제 표준을 가장 잘 반영한 운영체제이다.

⑤ 리눅스는 저작권법상 컴퓨터 프로그램으로서 저작권법의 보호 대상이다.

- 리눅스 커널도 특허 대상이 되지만 리눅스라는 용어는 상표 등록이 불가능하다.
- 다른 용어를 추가하고 적용 분야를 달리하는 등을 통해 상표 등록이 가능하다.
- 소스코드가 공개되어 있고 라이선스 위반임에도 불구하고 이를 가져다가 새로운 소프트웨어를 개발하고 이를 기업에서 영업 비밀로써 관리하면 부정경쟁 방지 및 영업비밀보호에 관한 법률에 의해 보호된다.

2 리눅스 관련 기술

(1) 클러스터링

① 정의

- 여러 개의 시스템이 하나의 거대한 시스템으로 보이게 만드는 기술이다.
- 여러 개의 컴퓨터를 네트워크를 통해 연결하여 하나의 컴퓨터처럼 동작하도록 제작한 시스템이다.

② 구성요소

클러스터 노드	• 클러스터의 실질적인 작업을 처리하는 것 • 클러스터 노드는 클러스터에 속하도록 구성해야 함
클러스터 관리자	• 각 노드에 대한 자원 분배 및 관리를 할 수 있는 기능을 가짐 • 클러스터 노드가 클러스터 관리자 기능을 갖기도 함 • 환경에 따라 여러 대의 클러스터 관리자가 존재

③ 클러스터 구축 목적

• 공유 프로세싱을 통해 여러 시스템의 프로세싱 능력을 조합하여 대용량의 프로세싱 능력을 갖는 하나의 시스템을 제공하여 고성능 컴퓨팅(HPC, High Performance Computing)을 구축한다.

• 여러 대의 웹서버 노드를 두고 중앙 관리 툴에서 부하를 조정(load balancing)한다.

• 평소엔 동작하지 않고 주 서버에 문제가 발생했을 시에 백업 서버로 가동한다. 이러한 기능을 fail-over라고 한다.

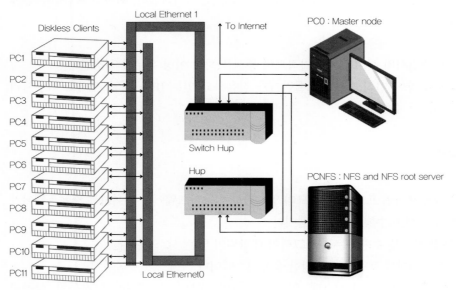

④ 종류

• 고계산용 클러스터(HPC Cluster)

 - High Performance Computing 클러스터이다.

 - 베어울프(Beowulf) 클러스터라고도 지칭한다.

 - 고성능의 계산능력을 제공하기 위한 목적으로 제작되었으며 과학계산용으로 활용가치가 높다.

- 부하 분산 클러스터(LVS(Linux Virtual Server) Cluster)
  - 대규모 서비스를 제공하기 위한 목적으로 제작되며 주로 웹서비스 등에 활용가치가 높다.
  - 다수 개의 서버가 로드밸런서에 연결되어 서비스를 제공한다.
  - 로드밸런서는 부하 분산을 위해 전체 노드를 제어하는 시스템으로 균등하게 데이터를 분산한다.
  - LVS 클러스터의 웹 요청 처리과정은 다음과 같다.
    단계 1. 로드밸런서에게 인터넷으로부터 웹 요청이 들어옴
    단계 2. 로드밸런서는 정해진 알고리즘에 따라 서비스를 수행할 server를 선택하고 웹 요청을 전송(forwarding)
    단계 3. 전송(forwarding)된 웹 요청은 선택된 서버에 전달
    단계 4. 웹 요청을 받은 서버는 이에 대한 응답을 로드밸런서에게 제공
    단계 5. 로드밸런서는 제공받은 데이터를 웹 요청을 한 컴퓨터로 재전송
- 고가용성 클러스터(HA(High Availability) Cluster)
  - 지속적인 서비스 제공을 목적으로 제작되며 주로 금융권, 데이터센터, 회사의 기간업무 등에 사용된다.
  - 로드밸런서 시스템을 이용한다.
  - 로드밸런서와 백업서버 사이에서 주기적으로 통신을 하며 이상 유무를 점검한다.
  - 로드밸런서의 고장이 인식되면 로드밸런서가 점유하고 있는 IP를 백업 서버로 이주시켜 지속적인 서비스를 수행시킨다.

(2) 임베디드 시스템

① 정의

- 컴퓨터의 하드웨어 제어인 프로세스, 메모리 입출력장치와 하드웨어를 제어하는 소프트웨어가 조합되어 특정한 목적을 수행하는 시스템이다.
- 미리 정해진 특정 기능을 수행하는 프로그램이 내장되어 있는 시스템이다.
- 하드웨어와 소프트웨어를 포함하는 특정한 응용시스템이다.
- 개인 휴대 정보 단말, 지리 정보 시스템, 의료 정보 단말, 정보가전, 게임기기, 자동차, 항공기 및 우주선, 의료 및 산업 원격 조종 장비 등의 시스템을 총칭한다.

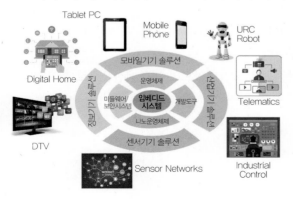

② 시스템 구성 요소

- 하드웨어로는 프로세서/컨트롤러, 메모리, I/O 장치, 네트워크 장치, 센서, 구동기 등이다.
- 소프트웨어는 운영체제, 시스템 S/W, 응용 S/W이다.
- 마이크로 프로세서, 마이크로 컨트롤러 등을 내장하여 특정한 기능을 반복 수행하기 위해 하드웨어와 소프트웨어를 결합하여 구성된다.

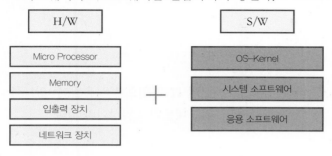

③ 특징

- 특정 목적(application specific)에 부합하는 최적화 설계가 가능하다.
- 실시간(real-time) 처리를 지원한다.
- 높은 신뢰성을 보장한다.
- 소형(small), 경량(light-weight) 및 저전력(low energy)을 지원한다.

④ 임베디드 리눅스 시스템의 장단점

- 임베디드 리눅스 장점
  - 기능성과 확장성이 우수하다.
  - PowerPC, ARM(Advanced RISC Machines), MIPS(Microprocessor without Interlocked Pipeline Stage) 등 다양한 CPU Platform을 지원한다.
  - 로열티가 없으므로 가격 경쟁력이 우수하다.
  - 사용자층이 넓어 오류 수정이 빠르고 안정성이 우수하다.
  - 기존의 데스크탑 개발 환경과 동일하여 개발이 용이하다.
- 임베디드 리눅스 단점
  - 기존의 RTOS(Real Time Operating System)보다 많은 메모리를 요구한다.
  - 개발 환경이 Text 기반의 환경이므로 개발에 어려움이 있다.
  - GUI 환경을 개발하기 어렵다.
  - 사용자모드와 커널모드 메모리 접근이 복잡하여 제품화하기 위한 솔루션 구성이 어렵다.
  - 많은 업체들과 개발자들이 독자적으로 개발하고 있어 표준화가 어렵다.

1 리눅스 서버 분야

(1) 서버 가상화

가상화는 단일의 물리적인 IT 자원이 동시에 다수의 논리적인 IT 자원으로 사용될 수 있도록
하는 기술로, 데스크탑 가상화, 서버 가상화, 스토리지 가상화, 네트워크 가상화가 있다.

① 서버 가상화의 정의

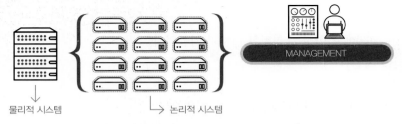

물리적 시스템   논리적 시스템

- 서버를 구성하는 모든 자원의 가상화를 의미한다.
- 하나의 물리적 서버 호스트에서 여러 개의 서버 운영 체제를 게스트로 실행할 수 있게 해주는
  소프트웨어 아키텍처이다.
- 여러 개의 애플리케이션, 미들웨어 및 운영체제들이 서로 영향을 미치지 않으면서 동시에 사
  용될 수 있도록 해준다.
- 하이퍼바이저는 기존의 물리적인 머신의 자원을 추상화하여 가상머신상에서 운영된다.

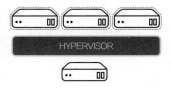

② 서버 가상화의 도입 목적

- 서버들을 하나의 서버로 통합하여 가상환경을 구동시킴으로써 물리서버 및 공간을 절감한다.
- 하나의 서버가 오작동하더라도 다른 서버에서 동일 애플리케이션을 구동하므로 리던던시
  (redundancy)를 확보할 수 있다.
- 서버 자원 통합 운영으로 하드웨어 가용성을 증가시킨다.
- 체계적이고 안정적인 정보 센터 이전으로 업무 연속성을 확보할 수 있다.
- 손쉬운 이중화(HA) 구성과 유연한 자원 할당으로 시스템 가용성과 안정성을 확보한다.
- 정보 시스템의 효율적인 배치를 통한 그린 IT 환경을 구성한다.
- 통합구축, 공동 활용, 유지 관리, 전력 및 관리 비용 등 중복 투자 낭비 및 예산을 절감한다.

③ 하이퍼바이저(Hypervisor)

- 가상머신과 하드웨어 사이에 위치하며 다수의 가상머신들이 동작할 수 있게 해준다.
- CPU 및 메모리 등을 포함한 하드웨어 자원을 각 가상머신에 논리적으로 분할 할당하며 이들의 스케줄링을 담당한다.
- 하드웨어 자원을 공유함에 있어 가상머신 간의 고립화(isolation)를 보장한다.
- 하이퍼바이저는 운영 방식에 따라 네이티브(native) 방식과 호스티드(hosted) 방식으로 나뉜다.
  - 네이티브 방식 : 하드웨어에 직접 설치해서 실행 **예** Xen, KVM, Xen Server, ESXi 등
  - 호스티드 방식 : 일반 애플리케이션처럼 프로그램으로 실행 **예** Virtual Box, VMware work-station 등

④ 오픈 소스 하이퍼바이저 비교

Xen	<ul><li>케임브리지 대학교에서 개발이 시작되어 2003년에 첫 공개 버전이 발표</li><li>리눅스 기본 커널에 포함</li><li>기본 저장소(repository)를 이용한 yum 설치 가능</li><li>KVM과 호환되는 가상 장치 관리자 사용</li><li>네트워크 MAC 주소 고정 가능</li><li>Xen 설치 후 Xen 커널로 부팅 필요</li><li>반가상화 및 전가상화 모두 이용 가능</li><li>상용화된 제품이 많음</li></ul>
KVM	<ul><li>Qumranent에서 개발한 하이퍼바이저</li><li>x86 시스템 기반으로 CPU 전가상화 방식을 사용</li><li>CPU 가상화 기술인 인텔 VT 및 AMD−V 기반으로 동작하는 공개형 기술</li><li>리눅스 기본 커널 포함</li><li>기본 저장소(repository)를 이용한 yum 설치 가능</li><li>Xen과 호환되는 가상 장치 관리자 사용</li><li>네트워크 MAC주소 고정 가능</li><li>KVM 및 KVM 모듈 설치 후 관련 모듈 로딩 필요</li></ul>
Virtual Box	<ul><li>이노테크(InnoTek)가 개발, 현재는 오라클이 개발 중인 상용, 사유 소프트웨어(제한된 GPL 버전)</li><li>리눅스 기본 커널에 포함되지 않음</li><li>일반버전은 추가 repository 설치를 통한 yum 사용 가능</li><li>설치 후 관련 모듈 로딩 필요</li><li>독자적인 가상 장치 관리자 사용</li><li>XEN 및 KVM에서 사용하는 가상 장치 관리자에 비해 디자인이 우수</li><li>전가상화만 지원</li><li>대용량의 가상머신 생성 시에도 빠르게 설치 가능</li><li>Mac OS 지원으로 아이폰 OS 관련 응용프로그램 개발 시에 유용</li></ul>

(2) 클라우드 컴퓨팅

① 정의

- 공유 구성이 가능한 컴퓨팅 리소스(네트워크, 서버, 스토리지, 애플리케이션 서비스)를 통합 운영하여 어디서나 간편하게 요청에 따라 네트워크를 통해 접근하는 것을 가능하게 한다.

- 클라우드 컴퓨팅은 인터넷을 통해 서버, 저장소, 데이터베이스, 네트워킹, 소프트웨어, 분석 등의 컴퓨터 서비스를 제공한다.
- 최소한의 이용 절차 또는 서비스 공급자의 상호작용을 통해 신속히 할당되어 제공된다.

② 특징

- 사업자와 직접 상호작용하지 않고 사용자의 개별 관리 화면을 통해 서비스를 이용할 수 있다.
- 모바일 기기 등의 다양한 디바이스를 통해 서비스에 접속할 수 있다.
- 사업자의 컴퓨팅 리소스를 여러 사용자가 공유하는 형태로 이용한다.
- 필요에 따라 필요한 만큼의 스케일업(처리 능력을 높이는 것)과 스케일다운(처리 능력을 낮추는 것)이 가능하다.
- 이용한 만큼 요금이 부과되어 증량이 측정 가능한 서비스이다.

③ 장점

- 소프트웨어와 데이터를 통합관리함으로써 소프트웨어 업데이트 작업 및 데이터 유지보수 효율성을 높여 비용을 절약할 수 있다.
- 컴퓨팅 리소스를 필요한 만큼 확장하고 필요하지 않을 때 축소하는 등 유연한 활용이 가능하다.
- 하드웨어 장애가 발생하더라도 서비스를 계속해서 사용할 수 있도록 구성되어 있기 때문에, 자체 시스템을 구축할 때보다 낮은 가격에 가용성이 높은 환경을 사용할 수 있다.
- 클라우드가 제공하는 하드웨어와 소프트웨어를 이용하여 시스템을 신속하게 구축할 수 있다.

④ 서비스 종류

- 클라우드 컴퓨팅 서비스는 IaaS(Infrastructure as a Service), PaaS(Platform as a Service), SaaS (Software as a Service) 등의 세 가지 범주로 나뉜다.

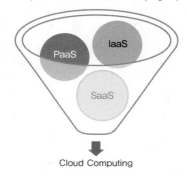

- IaaS(Infrastructure as a Service)
  - 서버나 스토리지 같은 하드웨어 자원만을 임대해 주는 클라우드 서비스이다.
  - 사용자는 하드웨어를 보유하지 않고 서버와 스토리지, 네트워크 등의 리소스와 기능을 사용할 수 있다.
  - 언제든지 신속하게 자원을 추가하거나 제거할 수 있다.
  - Amazon Web Service가 제공하는 Amazon Elastic Compute Cloud(EC2) 등이 있다.

- PaaS(Platform as a Service)
  - 소프트웨어 서비스를 개발하기 위한 플랫폼을 제공하는 클라우드 서비스이다.
  - 사용자는 클라우드 사업자가 제공하는 애플리케이션 개발 환경을 이용하여 환경 구축의 수고를 덜게 하고 단기간의 서비스 개발 및 제공을 할 수 있다.
  - 대표적 서비스 기업으로는 구글 앱 엔진이 있다.
- SaaS(Software as a Service)
  - 클라우드 환경에서 동작하는 응용 프로그램을 서비스 형태로 제공한다.
  - 기존의 패키지 소프트웨어처럼 모든 기능을 라이센스별로 구매하는 것이 아니다.
  - 필요한 기능을 필요한 기간만큼 임대하는 방식으로 이용한다.
  - 네이버메일, G메일, 네이버 클라우드, 구글 드라이브 등이 해당한다.

⑤ **클라우드 서비스 모델**
- 클라우드 환경을 누가, 어디에 구축하고 운영하느냐에 따라 사설 클라우드, 공용 클라우드, 하이브리드 클라우드로 분류할 수 있다.

- 사설 클라우드(Private Cloud)
  - 기업들이 '자체적'으로 데이터센터 안에 클라우드 환경을 구축해 사용하는 방식이다.
  - 자사의 네트워크에 직원용으로 구축하는 클라우드 환경이다.
  - 자사의 정책에 맞추어 구축할 수 있지만 높은 기술력과 운영 능력이 필요하고 비용이 소요된다.
  - 회사 내 IT 리소스를 이용하려는 사용자가 자유롭게 어플리케이션 개발 및 운용이 가능한 환경 제공을 목표로 한다.
- 공용 클라우드(Public Cloud)
  - 클라우드 사업자가 시스템을 구축하고 인터넷 망 등의 네트워크를 통해 불특정 다수의 기업과 개인에게 서비스를 제공한다.
  - 인터넷 망을 통해 불특정 다수에게 서비스를 제공하는 클라우드 환경이다.
  - 클라우드 사업자 정책에 따르지만 저렴한 비용으로 이용할 수 있어 운영 관리 부담이 적다.
  - 기업 또는 개인의 방화벽 외부에 구축된다.
  - 필요한 컴퓨팅 자원을 단기간에 저비용으로 마련할 수 있고 운용 관리 부담이 적다.
- 하이브리드 클라우드(Hybrid Cloud)
  - 사설 클라우드와 공용 클라우드를 동시에 제공하고 양쪽의 장점만 선택해 사용도 가능한 클라우드 서비스를 의미한다.
  - 필요에 의해 데이터나 컴퓨팅 자원의 위치를 조절도 가능하고, 데이터의 중요도와 비즈니스 핵심 업무 여부 등에 따라 선택 가능하다는 장점이 있다.

⑥ **구축환경**

- 오픈스택(Open Stack)
  - IaaS 형태의 클라우드 컴퓨팅 오픈 소스 프로젝트이다.
  - 2012년 창설된 비영리 단체인 Open Stack Foundation에서 유지, 보수하고 있으며 아파치 라이선스하에 배포된다.
  - 캐노니컬, 레드햇, HP, IBM, VM웨어 등 150개 이상의 회사가 이 프로젝트에 참가하고 있다.
  - 5개의 코어 프로젝트 노바, 스위프트, 클랜스, 키스톤, 호라이즌, 퀀텀이 유기적으로 연결 되어 하나의 커다란 클라우드 컴퓨팅 시스템을 구축한다.
- 클라우드 스택(Cloud Stack)
  - IaaS 형태의 클라우드 컴퓨팅 오픈 소스 프로젝트이다.
  - 시트릭스(Citrix)에서 오픈 소스로 공개한 제품이다.
  - 클라우드 인프라 스트럭처를 만드는 네트워크, 스토리지, 컴퓨터들의 노드를 관리한다.
  - 클라우드 서비스를 위한 자원의 배치, 관리, 클라우드 컴퓨팅 환경 구성을 하기 위해 클라 우드 스택을 이용한다.
- 유칼립투스(Eucalyptus)
  - IaaS 형태의 클라우드 컴퓨팅 오픈 소스 프로젝트이다.
  - 미국 UC 산타바바라 대학에서 시작된 오픈 소스 프로젝트이며 지금 현재는 Eucalyptus Systems라는 회사에서 관리하고 있다.
  - 아마존 EC2 API와 동일한 API를 쓰고 있고 완벽하게 호환이 된다.
  - 분리된 물리 자원에서 유칼립투스 컴포넌트들을 운영할 수 있는 환경(Storage, Cloud, Back-end 등)을 지원한다.

(3) 빅데이터

① **정의**

- 기존 데이터베이스 관리 도구의 데이터 수집, 저장, 관리, 분석 역량을 넘어서는 데이터이다.
- 다양한 종류의 대규모 데이터로부터 저렴한 비용으로 가치를 추출하고 데이터의 빠른 수집, 발굴 분석을 지원할 수 있도록 고안된 차세대 기술 및 아키텍처이다.

② **3대 요소** : 아래 3대 요소 가운데 두 가지 이상의 요소만 충족된다면 빅데이터라고 볼 수 있다.

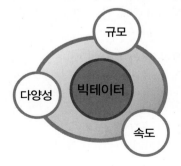

- 볼륨(volume)
  - 수십 테라바이트(terabyte) 혹은 수십 페타바이트(petabyte) 이상이 빅데이터의 범위에 해당한다.
- 속도(velocity)
  - 빅데이터의 속도적인 특징은 크게 실시간 처리와 장기적인 접근으로 나눌 수 있다.
  - 데이터의 수집, 저장, 분석 등이 실시간으로 처리되어야 한다.
  - 모든 데이터가 실시간 처리만을 요구하는 것은 아니다.
  - 수집된 대량의 데이터를 다양한 분석 기법과 표현 기술로 분석해야 하는데, 이는 장기적이고 전략적인 차원에서 접근할 필요가 있다.
  - 통계학과 전산학에서 사용하는 데이터 마이닝, 기계 학습, 자연어 처리, 패턴 인식 등이 분석 기법에 해당한다.
- 다양성(variety)
  - 데이터는 정형화 정도에 따라 정형(Structured), 반정형(Semi-Structured), 비정형(Unstructured)으로 구분한다.
  - 정형 데이터는 고정된 필드에 저장되는 데이터를 의미하며 일정한 형식을 갖추고 있다.
  - 반정형 데이터는 고정된 필드로 저장되지는 않지만 XML이나 HTML 같이 메타데이터나 스키마 등을 포함한다.
  - 비정형 데이터는 고정된 필드에 저장되지 않는 데이터를 의미한다.
  - 사진, 동영상, 메신저로 주고받은 대화 내용, 스마트폰에 기록되는 위치 정보, 통화 내용 등이 비정형 데이터에 해당한다.
  - 빅데이터는 비정형 데이터도 처리할 수 있어야 한다.

③ 하둡(Hadoop)

- 하둡은 대용량 데이터를 분산 처리할 수 있는 자바 기반의 오픈 소스 프레임워크이다.
- 분산 파일 시스템인 HDFS(Hadoop Distributed File System)에 데이터를 저장하고, 분산 처리 시스템인 맵리듀스를 이용해 데이터를 처리한다.
- 오픈 소스 프로젝트이기에 소프트웨어 라이선스 비용에 대한 부담이 없다.
- 값비싼 유닉스 장비를 사용하지 않고, x86 CPU에 리눅스 서버면 얼마든지 설치하고 운영할 수 있다.
- 데이터 저장 용량이 부족할 경우 필요한 만큼 리눅스 서버만 추가하면 된다.
- 하둡은 데이터의 복제본을 저장하기 때문에 데이터의 유실이나 장애가 발생했을 때도 데이터의 복구가 가능하다.
- 여러 대의 서버에 데이터를 저장하고, 데이터가 저장된 각 서버에서 동시에 데이터를 처리하는 방식이다.

(1) 모바일

① 정의

- 스마트폰의 OS(Operating System)란 스마트폰을 구성하고 있는 하드웨어 부품인 메모리, LCD, CPU 등의 기계적인 부품들을 효율적으로 관리 및 구동하게 하며, 사용자와의 편리한 의사소통을 위해 만들어진 소프트웨어 플랫폼이다.
- PC에서 MS사의 Windows나, Apple사의 Mac OS처럼 스마트폰에도 같은 역할을 하는 다양한 OS들이 단말기 제조사들에 의해 채택되어 사용되고 있다.
- 스마트폰, 태블릿 컴퓨터, PDA 등의 운영 체제이다.
- 대표적으로 안드로이드와 iOS가 있다.

② 리눅스 기반의 공개형 운영체제

OS명	특징
마에모 (Maemo)	• 2005년 11월에 노키아가 스마트폰 및 인터넷 태블릿용으로 만든 소프트웨어 플랫폼 • 리눅스를 기반으로 만듦 • 2010년 2월 마에모 프로젝트는 인텔의 모블린과 합병하여 미고(Meego)라는 프로젝트로 변경
모블린 (Moblin)	• 2007년 7월에 인텔과 리눅스 재단이 리눅스 기반으로 개발한 오픈 소스 운영체제 • 모블린은 모바일 리눅스의 약어로 MID(Mobile Internet Device), 넷북 등 임베디드 모바일 기기를 위해 만들어짐 • 2010년 2월 인텔은 모블린 프로젝트를 노키아의 마에모와 합병하고 미고라는 새로운 프로젝트를 진행하기로 함
미고 (MeeGo)	• 2010년 2월 인텔의 모블린과 노키아의 마에모가 합병하여 만든 모바일 운영체제 프로젝트 • 2011년 노키아가 윈도우 폰을 주력하겠다고 선언하고, 인텔도 삼성과 협력하여 타이젠을 개발하겠다고 선언 • 인텔과 노키아는 빠졌지만 프로젝트는 계속적으로 운영 • 넷북, 스마트폰, 태블릿뿐만 아니라, IVI, 차량용 네비게이션, 스마트 TV 버전도 개발 중
리모 (Limo)	• 리모는 Linux Mobile의 약자로 2007년 1월에 삼성전자, NEC, 파나소닉, 바다폰 등이 참여하여 시작한 프로젝트 • 2011년 9월에 프로젝트를 종료하여 MeeGo로 대체 • 2012년 인텔과 삼성전자를 주축으로 리모 재단, MeeGo 개발자 등과 협력하여 HTML5와 웹 표준에 기반한 Tizen 프로젝트 시작
타이젠 (Tizen)	• 인텔과 삼성을 주축으로 한 리눅스 재단, MeeGo 개발자 등이 합류하여 만든 리눅스 기반의 무료 공개형 모바일 운영체제 • 2012년 1월 SDK 발표, 2012년 4월 "Lakspur"라는 코드명으로 Version 1.0 발표 • 웹 표준과 HTML 5을 지원 • 태블릿, 넷북, 스마트폰, 스마트 TV, IVI 지원이 목표
iOS	• iOS는 애플 사에서 개발하였으며 아이폰(iPhone)에 적용된 애플 제품군 전용 운영체제 • 처음 공개되었을 당시에는 사용자가 개발한 응용 프로그램의 추가가 허용되지 않았음 • 2008년 6월 이후 iOS에서 소프트웨어를 개발할 수 있는 도구인 SDK가 공개 • 2.0 버전부터는 애플의 앱 스토어를 통해 자유롭게 사용자 응용 프로그램을 공개하고 판매할 수 있게 되었음 • 가장 많은 응용 프로그램을 보유한 운영체제

안드로이드 (Android)	• 구글에서 만든 스마트폰용 운영체제 • 2005년 구글이 앤디 루빈이 설립한 안드로이드라는 회사를 인수하면서 시작 • 2007년 11월에 안드로이드 플랫폼을 모바일 기기 운영체제로서 무료 공개 발표 • 리눅스 커널 2.6을 기반으로 모바일 기기 플랫폼 '안드로이드'를 발표, 언어는 자바 사용

(2) 스마트 TV

① 정의

- 텔레비전에 인터넷 접속 기능이 결합되어, 각종 애플리케이션(앱)을 설치하여 TV 방송 시청 이외의 다양한 기능을 활용할 수 있는 다기능 TV이다.
- TV와 휴대폰, PC 등 3개 스크린을 자유자재로 넘나들면서 데이터의 끊김 없이 동영상을 볼 수 있다.
- 인터넷 TV 또는 커넥티드 TV라고도 불린다.
- 콘텐츠를 인터넷에서 실시간으로 다운받아 볼 수 있고, 뉴스 · 날씨 · 이메일 등을 바로 확인할 수 있는 커뮤니케이션 센터의 역할을 한다.

② 스마트 TV 운영체제

- 타이젠(Tizen)
  - 휴대전화를 비롯해 TV, 냉장고와 같은 모든 전자기기에 포함하는 것을 목적으로 하는 오픈 소스 모바일 운영체제이다.
  - 리눅스 커널을 기반으로 하며, HTML5 및 C++ 기반으로 만들어진다.
  - 소프트웨어 개발 키트(SDK)를 통해 응용 프로그램을 개발하기 위해 필요한 각종 도구들과 API를 제공한다.
- 웹OS
  - 리눅스 커널에서 구동되는 모바일 운영체제이다.
  - 2014년 CES에서 webOS가 내장된 스마트 TV를 선보였다.
  - LG의 webOS 스마트 TV는 기존 webOS의 특징인 Card view를 계승하였다.

	타이젠	웹OS
개발 시기	2012년 1월 삼성전자, 인텔, 파나소닉 등이 공동개발	2009년 1월 팜이 개발 • 2012년 HP가 인수 • 2013년 LG전자가 인수
TV 적용시기	2015년 1월	2014년 1월
특징	다양한 가전제품을 연결하는 사물 인터넷(IoT)에 강점	멀티태스킹이 편리
주기업	삼성전자	LG전자

(3) IVI(In−Vehicle Infotainment)

① 정의

- '인포테인먼트(Infotainment)'란 '정보(Information)'와 '오락(Entertainment)'의 합성어로 정보 전달에 오락성을 가미한 시스템이다.
- 내비게이션이나 계기판(Instrument Cluster), 트립 컴퓨터와 AV시스템, DMB, MP3, 오디오 및 외부 기기와의 연결까지 가능한 통합적인 차량 내부 시스템을 포함한다.
- 최신 인포테인먼트 시스템에는 차량 관련 정보 및 정기점검 안내, 운전자 음성인식 기능, 도난 방지 경보 기능 등의 최첨단 기술이 적용된다.

② 특징

- GENIVI 표준 플랫폼 기반의 인포테인먼트 시스템이다.
- 운전자 편의성 및 안전성을 증대시킨다.
- 소프트웨어 품질관리 프로세스를 거쳐 소프트웨어 품질을 확보한다.
- CE4A 표준 터미널 모드와 확장 API 기술을 포함한 스마트폰 연동 기술을 탑재하고 있다.
- AUTOSAR 연계 소프트웨어 진단(DLT) 서비스 기술을 탑재한다.

③ GENIVI(GENEVA In−Vehicle Infotainment)

- 오픈 소스 기반 플랫폼 얼라이언스이다.
- 오픈 소스 기반의 차량 멀티미디어 플랫폼 표준화 활동이다.
- BMW 등 유럽, 북미 자동차 OEM과 자동차 부품업체들을 중심으로 결성된 오픈소스 기반 인포테인먼트 SW 플랫폼 구축을 위한 자동차 산업 표준 협의체이다.

- GENIVI SW 플랫폼 기본 구조의 80% 정도는 기존 오픈 소스로 구성된 리눅스 OS와 오픈 소스 컴포넌트 등의 기술을 차용한다.
  - 15%는 오픈 소스를 차량용으로 사용하기 위해서 일부 수정하거나 최적화하여 사용한다.
  - 나머지 5%는 새로운 차량용 기술을 반영하기 위하여 신규 코드로 추가한다.

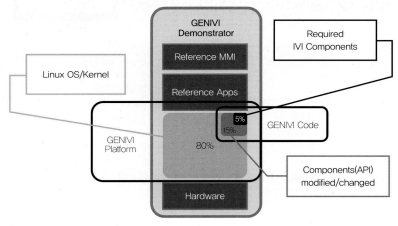

01 다음 중 임베디드 시스템에 대한 설명으로 알맞은 것은?

① 전기밥솥에 리눅스 운영체제를 설치하여 모바일 앱을 이용한 제어가 가능하도록 구성하였다.
② 저성능의 PC 5대를 이용해서 수치계산용 시스템을 구성하였다.
③ 여분의 PC를 이용해서 웹 서버의 백업 역할을 수행할 수 있는 시스템을 구성하였다.
④ 다수의 웹 서버에 부하를 분산해 줄 수 있는 시스템을 구성하였다.

임베디드 시스템은 가전제품, 모바일 장비, 웨어러블 컴퓨터 등 다양한 사물에 특정 기능을 수행하도록 만든 컴퓨터 시스템이다.

02 다음 중 임베디드 리눅스의 장점으로 틀린 것은?

① 별도의 로열티나 라이센스 비용이 없다.
② 커널이 안정적이다.
③ 커널과 루트 파일 시스템 등에 상대적으로 적은 메모리를 차지한다.
④ 소스가 공개되어 있어서 변경과 재배포가 용이하다.

임베디드 리눅스는 기존의 RTOS(Real Time OS)보다 많은 메모리를 요구한다.

03 다음 중 임베디드 리눅스에 대한 설명으로 틀린 것은?

① 별도의 로열티나 라이선스 비용이 없다.
② 사용자모드와 커널모드 메모리 접근이 간단하다.
③ 소스가 공개되어 있어서 변경 및 재배포가 용이하다.
④ 리눅스를 사용한지가 오래되어 커널이 안정적이다.

사용자모드와 커널모드 메모리 접근이 복잡하여 제품화하기 위한 솔루션 구성이 어렵다.

04 다음 중 부동 소수점 연산을 위해 오래된 구형 컴퓨터 여러 대에 리눅스를 설치하고 고성능의 계산 능력을 발휘하도록 하나의 시스템인 것처럼 구성한 것으로 알맞은 것은?

① 임베디드 시스템
② 부하분산 클러스터
③ 고가용성 클러스터
④ 베어울프 클러스터

고계산용 클러스터는 베어울프(Beowulf) 클러스터라고도 부른다. 이것은 고성능의 계산 능력을 제공하기 위한 목적으로 제작된 것으로 과학계산용으로 활용가치가 높다.

05 다음 중 부하분산 클러스터(LVS)의 구성요소로 가장 알맞은 것은?

① 주 서버(Primary Node)
② 채널 본딩(Channel Bonding)
③ 로드밸런서(Load Balancer)
④ 미들웨어(Middleware)

부하분산 클러스터(LVS)는 다수 개의 서버가 로드밸런서에 연결되어 대규모 서비스를 제공한다.

정답 01 ① 02 ③ 03 ② 04 ④ 05 ③

06 다음 중 고계산용 클러스터를 구성하는 요소로 가장 거리가 먼 것은?

① C Compiler　　② LVS
③ PVM　　　　　④ MPI

LVS(Linux Virtual Server)는 실제 서버를 통해 IP 로드 밸런스를 맞추기 위한 통합된 소프트웨어 구성 요소 모음이다.

07 다음 설명에 해당하는 시스템으로 알맞은 것은?

> 사설 IP 주소가 부여된 다수의 웹 서버를 공인 IP 주소 하나를 이용해서 운영 중이다. 지속적인 서비스 제공을 위해 공인 IP 주소가 부여된 시스템의 백업 시스템을 구축하려고 한다.

① 고가용성 클러스터
② 임베디드 시스템
③ 베어울프 클러스터
④ 부하분산 클러스터

고가용성(high availability)이란 긴 시간동안 지속적으로 운영이 가능한 시스템이나 컴포넌트를 가리킨다. 고가용성 클러스터는 로드밸런서와 백업 시스템을 이용하여 지속적인 서비스를 제공한다.

08 다음 중 고성능의 계산 능력을 제공하기 위한 목적으로 여러 대의 컴퓨터를 병렬로 묶어서 슈퍼 컴퓨터를 제작하는 방식으로 알맞은 것은?

① 임베디드 시스템
② 부하분산 클러스터
③ HPC
④ HA Cluster

오답 피하기

① 임베디드 시스템 : 가전제품, 모바일 장비, 웨어러블 컴퓨터 등 다양한 사물에 특정 기능을 수행하도록 만든 컴퓨터 시스템
② 부하분산 클러스터 : 다수 개의 서버가 로드밸런서에 연결되어 대규모 서비스를 제공
④ HA Cluster : 지속적인 서비스 제공을 목적으로 로드밸런서와 백업 시스템을 이용하여 지속적인 서비스를 제공

09 다음에서 설명하는 내용으로 알맞은 것은?

> • 2000년대 초반에 설립된 Qumranet에서 개발한 하이퍼바이저로 x86 시스템을 기반으로 CPU 전가상화 방식을 사용한다.
> • CPU 가상화 기술인 인텔의 VT 및 AMD−V를 기반으로 동작하는 공개형 기술이다.

① VMware
② XEN
③ KVM
④ VirtualBox

오답 피하기

① VMware : x86 호환 컴퓨터를 위한 가상화 소프트웨어를 공급하는 회사이다.
② XEN : 케임브리지 대학교에서 개발이 시작되어 2003년에 첫 공개 버전이 발표되었다.
④ VirtualBox : 이노테크(InnoTek)가 개발, 현재는 오라클이 개발 중인 상용, 사유 소프트웨어(제한된 GPL 버전)이다.

10 다음 중 서버와 스토리지 같은 IT 하드웨어 자원을 빌려주는 클라우드 서비스로 알맞은 것은?

① IaaS
② PaaS
③ SaaS
④ ZaaS

오답 피하기

② PaaS : 소프트웨어 서비스를 개발하기 위한 플랫폼을 제공하는 클라우드 서비스
③ SaaS : 클라우드 환경에서 동작하는 응용 프로그램들 서비스
④ ZaaS(Zebra as a Service) : 현재로서는 기업 IT 용어가 아니다. 셀링 투 지브라스(Selling to Zebras)라는 기업이 자사를 마케팅하기 위해 사용하는 용어이다.

정답 06 ② 07 ① 08 ③ 09 ③ 10 ①

11 다음 중 서버 가상화의 장점으로 틀린 것은?

① 서버 트래픽 증가에 따른 유연한 대처
② 데이터 및 서비스 가용성 증가
③ 응급 재해 시 서비스 중단 없는 빠른 서비스 복구
④ 시스템 장애 발생 시 문제 해결이 간단하고 신속한 대처 가능

가상화는 물리적인 IT 자원 기반하에 논리적인 IT 자원으로 사용할 수 있도록 하는 기술이다. 물리적 시스템에 문제가 발생하면 가상화 서비스 지원이 어렵다. 즉, 시스템 장애 발생 시 가상화가 시스템 문제 해결을 간단하고 신속하게 처리하게 만들지는 않는다.

12 다음 중 업무에 필요한 소프트웨어를 개발할 수 있는 환경을 제공하는 클라우드 서비스로 알맞은 것은?

> 업무에 필요한 소프트웨어를 개발할 수 있는 환경을 제공하는 것으로, 대표적인 서비스에는 구글 앱 엔진이 있다.

① IaaS ② DaaS
③ PaaS ④ SaaS

오답 피하기

① IaaS : 서버나 스토리지 같은 하드웨어 자원만을 임대해 주는 서비스
② DaaS : 사용자에게 가상화된 데스크톱을 아웃소싱 형태로 전달하는 서비스
④ SaaS : 클라우드 환경에서 동작하는 응용 프로그램들 서비스

13 다음 빅데이터 관련 기술 중 파일 시스템과 같이 인프라 구축과 가장 관계가 깊은 기술로 알맞은 것은?

① Hadoop ② R
③ Cassandra ④ NoSQL

오답 피하기

② R : 통계 계산과 그래픽을 위한 프로그래밍 언어이자 소프트웨어 환경
③ Cassandra : 2008년에 아파치 오픈소스로 공개된 분산 데이터베이스
④ NoSQL : 전통적인 관계형 데이터베이스보다 덜 제한적인 고성능 비관계형 데이터베이스

14 다음 중 KVM에 대한 설명으로 틀린 것은?

① 이더넷 및 Disk I/O 반가상화를 지원한다.
② QEMU을 이용한 CPU 에뮬레이터 방식이다.
③ CPU 가상화 기술인 인텔의 VT 및 AMD−V 기반으로 동작한다.
④ CPU 및 그래픽 카드 반가상화를 지원한다.

CPU 및 그래픽 카드 전가상화를 지원한다.

15 다음 중 리눅스 커널을 사용하지 않는 운영체제로 알맞은 것은?

① Android
② QNX
③ Bada OS
④ Tizen

QNX는 1982년에 개발한 유닉스 계열의 서버 운영 체제이다.

16 다음 중 BMW, 델파이, GM, 윈드리버 등이 설립하여 만든 리눅스 운영체제 기반의 표준화된 자동차용 IVI 플랫폼으로 알맞은 것은?

① GENIVI
② Android IVI
③ QNX IVI
④ Tizen IVI

GENIVI는 오픈 소스 기반의 차량 멀티미디어 플랫폼 표준화이다.

정답 11 ④ 12 ③ 13 ① 14 ④ 15 ② 16 ①

17 다음 설명으로 알맞은 것은?

> 생활 속 사물들을 유무선 네트워크로 연결해 정보를 공유하는 환경으로 가전제품, 모바일 장비, 웨어러블 컴퓨터, 헬스케어, 스마트 홈, 스마트카 등 다양한 분야에서 활용되고 있다.

① Big Data
② Cloud Computing
③ Embedded system
④ IoT

오답 피하기
① Big Data : 기존 데이터베이스 관리도구의 수집, 저장, 관리 분석 역량을 넘어선 데이터
② Cloud Computing : 인터넷을 통해 서버, 데이터베이스, 네트워크 등의 컴퓨터 서비스
③ Embedded system : 가전제품, 모바일 장비, 웨어러블 컴퓨터 등 다양한 사물에 특정 기능을 수행하도록 만든 컴퓨터 시스템

18 다음 중 마이크로컨트롤러 보드를 기반으로 오픈소스 컴퓨팅과 소프트웨어를 개발할 수 있는 시스템으로 알맞은 것은?

① 라즈베리 파이   ② 아두이노
③ 마이크로비트   ④ 큐비보드

오답 피하기
① 라즈베리 파이 : 교육용 프로젝트 일환으로 개발된 초소형/초저가 PC
③ 마이크로비트 : 4x5cm 크기의 포켓 사이즈 PC
④ 큐비보드 : 라즈베리파이보다 고성능의 베어본 PC

19 다음 중 신용카드 크기의 싱글보드 컴퓨터 데비안, 아치리눅스 등 다양한 리눅스 운영체제 사용이 가능한 시스템으로 알맞은 것은?

① 아두이노   ② 마이크로비트
③ 큐비보드   ④ 라즈베리 파이

오답 피하기
① 아두이노 : 오픈 소스를 기반으로 한 단일 보드 마이크로컨트롤러로 완성된 보드와 관련 개발 도구 및 환경
② 마이크로비트 : 4x5cm 크기의 포켓 사이즈 PC
③ 큐비보드 : 라즈베리파이보다 고성능의 베어본 PC

20 다음 중 인텔, 삼성을 주축으로 리눅스 재단, Meego 개발자 등이 만든 리눅스 기반의 무료 공개 모바일 운영체제로 알맞은 것은?

① 타이젠   ② 마에모
③ 모블린   ④ 안드로이드

오답 피하기
② 마에모 : 노키아가 스마트폰 및 인터넷 태블릿용으로 만든 소프트웨어 플랫폼
③ 모블린 : 인텔과 리눅스 재단이 개발한 오픈소스 OS로 넷북 등 임베디드 모바일 기기용
④ 안드로이드 : 구글 사에서 개발한 모바일 플랫폼 운영체제

21 다음 중에서 자바로 작성된 응용프로그램을 실행하기 위해 ART를 사용하는 모바일 운영체제로 알맞은 것은?

① QNX   ② iOS
③ Android   ④ Tizen

오답 피하기
① QNX : 1982년에 개발한 유닉스 계열의 서버 운영 체제
② iOS : 애플사에서 개발한 아이폰에 적용된 애플 제품군 전용 운영체제
④ Tizen : 인텔과 삼성이 추축으로 개발된 리눅스 기반의 무료 공개형 모바일 운영체제

22 다음 중에서 대량의 정형 또는 비정형 데이터 집합 및 데이터로부터 가치를 추출하고 결과를 분석하는 기술로 알맞은 것은?

① 드론   ② 사물인터넷
③ 빅데이터   ④ 클라우드 컴퓨팅

오답 피하기
① 드론 : 무인기를 지칭
② 사물인터넷 : 각종 사물에 센서와 통신 기능을 내장하여 인터넷에 연결하는 기술
④ 클라우드 컴퓨팅 : 인터넷을 통해 서버, 데이터베이스, 네트워크 등의 컴퓨터 서비스

정답 17 ④ 18 ② 19 ④ 20 ① 21 ③ 22 ③

해설과 함께 보는
최신 기출문제

CBT 온라인 문제집

시험장과 동일한
환경에서 문제 풀이
서비스

- QR 코드를 찍으면 원하는 시험에 응시할 수 있습니다.
- 풀이가 끝나면 자동 채점되며, 해설을 즉시 확인할 수 있습니다.
- 마이페이지에서 풀이 내역을 분석하여 드립니다.
- 모바일과 PC도 이용 가능합니다.

해설과 함께 보는 최신 기출문제 01회

2급 2차	소요 시간	문항 수
	총 100분	총 80문항

수험번호 : _____

성　명 : _____

1과목　리눅스 운영 및 관리

01 다음 중 설정된 umask 값이 0022일 경우 생성되는 파일의 허가권 값으로 알맞은 것은?

① −rw−r−−r−−
② −rw−rw−r−−
③ −rwxr−xr−x
④ −rwxrwxr−x

파일의 기본 권한은 666이므로 umask가 0022일 때 파일 허가권은 0666−0022=0644이다. 따라서 생성되는 파일 허가권은 rw−r−−r−−이다.

02 다음 명령의 결과로 설정되는 lin.txt 파일의 허가권 값으로 알맞은 것은?

```
[posein@www ~]$ ls −l lin.txt
−rw−rw−r−−. 1 posein posein 81 Jun 28
17:09 lin.txt
[posein@www ~]$ chmod g=r lin.txt
```

① −−−−r−−−−−
② −r−−r−−r−−
③ −rw−r−−r−−
④ −rw−rw−−−−

'g'는 그룹에 포함된 계정들에 대한 권한이며, '='은 기존 권한을 초기화하고 지정한 권한을 부여한다. 따라서 posein 그룹에 속한 계정들은 파일 lin.txt에 대해 권한 rw이 r로 변경된다.

03 project 그룹에 속한 사용자들이 /project 디렉터리에서 파일 생성은 자유로우나 삭제는 본인이 생성한 파일만 가능하도록 설정하려고 한다. /project 디렉터리의 정보가 다음과 같을 때 관련 명령으로 알맞은 것은?

```
[root@www /]# ls −ld /project
drwxr−x−−−. 2 root project 6 Apr  4 19:32
/project
[root@www /]#
```

① chmod g+s /project
② chmod g+t /project
③ chmod o+s /project
④ chmod o+t /project

chmod o+t는 그 외 사용자(other) 그룹에 설정된 기존 권한에 t(sticky bit)를 설정한 것이다. 기존 설정에 실행 권한이 없으므로 대문자 T가 설정된다.

04 다음 중 특수 권한이 설정된 파일이나 디렉터리로 알맞은 것은?

① /etc
② /etc/shadow
③ /etc/passwd
④ /usr/bin/passwd

아래의 그림은 파일 /usr/bin/passwd의 권한을 나타낸 것이다. 해당 파일에는 Set−bit 중 Set−UID가 설정되어 있다.

05 다음 중 (　　　) 안에 들어갈 내용으로 틀린 것은?

```
[root@www~]$ umask
( ㉠ )
[root@www~]$ touch ihd.txt
[root@www~]$ mkdir abc
[root@www~]$ ls -l
total 2
( ㉡ ). 1 root root 0 Jan 30 15:43 ihd.txt
drwxr-xr-x. 2 root root 19 Jan 30 15:43 abc
[root@www~]$ umask -( ㉢ )
u=rwx, g=rx, ( ㉣ )
```

① ㉠ : 0022
② ㉡ : -rwxr-xr-x
③ ㉢ : S
④ ㉣ : o=rx

umask는 새로 생성되는 파일이나 디렉터리의 기본 허가권 값을 지정한다. 파일 기본 권한은 0666, 디렉터리 기본 권한은 0777이다. ㉠의 umask 값은 mkdir abc 된 후에 디렉터리 권한으로 예측할 수 있다. mkdir abc 후 생성된 디렉터리 권한이 0755이다. 이것은 0777-umask=0755와 같다. 따라서 ㉠의 umask는 0022이다. umask가 0022인 경우 touch ihd. txt 후 파일 권한은 0666-0022이므로 권한은 0644이고, ihd.txt의 권한은 -rw-r--r--이다.

06 다음 중 특수 권한을 부여해서 사용하는 경우의 예로 가장 거리가 먼 것은?

① Sticky-Bit를 파일에 부여한다.
② Set-UID를 실행 파일에 부여한다.
③ Set-GID를 실행 파일에 부여한다.
④ Set-GID를 디렉터리에 부여한다.

파일의 sticky-bit는 무시된다. Sticky bit는 공용 디렉터리 개념으로 특정 디렉터리를 자유롭게 사용하기 위해 설정한다.

07 다음 내용이 기록된 파일명으로 알맞은 것은?

```
/dev/sda1 / xfs rw,seclabel,relatime,attr2,ino
de64,noquota 0 0
selinuxfs /sys/fs/selinux selinuxfs rw,relatime
0 0
```

① /etc/fstab
② /etc/mtab
③ /etc/mounts
④ /etc/partitions

• 파일 /etc/mtab은 시스템이 mount되거나 해제될 때마다 mount 프로그램에 의해 업데이트되는 일반 파일이다.
• /etc/mtab의 파일 내용은 /etc/fstab과 동일하지만 수정해서는 안된다. /etc/mtab로 현재 시스템에 마운트 된 파일 시스템 정보를 확인하는 용도로만 사용해야 한다.

08 각 사용자의 디스크 사용량을 제한하려고 한다. 다음 중 디스크 쿼터를 설정하는 명령어의 순서로 알맞은 것은?

① repquota → edquota → quotacheck → quotaon
② quotaon → quotacheck → edquota → repquota
③ quotacheck → edquota → quotaon → repquota
④ edquota → quotacheck → quotaon → repquota

• quotacheck : 파일 시스템을 점검하여 쿼터 기록 업데이트 명령어
• edquota : 편집기를 이용하여 지정된 사용자 또는 그룹의 쿼터 설정 명령어
• quotaon : 설정된 쿼터의 활성화 명령어
• repquota : 파일 시스템 단위로 쿼터 설정 정보를 출력해 주는 명령어

09 다음 설명에 해당하는 파일명으로 알맞은 것은?

> 현재 시스템에 마운트된 파일 시스템 정보를 저장하고 있는 파일로 실제 파일은 /proc/self/mounts이다.

① /etc/fstab
② /etc/mtab
③ /etc/mounts
④ /proc/partitions

파일 /etc/mtab에서는 현재 시스템의 마운트 정보를 확인할 수 있다.

10 다음 (   ) 안에 들어갈 명령어로 알맞은 것은?

> # (   ) -o remount,rw /home

① quota
② mount
③ umount
④ fdisk

명령어 mount [option] [device] [directory]에서 -o는 다른 옵션들을 명시할 수 있다. 'ro'는 읽기 전용, 'remount'는 재마운트, 'loop'는 이미지 파일인 iso를 마운트 시 사용한다.

11 다음 결과에 대항하는 명령어로 알맞은 것은?

```
[posein@www ~]$
NAME      MAJ:MIN RM   SIZE RO TYPE MOUNTPOINT
sda         8:0    0  60.6G  0 disk
├─sda1      8:1    0  46.6G  0 part /
├─sda2      8:2    0   3.7G  0 part [SWAP]
├─sda3      8:3    0     1K  0 part
├─sda5      8:5    0   1.9G  0 part
├─sda6      8:6    0   1.9G  0 part
└─sda7      8:7    0   1.9G  0 part
sr0        11:0    1  1024M  0 rom
[posein@www ~]$
```

① lsblk
② blkid
③ fdisk
④ df

lsblk는 블럭 장치 목록을 마운트 되지 않은 블럭 장치 포함해서 보여주는 명령어이다. 예시 그림은 블럭 장치의 목록을 출력한 것이다.

12 다음은 ihduser 사용자에게 대한 디스크 쿼터 설정하는 과정이다. (   ) 안에 들어갈 명령어로 알맞은 것은?

> [root@ihd ~]# (   ) ihduser

① quota
② edquota
③ setquota
④ xfs_quota

• edquota는 편집기를 이용하여 사용자나 그룹에 디스크 사용량을 할당하는 명령어이다.
• 명령어 형식은 edquota [옵션] [계정명 또는 그룹명]

13 다음 중 디스크 용량 단위를 적은 순서부터 큰 순서로 바르게 나열한 것은?

① GB<TB<PB<EB
② TB<GB<PB<EB
③ GB<TB<EB<PB
④ TB<GB<EB<PB

디스크 용량 단위는 kB (킬로바이트, 2^{10}), MB (메가바이트, 2^{20}), GB (기가바이트,2^{30}), TB (테라바이트2^{40}), PB (페타바이트,2^{50})이다.

14 다음 설명에 해당하는 파일명으로 가장 알맞은 것은?

> 모든 사용자에게 적용되는 alias와 함수를 설정하려고 한다.

① /etc/.bashrc
② /etc/.bash_profile
③ /etc/bashrc
④ /etc/profile

오답 피하기
① /etc/.bashrc : 해당파일은 존재하지 않는다.
② /etc/.bash_profile : 파일 /etc/bash_profile은 개인 사용자의 셸 환경을 제어하는 지역적인 시스템 설정 파일이다.
④ /etc/profile : 모든 사용자의 셸 환경을 제어하는 전역적인 시스템 설정 파일이다.

정답 09 ② 10 ② 11 ① 12 ② 13 ① 14 ③

15 다음 중 사용자의 로그인 셸이 저장되는 환경 변수명으로 알맞은 것은?

① LOGIN
② USER
③ SHELL
④ BASH

환경변수 SHELL은 로그인 시 사용하는 셸 실행 파일 경로를 표시한다.

16 다음 (   ) 안에 들어갈 파일명으로 알맞은 것은?

특정 사용자가 로그인한 후에 사용 가능한 셸의 목록 정보를 확인하려면 (   ) 파일에서 관련 정보를 얻을 수 있다.

① /etc/passwd
② /etc/shells
③ /etc/bashrc
④ /etc/profile

① /etc/passwd : 계정자의 UID, GID 또는 홈디렉터리와 같은 상세 정보를 확인할 수 있다.
③ /etc/bashrc : 별칭과 bash가 수행 시 실행되는 함수를 전역적으로 제어한다.
④ /etc/profile : 모든 사용자의 셸 환경을 제어하는 전역적인 시스템 설정 파일이다.

17 다음 중 사용자가 이용할 수 있는 셸 정보가 기록된 파일명으로 알맞은 것은?

① /etc/shells
② /etc/passwd
③ ~/.bashrc
④ ~/.bash_profile

② /etc/passwd : 계정자의 UID, GID 또는 홈디렉터리와 같은 상세 정보를 확인할 수 있다.
③ ~/.bashrc : 개인의 별칭과 bash가 수행 시 실행되는 함수를 지역적으로 제어하는 파일이다.
④ ~/.bash_profile : 개인 사용자의 셸 환경을 제어하는 지역 설정 파일이다.

18 다음 설명에 해당하는 셸의 기능으로 알맞은 것은?

기존에 실행한 명령들을 위/아래 방향키를 사용하여 검색 및 편집하여 특정 명령을 반복해서 수행할 수 있다.

① 명령행 완성 기능
② 명령행 편집 기능
③ 명령어 히스토리 기능
④ 명령어 alias 기능

① 명령행 완성 기능 : 셸 명령을 입력할 때 일부만 타이핑하고 나머지 부분을 자동으로 완성하는 기능
② 명령행 편집 기능 : 왼쪽 및 오른쪽 화살표 키를 이용해 커서를 움겨가며(커서링) 명령을 편집하는 기능
④ 명령어 alias 기능 : 명령어를 간소화하여 다른 이름으로 사용할 수 있도록 해주는 기능

19 다음은 ihd 사용자가 다른 셸로 변경하는 과정이다. (   ) 안에 들어갈 내용으로 알맞은 것은?

[ihd@www ~]$ chsh (   ) /bin/csh

① -l
② -u
③ -s
④ -c

옵션 -s는 지정하는 셸을 로그인 셸로 지정한다.

① -l : /etc/shells 파일 안에 셸 목록을 나열
② -u : 명령어 사용법을 출력
④ -c : 지원되지 않는 옵션

15 ③ 16 ② 17 ① 18 ③ 19 ③

20 다음 중 포어그라운드 프로세스를 종료하기 위해 사용하는 키 조합으로 알맞은 것은?

① Ctrl + C
② Ctrl + A
③ Ctrl + Z
④ Ctrl + D

Ctrl + C : 프로세스 강제종료(인터럽트 시그널을 포어그라운드 프로세스에 전달하며, 인터럽트를 받으면 프로세스를 종료)

오답 피하기
• Ctrl + Z : 프로세스 일시 정지
• Ctrl + D : 프로세스 정상종료 (저장할 데이터가 있을 경우 저장 후 종료)

21 다음 보기의 시그널을 번호 값이 낮은 순부터 높은 순으로 정렬했을 때 세 번째에 해당하는 시그널 이름으로 알맞은 것은?

① SIGTSTP
② SIGKILL
③ SIGINT
④ SIGTERM

시그널 번호는 SIGINT(2), SIGKILL(9), SIGTERM(15), SIGTSTP(19) 순이다.

22 다음 (   ) 안에 들어갈 내용으로 알맞은 것은?

사용자가 시스템에 로그인하면 bash라는 프로세스를 할당받고, 사용자가 명령어를 실행하면 (   ) 형태로 프로세스가 발생하면서 동작한다.

① exec
② fork
③ init
④ systemd

fork는 새로운 프로세스를 만들 때 기존 프로세스를 복제하는 방식으로 새로운 프로세스의 메모리를 할당한다. 즉, fork는 로그인 시 bash 프로세스를 할당받고 그것을 기반으로 사용자 명령어를 실행할 프로세스들의 메모리가 할당된다.

23 다음 설명에 해당하는 명칭으로 가장 알맞은 것은?

rlogin, rsh 등과 같이 자주 사용되지 않는 서비스들의 포트를 리슨(Listen)하고 있으면서, 요청이 들어오면 서버 프로그램을 실행해서 연결을 처리해 준다.

① inetd
② daemon
③ init
④ systemd

inetd는 여러 데몬을 관리하면서 서비스 요청이 들어왔을 때 관련 프로세스를 메모리에 상주시키는 방식이다. 반면 daemon은 리눅스 시스템이 부팅 시 자동으로 실행되는 백그라운드 프로세스이다.

24 다음 중 실시간으로 CPU 사용량을 확인할 때 이용하는 명령어로 알맞은 것은?

① top
② pgrep
③ nohup
④ free

오답 피하기
② pgrep : ps 명령어와 grep 명령어를 합쳐서 하나의 명령어로 사용해서 원하는 정보를 편하게 출력하는 명령어
③ nohup : 프로세스가 중단되지 않고 백그라운드로 작업을 수행하게 하는 명령어
④ free : 시스템의 메모리 상태(유휴 메모리 양, Swap 메모리 양 등)를 점검하는 명령어

25 다음 결과에 해당하는 명령어로 알맞은 것은?

```
[posein@www ~]$
[1] – Stopped vim a.txt
[2] + Stopped vim b.txt
[3]   Running find / –name '*.txt' 2> /dev/
null > list.txt &
```

① fg
② bg
③ jobs
④ kill

명령어 jobs는 현재 세션의 작업 상태(작업이 중지된 상태, 백그라운드로 진행 중인 작업 상태, 변경되었지만 보고되지 않은 상태 등)를 표시한다.

26 다음 중 작업 중인 터미널이 닫혀야 실행 중인 프로세스를 계속해서 백그라운드 프로세스로 유지하려고 할 때 사용하는 명령어로 알맞은 것은?

① bg
② fg
③ jods
④ nohup

오답 피하기

① bg : 현재 실행 중인 프로세스를 백그라운드 작업으로 전환
② fg : 현재 백그라운드로 실행 중인 명령어를 포어그라운드로 전환
③ jods : 작업이 중지된 상태, 백그라운드 진행 중인 상태, 변경되었지만
  보고되지 않는 상태 표시

27 cron을 이용해서 해당 스크립트를 매주 1회씩 주기적으로 실행하려고 한다. (   ) 안에 들어갈 내용으로 알맞은 것은?

```
(     ) /etc/backup.sh
```

① 1 1 1 * *
② 1 1 * 1 *
③ 1 1 * * 1
④ * 1 1 1 *

기호 '*'은 모두, '–'은 연속된 설정값을 지정, ','은 비연속적인 설정값, '/'은 지정된 범위에서 일정 주기를 지정할 때 사용한다.

분	시	날	달	요일	명령어
1	1	*	*	1	/etc/bakckup.sh

28 다음 (   ) 안에 들어갈 내용으로 알맞은 것은?

10GB 용량의 하드디스크 8개가 장착된 시스템이다. 하나의 스페어(Spare) 디스크를 구성하고, 나머지 디스크로 RAID–5로 구성하려고 한다. 이 경우에 실제로 사용 가능한 용량은 (   ) GB가 된다.

① 40
② 50
③ 60
④ 70

RAID–5 구성은 각각의 서버 모두가 Parity 정보를 분산하여 보관한다. 따라서 Parity 용량은 구성 디스크 1개의 용량과 같다. 계산식은 C = (N–1) * D(C : 가능용량, N : DISK 개수, D : 하드 용량)이다. 해당 문제에서는 8개의 디스크에서 1개의 하드디스크를 스페어 디스크로 제외되므로 N은 7개, D은 10GB이므로 (7–1)*10 = 60이다.

29 다음 중 하드디스크 4개를 사용해서 RAID 구성했을 경우 실제 사용 가능한 디스크 용량의 효율성이 50%인 조합으로 알맞은 것은?

① RAID–0, RAID–5
② RAID–1, RAID–5
③ RAID–0, RAID–6
④ RAID–1, RAID–6

RAID–1은 미러링 방식으로 한 개의 디스크가 고장 나면 볼륨의 다른 디스크에서 데이터 사용하므로 총 Disk 용량의 50%만 사용이 가능하다. RAID–6은 각 디스크에 두 개의 패리티(더블 패리티) 데이터를 기록한다. N개의 디스크를 사용하면 (N–2)개의 저장 공간을 사용할 수 있다. 하드디스크가 4개인 경우 2개의 저장공간을 사용하여 Disk 용량의 50%만 사용이 가능하다.

정답 25 ③ 26 ④ 27 ③ 28 ③ 29 ④

30 다음 설명에 해당하는 LVM 용어로 알맞은 것은?

> 파일 시스템을 구성하는 일반적인 디스크의 블록(Block)에 해당하고 일정한 크기를 갖는다.

① PE ② PV
③ LV ④ VG

② PV(Physical Volume) : 실제 디스크 장치를 분할한 파티션된 상태로 PV는 일정한 크기의 PE들로 구성된다.
③ LV(Logical Volume) : 사용자가 최종적으로 사용하는 단위로, VG에서 필요한 크기로 할당받아 LV를 생성한다.
④ VG (Volume Group) : PV들이 모여서 생성되는 단위로 사용자는 VG를 원하는 대로 분할해서 LV로 만들게 된다.

31 다음 중 데비안 계열 리눅스에서 환경 설정 파일도 포함해서 vsftpd 패키지를 제거하는 명령으로 알맞은 것은?

① apt-get purge vsftpd
② apt-get remove vsftpd
③ apt-get erase vsftpd
④ apt-get delete vsftpd

데비안 계열의 패키지 삭제 명령어는 apt-get remove, apt-get purge, apt-get autoremove가 있다.
• apt-get remove는 패키지는 삭제하지만 환경설정은 삭제하지 않는다.
• apt-get purge는 패키지와 해당 패키지의 환경설정 값을 모두 삭제한다.
• apt-get autoremove는 패키지의 의존성 때문에 설치되었지만 지금은 사용하지 않는다.

32 다음 중 프로그램을 소스 파일로 설치하는 과정으로 알맞은 것은?

① configure → make → make install
② make → configure → make install
③ make → make install → configure
④ make install → configure → make

소스 파일을 설치하는 과정은 환경 설정(configure), 컴파일(make), 파일 설치(make install) 과정을 거친다.

33 다음 중 현재 디렉터리에 있는 C 언어 파일만을 source.tar로 묶는 명령으로 알맞은 것은?

① tar rvf *.c source.tar
② tar rvf source.tar *.c
③ tar cvf *.c source.tar
④ tar cvf source.tar *.c

일반적으로 여러 개의 파일을 묶어 새로운 tar 파일을 생성 시 옵션 -c를 사용한다.

34 다음 중 미설치된 sendmail 패키지에 대한 자세한 정보를 확인하는 명령으로 알맞은 것은?

① rpm -qi sendmail
② yum -qi sendmail
③ yum list sendmail
④ yum info sendmail

yum list는 전체 패키지에 대한 정보를 나타내며, yum info는 지정된 패키지의 요약 정보를 확인한다.

35 다음 중 대용량의 파일을 백업할 때 압축 효율성이 좋은 순서의 나열로 알맞은 것은?

① .gz > .bz2 > .xz
② .bz2 > .gz > .xz
③ .xz > .gz > .bz2
④ .xz > .bz2 > .gz

• 지원되는 압축형식은 compress(tar.Z), gzip(tr.gz), bzip2(tar.bz2), xz(.tar.xz)이다.
• 압축의 효율성은 xz 〉 bzip2 〉 gzip 〉 compress 순이다.

36 다음 중 vi 편집기를 개발한 인물로 알맞은 것은?

① 빌 조이
② 리처드 스톨만
③ 브람 무레나르
④ 제임스 고슬링

vi는 빌 조이가 개발, vim은 브람 무레나르가 개발, emacs는 리처드 스톨만이 최초의 개발자이며 제임스 고슬링이 다양한 기능을 추가하였다.

37 다음중 vi 편집기의 ex 명령모드에 대한 설명으로 틀린 것은?

① w → 작업중인 내용을 저장한다
② w 파일명 → 지정한 '파일명'으로 저장한다.
③ wg → 변경된 내용을 저장하고 종료한다.
④ q → 수정된 사항이 있어도 무조건 종료한다.

q! → 수정된 사항이 있어도 무조건 종료한다.

38 vi 편집기에서 표시되고 있는 행번호를 제거할 때 사용하는 환경 설정값으로 알맞은 것은?

① set uno
② set unnu
③ set unno
④ set nonu

오답 피하기

set nu는 행번호 표시, set noun은 행번호 숨기기 기능을 가진다.

39 리눅스를 서버로 사용할 예정이라 X 윈도우를 설치하지 않은 상태이다. 다음 중 사용할 수 없는 편집기는?

① nano
② emacs
③ gedit
④ vim

gedit은 GNOME 데스크톱 환경용으로 개발된 자유 소프트웨어인 텍스트 편집기로 콘솔 환경에서는 사용하지 못한다. 그래픽 모드로 부팅된 X 윈도우에서 GUI 에디터인 gedit를 사용할 수 있다.

40 다음 중 실행 중인 emacs 편집기를 종료하는 키 조합(key stroke)으로 알맞은 것은?

① `Ctrl`+`X` 다음에 `Ctrl`+`C`
② `Ctrl`+`X` 다음에 `Ctrl`+`E`
③ `Ctrl`+`X` 다음에 `Ctrl`+`S`
④ `Ctrl`+`X` 다음에 `Ctrl`+`F`

• `Ctrl`+`X` 다음에 `Ctrl`+`S` : 편집된 내용을 저장한다.
• `Ctrl`+`X` 다음에 `Ctrl`+`F` : 새로운 파일명을 저장하고 편집한다.

41 다음 (   ) 안에 들어갈 내용으로 알맞은 것은?

```
[ihd@www ~]$ echo (      )
ko_KR.UTF-8
```

① $LANG
② $TERM
③ $PS1
④ $TMOUT

echo $LANG은 셀 사용 시 기본으로 지원되는 언어를 확인할 수 있다.

정답 36 ① 37 ④ 38 ④ 39 ③ 40 ① 41 ①

42 다음 중 시스템 전체 사용자에게 적용되는 환경변수 및 시작 관련 프로그램을 설정할 때 사용하는 파일로 가장 알맞은 것은?

① /etc/bashrc
② /etc/profile
③ ~/.bashrc
④ ~/.bash_profile

① /etc/bashrc는 시스템 전체에 적용되는 alias를 등록할 때 사용한다.
③ ~/.bashrc는 계정별 alias와 bash가 수행 시 실행되는 함수를 지역적으로 제어하는 파일이다.
④ ~/.bash_profile는 개인 사용자의 셸 환경을 제어하는 지역 설정 파일이다.

43 다음 중 프린터 설정에 관한 내용으로 틀린 것은?

① system-config-printer 명령으로 손쉽게 설정할 수 있다.
② CUPS를 사용하는 경우 로컬 연결한 프린터를 네트워크 프린터처럼 설정 가능하다.
③ 리눅스 시스템에 프린터를 직접 연결하는 경우 자동으로 관련 파일이 생성된다.
④ USB 포트에 연결하면 /dev/lp0으로 사용 가능하다.

일반적으로 병렬 포트에 연결된 파일은 /dev/lp0이고, USB 프린터는 /dev/usb/lp0이다.

44 다음 중 ls 명령어에 설정된 에일리어스(alias)를 해제하는 명령으로 알맞은 것은?

① alias ls
② alias -c ls
③ ualias ls
④ unalias ls

• alias 해제 명령어는 unalias이다.
• 해제 형식은 'unalias 별명'이다.

45 다음 중 Ctrl+\ 입력 시에 전송되는 시그널로 알맞은 것은?

① SIGINT
② SIGHUP
③ SIGQUIT
④ SIGTERM

① SIGINT : Ctrl + C 입력 시 발생
② SIGHUP : 터미널 연결이 끊어졌을 때 발생
④ SIGTERM : Kill 시스템 호출 시 발생

46 다음 중 특정 사용자가 로그인한 이후 선언한 셸 변수를 전부 확인할 때 사용하는 명령으로 알맞은 것은?

① env
② printenv
③ set
④ unset

• set은 셸 변수 확인 명령어이다.
• 셸 변수는 셸에만 적용되는 변수로 '변수명=값' 또는 'export 변수명=값'이다.

47 다음 중 프린터 큐의 작업 정보를 확인하는 명령어로 알맞은 것은?

① lp
② lpr
③ lprm
④ lpstat

① lp : 프린터 작업을 요청(SystemV계열)
② lpr : 프린터 작업을 요청(BSD 계열)
③ lprm : 프린터 큐에 대기 중인 작업을 삭제

정답 42 ② 43 ④ 44 ④ 45 ③ 46 ③ 47 ④

48 다음 중 사운드카드 사용과 관련된 프로그램으로 알맞은 것은?

① ALSA
② CUPS
③ SANE
④ LPRng

② CUPS : 애플이 개발한 오픈 소스 프린팅 시스템
③ SANE : 평판 스캐너, 핸드 스캐너, 비디오 캠 등 이미지 관련 하드웨어를 사용할 수 있도록 하는 API
④ LPRng : BSD 계열에서 사용하기 위해 개발된 초기 인쇄 시스템

2과목 리눅스 활용

49 다음 설명과 같은 경우 관련 설정을 하는 절차로 알맞은 것은?

> IP 주소가 192.168.5.13인 시스템 A의 Firefox를 IP 주소가 192.168.12.22인 시스템 B에 전송해서 실행되도록 설정하려고 한다.

① 시스템 A의 DISPLAY="192.168.5.13:0.0"로 변경한다.
② 시스템 A의 DISPLAY="192.168.12.22:0.0"로 변경한다.
③ 시스템 B의 DISPLAY="192.168.5.13:0.0"로 변경한다.
④ 시스템 B의 DISPLAY="192.168.12.22:0.0"로 변경한다.

환경변수 DISPLAY는 X 클라이언트 프로그램이 실행 시 사용한다. 사용형식은 'DISPLAY=IP주소:디스플레이번호.스크린번호'이다. 시스템 A에서 시스템 B로 Firefox 화면이 전송되기 위해서는 시스템 A에서 전송 시스템의 정보를 지정해야 한다.
즉, DISPLAY="192.168.12.22:0.0"는 시스템 A에서 시스템 B인 192.168.12.22 의 첫 번째 실행되는 X서버의 첫 번째 모니터로 전송한다.

---

50 다음은 부팅 모드를 확인하는 과정이다. X 윈도우 모드로 부팅이 될 때 ( ) 안에 들어갈 내용으로 알맞은 것은?

```
# systemctl ( ㉠ )
( ㉡ )
```

① ㉠ set-default ㉡ multi-user.target
② ㉠ set-default ㉡ graphical.target
③ ㉠ get-default ㉡ multi-user.target
④ ㉠ get-default ㉡ graphical.target

systemctl get-default은 시스템이 부팅 시 사용하는 타겟을 확인하며 systemctl set-default은 시스템 부팅 시 사용하는 타겟을 변경한다. 부팅 시 제공하는 기능의 수준을 결정하는 Runlevel 중 X 윈도우 기반의 다중 사용자 모드는 graphical.target, 텍스트 기반의 다중 사용자 모드는 multi-user.target이다.

---

51 다음 중 LibreOffice Calc 프로그램에 대한 설명으로 가장 알맞은 것은?

① 발표용 문서를 만들 때 사용한다.
② 숫자 표에서 다양한 계산을 위해 사용한다.
③ 보고서를 작성할 때 사용한다.
④ 이미지가 많이 삽입된 문서를 작성할 때 사용한다.

LibreOffice Calc은 스프레드시트이다.

정답 48 ① 49 ② 50 ④ 51 ②

52 다음 설명에 해당하는 명칭으로 알맞은 것은?

> IBM 호환 시스템을 사용하는 유닉스 계열 운영 체제를 위한 X 윈도우 프로젝트로 1992년 시작되었다.

① XFree86
② Wayland
③ X.org
④ Metacity

XFree86은 인텔 X86 계열의 유닉스 운영체제에서 동작하는 X 서버이다.

53 다음 중 촬영된 사진을 편집할 때 사용하는 프로그램으로 가장 알맞은 것은?

① LibreOffice
② ImageMagicK
③ Eog
④ Gimp

오답 피하기

① LibreOffice : 스프레드시트
② ImageMagicK : 비트맵 이미지를 보여주고, 생성 및 편집이 가능하도록 지원해 주는 프로그램 패키지
③ Eog : GNOME 데스크톱에서 제공하는 이미지 뷰어 프로그램

54 다음 중 클라우드 서비스에서 이용자의 설정이 많은 순서로 나열된 것은?

① SaaS > PaaS > IaaS
② PaaS > SaaS > IaaS
③ Iaas > PaaS > Saas
④ IaaS > SaaS > PaaS

- SaaS(Storage as a Service) : 클라우드 환경에서 동작하는 응용 프로그램 서비스
- PaaS(Platform as a Service) : 소프트웨어 서비스를 개발하기 위한 플랫폼을 제공하는 클라우드 서비스
- IaaS(Infrastructure as a Service) : 서버나 스토리지와 같은 하드웨어 자원을 임대하는 인프라를 제공 클라우드 서비스

55 다음 그림에 해당하는 기술로 가장 알맞은 것은?

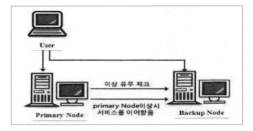

① 임베디드 시스템
② 베어울프 클러스터
③ 고가용성 클러스터
④ 부하분산 클러스터

고가용성을 보장하기 위해 일반적으로 주노드(primary node)와 백업노드(backup node)를 두어 주노드에 문제가 발생 시 백업노드가 주노드 역할을 대행함으로써 서비스가 중단되지 않도록 한다.

56 다음 중 리눅스에서 사용 가능한 가상화 기술로 틀린 것은?

① Xen
② KVM
③ Hyper-V
④ VirtualBox

Windows Server 2008부터 기본 제공되기 시작한 x64 시스템을 위한 하이퍼바이저 기반의 가상화 시스템이다. 윈도우 서버 가상화라는 이름으로도 알려져 있다.

정답 52 ① 53 ④ 54 ③ 55 ③ 56 ③

57 다음 설명에 해당하는 프로그램으로 알맞은 것은?

> 리눅스의 응용 프로그램들을 프로세스 격리 기술을 사용해 컨테이너로 실행하고 관리하는 오픈 소스 프로젝트로 2013년에 공개되었다.

① Docker
② Openstack
③ Kubernetes
④ Ansible

오답 피하기

② Openstack : Private/public 클라우드를 구축하고 관리하는 오픈소스 플랫폼
③ Kubernetes : 컨테이너를 쉽고 빠르게 배포/확장하고 관리를 자동화해주는 오픈소스 플랫폼
④ Ansible : 여러 개의 서버를 효율적으로 관리하기 위해 고안된 환경 구성 자동화 도구

58 다음 설명에 해당하는 플랫폼으로 알맞은 것은?

> 2009년 2월에 BMW, 델파이, GM, 인텔, 윈드 리버 등이 설립하여 만든 조직에서 리눅스 커널 기반의 표준화된 자동차용 IVI(In-Vehicle Infotainment)를 위해 만든 플랫폼이다.

① MeeGo IVI
② Tizen IVI
③ GENIVI
④ Android IVI

GENIVI는 차량 인포테인먼트(IVI In-Vehicle Infotainment) Open Source 개발과 규격을 위한 비영리 협의체이다.

59 다음 중 OSI 7계층 모델을 하위 계층부터 나열한 순서로 알맞은 것은?

① 네트워크 → 데이터링크 → 전송 → 세션 → 응용 → 표현 → 물리
② 물리 → 네트워크 → 데이터링크 → 전송 → 세션 → 표현 → 응용
③ 응용 → 데이터링크 → 네트워크 → 전송 → 세션 → 표현 → 물리
④ 물리 → 데이터링크 → 네트워크 → 전송 → 세션 → 표현 → 응용

OSI 7계층 모델에서 최상위는 응용 계층이고, 최하위는 물리 계층이다.

60 다음 중 OSI 7계층 모델에서 전송 계층의 데이터 전송 단위로 알맞은 것은?

① frame
② segment
③ socket
④ bit

5, 6, 7계층의 데이터전송단위는 메시지(message), 4계층은 세그먼트(segment), 3계층은 패킷(packet), 2계층은 프레임(frame), 1계층은 비트(bit)이다.

61 ssh 명령어를 이용해 IP주소가 192.168.12.22인 ssh 서버에 접속하려는데, 포트 번호가 8080번으로 변경되었다. 다음 중 해당 서버에 접속하는 방법으로 알맞은 것은?

① ssh 192.168.12.22 8080
② ssh 192.168.12.22:8080
③ ssh 192.168.12.22 - P 8080
④ ssh 192.168.12.22 -p 8080

접속 형식은 'ssh [서버IP주소|도메인명] [옵션]' 또는 'ssh [계정자명@서버IP주소]' 이며 옵션 -p는 원격 호스트에 있는 연결할 포트를 설정해 준다.

정답 57 ① 58 ③ 59 ④ 60 ② 61 ④

62 다음 중 전자 메일과 가장 관련 있는 프로토콜로 알맞은 것은?

① SSH
② SNMP
③ SMTP
④ SMB

① SSH : 원격 호스트에 접속하기 위해 사용되는 보안 프로토콜
② SNMP : UDP/IP를 사용하여 이더넷 연결을 통해 네트워크 관리 작업을 수행하는 응용 계층 프로토콜
④ SMB : 파일/프린터 공유 프로토콜

63 다음 중 UDP 프로토콜과 가장 관련 있는 서비스로 알맞은 것은?

① TELNET
② SMTP
③ DNS
④ HTTP

TELNET, SMTP, HTTP는 TCP 기반의 프로토콜이다. DNS는 UDP 기반으로 운영되지만 DNS 응답 메시지가 512바이트보다 크면 TCP로 전송된다.

64 다음 중 FTP 서비스에서 사용하는 포트 번호에 대한 설명으로 알맞은 것은?

① FTP 서비스는 20번 포트를 사용해서 데이터 전송 및 제어를 관리한다.
② FTP 서비스는 21번 포트를 사용해서 전송 및 제어를 관리한다.
③ FTP 서비스는 20번 포트로 데이터를 전송하고, 21번 포트로 제어한다.
④ FTP 서비스는 20번 포트로 제어하고, 21번 포트로 데이터를 전송한다.

FTP는 FTP는 20,21 번 포트를 사용한다. FTP 클라이언트가 21번을 통해서 FTP서버에 접속을 하면 제어와 관련된 세션이 열린다. 다음으로 데이터를 전송하기 위해서 거꾸로 FTP서버에서 FTP client로 서버의 20번 포트를 사용하여 클라이언트에 접속하게 된다.

65 다음중 OSI 계층 기준으로 가장 낮은 계층에서 지원하는 장치로 알맞은 것은?

① Gateway
② Repeater
③ Bridge
④ Router

Repeater : 1계층 장비

① Gateway : 3계층 장비
③ Bridge : 2계층 장비
④ Router : 3계층 장비

66 다음 그림에 해당하는 네트워크 케이블로 알맞은 것은?

① STP
② UTP
③ BNC
④ 광케이블

BNC는 동축 커넥터로 동축 케이블과 장치의 입출력단에 장착해서 사용한다.

정답 62 ③ 63 ③ 64 ③ 65 ② 66 ③

67 다음 중 프로토콜 제정기관과 관련 업무의 조합으로 알맞은 것은?

> • 관련 기관
> ⓣ IEEE
> ⓛ ISO
> ⓔ EIA
> • 업무
> Ⓐ LAN 관련 표준
> Ⓑ LAN 케이블 관련 표준
> Ⓒ OSI 7계층

① ⓣ – Ⓒ
② ⓛ – Ⓐ
③ ⓣ – Ⓑ
④ ⓔ – Ⓑ

- IEEE(Institute of Electrical and Electronics Engineers) : 전기 전자 기술자 협회
- ISO(International Organization for Standardization) : 국제 표준화 기구
- EIA(Electronic Industries Alliance) : 미국 전자 산업 협회

68 다음 설명에 해당하는 명칭으로 알맞은 것은?

> • 각 기기들이 48비트 길이의 고유한 MAC 주소를 기반으로 상호간의 데이터를 주고받을 수 있도록 만들어졌다.
> • BNC, UTP 등의 케이블이 사용되고, 허브, 스위치 등의 장치를 이용한다.

① Token Ring
② FDDI
③ X.25
④ Ethernet

Ethernet LAN은 MAC 주소를 기반으로 하며 동축케이블 또는 UTP 케이블로 호스트과 네트워크 장비들을 연결한다.

69 다음 설명에 해당하는 LAN 구성 방식으로 알맞은 것은?

> 장애 발생 시에도 다른 시스템에 영향이 적고, 우회할 수 있는 방법이 존재하여 신뢰성이 높다. 단점으로 설치 비용이 많이 들고, 운영이 어렵다. 또한 장애 발생 시에 고장 지점을 찾기가 쉽지 않다.

① 망(Mesh)형
② 링(Ring)형
③ 버스(Bus)형
④ 스타(Star)형

오답 피하기

② 링(Ring)형 : 노드의 추가 및 삭제가 용이하지 않으나 네트워크 전송상 충돌이 없고 노드 숫자가 증가하더라도 망 성능의 저하가 적은 고속 네트워크로 네트워크 환경이 자주 바뀌지 않는 경우에 구성하는 것이 좋다.
③ 버스(Bus)형 : 확장성이 용이하나 문제가 발생한 노드의 위치를 파악하기가 어렵다.
④ 스타(Star)형 : 중앙 컴퓨터가 고장나면 전체 네트워크 사용이 불가능하다.

70 다음 설명과 같은 경우에 사용가능한 IP 주소의 개수로 알맞은 것은?

> C 클래스 네트워크 주소 대역 1개를 할당받은 상태이고, 여러 부서가 존재하는 관계로 서브넷 마스크 값은 255.255.255.192로 설정할 예정이다. 또한 인터넷 사용 없이 내부 통신망용으로 구축할 예정이다.

① 252
② 250
③ 248
④ 244

C 클래스의 분할된 서브넷 마스크는 255.255.255.192이므로 서브넷 ID 비트수는 2개, 호스트 ID 비트수는 6개이므로 ∴ 생성되는 서브넷 개수 2^2=4, 서브넷당 들어가는 호스트 수 2^6-2 = 62이므로 4개 그룹에 사용 가능한 IP는 개수는 4(그룹) *62(그룹당 사용가능한 IP개수)이므로 248개이다.

71 다음 조건일 때 설정되는 게이트웨이 주소 값으로 가장 알맞은 것은?

> • IP 주소 : 192.168.5.66
> • 서브넷 마스크값 : 255.255.255.192

① 192.168.5.126
② 192.168.5.127
③ 192.168.5.128
④ 192.168.5.129

해당 컴퓨터는 192.168.5.64 대역대에 포함되어 있으며 브로드캐스트 주소는 192.168.127이다. 따라서 해당 대역대에서 사용 가능한 IP 주소는 192.168.1.65~126이므로 해당 숫자 중에 하나를 게이트웨이 주소로 사용할 수 있다.

72 다음 중 루프백(Loopback) 네트워크가 속해 있는 IPv4의 클래스로 알맞은 것은?

① A 클래스
② B 클래스
③ C 클래스
④ D 클래스

A class의 주소들의 공통점은 첫 번째 옥텟의 최상위 비트가 0이다. 10진수로는 0~127이다. 루프백 주소는 127으로 시작되므로 A class에 포함된다.

73 다음 설명에 해당하는 파일명으로 알맞은 것은?

> kait라고 입력하면 ihd.or.kr 도메인이 자동으로 덧붙여지도록 특정 도메인을 등록해서 이름 호출 시 단축하려고 한다. 예를 들면 kait를 호출하면 kait.ihd.or.kr로 접속되도록 한다.

① /etc/hosts
② /etc/resolv.conf
③ /etc/sysconfig/network
④ /etc/sysconfig/network-scripts

① /etc/hosts : 호스트 이름과 IP 주소를 매핑하는 파일
③ /etc/sysconfig/network : 시스템 전체에 대한 기본 게이트웨이 주소 설정과 호스트네임, 네트워킹 연결 허용 여부를 설정
④ /etc/sysconfig/network-scripts : 리눅스 이더넷 카드 설정 파일

74 다음 정보를 확인할 수 있는 파일로 알맞은 것은?

> nameserver 168.126.63.1

① /etc/hosts
② /etc/named.conf
③ /etc/resolv.conf
④ /etc/sysconfig/network

/etc/resolv.conf는 DNS 서버를 지정하는 설정 파일이다.

75 다음 설명에 해당하는 네트워크 종류로 알맞은 것은?

> • 국가, 대륙 등과 같은 넓은 지역을 연결하는 네트워크이다.
> • 거리상의 제약이 없지만, 다양한 경로를 경유해서 도달하므로 속도가 느리고 전송 에러율도 높은 편이다.

① LAN   ② MAN
③ X.25   ④ WAN

① LAN : 빌딩 내 혹은 근접한 거리의 빌딩들로 제한된 지역에 설치된 기기들을 연결한다.
② MAN : LAN보다는 큰 규모, WAN보다는 지리적으로 작은 규모의 자원들을 연결한다.
③ X.25 : 두 단말장치가 패킷 교환망을 통해 패킷을 원활히 전달하기 위한 통신 절차이다.

정답 71 ① 72 ① 73 ② 74 ③ 75 ④

76 다음 설명에 해당하는 netstat 명령의 상태 값 (State)으로 알맞은 것은?

> 3Way-Handshaking이 완료된 후 서버와 클라이언트가 서로 연결된 상태이다.

① SYN_RECV
② LISTEN
③ ESTABLISHED
④ SYS_SENT

아래 그림은 TCP의 3-way handshaking 과정을 나타낸 것이다.

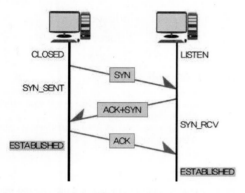

77 다음 (   ) 안에 들어갈 내용으로 알맞은 것은?

> 삼바는 리눅스를 비롯한 유닉스 계열 운영체제와 윈도우 운영체제 간의 자료 및 하드웨어를 공유하게 해준다. 초기에는 (㉠) 프로토콜을 사용했으나 현재는 (㉡) 프로토콜로 확정되었다.

① ㉠ SMB   ㉡ CIFS
② ㉠ SMB   ㉡ NFS
③ ㉠ CIFS   ㉡ SMB
④ ㉠ NFS   ㉡ CIFS

SAMBA는 Windows 운영체제를 사용하는 PC에서 Linux 서버에 접속하여 파일이나 프린터를 공유하는 서비스로 SMB 또는 CIFS 프로토콜을 이용한다.

78 다음 중 프로토콜과 포트번호 조합으로 틀린 것은?

① POP3 - 110
② IMAP - 143
③ TELNET - 23
④ SNMP - 151

SNMP(Simple Network Management Protocol)는 네트워크 관리 작업을 수행하는 응용 계층 프로토콜로 UDP 161번과 162번 포트를 사용한다.

79 다음 중 패킷 교환 방식에 대한 설명으로 틀린 것은?

① 전송 대역폭이 동적이다.
② 패킷마다 오버헤드 비트는 존재하지 않는다.
③ 이론상 호스트의 무제한 수용이 가능하다.
④ 모든 데이터가 같은 경로로 전송되지 않을 수도 있다.

패킷 교환은 송수신지 간의 콜 설정(call setup)에 대한 오버헤드가 존재한다는 단점이 있다.

80 다음 중 MAN을 위한 국제 표준 규격인 IEEE 802.6로 정의된 프로토콜은?

① DQDB
② X.25
③ FDDI
④ Frame Relay

DQDB(Distributed Queue Dual Bus)는 고속 방송망이며, 도시와 같은 공중영역(MAN) 또는 한 기관에서 LAN을 상호 연결하기 위해 개발된 것으로 1990년 IEEE 802.6으로 표준화되었다. 즉, IEEE 802 위원회에서는 MAN용 표준으로 DQDB 방식으로 채택하였다.

2급 2차	소요 시간	문항 수
	총 100분	총 80문항

수험번호 : _____

성   명 : _____

리눅스 운영 및 관리

01 다음 중 설정된 umask의 값이 0022일 때 생성되는 파일의 허가권 값으로 알맞은 것은?

① rw-r--r--
② rw-rw-r--
③ rwxr-xr-x
④ rwxrwxr-x

파일의 기본 권한은 666이므로 umask가 0022일 때 파일 허가권은 0666-0022=0644이다. 따라서 생성되는 파일 허가권은 rw-r--r-- 이다.

02 다음 중 삼바 파일 시스템을 마운트 할 때 지정하는 유형 값으로 알맞은 것은?

① nfs
② udf
③ cifs
④ iso9660

오답 피하기
① nfs : Network File system의 약자로 네트워크상에서 파일 시스템을 공유하도록 설계된 파일 시스템
② udf : 광 디스크의 파일 저장을 위한 파일 시스템의 포맷 규격
④ iso9660 : 국제 표준화 기구(ISO)에서 제정한 CD-ROM 매체를 위한 파일 시스템 표준

03 다음 중 ihduser 사용자의 홈 디렉터리 총 사용량을 단위를 붙여서 출력하는 명령으로 알맞은 것은?

① df -hT ~ihduser
② df -sh ~ihduser
③ du -hT ~ihduser
④ du -sh ~ihduser

• du는 disk usage의 약자로 현재 디렉터리 혹은 지정한 디렉터리의 사용량을 확인하는 명령어이다.
• du의 -s는 선택한 디렉터리의 용량을 표시하며, -h는 디스크 용량을 읽기 편한 단위로 나타낸다.

04 다음 중 사용자에 대한 쿼터를 설정할 때 사용하는 명령으로 알맞은 것은?

① quotaq   ② edquota
③ repquotaq   ④ quotacheck

오답 피하기
① quota : 파일 시스템마다 사용자나 그룹이 생성할 수 있는 파일의 용량과 개수를 제한
③ repquota : 사용자별 현재 사용량을 확인할 수 있는 명령
④ quotacheck : 파일 시스템에서 쿼터 관련 체크를 하는 명령

05 다음 중 리눅스에서 사용 가능한 파일 시스템을 생성하는 명령으로 틀린 것은?

① mke2fs /dev/sdb1
② mke2fs -j /dev/sdb
③ mke2fs -t ext4 /dev/sdb1
④ mke2fs -j ext4 /dev/sdb1

• mke2fs는 ext2 이상 파일 시스템을 생성한다. 형식은 mke2fs [옵션] [대상 디바이스]이다.
• 옵션 -j는 저널링 파일 시스템인 ext3를 만든다.

정답 01 ① 02 ③ 03 ④ 04 ② 05 ④

06 다음 중 aquota.user와 같은 쿼터 기록 파일을 생성하는 명령으로 알맞은 것은?

① edquota
② setquota
③ repquota
④ quotacheck

① edquota : 쿼터(할당량)를 설정하는 명령
② setquota : 파일 시스템에서 지정된 사용자 이름, 그룹 또는 파일 세트에 대해 지정된 inode의 수와 디스크 공간의 크기를 설정
③ repquota : 사용자별 현재 사용량을 확인할 수 있는 명령

07 다음 명령을 실행했을 경우 /project 디렉터리의 허가권 값으로 알맞은 것은?

```
[root@www ~]# ls -ld /project
drwxrwx---. 2 root project 4096 2019-
04-13 07:44 /project
[root@www ~]# chmod o+t /project
```

① drwxrwx--t
② drwxrwx--T
③ drwxrws--t
④ drwxrws--T

chmod o+t는 그 외 사용자(other) 그룹에 설정된 기존 권한에 t(sticky-bit)를 설정한 것이다. 기존 설정에 실행 권한이 없으므로 대문자 T가 설정된다.

08 다음 조건에 해당하는 명령으로 알맞은 것은?

> ihduser 사용자의 홈 디렉터리를 포함한 모든 파일이나 디렉터리의 그룹 소유권을 ihd로 변경한다.

① chgrp -r ihd ihduser
② chgrp -R ihd ihduser
③ chgrp -r ihd ~ihduser
④ chgrp -R ihd ~ihduser

옵션 -R은 하위 디렉터리에 있는 모든 디렉터리와 파일의 그룹을 변경한다.

09 다음 중 /home 영역을 다시 마운트 하는 명령으로 알맞은 것은?

① mount -o re /home
② mount -t re /home
③ mount -o remount /home
④ mount -t remount /home

- 명령어 mount [option] [device] [directory]에서 -o는 다른 옵션들을 명시할 수 있다.
- -o ro는 읽기 전용, -o remount는 다시 마운트, -o loop는 iso 파일 마운트를 나타낸다.

10 다음 중 생성할 수 있는 파일의 크기가 가장 큰 파일 시스템으로 알맞은 것은?

① XFS
② ext2
③ ext3
④ ext4

XFS : 900TB(64Bit OS)

② ext2 : 2TB
③ ext3 : 2TB
④ ext4 : 16TB

11 다음 중 사용자가 로그아웃할 때 실행할 명령을 등록하는 파일로 알맞은 것은?

① ~/.bash_profile
② ~/.bash_logout
③ ~/.bashrc_logout
④ ~/.bash_exit

① ~/.bash_profile : 환경변수와 bash가 수행될 때 실행되는 프로그램을 제어하는 지역적인 시스템 설정과 관련된 파일
③ ~/.bashrc_logout : 사용자가 로그아웃하기 바로 직전에 실행하는 프로그램에 관한 bash의 지역적인 시스템 설정과 관련된 파일
④ ~/.bash_exit : 세션이 끝날 때 실행할 사용자 스크립트

정답 06 ④ 07 ② 08 ④ 09 ③ 10 ① 11 ②

12 다음 중 최근에 실행한 명령어 10개를 확인하는 명령으로 알맞은 것은?

① !10

② ! 10

③ ! −10

④ history 10

'history n'은 최근에 사용했던 n개의 명령어만 출력한다.

13 다음 중 가장 먼저 개발된 셸로 알맞은 것은?

① 본셸

② 배시셸

③ C셸

④ 콘셸

----

① 본셸(1979년에 개발) → ③ C셸(1981년에 개발) → ④ 콘셸(1986년에 개발) → ② 배시셸(1989년에 개발)

14 다음 중 리눅스의 표준 셸로 알맞은 것은?

① csh

② ksh

③ bash

④ tcsh

----

bash는 1989년 발표되어 GNU 운영체제와 리눅스, 맥 OS X 그리고 다윈 등 운영체제의 기본 셸로 탑재되어 광범위하게 배포되었다.

15 다음 (   ) 안에 들어갈 파일명으로 알맞은 것은?

```
$ cat (        )
/bin/sh
/bin/bash
/sbin/nologin
/bin/dash
/bin/tch
/bin/csh
```

① /etc/profile

② /etc/bashrc

③ /etc/chsh

④ /etc/shells

/etc/shells는 현재 시스템에서 사용 가능한 셸 종류를 확인할 수 있다.

16 다음 중 ihduser 사용자가 로그인 직후에 부여 받은 셸을 확인하는 방법으로 틀린 것은?

① echo $SHELL

② grep ihduser /etc/passwd

③ env | grep SHELL

④ chsh −l

----

chsh −l은 /etc/shells의 파일 내용과 동일한 내용을 출력한다.

17 다음 작업에 해당하는 명령으로 알맞은 것은?

```
[ihduser@www ~]$
Changing shell for ihduser.
Password:
New shell [/bin/bash]: /bin/csh
Shell changed.
[ihduser@www ~]$
```

① chfn
② chsh
③ chmod
④ usermod

명령어 chsh는 일반 사용자 환경에서 셸 변경 시 사용한다.

18 다음 중 standalone 방식과 inetd 방식에 대한 비교 설명으로 알맞은 것은?

① inetd 방식이 standalone 방식보다 메모리 관리가 더 효율적이다.
② inetd 방식이 standalone 방식보다 관련 서비스 처리가 빠르다.
③ 웹과 같은 빈번한 요청이 들어오는 서비스는 inetd 방식이 적합하다.
④ 사용자가 많은 서비스는 standalone 방식보다 inetd 방식이 적합하다.

오답 피하기
② inetd 방식이 standalone 방식보다 관련 서비스 처리가 느리다.
③ 웹과 같은 빈번한 요청이 들어오는 서비스는 standalone 방식이 적합하다.
④ 사용자가 많은 서비스는 inetd 방식보다 standalone 방식이 적합하다.

19 다음 중 셸 사용 시 기본으로 지원되는 언어를 한글에서 영문으로 변경할 때 사용하는 명령으로 알맞은 것은?

① TERM=C
② LANG=C
③ PS1=C
④ PS2=C

오답 피하기
TERM은 터미널 종류를 나타내는 환경변수이며, PS1과 PS2는 프롬프트 변경을 위한 환경변수이다.

20 다음 중 일반 사용자가 등록한 cron 작업 관련 파일이 저장되는 디렉터리로 알맞은 것은?

① /etc/cron
② /etc/cron.d
③ /etc/crontab
④ /var/spool/cron

오답 피하기
① /etc/cron : 일정 주기별로 특정 동작을 수행시켜 주는 명령어이다.
② /etc/cron.d : /etc/cron.d 디렉터리의 두 파일 cron.deny 및 cron.allow를 사용하여 crontab 명령에 대한 액세스를 제어할 수 있다.
③ /etc/crontab : 특정 시간에 특정 프로그램을 주기적으로 실행시켜 주는 명령어이다.

21 다음 조건으로 cron을 이용해서 일정을 등록할 때 알맞은 것은?

> 매주 월요일 오전 10시에 점검 스크립트인 /etc/check.sh가 실행되도록 설정한다.

① 10 0 1 * * /etc/check.sh
② 0 10 1 * * /etc/check.sh
③ 10 0 * * 1 /etc/check.sh
④ 0 10 * * 1 /etc/check.sh

명령어 cron의 항목 순서는 '분(0~59) 시(0~23) 일(1~31) 월(1~12) 요일(0~6) 파일명'이다. 이때 월요일이 1인 것에 유의해야 한다.

정답 17 ② 18 ① 19 ② 20 ④ 21 ④

22 다음 중 ps 명령으로 동작 중인 데몬을 확인할 때 사용하는 옵션으로 알맞은 것은?

① a
② d
③ u
④ x

옵션 x는 로그인 상태에 있는 동안 아직 완료되지 않은 프로세스를 보여준다. 유닉스 시스템은 사용자가 로그아웃하고 난 후에도 임의의 프로세스가 계속 동작할 수 있다. −x는 자신의 터미널이 없는 프로세스를 확인할 수 있다

23 ps 명령의 상태 코드 중 작업은 종료되었으나 부모 프로세스로부터 회수되지 않았을 때 나타나는 상태 코드 값으로 알맞은 것은?

① T
② W
③ X
④ Z

• 프로세스에는 6가지의 상태가 있다. R(Running), S(Sleeping), Z(Zombie), T(Terminated), W(Waiting), I(Intermediated)이다.
• Z는 좀비 프로세스이며 이것은 작업은 종료되었으나 부모 프로세스로부터 회수되지 않아 메모리를 차지하고 있는 정지(stopped) 상태이다.

24 다음 중 실행 중인 프로세스들의 CPU 사용률을 실시간으로 확인할 때 사용하는 명령으로 알맞은 것은?

① top
② nice
③ jobs
④ renice

---

② nice : 프로세스 사이의 우선순위를 확인하고 변경할 수 있는 명령어
③ jobs : 작업이 중지된 상태, 백그라운드 진행 중인 상태, 변경되었지만 보고되지 않는 상태 표시
④ renice : 이미 실행 중인 프로세스의 우선순위를 변경

25 다음 중 kill 명령 실행 시에 기본적으로 전송되는 시그널 번호로 알맞은 것은?

① 1
② 3
③ 9
④ 15

---

① 1 : 로그아웃과 같이 터미널에서 접속이 끊겼을 때 보내지는 시그널 번호
② 3 : 키보드로부터 오는 실행 중지 시그널 번호
③ 9 : 프로세스를 강제로 종료시키는 시그널 번호

26 다음 중 프로세스 증가 없이 우선순위를 조정할때 사용하는 명령으로 알맞은 것은?

① nice
② cron
③ nohup
④ renice

---

① nice : 프로세스 사이의 우선순위를 확인하고 우선순위를 변경하는 명령어
② cron : 주기적으로 반복되는 일을 자동으로 실행
③ nohup : 프로세스가 중단되지 않고 백그라운드로 작업을 수행

27 다음 중 프로세스의 우선순위 변경을 위해 할당할 수 있는 NI값으로 틀린 것은?

① 20
② 0
③ 1
④ −20

조정할 수 있는 NI 값의 범위는 −20(가장 높은 우선권) ~ 19(가장 낮은 우선권)이다.

22 ④ 23 ④ 24 ① 25 ④ 26 ④ 27 ①

28 다음 중 지정된 시간에 작업을 예약할 때 사용하는 프로그램의 조합으로 알맞은 것은?

① at, inetd
② cron, inetd
③ cron, at
④ cron, standalone

cron은 주기적으로 반복되는 일을 자동적으로 실행할 수 있도록 설정하며, at은 일회성 작업을 예약한다.

29 다음 중 특징에 따른 에디터의 종류로 알맞은 것은?

① 문법 강조 기능 – vim, pico
② GUI 기반 에디터 – vi, gedit
③ 자동 들여쓰기 기능 – nano, vi
④ GPL 라이선스 – pico, nano

오답 피하기
① 문법 강조 기능 – vim, nano
② GUI 기반 에디터 – gedit
④ GPL 라이선스 – nano

30 다음에서 설명하는 에디터의 종류로 알맞은 것은?

- 워싱턴 대학에서 개발한 유닉스용 텍스트 에디터이다.
- 윈도우의 메모장처럼 간편하게 사용하도록 개발되었다.
- 2005년 개발이 중단되어 현재 리눅스 배포판에는 설치되지 않는다.

① vi
② pico
③ nano
④ emacs

pico는 워싱턴대학에서 만든 유닉스용 편집기로 간단하고 메뉴 선택 방식의 텍스트 편집기이다. 그러나 많은 linux 배포판에서는 PICO를 제공하지 않고 있다. 대신 nano(nano's another editor)라 불리는 pico의 복제품이 open source로 제공되고 있다.

31 다음 중 (   ) 안에 들어갈 내용으로 알맞은 것은?

최근에 리눅스 배포판에 사용되는 GNU emacs는 리처드 스톨만이 'emacs (   )'(이)라 하는 (   )에 기반을 두는 환경 설정 언어를 가지고 처음부터 다시 만든 버전이다.

① C
② LISP
③ HTML
④ FORTEAN

emacs의 최초의 개발자는 리처드 스톨만이며, 이후 제임스 고슬링이 LISP 언어를 기반하여 emacs의 다양한 기능을 개발하여 추가되었다.

32 vi 에디터의 치환 기능을 이용하여 kait.txt 파일 내 문자열을 치환하려고 한다. 다음 중 vi에서 수행한 치환 명령으로 알맞은 것은?

```
[ihd@www ~]$ cat kait.txt
ihd
ihd_linux
ihd_linux2

「vi로 치환 수행」

[ihd@www ~]$ cat kait.txt
linux
ihd_linux
ihd_linux2
```

① 1,$s/ihd/linux
② 1,$s/ihd/linux/g
③ %s/〈ihd〉/linux
④ %s/￦〈ihd￦〉/linux/g

- 문제의 보기는 행의 첫 부분의 ihd를 linux로 변경하는 것이다.
- vi의 문자열 치환 구조는 '[범위]s /[매칭문자열]/[치환문자열]/[옵션]'이다.
- %s는 행에서 치환, ^은 문자의 시작 부분을 표시, 옵션 g는 한 줄 내 모든 패턴을 변경한다.

정답 28 ③ 29 ③ 30 ② 31 ② 32 ④

33 다음 중 ihd.txt 파일을 열면서 커서를 2번째 줄로 위치시키는 명령으로 알맞은 것은?

① # vi + ihd.txt
② # vi −2 ihd.txt
③ # vi +2 ihd.txt
④ # vi − c "set nu" 2 ihd.txt

[명령어] vi [+숫자] [파일] : 파일을 열면서 커서를 지정된 숫자 줄에 위치시킨다.

34 vi 에디터 사용 중 아래와 같은 결과물이 출력되었다. 다음 중 아래와 같은 결과물을 출력하기 위한 명령으로 알맞은 것은?

```
~
~
!       ihd        www.ihd.co.kr
!       kait       www.kait.or.kr
Press ENTER or type command to continue
```

① :ab
② :set
③ :map
④ :set all

명령어 ab는 약어 설정 기능으로, 자주 입력되는 단어를 약어로 설정한다.

오답 피하기

② :set : 주요 환경변수를 표시
③ :map : 특정한 키에 특정한 기능을 하도록 설정
④ :set all : 설정되어 있는 모든 환경변수와 값을 표시

35 다음 중 소스 설치 과정에서 configure 작업으로 생성된 다양한 파일을 제거할 때 사용하는 명령으로 알맞은 것은?

① make clear   ② make clean
③ make remove   ④ make uninstall

오답 피하기

④ 명령어 make uninstall은 make install로 설치한 파일을 제거한다.

36 다음 설명에 해당하는 명령으로 알맞은 것은?

> 타겟(target)과 의존성(dependencies) 관련 작업을 수행한 후에 최종적으로 실행 파일을 만든다.

① configure
② make
③ make target
④ make install

make는 소프트웨어를 컴파일하는 유틸리티로 configure에 의해 변경된 내용을 반영하고 타겟과 의존성 관련 작업 후 실행 파일을 만든다.

37 다음 중 cron 패키지를 환경 설정 파일을 포함해서 전부 제거할 때 사용하는 명령으로 알맞은 것은?

① dpkg −c cron
② dpkg −d cron
③ dpkg −r cron
④ dpkg −P cron

dpkg −P는 패키지와 함께 설정 파일까지 모두 삭제하는 반면 −r은 설치된 패키지만 삭제한다.

38 다음 중 수세(SUSE) 리눅스에서 사용하는 패키지 관리 기법의 조합으로 알맞은 것은?

① yaST, yum
② yaST, zypper
③ rpm, yum
④ yaST, apt

YaST와 Zypper는 openSUSE 및 SUSE Linux Enterprise를 위한 PackageKit 구현을 지원하는 패키지 관리자 엔진이다.

정답 33 ③ 34 ① 35 ② 36 ② 37 ④ 38 ②

39 다음 중 저장소(repository) 기반 패키지 관리 기법으로 틀린 것은?

① yaST
② yum
③ zypper
④ apt-get

yaST는 SUSE Linux의 관리 도구로 오픈수세 등의 OS 설정 및 구성을 관리한다.

40 다음 중 gzip으로 압축된 텍스트 파일의 내용을 확인하는 명령으로 알맞은 것은?

① gcat
② zcat
③ lzcat
④ ypcat

zcat 명령은 gzip이나 compress같은 압축 파일의 내용을 볼 수 있다. 이는 guznip -c 옵션과 동일하다.

41 다음 중 yum 관련 작업 이력을 출력하는 명령으로 알맞은 것은?

① yum list
② yum check
③ yum check-list
④ yum history

오답 피하기

① yum list : 전체 패키지에 대한 정보를 출력한다.
② yum check : 현재 설치된 패키지에 문제가 있는지 검사한다.
③ yum check-list : 이와 같은 명령어는 없으며, yum check-update로 업데이트가 설치된 패키지에 적용할 수 있는지에 대한 여부를 확인할 수 있다.

42 다음 중 소스 파일 설치와 관련된 명령으로 틀린 것은?

① make
② cmake
③ Makefile
④ configure

소스 파일을 설치하는 과정은 configure → make → make install이다. cmake는 소스 컴파일 시 사용되는 make의 대체 프로그램이다.

43 다음 중 ( ) 안에 들어갈 내용으로 알맞은 것은?

CUPS는 (㉠) 기반의 (㉡)을(를) 사용하고, (㉢) 프로토콜도 부분적으로 지원한다. 관련 명령어도 (㉣)와(과) (㉤) 계열 모두 사용 가능하고, 사용자 및 호스트 기반의 인증을 제공한다.

① ㉠ : HTTP　㉡ : IPP　㉢ : SMB
　㉣ : BSD　㉤ : System V
② ㉠ : HTTP　㉡ : NFS　㉢ : CIFS
　㉣ : Linux　㉤ : Windows
③ ㉠ : RFC 1179　㉡ : IPP　㉢ : SMB
　㉣ : BSD　㉤ : System V
④ ㉠ : RFC 1179　㉡ : NFS　㉢ : CIFS
　㉣ : Linux　㉤ : Windows

CUPS(Common Unix Printing System)는 애플이 개발한 오픈 소스 프린팅 시스템으로 유닉스 계열 운영체제의 시스템을 프린터 서버로 사용 가능하게 해준다.

44 다음 중 ( ) 안에 들어갈 내용으로 틀린 것은?

리눅스에서 프린트 관련 명령어는 BSD 계열과 System V 계열 명령어로 나눌 수 있다. BSD 계열 명령어에는 (㉠) 등이 있고, System V 계열 명령어에는 (㉡) 등이 있다.

① ㉠ lpr　㉡ lp
② ㉠ lpc　㉡ lprm
③ ㉠ lpr　㉡ lpstat
④ ㉠ lpc　㉡ cancel

BSD 계열 명령어에는 lpr, lpq, lprm, lpc 등이 있고, System V 계열 명령어에는 lp, lpstat, cancel 등이 있다.

정답　39 ①　40 ②　41 ④　42 ③　43 ①　44 ②

45 scanimage 명령어를 사용하여 이미지를 스캔하려고 한다. 다음 중 기본으로 적용되는 이미지 형식으로 알맞은 것은?

① tiff
② jpg
③ psd
④ pnm

명령어 scanimage에서 이미지 형식을 지정하는 옵션 --format으로 pnm과 tiff를 지정할 수 있다. 만약 이 옵션을 사용하지 않으면 pnm 형식으로 적용된다.

46 다음 중 사운드 카드를 제어하는 명령어인 alsactl의 옵션에 대한 설명으로 틀린 것은?

① -E : 환경변수를 설정한다.
② -f : 환경 설정 파일을 지정한다.
③ -i : init을 위한 설정 파일을 지정한다.
④ -p : restore와 init 에러를 지정한 파일에 저장한다.

- alsactl은 ALSA 사운드 카드를 제어하는 명령어이다. 명령어 형식은 alsactl [옵션][명령어]이다.
- alsactl store는 사운드 카드에 대한 정보를 환경 설정하거나 alsactl restore로 환경 설정 파일로부터 선택된 사운드 카드 정보를 다시 읽어온다.

47 다음에서 설명하는 주변 장치 인터페이스로 알맞은 것은?

- 1992년에 Hannu Savolainen에 의해 개발
- 2007년 7월에 Linux의 GPL 기반 라이선스로 소스를 공개
- 2008년 4월에 BSD 라이선스 기반으로 소스를 추가로 공개

① OSS
② SANE
③ ALSA
④ CUPS

오답 피하기

② SANE : 평판 스캐너, 핸드 스캐너, 비디오 캠 등 이미지 관련 하드웨어를 사용할 수 있도록 하는 API이다.
③ ALSA : 사운드 카드 장치 드라이버를 제공하기 위한 리눅스 커널 요소이다.
④ CUPS : 애플이 개발한 오픈 소스 프린팅 시스템이다.

48 다음 중 XSANE 스캐너 프로그램 개발 시 기반이 된 라이브러리로 알맞은 것은?

① Xt
② Qt
③ GDK+
④ GTK+

XSANE는 GTK+라이브러리를 기반으로 만들어진 Xwindow 스캐너 프로그램이다.

오답 피하기

① Xt : 고급 레벨의 GUI 생성 시 사용
② Qt : KDE(K Desktop Environment) 생성 시 사용하는 주요 라이브러리
③ GDK+ : GDK+(GTK+ Drawing Kit)는 XLib를 구성하는 라이브러리로 2차원의 간단한 선, 호, 사각형, 아이콘, 폰트 생성 등의 그래픽 지원 기능을 지원

49 다음 그림에 해당하는 프로그램으로 알맞은 것은?

① eog
② Totem
③ Okular
④ ImageMagicK

eog는 GNOME 데스크톱에서 제공하는 이미지 뷰어 프로그램이다.

50 다음 중 GNOME과 가장 관련 있는 라이브러리로 알맞은 것은?

① Qt
② GTK+
③ Mutter
④ Metacity

GNOME(GNU Network Object model Environment)은 GTK+ 라이브러리를 사용하여 개발하였다.

 오답 피하기

Qt는 KDE 관련 라이브러리다. GNOME2에는 metacity 윈도 매니저, GNOME3에는 Mutter(GNOME Shell) 윈도우 매니저를 사용한다.

51 다음 중 이미지 편집, 변환, 생성 프로그램으로 알맞은 것은?

① GIMP
② Gwenview
③ Dolphin
④ Okular

GIMP(GUN Image Manipulation Program)은 GNOME의 이미지 편집, 변환, 생성 프로그램이다.

오답 피하기

② Gwenview : KDE의 이미지 뷰어 프로그램
③ Dolphin : KDE의 파일 관리 프로그램
④ Okular : KDE의 문서 뷰어 프로그램

52 다음 중 리눅스에서 사용되는 X Window System을 초기부터 최근 순으로 나열했을 때 알맞은 것은?

① Wayland → X.org Server → XFree86
② Wayland → XFree86 → X.org Server
③ XFree86 → X.org Server → Wayland
④ X.org Server → XFree86 → Wayland

• XFree86은 Intel x86 계열의 유닉스 계열 운영체계에서 동작하는 X 서버이다. XFree86은 X11R6가 발전하는데 많은 공헌을 한 X386으로부터 시작되었다.
• X.org server는 XFree86의 4.4rc2 버전을 X.org 기구에서 가져다가 개발한 것이다.
• Wayland는 기존 윈도우 매니저를 개발하기 위해 사용했던 X11 프로토콜을 대체하는 프로토콜이다.

53 다음 중 X 서버에 가까운 가장 저수준의 X 클라이언트 라이브러리로 알맞은 것은?

① Qt
② XCB
③ GTK+
④ FLTK

XCB는 Xlib를 대체하기 위해 등장한 클라이언트 라이브러리이다. 이 라이브러리는 크기가 작고 단순하며 XProtocol에 직접 접근이 가능하다.

54 다음 설명에 해당하는 내용으로 알맞은 것은?

> GUI 환경을 이용하기 위해 사용자에게 제공되는 인터페이스 스타일을 말한다. 아이콘, 창, 도구모음, 폴더, 배경화면 등도 제공한다.

① 윈도우 매니저
② 디스플레이 매니저
③ 데스크톱 환경
④ 파일 관리자

오답 피하기

① 윈도우 매니저 : X 윈도우 환경에서 윈도우의 배치와 표현을 제어하는 시스템 소프트웨어
② 디스플레이 매니저 : X Windows 시스템상에서 작동하는 소프트웨어
④ 파일 관리자 : 사용자 인터페이스를 제공하여 파일 시스템과 함께 동작하도록 하는 소프트웨어

55 다음 (   ) 안에 들어갈 내용으로 알맞은 것은?

> (㉠)은(는) C언어로 구현된 클라이언트 라이브러리로 X 서버와 대화를 해주는 역할을 해준다. (㉡)은(는) (㉠)을(를) 대체하여 등장한 라이브러리로 크기가 작고 단순하며 확장성이 뛰어나다.

① ㉠ Qt   ㉡ GTK+
② ㉠ GTK+   ㉡ Qt
③ ㉠ XCB   ㉡ Xlib
④ ㉠ Xlib   ㉡ XCB

오답 피하기

• Qt는 GUI 프로그램 개발에 널리 쓰이는 크로스 플랫폼 프레임워크이다. 서버용 콘솔과 명령 줄 도구와 같은 비GUI 프로그램 개발에도 사용된다. KDE는 Qt 라이브러리를 기반으로 만들었다.
• GTK+는 김프 툴킷(GIMP Toolkit)의 준말로, 초기에 김프를 위해서 만든 툴킷이었으며 X 윈도우 시스템을 위한 위젯 툴킷 가운데 하나이다. GNOME은 GTK+ 라이브러리를 사용하여 개발하였다.

56 다음 중 X 윈도우 관련 프로그램의 종류가 나머지 셋과 다른 것은?

① Kwin
② Xfce
③ Windowmaker
④ Afterstep

Xfce는 현재 GTK+2를 기반으로 하는 모듈식의 저용량 데스크톱 환경이다.

57 다음 중 할당 받은 C 클래스 네트워크 주소 대역에서 서브넷마스크를 255.255.255.192로 설정했을 경우에 사용 가능한 호스트 IP 주소 개수로 알맞은 것은?

① 61   ② 62
③ 63   ④ 64

서브넷마스크가 255.255.255.192인 경우 네트워크 ID 비트 수는 26개이다. 따라서 호스트 비트는 32−26=6개이다. 따라서 호스트 IP 주소 개수는 $2^6-2=62$개이다.

58 다음 설명에 해당하는 인터넷 서비스로 알맞은 것은?

> 인터넷 기반의 문서 검색 시스템으로 텍스트 기반의 메뉴 인터페이스를 통해 정보 검색 기능을 제공한다. 터미널 환경을 기반으로 대량의 정보 검색 및 저장을 위해 사용되었다.

① WWW
② SAMBA
③ TELNET
④ GOPHER

오답 피하기

① WWW : 텍스트는 물론 정지 화상, 사운드, 동화상 등 멀티미디어적 요소를 전달할 수 있는 서비스
② SAMBA : 이기종 운영체제 간에 파일이나 프린터를 공유하여 사용할 수 있도록 해주는 소프트웨어
③ TELNET : 원격지의 호스트 컴퓨터에 접속하기 위해 사용되는 인터넷 프로토콜

정답 54 ③ 55 ④ 56 ② 57 ② 58 ④

59 다음 설명에 해당하는 것은?

> 단말기가 전송로의 신호 유무를 조사하고, 다른
> 단말기가 신호를 송출하고 있는지를 확인한다.

① PSDN
② PSTN
③ CSMA/CD
④ Frame Relay

....

CSMA/CD는 이더넷 망에서 각 단말이 신호 전송을 위해 전송 공유매체에
규칙 있게 접근하기 위한 매체 엑세스 제어 방식이다.

60 다음 설명에 해당하는 것은?

> 전송 매체를 광섬유 케이블을 사용하여 설계된
> 링 구조의 통신망이다. 1982년 미국표준협회의
> X3T9.5 커미터에서 표준화되었고, ISO 규격으
> 로 승인되었다.

① X.25
② ATM
③ DQDB
④ FDDI

....

오답 피하기
① X.25 : 1970년대 후반에 개발된 공중 패킷교환망
② ATM : 회선교환의 실시간성 및 패킷 교환의 유연성을 통합시킨 연결
지향적 패킷교환망
③ DQDB : 도시와 같은 공중영역(MAN) 또는 한 기관에서 LAN을 상호 연
결하기 위한 고속 방송망

61 다음 설명과 같은 경우에 구축해야 할 인터넷
서비스로 가장 알맞은 것은?

> 회사 내에 서버를 리눅스로 운영 중이고, 회사
> 내 개발자들 모두 리눅스를 사용하고 있다. 특
> 정 리눅스 시스템에 공유 디렉터리를 생성하고
> 부팅과 동시에 손쉽게 접근할 수 있는 환경을 제
> 공하려고 한다.

① NFS
② Usenet
③ SAMBA
④ TELNET

....

오답 피하기
② Usenet : 텍스트 형태의 기사들을 전 세계의 사용자들이 공개된 공간에
서 주고받아 토론할 수 있게 고안된 분산 네트워크
③ SAMBA : 이기종 운영체제 간에 파일이나 프린터를 공유하여 사용할 수
있도록 해주는 소프트웨어
④ TELNET : 원격지의 호스트 컴퓨터에 접속하기 위해 사용되는 인터
넷 프로토콜

62 다음 중 패킷 교환 방식의 특징으로 가장 알맞
은 것은?

① 안정적인 데이터 전송률을 지원한다.
② 고정된 대역폭을 할당 받아서 전송된다.
③ 이론상 호스트의 무제한 수용이 가능하다.
④ 송수신 호스트 간의 경로가 결정되기 때
문에 모든 데이터는 같은 경로로 전달
된다.

....

패킷 교환 방식은 고정 대역을 할당하지 않기 때문에 이론상 호스트의 무
제한 수용이 가능하다.

오답 피하기
회선 교환 방식은 물리적 전용선을 연결하는 방식으로 모든 데이터는 같
은 경로로 전달되며, 고정된 대역폭을 할당받아 안정적인 데이터 전송률
을 지원한다.

....

정답 59 ③ 60 ④ 61 ① 62 ③

63 다음 중 네트워크 인터페이스 카드의 작동을 중지시키는 명령으로 알맞은 것은?

① ifconfig eth0 no
② ifconfig eth0 off
③ ifconfig eth0 down
④ ifconfig eth0 stop

ifconfig up/down 명령어는 지정된 네트워크 인터페이스를 활성화 또는 비활성화 한다.

64 다음 중 로컬 시스템에 장착된 이더넷 카드의 MAC 주소를 확인할 때 사용하는 명령으로 알맞은 것은?

① arp
② hosts
③ route
④ ifconfig

오답 피하기
① arp : IP 주소를 기반으로 MAC 주소를 조회 시 사용하는 명령어
② hosts : 도메인(호스트)명은 알고 있는데 IP 주소를 모르거나 혹은 그 반대의 경우에 사용하는 명령어
③ route : 라우팅 테이블을 편집하고 출력하는 명령어

65 다음 IPv4의 C 클래스 대역에 할당된 사설 IP 주소의 네트워크 개수로 알맞은 것은?

① 1
② 16
③ 192
④ 256

C 클래스의 사설 네트워크 대역은 192.168.0.0/24이다. 이때 서브네트워크 ID 비트 수는 8개이므로 생성 가능한 네트워크 개수는 256(2^8)개이다.

66 다음 중 이동통신 분야의 5G 제정과 관련된 국제기구로 알맞은 것은?

① ISO
② EIA
③ ITU
④ IEEE

국제전기통신연합(ITU, International Telecommunication Union)은 유·무선 통신, 전파, 방송, 위성 주파수에 대한 규칙 및 표준을 개발, 보급하고 국제적 조정·협력 역할을 수행하고 있다.

67 다음 중 OSI 7계층의 세션 계층에 대한 설명으로 알맞은 것은?

① 데이터의 암호화와 해독을 수행
② 송신 프로세스와 수신 프로세스 간의 연결 기능을 제공
③ 코드와 문자 등을 번역하여 일관되게 데이터를 서로 이해할 수 있는 기능을 제공
④ 응용 프로그램 간의 통신을 관리하기 위한 방법과 동기화를 유지하는 서비스를 제공

오답 피하기
① 표현 계층 : 데이터의 암호화와 해독 수행
② 전송 계층 : 송신 프로세스와 수신 프로세스 간의 연결 기능 제공
③ 표현 계층 : 코드와 문자 등을 번역하여 일관되게 데이터를 서로 이해할 수 있는 기능 제공

68 다음 중 IP 주소 및 포트 번호와 관련 있는 기구로 알맞은 것은?

① ISO
② IEEE
③ IANA
④ ANSI

IANA(Internet Assigned Numbers Authority)는 인터넷 할당 번호 관리 기관의 약자로 IP 주소, 최상위 도메인 등을 관리하는 단체이다. 현재 ICANN이 관리하고 있다.

정답 63 ③ 64 ④ 65 ④ 66 ③ 67 ④ 68 ③

69 다음 설명과 같은 경우에 구축해야 할 인터넷 서비스로 가장 알맞은 것은?

> 회사 내에 리눅스 서버가 운영 중인데, Windows 10 사용자들에게 백업용 공유 폴더를 제공하려고 한다.

① NFS
② SAMBA
③ TELNET
④ GOPHER

① NFS : 공유된 원격 호스트의 파일을 로컬에서 사용할 수 있도록 개발된 파일 시스템
③ TELNET : 인터넷이나 로컬 영역 네트워크 연결에 쓰이는 네트워크 프로토콜
④ GOPHER : 문서 검색 프로토콜

70 다음 중 삼바 서비스 구성과 관련해서 가장 거리가 먼 것은?

① RPC
② SMB
③ CIFS
④ NetBIOS

RPC(Remote Procedure Call)는 원격에서 동작하고 있는 프로세스에 포함된 함수를 호출 가능하게 하는 프로세스 간 통신기술이다.

71 다음 중 메일 서버 간의 메시지 교환을 위해 사용되는 프로토콜로 알맞은 것은?

① POP3
② IMAP
③ SMTP
④ SNMP

POP3와 IMAP은 메일 수신 프로그램이며, SNMP는 네트워크 관리 프로토콜이다.

72 다음 설명에 해당하는 웹 브라우저로 알맞은 것은?

> 웹키트(Webkit) 레이아웃 엔진을 이용해서 개발한 프리웨어 웹 브라우저이다. 최근에는 웹키트에서 포크(fork)된 블링크(Blink) 엔진을 사용한다.

① 크롬
② 사파리
③ 오페라
④ 파이어폭스

구글 크롬은 구글이 개발 중인 프리웨어 웹 브라우저이다. 버전 27까지는 웹키트 레이아웃 엔진을 이용했으나 버전 28 이후는 웹키트의 포크인 블링크를 사용한다.

73 다음 중 시스템 간의 파일을 주고받는 서비스로 가장 거리가 먼 것은?

① SSH
② FTP
③ NFS
④ TELNET

텔넷은 네트워크에 있는 원격의 컴퓨터에 파일 전송, 파일 생성, 디렉터리 생성 등을 수행하게 하는 프로토콜이다. SSH는 텔넷 응용 프로그램으로 보안 버전이다. 현재 리눅스 웹호스팅 이용자는 텔넷 접속이 차단되며 SSH 보안 텔넷으로 접속해야 한다.

정답 69 ② 70 ① 71 ③ 72 ① 73 ④

74 다음 설명에 해당하는 네트워크 장치명으로 알맞은 것은?

> 물리적으로 존재하는 인터페이스가 아니라 가상으로 만들어진 네트워크 인터페이스 장치이다. 자체적인 ping 테스트 등 네트워크 디버깅에 사용된다.

① lo   ② eth0

③ virbr0   ④ docker0

루프백 인터페이스는 물리적으로 연결되는 인터페이스가 존재하지 않는다. 하드웨어 또는 소프트웨어 설치 시 테스트 목적으로 사용된다.

75 다음 중 로컬 루프백(Local Loopback) 장치에 할당되는 IP 주소로 알맞은 것은?

① 10.0.2.15   ② 127.0.0.1

③ 171.16.0.1   ④ 192.168.0.2

루프백 인터페이스의 IP 주소는 127.0.0.1이며, 호스트명은 localhost이다.

76 다음 중 시스템에서 사용할 DNS 서버의 주소를 등록하는 파일로 알맞은 것은?

① /etc/hosts

② /etc/resolv.conf

③ /etc/sysconfig/network

④ /etc/sysconfig/network-scripts

오답 피하기

① /etc/hosts : 호스트 이름과 IP 주소를 매핑하는 파일
③ /etc/sysconfig/network : 네트워크 사용 유무 지정, 호스트명 지정, 게이트웨이 주소 설정 등을 기록하는 파일
④ /etc/sysconfig/network-scripts : 리눅스 이더넷 카드 설정 파일

77 다음 설명에 해당하는 기술로 가장 알맞은 것은?

> 다수의 중앙처리장치가 장착된 컴퓨터를 채널 본딩(Channel Bonding)하고, 이 컴퓨터를 수십 대를 묶어서 높은 연산 성능이 가능한 하나의 시스템으로 구성하였다.

① 병렬 컴퓨터

② 고가용성 클러스터

③ 부하분산 클러스터

④ 임베디드 시스템

오답 피하기

② 고가용성 클러스터 : 서버와 네트워크, 프로그램 등의 정보 시스템이 지속적인 서비스를 제공하는 환경
③ 부하분산 클러스터 : 대규모 서비스를 제공할 목적으로 구축된 시스템으로 다수 개의 서버가 로드 밸런서에 연결된 서비스를 제공
④ 임베디드 시스템 : 기계나 기타 제어가 필요한 시스템에 대해, 제어를 위한 특정 기능을 수행하는 컴퓨터 시스템으로 장치 내에 존재하는 전자 시스템

78 다음 중 리눅스 커널 기반의 운영체제로 알맞은 것은?

① webOS

② QNX

③ iOS

④ BlackBerry OS

오답 피하기

② QNX : 1982년에 개발한 유닉스 계열의 서버 운영체제
③ iOS : 애플의 모바일 운영체제
④ BlackBerry OS : 블랙베리 10 또는 안드로이드 운영체제

정답   74 ①   75 ②   76 ②   77 ①   78 ①

79 다음 설명에 해당하는 클러스터링 기술 조합으로 가장 알맞은 것은?

> 하나의 공인 IP 주소를 사용하고 있으며, 20여 대의 물리적인 서버를 웹 서버로 구축하여 서비스를 하고 있다.

① 고계산용 클러스터와 고가용성 클러스터
② 고가용성 클러스터와 고성능 클러스터
③ 부하분산 클러스터와 고가용성 클러스터
④ 부하분산 클러스터와 고성능 클러스터

• 부하분산 클러스터는 대규모 서비스를 제공하기 위한 목적으로 주로 웹 서비스 등에 활용가치가 높다. 즉, 다수 개의 서버가 로드 밸런서에 연결되어 균등하게 데이터를 분산시킬 수 있다.
• 고가용성 클러스터는 지속적인 서비스를 제공할 목적으로 제작된 것으로 데이터 센터 등에 사용된다. 이것은 로드 밸런서와 백업 사이에서 주기적으로 통신을 하여 시스템 간의 이상 유무를 점검할 수 있다.

80 다음 중 VirtualBox에 대한 설명으로 틀린 것은?

① 라이선스는 GNU GPL를 따른다.
② VMware의 VMDK 이미지를 지원한다.
③ 인텔 및 AMD 기반의 반가상화를 지원한다.
④ Microsoft Virtual PC 이미지인 VHD를 지원한다.

VirtualBox는 오라클에서 만든 반가상화 기반의 솔루션이다.

2급 2차	소요 시간	문항 수
	총 100분	총 80문항

수험번호 : _____

성   명 : _____

1과목 **리눅스 운영 및 관리**

01 다음은 /etc/fstab 파일 내용의 일부이다. ( ) 안에 들어갈 내용으로 알맞은 것은?

```
[ihd@www ~]$ tail −1 /etc/fstab
(                    ) 0 0
```

① /dev/sdb1 /backup   ext4   defaults
② /backup   /dev/sdb1 ext4   defaults
③ /dev/sdb1 /backup   defaults ext4
④ /backup   /dev/sdb1 defaults ext4

- /etc/fstab 파일은 부팅 시 마운트 정보를 가지고 있는 파일이다. etc/fstab 파일은 6개의 필드로 구성된다.
- [파일시스템장치명] [마운트포인트] [파일시스템종류] [옵션] [dump관련설정] [파일점검옵션]
- 네 번째 항목인 [옵션]은 파일 시스템 속성을 설정하는 항목으로, defaults는 rw, nouser, auto, exec, suid 속성을 모두 갖는다.

02 다음 중 ext4 파일 시스템을 생성하는 명령으로 알맞은 것은?

① mke2fs /dev/sdb1
② mke2fs −j /dev/sdb1
③ mke2fs −t ext4 /dev/sdb1
④ mke2fs −j ext4 /dev/sdb1

- mke2fs는 ext2 이상 파일 시스템을 생성한다. 형식은 mke2fs [옵션] [대상 디바이스]이다.
- 옵션이 없으면 대상 디바이스의 파일 시스템은 ext2가 지정되며, 옵션 −t는 지정된 파일 시스템(ext3 또는 ext4)을 지정한다. 옵션 −j는 저널링 파일 시스템인 ext3를 만든다.

03 다음 중 FAT−32 파일 시스템을 마운트 할 때 지정하는 유형 값으로 알맞은 것은?

① fat
② vfat
③ msdos
④ fat32

부팅 시에 자동으로 마운트 되도록 하려면 /etc/fstab에 다음과 같은 내용을 추가한다.

```
/dev/hdb1   /mnt/fat32   vfat   iocharset=cp949   0 0
```

04 다음 중 분할된 파티션별로 디스크의 사용량을 확인할 때 이용하는 명령은?

① df
② du
③ free
④ fdisk

오답 피하기

② du : disk usage의 약자로서 현재 디렉터리 혹은 지정한 디렉터리의 사용량을 확인하는 명령어
③ free : 사용 중인 메모리와 사용하지 않는 메모리, 스왑 메모리 등의 전체적인 메모리 현황을 확인하는 명령어
④ fdisk : 파티션 분할 명령어

정답 01 ① 02 ③ 03 ② 04 ①

---

05 다음 ㉠ 및 ㉡에 들어갈 내용으로 알맞은 것은?

```
[ihd@www ~]$ ls −l lin.txt
−rw−rw−r−−. 1 ihd kait 80 May 13 21:05 lin.txt
[ihd@www ~]$ ( ㉠ ) ( ㉡ ) lin.txt
[ihd@www ~]$ ls −l lin.txt
−−w−rw−−r−−. 1 ihd kait 80 May 13 21:06 lin.txt
```

① ㉠ chmod ㉡ u+w
② ㉠ chown ㉡ u+w
③ ㉠ chmod ㉡ u=w
④ ㉠ chown ㉡ u−r

권한 변경 명령어 chmod의 심볼릭 사용 시 'u'는 user 권한을 의미하며, '='는 해당 권한을 선정한대로 변경시킨다. '+'는 기존 권한에 해당 권한을 추가하며, '−'는 기존 권한에서 지정한 권한을 제거한다.

06 다음 (   ) 안에 들어갈 내용으로 알맞은 것은?

```
# mount −t iso9660 −o (     )
CentOS−6.9−i386.bin−DVD1.iso   /media
```

① lo
② ro
③ iso
④ loop

명령어 mount [option] [device] [directory]에서 −o는 다른 옵션들을 명시할 수 있다. 'ro'는 읽기 전용, 'remount'는 다시 마운트, 'loop'는 이미지 파일인 iso를 마운트 시 사용한다.

07 다음 명령의 결과에 대한 설명으로 틀린 것은?

```
[root@www ~]# chmod 3770 /project
```

① /project 디렉터리에는 Set−UID가 설정된다.
② /project 디렉터리에는 Set−GID가 설정된다.
③ /project 디렉터리에는 Sticky−Bit가 설정된다.
④ /project 디렉터리는 공유 디렉터리 역할을 수행한다.

아래 그림은 명령어 'chmod 3770 /project'를 수행한 결과이다. Set−GID(s)와 Sticky−bit(T)가 설정되어 있음을 알 수 있다.

```
[root@localhost ~]# ls -ld /project
drwxrws--T  2 root root 6 12월  21 16:32 /project
```

08 다음 (   ) 안에 들어갈 내용으로 알맞은 것은?

```
[ihd@www ~]$ umask
0002
[ihd@www ~]$ umask −S
(       )
```

① u=r,g=,o=
② u=,g=,o=r
③ u=rw,g=rw,o=r
④ u=rwx,g=rwx,o=rx

umask −S는 디렉터리 파일 기본 권한 값을 문자로 표기한다. 777−002=775이므로 775(rwx rwx r−x) 또는 u=rwx, gㄴ=rwx, o=rw이다.

09 다음 중 디스크 파티션에 부여된 UUID의 값을 확인할 때 사용하는 명령은?

① uuid
② fdisk
③ quota
④ blkid

하드 디스크의 UUID(Universally Unique IDentifier)는 blkid 명령어로 확인할 수 있다.

오답 피하기

① uuid : 개체를 구분하는 고유번호로 리눅스에서는 파티션 생성 시 부여됨
② fdisk : 디스크 파티션을 추가/삭제/ 확인하는 명령어
③ quota : 쿼터 설정 정보를 사용자 단위로 출력 명령어

10 다음 중 디스크 쿼터(Disk Quota)를 사용하는 경우로 가장 알맞은 것은?

① 사용자가 생성할 수 있는 최대 파일의 크기를 제한한다.
② 사용자가 생성할 수 있는 파일의 개수를 제한한다.
③ 디스크에 분할할 수 있는 파티션의 개수를 제한한다.
④ 특정 파티션에 생성할 수 있는 파일의 개수를 제한한다.

디스크 쿼터는 파일 시스템마다 사용자나 그룹이 생성할 수 있는 파일의 전체 용량 및 개수를 제한한다.

11 다음 ㉠ 및 ㉡에 들어갈 내용으로 알맞은 것은?

> 셸 명령행에서 명령줄이 긴 경우에 (㉠) 기호를 이용하면 명령행을 연장할 수 있다. 명령줄이 바뀌면서 나타나는 기호와 관련된 환경변수가 (㉡)이다.

① ㉠ \ ㉡ PS1
② ㉠ > ㉡ PS1
③ ㉠ \ ㉡ PS2
④ ㉠ > ㉡ PS2

명령줄이 긴 경우 '\' 기호를 이용하면 명령행을 연장할 수 있다. 명령어 줄이 바뀌면서 나타는 기호 '>'를 PS2 프롬프트라고 한다.

12 다음 중 사용자가 로그인을 하여 현재 이용 중인 셸을 확인할 수 있는 명령으로 알맞은 것은?

① ps
② env
③ set
④ chsh

오답 피하기

② env : 환경변수를 확인하거나 설정 혹은 삭제하는 명령어
③ set : Bash의 쉘 변수를 관리하는 명령어
④ chsh : 현재 사용 중인 로그인 쉘을 변경하는 명령어

13 다음 설명에 해당하는 셀로 알맞은 것은?

> 1975년 켄 그리어가 테넥스(TENEX) 운영체제에 명령행 완성 기능을 반영하면서 시작되었고, 명령행 편집 기능 등도 추가로 지원한다.

① bash
② csh
③ tcsh
④ ksh

오답 피하기
① bash : 1989년에 브라이언 폭스가 작성한 유닉스 셀이다.
② csh : 빌 조이가 개발한 유닉스용 셀이다.
④ ksh : 1980년대 초에 벨 연구소의 데이비드 콘이 개발한 유닉스 셀이다.

14 다음 중 로그인한 터미널 종류를 확인할 수 있는 환경변수는?

① TERM
② TERMINAL
③ DISPLAY
④ PROMPT

오답 피하기
② 환경변수 TERMINAL은 없음
③ DISPLAY : X 디스플레이 이름
④ PROMPT : 화면에 출력되는 프롬프트 모양 지정 변수

15 다음 중 가장 마지막에 실행한 명령을 호출하여 다시 실행할 때 사용하는 조합으로 알맞은 것은?

① !1
② !!
③ !?
④ history 1

오답 피하기
① !1 : 1번 명령어 실행
③ !? : '!?문자열?'은 가장 최근에 사용한 명령 중에 '문자열'을 포함하고 있는 명령어를 찾아서 실행
④ history 1 : 가장 최근에 사용한 1개의 명령어를 확인

16 다음 중 현재 설정된 전체 환경변수의 값을 확인할 때 사용하는 명령은?

① set
② env
③ chsh
④ export

오답 피하기
① set : Bash의 쉘 변수를 관리하는 명령어
③ chsh : 현재 사용 중인 로그인 쉘을 변경하는 명령어
④ export : 환경변수 설정 명령어

17 다음 중 배시셀 명령행에서 aaa라고 입력하면 'ls −alF'라는 명령이 실행되도록 설정하는 방법으로 알맞은 것은?

① export aaa 'ls −alF'
② export aaa='ls −alF'
③ alias aaa 'ls −alF'
④ alias aaa='ls −alF'

• 명령어 alias [별칭] = [명령어]
• 명령어에 옵션이나 인자 값이 하나 이상 존재할 경우 따옴표(")로 묶어준다.

18 다음 중 사용 가능한 셀의 목록 정보를 확인할 수 있는 파일은?

① /etc/shell
② /etc/shells
③ /etc/login
④ /etc/logins

파일 /etc/shell, /etc/login, /etc/logins은 해당 디렉터리에 없다.

정답 13 ③ 14 ① 15 ② 16 ② 17 ④ 18 ②

19 다음과 같은 조건으로 cron을 이용해서 일정을 등록할 때 알맞은 것은?

> • 일요일부터 화요일까지 오후 4시 30분에 실행되도록 등록한다.
> • 실행 파일의 경로는 /etc/work.sh이다.

① 16 30 * * 0-2 /etc/work.sh
② 30 16 * * 0-2 /etc/work.sh
③ 16 30 * * 1-3 /etc/work.sh
④ 30 16 * * 1-3 /etc/work.sh

명령어 cron의 항목 순서는 '분(0-59) 시(0-23) 일(1-31) 월(1-12) 요일(0-6) 파일명'이다. 특히 일요일(0)-화요일(2)이다.

20 다음 중 root 사용자가 ihduser가 등록한 cron 설정 파일을 삭제하는 명령으로 알맞은 것은?

① crontab -d -u ihduser
② crontab -r -u ihduser
③ crontab -e -u ihduser
④ crontab -l -u ihduser

명령어 crontab -r [username]은 지정된 사용자의 파일을 지운다.

오답 피하기
① -d : crontab에 등록된 내용 삭제
③ -e : crontab의 내용을 작성하거나 수정
④ -l : 지정된 사용자에게 등록된 리스트 출력

21 다음 중 cron을 이용해서 시스템 운영에 필요한 작업을 예약할 때 설정하는 파일명으로 알맞은 것은?

① /etc/cron
② /etc/cron.conf
③ /etc/cron.d
④ /etc/crontab

오답 피하기
① /etc/cron : 일정 주기별로 특정 동작을 수행시켜 주는 명령어이다.
② /etc/cron.conf : cron.conf 파일은 /etc/init/cron.conf에 저장되어 있다.
③ /etc/cron.d : /etc/cron.d 디렉터리의 두 파일 cron.deny 및 cron.allow를 사용하여 crontab 명령에 대한 액세스를 제어할 수 있다.

22 다음 중 키보드 입력으로 발생하는 인터럽트 시그널의 번호로 틀린 것은?

① 1
② 2
③ 3
④ 20

시그널 1은 로그아웃과 같이 터미널에서 접속이 끊겼을 때 보내지는 시그널이다.

정답 19 ② 20 ② 21 ④ 22 ①

23 다음 설명에 해당하는 내용으로 알맞은 것은?

> 지속적인 서비스 요청을 처리하기 위해 관련 데몬이 메모리에 계속 상주하면서 처리하는 것이 아니라, 특정 데몬이 여러 데몬을 관리하면서 서비스 요청이 들어왔을 때 관련 프로세스를 메모리에 상주시키는 방식이다.

① exec
② fork
③ inetd
④ standalone

오답 피하기
① exec : 호출 프로세스가 새로운 프로세스로 변경되는 방식으로 새로운 프로세스는 메모리를 할당하지 않는다.
② fork : 새로운 프로세스를 만들 때 기존 프로세스를 복제하는 방식으로 새로운 프로세스의 메모리를 할당한다.
④ standalone : 서비스 요청이 들어오기 전에 서비스가 메모리에 상주하는 단독 실행 방식이다.

24 다음 설명에 해당하는 내용으로 알맞은 것은?

> 프로세스 생성의 한 방법으로 새로운 프로세스를 원래의 프로세스의 자식 프로세스로 관리하는 방식이다.

① exec
② fork
③ inetd
④ standalone

오답 피하기
① exec : 호출 프로세스가 새로운 프로세스로 변경되는 방식으로 새로운 프로세스는 메모리를 할당하지 않는다.
③ inetd : 여러 데몬을 관리하면서 서비스 요청이 들어왔을 때 관련 프로세스를 메모리에 상주시키는 방식이다.
④ standalone : 서비스 요청이 들어오기 전에 서비스가 메모리에 상주하는 단독 실행 방식이다.

25 다음 중 포어그라운드 프로세스를 백그라운드 프로세스로 전환할 때 사용하는 키 조합은?

① Ctrl + C
② Ctrl + D
③ Ctrl + L
④ Ctrl + Z

오답 피하기
① Ctrl + C : 포어그라운드 작업을 종료하는 단축키
② Ctrl + D : 로그아웃 단축키
③ Ctrl + L : 화면 지우기 단축키

26 다음 중 특정 사용자가 백그라운드로 실행 중인 프로세스를 확인할 때 사용하는 명령은?

① fg
② bg
③ jobs
④ exec

오답 피하기
① fg : 현재 백드라운드로 실행 중인 명령어를 포어그라운드로 전환
② bg : 현재 실행 중인 프로세스를 백그라운드 작업으로 전환
④ exec : 호출 프로세스가 새로운 프로세스로 변경

27 다음 중 top 명령어의 기능에 대한 설명으로 틀린 것은?

① 동작 중인 프로세스를 종료시킨다.
② 동작 중인 프로세스의 우선순위를 변경한다.
③ 동작 중인 프로세스의 메모리 사용률을 확인한다.
④ 동작 중인 프로세스의 디스크 사용률을 확인한다.

명령어 top은 서버 평균 부하율, CPU 사용률, 메모리 사용 현황, 스왑 메모리 사용 현황, 모든 프로세스들의 자원 현황을 확인할 수 있다.

28 다음 중 ihduser 사용자의 모든 프로세스를 강제 종료하는 명령으로 알맞은 것은?

① kill −9 −u ihduser
② kill −15 −u ihduser
③ killall −9 −u ihduser
④ killall −15 −u ihduser

오답 피하기
• 명령어 kill은 실행 중인 특정 프로세스에 시그널을 보낸다.
• 시그널을 입력하지 않으면 디폴트로 15번 시그널(정상작업종료)이 보내진다.

29 다음 중 치환, 저장, 종료의 역할이 수행되는 vi 모드로 알맞은 것은?

① 명령모드
② 편집모드
③ 입력모드
④ ex명령모드

ex 모드에서는 :q(종료), :wq(저장 후 종료), w 파일명(저장) 작업을 수행한다.

30 다음 중 에디터에 대한 설명으로 틀린 것은?

① 텍스트 환경 기반의 대표적인 편집기는 vi, emacs, pico이다.
② pico는 최신 버전의 리눅스 배포판에서 설치가 원활하게 되지 않는 문제점이 있다.
③ vim은 패턴 검색 하이라이트 기능, 다중 되돌리기 기능, 문법검사 기능을 제공한다.
④ emacs는 Editor Macros의 약어로 워싱턴 대학의 Aboil Kasar가 개발한 유닉스 기반의 텍스트 에디터이다.

Aboil Kasar가 개발한 유닉스 기반의 텍스트 에디터는 PICO이다.

31 다음에서 설명하는 에디터로 알맞은 것은?

> PICO와 거의 유사한 오픈소스 문서 편집기로 PICO의 기본 기능 외에 구문 강조, 자동 들여쓰기, 정규 표현식 검색 등의 기능이 추가되었다.

① vi
② vim
③ nano
④ emacs

PICO는 무료임에도 불구하고 완전한 open source가 아니다. 따라서 많은 linux 배포판에서는 PICO를 제공하지 않고 있다. 대신 nano(nano's another editor)라고 불리는 pico의 복제품이 open source로 제공되고 있다.

32 vi 편집기로 /etc/hosts 파일 수정 중 시스템이 다운되어 재부팅이 되었다. 다음 중 수정 중이던 파일로 복구할 수 있는 명령으로 알맞은 것은?

① vi −r
② vi −r /etc/hosts
③ vi −r /etc/.hosts.swp
④ vi −r ./etc/hosts.swp

'vi −r 파일명'은 손상된 파일을 복구하는 명령어이다.

33 다음 중 emacs 에디터의 키 조합 설명으로 틀린 것은?

① [Alt] + [D] : 커서가 위치한 부분부터 단어를 삭제
② [Alt] + [K] : 커서가 위치한 부분부터 문장 전체를 삭제
③ [Ctrl] + [F] : 현재 커서가 위치한 줄의 화면 아래로 이동
④ [Ctrl] + [A] : 현재 커서가 위치한 줄의 처음으로 커서를 이동

[Ctrl] + [F] : 커서 한 칸 뒤로 이동

정답 28 ③ 29 ④ 30 ④ 31 ③ 32 ② 33 ③

34 다음 중 GUI 기반으로 동작되는 에디터로 틀린 것은?

① pico
② gVim
③ gedit
④ XEmacs

pico는 텍스트 환경 기반의 편집기이다.

35 다음은 tar로 묶인 압축 파일을 특정 디렉터리에 푸는 과정이다. ㉠ 및 ㉡에 들어갈 내용으로 알맞은 것은?

```
# tar ( ㉠ ) php-5.6.40.tar.xz ( ㉡ ) /usr/lo-
cal/src
```

① ㉠ jxvf   ㉡ -d
② ㉠ Jxvf   ㉡ -d
③ ㉠ jxvf   ㉡ -c
④ ㉠ Jxvf   ㉡ -C

• J : xz 옵션으로 압축 파일인 tar.xz에 적용
• x : 압축 해제
• v : 처리과정 화면 출력
• f : 아카이브 파일명 지정
• -C : 대상 디렉터리 경로 지정

36 다음 중 소스 파일을 이용한 설치 시 configure 단계에서 생성되는 파일은?

① make
② cmake
③ Makefile
④ configure.status

Makefile은 컴파일을 위한 쉘 스크립트로 자동적으로 한 줄씩 해석하여 컴파일 하도록 만든 파일이다.

37 다음 중 소스 파일을 이용해서 설치하는 방법이 나머지 셋과 다른 프로그램은?

① MySQL
② PHP
③ SAMBA
④ Apache HTTP

일반적인 소스 파일 설치는 make 후 make install을 수행하는 반면 MySQL 5.5 버전부터는 cmake를 수행 후 make install을 수행한다.

38 다음 중 데비안 계열 리눅스에서 사용하는 패키지 관리 기법으로 가장 거리가 먼 것은?

① apt
② alien
③ dselect
④ zypper

ZYpp는 YaST, Zypper와 같은 Linux 응용 프로그램 및 open SUSE 및 SUSE Linux Enterprise를 위한 PackageKit 구현을 지원하는 패키지 관리자 엔진이다.

39 다음 중 yum 기반으로 설치된 totem이라는 패키지를 제거하는 명령으로 틀린 것은?

① yum delete totem
② yum remove totem
③ yum erase totem
④ rpm -e totem --nodeps

yum은 erase 명령 또는 remove 명령으로 설치한 패키지를 삭제할 수 있으며 설치와 마찬가지로 삭제 시 의존성 있는 패키지까지 자동으로 삭제하게 된다.

정답 34 ① 35 ④ 36 ③ 37 ① 38 ④ 39 ①

40 다음 설명에 해당하는 프로그램으로 알맞은 것은?

> APT(Advanced Packaging Tool) 패키지 관리 시스템으로 GTK+ 기반의 GUI 도구이다.

① dselect
② alien
③ synaptic
④ aptitude

오답 피하기
① dselect : 데비안 리눅스의 패키지(확장자가 deb인 파일)를 관리하는 메뉴 시스템
② alien : 이기종 리눅스 패키지 형식 간 변환 프로그램
④ aptitude : 패키지 작업 과정을 자동화하여 가능한 쉽게 작업할 수 있도록 해주는 패키지 매니저 인터페이스

41 다음 명령의 결과에 대한 설명으로 알맞은 것은?

> # rpm −F /usr/local/src/*.rpm

① 현재 시스템에 설치된 패키지만 찾아서 업데이트한다.
② 현재 시스템에 설치되지 않은 새로운 패키지만 찾아 설치한다.
③ 현재 시스템에 설치 유무와 상관없이 모든 패키지를 강제로 설치한다.
④ 모든 패키지를 설치한 후에 관련 패키지 파일을 모두 삭제한다.

rpm −F는 이전 버전의 패키지가 있는 경우에만 패키지를 설치한다. 즉, 패키지 업그레이드 시 사용한다.

42 다음은 nautilus 패키지를 삭제하는 과정이다. (   ) 안에 들어갈 내용으로 알맞은 것은?

> # apt−get (   ) nautilus

① clean
② erase
③ delete
④ remove

apt−get 패키지 삭제 명령어는 remove이다. 설정 파일을 삭제하는 명령은 'apt−get purge 패키지명'이다.

43 다음에서 설명하는 장치로 알맞은 것은?

> • 사운드 카드용 장치 드라이버를 제공하기 위한 리눅스 커널의 요소이다.
> • 1998년 Jaroslav Kysela에 의해 시작되었다.
> • GPL 및 LGPL 라이선스 기반으로 배포되고 있다.

① API
② OSS
③ SANE
④ ALSA

오답 피하기
① API : 응용 프로그램에서 사용할 수 있도록, 운영체제나 프로그래밍 언어가 제공하는 기능을 제어할 수 있게 만든 인터페이스이다.
② OSS : 유닉스 운영체제에서 사운드를 만들고 캡처하는 인터페이스이다.
③ SANE : 평판스캐너, 핸드스캐너, 비디오 캠 등 이미지 관련 하드웨어를 제어하는 API이다.

44 다음 중 프린트 관련 명령어로 틀린 것은?

① lpr
② lpc
③ lprm
④ lspci

lspci는 시스템 내 PCI 버스와 장치의 상세 정보를 출력하는 유닉스 계열 운영체제 명령어이다.

45 ihd.txt인 문서를 lp라는 이름을 가진 프린터로 3장을 출력하려고 한다. 다음 중 ㉠, ㉡, ㉢, ㉣에 들어갈 내용이 알맞게 짝지어진 것은?

```
# lpr -( ㉠ ) 3 -( ㉡ )( ㉢ )( ㉣ )
```

① ㉠ : #   ㉡ : l
　㉢ : ihd.txt   ㉣ : lp
② ㉠ : T   ㉡ : l
　㉢ : ihd.txt   ㉣ : lp
③ ㉠ : #   ㉡ : p
　㉢ : lp   ㉣ : ihd.txt
④ ㉠ : T   ㉡ : p
　㉢ : lp   ㉣ : ihd.txt

---

lpr -#인쇄할매수지정 -p 프린트명 프린트할파일명
→ lpr -#3 -p lp ihd.txt

46 다음 중 네트워크 프린트를 설정할 수 없는 환경은?

① IPP 프로토콜 기반의 네트워크 프린트 설정
② LPD 프로토콜 기반의 네트워크 프린터 설정
③ https 프로토콜 기반의 네트워크 프린터 설정
④ SOAP 프로토콜 기반의 네트워크 프린터 설정

SOAP(Simple Object Access Protocol)은 웹 서비스에서 기본적인 메시지를 전달하는 기반이 된다.

47 다음 중 X-Window 환경에서 프린터를 설정하기 위한 명령으로 알맞은 것은?

① config-system-print
② system-config-print
③ config-system-printer
④ system-config-printer

'주 메뉴 버튼 → 시스템 설정 → 인쇄 항목'을 선택하거나
system-config-printer 명령을 사용한다.

48 다음 중 ㉠ 및 ㉡에 들어갈 내용으로 알맞은 것은?

리눅스의 프린트 관련 명령어는 (㉠) 계열과 (㉡) 계열 명령어로 나눌 수 있다. (㉠) 계열 명령어에는 lpr, lpq, lprm, lpc 등이 있고, (㉡) 계열 명령어에는 lp, lpstat, cancel 등이 있다.

① ㉠ : Unix   ㉡ : Linux
② ㉠ : Linux   ㉡ : Unix
③ ㉠ : System V   ㉡ : BSD
④ ㉠ : BSD   ㉡ : System V

프린터는 BSD 계열과 System V 계열로 나눈다.

2과목 | **리눅스 활용**

49 다음 중 현재 배포되고 있는 x.org의 버전으로 알맞은 것은?

① X10
② X11
③ X12
④ X13

X 윈도우 시스템(X Window System, 흔히 X11)은 주로 유닉스 계열 운영체제에서 사용되는 윈도우 시스템이다. X 윈도우 시스템은 디스플레이 장치에 창을 표시하며 마우스와 키보드 등의 입력 장치의 상호작용 등을 관리해 GUI 환경의 구현을 위한 기본적인 프레임워크를 제공한다.

50 다음 중 X 윈도우에 적용되는 라이선스로 알맞은 것은?

① MIT
② BSD
③ GPL
④ LGPL

MIT 라이선스가 적용되는 소프트웨어는 X windows system, JQuery, Node.js 등이 있다.

정답 45 ③ 46 ④ 47 ④ 48 ④ 49 ② 50 ①

51 다음 중 GNOME 기반 응용 프로그램으로 틀린 것은?

① konqueror
② nautilus
③ totem
④ evolution

캉커러(Konqueror)는 웹 브라우저, 파일 관리자, 파일 뷰어의 기능을 담고 있는 KDE의 중심이 되는 프로그램이다.

52 다음 ⊙ 및 ⓛ에 들어갈 내용으로 알맞은 것은?

> 그래픽 모드에 해당하는 런 레벨 (⊙)에서 실행되는 (ⓛ)은(는) 부팅과 동시에 실행되면서 로그인 창이 나타나도록 한다.

① ⊙ 3   ⓛ 윈도 매니저
② ⊙ 3   ⓛ 디스플레이 매니저
③ ⊙ 5   ⓛ 윈도 매니저
④ ⊙ 5   ⓛ 디스플레이 매니저

런 레벨 3은 텍스트 모드의 다중 사용자 모드이며, 런 레벨 5는 그래픽 모드의 다중 사용자 모드이다.

53 다음 중 GNOME 3에서 사용되는 윈도 매니저로 알맞은 것은?

① mutter
② nautilus
③ metacity
④ konqueror

GNOME 초기에는 nautlus 파일 관리자, GNOME 2에는 metacity 윈도 매니저, GNOME 3에는 Mutter(GNOME Shell) 윈도우 매니저를 사용한다.

54 다음 중 KDE와 가장 관련 있는 라이브러리로 알맞은 것은?

① Qt
② GTK+
③ FLTK
④ X Forms

KDE(K Desktop Environment)는 Qt 라이브러리를 기반으로 만들었으며, GNOME(GNU Network Object model Environment)은 QT 라이브러리 대신 GTK+ 라이브러리를 사용하여 개발하였다.

55 다음 중 LibreOffice 패키지에서 스프레드시트를 실행하는 명령으로 알맞은 것은?

① calc
② oocalc
③ impress
④ ooimpress

데스크탑 패널에서 OpenOffice.org Calc를 시작하려면, '주 메뉴 → 오피스 → OpenOffice.org Calc'을 선택한다. 또는 쉘 프롬프트에서 oocalc 명령을 입력하여 OpenOffice.org Calc 프로그램을 시작하는 것도 가능하다.

56 다음 중 원격지에서 X 클라이언트를 이용하기 위한 설정을 IP 주소 기반으로 진행할 때 사용하는 조합으로 알맞은 것은?

① xhost, DISPLAY
② xhost, .Xauthority
③ xauth, DISPLAY
④ xauth, .Xauthority

• Xhost는 X 서버에 접근할 수 있는 클라이언트를 지정 또는 해제하는 명령으로, 형식은 Xhost [+][−] [IP주소 or 도메인]이다.
• DISPLAY는 X 클라이언트 프로그램이 실행될 때 표시되는 창이 설정되는 환경변수이다.

정답 51 ① 52 ④ 53 ① 54 ① 55 ② 56 ①

57 다음 중 OSI 7계층의 네트워크 계층과 관련된 프로토콜로 알맞은 것은?

① IP
② TCP
③ UDP
④ SSL

오답 피하기
TCP와 UDP는 4계층 프로토콜이며, SSL은 5계층 프로토콜이다.

58 다음 IPv4의 B 클래스 대역에 할당된 사설 IP 주소의 호스트 개수로 알맞은 것은?

① 1
② 16
③ 256
④ 65,534

B 클래스는 16개의 호스트 비트를 사용하므로 $2^{16}-2=65,534$, 즉 65,534개의 호스트 IP 주소가 만들어진다.

59 다음 중 국제 도메인 관리기구에서 초창기에 승인한 7개의 최상위 도메인으로 틀린 것은?

① edu
② gov
③ int
④ biz

최상위 도메인으로는 com, net, org, edu, gov, mil, int 등 인터넷 초창기부터 사용되던 7개의 일반 도메인(gTLD : generic Top Level Domain)과 2000년 11월 새롭게 생성된 7개의 최상위 도메인 biz, name, info, pro, museum, coop, aero이 있다.

60 다음 중 3-way handshaking을 수행하는 프로토콜로 알맞은 것은?

① IP
② TCP
③ UDP
④ ICMP

3-way handshaking은 TCP에서 가상회선을 송수신지 간에 설정하기 위한 과정이다.

61 다음 중 장애 발생 시에도 다른 시스템에 영향이 적어 가장 신뢰성이 높은 네트워크 구성 방식으로 알맞은 것은?

① 링(Ring)형
② 망(Mesh)형
③ 버스(Bus)형
④ 스타(Star)형

망(mesh)형은 모든 노드가 서로 일대일로 연결된 그물망으로 특정 노드의 장애가 다른 노드에 영향을 주지 않고 회선 장애에 유연한 대처가 가능하다.

62 다음 설명에 해당하는 네트워크 기술로 알맞은 것은?

> 도시권 통신망(MAN)에 사용되는 프로토콜로서, IEEE 802.6 규격이다. 회선 교환과 패킷 교환이 모두 가능하며 데이터, 음성 및 비디오 등의 전송을 지원한다.

① ATM
② DQDB
③ FDDI
④ X.25

오답 피하기
① ATM : 회선교환의 실시간성 및 패킷교환의 유연성을 통합시킨 연결 지향적 패킷 교환망이다.
③ FDDI : 이중 링 구조(dual ring)를 가진 고속 근거리 망이다.
④ X.25 : 1970년대 후반에 개발된 공중 패킷 교환망이다.

63 다음 중 OSI 7계층의 표현 계층에 대한 설명으로 틀린 것은?

① 데이터의 암호화와 복호화를 수행한다.
② 데이터의 전송 순서 및 동기점 위치를 제공한다.
③ 송신자와 수신자가 전송 데이터를 이해할 수 있도록 번역한다.
④ 효율적인 전송을 위해 필요에 따라 압축과 압축해제를 수행한다.

데이터의 전송 순서 및 동기점 위치를 제공하는 것은 세션 계층이다.

정답 57 ① 58 ④ 59 ④ 60 ② 61 ② 62 ② 63 ②

64 다음 설명에 해당하는 이더넷(Ethernet) 케이블로 가장 알맞은 것은?

> 기본적으로 100MHz의 대역폭을 지원하며, 기가비트 이더넷인 1000BASE-T에도 적합하다.

① Cat 3 ② Cat 5
③ Cat 5e ④ Cat 7

① Cat 3 : 대역폭은 16MHz이며 표준규격은 10Base-T이다.
② Cat 5 : 대역폭은 100MHz이며 표준규격은 100Base-T이다.
④ Cat 7 : 대역폭은 600MHz이며 표준규격은 10GBase이다.

65 다음 중 OSI 7계층을 기준으로 하위 계층부터 전송 단위에 대한 순서로 알맞은 것은?

① bit-frame-packet
② bit-packet-frame
③ packet-frame-bit
④ frame-packet-bit

1계층 PDU는 bit, 2계층 PDU는 frame, 3계층 PDU는 packet, 4계층 PDU는 segment이다.

66 다음 조건에 맞게 메일을 전송하는 명령으로 알맞은 것은?

> • 메일의 제목 : account list
> • 전송되는 파일의 내용 : /etc/passwd
> • 수신 메일 주소 : ihd@kait.or.kr

① mail -t "account list" ihd@kait.or.kr 〈 /etc/passwd
② mail -t "account list" /etc/passwd 〉 ihd@kait.or.kr
③ mail -s "account list" ihd@kait.or.kr 〈 /etc/passwd
④ mail -s "account list" /etc/passwd 〉 ihd@kait.or.kr

mail -s "메일제목" 수신메일주소 〈 전송파일명

67 다음 중 전통적인 시스템에서 FTP가 사용하는 2개의 포트에 대한 나열로 가장 알맞은 것은?

① ftp: 22, ftp-data: 21
② ftp: 21, ftp-data: 22
③ ftp: 20, ftp-data: 21
④ ftp: 21, ftp-data: 20

FTP는 제어용 데이터 포트는 21번, 일반 데이터 포트는 20이다.

68 다음 설명에 해당하는 인터넷 서비스는?

> RPC(Remote Procedure Call) 기반의 서비스로 리눅스와 리눅스 시스템 간 파일을 공유할 때 사용한다.

① IRC ② NFS
③ SAMBA ④ GOPHER

① IRC : Internet Relay Chat의 약어로 실시간 채팅 프로토콜
③ SAMBA : 이기종 운영체제 간에 파일이나 프린터를 공유하여 사용할 수 있도록 해주는 소프트웨어
④ GOPHER : 문서 검색 프로토콜

69 원격지 서버에 현재 이용 중인 계정과 다른 계정인 lin으로 접속하려고 한다. 다음 (   ) 안에 공통적으로 들어갈 수 있는 내용으로 알맞은 것은?

> • telnet 접속
>   [ihd@www ~]$ telnet (   )
> • ssh 접속
>   [ihd@www ~]$ ssh (   )

① lin@kait.or.kr
② -l lin kait.or.kr
③ -u lin kait.or.kr
④ -U lin kait.or.kr

지정된 계정명으로 원격 서버에 접속하는 방법은 'telnet -l 계정명 도메인주소' 또는 'ssh -l 계정명 도메인주소'이다.

정답 64 ③ 65 ① 66 ③ 67 ④ 68 ② 69 ②

70 다음 중 FTP 서버에 있는 파일을 로컬 시스템으로 다운로드 할 때 사용하는 ftp 명령어로 알맞은 것은?

① get ② put
③ lcd ④ md

② put : 파일 업로드 명령어
③ lcd : local 시스템의 디렉터리를 변경
④ md : ftp 관련 명령어가 아님

71 다음 중 전자우편과 관련된 프로토콜로 가장 거리가 먼 것은?

① POP3
② IMAP
③ SMTP
④ NTP

NTP는 네트워크상에서 컴퓨터와 컴퓨터 간의 시간을 동기화하기 위한 네트워크 프로토콜이다.

72 다음과 같은 조건일 때 할당되는 브로드캐스트 주소 값으로 알맞은 것은?

IP 주소 및 서브넷마스크 : 192.168.3.150/26

① 192.168.3.128
② 192.168.3.190
③ 192.168.3.191
④ 192.168.3.192

192.	168.	3.	1001	0110
& 255.	255.	255.	1100	0000
192.	168.	3.	1000	0000

→ 네트워크 주소는 192.168.3.128(호스트비트가 모두 0인 경우)

192.	168.	3.	1011	1111

→ 브로드캐스트 주소는 192.168.3.191(호스트비트가 모두 1인 경우)

73 다음 설명에 해당하는 파일로 알맞은 것은?

네트워크 사용 유무 지정, 호스트명 설정, 게이트웨이 주소 설정, NIS 도메인명 등이 기록되는 파일이다.

① /etc/hosts
② /etc/resolv.conf
③ /etc/sysconfig/network
④ /etc/sysconfig/network-scripts

① /etc/hosts : 호스트 이름과 IP 주소에 매핑하는 파일
② /etc/resolv.conf : DNS 서버를 지정하는 파일
④ /etc/sysconfig/network-scripts : 리눅스 이더넷 카드 설정 파일

74 다음 중 로컬 네트워크상에 있는 다른 호스트의 MAC 주소를 확인할 때 사용하는 명령으로 알맞은 것은?

① ip ② arp
③ route ④ ifconfig

① ip : ip 주소 정보 조회나 ip 설정 명령어
③ route : 라우팅 테이블을 편집하고 출력하는 명령어
④ ifconfig : 네트워크 인터페이스를 설정하거나 확인하는 명령어

75 다음 설명과 같은 경우에 구축이 시급한 서버로 가장 알맞은 것은?

회사 내에서 인터넷에 접속할 때마다 IP 충돌이 수시로 발생하고 있다.

① PPP 서버 ② SLIP 서버
③ DHCP 서버 ④ Docker 서버

• DHCP는 IP 주소와 각종 TCP/IP 프로토콜의 기본 설정을 클라이언트에게 자동적으로 제공해주는 프로토콜이다.
• PC의 수가 많거나 PC 자체 변동사항이 많은 경우 IP 설정이 자동으로 되기 때문에 효율적으로 사용 가능하고, IP를 자동으로 할당해 주기 때문에 IP 충돌을 막을 수 있다.

정답 70 ① 71 ④ 72 ③ 73 ③ 74 ② 75 ③

76 다음 설명에 해당하는 기술로 가장 알맞은 것은?

> 호스트 컴퓨터에 두 개 이상의 네트워크 인터페이스를 장착한 후에 안정성이나 전송속도를 높이기 위해 구성하는 기술이다.

① 채널 본딩
② 사물 인터넷
③ 클라우드 컴퓨팅
④ 고가용성 클러스터

77 다음 설명에 해당하는 기술로 가장 알맞은 것은?

> 지속적인 서비스 제공을 목적으로 하는 클러스터로 하나의 Primary Node가 특정한 일 처리를 수행하지 못하는 경우에 Backup Node(Secondary Node)가 Primary Node의 상태를 체크하고 있다가 이상이 발생하면 서비스를 이어 받도록 구성한다.

① 베어울프 클러스터
② 고가용성 클러스터
③ 부하분산 클러스터
④ 고계산용 클러스터

78 다음 중 할당받은 C클래스 1개의 네트워크 주소 대역에서 서브넷마스크를 255.255.255.192로 설정했을 경우에 생성되는 서브네트워크의 개수로 알맞은 것은?

① 2
② 4
③ 24
④ 64

C 클래스인 경우 서브넷 마스크는 255.255.255.0이므로 확장된 서브넷 ID 비트 수는 2개이다. 따라서 생성 가능한 서브네트워크 개수는 $2^2=4$개이다.

79 다음 ㉠ 및 ㉡에 들어갈 내용으로 알맞은 것은?

> 공개된 가상화 기술을 기반으로 상용화된 제품들이 많이 있다. 그 중에서 레드햇은 (㉠) 기반의 상용화 제품으로 (㉡)를 시판하고 있다.

① ㉠ Xen   ㉡ RHEV
② ㉠ KVM   ㉡ RHEV
③ ㉠ Xen   ㉡ XenServer
④ ㉠ KVM   ㉡ VM Server

KVM은 쿰라넷에서 만든 것으로 회사를 인수하면서 레드햇 KVM이 된 것이다. RHEV는 KVM기반으로 레드햇에 의해 만들어진 엔터프라이즈 가상화 제품이다.

80 다음 중 리눅스 커널 기반의 운영체제로 틀린 것은?

① QNX
② Tizen
③ MeeGo
④ Moblin

QNX는 1982년에 개발된 유닉스 계열의 서버 운영체제이다.

정답 76 ① 77 ② 78 ② 79 ② 80 ①

2급 2차	소요 시간	문항 수
	총 100분	총 80문항

수험번호 : _____

성　　명 : _____

1과목　**리눅스 운영 및 관리**

01 다음 설명과 관계있는 명령으로 알맞은 것은?

> /dev/hdb1을 저널링 파일 시스템으로 만들고,
> I-node의 크기를 1MB로 지정한다.

① mkfs -t ext4 -i 1000 /dev/hdb1
② mkfs -t ext2 -T largefile /dev/hdb1
③ mke2fs -j -i 1000 /dev/hdb1
④ mke2fs -j -T largefile /dev/hdb1

- j : 저널링 파일 시스템(ext3)으로 만듦
- T filetype : I-node 크기를 지정할 수 있는 옵션. filetype이 news(4k), largefile(1M), largefile4(4M)일 때 지정된 크기로 I-node가 할당됨

02 다음 특수권한 설정에 대한 설명으로 알맞은 것은?

> /project 디렉터리에 Set-GID를 부여하여 파
> 일 생성 시 자동으로 그룹소유권을 지정하고,
> Sticky-Bit 권한을 설정한다.

① chmod g+s,o+t /project
② chmod g+t,o+t /project
③ chmod go+s /project
④ chmod go+t /project

특수권한 설정 시 그룹에는 Set-GID 기호 s(숫자는 2), 기타 사용자에게는 Sticky-bit 기호 t(숫자는 1)를 설정한다.

03 다음 중 리눅스 파일 시스템에 대한 설명으로 틀린 것은?

① Reiserfs, XFS, JFS는 저널링 파일 시스템이다.
② sysv는 리눅스에서 사용하는 가상 파일 시스템이다.
③ iso9660은 DVD를 마운트할 때 지정하는 파일 시스템이다.
④ nfs는 네트워크상의 시스템 파일을 공유할 때 사용하는 파일 시스템이다.

sysfs는 리눅스에서 사용하는 가상 파일 시스템이다.

04 다음 중 운영 중인 리눅스 서버의 파일 시스템에 손상된 디렉터리나 파일을 수정할 때 사용하는 명령으로 알맞은 것은?

① mkfs
② fsck
③ chkdsk
④ scandisk

fsck는 리눅스 파일 시스템 점검 및 복구를 할 수 있는 명령어이다.

정답　01 ④　02 ①　03 ②　04 ②

05 다음 중 fdisk 명령어에 대한 설명으로 틀린 것은?

① 설정 후에는 partition table 업데이트가 필요하다.
② 파티션을 삭제하는 특정 명령어는 d이다.
③ 파티션을 추가하는 특정 명령어는 w이다.
④ 파티션 정보를 확인할 수 있다.

---

fdisk의 'w'는 디스크에 테이블을 기록하고 빠져나오는 명령이다.

오답 피하기
새로운 파티션을 추가하는 명령은 'n'이다.

06 다음 (　　) 안에 들어갈 명령으로 알맞은 것은?

```
# ls −l lin.txt
−rwxrwxrwx. joon ihd 513 Dec 22 21:05 lin.txt
# (     )
# ls −l lin.txt
−rwxrwxrwx. joon kait 513 Dec 22 21:05 lin.
txt
```

① usermod kait lin.txt
② groupmod kait lin.txt
③ chown kait lin.txt
④ chgrp kait lin.txt

문제의 보기는 파일 lin.txt에 대해 그룹 ihd에서 kait로 변경되어 있다. 그룹 변경은 'chown :kait lin.txt' 또는 'chgrp kait lin.txt'이다.

07 다음 설명에 해당하는 허가권을 설정하는 명령으로 알맞은 것은?

list.txt 파일에 대하여 모든 사용자 및 그룹에게 모든 권한을 준다.

① chmod 707 list.txt
② chmod a=777 list.txt
③ chmod a=rwx list.txt
④ chmod u=rwx list.txt

기호 'a'는 모든 사용자(소유자, 그룹, 기타 사용자에 대한 권한이며, 기호 '='은 기존 권한들이 초기화되고 지정한 권한(rwx)을 지정한다.

08 다음 중 파일이나 디렉터리의 소유권 및 그룹 소유권을 변경하는 명령으로 알맞은 것은?

① chmod   ② chown
③ chgrp   ④ umask

오답 피하기
① chmod : 파일이나 디렉터리에 접근할 수 있는 허가권을 설정하는 명령어
③ chgrp : 파일이나 디렉터리의 소유그룹을 바꾸는 명령어
④ umask : 파일이나 디렉터리 생성 시 부여되는 기본 허가권 값을 지정하는 명령어

09 사용자나 그룹에 쿼터를 설정할 때 사용하는 명령어로 알맞은 것은?

① quota
② edquota
③ repquota
④ quotaon

---

① quota : 디스크 사용량 및 할당량을 표시
③ repquota : 지정된 파일 시스템의 할당량 및 디스크 사용량 요약
④ quotaon : quota 활성화

10 다음 디렉터리에 대한 설명으로 틀린 것은?

```
[root@www ~]# ls -ld /tmp
drwxrwxrwt. 10 root root 4096 2018-04-18
18:04 /tmp
```

① 특수 권한 중 Sticky-Bit가 설정되어 있다.
② tmp 디렉터리의 소유권은 root 사용자에게 있다.
③ 모든 사용자에게 모든 권한이 주어진 디렉터리이다.
④ 일시적으로 필요한 시스템이나 응용프로그램에 필요한 파일들이 저장되는 디렉터리이다.

• Sticky bit가 설정된 디렉터리 내의 파일은 수정이나 실행, 읽기는 모두 허용되나 소유자 root만이 파일을 삭제할 수 있다.
• Sticky bit가 설정된 디렉터리 자체도 소유자만이 삭제할 수 있다.

11 다음 (   ) 안에 들어갈 내용으로 알맞은 것은?

```
# echo (      )
ko_KR.UTF-8
```

① $LANG
② LANG
③ $TERM
④ TERM

echo $LANG은 셀 사용 시 기본으로 지원되는 언어를 확인할 수 있다.

12 다음에서 설명하는 셸(Shell)의 종류로 알맞은 것은?

• 1989년 브라이언 폭스(Brian Fox)가 GNU 프로젝트를 위해 개발한 셸
• 명령 히스토리, 명령어 완성 기능, 히스토리 치환, 명령행 편집 등을 지원
• 본 셸을 기반으로 하여 제작

① csh
② ksh
③ tcsh
④ bash

① csh : 버클리 대학의 빌 조이가 개발
② ksh : 벨연구소의 데이비트 콘이 개발
③ tcsh : 카네기 멜런 대학의 켄 그리어(Ken Greer)가 개발

13 다음 중 배시셸(Bash Shell)에서 현재 작업 디렉터리를 알려주는 환경 변수로 알맞은 것은?

① PS1
② PWD
③ PATH
④ SHELL

① PS1 : 프롬프트 변수
③ PATH : 실행 파일을 찾는 디렉터리 경로 변수
④ SHELL : 사용자의 로그인 셸 변수

14 다음 중 기존의 PATH에 /home/ihd 경로를 추가하려고 할 때 알맞은 것은?

① export PATH=PATH:/home/ihd
② export PATH=$PATH:/home/ihd
③ export $PATH=$PATH:/home/ihd
④ export $PATH=PATH:/home/ihd

• PATH 추가 명령어 형식 : export PATH=$PATH:추가경로
• 여러 개의 PATH를 넣을 때 구분은 콜론(:) 기호로 한다.

정답 10 ③ 11 ① 12 ④ 13 ② 14 ②

15 history 명령어를 이용해 사용자가 입력한 명령어를 확인하려고 한다. 다음 중 히스토리 목록 중에서 5번째에 사용한 명령을 실행하는 것으로 알맞은 것은?

① !!
② !5
③ history 5
④ history !5

'!숫자'는 히스토리 목록에서 숫자에 해당하는 명령어를 실행하며, '!!'은 번호가 가장 큰 명령어의 실행(방금 실행한 명령어)을 재실행한다.

16 다음 중 가장 먼저 개발된 셸(Shell)로 알맞은 것은?

① C shell
② Bash Shell
③ Korn Shell
④ Bourne Shell

Bourne Shell : 1977년 스티븐 본이 개발

오답 피하기

① C shell : 1978년 버클리 대학의 빌 조이가 개발
② Bash Shell : 1989년 브라이언 폭스가 개발
③ Korn Shell : 1983년 벨연구소의 데이비트 콘이 개발

17 다음 중 설정된 전체 환경 변수 값을 확인하는 명령으로 알맞은 것은?

① env
② alias
③ echo
④ export

오답 피하기

② alias : 명령어의 별칭 지정
③ echo : 표준출력(화면에 텍스트를 출력)하는 명령어
④ export : 환경 변수를 설정하거나 확인하는 명령어

18 다음 중 배시 셸(Bash Shell)에서 사용자가 입력한 명령어를 확인하는 키(key)로 알맞은 것은?

① 알트키(Alt)
② 컨트롤키(Ctrl)
③ 좌/우 방향키
④ 위/아래 방향키

배시 셸(Bash Shell)에서 이전 명령어를 보는 가장 쉬운 방법은 위/아래 방향키를 누르는 것이다.
• ↑ : 방금 실행한 명령어가 프롬프트에 나타나며 누를 때마다 더 이전에 실행한 명령어가 터미널에 나타난다.
• ↓ : 역순으로 볼 수 있다.

19 프로세스 우선순위에 관련된 설명으로 알맞은 것은?

① nice, renice, top은 프로세스 우선순위를 변경할 수 있는 명령이다.
② NI값의 기본값은 0이고, 지정 가능한 값의 범위는 −19~20이다.
③ 일반 사용자는 NI값 감소만 가능하고, root 사용자만 NI값을 증가시킬 수 있다.
④ NI값을 설정하면 리눅스는 상황에 따라 PNI값을 변경하여 우선순위를 조절한다.

• 프로그램의 우선순위를 설정하여 실행할 때에는 nice 명령을 사용한다.
• renice 명령어는 수행 중인 프로세스의 nice값을 변경하고 우선순위를 변경한다.
• top 명령어는 화면상에서 r를 누르면 renice를 할 PID를 입력하여 우선순위를 변경한다.

정답 15 ② 16 ④ 17 ① 18 ④ 19 ①

20 다음 설명에 해당하는 명령으로 알맞은 것은?

> PID 14164인 프로세스의 우선순위값을 −10으로 지정한다.

① renice −10 14164
② renice −−10 14164
③ nice −10 14164
④ nice −−10 14164

- renice [옵션] NI값 PID
- 명령어 renice는 기존의 값과는 상관없이 지정할 NI값을 할당한다.

21 다음 중 ps aux 명령으로 출력되는 항목으로 알맞은 것은?

① UID
② RSS
③ PPID
④ STIME

아래 그림은 ps aux 실행 결과이다.

오답 피하기

RSS는 프로세스에서 사용되는 실제 메모리의 용량이다.

22 다음 중 Ctrl + C 입력 시 보내지는 시그널로 알맞은 것은?

① SIGHUP
② SIGINT
③ SIGQUIT
④ SIGKILL

인터럽트 키(Delete 또는 Ctrl + C)가 눌렸을 때 SIGINT가 발생한다.

23 다음 (   ) 안에 들어갈 내용으로 알맞은 것은?

> 다수의 작업이 백그라운드(Background)로 수행 중인 경우 (㉠) 명령으로 작업내용을 확인한 후 (㉡) 명령으로 포어그라운드(Foreground) 프로세스로 전환시킬 수 있다.

① ㉠ jobs   ㉡ fg PID
② ㉠ ps −l   ㉡ fg PID
③ ㉠ jobs   ㉡ fg %작업번호
④ ㉠ ps −l   ㉡ fg %작업번호

- 명령어 jobs는 현재 세션의 작업 상태(작업이 중지된 상태, 백그라운드로 진행 중인 작업 상태, 변경되었지만 보고되지 않은 상태 등)를 표시한다.
- 현재 환경의 백그라운드 작업을 포어그라운드로 전환하기 위해서는 'fg %작업번호'를 지정한다.

24 다음 중 특정 사용자의 crontab 내용을 작성할 때 사용하는 명령으로 알맞은 것은?

① crontab −w ihduser
② crontab −e ihduser
③ crontab −w −u ihduser
④ crontab −e −u ihduser

----

crontab 명령은 cron 작업을 제출, 편집, 나열 또는 제거한다. 특정 사용자에게 cron 작업을 제출하려면 플래그 −e를 사용한다. 문제와 같이 특정 사용자에게 제출 시에는 'crontab −e −u 계정명'으로 명시한다.

25 다음 중 nohup 명령어에 관한 설명으로 틀린 것은?

① 표준출력과 표준에러는 'nohup.out' 파일을 생성해 기록한다.
② nohup는 실행한 명령을 자동으로 백그라운드로 보내 작업한다.
③ 쓰기작업이 불가능한 경우 '$HOME/nohup.out' 파일을 생성해 기록한다.
④ 작업 중인 터미널창이 닫혀도 실행 중인 프로세스를 백그라운드로 작업할 수 있게 한다.

nohup은 실행한 명령을 자동으로 백그라운드로 보내지 않고, 사용자가 명령행 뒤에 &를 명시해야 한다.

26 다음 중 프로세스(Process)에 관련된 설명으로 알맞은 것은?

① 최초의 프로세스인 init 프로세스는 PID가 0이다.
② 보통 명령어를 수행하면 exec 방식으로 실행된다.
③ pstree 명령으로 init 프로세스가 모든 프로세스의 부모 프로세스임을 확인할 수 있다.
④ exec 방식은 복사본 형태로 프로세스를 실행하고 기존 프로세스는 그대로 실행되어 있다.

오답 피하기
① 최초의 프로세스인 init 프로세스는 PID가 1이다.
② 보통 명령어를 수행하면 fork 방식으로 실행된다.
④ fork 방식은 복사본 형태로 프로세스를 실행하고 기존 프로세스는 그대로 실행되어 있다.

27 다음 설명으로 알맞은 것은?

> 특정 프로세스가 다른 프로세스에게 메시지를 보낼 때 이용하는 것으로 전체 목록은 kill −l 명령으로 확인할 수 있다.

① PID
② SIGNAL
③ DAEMON
④ PROCESS

명령어 'kill −l'은 시그널의 종류를 출력한다.

28 다음 보기에서 알 수 있는 설명으로 틀린 것은?

> [root@ihd ~]# find / −name '*.txt' > list.txt &
> [1] 12677

① 작업번호는 1이다.
② PID는 12677이다.
③ PPID는 12676이다.
④ 백그라운드 프로세스 실행 방법이다.

PID(Process Identification Number)는 프로세스 각각을 구별할 수 있는 식별자이며, PPID(Parent PID)는 프로세스를 만든 부모 프로세스의 PID를 나타내는 값이다.

29 다음은 vi 편집기 실행 시 자동으로 행 번호가 나타나도록 설정한 후에 확인하는 과정이다. (   ) 안에 들어갈 내용으로 알맞은 것은?

```
[ihduser@www ~]$ vi ( ㉠ )
[ihduser@www ~]$ cat ( ㉠ )
( ㉡ )
```

① ㉠ .virc ㉡ set nu
② ㉠ .virc ㉡ :set nu
③ ㉠ .exrc ㉡ set nu
④ ㉠ .exrc ㉡ :set nu

홈 디렉터리(~)에 파일 .exrc 또는 .vimrc를 생성한다. 생성된 .exrc 파일 안에 행 번호 설정과 같은 환경 변수를 설정한다. 새로운 vi가 실행될 때 .exec 파일 내용이 해당 편집 파일에 적용되어 나타난다.

30 다음 중 LISP 언어를 사용하려는 프로그래머에게 가장 최적화된 편집기로 알맞은 것은?

① vi
② pico
③ vim
④ emacs

Emacs는 텍스트 처리를 위한 포괄적인 통합 환경 또는 응용 프로그램 실행 환경을 제공하는 고성능 문서 편집기로 많은 개발자들이 사용하고 있다. LISP 언어에 의한 환경설정 기능 및 에디터 자신의 기능을 확장할 수 있는 기능이 포함되었다.

31 vi 편집기에서 바로 직전에 실행한 줄 삭제 명령을 취소하여 복원하려고 할 때 사용하는 명령으로 알맞은 것은?

① u   ② x
③ y   ④ z

오답 피하기
② x : 커서 위치의 한 글자 삭제
③ y : 작성되어 있는 글을 복사할 때 y(yank)를 눌러 영역 설정
④ z : 현재 줄을 화면의 맨 위로 이동

32 다음의 작업을 원격지 서버에 접속하여 사용하던 중 네트워크가 차단되면서 비정상적으로 종료되었다. 이때 생성되는 파일로 알맞은 것은?

```
[ihduser@www ~]$ vi lin.txt
```

① lin.txt.swp
② lin.txt.swap
③ .lin.txt.swp
④ .lin.txt.swap

• Vi 편집기는 자체적으로 숨김 파일 ~.swp 파일을 만든다. 저장 후 종료할 경우 ~.swp 파일은 자동 삭제된다.
• 스왑 파일을 정상적으로 복구하는 방법은 vi -r ./.~.swp이다. 즉 .~.swp을 열면 스왑 파일이 복구 모드로 열리게 된다.

33 다음 중 X 윈도우 환경에서만 사용 가능한 편집기로 틀린 것은?

① gedit
② nano
③ xemacs
④ gvim

나노(nano)는 유닉스 계열 컴퓨팅 시스템으로, 명령 줄 인터페이스를 사용하는 운영 환경을 위한 문서 편집기이다.

34 다음 설명에 해당하는 편집기로 알맞은 것은?

> GNOME 기반의 문서 편집기로 용량은 작지만, 다양하고 강력한 기능을 제공한다.

① nano   ② pico
③ gedit   ④ emacs

nano, pico, emacs는 텍스트 기반의 콘솔 창에서 사용하는 편집기들이다.

정답 29 ③ 30 ④ 31 ① 32 ③ 33 ② 34 ③

35 다음 중 압축과 압축해제 명령어의 조합으로 틀린 것은?

① xz, unxz
② gzip, gunzip
③ bzip2, unzip2
④ compress, uncompress

bzip2의 압축 해제는 bunzip2 명령을 사용한다.

36 다음 중 리눅스에서 소스(Source) 프로그램을 설치하기 위한 도구로 거리가 먼 것은?

① tar
② gcc
③ rpm
④ make

rpm은 패키지 관리자로서 각각의 소프트웨어 패키지를 만들고 설치하고 검증하고 갱신하며 제거할 수 있다. 윈도우의 setup 명령어와 유사한 기능을 갖는다.

37 다음 중 tar의 특징으로 틀린 것은?

① 테이프 관련 장치를 이용하여 백업할 때 사용된다.
② 심볼릭 링크가 가리키고 있는 원본 파일을 저장하는 기능을 제공한다.
③ 디렉터리를 지정하면 그 디렉터리의 모든 파일과 서브 디렉터리들까지 함께 묶여진다.
④ GNU tar는 파일로 묶거나 풀어주는 기능만 제공하고, 유닉스 tar는 압축 관련 작업도 지원한다.

GNU tar는 파일을 묶거나 풀어주는 기능을 제공하지만, 다양한 옵션으로 압축 관련 작업도 지원한다.

38 다음은 tar 명령을 이용해 압축을 해제하는 명령이다. (   ) 안에 들어갈 내용으로 가장 알맞은 것은?

tar (   ) httpd−2.4.34.tar.bz2

① xvf
② jxvf
③ Jxvf
④ zxvf

'j'는 bzip2 관련 옵션으로 압축 파일 tar.bz2에 사용한다.

39 rpm 명령어로 패키지를 삭제하려고 한다. 다음 중 의존성이 있는 패키지가 존재할 경우에도 제거하는 옵션으로 알맞은 것은?

① −e
② −−test
③ −−force
④ −−nodeps

의존성이 발생한 패키지를 제거하기 위해서는 먼저 의존성 관련 패키지를 제거하거나 −−nodeps 옵션을 지정해야 한다.

오답 피하기
패키지를 제거할 때에는 −e 옵션을 사용하지만 다른 패키지에 대한 의존성이 발생할 경우에는 제거되지 않는다.

40 다음 중 tar 명령이 지원하는 압축 형식으로 틀린 것은?

① xz
② zip
③ gzip
④ compress

tar가 지원하는 압축 형식은 Z, xz, gx, bz2이다.
• Z : compress 옵션으로 tar.Z에 사용
• J : xz 옵션으로 tar.xz에 사용
• z : gzip 옵션으로 tar.gz에 사용
• j : bzip2 옵션으로 tar.bz2에 사용

정답 35 ③ 36 ③ 37 ④ 38 ② 39 ④ 40 ②

41 다음 중 dpkg 명령어를 이용해 환경 설정 파일은 남기고 패키지를 삭제하는 옵션으로 알맞은 것은?

① −e
② −r
③ −P
④ −R

• 옵션 −P : 패키지와 해당 패키지의 설정 파일 삭제
• −R : 주어진 디렉터리 내의 모든 패키지 설치

42 다음 중 .rpm 형태의 파일로 배포되는 rpm 파일의 구성 요소로 틀린 것은?

① 버전
② 릴리즈
③ 압축 형식
④ 패키지 이름

패키지란 설치할 파일들과 이름, 버전, 설명 등의 정보를 포함하는 저장 파일이다.

43 다음 (   ) 안에 들어갈 내용으로 알맞은 것은?

프린터 큐(Queue) 관련 내용을 출력해주는 BSD 계열 명령어는 (㉠)이고, System V 계열 명령어는 (㉡)이다.

① ㉠ lpq   ㉡ lpstat
② ㉠ lpq   ㉡ lpr
③ ㉠ lp   ㉡ lpstat
④ ㉠ lp   ㉡ lpr

lpr, lpq, lprm, lpc은 BSD 계열의 명령이며, lp, lpstat, cancel은 System V 계열의 명령어이다.

44 다음 설명으로 알맞은 것은?

프린터 큐(Queue)에 대기 중인 작업을 삭제하는 명령으로 취소할 프린트 작업번호를 명시한다. 작업번호를 명시하지 않을 경우 가장 마지막에 요청한 작업을 취소한다.

① lpq
② lpr
③ lprm
④ cancel

① lpq : 프린터 큐(Queue)에 있는 작업의 목록을 출력하는 명령어
② lpr : 프린터 작업을 요청하는 명령어
④ cancel : 프린터 작업을 취소하는 명령어로 lpstat를 이용하여 먼저 요청 ID를 확인해야 함

45 다음 중 USB 스캐너 관련 장치 파일을 찾아주는 명령어로 알맞은 것은?

① alsactl
② scanimage
③ sane−find−scanner
④ system−config−scanner

sane−find−scanner는 USB 및 SCSI 스캐너와 관련 장치 파일을 찾아주는 명령어이다.

46 다음 중 리눅스 시스템 USB 포트에 프린터를 직접 연결하는 경우 생성되는 관련 파일로 알맞은 것은?

① /dev/usb/lp0
② /dev/usb/prn
③ /dev/lp0/usb
④ /dev/prn/usb

병렬 포트에 연결된 파일은 /dev/lp0이고, USB 프린터는/dev/usb/lp0이다.

정답 41 ② 42 ③ 43 ① 44 ③ 45 ③ 46 ①

47 다음 중 표준 유닉스 장치 시스템 콜(POSIX READ, WRITE, IOCTL 등)에 기반을 둔 OSS에 대한 설명으로 알맞은 것은?

① 애플이 개발한 오픈 소스 프린팅 시스템이다.
② 리눅스에서 프린터를 지원해주는 초기 인쇄 시스템이다.
③ 스캐너, 디지털 카메라 등 이미지 관련 하드웨어를 제어하는 오픈 소스 시스템이다.
④ 유닉스 계열 운영체제에서 사운드를 만들고 캡처하는 인터페이스이다.

오픈 사운드 시스템(Open Sound System, OSS)은 유닉스 계열 운영 체제의 사운드를 만들고 캡처하는 인터페이스이다.

48 다음 설명으로 알맞은 것은?

유닉스 계열 운영체제를 사용하는 시스템을 프린터 서버로 사용 가능하도록 애플(Apple)사가 개발한 오픈 소스 프린팅 시스템이다.

① ALSA
② OSS
③ CUPS
④ LPRng

오답 피하기

① ALSA : 고급 리눅스 사운드 아키텍처
② OSS : 오픈 사운드 시스템
④ LPRng : 버클리 프린팅 시스템

49 다음 중 ( ) 안에 들어갈 내용으로 알맞은 것은?

X 윈도우는 X 서버와 X 클라이언트가 독립적으로 동작하는 네트워크 지향 시스템이기 때문에 원격지의 X 클라이언트를 다른 시스템의 X 서버에서 실행시킬 수 있다. X 서버에서 원격지의 X 클라이언트를 실행하기 위해서는 접근을 허가해야 하는데 이때 IP 주소 기반으로 접근을 허가하는 명령이 (㉠)이다. 또한 X 클라이언트에서 원격지의 X 서버에 프로그램이 전달되기 위해서는 실행되는 터미널이 정의되어 있는 환경 변수인 (㉡)을(를) 수정해야 한다.

① ㉠ xhost ㉡ TERMINAL
② ㉠ xhost ㉡ DISPLAY
③ ㉠ xauth ㉡ DISPLAY
④ ㉠ xauth ㉡ TERMINAL

xhost는 X 서버에 접근할 수 있는 클라이언트를 지정하거나 해제하는 명령어이며, xauth는 X 접근허가(authority) 파일 관련 도구로 키 값을 사용하여 인증한다.

50 다음 중 GNOME에 대한 설명으로 틀린 것은?

① Qt 라이브러리를 사용하여 개발되었다.
② GNU 프로젝트를 통해 만들어졌다.
③ 응용 프로그램은 GPL 라이선스를 따른다.
④ 재사용이 쉽도록 소스코드를 공개하였다.

GTK+는 GNOME, Qt는 KDE를 만드는 데에 사용된 라이브러리이다.

51 다음 중 256 color 모드로 X 윈도우를 실행시키는 명령으로 알맞은 것은?

① startx -- :8
② startx -- :16
③ startx -- -depth 8
④ startx -- -depth 16

'startx -- -depth 8'은 256 color 모드로 X 윈도우를 실행시키며, 'startx -- -depth 16'은 하이컬러(16비트) 모드로 X 윈도우를 실행시킨다.

52 다음 설명하는 내용으로 알맞은 것은?

> 이것은 직접 비디오카드, 마우스, 키보드 등에 접근하지 않고 디스플레이 서버(Display Server)를 통해서 접근한다. 데스크톱 환경 구성에 도움을 주기 위해 설계되었고 도크(Dock), 태스크 바(Task bar), 프로그램 런처(Program Launcher), 데스크톱 아이콘(Desktop Icon) 등과 같이 다양한 유틸리티를 제공한다.

① Kernel
② Display Manager
③ Window Manager
④ Desktop Environment

• 윈도우 매니저는 X 윈도 환경에서 윈도우 배치와 표현을 담당하는 시스템 소프트웨어이다.
• 대표적인 X 윈도우 매니저에는 GNOME에서 사용되는 Mutter 및 Metacity와 KDE에서 사용되는 KWin 및 KWM이 있다.

53 다음 중 Xlib에 대한 설명으로 틀린 것은?

① C언어로 구현된 클라이언트 라이브러리로 X 서버와 통신을 하는 역할을 담당한다.
② 개발자들이 Xlib를 통해 프로그램을 구현하려면 X 서버 및 X 클라이언트와 관련된 프로토콜에 관해 자세히 알아야 한다.
③ Xlib는 저수준의 인터페이스로 키보드나 마우스에 대한 반응 등 단순한 기능만 가지고 있다.
④ XCB(X protocol C-language Binding)는 Xlib에 비해 향상된 스레딩 기능을 지원한다.

Xlib는 X 서버와 상호 작용하는 함수들을 포함하고 있다. 이 함수들은 개발자들이 통신 프로토콜을 자세히 모르더라도 프로그램을 작성할 수 있게 도와준다.

54 다음 중 특정 사용자가 X 윈도우 실행 시에 관련 키 값을 저장하는 파일로 알맞은 것은?

① .Xterm
② .Xsession
③ .Xpublickey
④ .Xauthority

~/.Xauthority는 서버 컴퓨터에 원격으로 접속을 시도할 때 X 서버에 접속을 승인하는 정보(magic cookie, 실행 관련 키)를 저장하고 있는 권리 파일(authority file)이다.

정답 51 ③ 52 ③ 53 ② 54 ④

55 다음 중 X 윈도우의 개념 및 특징에 대한 설명으로 틀린 것은?

① 리눅스 초기에는 XFree86 기반이 사용되었으나 현재는 X.org 기반이 사용되고 있다.

② X 윈도우는 클라이언트/서버 구조로 되어 있고 X Protocol을 사용하여 통신한다.

③ GUI 방식으로 디스플레이 장치에 의존적이며 서로 다른 이 기종을 함께 사용할 수 없다.

④ 로컬 시스템뿐만 아니라 원격 호스트 간에도 응용프로그램을 주고받을 수 있다.

X 윈도우는 디스플레이 장치에 의존적이지 않고 서로 다른 기종을 함께 사용한다.

56 다음 설명에 알맞은 것은?

> 사진이나 그림을 편집하는 자유소프트웨어이다. Adobe사의 Photoshop과 유사한 프로그램으로 그래픽이나 로고 디자인, 사진 편집, 이미지 합성, 이미지 포맷 변환, 레이어 기법을 통한 이미지 작업을 할 수 있다.

① GIMP

② KMid

③ Totem

④ Rhythmbox

오답 피하기

② KMid : 미디어 및 노래방 파일 플레이어
③ Totem : 사운드 및 비디오 플레이어
④ Rhythmbox : 인터넷 라디오 및 음악 연주 프로그램

57 서브넷 마스크 표기 방법 중 네트워크 ID와 호스트 ID를 32비트의 값으로 표현한 방식을 네트워크 접두어 길이 표현(Network Prefix Length Representation)이라고 한다. 다음 중 서브넷마스크가 255.255.0.0일 때 이에 해당하는 네트워크 접두어로 알맞은 것은?

① /16   ② /24

③ /25   ④ /32

네트워크 접두어 길이 표현 방법은 네트워크 ID 비트 수로 서브넷마스크를 표시한다. 따라서 255.255.0.0일 때 '1111 1111.1111 1111.0000 0000.0000 0000'과 같으므로 /16이다.

58 네트워크 구성 중 ifconfig 명령어를 이용해 네트워크 인터페이스에 IP를 할당하고 해당 인터페이스를 활성화 하려고 한다. 다음 중 ( ) 안에 들어갈 내용으로 알맞은 것은?

> • 네트워크 인터페이스는 eth0이다.
> • IP는 192.168.0.3이다.
> • 서브넷마스크는 255.255.255.0이다.
>
> # ifconfig (㉠) 192.168.0.3 (㉡) 255.255.255.0 (㉢)

① ㉠ eth0   ㉡ netmask   ㉢ up

② ㉠ up   ㉡ eth0   ㉢ netmask

③ ㉠ ip   ㉡ eth0   ㉢ mask

④ ㉠ addr   ㉡ mask   ㉢ eth0

• 명령어 ifconfig를 이용한 IP 설정 형식은 다음과 같다.
• ifconfig [interface명] [IP 주소 netmask 서브넷마스크] [up/down]

정답 55 ③   56 ①   57 ①   58 ①

59 다음 중 ihd라는 계정으로 192.168.0.3 서버에 접속하는 명령으로 틀린 것은?

① ssh ihd@192.168.0.3
② ssh −l ihd 192.168.0.3
③ telnet ihd@192.168.0.3
④ telnet −l ihd 192.168.0.3

텔넷 접속 형식은 'telnet IP 주소(또는 호스트명) 포트'이다. 포트 번호는 생략 가능하다.

60 다음 중 FTP의 설명으로 틀린 것은?

① Active 모드와 Passive 모드를 지원한다.
② 익명의 계정(Anonymous)을 이용하여 접속할 수 있다.
③ FTP를 사용하기 위해서는 FTP 서버가 반드시 필요하다.
④ UDP 프로토콜 기반으로 많이 사용되고 있다.

FTP는 TCP 기반의 프로토콜이다.

61 다음 중 IPv6의 특징으로 알맞은 것은?

① 패킷 크기는 64KB이다.
② IPv4와 비교해 헤더 구조가 복잡하다.
③ 주소 표시공간이 32비트로 약 42억 개의 주소를 제공한다.
④ 흐름 제어 기능을 지원할 수 있는 필드인 플로 레이블(Flow Label)을 도입하였다.

오답 피하기
① IPv6 패킷의 최대 크기는 4,352byte이다.
② IPv4와 비교해 헤더 구조가 단순하다.
③ 주소 표시공간이 128비트로 2¹²⁸(=43억*4)개의 주소를 제공한다.

62 다음 중 SSH와 관련된 서비스로 거리가 먼 것은?

① rsh   ② scp
③ sftp   ④ samba

삼바는 Windows 운영체제를 사용하는 PC에서 Linux 또는 UNIX 서버에 접속하여 파일이나 프린터를 공유하여 사용할 수 있도록 한다.

63 다음 중 최상위 도메인으로 틀린 것은?

① or   ② kr
③ com   ④ edu

아래의 그림은 도메인 체계를 트리 형태로 나타낸 것이다. or은 레벨 2의 도메인이다.

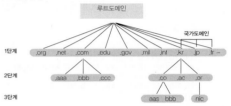

64 네트워크 관련 파일을 직접 수정해서 ip를 설정하려고 한다. 다음 중 직접 설정 방법의 특징으로 틀린 것은?

① 파일 변경 후 저장과 동시에 정보가 갱신된다.
② 파일에 저장하면 서버 재부팅 시에도 적용된다.
③ vi 편집기 등을 이용해서 해당 파일의 설정 내용을 직접 변경해야 한다.
④ 네트워크 인터페이스 환경 설정과 관련된 파일이 저장되는 곳은 /etc/sysconfig/network-scripts 디렉터리이다.

설정을 변경한 후에는 /etc/rc.d/init.d/network restart로 네트워크를 재시작해야 한다.

65 이더넷 카드의 Link mode를 Auto-negotiation 에서 100Mb/s Full duplex로 변경하려고 한다. 다음 중 설정을 변경하기 위한 명령어로 알맞은 것은?

① ip
② netstat
③ ethtool
④ ifconfig

· ethtool은 ethernet card의 속도 설정 문제와 전송 문제를 설정하거나 확인할 수 있는 툴이다.
· 명령어 형식은 'ethtool -s eth0 [speed 10 | 100 | 1000][duplex half | full][autoneg on|off]'이다.

66 다음 중 (　　　) 안에 들어갈 내용으로 알맞은 것은?

```
[root@ihd ~]# cat (                    )
# Generated by NetworkManager
nameserver 8.8.8.8
nameserver 168.126.63.1
[root@ihd ~]#
```

① /etc/hosts
② /etc/resolv.conf
③ /etc/sysconfig/network
④ /etc/sysconfig/network-scripts/ ifcfg-eth0

/etc/resolv.conf은 네임서버를 지정하는 파일이다.

67 다음 중 OSI 7 계층의 네트워크 계층에 해당하는 프로토콜로 알맞은 것은?

① SSL
② TCP
③ FDDI
④ ICMP

오답 피하기
① SSL : 전송 계층과 세션 계층 사이에서 운영되는 프로토콜
② TCP : 전송 계층 프로토콜
③ FDDI : 데이터 링크 계층 프로토콜

68 다음에서 설명하는 OSI 7 계층의 종류로 알맞은 것은?

이 계층은 데이터를 패킷(packet) 단위로 분할하여 전송하며 데이터 전송과 경로 선택에 관한 서비스를 제공한다. 이 계층의 역할은 혼잡 제어(Congestion Control), 패킷의 분할(Segmentation)과 병합(Desegmentation, Reassembly), 인터네트워킹(Internetworking) 등이 있다.

① 전송 계층
② 세션 계층
③ 네트워크 계층
④ 데이터링크 계층

네트워크 계층의 IP 프로토콜의 주요 기능은 단편화와 재조립이다. 이것은 MTU(Maximum Transfer Unit) 크기를 기준으로 한다.

69 다음에서 설명하는 네트워크 종류로 알맞은 것은?

· 국가, 대륙 등과 같은 넓은 지역을 연결하는 네트워크이다.
· 거리상의 제약이 없지만, 다양한 경로를 경유해서 도달하므로 속도가 느리고 전송 에러율도 높은 편이다.
· 구성하는 방식에는 전용 회선과 교환 회선 방식이 있다.

① LAN
② MAN
③ WAN
④ X.25

WAN(Wide Area Network, 광역 통신망)은 넓은 지리적 거리/장소를 연결하는 통신 네트워크 또는 컴퓨터 네트워크이다.

정답　65 ③　66 ②　67 ④　68 ③　69 ③

70 다음 중 FTP를 이용해 여러 개의 파일을 동시에 가져올 때 사용하는 명령으로 알맞은 것은?

① get
② put
③ mget
④ mput

명령어 mput은 multipe put으로 여러 개의 파일을 동시에 전송할 때(보낼 때) 사용하며, 다수 개의 파일을 전송받을 때에는 명령어 mget을 사용한다.

71 다음에서 설명하는 프로토콜 제정 기관으로 알맞은 것은?

> 미국의 산업 표준을 제정하는 기구이다. 이 기관에서 제정한 것 중에 대표적으로는 ASCII (American Standard Code for Information Interchange) 코드가 있다.

① EIA
② ISO
③ IEEE
④ ANSI

ANSI(American National Standards Institute) : 미국 국립 표준 협회

오답 피하기

① EIA(Electronic Industries Alliance) : 미국 전자 산업 협회
② ISO(International Organization for Standardization) : 국제 표준화 기구
③ IEEE(Institute of Electrical and Electronics Engineers) : 전기 전자 기술자 협회

72 다음에서 설명하는 LAN 구성 방식으로 알맞은 것은?

> • 중앙의 제어기를 중심으로 모든 기기는 Point-to-Point 방식으로 연결된다.
> • 고속의 대규모 네트워크에 이용하고, 일부 장애가 발생해도 전체 네트워크에 영향이 없다.
> • 설치 비용이 높다.

① 링(Ring)형
② 망(Mesh)형
③ 버스(Bus)형
④ 스타(Star)형

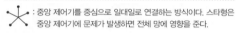 : 중앙 제어기를 중심으로 일대일로 연결하는 방식이다. 스타형은 중앙 제어기에 문제가 발생하면 전체 망에 영향을 준다.

① : 링형
② : 풀 메쉬형
③ : 버스형

73 다음 중 GUI 기반으로 네트워크를 설정할 때 사용하는 명령어로 알맞은 것은?

① setup
② mii-tool
③ nm-connection-editor
④ system-config-network

nm-connection-editor는 시스템이 그래픽 환경을 지원해야만 사용 가능하다.

74 다음에서 설명하는 netstat의 상태 값으로 알맞은 것은?

> 서버 시스템이 원격 클라이언트로부터 접속 요구를 받아 클라이언트에게 응답을 하였지만, 아직 클라이언트에게 확인 메시지는 받지 않는 상태

① LISTEN
② SYS-SENT
③ ESTABLISHED
④ SYN_RECEIVED

아래 그림은 TCP의 3-way handshaking 과정을 나타낸 것이다.

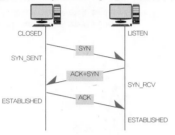

75 다음 중 (   ) 안에 들어갈 내용으로 알맞은 것은?

```
[root@ihd ~]# (     ) 192.168.30.101
The authenticity of host '192.168.30.101 (192.168.30.101)' can't be established.
ECDSA key fingerprint is SHA256:fo1wkad8Gcv4u6SOxN8CbGCTGOu2Vj7t9zmTMSkD6Po.
ECDSA key fingerprint is MD5:04:f3:13:de:27:7d:ef:11:c1:89:af:27:82:84:82:bb.
Are you sure you want to continue connecting (yes/no)? yes
Warning: Permanently added '192.168.30.101' (ECDSA) to the list of known hosts.
root@192.168.30.101's password:
Last login: Tue Jul 17 20:27:03 2018 from 192.168.30.1
[root@ihd ~]#
```

① su
② ftp
③ ssh
④ telnet

원격지에 있는 컴퓨터를 안전하게 제어하기 위한 프로토콜 또는 이 프로토콜을 사용하는 프로그램들을 의미한다.

76 다음 중 잘 알려진 포트(Well-Known Port)로 사용되는 포트 범위로 알맞은 것은?

① 0번~1023번
② 1번~1024번
③ 0번~65535번
④ 1번~65536번

포트 번호는 0번~65535번을 사용한다. 이것을 분류하면 다음과 같다.
• Well Known Port : 0~1023(IANA에서 관리)
• Registered Port : 1024~49151
• Dynamic and/or Private Port : 49152~65535

77 다음 중 빅데이터(Big Data)에 관한 설명으로 틀린 것은?

① 대량의 정형 또는 비정형 데이터 집합에서 가치를 추출하고 결과를 분석하는 기술이다.
② 빅데이터 관련 기술로는 데이터마이닝, 기계학습, 자연어처리, 패턴인식 등이 있다.
③ 데이터를 유연하고 더욱 빠르게 처리하기 위해 NoSQL 기술이 활용된다.
④ 분석된 데이터를 시각적으로 표현하기 위한 기술로 하둡(Hadoop)이 있다.

하둡(Hadoop)은 분산 환경에서 빅데이터를 저장하고 처리할 수 있는 자바 기반의 오픈 소스 프레임워크이다.

78 다음 설명으로 알맞은 것은?

> 마이크로 컨트롤러(Micro Controller) 등을 내장하여 특정한 기능을 반복적으로 수행하기 위해 하드웨어와 소프트웨어를 결합하여 만든 전자제어시스템으로 규모가 작고 단순한 시스템에 사용되며 보통 운영체제를 포함하지 않는다.

① 서버 가상화
② 임베디드 시스템
③ 고가용성 클러스터
④ 부하분산 클러스터

임베디드 시스템(embedded system, 내장형 시스템)은 기계나 기타 제어가 필요한 시스템에 대해 제어를 위한 특정 기능을 수행하는 컴퓨터 시스템으로, 장치 내에 존재하는 전자 시스템이다. 임베디드 시스템에는 마이크로 컨트롤러(microcontroller)나 DSP(digital signal processor) 등의 프로세서 코어가 장착될 수 있다.

79 다음 중 고계산용 클러스터(HPC)에 관한 설명으로 알맞은 것은?

① 고성능의 계산능력을 제공하기 위한 슈퍼컴퓨터 구성에 주로 사용된다.
② 지속적인 서비스 제공을 목적으로 부하분산 클러스터와 연동하여 많이 사용된다.
③ 모든 IT 자원을 서비스 형태로 제공하는 것으로 대표적인 개념으로 SaaS가 있다.
④ 대규모의 서비스를 제공하기 위한 목적으로 사용되는 기법으로 웹서비스 등에 활용된다.

오답 피하기
② 지속적인 서비스 제공을 목적으로 부하분산 클러스터와 연동하여 사용하는 것은 HA(고가용성) 클러스터이다.
③ 모든 IT 자원을 서비스 형태로 제공하는 것으로 대표적인 개념으로 IaaS가 있다.
④ 고성능 계산 능력을 제공하기 위한 목적으로 과학 계산용으로 활용되고 있다.

80 다음 설명으로 가장 알맞은 것은?

> 생활 속 사물들을 유무선 네트워크로 연결하여 데이터를 전달하고 정보를 생산. 공유하는 환경을 말한다.

① Docker
② Big Data
③ Internet of Things
④ Cloud Computing

오답 피하기
① Docker : 리눅스의 응용 프로그램들을 소프트웨어 컨테이너 안에 배치시키는 일을 자동화하는 오픈 소스 프로젝트
② Big Data : 대량의 정형 또는 비정형의 데이터 집합조차 포함한 데이터로부터 가치를 추출하고 결과를 분석하는 기술
④ Cloud Computing : 인터넷 기반 컴퓨팅의 일종으로 정보를 인터넷에 연결된 다른 컴퓨터로 처리하는 기술

정답 78 ② 79 ① 80 ③

2급 2차	소요 시간	문항 수
	총 100분	총 80문항

수험번호 : _____

성   명 : _____

1과목 **리눅스 운영 및 관리**

01 다음 (   ) 안에 들어갈 명령으로 알맞은 것은?

```
# ls −l lin.txt
−rwxrwxrwx. joon ihd 513 Dec 22 21:05 lin.txt
# (          )
# ls −l lin.txt
−rwxrwxrwx. joon kait 513 Dec 22 21:05 lin.
txt
```

① chown :ihd lin.txt
② chown :kait lin.txt
③ chgrp ihd lin.txt
④ chgrp :kait lin.txt

• chown 명령어는 파일 및 디렉터리의 소유권을 바꾼다.
• 명령어 형식은 'chown 사용자:그룹 대상'이다.
• 문제의 보기는 사용자 변경은 없지만 그룹은 ihd에서 kait로 변경되어 있다. 따라서 'chown :kait lin.txt'이다.

02 다음 중 저널링 파일 시스템을 생성하는 명령으로 틀린 것은?

① mke2fs /dev/sdb1
② mkfs −t ext3 /dev/sdb1
③ mke2fs −j /dev/sdb1
④ mke2fs −t ext4 /dev/sdb1

• mke2fs은 ext2, 3, 4 파일 시스템을 만드는 명령어이다.
• 명령어 형식은 mke2fs [옵션] 장치이다.
• 옵션 −j는 저널링 파일 시스템(ext3)으로 만들며, 옵션 없이 사용 시 자동으로 ext2를 만든다. 파일 시스템 ext3부터는 저널링 파일 시스템 기능이 포함되어 있으며 ext2에는 저널링 기능을 지원하고 있지 않다.

03 다음 (   ) 안에 들어갈 허가권 값으로 알맞은 것은?

```
# ls −l lin.txt
−−w−−−−−−. joon ihd 513 Dec 22 21:05
lin.txt
# chmod 577 lin.txt
# ls −l lin.txt
(          ) joon ihd 513 Dec 22 21:05 lin.txt
```

① −rwxrwxrwx.
② −r−xrwxrwx.
③ −rwxrwxr−x.
④ −rwxrwxrw−.

---

chmod 577은 소유자 권한 r−x, 그룹 권한 rwx, 그 외 사용자들에 대해서는 rwx 권한을 나타낸 것이다.

04 다음 중 스티키 비트(Sticky Bit)에 대한 설정하는 방법으로 알맞은 것은?

① chmod o+s data/
② chmod o+t data/
③ chmod u+s data/
④ chmod u+t data/

---

sticky 비트 설정은 8진수(1XXX)나 기호(o+t)를 이용하여 설정할 수 있다.

오답 피하기

① −l : /etc/shells 파일 안에 셸 목록을 나열
② −u : 명령어 사용법을 출력
④ −c : 지원되지 않는 옵션

정답 01 ② 02 ① 03 ② 04 ②

---

05 다음 중 파일에 부여되는 허가권인 w에 대한 설명으로 틀린 것은?

① 파일을 삭제할 수 있다.
② 파일의 내용을 수정할 수 있다.
③ 파일의 내용을 전부 지워서 빈 파일을 만들 수 있다.
④ cat 명령과 >>를 이용해서 파일의 내용을 추가할 수 있다.

파일을 삭제하는 명령어는 rm이다.

06 fdisk 명령을 실행하면 파티션의 속성(Id)을 확인할 수 있다. 다음 중 스왑(swap)에 해당하는 속성값으로 알맞은 것은?

① 82　　　　② 83
③ 8e　　　　④ fd

오답 피하기
② 83 : Linux
③ 8e : Linux LVM
④ fd : Linux RAID

07 다음 중 /etc/fstab의 첫 번째 필드 형식으로 틀린 것은?

① /
② /dev/sdb1
③ LABEL=/home
④ UUID=cb929e4a−f1ac−4087−b86b− 90338f9bc745

파일 /etc/fstab은 6개의 필드로 구성되어 있다. 이 중 첫 번째 필드에는 파일 시스템 장치명(❹ /dev/sdb1), 볼륨 라벨(LABEL=/home), 또는 UUID (UUID=cb929e4a−f1ac−4087−b86b−90338f9bc745)가 올 수 있다.

08 다음에 대한 설명으로 틀린 것은?

```
# mke2fs −j −b 4096 −R stride=32 /dev/
md0
```

① /dev/md0는 Raid 장치이다.
② 블록 사이즈는 4096바이트로 설정한다.
③ stripe당 블록 사이즈는 32바이트로 설정한다.
④ /dev/md0를 ext2 파일 시스템으로 생성한다.

옵션 −j는 저널링 파일 시스템(ext3)으로 만든다.

09 다음 중 /home 영역에 설정된 사용자 쿼터 정보를 출력하는 명령으로 알맞은 것은?

① quota /home
② repquota /home
③ edquota /home
④ quotacheck /home

repquota는 지정된 파일 시스템의 디스크 사용 상황과 할당 제한 상황을 표시한다.

10 다음 중 DVD 등 이동식 보조기억장치의 미디어를 꺼낼 때 사용하는 명령으로 알맞은 것은?

① fdisk
② mkfs
③ eject
④ unmount

eject은 이동식 매체(주로 CD−ROM)의 마운트를 해제하고 장치를 제거하는 리눅스 명령어이다.

정답 05 ① 06 ① 07 ① 08 ④ 09 ② 10 ③

11 ihd 사용자가 셸 프롬프트를 다음과 같이 변경하려 할 때 알맞은 것은?

> [ihd@09:30:21 ~]$

① PS1="[\u@\t \W]\$ "
② PS1="[\u@\d \W]\$ "
③ PS2="[\h@\t \W]\$ "
④ PS2="[\h@\d \W]\$ "

> **오답 피하기**
> • \u : 사용자 이름을 표시
> • \t : 24시로 현재 시간을 표시
> • \W : 현재 디렉터리의 전체 절대경로를 표시

12 다음 중 현재 접속되어 있는 셸(Shell)을 확인하는 명령으로 알맞은 것은?

① chsh −l
② echo $PS1
③ echo $SHELL
④ cat /etc/shells

> **오답 피하기**
> ① chsh −l : 셸 목록 확인 명령
> ② echo $PS1 : 사용 중인 셸 변수 확인 명령
> ④ cat /etc/shells : 셸 종류 확인 명령

13 다음 중 셸 환경 변수를 선언하는 방법이 틀린 것은?

① PATH=$PATH:$HOME/bin
② PS1='[\u@\h \w]\$ '
③ TMOUT=/bin/logout
④ TERM=xterm

> • 리눅스 셸에서 로그인한 사용자를 일정 시간 이후 로그아웃시키도록 설정할 수 있다.
> • TMOUT 환경 변수에 설정한 시간(초 단위)이 지나면 자동으로 로그아웃된다.

14 다음 중 조건에 맞는 명령어 형식으로 알맞은 것은?

> • 메일 전송 시 mail 명령어 사용
> • webmaster@example.com 계정에게 메일 전송
> • 메일 제목은 '[OK] server check'
> • 메일 내용은 report.txt 파일의 내용
> • 단, 하나의 라인으로 작업 완료

① mail −s "[OK] server check" webmaster@example.com 〈 report.txt
② mail −s "[OK] server check" webmaster@example.com 〉 report.txt
③ mail −s "[OK] server check" webmaster@example.com 〈〈 report.txt
④ mail −s "[OK] server check" webmaster@example.com 〉〉 report.txt

> • 미리 작성된 파일 내용(report.txt)을 메일 계정자(webmaster@example.com)에게 보낼 경우의 형식은 'mail 메일계정 〈 파일명'이다. 즉, mail webmaster@example.com 〈 report.txt 와 같다.
> • 옵션 −s는 메일 제목을 지정 시 사용한다.

15 다음 중 배쉬셸 명령행 편집 기능에 대한 명령과 설명이 틀린 것은?

① **Ctrl** + **B** : 커서를 왼쪽으로 한 칸 이동
② **Ctrl** + **F** : 커서를 오른쪽으로 한 칸 이동
③ **Ctrl** + **A** : 맨 왼쪽으로 이동
④ **Ctrl** + **D** : 맨 오른쪽으로 이동

> **Ctrl** + **E** : 맨 오른쪽으로 이동

정답 11 ① 12 ③ 13 ③ 14 ① 15 ④

16 다음 중 본 셸(shell)에 대한 설명으로 틀린 것은?

① AT&T 벨 연구소의 스티븐 본(Stephen Bourne)이 개발하였다.
② 1977년에 처음으로 유닉스 버전 7에 포함되었다.
③ 조건구문(if), 반복구문(while)이 존재하지 않는다.
④ 별칭(alias)이 존재하지 않는다.

본 셸(shell)은 조건구문(if)와 반복구문(while)을 이용하여 스크립트를 구성한다.

17 다음 중 (　　　) 안에 들어갈 명령어로 알맞은 것은?

> 변수를 선언할 때는 '변수명=변수값' 형식을 사용하고, 선언된 변수를 해제할 때는 (　　　) 명령어를 사용한다.

① unset　　　　② remove
③ erase　　　　④ delete

명령어 unset은 환경 변수를 해제한다. 명령어 형식은 'unset 환경 변수명'이다.

18 다음 중 배쉬셸(bash)의 특성으로 틀린 것은?

① 브라이언 폭스가 GNU 프로젝트를 위해 개발
② 리눅스 운영체제에서만 사용 가능
③ 명령어 완성 기능, 명령어 치환 기능 지원
④ POSIX와도 호환

배쉬셸(bash)은 GNU 운영 체제와 리눅스, 맥 OS X 그리고 다윈 등 운영체제의 기본 셸로 탑재되어 광범위하게 배포되었다. 또한 DJGPP와 노벨 넷웨어에 의해 도스로 이식되었고 시그윈과 MinGW의 배포로 마이크로소프트 윈도로 이식되었다.

19 다음 중 프로세스 우선순위에 관한 설명으로 틀린 것은?

① 'ps −l' 명령으로 PRI와 NI를 확인할 수 있다.
② PRI는 운영체제에서 참고하는 우선순위 값으로 범위는 −20부터 19까지이다.
③ NI는 root나 사용자가 조작하는 우선순위 값으로 낮은 값일수록 우선순위가 높다.
④ NI값을 설정하면 리눅스는 상황에 따라 PRI값을 적절히 변경하여 우선순위를 조정한다.

NI 값은 root나 사용자가 조작하는 우선순위 값으로 −20부터 19까지 설정 가능하다.

20 top 명령은 실행 상태에서 다양한 명령을 입력하여 프로세스 상태를 출력하거나 제어할 수 있다. 다음 중 관련 설명으로 틀린 것은?

① k는 PID값을 입력하여 종료신호를 보낸다.
② p는 프로세스와 CPU 항목을 on/off한다.
③ m은 메모리 관련 항목을 on/off한다.
④ W는 바꾼 설정을 저장한다.

t는 프로세스와 CPU 항목을 on/off한다.

21 다음 중 포어그라운드(foreground) 프로세스를 백그라운드(background) 프로세스로 전환하기 위해 작업 중인 프로세스를 대기(suspend) 상태로 전환하는 키 조합으로 알맞은 것은?

① Ctrl + Z　　　② Ctrl + X
③ Ctrl + C　　　④ Ctrl + B

포어그라운드 프로세스에 Ctrl + Z 를 눌러 작업을 일시 중지시킨 후, 명령어 bg를 이용하여 백그라운드 프로세스로 전환한다.

정답 16 ③ 17 ① 18 ② 19 ② 20 ② 21 ①

22 프로세스에 관한 설명으로 알맞은 것은?

① 포어그라운드 프로세스로 실행하기 위해 실행 명령 뒤에 '&'를 붙인다.
② 보통 셸에서 명령을 실행하면 백그라운드 프로세스로 진행된다.
③ 백그라운드 프로세스로 명령을 실행하면 작업번호와 PID를 반환한다.
④ 한 번 사용자가 실행한 프로세스는 중간에 중지시킬 수 없다.

오답 피하기
① 백그라운드 프로세스로 실행하기 위해 실행 명령 뒤에 '&'를 붙인다.
② 보통 셸에서 명령을 실행하면 포어그라운드 프로세스로 진행된다.
④ 한 번 사용자가 실행한 프로세스는 명령어 kill을 이용하여 중지시킬 수 있다.

23 다음 중 시그널과 관련된 키보드 입력에 대한 종류가 틀린 것은?

① SIGKILL : [Ctrl] + [U]
② SIGINT : [Ctrl] + [C]
③ SIGQUIT : [Ctrl] + [\]
④ SIGTSTP : [Ctrl] + [Z]

• sysrq-i : init을 제외한 모든 프로세스 죽이기(SIGKILL)
• 단축키 sysrq를 사용하려면 커널에 이 기능을 넣고 컴파일해야 한다.

24 다음 그림에서 PID가 9473인 프로세스의 NI 값을 −10으로 변경하기 위한 명령으로 알맞은 것은?

```
F S UID  PID PPID C PRI NI ADDR  SZ  WCHAN TTY   TIME   CMD
4 S  0  9473 9436 0 75 −5  −  28229 rt_sig pts/0 00:00:00 bash
4 R  0  5285 9473 0 75 −5  −  27032  −   pts/0 00:00:00 ps
```

① nice −−10 9473
② nice −−5 bash
③ renice −10 9473
④ renice −5 bash

• renice [옵션] NI값 PID
• 명령어 renice는 기존의 값과는 상관없이 지정할 NI 값을 할당한다.

25 다음 설명에 가장 알맞은 것은?

프로세스가 메모리에 항상 상주하지 않고 서비스 요청이 들어왔을 때 관련 프로세스를 실행시키고 완료 후 종료시키는 방식으로 효율적인 메모리 관리에 유용하다.

① fork
② exec
③ inetd
④ standalone

inetd는 서비스 요청이 들어왔을 때 해당 프로세스를 실행시킨 후 종료한다. 반면 Standalone은 독립적으로 실행되며 항상 메모리에 상주하여 서비스 요청이 있을 때 언제든 바로 응답을 한다.

26 프로세스의 상태를 출력해주는 명령어가 아닌 것은?

① ps
② pstree
③ kill
④ top

명령어 kill은 프로세스를 종료시킨다.

27 다음 프로세스 호출 방식으로 알맞은 것은?

원래의 프로세스를 새로운 프로세스로 대체하는 방식으로 새로운 프로세스를 위한 메모리를 할당하지 않고 호출한 프로세스의 메모리에 새로운 프로세스의 코드를 덮어씌워 버린다.

① exec
② fork
③ inetd
④ bg

fork와 exec는 시스템 프로세스 호출 방법으로, fork는 새로운 프로세스를 위해 메모리를 할당받아 복사본 형태의 프로세스를 실행하는 반면, exec는 새로운 프로세스를 위한 메모리를 할당하지 않고 호출한 프로세스의 메모리에 새로운 프로세스의 코드를 덮어씌워 버린다.

정답 22 ③ 23 ① 24 ③ 25 ③ 26 ③ 27 ①

28 다음 중 프로세스 유틸리티(Utility) 사용법과 설명으로 틀린 것은?

① kill -l : 시그널의 종류를 출력
② killall -9 1234 : PID가 1234인 프로세스에게 9번 시그널을 보냄
③ kill -HUP 1234 : PID가 1234인 프로세스에게 1번 시그널을 보냄
④ kill 1234 : PID가 1234인 프로세스에게 15번 시그널을 보냄

---

killall -9 1234 : 1234 프로세스를 강제로 종료

29 다음 중 vi 편집기를 이용하여 현재 커서의 위치부터 문서 끝까지 ihd라는 문자열을 kait로 치환하는 방법으로 알맞은 것은?

① :% s/ihd/kait/g
② :0,$ s/ihd/kait/g
③ :.,$ s/ihd/kait/g
④ :1,$ s/ihd/kait/g

• 's/문자/치환문자/g'는 커서가 위치하고 있는 줄의 '문자'를 '치환문자'로 변환한다.
• 기호 '.'은 현재 커서, 기호 '$'는 줄의 끝을 나타낸다.

30 vi 에디터를 이용해 readme.txt 파일을 열면서 커서를 마지막 줄에 둘 때 사용하는 명령으로 알맞은 것은?

① vi -R readme.txt
② vi + readme.txt
③ vi -r readme.txt
④ vi -c readme.txt

오답 피하기
① vi -R readme.txt : readme.txt를 읽기 모드로 열기
③ vi -r readme.txt : 손상된 파일을 회복하기
④ vi -c readme.txt : vi를 열지 않고 readme.txt 내용으로 변경하기

31 다음 중 vi 편집기를 사용해서 입력모드로 전환했을 때 화면 아래에 표시되는 내용으로 알맞은 것은?

① -- IN --
② -- INPUT --
③ -- INSERT --
④ -- MODE --

입력모드로 전환 시 화면 표시는 아래와 같다.
```
~
~
~
~
-- INSERT --
```

32 다음 중 vi 편집기에서 입력모드 전환과 관련된 명령으로 가장 거리가 먼 것은?

① i   ② o
③ p   ④ s

명령모드에서 입력모드로 전환하는 방법은 다음과 같다.
• a : 커서 다음(오른쪽)에 입력, A : 행 마지막 부분에 입력
• i : 커서 앞(왼쪽)에 입력, I : 행 처음 부분에 입력
• o : 커서 밑에 빈 행을 추가하여 입력, O : 커서 위에 빈 행을 추가하여 입력
• s : 커서에 있는 글자를 지우고 입력

33 다음 중 vi 편집기에서 커서를 왼쪽으로 이동하는 명령키로 알맞은 것은?

① h   ② j
③ k   ④ l

---

h : 왼쪽(좌)으로 커서 이동

오답 피하기
② j : 아래(하)로 커서 이동
③ k : 위(상)로 커서 이동
④ l : 오른쪽(우)으로 커서 이동

34 다음에서 설명하는 에디터의 종류로 알맞은 것은?

> 리처드 스톨만이 매크로 기능이 있는 텍스트 교정 및 편집기로 개발하였다. 이후 제임스 고슬링이 LISP 언어에 의한 환경 설정 및 에디터의 기능을 확장시킬 수 있는 기능을 포함하여 배포하였다. 기능이 너무 많아 대응하는 LISP 코드를 불러오는 데에 오랜 시간이 걸리고 초보자가 사용하기에 힘들다.

① vi   ② vim
③ pico   ④ emacs

vi는 빌조이가 개발하였으며, pico는 Aboil Kasar가 개발하였으며, emacs는 리처드 스톨만이 최초의 개발자이며 제임스 고슬링이 다양한 기능을 추가하였다.

35 다음 중 수세(SUSE) 리눅스에서 사용하는 저장소(repository) 기반의 패키지 관리 프로그램으로 알맞은 것은?

① yum   ② apt-get
③ YaST   ④ Zypper

수세(SUSE) 리눅스에서 zypper는 콘솔의 프로그램 패키지 관리와 원본 저장소를 관리하는 툴이다.

36 다음 ( ) 안에 들어갈 내용으로 알맞은 것은?

```
# rpm (    ) vsftpd
vsftpd-2.2.2-24.el6.i686
```

① -v   ② -V
③ -q   ④ --version

옵션 -q는 검색하고자 하는 패키지의 이름과 버전을 표시한다.

37 다음은 기존의 tar 파일에 추가로 파일을 묶는 과정이다. ( ) 안에 들어갈 내용으로 알맞은 것은?

```
# tar (    ) linux.tar lin.txt joon.txt
```

① cvf
② rvf
③ tvf
④ xvf

tar rvf [압축파일.tar] [압축할 파일]
• r : 기존 tar 파일에 파일 추가
• v : 묶음/해제 과정을 화면에 표시
• f : 파일 이름을 지정

38 다음 ( ) 안에 들어갈 내용으로 알맞은 것은?

> 데비안 리눅스에서 패키지 설치 시에 발생할 수 있는 의존성을 해결하기 위해서는 (㉠)을(를) 사용하고, 레드햇 리눅스에서는 (㉡)을(를) 사용한다.

① ㉠ yum   ㉡ yum
② ㉠ yum   ㉡ aptitude
③ ㉠ apt-get   ㉡ yast
④ ㉠ apt-get   ㉡ yum

apt-get은 데비안(Debian) 계열의 리눅스에서 쓰이는 패키지 관리 명령어 도구이며, yum은 레드햇 계열의 리눅스에서 쓰이는 패키지 관리 명령어 도구이다.

정답 34 ④ 35 ④ 36 ③ 37 ② 38 ④

39 특정 패키지가 설치한 파일 목록을 확인하려고 한다. ( ) 안에 들어갈 내용으로 알맞은 것은?

dpkg ( ) vim

① -ql
② -l
③ -L
④ -R

─────────────

-L 패키지명 : 패키지가 설치한 파일 목록 확인

오답 피하기

-I 패키지파일명 : 패키지 파일 정보 확인

40 다음 설명에 해당하는 압축 기법으로 알맞은 것은?

용량이 큰 파일에 대한 압축률이 상당히 좋아서 커널사이트에서 커널 배포 시에 기본 압축 기법으로 사용되고 있다.

① xz
② gzip
③ bzip2
④ compress

─────────────

압축률이 높은 순서는 xz, bz, gz, compress이다. xz 압축 파일이 인기를 끄는 이유는 압축률이 높기 때문이다. xz는 Unix 계열에서 흔히 사용하는 gzip보다 압축률이 30% 좋고, bzip2보다도 15% 좋다.

41 다음 조건과 같을 때 ( ) 안에 들어갈 내용으로 알맞은 것은?

[조건]
현재 시스템에 설치된 패키지만 찾아서 업그레이드 설치하고, 메시지와 진행 상황을 '#' 기호로 출력한다.

rpm ( ) /usr/local/src/*.rpm

① -ivh
② -uvh
③ -Uvh
④ -Fvh

─────────────

-Uvh 옵션은 기존의 것을 삭제하고 업그레이드하며 그 설치 진행 과정을 메시지와 # 표시로 보여준다.
• U : 기존의 것을 삭제하고 업그레이드하며 아무 메시지도 보여주지 않음
• v : 메시지를 자세히 보여줌
• h : '#' 기호로 표시함

42 rpm 명령의 결과가 다음 그림과 같을 때 ( ) 안에 들어갈 내용으로 알맞은 것은?

rpm ( ) passwd

① -qi
② -qd
③ -ql
④ -qa

─────────────

• q : 질의 시에 꼭 써야 하는 옵션이다. 패키지를 찾으면 패키지 이름과 버전만 표시한다.
• i : 설치된 패키지의 정보를 보여준다.
• d : 해당 패키지의 문서 파일을 출력한다.
• l : 패키지에 포함된 모든 파일을 보여준다.
• a : 시스템에 설치된 모든 패키지 목록을 보여준다.

43 lp 명령어로 파일을 여러 장 출력하고자 할 때 사용하는 옵션으로 알맞은 것은?

① −d 　　　　② −p
③ −# 　　　　④ −n

옵션 −n은 인쇄할 매수를 지정하며, −d는 다른 프린터를 지정한다.

44 다음 중 ALSA 사운드 카드 장치를 초기화 하는 명령으로 알맞은 것은?

① alsactl reload
② alsactl init
③ alsamixer reload
④ alsamixer init

alsactl은 ALSA 사운드 카드를 제어하는 명령어이다.

45 다음 중 cancel 명령어로 프린트 작업을 취소할 때 알맞은 것은?

① 먼저 lpc 명령어로 프린트 작업을 가능하게 한다.
② 먼저 lpstat 명령어로 큐의 요청ID를 확인해야 한다.
③ lpr 명령어로 출력 결과를 자세하게 출력해야 한다.
④ lp 명령어로 프린터 큐에 있는 모든 작업을 취소해야 한다.

cancel은 프린트 작업을 취소하는 명령으로 lpstat를 이용하여 먼저 요청 ID를 확인해야 한다.

46 다음 중 BSD 계열 프린터 명령어로 알맞게 짝지은 것은?

① lpr − lpq − lprm
② lpr − lpc − lpstat
③ lp − lpc − lpstat
④ lp − lpq − lprm

lp, lpstat, cancel은 System V 계열 명령어이다.

47 다음 중 사운드 카드와 관련이 없는 것은?

① ALSA
② OSS
③ SANE
④ OSS/free

SANE(Scanner Access Now Easy)은 평판 스캐너, 핸드 스캐너, 비디오 캠 등 이미지 관련 하드웨어를 사용할 수 있도록 해주는 API이다.

48 다음 (　　　　) 안에 들어갈 내용으로 알맞은 것은?

> 리눅스에서 프린터를 지원해주는 인쇄 시스템으로 초기에는 (㉠)을(를) 기본으로 사용했으나, 최근 배포판에서는 (㉡)(이)라는 시스템을 추가로 사용하고 있다.

① ㉠ DAEMON　　㉡ SMB
② ㉠ LPRng　　　㉡ CUPS
③ ㉠ SANE　　　㉡ XSANE
④ ㉠ ALSA　　　㉡ OSS

• LPRng는 초기에 사용된 버클리 프린팅 시스템으로, BSD 계열 유닉스에서 사용하기 위해 개발되었다.
• CUPS는 애플이 개발한 오픈 소스 프린팅 시스템으로 특수 라인 프린터, 포스트스크립트 프린터, 매킨토시, 윈도우 등 시판되는 대부분의 프린트를 지원한다.

정답 43 ④　44 ②　45 ②　46 ①　47 ③　48 ②

49 다음 설명으로 알맞은 것은?

> 기존의 X를 대체할 목적으로 등장한 프로젝트로 개발 및 유지보수를 쉽게 하려는 것이 주목적이다. 클라이언트 해당 프로토콜의 C 라이브러리 구현뿐만 아니라 클라이언트와 대화할 수 있는 compositor를 위한 프로토콜이다.

① X.org
② XFree86
③ Wayland
④ Athena

Wayland는 리눅스나 유닉스 계열 운영 체제에서 사용하는 X 윈도우 시스템을 현대적이고 간결한 윈도 시스템으로 교체하는 것이다.

50 다음 중 GUI 환경을 이용하기 위해 사용자에게 제공되는 인터페이스 스타일에 해당하는 명칭으로 알맞은 것은?

① 데스크톱 환경
② X 프로토콜
③ 디스플레이 매니저
④ 디스플레이 서버

데스크톱 환경은 GUI 환경을 이용하기 위해 사용자에게 제공되는 인터페이스 스타일로, 파일관리자, 아이콘, 창, 도구 모음, 폴더, 배경 화면, 데스크톱 위젯을 제공한다.

51 콘솔 모드에서 두 번째 X 윈도우를 실행시키려고 한다. 다음 (　　　) 안에 들어갈 내용으로 알맞은 것은?

> # (　　　) － － :1

① startx
② XClients
③ Xresources
④ Xmodmap

명령 'startx －－ :nu'로 실행시킬 X 윈도우 번호를 지정할 수 있다. 이때 nu는 '윈도번호-1'이다.

52 다음 그림에 해당하는 프로그램으로 알맞은 것은?

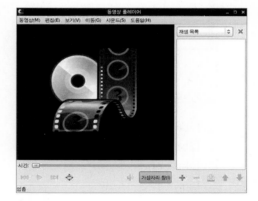

① ImageMagicK
② eog
③ GIMP
④ Totem

우분투에는 기본 동영상/음악 재생 프로그램으로 토템(Totem) 플레이어가 설치되어 있다.

정답 49 ③　50 ①　51 ①　52 ④

53 다음 중 X 윈도우 실행 시에 생성되는 관련 키 값의 저장 경로로 알맞은 것은?

① $HOME/xauthority
② $HOME/Xauthority
③ $HOME/.xauthority
④ $HOME/.Xauthority

~/.Xauthority은 서버 컴퓨터에 원격으로 접속을 시도할 때 X 서버에 접속을 승인하는 정보(magic cookie, 실행 관련 키)를 저장하고 있는 권리 파일(authority file)이다.

54 다음 그림에 해당하는 프로그램으로 알맞은 것은?

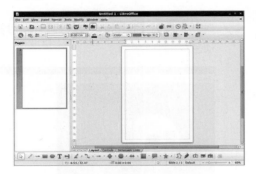

① LibreOffice Writer
② LibreOffice Impress
③ LibreOffice Calc
④ LibreOffice Draw

LibreOffice Draw : 백터 그래픽 에디터(마이크로소프트의 비지오와 유사)

오답 피하기
① LibreOffice Writer : 워드프로세서 프로그램
② LibreOffice Impress : 프레젠테이션 프로그램
③ LibreOffice Calc : 스프레드시트 프로그램

55 다음 중 이미지 뷰어 프로그램으로 알맞은 것은?

① eog   ② Totem
③ KMid   ④ Rhythmbox

오답 피하기
② Totem : 동영상/음악 재생 프로그램
③ KMid : 미디어 및 노래방 파일 플레이어
④ Rhythmbox : 인터넷 라디오 및 음악 연주 프로그램

56 다음 중 디스플레이 매니저에 대한 설명으로 틀린 것은?

① 런 레벨 3에서 부팅과 동시에 실행된다.
② 사용자 이름과 암호를 요청하고 유효한 값이 입력되면 세션을 시작한다.
③ GNOME에서는 GDM을 사용한다.
④ KDE에서는 KDM을 사용한다.

런레벨 3은 텍스트 유저 모드 또는 명령어 유저 모드(Command User mode) 환경으로 부팅된다.

57 다음 중 CentOS 6 버전에서 X 윈도우 기반으로 네트워크 주소를 설정할 때 사용하는 명령으로 알맞은 것은?

① netconf
② netconfig
③ system-config-network
④ nm-connection-editor

nm-connection-editor는 시스템이 그래픽 환경을 지원해야만 사용 가능하다.

정답 53 ④ 54 ④ 55 ① 56 ① 57 ④

58 다음 중 OSI 7계층 모델에서 데이터링크 계층의 데이터 전송 단위로 알맞은 것은?

① bit
② frame
③ packet
④ segment

① bit : 물리 계층의 데이터 전송 단위
③ packet : 네트워크 계층의 데이터 전송 단위
④ segment : 전송 계층의 데이터 전송 단위

59 다음 설명에 해당하는 파일로 알맞은 것은?

> 외부의 DNS 서버를 이용했으나, 회사 내부에 자체적으로 DNS 서버를 구축해서 해당 주소로 변경하려고 한다.

① /etc/sysconfig/network
② /etc/hosts
③ /etc/host.conf
④ /etc/resolv.conf

/etc/resolv.conf은 네임서버를 지정하는 파일이다.

60 다음 중 192.168.0.1/25가 의미하는 서브넷마스크 값으로 알맞은 것은?

① 255.255.0.0
② 255.255.255.0
③ 255.255.255.128
④ 255.255.255.192

• /25는 네트워크 ID 비트 개수가 25개라는 것을 의미한다.
• 따라서 /25는 '1111 1111.1111 1111.1111 1111. 1000 0000'이므로 255.255.255.128와 같다.

61 다음 중 로컬 시스템에 사용 중인 네트워크 카드의 맥(MAC) 주소를 확인할 때 사용하는 명령으로 알맞은 것은?

① ip   ② ss
③ route   ④ arp

리눅스에서 ip 등 네트워크 장치 및 주소에 대한 정보를 확인할 수 있는 명령어는 ifconfig 또는 ip addr show이다.

62 다음 중 시스템 간의 파일을 공유하는 서비스로 거리가 먼 것은?

① IRC   ② NFS
③ FTP   ④ SAMBA

인터넷 릴레이 챗(Internet Relay Chat, IRC)은 실시간 채팅 프로토콜로, 여러 사용자가 모여 대화를 나눌 수 있다.

63 다음 중 원격지에 있는 시스템과의 프린터 공유를 위해 필요한 서비스로 알맞은 것은?

① SSH   ② NFS
③ 텔넷   ④ SAMBA

삼바는 Windows 운영체제를 사용하는 PC에서 Linux 또는 UNIX 서버에 접속하여 파일이나 프린터를 공유하여 사용할 수 있게 한다.

64 다음 중 텔넷 명령을 이용해서 로컬 시스템의 웹 서버 동작을 확인할 때의 명령으로 알맞은 것은?

① telnet localhost
② telnet -p 80 localhost
③ telnet localhost:80
④ telnet localhost 80

텔넷 접속 형식은 'telnet IP 주소(또는 호스트명) 포트'이다.

65 다음 (　　) 안에 들어갈 내용으로 알맞은 것은?

> IPv4는 (㉠) 비트 체제여서 현재 모든 IP 주소가 소진된 상태이다. 이러한 문제를 해소하기 위해 IPv6는 (㉡) 비트로 주소 체제를 확장하였다.

① ㉠ 32　　　　　　㉡ 64
② ㉠ 32　　　　　　㉡ 128
③ ㉠ 64　　　　　　㉡ 128
④ ㉠ 64　　　　　　㉡ 256

IPv4는 4개의 옥텟, 옥텟당 8개의 비트로 구성된 32(=4*8) 비트 주소 체계이다. IPv6는 8개의 필드, 필드당 16진수 체계를 갖는 4자리로 구성된 128(=8*4*4) 비트의 주소체계이다.

66 다음 중 루프백(Loopback) 네트워크가 속해 있는 IPv4의 클래스로 알맞은 것은?

① A 클래스　　　　② B 클래스
③ C 클래스　　　　④ D 클래스

루프백 인터페이스의 주소는 127로 시작한다. 127은 첫 번째 옥텟이 '0100 0000', 최상위 비트가 '0'으로 시작되므로 A 클래스에 포함된다.

67 다음 설명에 해당하는 LAN 구성 방식으로 알맞은 것은?

> 네트워크 전송상의 충돌이 없고, 노드의 숫자가 늘더라도 전체적인 성능 저하가 적다. 단점으로는 노드의 추가가 비교적 어렵고, 노드에 문제가 발생했을 경우에 전체 네트워크가 중단될 수 있다.

① 스타형　　　　　② 버스형
③ 링형　　　　　　④ 망형

링형은 토큰 패싱(token passing)의 매체 접근 제어 방식을 사용하기 때문에 네트워크 전송상의 충돌이 없다.

오답 피하기

스타형이나 버스형은 CSMA/CD 방식을 사용하기 때문에 트래픽들의 충돌이 발생할 수 있다.

68 다음 중 'Sliding Window'와 관련 있는 프로토콜의 기능으로 알맞은 것은?

① 순서지정
② 흐름제어
③ 오류제어
④ 연결제어

슬라이딩 윈도우(Sliding window)는 두 개의 네트워크 호스트 간의 패킷 전송량을 제어한다. 전송측이 전송한 프레임에 대한 ACK 프레임의 확인을 받지 않고도 여러 패킷을 보낼 수 있다. 또는 수신측의 상태에 따라 슬라이딩 윈도우를 0으로 설정하여 패킷을 전송하지 않을 수도 있다.

69 다음 중 C 클래스 기준으로 서브넷마스크를 255.255.255.192로 설정했을 때 하나의 서브네트워크에서 호스트에 할당할 수 있는 IP 주소 개수로 알맞은 것은?

① 62
② 64
③ 126
④ 128

서브넷 마스크가 255.255.255.192일 경우 호스트 ID 비트 수는 6(=32−26)개이다. 따라서 할당 가능한 IP 주소 개수는 62(=2^6−2)이다.

70 다음 중 시스템에 설정된 게이트웨이 주소를 확인할 때 사용하는 명령으로 알맞은 것은?

① ifconfig
② ss
③ route
④ arp

명령어 route는 라우팅 테이블을 확인 및 디폴트 게이트 추가 또는 특정 네트워크 경로를 추가/제거를 할 수 있다.

정답　65 ②　66 ①　67 ③　68 ②　69 ①　70 ③

71 다음 중 사용자가 메일 서버를 통해 메일을 보내는 것과 관련 있는 프로토콜로 알맞은 것은?

① POP3
② IMAP
③ SMTP
④ SNMP

SMTP는 메일 송신 프로토콜이며, POP3와 IMAP은 메일 수신 프로토콜들이다.

72 다음 중 리눅스와 리눅스 시스템 간의 디렉터리를 공유할 때 가장 효율적인 서비스로 알맞은 것은?

① SSH
② NFS
③ FTP
④ SAMBA

네트워크 파일 시스템(NFS)은 공유된 원격 호스트의 파일을 로컬에서 사용할 수 있도록 개발된 파일 시스템이다.

73 다음 설명에 해당하는 파일로 알맞은 것은?

1987년에 DNS가 소개되기 전까지 유닉스 계열 시스템에서는 친숙한 컴퓨터 이름을 IP 주소에 매핑하는 형태로 이 파일에 등록해서 사용하였다.

① /etc/domaintable
② /etc/access
③ /etc/local-host-names
④ /etc/hosts

/etc/hosts 파일은 IP 주소와 호스트 네임을 매핑시켜 준다.

74 다음 중 IPv6에 대한 설명으로 틀린 것은?

① 패킷 크기의 확장
② IP 주소 대역 구분인 클래스의 확장
③ 헤더 구조의 단순화
④ 흐름 제어 기능 지원

IPv6 주소는 IPv4의 주소 고갈 문제를 해결하기 위하여 기존의 IPv4 주소 체계를 128비트 크기로 확장한 차세대 인터넷 프로토콜 주소이며, IPv4의 클래스를 기반하고 있지 않다.

75 다음 설명에 해당하는 프로토콜로 알맞은 것은?

메시지에 대한 오류 보고와 이에 대한 피드백을 원래 호스트로 보고하는 역할을 수행한다.

① IP
② UDP
③ ARP
④ ICMP

ICMP(Internet Control Message Protocol)는 TCP/IP에서 IP 패킷을 처리할 때 발생되는 문제를 알리거나, 진단 등과 같이 IP 계층에서 필요한 기타 기능들을 수행하기 위해 사용되는 프로토콜이다.

76 다음 그림에 해당하는 파일로 알맞은 것은?

① /etc/sysconfig/network
② /etc/hosts
③ /etc/host.conf
④ /etc/resolv.conf

위 화면은 IP 주소와 호스트 네임이 맵핑되어 있는 것을 확인할 수 있다.

정답 71 ③ 72 ② 73 ④ 74 ② 75 ④ 76 ②

77 다음 설명에 해당하는 것으로 알맞은 것은?

> 2005년 이탈리아에서 하드웨어에 익숙하지 않는 학생들을 위해 개발되었다. 오픈소스 기반 단일보드 마이크로 컨트롤러로 다양한 센서를 연결하여 데이터를 전송할 수 있어 임베디드 시스템 환경 개발이 용이하다. 운영체제로 Linux를 지원한다.

① 라즈베리파이
② 안드로이드
③ 아두이노
④ 심비안

아두이노(Arduino)는 오픈 소스를 기반으로 한 단일 보드 마이크로 컨트롤러로 완성된 보드(상품)와 관련 개발 도구 및 환경이다.

78 다음 설명에 해당하는 시스템으로 알맞은 것은?

> 1990년대 초 CESDIS에서 Cray 슈퍼컴퓨터의 임대 기간 종료에 대비하기 위한 프로젝트에서 탄생되었다. 고성능의 계산 능력을 제공하기 위한 목적으로 제작되었으며 주로 과학계산용으로 사용된다.

① 고가용성 클러스터
② 베어울프 클러스터
③ 부하분산 클러스터
④ 가상서버 클러스터

베어울프(Beowulf)는 PC를 이더넷과 같은 LAN으로 연결하여 만든 PC 클러스터에서 병렬화한 프로그램을 실행시켜서 슈퍼컴퓨터를 구현하는 것이다.

79 다음 설명과 관련 있는 기술로 알맞은 것은?

> 기존의 데이터베이스 관리도구로 데이터를 수집, 저장, 관리, 분석할 수 있는 역량을 넘어서 대량의 정형 또는 비정형 데이터 집합 및 이러한 데이터로부터 가치를 추출하고 결과를 분석하는 기술을 말한다.

① 클러스터
② 임베디드
③ 클라우드 컴퓨팅
④ 빅데이터

빅데이터(big data)란 대량(수십 테라바이트)의 정형 또는 비정형의 데이터 집합조차 포함한 데이터로부터 가치를 추출하고 결과를 분석하는 기술이다.

80 다음 중 리눅스 동향으로 가장 알맞은 것은?

① 서버 분야에서 다른 운영체제에 비해 약세를 보이고 있다.
② 클라우드 컴퓨팅, 빅데이터, 사물인터넷 환경 등에서 중추적인 역할이 기대된다.
③ 최근 사용자 편의성을 높인 배포판들의 등장으로 데스크톱 분야 점유율이 가장 높아졌다.
④ 리눅스 운영체제 특성상 슈퍼컴퓨팅 분야는 적합하지 않아 점유율은 좋지 않다.

오답 피하기
① 서버 분야에서 다른 운영체제에 비해 강세를 보이고 있다.
③ 최근 사용자 편의성을 높인 배포판들의 등장으로 데스크톱 분야 점유율이 높아지고 있으나 여전히 MS 계열이 데스크톱 분야 점유율이 높다.
④ 리눅스 운영체제 특성상 슈퍼컴퓨팅 분야에 적합하여 점유율이 높다.

정답 77 ③ 78 ② 79 ④ 80 ②

해설과 따로 보는
최신 기출문제

CBT 온라인 문제집

시험장과 동일한
환경에서 문제 풀이
서비스

• QR 코드를 찍으면 원하는 시험에 응시할 수 있습니다.
• 풀이가 끝나면 자동 채점되며, 해설을 즉시 확인할 수 있습니다.
• 마이페이지에서 풀이 내역을 분석하여 드립니다.
• 모바일과 PC도 이용 가능합니다.

2급 2차	소요 시간	문항 수
	총 100분	총 80문항

수험번호 : _____

성   명 : _____

정답 & 해설 ▶ **494쪽**

1과목 **리눅스 운영 및 관리**

01 project 그룹에 속한 사용자들이 /project 디렉터리에서 파일 생성은 자유로우나 삭제는 본인의 생성한 파일만 가능하도록 설정하려고 한다. 또한 파일 생성 시 자동으로 그룹 소유권이 project로 부여되도록 설정하려고 한다. /project 디렉터리의 정보가 다음과 같을 때 관련 명령으로 알맞은 것은?

```
[root@www /]# ls -ld /project
drwxr-x---. 2 root project 6 Apr  4 19:32
/project
[root@www /]#
```

① chmod 1770 /project
② chmod 2770 /project
③ chmod 3770 /project
④ chmod 5770 /project

02 다음 중 생성된 a.txt의 허가권 값으로 알맞은 것은?

```
$ umask
0002
$ touch a.txt
```

① -rw-rw-r--
② -rwxrwxr-x
③ drw-rw-r--
④ drwxrwxr-x

03 다음 설명의 상황에 설정해야 하는 작업으로 가장 알맞은 것은?

회사의 공유 디렉터리로 이용 중인 project에서 누구나 생성은 가능하나 삭제할 때는 본인 소유의 파일만 가능하도록 설정하려고 한다.

① project 디렉터리에 부여된 w 권한을 제거한다.
② project 디렉터리에 Set-UID를 부여한다.
③ project 디렉터리에 Set-GID를 부여한다.
④ project 디렉터리에 Sticky-Bit를 부여한다.

04 다음은 /project 디텍터리를 포함해서 하위 디렉터리 및 파일의 그룹 소유권을 project로 변경하는 과정이다. (   ) 안에 들어갈 내용으로 알맞은 것은?

```
# (        ) project /project
```

① chgrp -r
② chgrp -R
③ chmod -r
④ chown -r

05 다음 설명에 해당하는 명령으로 알맞은 것은?

> data 디렉터리 포함하여 하위에 존재하는 디렉터리 및 파일까지 모두 허가권을 변경하려고 한다.

① chmod － a 755 data
② chmod － A 755 data
③ chmod － r 755 dat
④ chmod － R 755 data

06 다음 중 /etc/fstab 파일의 첫 번째 필드에 설정할 수 있는 값으로 틀린 것은?

① UUID
② LABEL
③ 마운트 포인트
④ 장치 파일명

07 다음 결과에 해당하는 명령어로 알맞은 것은?

> [root@www ~]#
> /dev/sda1:   UUID="7e14520d－725e－424b－917e－ccdac407276f" TYPE="xfs"
> /dev/sda2:   UUID="06dc516e－68cd－401f－af90－d72576803484" TYPE="swap"
> [root@www ~]#

① lsblk
② blkid
③ fdisk
④ uuid

08 다음은 ihduser 사용자에게 대한 디스크 쿼터를 설정하는 과정이다. (   ) 안에 들어갈 명령어로 알맞은 것은?

> # (   ) －x －c 'limit bsoft=100m bhard=100m ihduser' /home

① quota
② edquota
③ setquota
④ xfs_quota

09 다음 (   ) 안에 들어갈 내용으로 알맞은 것은?

> 리눅스에서는 파티션을 생성하면 고유한 이 값이 부여되는데, 이 값을 (㉠)(이)라고 부른다. 이 값을 확인할 때는 (㉡) 명령어를 사용한다.

① ㉠ blkid   ㉡ uuid
② ㉠ label   ㉡ uuid
③ ㉠ label   ㉡ blkid
④ ㉠ uuid   ㉡ blkid

10 다음 중 fsck명령 수행 시 손상된 디렉터리나 파일 수정을 위한 임시 디렉터리로 알맞은 것은?

① /lost.found
② /lost－found
③ /lost_found
④ /lost+found

11 다음 중 /etc 디렉터리가 차지하고 있는 전체 용량을 확인할 때 사용하는 명령으로 가장 알맞은 것은?

① ls
② df
③ du
④ mount

12 다음 중 의존성 관계에 있는 패키지가 존재하지 않는 경우 강제로 설치하려고 할 때 (   ) 안에 들어갈 내용으로 알맞은 것은?

① --nodeps
② --freshen
③ --force
④ --hash

13 다음 중 수세 리눅스에서 사용되는 패키지 관리 도구 모음으로 가장 알맞은 것은?

① YaST, zypper
② YaST, dpkg
③ dpkg, zypper
④ dnf, zypper

14 다음 중 fdisk 실행 상태에서 파티션을 삭제할 때 사용하는 명령으로 알맞은 것은?

① d
② r
③ e
④ x

15 다음 결과에 해당하는 명령어로 알맞은 것은?

```
[root@www ~]#
/dev/sda1 on / type xfs (rw,relatime,seclabel,
attr2,inode64,noquota)
```

① fdisk
② mount
③ df
④ du

16 다음 그림에 해당하는 명령어로 알맞은 것은?

```
Block grace time: 7days; Inode grace time: 7days
                     Block limits              File limits
User         used    soft    hard   grace   used  soft  hard  grace
----------------------------------------------------------------------
root    --     0       0       0              3     0     0
alin    --    12   102400  112640             7     0     0
joon2   --    12       0       0              7     0     0
```

① quota
② edquota
③ repquota
④ xfs_quota

17 다음 중 (   ) 안에 들어갈 명령의 결과로 알맞은 것은?

```
[ihduser@ihd ~]$ user=kaitman
[ihduser@ihd ~]$ echo "$user"
(     )
```

① 아무것도 출력되지 않는다.
② $user
③ ihduser
④ kaitman

18 다음 설명에 해당하는 셸로 알맞은 것은?

> 1978년에 버클리 대학의 빌 조이가 개발한 것으로 히스토리 기능, 별명(alias) 기능, 작업 제어 등의 유용한 기능들을 포함하였다.

① csh
② ksh
③ bash
④ tcsh

19 다음 중 사용자가 다른 셸로 변경할 때 실행하는 명령으로 알맞은 것은?

① chsh -n /bin/csh
② chsh -s /bin/csh
③ chsh -u /bin/csh
④ chsh -l /bin/csh

20 다음 중 특정 사용자에게 부여된 로그인 셸이 기록된 파일명으로 알맞은 것은?

① /etc/shells
② /etc/passwd
③ ~/.bashrc
④ ~/.bash_profile

21 다음 선언된 셸 변수를 해제하는 명령어로 알맞은 것은?

① env
② set
③ unset
④ printenv

22 다음 중 kill 명령어를 실행할 때 전달되는 기본 시그널 명칭과 번호의 조합으로 알맞은 것은?

① SIGKILL, 9
② SIGKILL, 15
③ SIGTERM, 9
④ SIGTERM, 15

23 프로세스 아이디(PID)가 1222인 bash 프로세스의 우선순위(NI)값이 0이다. 다음 중 이 프로세스의 NI값을 10으로 우선순위를 변경하는 명령으로 알맞은 것은?

① nice 10 1222
② nice -10 1222
③ nice 10 bash
④ nice -10 bash

24 다음 (   ) 안에 들어갈 내용으로 알맞은 것은?

> 하나의 프로세스가 다른 프로세스를 실행하기 위한 시스템 호출 방법에는 (㉠)와(과) (㉡)(이)가 있다. (㉠)은(는) 새로운 프로세스를 위해 메모리를 할당받아 복사본 형태의 프로세스를 실행하는 형태로 기존의 프로세스는 그대로 실행되어 있다. 새롭게 생성된 프로세스는 원래의 프로세스랑 똑같은 코드를 기반으로 실행된다. (㉡)은(는) 원래의 프로세스를 새로운 프로세스로 대체하는 형태로 호출한 프로세스의 메모리에 새로운 프로세스의 코드를 덮어씌워 버린다.

① ㉠ exec   ㉡ fork
② ㉠ fork   ㉡ exec
③ ㉠ background ㉡ foreground
④ ㉠ foreground ㉡ background

25 다음 (   ) 안에 들어갈 내용으로 알맞은 것은?

> 데몬 프로세스를 실행하는 방법 중에 (   ) 방식은 단독 데몬 방식이라고 부르는데, 데몬이 독자적으로 메모리에 상주 및 제거되는 형태이다.

① init
② inetd
③ xinetd
④ standalone

26 다음 (   ) 안에 들어갈 내용으로 가장 알맞은 것은?

> (㉠)은(는) 주기적이고 지속적인 서비스 요청을 처리하기 위해 계속 실행되는 프로세스로 일종의 (㉡) 프로세스이다.

① ㉠ standalone ㉡ foreground
② ㉠ standalone ㉡ background
③ ㉠ daemon ㉡ foreground
④ ㉠ daemon ㉡ background

27 다음 (   ) 안에 들어갈 내용으로 알맞은 것은?

> 프로세스의 우선순위와 관련된 항목에는 (㉠)와(과) (㉡)이(가) 존재한다. (㉠)은(는) 커널에서 참고하여 운영체제가 실제 참고하는 항목이고, (㉡)은(는) 사용자가 변경하는 항목으로 (㉡) 값이 (㉠) 값에 반영된다.

① ㉠ NI ㉡ PRI
② ㉠ PRI ㉡ NI
③ ㉠ inetd ㉡ exec
④ ㉠ inetd ㉡ fork

28 cron을 이용해서 해당 스크립트를 매월 1일 오전 4시 2분에 주기적으로 실행하려고 한다. (   ) 안에 들어갈 내용으로 알맞은 것은?

> (   ) /etc/backup.sh

① 4 2 * * 1
② 2 4 * * 1
③ 4 2 1 * *
④ 2 4 1 * *

29 다음 설명에 해당하는 RAID의 종류로 알맞은 것은?

> 최소 3개의 디스크로 구성해야 하고, 패리티 정보를 이용해서 하나의 디스크가 고장이 발생한 경우에도 데이터 사용이 가능한 구성 방식이다. 디스크 3개로 구성 시에 약 33.3%가 패리티 공간으로 사용된다.

① RAID-0
② RAID-1
③ RAID-5
④ RAID-6

30 다음 설명에 해당하는 RAID 관련 기술로 알맞은 것은?

> 연속된 데이터를 여러 개의 디스크에 라운드 로빈(Round Robin) 방식으로 기록하는 기술로 하나의 디스크에서 읽어 들이는 것보다 더 빠르게 데이터를 읽거나 쓸 수 있다.

① 스트라이핑(Striping)
② 미러링(Mirroring)
③ 패리티(Parity)
④ ECC(Error Check &Correction)

31 다음 설명과 같은 상황에서 사용해야 하는 기술로 가장 알맞은 것은?

> /home 디렉터리를 500GB로 구성할 예정이지만, 사용자가 많아질 경우를 대비해서 쉽게 용량 증설이 가능한 환경으로 구축하려고 한다.

① LVM
② RAID
③ Bonding
④ Clustering

32 다음 중 rpm 명령으로 의존성이 있는 패키지를 제거하는 명령으로 알맞은 것은?

① rpm -d nmap --nodeps
② rpm -e nmap --nodeps
③ rpm erase nmap --nodeps
④ rpm delete nmap -nodeps

33 다음 중 데비안 계열 리눅스에서 사용되는 패키지 관리 도구 모음으로 가장 알맞은 것은?

① YaST, zypper
② YaST, dpkg
③ dpkg, apt-get
④ dnf, zypper

34 다음 설명에 해당하는 패키지 관리 도구로 알맞은 것은?

> 데비안 리눅스에서 다운로드 받은 rpm 파일을 deb 파일로 변환하려고 한다.

① alien
② dselect
③ dnf
④ apt-get

35 다음은 tar에서 지원하는 압축 관련 옵션에 대한 설명이다. ( ) 안에 들어갈 내용으로 알맞은 것은?

> tar 명령어는 GNU 프로젝트에 의해 개조되어 압축 관련 옵션을 지원한다. qzip은 (㉠) 옵션을 사용하고, bzip2는 (㉡) 옵션을 사용한다.

① ㉠ -g   ㉡ -b
② ㉠ -j   ㉡ -z
③ ㉠ -j   ㉡ -b
④ ㉠ -z   ㉡ -j

36 다음 중 소스 파일로 프로그램 설치하는 방법이 나머지 셋과 다른 것은?

① MySQL
② Apache httpd
③ PHP
④ Nmap

37 다음 설명에 해당하는 편집기로 알맞은 것은?

> 리처드 스톨만이 개발한 고성능 문서 편집기로 단순한 편집기를 넘어서 텍스트 처리를 위한 포괄적인 통합 환경을 제공한다.

① nano
② gedit
③ vim
④ emacs

38 다음 설명에 해당하는 vi 편집기의 ex 모드 환경설정으로 알맞은 것은?

> 문서를 편집할 때 Enter 키를 입력해서 행 바꿈을 하면 바로 윗줄의 시작 열과 같은 곳에 커서를 위치시키려고 한다.

① set ai
② set nu
③ set sm
④ set ts

39 다음 중 기본 사용법이 동일한 편집기의 조합으로 알맞은 것은?

① vi, emacs
② pico, emacs
③ pico, nano
④ vi, pico

40 다음 중 최근에 실행한 명령 중에 'al'이라는 문자열을 포함한 명령을 찾아서 실행하는 명령으로 알맞은 것은?

① !?al
② !!al
③ !*al
④ !-al

41 다음 (   ) 안에 들어갈 명령으로 알맞은 것은?

> # (   ) -x -c 'limit bsoft=100m bhard=110m joon' /home

① xfs_quota
② edquota
③ setquota
④ userquota

42 다음 중 명령행에서 역슬래시(\)를 사용하여 나타나는 2차 프롬포트를 변경 시 사용하는 환경변수로 알맞은 것은?

① PS
② PS1
③ PS2
④ PROMPT

43 다음 설명에 해당하는 파일명으로 가장 알맞은 것은?

> 시스템 전체 사용자에게 적용하는 환경변수와 시작 관련 프로그램을 설정하는 파일이다.

① /etc/profile
② /etc/bash_profile
③ /etc/bashrc
④ ~/.bash_profile

44 다음 중 저장되는 히스토리 스택의 개수를 지정하는 환경변수로 알맞은 것은?

① HISTROY
② HISTSIZE
③ HISTFILESIZE
④ HISTSTACK

45 다음 중 사운드 카드를 제어 및 설정할 때 사용하는 명령으로 알맞은 것은?

① lpadmin
② cancel
③ lpc
④ alsactl

46 다음 중 인터넷상에서 원격으로 인쇄하기 위해 사용되는 프로토콜명으로 알맞은 것은?

① IPP
② LPRng
③ CUPS
④ PPD

47 다음 중 GUI 기반의 스캐너 도구로 알맞은 것은?

① xcam
② scanadf
③ scanimage
④ sane-find-scanner

48 다음 설명에 해당하는 명칭으로 알맞은 것은?

> 리눅스 및 유닉스 계열 운영체제에서 사운드를 만들고 캡처하는 인터페이스로 표준 유닉스 시스템 콜(POSIX)에 기반을 두고 있다. 프로젝트 초기에는 Free Software이었으나 사유화되기도 했다.

① ALSA
② CUPS
③ SANE
④ OSS

49 다음 중 사용자가 X 윈도우 실행을 실행할 경우 관련 키 정보를 저장하는 파일로 알맞은 것은?

① .Xsession
② .Xsetup
③ .Xinitrc
④ .Xauthority

50 다음 설명에 해당하는 명칭으로 알맞은 것은?

> GNU 프로젝트에서 LGPL을 따르는 GTK+ 라이브러리를 사용해서 만든 공개형 데스크톱 환경이다.

① QT
② KDE
③ GNOME
④ Xfce

51 다음 (　　) 안에 들어갈 내용으로 알맞은 것은?

> X 윈도우는 클라이언트/서버 구조로 되어 있는데, 서로 간의 통신을 위해 (㉠)을(를) 사용한다. 아울러 (㉡)은(는) X 윈도우에서 동작하는 일종의 응용 프로그램을 뜻한다.

① ㉠ X 서버, ㉡ X 클라이언트
② ㉠ X 클라이언트, ㉡ X 서버
③ ㉠ X 프로토콜, ㉡ X 서버
④ ㉠ X 프로토콜, ㉡ X 클라이언트

52 다음 중 윈도 매니저의 종류로 틀린 것은?

① Afterstep
② Enlightenment
③ Xfwm
④ Xfce

53 다음 중 리눅스 커널 기반으로 만들어진 운영체제로 틀린 것은?

① webOS
② QNX
③ GENIVI
④ Tizen

54 다음 설명에 해당하는 명칭으로 알맞은 것은?

> 빅데이터 환경에서 데이터 분석 기술을 통해 분석된 데이터의 의미와 가치를 시각적으로 표현할 때 유용한 프로그래밍 언어이다.

① Hadoop
② NoSQL
③ R
④ Cassandra

55 다음 설명에 해당하는 클라우드 컴퓨팅 서비스 유형으로 가장 알맞은 것은?

> 소프트웨어 서비스를 개발하기 위한 플랫폼을 제공하는 클라우드 서비스

① IaaS
② SaaS
③ PaaS
④ DaaS

56 다음 중 VMware에서 생성한 가상 머신의 파일형식으로 알맞은 것은?

① VDI
② VHD
③ VMD
④ VMDK

57 다음 설명에 해당하는 클러스터 구성 방식으로 알맞은 것은?

> 지속적인 서비스 제공을 목적으로 하는 클러스터로서 주 노드(Primary Node)와 백업 노드(Backup Node)로 구성한다. 백업 노드는 주 노드의 처리 상태를 체크하고 있다가 이상이 발생하면 관련 서비스를 이어 받는다.

① 고계산용 클러스터
② 부하분산 클러스터
③ HA(High Available) 클러스터
④ HPC(High Performance Computing) 클러스터

58 다음 설명에 가장 관계가 깊은 명칭으로 알맞은 것은?

> 마이크로컨트롤러(Micro controller)를 내장하여 특정한 기능을 반복적으로 수행하기 위해 하드웨어와 소프트웨어를 결합하여 만든 전자 제어 시스템이다.

① KVM
② LXC
③ Arduino
④ Hadoop

59 다음 설명에 해당하는 OSI 계층으로 알맞은 것은?

> 송신자와 수신자가 사용하는 코드와 문자 등을 번역하여 일관되게 전송하는 데이터를 서로 이해할 수 있는 기능을 제공한다.

① 표현 계층
② 세션 계층
③ 전송 계층
④ 네트워크 계층

60 다음 설명에 해당하는 네트워크 프로토콜로 알맞은 것은?

> 소프트웨어적으로 할당된 논리 주소인 IP 주소를 실제 물리 주소인 MAC 주소로 변환하는 역할을 수행한다.

① IP
② ICMP
③ ARP
④ UDP

61 다음 설명에 가장 적합한 서비스로 알맞은 것은?

> 한 대의 리눅스 시스템에 파일 공유를 위한 디렉터리를 생성하고, 나머지 리눅스 시스템 사용자들이 손쉽게 접근할 수 있도록 구축한다.

① NFS
② NIS
③ SAMBA
④ HTTP

62 다음 중 OSI 7계층 모델에서 데이터링크 계층의 데이터 전송 단위로 알맞은 것은?

① frame
② segment
③ socket
④ bit

63 OSI 7 계층 모델 중 네트워크 계층과 가장 거리가 먼 프로토콜로 알맞은 것은?

① ICMP
② UDP
③ IP
④ ARP

64 다음 설명에 해당하는 국제기구로 알맞은 것은?

1998년에 설립된 인터넷의 비즈니스, 기술계, 학계 및 사용자 단체 등으로 구성된 기관으로 인터넷 DNS의 기술적 관리, IP 주소 공간 할당, 프로토콜 파라미터 지정, 루트 서버 시스템 관리 등의 업무를 조정하는 역할을 한다.

① ICANN
② IEEE
③ ITU-T
④ ISO

65 다음 (   ) 안에 들어갈 내용으로 알맞은 것은?

이더넷은 LAN을 위해 개발된 네트워크 기술로 각각의 기기들이 (   ) 길이의 고유한 MAC(Media Access Control) 주소를 기반으로 상호간에 데이터를 주고받을 수 있도록 만들었다.

① 32bit
② 48bit
③ 64bit
④ 128bit

66 다음 설명에 해당하는 기술로 알맞은 것은?

광섬유 케이블을 이용해서 최대 100Mbps의 속도를 제공하기 위해 등장하였다. 1982년 10월에 미국표준협회의 X3 커미티에서 표준화되었고, 이후에 ISO 규격으로 승인되었다.

① FDDI
② X.25
③ Frame Relay
④ Cell Relay

67 다음 중 인터네트워킹 장비를 OSI 모델의 하위 계층부터 나열한 순서로 알맞은 것은?

① Router→Bridge→Repeater
② Router→Repeater→Bridge
③ Repeater→Bridge→Router
④ Bridge→Repeater→Router

68 다음 중 게이트웨이 주소를 확인하는 명령어로 알맞은 것은?

① ifconfig
② ifstat
③ ss
④ route

69 다음 (   ) 안에 들어갈 내용으로 알맞은 것은?

> WWW(World Wide Web)는 웹페이지와 다른 웹페이지를 연결하는 (㉠) 방식의 정보검색 시스템이다. 또한 웹 서버의 자원에 접근하기 위해 (㉡)을(를) 사용한다.

① ㉠ HTML   ㉡ URL
② ㉠ HTML   ㉡ 하이퍼텍스트
③ ㉠ 하이퍼텍스트 ㉡ HTML
④ ㉠ 하이퍼텍스트 ㉡ URL

70 다음 중 IPv4 네트워크 주소 체계에서 '/16'이 의미하는 서브넷 마스크값으로 알맞은 것은?

① 255.0.0.0
② 255.255.0.0
③ 255.255.255.0
④ 255.255.255.128

71 다음 중 루프백(Loopback) 네트워크가 속해 있는 IPv4의 클래스로 알맞은 것은?

① A 클래스
② B 클래스
③ C 클래스
④ D 클래스

72 다음 중 IPv4의 C 클래스 네트워크 주소 대역으로 알맞은 것은?

① 191.0.0.0 ~ 223.255.255.255
② 192.0.0.0 ~ 223.255.255.255
③ 191.0.0.0 ~ 224.255.255.255
④ 192.0.0.0 ~ 224.255.255.255

73 다음에서 설명하는 해당하는 명령으로 알맞은 것은?

> www.kait.or.kr 웹 서버에 SFTP 서비스가 활성화되어 있는지 점검하려고 한다.

① telnet www.kait.or.kr@443
② telnet www.kait.or.kr 443
③ telnet www.kait.or.kr 21
④ telnet www.kait.or.kr 22

74 다음 중 IPv6의 주소 표현 단위로 알맞은 것은?

① 16bit
② 32bit
③ 64bit
④ 128bit

75 다음 중 프로토콜과 포트 번호의 조합으로 알맞은 것은?

① TELNET - 22
② SSH - 23
③ FTP - 443
④ IMAP - 143

76 다음 설명에 해당하는 웹 브라우저로 알맞은 것은?

> 모질라(Mozilla) 재단에서 개발한 자유 소프트웨어로 게코(Gecko) 레이아웃 엔진을 사용한다. 탭 브라우징, 맞춤법 검사, 통합 검색 등의 기능을 제공한다.

① 사파리
② 오페라
③ 크롬
④ 파이어폭스

77 다음 중 장애 발생 시에도 다른 시스템에 영향이 적어 가장 신뢰성이 높은 LAN 구성 방식으로 알맞은 것은?

① 링(Ring)형
② 버스(Bus)형
③ 스타(Star)형
④ 망(Mesh)형

78 다음 설명에 해당하는 TCP 프로토콜의 패킷으로 알맞은 것은?

> 클라이언트에서 서버로 전송하는 최초의 패킷이다. 이 패킷을 전송받은 서버는 half-open 상태가 된다.

① RST
② SYN/ACK
③ SYN
④ ACK

79 다음 중 리눅스와 윈도우 시스템 간의 자료 공유를 위해 사용되는 인터넷 서비스로 가장 알맞은 것은?

① SSH
② SAMBA
③ NFS
④ IRC

80 다음 중 SSH에 대한 설명으로 틀린 것은?

① 원격 셸 기능 지원
② 안전한 파일 전송 지원
③ 패킷 암호화 원격 로그인 지원
④ 평문 전송 기능 지원

2급 2차	소요 시간	문항 수
	총 100분	총 80문항

수험번호 : _____

성　명 : _____

정답 & 해설 ▶ **499쪽**

1과목　**리눅스 운영 및 관리**

01 다음 중 파일이나 디렉터리의 소유자를 변경하는 명령어로 알맞은 것은?

① ls
② chgrp
③ chown
④ umask

02 다음 설명의 상황에 설정해야 하는 작업으로 가장 알맞은 것은?

> project 그룹 소유의 디렉터리인 project에 ih-duser 사용자가 파일을 생성 시 그룹 소유권을 자동으로 project 그룹 권한으로 지정되도록 한다.

① ihduser 사용자를 project 그룹에 추가시킨다.
② project 디렉터리에 Set-UID를 부여한다.
③ project 디렉터리에 Set-GID를 부여한다.
④ project 디렉터리에 Sticky-Bit를 부여한다.

03 다음 (　　　) 안에 들어갈 명령어로 알맞은 것은?

```
[ihduser@ihd ~]$ (        ) g+r lin.txt
```

① chmod
② chown
③ chgrp
④ umask

04 다음 중 명령의 결과가 아래 경우 관련 설명으로 틀린 것은?

```
[ihd@www ~] $ ls -ld /tmp
drwxrwxrwx 24 root root 4096 Jul 12 20:59
/tmp
[ihd@www ~] $ ls -l /tmp
-rw-rw-r-- 1 kait kait 1222 Jul 11 09:15 lin.
txt
-rw-r--r-- 1 ihd ihd  513 Jul 11 21:05 joon.
txt
```

① ihd 사용자는 /tmp 디렉터리 안으로 들어갈 수 있다.
② ihd 사용자는 /tmp 디렉터리 안에 파일을 생성할 수 있다.
③ ihd 사용자는 lin.txt 파일을 삭제할 수 있다.
④ ihd 사용자는 joon.txt 파일을 수정할 수 없다.

05 허가권이 다음과 같이 설정되어 있다. 다른 그룹에 속한 kait 사용자의 접근을 막기 위한 명령으로 가장 알맞은 것은?

```
$ ls −ld data
drwxrwxr−x 2 ihd ihd 6 Jan 26 16:59 data
```

① group 계층의 r 권한을 제거한다.
② group 계층의 x 권한을 제거한다.
③ other 계층의 r 권한을 제거한다.
④ other 계층의 x 권한을 제거한다.

06 다음과 같이 허가권을 설정하기 위한 명령으로 알맞은 것은?

```
[root@www ~]$ ls −l ihd.txt
−rw−rw−r−−. 1 root root 109 Jan 31 15:25
ihd.txt
```

① chmod 664 ihd.txt
② chmod o−wx ihd.txt
③ chmod ugo+rw ihd.txt
④ chmod o−r,o−rw ihd.txt

07 다음은 ihduser 사용자의 홈 디렉터리가 차지하고 있는 디스크 용량을 확인하는 과정이다. (   ) 안에 들어갈 명령어로 알맞은 것은?

```
# (        )
56M    /home/ihduser
```

① df − sh ~ihduser
② quota ihduser
③ du − sh ~ihduser
④ df −sh /home/ihduser

08 다음 중 분할된 파티션별로 디스크의 사용량을 확인할 때 이용하는 명령은?

① df
② du
③ free
④ fdisk

09 다음 설명에 해당하는 명령어로 알맞은 것은?

사용자나 그룹에 쿼터를 설정할 때 사용하는 명령으로 실행시키면 vi 편집기를 이용해서 관련 값을 지정해야 한다.

① quota
② edquota
③ setquota
④ xfs_quota

10 다음 중 파일 시스템이 ext4인 /dev/sdb1 파티션을 /data 디렉터리로 마운트하는 명령으로 알맞은 것은?

① mount ‒o ext4 /data /dev/sdb1

② mount ‒o ext4 /dev/sdb1 /data

③ mount ‒t ext4 /data /dev/sdb1

④ mount ‒t ext4 /dev/sdb1 /data

11 다음은 ihduser 사용자의 디스크 쿼터를 설정하는 과정이다. (　　) 안에 들어갈 명령으로 알맞은 것은?

```
# (        ) ihduser
```

① quota

② edquota

③ repquota

④ xfs_quota

12 다음 제시된 NI 값 중에서 우선순위가 가장 낮게 할당되는 값으로 알맞은 것은?

① ‒20

② 0

③ 10

④ 20

13 다음 중 /etc/fstab 파일에서 마운트되는 옵션 정보를 기록하는 필드는 몇 번째인가?

① 세 번째

② 네 번째

③ 다섯 번째

④ 여섯 번째

14 다음 (　　) 안에 들어갈 내용으로 알맞은 것은?

리눅스가 부팅을 시작하면 커널이 최초의 프로세스인 (㉠) 프로세스를 발생시키는데, 할당되는 PID(Process ID)는 (㉡)이다.

① ㉠ init　　　　㉡ 0

② ㉠ init　　　　㉡ 1

③ ㉠ inetd　　　㉡ 0

④ ㉠ inetd　　　㉡ 1

15 다음은 셸 변수를 선언한 후에 관련 내용을 확인하는 과정이다. (　　) 안에 들어갈 명령어로 알맞은 것은?

```
$ a=1
$ b=2
$ (        )
```

① printenv

② unset

③ env

④ set

16 다음 명령의 결과에 대한 설명으로 가장 알맞은 것은?

> $ echo $SHELL

① 사용자가 로그인 시에 부여받은 셸 정보가 출력된다.
② 사용자가 현재 사용하고 있는 셸 정보가 출력된다.
③ 사용자가 변경할 수 있는 셸 정보가 출력된다.
④ 화면에 어떠한 결과도 출력되지 않는다.

17 다음 중 사용자가 시스템에 로그인한 후에 이용 중인 셸을 확인하는 명령으로 알맞은 것은?

① ps
② chsh
③ login
④ shells

18 다음 중 이용할 수 있는 셸의 정보를 확인할 때 사용하는 명령으로 알맞은 것은?

① chsh -i
② chsh -s
③ chsh -u
④ chsh -l

19 다음 중 현재 사용 가능한 셸 목록 정보가 저장된 파일명으로 알맞은 것은?

① /etc/passwd
② /etc/shells
③ /etc/login.defs
④ /etc/default/useradd

20 다음 설명에 해당하는 ps 명령의 프로세스 상태 코드값으로 알맞은 것은?

> 작업이 종료되었으나 부모 프로세스로부터 회수되지 않아 메모리를 차지하고 있는 상태이다.

① S
② T
③ X
④ Z

21 다음 중 명령어를 백그라운드 프로세스로 실행하기 위한 방법으로 알맞은 것은?

① 실행 명령어 앞부분에 bg를 덧붙여서 실행한다.
② 실행 명령어 앞부분에 jobs를 덧붙여서 실행한다.
③ 실행 명령어 뒷부분에 &를 덧붙여서 실행한다.
④ 실행 명령어 뒷부분에 bg를 덧붙여서 실행한다.

22 프로세스 아이디(PID)가 1222인 bash 프로세스의 우선순위(NI)값이 0이다. 다음 중 이 프로세스의 NI값을 10으로 우선순위를 변경하는 명령으로 알맞은 것은?

① renice 10 1222
② renice -10 1222
③ renice 10 bash
④ renice -10 bash

23 다음 명령의 결과와 가장 관련 있는 프로세스 생성 방식으로 알맞은 것은?

```
[root@www ~]#
systemd-+-ModemManager---2*[{ModemManager}]
        |-NetworkManager-+-2*[dhclient]
        |               '-2*[{NetworkManager}]
        |-2*[abrt-watch-log]
        |-abrtd
        |-accounts-daemon---2*[{accounts-daemon}]
        |-alsactl
        |-at-spi-bus-laun-+-dbus-daemon---{dbus-daemon}
        |                 '-3*[{at-spi-bus-laun}]
        |-at-spi2-registr---2*[{at-spi2-registr}]
        |-atd
        |-auditd-+-audispd-+-sedispatch
        |        |         '-{audispd}
        |        '-{auditd}
        |-avahi-daemon---avahi-daemon
```

① exec
② fork
③ inetd
④ standalone

24 다음 중 우선순위 변경 명령으로 설정할 수 있는 NI 값의 범위로 알맞은 것은?

① −19 ~ 20
② −19 ~ 19
③ −20 ~ 19
④ −20 ~ 20

25 cron을 이용해서 해당 스크립트를 10분 주기로 실행하려고 한다. (   ) 안에 들어갈 내용으로 알맞은 것은?

(   ) /etc/backup.sh

① 0−59/10 * * * *
② * 0−59/10 * * *
③ * * */10 * *
④ * * * */10 *

26 다음 중 LVM 구성할 때 가장 먼저 생성되는 것은?

① VG(Volume Group)
② LV(Logical Volume)
③ PV(Physical Volume)
④ PE(Physical Extend)

27 다음 중 10GB 용량을 가진 디스크 4개를 사용해서 RAID−0을 구성했을 경우 실제 사용 가능한 디스크 용량으로 알맞은 것은?

① 10GB
② 20GB
③ 30GB
④ 40GB

28 다음 설명에 해당하는 RAID 기술로 알맞은 것은?

디스크에 에러 발생 시 데이터의 손실을 막기 위해, 추가로 하나 이상의 장치에 중복 저장하는 기술이다.

① Volume Group
② Linear
③ Striping
④ Mirroring

29 다음 설명에 해당하는 명령으로 알맞은 것은?

> 소스 파일의 압축을 푼 디렉터리에서 한 번 작업한 설정이나 관련 파일을 삭제하고 다시 설정 작업을 진행할 때 사용한다.

① make init
② make zero
③ make clean
④ make neat

30 다음 중 레드햇 계열 리눅스에서 사용되는 패키지 관리 도구로 거리가 먼 것은?

① dnf
② rpm
③ zypper
④ yum

31 다음 (   ) 안에 들어갈 내용으로 알맞은 것은?

> # rpm (   ) /bin/ls
> coreutils−8.22−24.el7.x86_64

① −qi
② −ql
③ −qa
④ −qf

32 다음은 소스 파일로 프로그램을 설치하는 과정으로 관련 디렉터리는 PATH에 등록해서 작업 중이다. (   ) 안에 들어갈 명령으로 알맞은 것은?

> # (   ) −−prefix=/usr/local/apache

① make
② cmake
③ configure
④ make install

33 다음 설명에 해당하는 패키지 관리 도구로 알맞은 것은?

> 데비안 리눅스에서 사용하는 curses 메뉴 방식의 도구로 커서를 사용해서 주어진 메뉴를 이동하면서 손쉽게 패키지를 관리할 수 있다.

① alien
② dselect
③ dnf
④ zypper

34 다음 중 vim 편집기의 개발자로 알맞은 것은?

① 빌 조이
② 브람 무레나르
③ 리처드 스톨먼
④ 제임스 고슬링

35 다음 중 vi 편집기에서 한 줄이 linux인 경우에만 전부 Linux로 치환하는 명령으로 알맞은 것은?

① :% s/^linux$/Linux/g

② :% s/linux/^Linux$/g

③ :% s/\〈linux\〉/Linux/g

④ :% s/linux/\〈Linux\〉/g

36 vi 편집기로 파일을 불러올 때 커서를 파일의 가장 마지막 줄에 위치시키려고 한다. ( ) 안에 들어갈 내용으로 알맞은 것은?

```
# vi (      ) lin.txt
```

① −c

② −r

③ −R

④ +

37 다음은 vi 편집기 실행 시에 자동으로 행 번호가 나타나도록 설정하는 과정이다. ( ) 안에 들어갈 파일명과 설정 내용의 조합으로 알맞은 것은?

```
[ihduser@kait ~]$ cat 〉 ( ㉠ )
( ㉡ )
```

① ㉠ .virc   ㉡ set no

② ㉠ .virc   ㉡ set nu

③ ㉠ .exrc   ㉡ set no

④ ㉠ .exrc   ㉡ set nu

38 다음 중 nano 편집기에서 현재 커서가 위치한 줄의 처음으로 이동할 때 사용하는 키 조합으로 알맞은 것은?

① Ctrl + A

② Ctrl + E

③ Ctrl + O

④ Ctrl + C

39 다음 중 사용자가 로그인한 직후에 부여된 셸을 확인하는 방법으로 틀린 것은?

① ps 명령을 실행해서 확인해본다.

② 'chsh −l' 명령을 실행해서 확인해본다.

③ 'echo $SHELL' 명령을 실행해서 확인해본다.

④ 'grep 본인계정명 /etc/passwd' 명령을 실행해서 확인해본다.

40 다음 중 명령행을 연장할 때 나타나는 프롬프트를 변경할 때 사용하는 환경변수로 알맞은 것은?

```
[posein@www  ~]$ cp linuxmaster−sec−
ond−class−2023−03−11.txt \
〉
```

① PS

② PS1

③ PS2

④ PROMPT

41 다음 설명에 해당하는 파일로 가장 알맞은 것은?

> 특정 디렉터리를 명령어 검색 디렉터리로 지정하기 위해, 환경변수 PATH에 등록하고 계속해서 사용하려고 한다.

① ~/.bashrc
② ~/.bash_history
③ ~/.bash_profile
④ ~/.bash_logout

42 다음 중 로그인하면 나타나는 프롬프트를 변경하려고 할 때 사용하는 환경변수로 알맞은 것은?

① PS
② PS1
③ PS2
④ PROMPT

43 다음 명령의 결과에 대한 설명으로 알맞은 것은?

> $ history 5

① 처음에 실행한 명령어 5개를 화면에 출력한다.
② 최근에 실행한 명령어 5개를 화면에 출력한다.
③ 히스토리 목록 번호 중에서 5번에 해당하는 명령을 실행한다.
④ 최근에 실행한 명령 목록 중에서 5만큼 거슬러 올라가서 해당 명령을 실행한다.

44 다음 중 XFS 파일 시스템 생성 명령으로 알맞은 것은?

① mkfs.xfs /dev/sdb1
② mkfs −j xfs /dev/sdb1
③ mke2fs −t xfs /dev/sdb1
④ xfs.mkfs /dev/sdb1

45 다음 중 인텔 계열 CPU에 사용 가능한 데비안 리눅스 패키지 파일의 형식으로 알맞은 것은?

① vsftpd_3.0.3−12_s390.deb
② vsftpd_3.0.3−12_s390.apt
③ vsftpd_3.0.3−12_i386.deb
④ vsftpd_3.0.3−12_i386.apt

46 다음 설명에 해당하는 명칭으로 알맞은 것은?

> 애플이 개발한 공개 소프트웨어 프린팅 시스템으로 유닉스 운영체제의 시스템을 프린터 서버로 사용할 수 있다.

① OSS
② ALSA
③ CUPS
④ LPRng

47 다음은 /etc/passwd 파일의 내용을 출력하는 과정이다. (　　) 안에 들어갈 명령어로 알맞은 것은?

```
# (      ) /etc/passwd
```

① lp
② lpc
③ lpstat
④ lprm

48 다음 중 스캐너 사용과 관련된 프로그램으로 알맞은 것은?

① ALSA
② CUPS
③ SANE
④ LPRng

2과목 리눅스 활용

49 다음 중 X 클라이언트를 원격지로 전송하기 위해 변경하는 환경변수로 알맞은 것은?

① MAIL
② DISPLAY
③ TERM
④ TMOUT

50 다음은 부팅 모드를 확인하는 과정이다. X 윈도 모드로 부팅이 될 때 (　　) 안에 들어갈 내용으로 알맞은 것은?

```
# systemctl ( ㉠ )
( ㉡ )
```

① ㉠ set-default ㉡ multi-user.target
② ㉠ set-default ㉡ graphical.target
③ ㉠ get-default ㉡ multi-user.target
④ ㉠ get-default ㉡ graphical.target

51 다음 그림에 해당하는 프로그램으로 알맞은 것은?

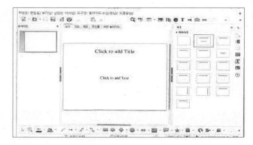

① LibreOffice Draw
② LibreOfiice Writer
③ LibreOffice Calc
④ LibreOffice Impress

52 다음 설명에 해당하는 명칭으로 알맞은 것은?

> • GUI 환경을 이용하기 위해 사용자에게 제공되는 인터페이스 스타일이다.
> • 파일관리자, 아이콘, 창, 도구모음, 배경 화면, 위젯 등을 제공한다.

① 데스크톱 환경
② 윈도 매니저
③ 디스플레이 매니저
④ 위젯

53 다음 중 KDE와 가장 관계가 깊은 라이브러리로 알맞은 것은?

① Qt
② GTK+
③ FLTK
④ Motif

54 다음 중 시스템 시작 시 X 윈도우 모드로 부팅이 되도록 설정하는 명령은?

① systemctl runlevel.5
② systemctl graphical.target
③ systemctl set-default runlevel.5
④ systemctl set-default graphical.target

55 다음 중 CPU 반가상화를 지원하는 가상화 기술로 알맞은 것은?

① Xen
② KVM
③ Docker
④ VirtualBox

56 다음 설명에 해당하는 클라우드 컴퓨팅 서비스 유형으로 가장 알맞은 것은?

> 업무 처리에 필요한 서버, 데스크톱 컴퓨터, 스토리지 같은 IT 하드웨어 자원을 원하는 만큼 빌려서 사용하려고 한다.

① IaaS
② SaaS
③ PaaS
④ DaaS

57 다음 설명에 해당하는 운영체제로 알맞은 것은?

> 리눅스 커널에서 구동되는 모바일 운영체제로서 Palm OS를 계승한 소프트웨어이다. 현재 LG 전자가 주도적으로 개발하고 있다.

① QNX
② Bada OS
③ webOS
④ Tizen

58 다음 설명에 해당하는 리눅스 배포판으로 알맞은 것은?

> 레드햇 엔터프라이즈 리눅스의 복제 버전에 해당하는 CentOS 지원 종료에 따라 탄생한 리눅스 배포판이다. CentOS 프로젝트 창립자인 Gregory Kurtzer가 주도하고 있다.

① Rocky Linux
② Arch Linux
③ Alma Linux
④ Linux Mint

59 다음 중 OSI 참조 모델을 제정한 기관으로 알맞은 것은?

① IEEE
② ISO
③ ANSI
④ EIA

60 다음 중 OSI 7 계층 모델에서 데이터링크 계층이 제공하는 인접한 개방형 시스템 간에 데이터 전송기능을 이용하여 연결성과 통신 경로 선택(Routing)을 제공하는 계층으로 알맞은 것은?

① 전송계층
② 네트워크 계층
③ 데이터링크 계층
④ 물리 계층

61 다음 설명에 해당하는 OSI 계층으로 알맞은 것은?

> • 응용 프로그램 간의 통신을 관리하는 방법과 동기화를 유지하는 서비스를 제공한다.
> • 응용 프로그램 사이의 접속 설정 및 유지, 데이터의 전송 순서 및 동기점의 위치를 제공한다.

① 네트워크 계층
② 전송 계층
③ 세션 계층
④ 표현 계층

62 다음 중 네트워크 카드에 물리적으로 케이블이 연결되었는지를 점검할 때 사용하는 명령어로 알맞은 것은?

① ifconfig
② ss
③ netstat
④ mii-tool

63 다음중 OSI 계층 기준으로 가장 낮은 계층에서 지원하는 장치로 알맞은 것은?

① Gateway
② Repeater
③ Bridge
④ Router

64 다음 중 T568B 배열의 순서로 알맞은 것은?

① 흰색/녹색, 녹색, 흰색/주황색, 주황색, 흰색/파란색, 파란색, 흰색/갈색, 갈색
② 흰색/녹색, 녹색, 흰색/주황색, 파란색, 흰색/파란색, 주황색, 흰색/갈색, 갈색
③ 흰색/주황색, 주황색, 흰색/녹색, 파란색, 흰색/파란색, 녹색, 흰색/갈색, 갈색
④ 흰색/주황색, 주황색, 흰색/파란색, 파란색, 흰색/녹색, 녹색, 흰색/갈색, 갈색

65 네트워크 전송상의 충돌이 없고, 노드의 숫자가 늘더라도 전체적인 성능 저하가 적으며, 노드의 추가가 비교적 어렵고 노드에 문제가 발생했을 경우 전체 네트워크가 중단될 수 있는 LAN 구성방식으로 알맞은 것은?

① 스타형
② 링형
③ 망형
④ 버스형

66 다음 (   ) 안에 들어갈 내용으로 알맞은 것은?

> 인터넷 등장 초기에는 IP 주소 및 인터넷 서비스에 대한 포트 번호 지정과 같은 관리를 미국 상무부 산하 단체인 (㉠)에서 관리했으나, 현재는 국제적인 기구로 바뀌면서 (㉡)에서 관리한다.

① ㉠ IEEE   ㉡ ICANN
② ㉠ ICANN   ㉡ IEEE
③ ㉠ ICANN   ㉡ IANA
④ ㉠ IANA   ㉡ ICANN

67 다음 조건일 때 설정되는 게이트웨이 주소 값으로 가장 알맞은 것은?

> • IP 주소 : 192.168.5.150
> • 서브넷 마스크값 : 255.255.255.192

① 192.168.5.126
② 192.168.5.127
③ 192.168.5.128
④ 192.168.5.129

68 다음 중 프로토콜과 관련된 포트 번호를 확인할 수 있는 파일로 알맞은 것은?

① /etc/protocols
② /etc/hosts
③ /etc/group
④ /etc/services

69 다음 중 IPv4의 C 클래스 대역에 대한 설명으로 알맞은 것은?

① IP 주소 첫 번째 부분의 2비트가 10인 경우이다.
② IP 주소 첫 번째 부분의 2비트가 11인 경우이다.
③ IP 주소 첫 번째 부분의 3비트가 110인 경우이다.
④ IP 주소 첫 번째 부분의 3비트가 111인 경우이다.

70 다음 중 TCP의 3-way handshaking에서 수행하는 패킷의 순서로 알맞은 것은?

① SYN → ACK → SYN/ACK
② ACK → SYN/ACK → SYN
③ ACK → SYN → SYN/ACK
④ SYN → SYN/ACK → ACK

71 다음 중 공인 IP 주소로 알맞은 것은?

① 192.168.0.1
② 165.141.105.240
③ 172.30.255.254
④ 10.10.10.100

72 다음 중 잘 알려진 포트(Well-Known Port)의 범위로 알맞은 것은?

① 0 ~ 1023
② 1024 ~ 8080
③ 8081 ~ 35535
④ 35536 ~ 65535

73 다음 FTP 서비스 관련 포트 번호의 조합으로 알맞은 것은?

① ㉠ ftp: 20 ㉡ ftp-data: 21
② ㉠ ftp: 21 ㉡ ftp-data: 20
③ ㉠ ftp: 22 ㉡ ftp-data: 21
④ ㉠ ftp: 21 ㉡ ftp-data: 22

74 다음과 같은 설정이 저장되는 파일로 알맞은 것은?

> 192.168.56.101   www.ihd.or.kr

① /etc/hosts
② /etc/resolv.conf
③ /etc/sysconfig/network
④ /etc/sysconfig/network-scripts

75 다음은 다른 계정으로 접근하는 과정이다. ( ) 안에 들어갈 내용으로 알맞은 것은?

> [ihduser@www ~]$ ssh ( ) kait www.ihd.or.kr

① -u
② -n
③ -p
④ -l

76 다음 중 SYN Flooding 공격과 같은 네트워크 상태 정보를 확인하는 명령으로 알맞은 것은?

① ip
② ss
③ arp
④ ethtool

77 다음 중 소켓의 모든 정보를 출력하는 ss 명령어의 옵션으로 알맞은 것은?

① -n
② -a
③ -o
④ -t

78 다음 중 게이트웨이(Gateway) 주소를 확인하는 명령어로 알맞은 것은?

① nslookup
② ifconfig
③ arp
④ route

79 다음 중 모질라 재단에서 개발한 자유 소프트웨어로 게코(Gecko) 레이아웃 엔진을 사용한 웹 브라우저로 알맞은 것은?

① 파이어폭스
② 크롬
③ 마이크로소프트 엣지
④ 오페라

80 다음에서 설명하는 것으로 알맞은 것은?

- 국가 및 대륙과 같은 넓은 지역을 연결하는 네트워크이다.
- 거리의 제한이 없으나 다양한 경로를 거쳐 도달하므로 속도가 느리고 전송 에러율도 높은 편이다.
- 구성 방식에는 전용회선 방식과 교환회선 방식이 있다.

① LAN
② MAN
③ WAN
④ SAN

2급 2차	소요 시간	문항 수
	총 100분	총 80문항

수험번호 : _____

성   명 : _____

정답 & 해설 ▶ **503쪽**

1과목 **리눅스 운영 및 관리**

01 다음 중 (   ) 안에 들어갈 내용으로 틀린 것은?

```
[root@www~]$ umask
( ㉠ )
[root@www~]$ touch ihd.txt
[root@www~]$ mkdir abc
[root@www~]$ ls -l
total 2
( ㉡ ). 1 root root 0 Jan 30 15:43 ihd.txt
drwxr-xr-x. 2 root root 19 Jan 30 15:43 abc
[root@www~]$ umask -( ㉢ )
u=rwx,g=rx,( ㉣ )
```

① ㉠ : 0022
② ㉡ : -rwxr-xr-x
③ ㉢ : S
④ ㉣ : o=rx

02 다음 중 /etc/fstab에 대한 설명으로 틀린 것은?

① 첫 번째 필드는 장치명, 볼륨 라벨, UUID 모두 사용이 가능하다.
② 특정 파티션을 부팅 시에 자동으로 마운트되지 않도록 설정 할 수 있다.
③ dump 명령을 통한 백업 시 사용 주기를 매일 수행, 이틀에 한 번 수행, 주 1회 수행으로 설정이 가능하다.
④ 파일 시스템 관련 정보 파일로 mount, umount, fsck 등의 명령어가 수행될 때 이 파일의 정보를 참조한다.

03 다음과 같이 허가권을 설정하기 위한 명령으로 알맞은 것은?

```
[root@www~]$ ls -l ihd.txt
-rw-rw-r--. 1 root root 109 Jan 31 15:25
ihd.txt
```

① chmod 664 ihd.txt
② chmod o-wx ihd.txt
③ chmod ugo+rw ihd.txt
④ chmod o-r,o-rw ihd.txt

04 다음 중 (   ) 안에 들어갈 옵션으로 알맞은 것은?

```
# mkfs (      ) ext4 /dev/sdb1
# mke2fs (      ) ext4 /dev/sdb2
```

① -j   ② -t
③ -c   ④ -b

05 디렉터리에 설정되어 있는 특수 권한으로 알맞은 것은?

```
[root@www~]$ ls -ld /nfs
drwxrwxrxt. 19 root root 4896 Jan 16 11:41 /
nfs
```

① Set-GID
② Set-OID
③ Set-UID
④ Sticky-Bit

06 다음 중 chmod 명령의 문자 모드에 사용하는 설정 기호로 틀린 것은?

① +
② −
③ =
④ *

07 다음 중 저널링(Journaling) 기능이 적용되지 않은 파일 시스템으로 알맞은 것은?

① XFS
② ext2
③ ext4
④ Reiserfs

08 다음 중 fdisk 명령 실행 시 파티션 속성을 변경하기 위한 명령으로 알맞은 것은?

① d
② n
③ p
④ t

09 다음 중 /etc 디렉터리가 차지하고 있는 전체 용량을 확인할 때 사용하는 명령으로 가장 알맞은 것은?

① ls
② df
③ du
④ mount

10 다음 중 분할된 파티션 단위로 사용량을 확인할 때 사용하는 명령으로 알맞은 것은?

① df
② du
③ mkfs
④ mount

11 다음은 root 사용자가 kaituser의 셸을 변경하는 과정이다. (   ) 안에 들어갈 내용으로 알맞은 것은?

```
[root@ihd ~]# chsh (        )
```

① kaituser
② −s kaituser
③ −u kaituser
④ −v kaituser

12 다음 중 저장되는 히스토리 스택의 개수를 지정하는 환경변수로 알맞은 것은?

① HISTROY
② HISTSIZE
③ HISTFILESIZE
④ HISTSTACK

13 다음 중 /etc/passwd 파일에서 사용자의 로그인 셸이 기록되어 있는 곳으로 알맞은 것은?

① 4번째 필드
② 5번째 필드
③ 6번째 필드
④ 7번째 필드

14 다음 중 특정 사용자의 ~/.bashrc 파일에 설정하는 항목으로 가장 알맞은 것은?

① 프롬프트와 function
② alias와 프롬프트
③ alias와 function
④ 프롬프트와 PATH

15 다음 중 사용 가능한 셸의 목록을 확인하는 명령으로 알맞은 것은?

① set
② env
③ chsh
④ usermod

16 다음 중 ihduser 사용자가 본인의 홈 디렉터리로 이동하려고 할 때 (   ) 안에 들어갈 내용으로 알맞은 것은?

```
[ihduser@www ~]$ cd (        )
```

① USER
② $USER
③ HOME
④ $HOME

17 다음 설명과 관련 있는 파일로 알맞은 것은?

> kaituser는 로그아웃할 때 자동으로 생성되는 '.bak'로 끝나는 파일을 삭제하려고 한다.

① ~/.bashrc
② ~/.bash_logout
③ ~/.bash_profile
④ ~/.bash_history

18 다음 중 사용자의 로그인 셸이 기록되어 있는 환경 변수로 알맞은 것은?

① USER
② HOME
③ SHELL
④ PWD

19 다음 제시된 NI 값 중에서 우선순위가 가장 낮게 할당되는 값으로 알맞은 것은?

① −20
② 0
③ 10
④ 20

20 다음 중 번호값이 가장 작은 시그널명으로 알맞은 것은?

① SIGINT
② SIGHUP
③ SIGQUIT
④ SIGCONT

21 다음 중 백업 스크립트가 일주일에 1회만 실행되도록 crontab에 설정하는 내용으로 알맞은 것은?

① 1 1 1 * * /etc/backup.sh
② 1 1 * 1 * /etc/backup.sh
③ 1 1 * 5 * /etc/backup.sh
④ 1 1 * * 5 /etc/backup.sh

22 사용 중인 bash 프로세스의 PID 1222일 때 renice 명령의 사용법으로 알맞은 것은?

① renice 1 bash
② renice 1 1222
③ renice −−1 bash
④ renice −−1 1222

23 다음 중 포어그라운드 프로세스를 백그라운드 프로세스로 전환하기 위해 일시정지(suspend)시키는 키 조합으로 알맞은 것은?

① Ctrl + C
② Ctrl + D
③ Ctrl + X
④ Ctrl + Z

24 다음 설명에 해당하는 내용으로 알맞은 것은?

> 하나의 프로세스가 새로운 프로세스를 생성할 때 원래의 프로세스를 새로운 프로세스로 대체하는 형태로 호출한 프로세스의 메모리에 새로운 프로세스의 코드를 덮어씌워 버린다.

① fork
② exec
③ foreground process
④ background process

25 다음 (　　) 안에 들어갈 내용으로 알맞은 것은?

> 리눅스가 부팅을 시작하면 커널이 (㉠) 프로세스를 발생시키고, (㉠) 프로세스는 시스템 운영에 필요한 데몬 등을 비롯하여 다른 프로세스들은 (㉡) 방식으로 생성한다.

① ㉠ init　　　㉡ exec
② ㉠ init　　　㉡ fork
③ ㉠ inetd　　㉡ exec
④ ㉠ inetd　　㉡ fork

26 다음 중 사용자가 백그라운드로 실행한 프로세스의 상태를 확인할 때 사용하는 명령으로 알맞은 것은?

① bg
② fg
③ jobs
④ nohup

27 다음 중 우선순위가 인위적으로 높아진 상태를 의미하는 프로세스 상태 코드 값으로 알맞은 것은?

① H　　　　　　② N
③ ＜　　　　　　④ ＞

28 다음 프로세스 상태를 출력해 주는 명령의 결과에 대한 설명으로 알맞은 것은?

> # ps -A

① 터미널과 연관된 프로세스를 출력한다.
② System V 계열에서 모든 프로세스를 출력하는 명령이다.
③ 시스템에 동작 중인 모든 프로세스를 소유자 정보와 함께 출력한다.
④ 세션 리더를 제외하고 터미널에 종속되지 않은 모든 프로세스를 출력한다.

29 다음 중 실행 중인 emacs 편집기를 종료하는 키 조합(key stroke)으로 알맞은 것은?

① Ctrl + X 다음에 Ctrl + C
② Ctrl + X 다음에 Ctrl + E
③ Ctrl + X 다음에 Ctrl + S
④ Ctrl + X 다음에 Ctrl + F

30 다음 그림에 해당하는 편집기로 알맞은 것은?

① nano
② pico
③ gedit
④ emacs

31 다음에 설명하는 vi 편집기의 명령으로 알맞은 것은?

> vi 편집기의 명령 모드 상태에서 현재 커서가 있는 줄에서 마지막 줄까지 삭제한다.

① :.,$d
② :1,$d
③ :%d
④ :.,%d

32 다음 중 vi 편집기에서 변경된 내용을 저장하지 않고 강제로 종료할 때 사용하는 명령으로 알맞은 것은?

① :w!　　　② :e!
③ :q!　　　④ :x!

33 다음 중 pico를 개발한 사람으로 알맞은 것은?

① 빌 조이
② 리처드 스톨만
③ 리누스 토발즈
④ 아보일 카사르

34 다음 중 vi 편집기에서 사용되는 모드로 틀린 것은?

① 명령 모드
② 설정 모드
③ 입력 모드
④ ex 명령 모드

35 다음은 시스템에 설치된 rpm 패키지 중 아파치 데몬과 관련된 모든 패키지를 출력하려고 한다. 다음 (　　) 안에 들어갈 내용으로 알맞은 것은?

> # rpm (㉠) | grep (㉡)

① ㉠ -qi　　　㉡ apache
② ㉠ -qa　　　㉡ httpd
③ ㉠ -qf　　　㉡ web
④ ㉠ -ql　　　㉡ apr

36 다음 (　　) 안에 들어갈 내용으로 알맞은 것은?

> yum은 (㉠) 기반의 시스템 패키지를 손쉽게 설치해 주고 자동으로 업데이트를 수행하는 명령행 기반의 유틸리티이다. yum은 (㉡)에 관련 패키지들을 모아두고, 네트워크를 통해서 의존성을 검사하여 설치 및 업데이트 등을 수행한다.

① ㉠ deb　　　㉡ library
② ㉠ rpm　　　㉡ repository
③ ㉠ rpm　　　㉡ library
④ ㉠ deb　　　㉡ repository

37 다음 중 httpd라는 패키지를 리눅스 배포판 중 수세에서 주로 사용하는 온라인 패키지 관리 기법으로 설치하는 명령으로 알맞은 것은?

① yum install httpd -y
② apt-get install httpd
③ zypper install httpd
④ rpm -i httpd

38 다음 중 의존성 관계에 있는 패키지가 존재하지 않는 경우 강제로 설치하려고 할 때 ( ) 안에 들어갈 내용으로 알맞은 것은?

```
# rpm -ivh httpd (         )
```

① --nodeps
② --freshen
③ --force
④ --hash

39 다음 패키지에 대한 설명으로 거리가 먼 것은?

```
cron_3.0pl1-124_i386.deb
```

① 이 패키지는 관리 도구로 dpkg만 사용 가능하다.
② 이 패키지는 i386 시스템에서만 사용 가능하다.
③ 이 패키지는 124번 빌드되었다.
④ 이 패키지 버전은 3.0pl1이다.

40 다음 중 tar 명령어 실행 시 사용 가능한 명령어에 대한 설명으로 틀린 것은?

① t : tar 파일 안에 묶여 있는 파일의 목록을 출력한다.
② v : 어떤 명령을 실행할 때 대상이 되고 있는 파일들을 보여준다.
③ p : 파일이 생성되었을 때 파일의 권한을 그대로 유지하게 해준다.
④ x : 지정한 파일이나 디렉터리를 하나로 묶어 새로운 tar 파일을 생성한다.

41 apt-get에 대한 설명으로 틀린 것은?

① 데비안 계열 리눅스 배포판에서 사용되는 유틸리티이다.
② /etc/apt/sources.list 파일을 참고하여 패키지 설치 관련 정보를 관리한다.
③ remove 명령어는 /var/cache/apt/archive에 생성된 파일을 전부 삭제한다.
④ APT(Advanced Packaging Tool) 라이브러리를 이용한 명령행 기반의 도구이다.

42 다음 중 소스 파일을 압축하는 유틸리티 종류로 가장 거리가 먼 것은?

① tar
② xz
③ gcc
④ gzip

43 다음 중 네트워크를 통해 프린터를 설정할 때 사용되는 포트번호로 가장 알맞은 것은?

① 80
② 443
③ 631
④ 8080

44 다음 ( ) 안에 들어갈 명령으로 알맞은 것은?

```
# (    ) -x 100 -y 100 --format=tiff > lin.tiff
```

① xcam
② scanadf
③ scanimage
④ sane-find-scanner

45 다음 중 출력 요청 ID(Request-ID)를 확인 후에 프린터 작업을 취소하는 명령으로 가장 알맞은 것은?

① lpr
② lpq
③ lprm
④ cancel

46 다음 중 SANE에 대한 설명으로 틀린 것은?

① GPL 라이선스로 공개되어 있다.
② GTK+ 라이브러리로 만들어졌다.
③ 이미지 관련 하드웨어를 사용할 수 있도록 해주는 API이다.
④ 스캐너 관련 드라이버와 사용자 관련 명령이 있는 2개의 패키지로 구분되어서 배포된다.

47 다음 중 지정한 파일이 프린터를 통해 출력되도록 작업을 요청하는 명령으로 알맞은 것은?

① pr
② lp
③ lpc
④ lpq

48 다음 중 CUPS와 관련 있는 설정 명령으로 알맞은 것은?

① alsactl
② cdparanoia
③ scanimage
④ lpadmin

49 다음 중 GNOME에 포함된 프로그램으로 틀린 것은?

① GIMP
② Gwenview
③ gedit
④ eog

50 다음 설명에 해당하는 내용으로 알맞은 것은?

> 윈도의 배치와 표현을 담당하는 시스템 소프트웨어로 창 열기, 창 닫기, 최소화 및 최대화, 이동, 크기 조정 등을 가능하게 한다.

① 윈도 매니저
② 디스플레이 매니저
③ 데스크톱 환경
④ 파일관리자

51 다음 중 X 윈도우 관련 프로그램의 종류가 나머지 셋과 다른 것은?

① Kwin
② Xfce
③ LXDE
④ GNOME

52 다음 중 X 서버에 접근할 수 있는 클라이언트를 서버에 생성된 키 기반으로 제어할 때 사용하는 명령으로 알맞은 것은?

① xauth
② xhost
③ Xauthority
④ .Xauthority

53 다음 중 워드 프로세서 프로그램으로 알맞은 것은?

① LibreOffice Calc
② LibreOffice Draw
③ LibreOffice Writer
④ LibreOffice Impress

54 다음 중 KDE과 가장 관련 있는 라이브러리로 알맞은 것은?

① Qt
② GTK+
③ KDM
④ Konqueror

55 다음 중 xhost 명령에 관한 설명으로 알맞은 것은?

① X 서버에 접근할 수 있는 클라이언트를 지정하거나 해제하는 명령이다.
② +나 − 기호를 사용해 접근 우선순위를 지정할 수 있다.
③ 사용자 기반 인증을 통한 접근허가 파일 관련 도구이다.
④ 특정 사용자가 실행하면 $HOME/.Xauthority 파일이 생성된다.

56 다음 중 X 클라이언트 프로그램을 원격지의 X 서버에 전달하기 위해 수정하는 환경변수로 알맞은 것은?

① SESSION
② DESKTOP
③ XSERVER
④ DISPLAY

57 다음 중 NFS 서버 사용 시에 반드시 구동해야 할 데몬으로 알맞은 것은?

① CIFS
② NetBIOS
③ RPCBIND
④ LanManager

58 다음 ( ) 안에 들어갈 내용으로 알맞은 것은?

삼바가 처음 등장했을 때에는 (㉠) 프로토콜을 사용하였으나 최근에는 (㉡) 프로토콜을 사용한다.

① ㉠ portmap   ㉡ rpcbind
② ㉠ rpcbind   ㉡ portmap
③ ㉠ CIFS   ㉡ SMB
④ ㉠ SMB   ㉡ CIFS

59 다음 중 게이트웨이 주소값을 확인하는 명령으로 알맞은 것은?

① ss
② arp
③ netstat
④ ifconfig

60 다음과 같은 조건일 때 설정되는 브로드캐스트 주소값으로 알맞은 것은?

> IP 주소 : 192.168.3.129
> 서브넷마스크 : 255.255.255.128

① 192.168.3.127
② 192.168.3.128
③ 192.168.3.254
④ 192.168.3.255

61 다음 설명에 가장 적합한 서비스로 알맞은 것은?

> 리눅스가 설치된 시스템에 프린터를 연결하여 사용 중이다. 윈도우 10을 사용하는 회사 직원들의 컴퓨터에서도 리눅스 시스템에 연결된 프린터 사용이 가능하게 하려고 한다.

① NIS
② NFS
③ Usenet
④ SAMBA

62 다음 중 원격지의 FTP 서버에 있는 파일을 로컬 시스템으로 가져올 때 사용하는 ftp 명령의 모음으로 알맞은 것은?

① get, put
② get, recv
③ put, recv
④ get, send

63 다음 중 이더넷 카드에 연결된 케이블의 상태를 확인할 수 있는 명령으로 알맞은 것은?

① ip
② route
③ ethtool
④ ifconfig

64 다음 중 메일 관련 프로토콜로 거리가 먼 것은?

① POP3
② IMAP
③ SNMP
④ SMTP

65 다음 중 이더넷(Ethernet)과 가장 관련 있는 전송 기술로 알맞은 것은?

① ATM
② FDDI
③ CSMA/CD
④ Token Ring

66 다음 중 OSI-7계층의 응용 계층에 해당하는 프로토콜로 거리가 먼 것은?

① HTTP
② POP3
③ DNS
④ SSL

67 로컬 시스템의 계정과 다른 원격지 계정으로 ssh 서버에 접속하려고 한다. 다음 (   ) 안에 들어갈 내용을 알맞은 것은?

```
[ihduser@ihd ~]$ ssh (        ) kaituser ihd.
or.kr
```

① -l   ② -n
③ -p   ④ -u

68 다음 중 할당받은 C 클래스 1개의 네트워크 주소 대역에서 서브넷마스크를 255.255.255.192로 설정했을 경우에 생성되는 서브네트워크의 개수로 알맞은 것은?

① 2   ② 4
③ 64   ④ 128

69 다음 설명에 해당하는 LAN 구성 방식으로 알맞은 것은?

하나의 통신 회선에 여러 컴퓨터를 연결해서 전송하는 방법으로 모든 장치들은 동등한 조건으로 경쟁한다. 한 번에 한 컴퓨터만 전송할 수 있어서 연결된 컴퓨터의 수에 따라 네트워크 성능이 좌우된다.

① 스타(Star)형
② 버스(Bus)형
③ 링(Ring)형
④ 망(Mesh)형

70 다음 설명에 해당하는 국제기구로 알맞은 것은?

전기 및 전자공학 분야의 전문가로 구성된 국제 조직으로 컴퓨터 네트워크 분야의 LAN 및 MAN 관련 표준을 제정하였다.

① ISO
② ITU
③ IEEE
④ ICANN

71 다음 설명에 해당하는 프로토콜로 알맞은 것은?

> 이더넷 카드에 할당되어 있는 MAC 주소와 할당된 IP 주소를 매칭시켜 주는 역할을 수행한다.

① IP
② ARP
③ UDP
④ ICMP

72 다음 설명에 해당하는 netstat 명령의 상태값 (state)으로 알맞은 것은?

> 서버에서 클라이언트로부터 들어오는 패킷을 위해 소켓을 열고 기다리는 상태이다.

① LISTEN
② SYN_RECEIVED
③ SYS-SENT
④ ESTABLISHED

73 다음 설명과 관련 있는 파일로 알맞은 것은?

> IP 주소를 이용해서 자주 방문하던 사이트를 나만의 별칭을 부여하여 손쉽게 접속하려고 한다.

① /etc/hosts
② /etc/resolv.conf
③ /etc/sysconfig/network
④ /etc/sysconfig/network-scripts

74 다음 중 네트워크 접두어 길이:24(/24)에 해당하는 서브넷마스크 값으로 알맞은 것은?

① 255.255.255.0
② 255.255.255.128
③ 255.255.255.192
④ 255.255.255.224

75 다음과 같은 설정이 저장되는 파일로 알맞은 것은?

> 192.168.56.101 www.ihd.or.kr

① /etc/hosts
② /etc/resolv.conf
③ /etc/sysconfig/network
④ /etc/sysconfig/network-scripts

76 다음 중 IPv6에 대한 설명으로 틀린 것은?

① 패킷 크기의 확장
② IP 주소 대역 구분인 클래스의 확장
③ 헤더 구조의 단순화
④ 흐름 제어 기능 지원

77 다음에서 설명하는 클라우드 서비스로 가장 알맞은 것은?

클라우드 컴퓨팅이 발전하면서 모든 IT 자원을 서비스 형태로 제공할 수 있는 환경으로 바뀌어 가고 있다. 이것은 클라우드 컴퓨팅 서비스 모델 중 하나로 사용자로 하여금 프로젝트 혹은 애플리케이션의 기능을 서비스 형태로 등록하여 특정 이벤트가 발생되었을 때 실행되고 작업이 완료되면 종료되게 하는 개념이다.

① SaaS(Storage as a Service)
② PaaS(Platform as a Service)
③ FaaS(Function as a Service)
④ IaaS(Infrastructure as a Service)

78 다음 설명으로 가장 알맞은 것은?

서버 운영에 필요한 프로그램과 라이브러리만 이미지로 만들어서 프로세스처럼 동작시키는 경량화된 가상화 방식으로 가상화 레이어가 존재하지 않고 운영체제도 존재하지 않기 때문에 파일 시스템, 네트워크 속도가 가상머신을 이용하는 방법에 비해 빠르다.

① VirtualBox
② Kubernetes
③ Prometheus
④ Docker

79 다음 그림과 가장 관계가 깊은 설명으로 알맞은 것은?

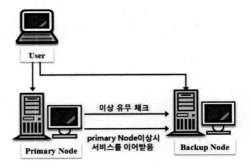

① 고성능 계산 능력을 제공하기 위한 목적의 LVS 클러스터
② 지속적인 서비스 제공을 목적으로 하는 HA 클러스터
③ 대규모 서비스를 제공하기 위한 목적의 HPC 클러스터
④ 유동적인 네트워크 연결 모델을 지원하기 위한 AP 클러스터

80 다음 중 리눅스와 가장 거리가 먼 것은?

① GENIVI
② QNX
③ TIZEN
④ WebOS

2급 2차	소요 시간	문항 수
	총 100분	총 80문항

수험번호 : _____

성   명 : _____

정답 & 해설 ▶ **508쪽**

1과목 **리눅스 운영 및 관리**

01 다음 중 chown 명령어를 사용하여 소유권 변경 시 참조하는 파일로 가장 알맞은 것은?

① ~/.profile
② /etc/passwd
③ /etc/shadow
④ /etc/default/useradd

02 다음 중 특수 권한이 설정되어 있는 파일로 틀린 것은?

① /bin/su
② /dev/null
③ /bin/mount
④ /usr/bin/passwd

03 소유 그룹 변경 명령어인 chgrp 명령어를 이용하여 원본 파일의 소유권은 그대로 둔 채 심볼릭 링크 파일의 그룹 소유권만 변경하려고 한다. 다음 중 해당 명령에 사용되는 옵션으로 알맞은 것은?

① -f   ② -s
③ -h   ④ -g

04 각 사용자의 디스크 사용량을 제한하려고 한다. 다음 중 디스크 쿼터를 설정하는 명령어의 순서로 알맞은 것은?

① repquota → edquota → quotacheck
   → quotaon
② quotaon → quotacheck → edquota
   → repquota
③ quotacheck → edquota → quotaon
   → repquota
④ edquota → quotacheck → quotaon
   → repquota

05 다음 중 특수 권한에 대한 설명으로 틀린 것은?

① Set-UID는 소유자 권한 부분의 x 자리에 s로 표시되며, 보안을 강화하기 위해 설정한다.
② 숫자 모드의 경우 천의 자리가 Set-UID는 4, Set-GID는 2, Sticky-Bit은 1의 값을 갖는다.
③ /tmp에 설정되어 있는 권한은 Sticky-Bit으로 일시적 파일 생성 및 삭제가 필요할 때 주로 이용된다.
④ Set-GID는 권한이 설정된 디렉터리에 사용자들이 파일이나 디렉터리를 생성하면 사용자가 속한 그룹과 상관 없이 디렉터리 소유 그룹으로 만들어진다.

06 다음 중 eject 명령어 수행 시 자동으로 수행되는 사전 명령어로 알맞은 것은?

① fsck
② e2fsck
③ mount
④ umount

07 다음 중 (   ) 안에 들어갈 내용으로 알맞은 것은?

```
[root@www~]$ blkid
/dev/sda1 : (      )="71c8l04b-3f5o-457d-
be5e-6740442afl8w" TYPE="ext4"
/dev/sda2 : (          )="dcd00dbd-b902-
4ba7-80e3-fb9lla8ecced0" SECTYPE="ext2"
TYPE="ext3"
```

① GID
② UUID
③ DISKID
④ WWWN

08 다음 중 리눅스에서 사용하는 파일 시스템 유형으로 틀린 것은?

① ext
② vfat
③ ntfs
④ smb

09 다음 중 fsck 명령 수행 시 손상된 디렉터리나 파일 수정을 위한 임시 디렉터리로 알맞은 것은?

① /lost.found
② /lost-found
③ /lost_found
④ /lost+found

10 다음 중 chmod 명령어를 이용한 허가권 변경 시 하위 디렉터리 내 파일의 허가권까지 모두 변경할 수 있는 옵션으로 알맞은 것은?

① -v
② -c
③ -f
④ -R

11 다음 설명에 해당하는 셸로 알맞은 것은?

POSIX와 호환되는 /bin/sh를 가능한 작게 구한 셸로 빠른 작업 수행이 특징이지만 history 명령 등은 지원하지 않는다.

① ksh
② csh
③ tcsh
④ dash

12 특정 사용자의 로그인 시에 부여되는 셸 정보를 확인하려고 할 때 파일명으로 알맞은 것은?

① /etc/shells
② /etc/passwd
③ /etc/shadow
④ /etc/login.defs

13 다음 중 등장 시기가 오래된 것부터 나열한 순서로 알맞은 것은?

① csh → tcsh → bash
② bash → csh → tcsh
③ csh → bash → tcsh
④ bash → tcsh → csh

14 다음 중 바로 직전에 내린 명령을 재실행할 때 사용하는 명령으로 알맞은 것은?

① !1   ② !0
③ !!   ④ history −1

15 다음 설명에 해당하는 파일로 가장 알맞은 것은?

시스템 전체(모든 사용자)에 적용되는 환경변수와 시작 관련 프로그램을 설정하려고 한다.

① /etc/profile
② /etc/bashrc
③ ~/.bash_profile
④ ~/.bash_bashrc

16 다음 (   ) 안에 들어갈 내용으로 알맞은 것은?

```
$ chsh (        )
/bin/sh
/bin/bash
/sbin/nologin
/bin/dash
/bin/tcsh
/bin/csh
```

① −s
② −l
③ −L
④ /etc/shells

17 다음 중 사용자의 프롬프트를 변경할 때 사용하는 환경변수로 알맞은 것은?

① PS
② PS1
③ PS2
④ PROMPT

18 다음 중 앨리어스(alias)가 설정된 ls를 원래 명령어가 계속 실행되도록 해제할 때의 명령으로 알맞은 것은?

① \ls
② alias ls
③ ualias ls
④ unalias ls

19 사용 중인 bash 프로세스의 PID 1222일 때 nice 명령의 사용법으로 알맞은 것은?

① nice −20 bash
② nice −20 1222
③ nice bash
④ nice 1222

20 다음 중 번호값이 가장 큰 시그널명으로 알맞은 것은?

① SIGINT
② SIGQUIT
③ SIGTSTP
④ SIGCONT

21 다음 설명으로 가장 알맞은 것은?

> 관련 프로세스가 메모리에 항상 상주하는 것이 아니라, 클라이언트의 서비스 요청이 들어오면 관련 프로세스를 실행하고 서비스가 종료되면 관련 프로세스도 종료한다.

① fork
② inetd
③ daemon
④ standalone

22 다음 (   ) 안에 들어갈 내용으로 알맞은 것은?

> 리눅스가 부팅을 시작하면 커널이 최초의 프로세스인 (㉠) 프로세스를 발생시키는데, 할당되는 PID(Process ID)는 (㉡)이다.

① ㉠ init   ㉡ 0
② ㉠ init   ㉡ 1
③ ㉠ inetd   ㉡ 0
④ ㉠ inetd   ㉡ 1

23 다음 중 백업 스크립트가 30분 주기로 실행되도록 crontab에 설정하는 내용으로 알맞은 것은?

① */30 * * * * /etc/backup.sh
② * */30 * * * /etc/backup.sh
③ * * */30 * * /etc/backup.sh
④ * * * */30 * /etc/backup.sh

24 다음 (   ) 안에 들어갈 내용으로 알맞은 것은?

> 프로세스의 우선순위와 관련된 항목에는 (㉠)와(과) (㉡)이(가) 존재한다. (㉠)은(는) 커널에서 참고하여 운영체제가 실제 참고하는 항목이고, (㉡)은(는) 사용자가 변경하는 항목으로 (㉡) 값이 (㉠) 값에 반영된다.

① ㉠ NI   ㉡ PRI
② ㉠ PRI   ㉡ NI
③ ㉠ inetd   ㉡ exec
④ ㉠ inetd   ㉡ fork

25 다음 설명에 해당하는 내용으로 알맞은 것은?

> 하나의 프로세스가 새로운 프로세스를 생성할 때 새로운 프로세스를 위해 메모리를 할당받아 복사본 형태로 실행한다.

① fork
② exec
③ foreground process
④ background process

26 PID가 513인 프로세스를 종료시키기 위해 'kill 513'을 실행하였지만 실패한 상태이다. 다음 중 해당 프로세스를 종료시키기 위해 (   ) 안에 들어갈 내용으로 알맞은 것은?

```
# kill (       ) 513
```

① 9
② 15
③ −9
④ −15

27 다음 중 백그라운드로 실행 중인 작업번호가 2인 프로세스를 포어그라운드로 전환할 때 사용하는 명령으로 알맞은 것은?

① bg &2
② bg %2
③ fg &2
④ fg %2

28 다음 중 백그라운드 프로세스로 실행시키기 위한 기호로 알맞은 것은?

① %   ② $
③ @   ④ &

29 다음 설명과 같은 경우 가장 사용하기 적합한 편집기로 알맞은 것은?

윈도우에서 리눅스로 전환한 초보자로서 터미널 환경에는 익숙하지 않고, X 윈도우는 사용 가능하다.

① vi
② nano
③ gedit
④ emacs

30 원격지에서 vi 편집기를 이용하여 lin.txt 파일을 편집 중에 네트워크 단절로 중단되었다. 작업 중이던 파일 내용을 불러오려고 할 때 (   ) 안에 들어갈 내용으로 알맞은 것은?

```
$ vi (       ) lin.txt
```

① +   ② −s
③ −r   ④ −R

31 다음 중 pico 편집기에서 현재 커서가 위치한 줄의 처음으로 커서를 이동시키는 키 조합(key stroke)으로 알맞은 것은?

① Ctrl + A
② Ctrl + E
③ Ctrl + I
④ Ctrl + O

32 다음 설명에 해당하는 편집기로 알맞은 것은?

브람 무레나르(Bram Moolenaar)가 만든 편집기로 편집 시에 다양한 색상을 이용해서 가시성을 높였으며, 패턴 검색 시에 하이라이트(High-light) 기능을 제공하여 빠른 검색이 가능하다.

① vim
② pico
③ nano
④ emacs

33 다음 중 emacs를 개발한 사람으로 알맞은 것은?

① 빌 조이
② 리처드 스톨만
③ 리누스 토발즈
④ 아보일 카사르

34 다음 중 vi 편집기 실행 후 명령 모드에서 입력 모드로 전환하는 키로 틀린 것은?

① a   ② e
③ i   ④ o

35 다음 설명과 같은 경우 프로그램 설치 방법으로 가장 알맞은 것은?

> 아파치 웹 서버 프로그램이 설치되는 디렉터리를 /usr/local/httpd2로 지정해서 운영하려고 한다.

① yum 명령으로 설치되는 디렉터리를 지정한 후에 설치한다.
② apt-get 명령으로 설치되는 디렉터리를 지정한 후에 설치한다.
③ 소스 파일을 다운로드하여 디렉터리를 지정한 후에 설치한다.
④ rpm 파일을 다운로드하여 디렉터리를 지정한 후에 설치한다.

36 다음 중 수세 리눅스에서 사용하는 온라인 패키지 관리 기법으로 알맞은 것은?

① yum
② apt-get
③ yast
④ zypper

37 다음 중 yum 명령을 사용한 작업 이력을 확인하는 명령으로 알맞은 것은?

① yum list
② yum install list
③ yum history list
④ yum command list

38 다음 (　　　) 안에 들어갈 내용을 알맞은 것은?

```
# tar (        ) backup.tar lin.txt
```

① cvf   ② rvf
③ xvf   ④ tvf

39 다음 그림에 해당하는 명령어와 옵션으로 알맞은 것은?

① rpm -q vsftpd
② rpm -qi vsftpd
③ rpm -qd vsftpd
④ rpm -V vsftpd

40 다음 중 동일한 소스 파일을 묶어서 압축했을 때 파일의 크기가 가장 크게 생성되는 파일로 알맞은 것은?

① php-7.4.2.tar.Z
② php-7.4.2.tar.bz2
③ php-7.4.2.tar.gz
④ php-7.4.2.tar.xz

41 다음 중 apt-get 명령어를 통해 패키지를 업데이트할 때 가장 관계가 깊은 파일로 알맞은 것은?

① /etc/sources.conf
② /etc/yum.conf
③ /etc/apt/sources.list
④ /var/cache/yum

42 다음은 압축 파일을 해제하는 과정이다. ( ) 안에 들어갈 내용을 알맞은 것은?

> # gzip ( ) ihd.tar.gz

① -d ② -r
③ -u ④ -v

43 다음 중 lin.txt라는 문서 파일을 출력한 후에 삭제하는 명령으로 알맞은 것은?

① lp -r lin.txt
② lp -d lin.txt
③ lpr -r lin.txt
④ lpr -d lin.txt

44 다음 ( ) 안에 들어갈 내용으로 알맞은 것은?

> 리눅스에서 프린터를 지원해주는 인쇄 시스템으로 초기에는 (㉠)을(를) 기본으로 사용했으나 최근 배포판에서는 (㉠) 대신에 (㉡)을(를) 사용하고 있다.

① ㉠ LPD ㉡ LPRng
② ㉠ LPRng ㉡ LPD
③ ㉠ LPRng ㉡ CUPS
④ ㉠ CUPS ㉡ LPRng

45 다음 중 CentOS 6 버전에서 사용하는 X 윈도우 기반의 프린터 설정 명령으로 알맞은 것은?

① printconf
② printtool
③ system-config-printer
④ redhat-config-printer

46 다음 제시된 프린터 관련 명령어 중 나머지 셋과 비교해서 다른 계열에 속하는 명령으로 알맞은 것은?

① lp ② lpc
③ lpq ④ lpr

47 다음 중 스캐너를 사용하기 위해서 설치해야 할 패키지로 알맞은 것은?

① OSS
② SANE
③ ALSA
④ CUPS

48 다음 설명에 해당하는 명령으로 알맞은 것은?

> 사운드카드 장치 초기화, 사운드 관련 환경 설정 파일 관리 등의 역할을 수행한다.

① alsactl
② alsamixer
③ cdparanoia
④ aplay

2과목 **리눅스 활용**

49 다음 중 X 윈도우 서버로 사용되는 X.org에 적용된 라이선스로 알맞은 것은?

① GPL
② BSD
③ MIT
④ Apache

50 다음 중 X 윈도우 관련 프로그램의 종류가 나머지 셋과 다른 것은?

① KDM ② GDM
③ XDM ④ LXDE

51 다음 설명에 해당하는 내용으로 알맞은 것은?

> X11 디스플레이 서버 프로토콜의 클라이언트 측을 구현한 라이브러리로 C 언어로 작성되었으면 Xlib를 대체하는 것을 목표로 한다.

① Qt ② GTK+
③ Xaw ④ XCB

52 다음 설명과 같은 경우 관련 설정을 하는 절차로 알맞은 것은?

> IP 주소가 192.168.5.13인 시스템 A의 Firefox를 IP 주소가 192.168.12.22인 시스템 B에 전송해서 실행되도록 설정하려고 한다.

① 시스템 A의 DISPLAY="192.168.5.13: 0.0"로 변경한다.
② 시스템 A의 DISPLAY="192.168.12.22: 0.0"로 변경한다.
③ 시스템 B의 DISPLAY="192.168.5.13: 0.0"로 변경한다.
④ 시스템 B의 DISPLAY="192.168.12.22: 0.0"로 변경한다.

53 다음 중 X 서버에 접근할 수 있는 클라이언트를 IP 주소 기반으로 제어할 때 사용하는 명령으로 알맞은 것은?

① xauth
② xhost
③ Xauthority
④ .Xauthority

54 다음 중 프레젠테이션(Presentation) 프로그램으로 알맞은 것은?

① LibreOffice Calc
② LibreOffice Draw
③ LibreOffice Writer
④ LibreOffice Impress

55 다음 중 그림 파일인 png를 불러오기 위한 프로그램으로 거리가 먼 것은?

① eog
② gimp
③ totem
④ ImageMagick

56 다음 중 부팅 시 X 윈도우가 실행되도록 /etc/inittab 파일을 수정하는 항목값으로 알맞은 것은?

① id:3:initdefault:
② id:4:initdefault:
③ id:5:initdefault:
④ id:6:initdefault:

57 다음과 같은 조건일 때 설정되는 네트워크 주소값으로 알맞은 것은?

> IP 주소 : 192.168.3.129
> 서브넷마스크 : 255.255.255.128

① 192.168.3.0
② 192.168.3.126
③ 192.168.3.127
④ 192.168.3.128

58 다음 IPv4의 B 클래스 대역에 할당된 사설 IP 주소의 범위로 알맞은 것은?

① 171.16.0.0 ~ 171.31.255.255
② 172.16.0.0 ~ 172.31.255.255
③ 173.16.0.0 ~ 173.31.255.255
④ 174.16.0.0 ~ 174.31.255.255

59 다음 설명에 해당하는 netstat 명령의 상태값 (state)으로 알맞은 것은?

> TCP의 3 Way-Handshaking이 완료된 후 서버와 클라이언트가 서로 연결된 상태이다.

① LISTEN
② SYN_RECEIVED
③ ESTABLISHED
④ SYS-SENT

60 다음 중 이더넷 카드에 연결된 케이블의 상태를 확인할 수 있는 명령으로 알맞은 것은?

① ss
② ip
③ route
④ mii-tool

61 다음 중 ftp에서 데이터 전송 시에 사용하는 포트 번호로 알맞은 것은?

① 20
② 21
③ 22
④ 23

62 다음 중 시스템에 장착된 이더넷 카드의 MAC 주소를 확인할 때 사용하는 명령으로 알맞은 것은?

① route
② netstat
③ ifconfig
④ hostname

63 다음 중 ssh와 관련이 없는 명령으로 알맞은 것은?

① scp
② scl
③ sftp
④ slogin

64 다음 설명에 가장 적합한 서비스로 알맞은 것은?

> 한 대의 리눅스 시스템에 파일 공유를 위한 디렉터리를 생성하고, 나머지 리눅스 시스템 사용자들이 손쉽게 접근할 수 있도록 구축한다.

① NIS
② NFS
③ IRC
④ SAMBA

65 다음 (   ) 안에 들어갈 내용으로 알맞은 것은?

> 이더넷은 LAN을 위해 개발된 네트워크 기술로 각 기기들이 (   ) 길이의 고유한 MAC(Media Access Control) 주소를 기반으로 상호 간에 데이터를 주고받을 수 있도록 만들어졌다.

① 32bit
② 48bit
③ 64bit
④ 128bit

66 다음 중 패킷 교환 방식에 대한 설명으로 틀린 것은?

① 고정 대역을 할당하지 않는다.
② 오버헤드 비트가 존재하지 않는다.
③ 이론상으로 호스트의 무제한 수용이 가능하다.
④ 회선 교환 방식에 비해 더 많은 지연이 발생할 수 있다.

67 다음 중 FTP 프로토콜이 사용하는 포트 번호를 확인할 때 사용하는 파일명으로 알맞은 것은?

① /etc/protocols
② /etc/services
③ /etc/networks
④ /etc/sysconfig/network

68 다음 중 텔넷 명령을 사용해서 로컬 시스템의 웹 서비스를 점검하려고 할 때 관련 명령으로 알맞은 것은?

① telnet 80 localhost
② telnet −p 80 localhost
③ telnet localhost 80
④ telnet localhost:80

69 다음 설명에 해당하는 LAN 구성 방식으로 알맞은 것은?

> 원형의 통신 회선에 컴퓨터와 단말기를 연결하는 형태로 앞의 컴퓨터로부터 수신한 내용을 다음 컴퓨터에 재선송하는 방법으로 동작하며, 토큰 패싱이라는 방법을 통해 데이터를 전송한다.

① 스타(Star)형　　② 버스(Bus)형
③ 링(Ring)형　　　④ 망(Mesh)형

70 다음 중 IP 주소 및 도메인을 관리하는 국제관리기구로 알맞은 것은?

① ICANN
② EIA
③ ITU
④ IEEE

71 다음 설명에 해당하는 TCP 프로토콜의 패킷으로 알맞은 것은?

> 클라이언트에서 서버로 전송하는 최초의 패킷으로, 이 패킷을 받으면 서버는 half−open 상태가 된다.

① RST
② SYN
③ ACK
④ SYN/ACK

72 다음 중 삼바 서비스와 가장 관련이 깊은 프로토콜로 알맞은 것은?

① RPC　　　　② IRC
③ CIFS　　　　④ SNMP

73 다음 설명에 해당하는 웹 브라우저로 알맞은 것은?

> 구글에서 개발한 웹 브라우저로 초기에는 웹키트(Webkit) 레이아웃 엔진을 이용하였으나 현재는 웹키트의 포크(fork)인 블링크(Blink)를 사용한다.

① 크롬
② 사파리
③ 오페라
④ 파이어폭스

74 다음 설명과 관련 있는 파일로 알맞은 것은?

> 시스템 점검을 위해 외부 네트워크와의 연결을 차단하려고 한다.

① /etc/hosts
② /etc/resolv.conf
③ /etc/sysconfig/network
④ /etc/sysconfig/network-scripts

75 다음 설명과 관련 있는 파일로 알맞은 것은?

> 리눅스마스터 시험 접수를 위해서 웹 브라우저 주소 창에 www.ihd.or.kr이라고 입력했는데, 청와대 홈페이지로 연결되었다.

① /etc/hosts
② /etc/services
③ /etc/sysconfig/network
④ /etc/sysconfig/network-scripts

76 다음 중 네임서버가 기록되어 있는 파일로 알맞은 것은?

① /etc/hosts
② /etc/resolv.conf
③ /etc/sysconfig/network
④ /etc/sysconfig/network-scripts

77 다음 중 Docker에 관한 설명으로 틀린 것은?

① 서버 운영에 필요한 프로그램을 이미지로 만들어 프로세스처럼 동작시킨다.
② 하이퍼바이저를 사용하여 경량화된 게스트 운영체제 설치를 지원한다.
③ 실행되는 이미지는 컨테이너(Container)라고 하며 컨테이너 내부에 접속 가능하다.
④ 컨테이너는 이미지로 저장할 수 있고 외부 저장소를 통해 배포가 가능하다.

78 다음 중 리눅스 가상화 기술인 VirtualBox에 대한 설명으로 알맞은 것은?

① 인텔의 하드웨어 가상화 VT-x와 AMD의 AMD-V를 기반으로 전가상화를 지원한다.
② 게스트 운영체제의 하드디스크를 기본 값으로 VMDK(Virtual Machine Disk) 포맷으로 저장한다.
③ 전통적인 하이퍼바이저 방식으로 호스트와 다른 아키텍처의 게스트는 실행할 수 없다.
④ InnoTek에서 처음 개발 후 Sun Microsystems를 거쳐 현재는 RedHat사에 인수되었다.

79 다음 중 리눅스에서 사용되는 클러스터로 틀린 것은?

① 고가용성 클러스터(HA)
② 고계산용 클러스터(HPC)
③ 부하분산 클러스터(LVS)
④ 완전무결 클러스터(AP)

80 다음 설명하는 내용으로 가장 알맞은 것은?

생활 속 사물들을 네트워크로 연결하여 정보를 공유하는 환경을 일컫는 것으로 가전제품, 모바일 장비 및 다양한 임베디드 시스템 뿐만 아니라 건강, 교통, 도시환경 등 다양한 분야에서 정보를 생성하고 있다.

① DSP(Digital Signal Processor)
② PAM(Parallel Virtual Machine)
③ IoT(Internet of Things)
④ IVI(In-Vehicle Infotainment)

2급 2차	소요 시간	문항 수
	총 100분	총 80문항

수험번호 : _____

성   명 : _____

정답 & 해설 ▶ 513쪽

1과목 **리눅스 운영 및 관리**

01 다음과 같이 허가권 값이 변경되었을 경우 중간에 실행된 명령으로 알맞은 것은?

```
[root@www ~]# ls –ld /project
drwxrwx–––. 2 root project 4096 2019–11–
17 05:08 /project
[root@www ~]#
[root@www ~]# ls –ld /project
drwxrws–––. 2 root project 4096 2019–11–
17 05:08 /project
```

① chmod u+s /project
② chmod g+s /project
③ chmod g+t /project
④ chmod o+t /project

02 다음 중 fdisk 명령으로 파티션 속성을 변경할 때 사용하는 값의 조합으로 틀린 것은?

① Linux : 81   ② Swap : 82
③ LVM : 8e   ④ Raid : fd

03 다음은 ihduser 사용자의 디스크 쿼터를 설정하는 과정이다. (   ) 안에 들어갈 명령으로 알맞은 것은?

```
# (       ) ihduser
```

① quota   ② quotaon
③ setquota   ④ edquota

04 다음 중 디렉터리에 부여되는 w 권한에 대한 설명으로 알맞은 것은?

① 해당 디렉터리에 생성되는 파일을 수정할 수 있다.
② 해당 디렉터리에 파일을 생성 또는 삭제할 수 있다.
③ 해당 디렉터리에 파일을 생성할 수 있지만 삭제할 수 없다.
④ 해당 디렉터리에 파일을 생성하고 해당 파일을 수정할 수 있다.

05 다음 명령의 실행 결과로 생성되는 lin.txt 파일의 허가권 값으로 알맞은 것은?

```
[ihduser@www ~]$ ls –l lin.txt
–rwxrwxrwx. 1 ihduser ihduser 0 Nov 17
08:30 lin.txt
[ihduser@www ~]$ chmod o=r lin.txt
```

① –––––––r––
② –r––r––r––
③ –rwxrwx–wx
④ –rwxrwxr––

06 다음 중 가장 먼저 저널링(Journaling) 기술이 탑재된 파일 시스템으로 알맞은 것은?

① ext
② ext2
③ ext3
④ ext4

07 다음 명령을 실행했을 때 /dev/sdb1에 생성되는 파일 시스템으로 알맞은 것은?

> # mke2fs −j /dev/sdb1

① ext2
② ext3
③ ext4
④ xfs

08 다음 중 손상된 파일 시스템을 검사하고 수리하는 명령으로 알맞은 것은?

① mkfs
② fsck
③ free
④ fdisk

09 다음 결과와 같을 때 umask 명령 실행 시 출력되는 값으로 알맞은 것은?

> [ihduser@www ~]$ ls
> [ihduser@www ~]$ mkdir joon
> [ihduser@www ~]$ touch lin.txt
> [ihduser@www ~]$ ls −l
> total 4
> drwxrwxr−x. 2 ihduser ihduser 4096 Nov 17
> 08:30 joon
> −rw−rw−r−−. 1 ihduser ihduser   0 Nov 17
> 08:30 lin.txt
> [ihduser@www ~]$ umask

① 0002
② 0200
③ 0664
④ 0775

10 현재 디렉터리 안에 있는 data 디렉터리의 소유권을 하위 디렉터리 및 파일을 포함하여 ihduser로 변경하는 과정이다. 다음 (   ) 안에 들어갈 내용으로 알맞은 것은?

> # chown (   ) ihduser data/

① −d   ② −r
③ −D   ④ −R

11 다음 중 셸에서 선언된 셸 변수 전부를 확인할 때 사용하는 명령으로 알맞은 것은?

① set   ② env
③ chsh   ④ export

12 다음 중 시스템 계정에 설정되는 셸로 알맞은 것은?

① /bin/bash
② /bin/dash
③ /bin/tcsh
④ /sbin/nologin

13 다음 명령에 대한 설명으로 알맞은 것은?

> [ihduser@www ~]$ history 5

① 최근에 실행한 마지막 5개의 명령어 목록을 출력한다.
② 히스토리 명령 목록의 번호 중에서 5번에 해당하는 명령을 실행한다.
③ 히스토리 명령 목록에서 5만큼 거슬러 올라가서 해당 명령을 실행한다.
④ 히스토리 명령 목록에서 번호가 1번부터 5번에 해당하는 명령을 출력한다.

14 다음 중 가장 최근에 등장한 셸로 알맞은 것은?

① csh
② ksh
③ tcsh
④ bash

15 다음 명령의 결과로 알맞은 것은?

```
[ihduser@www ~]$ user=lin
[ihduser@www ~]$ echo $USER
```

① lin
② ihduser
③ $USER
④ 화면에 아무것도 출력되지 않는다.

16 다음 명령에 대한 설명으로 알맞은 것은?

```
[ihduser@www ~]$ !5
```

① 최근에 실행한 마지막 5개의 명령어 목록을 출력한다.
② 히스토리 명령 목록의 번호 중에서 5번에 해당하는 명령을 실행한다.
③ 히스토리 명령 목록에서 5만큼 거슬러 올라가서 해당 명령을 실행한다.
④ 히스토리 명령 목록에서 번호가 1번부터 5번에 해당하는 명령을 출력한다.

17 다음 설명에 해당하는 셸로 알맞은 것은?

> 브라이언 폭스가 GNU 프로젝트를 위해 개발한 셸로 현재 GNU 운영체제, 리눅스, Mac OS X 등에 사용되고 있다.

① bash
② dash
③ tcsh
④ ksh

18 다음 결과에 해당하는 환경변수로 알맞은 것은?

```
〈변경 전〉
[ihduser@www ~]$

〈변경 후〉
[ihduser@21:05:12 ~]$
```

① PS1
② PS2
③ DISPLAY
④ PROMPT

19 top 명령은 실행 상태에서 다양한 명령을 입력하여 프로세스 상태를 출력하거나 제어할 수 있다. 다음 중 관련 설명으로 틀린 것은?

① k는 PID값을 입력하여 종료신호를 보낸다.
② p는 프로세스와 CPU 항목을 on/off한다.
③ m은 메모리 관련 항목을 on/off한다.
④ W는 바꾼 설정을 저장한다.

20 다음 중 cron에 관한 설명으로 알맞은 것은?

① cron은 root 권한으로만 수행 가능하다.
② crontab 파일은 총 5개의 필드로 구성되어 있다.
③ 주기적으로 실행하는 작업만 등록하여 사용할 수 있다.
④ 시스템 운영에 필요한 작업은 /var/crontab 파일에 관련 정보가 저장된다.

21 다음 중 fg %2 명령을 실행했을 경우 설명으로 알맞은 것은?

> [1]+ Stopped sleep 1000
> [2]- Running sleep 3000 &
> [3] Running sleep 2000 &

① fg +와 동일한 명령으로 sleep 1000 작업이 실행된다.
② 백그라운드에서 실행되던 sleep 2000 작업이 실행된다.
③ fg -와 동일한 명령으로 sleep 2000 작업이 실행된다.
④ 백그라운드에서 실행되던 sleep 3000 작업이 실행된다.

22 다음 중 프로세스 식별번호가 2219, 2229, 2239인 프로세스를 강제 종료하는 명령으로 알맞은 것은?

① kill -9 22*9
② kill -9 22{1,2,3}9
③ killall -9 2219 2229 2239
④ killall -9 2219, 2229, 2239

23 시그널에 관한 설명으로 알맞은 것은?

① 시그널은 사용자의 인터럽트 키를 통해서만 발생된다.
② 시그널은 프로세스 간 메시지를 보내는 통신을 할 때 이용한다.
③ 시그널 목록은 kill -l로 확인할 수 있고, 이름으로만 사용할 수 있다.
④ 일반적으로 사용하는 시그널은 SIGINT, SIGKILL, SIGSTART, SIGSTOP 등이 있다.

24 다음 (   ) 안에 들어갈 내용으로 알맞은 것은?

> 주기적이고 지속적인 서비스 요청을 처리하기 위해 계속 실행되는 프로세스를 뜻하는 (㉠)을(를) 실행하는 방법에는 (㉡) 방식과 inetd 방식이 있다. (㉡) 방식은 보통 부팅 시에 실행되어 해당 프로세스가 메모리에 계속 상주하면서 클라이언트의 서비스 요청을 처리하는 방식이다.

① ㉠ multitasking   ㉡ crond
② ㉠ multitasking   ㉡ standalone
③ ㉠ daemon   ㉡ crond
④ ㉠ daemon   ㉡ standalone

25 다음 조건으로 cron을 이용해서 일정을 등록할 때 알맞은 것은?

> 매시 30분에 백업 스크립트인 /etc/backup.sh가 실행되도록 설정한다.

① 30 * * * * /etc/backup.sh
② */30 * * * * /etc/backup.sh
③ * 30 * * * /etc/backup.sh
④ * */30 * * * /etc/backup.sh

26 다음 중 SIGINT(또는 INT)의 시그널 번호로 알맞은 것은?

① 1
② 2
③ 9
④ 15

27 다음 ( ) 안에 들어갈 내용으로 알맞은 것은?

> 프로세스는 크게 두 가지로 나눌 수 있는데, 보통 셸에서 명령을 실행하면 해당 프로세스가 종료될 때까지 기다려야 하는 (㉠) 프로세스와 다중 작업을 수행할 때 유용한 (㉡) 프로세스가 있다.

① ㉠ Foreground ㉡ Bandground
② ㉠ Foreground ㉡ Background
③ ㉠ Background ㉡ Foreground
④ ㉠ Bandground ㉡ Foreground

28 프로세스의 우선순위를 변경할 때 사용하는 명령들로 알맞은 것은?

① nice, renice
② nice, thread
③ nohup, renice
④ nohup, thread

29 다음에서 설명하는 vi 명령으로 알맞은 것은?

> /etc/hosts 파일을 열면서 ihd라는 문자열이 있는 위치에 커서를 둔다.

① vi +/ihd /etc/hosts
② vi +ihd /etc/hosts
③ vi +/etc/hosts /ihd
④ vi +/etc/hosts ihd

30 다음 중 vi 편집기의 환경 설정을 지속적으로 사용하기 위한 설정 파일로 알맞은 것은?

① .exrc
② .cshrc
③ .profile
④ .history

31 다음 중 vi 편집기의 개발 순서로 알맞은 것은?

① gVim → vi → vim
② vim → gVim → vi
③ vim → vi → gVim
④ vi → vim → gVim

32 다음 중 vi 편집기로 문자열을 치환할 때 사용하는 정규 표현식 종류와 설명으로 알맞은 것은?

① $: 줄의 끝을 의미
② ? : 줄의 시작을 의미
③ ⟨ : 단어의 끝을 의미
④ ^ : 단어의 시작을 의미

33 다음 중 텍스트 환경 기반의 콘솔 환경에서 사용하지 못하는 에디터로 알맞은 것은?

① vi   ② pico
③ gedit   ④ emacs

34 다음 중 vi 편집기로 문서를 편집한 후 저장하고 종료하는 명령으로 알맞은 것은?

① :w   ② :w!
③ :q!   ④ :wq

35 환경 설정과 관련된 옵션 정보를 확인하려고 할 때 ( ) 안에 들어갈 내용으로 알맞은 것은?

> [root@www httpd-2.4.41]# ./configure ( )

① --help
② --config
③ --option
④ --install

36 /bin/ls라는 파일을 설치한 패키지 이름을 알아보려고 한다. (　　) 안에 들어갈 내용으로 알맞은 것은?

> # rpm (　　　) /bin/ls

① -qc   ② -qf
③ -ql   ④ -qv

37 다음 중 configure 작업으로 생성되는 파일명으로 알맞은 것은?

① make
② cmake
③ Makefile
④ configure.cmake

38 다음은 압축되어 묶여진 tar 파일을 풀지 않고 내용만 확인하려고 한다. (　　) 안에 들어갈 내용으로 알맞은 것은?

> # tar (　　　) APM_source.tar.gz

① zcvf   ② zxvf
③ ztvf   ④ zrvf

39 다음 중 인텔 계열 CPU에 사용 가능한 데비안 리눅스 패키지 파일의 형식으로 알맞은 것은?

① vsftpd_3.0.3-12_s390.deb
② vsftpd_3.0.3-12_s390.apt
③ vsftpd_3.0.3-12_i386.deb
④ vsftpd_3.0.3-12_i386.apt

40 다음 중 레드햇 계열 리눅스에서 사용하는 패키지 관리 기법의 조합으로 가장 알맞은 것은?

① rpm, yum
② rpm, apt-get
③ dpkg, yum
④ YaST, yum

41 다음은 vsftpd라는 패키지를 의존성을 무시하고 제거하려고 한다. (　　) 안에 들어갈 내용으로 알맞은 것은?

> # rpm (　　　) vsftpd

① -d --nodeps
② -r --nodeps
③ -e --nodeps
④ -v --nodeps

42 다음은 telnet-server라는 패키지를 삭제하는 과정이다. (　　) 안에 들어갈 내용으로 알맞은 것은?

> # yum (　　　) telnet-server

① delete   ② destroy
③ remove   ④ eliminate

43 다음 중 ALSA에 대한 설명으로 틀린 것은?

① GPL 및 LGPL 라이선스 기반으로 배포되고 있다.
② OSS에 비해 적은 양의 단순한 API를 제공하고 있다.
③ 1998년 Jaroslav Kysela가 주도하는 ALSA 프로젝트에서 시작되었다.
④ 사운드 카드용 장치 드라이버를 위한 API를 제공하는 소프트웨어 프레임워크이다.

44 다음 중 프린터 큐의 상태를 출력하는 명령으로 알맞은 것은?

① lp ② lpr
③ lprm ④ lpstat

45 다음 중 CUPS에 대한 설명으로 틀린 것은?

① 웹 서버의 Common Log Format 형태의 로그 파일을 제공한다.
② HTTP 기반의 IPP를 사용하고, SMB 프로토콜도 부분적으로 지원한다.
③ CUPS 프린트 데몬의 환경 설정 파일의 기본 문법이 아파치의 httpd.conf와 유사하다.
④ CUPS가 제공하는 장치 드라이버는 어도비의 PPD 형식의 이미지 파일을 이용하여 설정한다.

46 다음 중 설치된 PCI 관련 장치의 목록을 확인할 수 있는 명령으로 알맞은 것은?

① pci ② lpc
③ lspci ④ pciinfo

47 다음 중 GUI 기반의 스캐너 도구로 알맞은 것은?

① xcam
② scanadf
③ scanimage
④ sane-find-scanner

48 다음 중 System V 계열의 프린트 명령어로 알맞은 것은?

① lp ② lpr
③ lpq ④ lprm

49 다음과 같은 결과를 위해 실행하는 명령으로 알맞은 것은?

> www/unix:0 MIT-MAGIC-COOKIE-1
> fae33ddfae2sb1bkae

① xhost list $DISPLAY
② xhost list DISPLAY
③ xauth list $DISPLAY
④ xauth list DISPLAY

50 다음 중 X 윈도우에 관한 설명으로 가장 알맞은 것은?

① 런레벨 3으로 설정된 상태라면 부팅 시에 X 윈도우가 시작된다.
② X 윈도우는 정확한 그래픽 카드 설정이 필요하고 호환 모드 설정은 제공하지 않는다.
③ X 윈도우는 디스플레이 장치에 의존적이지 않고 서로 다른 기종을 함께 사용할 수 있다.
④ 현재 리눅스를 비롯해 유닉스 대부분에서 사용되는 X 윈도우는 XFree86 기반이다.

51 다음 중 리눅스를 시작할 때 X 윈도우가 실행되도록 관련 설정 파일을 수정하려고 할 때 들어갈 내용으로 알맞은 것은?

① id:3:startx:
② id:5:startx:
③ id:3:initdefault:
④ id:5:initdefault:

52 다음 중 X 윈도우에 대한 설명으로 알맞은 것은?

① 1986년 Matthias Ettrich가 오픈 소스 프로젝트로 만들었다.
② 노틸러스(Nautilus) 프로젝트의 일환으로 발표되었다.
③ X 컨소시엄에 의해 X11 버전이 처음으로 개정되어 X11R2가 발표되었다.
④ X11R7.7 버전을 끝으로 XFree86 프로젝트는 해체되었다.

53 다음 중 특정 사용자가 X 윈도우를 실행 시 생성되는 키 값이 저장되는 곳으로 알맞은 것은?

① $HOME/.Xgrant
② $HOME/.Xauthority
③ $HOME/.Xpermission
④ $HOME/.Xcertification

54 다음 설명에 가장 알맞은 것은?

> GNU에서 만든 공개형 데스크톱 환경으로, 단순하고 사용하기 쉽고 동작하는 데 일차적인 목표를 두었다. 재사용이 쉽도록 소스 코드를 공개하여 전 세계 수많은 사용자들이 이용할 수 있게 되었다. GTK+ 라이브러리를 사용하여 개발되었다.

① KDE　　　② GNOME
③ KERNEL　　④ KWin

55 다음 중 리눅스 부팅 시 X 윈도우를 실행하기 위해 부팅 모드를 설정할 수 있는 파일로 알맞은 것은?

① /etc/init
② /etc/inittab
③ /etc/fstab
④ /etc/runlevel

56 다음 중 GNOME 데스크톱에서 제공하는 Eye of GNOME Image Viewer를 실행시키기 위해 명령행에서 입력하는 명령으로 알맞은 것은?

① image
② viewer
③ eog
④ eyes

57 다음과 같은 조건일 때 설정되는 브로드캐스트 주소 값으로 알맞은 것은?

> IP 주소 및 서브넷마스크 : 192.168.3.130/26

① 192.168.3.190
② 192.168.3.191
③ 192.168.3.192
④ 192.168.3.193

58 다음 IPv4의 A 클래스 대역에 할당된 사설 네트워크 대역의 개수로 알맞은 것은?

① 1
② 10
③ 16
④ 256

59 다음 설명에 해당하는 서비스로 알맞은 것은?

> 1984년 썬 마이크로시스템즈사에서 개발한 프로토콜로 네트워크상에서 다른 컴퓨터의 파일 시스템을 마운트하고 공유하여 상대방의 파일 시스템 일부를 마치 로컬 시스템의 디렉터리인 것처럼 사용할 수 있게 해준다.

① NIS
② NFS
③ CIFS
④ SAMBA

60 다음 중 메일 서버 간의 메시지를 교환할 때 사용되는 프로토콜로 알맞은 것은?

① FTP
② POP3
③ IMAP
④ SMTP

61 다음 중 네트워크 인터페이스 환경 설정과 관련된 파일들이 저장되어 있는 디렉터리로 알맞은 것은?

① /etc/networking/devices
② /etc/sysconfig/devices
③ /etc/sysconfig/network
④ /etc/sysconfig/network-scripts

62 다음 중 운영 중인 서버의 특정 포트에 접속하여 연결된(ESTABLISHED) 정보를 확인하는 명령의 조합으로 가장 알맞은 것은?

① ip, netstat
② ss, netstat
③ ip, route
④ ss, route

63 다음 결과에 해당하는 명령으로 알맞은 것은?

```
Settings for eth1:
        Supported ports: [ TP ]
        Supported link modes:   10baseT/Half 10baseT/Full
                                100baseT/Half 100baseT/Full
                                1000baseT/Full
        Supported pause frame use: No
        Supports auto-negotiations: Yes
        Advertised link modes:  10baseT/Half 10baseT/Full
                                100baseT/Half 100baseT/Full
                                1000baseT/Full
        Advertised pause frame use: No
        Advertised auto-negotiations: Yes
        Speed: 1000Mb/s
        Duplex: Full
        Port: Twisted Pair
        PHYAD: 0
        Transceiver: internal
        Auto-negotiations: on
        MDI-X: off (auto)
        Supports Wake-on: umbg
        Wake-on: d
        Current message level: 0x00000007 (7)
                            drv probe link
        Link detected: yes
```

① ss
② ip
③ route
④ ethtool

64 다음은 다른 계정으로 접근하는 과정이다. (   ) 안에 들어갈 내용으로 알맞은 것은?

> [ihduser@www ~]$ ssh (   ) kait www.ihd.or.kr

① -u ② -n
③ -p ④ -l

65 다음 FTP 서비스 관련 포트 번호의 조합으로 알맞은 것은?

① ㉠ ftp : 20 ㉡ ftp-data : 21
② ㉠ ftp : 21 ㉡ ftp-data : 20
③ ㉠ ftp : 22 ㉡ ftp-data : 21
④ ㉠ ftp : 21 ㉡ ftp-data : 22

66 다음 중 이더넷 케이블의 배열 순서인 T568B를 표준화한 기구로 알맞은 것은?

① ISO ② EIA
③ ITU ④ IEEE

67 다음 설명에 해당하는 프로토콜로 알맞은 것은?

> 세그먼트를 보내기만 하고 응답을 주고받지 않는 프로토콜이어서 제대로 전달되었는지 확인하지 않으며 오류 수정도 하지 않는다.

① IP ② ARP
③ UDP ④ TCP

68 다음 중 표현 계층에 대한 설명으로 틀린 것은?

① 데이터의 암호화와 해독을 수행한다.
② 데이터의 전송 순서 및 동기점의 위치를 제공한다.
③ 효율적인 전송을 위해 필요에 따라 압축과 압축해제를 진행한다.
④ 코드와 문자를 번역하여 일관되게 전송 데이터를 서로 이해할 수 있도록 한다.

69 다음 설명에 해당하는 프로토콜로 가장 알맞은 것은?

> 메시지에 대한 오류 보고와 이에 대한 피드백을 원래 호스트에 보고하는 역할을 수행한다.

① IP ② ARP
③ UDP ④ ICMP

70 다음 중 장애 발생 시에도 다른 시스템에 영향이 적고, 우회할 수 있는 방법이 존재하여 신뢰성이 높은 LAN 구성 방식으로 알맞은 것은?

① 스타형
② 버스형
③ 링형
④ 망형

71 다음 중 웹 서비스에 사용되는 포트 번호로 알맞은 것은?

① 80 ② 143
③ 8008 ④ 8080

72 다음 설명에 해당하는 웹 브라우저로 알맞은 것은?

> 1994년 노르웨이의 한 회사에서 시작된 프로젝트에서 탄생한 프리웨어 웹 브라우저로 리눅스뿐만 아니라 윈도우, Mac OS X, 안드로이드, iOS에서도 사용할 수 있다.

① 크롬　　　　② 사파리
③ 오페라　　　④ 파이어폭스

73 다음 중 할당받은 C 클래스 네트워크 주소 대역에서 서브넷마스크를 255.255.255.192이고, 인터넷 사용이 가능하도록 설정했을 경우에 사용 가능한 IP 주소 개수로 알맞은 것은?

① 61　　　　② 62
③ 63　　　　④ 64

74 다음과 같은 설정이 저장되는 파일로 알맞은 것은?

> nameserver 203.247.32.31
> nameserver 168.126.63.1

① /etc/hosts
② /etc/resolv.conf
③ /etc/sysconfig/network
④ /etc/sysconfig/network-scripts

75 다음 중 IPv6의 주소 표현의 단위로 알맞은 것은?

① 32bit　　　　② 64bit
③ 128bit　　　④ 256bit

76 다음 중 도시권 통신망인 MAN과 관련된 프로토콜로 알맞은 것은?

① X.25
② ATM
③ DQDB
④ FDDI

77 다음 설명에 해당하는 기술이 탑재된 제품으로 알맞은 것은?

> 커널이 수정된 게스트 운영체제를 통해 물리적 서버에 대비하여 최대 98%의 성능을 나타낸다는 CPU 반가상화를 지원한다.

① Xen
② KVM
③ RHEV
④ VitualBox

78 다음 구성에 해당하는 클러스터링 기법으로 알맞은 것은?

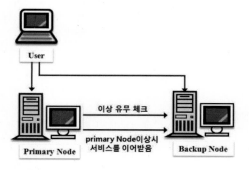

① LVS
② HA 클러스터
③ HPC 클러스터
④ 베어울프 클러스터

79 다음 설명에 해당하는 운영체제로 알맞은 것은?

> 리눅스 커널 기반으로 인텔과 삼성전자, 리눅스 재단, 리모 재단이 공동으로 개발한 모바일 및 IT 기기를 지원하는 운영체제이다.

① Tizen
② webOS
③ Bada OS
④ QNX

80 다음 설명으로 알맞은 것은?

> 영국 잉글랜드의 한 재단에서 학교와 개발도상국에서 기초 컴퓨터 과학 교육을 증진시키기 위해서 개발한 신용카드 크기의 싱글 보드 컴퓨터이다.

① Arduino
② Raspberry Pi
③ Micro Bit
④ Cubie Board

PART

06

정답 & 해설

정답 & 해설

최신 기출문제 01회

430쪽

01 ③	02 ①	03 ④	04 ②	05 ④
06 ③	07 ②	08 ④	09 ④	10 ④
11 ③	12 ①	13 ①	14 ①	15 ②
16 ③	17 ④	18 ①	19 ②	20 ④
21 ③	22 ④	23 ④	24 ②	25 ④
26 ④	27 ②	28 ④	29 ③	30 ①
31 ③	32 ②	33 ③	34 ①	35 ④
36 ①	37 ④	38 ①	39 ③	40 ①
41 ①	42 ③	43 ①	44 ②	45 ④
46 ①	47 ①	48 ④	49 ④	50 ③
51 ④	52 ④	53 ②	54 ③	55 ③
56 ④	57 ③	58 ③	59 ①	60 ③
61 ④	62 ①	63 ②	64 ①	65 ②
66 ①	67 ③	68 ④	69 ④	70 ②
71 ①	72 ②	73 ④	74 ④	75 ④
76 ①	77 ④	78 ③	79 ②	80 ④

1과목 | 리눅스 운영 및 관리

01 ③

해당 조건을 수행하기 위해서는 특수 권한이 설정되어야 한다. 파일 생성은 자유로우나 삭제는 본인의 생성한 파일만 가능하도록 설정하기 위해서는 sticky bit(1XXX)가, 파일 생성 시 자동으로 그룹 소유권이 project로 부여되도록 설정하기 위해서는 set-GID(2XXX)가 설정되어야 한다. 이 두 설정을 동시에 하기 위해서는 3XXX 권한을 부여해야 한다.

02 ①

umask는 파일이나 디렉터리 생성 시 부여되는 기본 허가권 값을 지정하는 명령어이다. umask가 0002인 경우 파일 생성 시 666-002 = 664 권한이 생성된다.

03 ④

Sticky-Bit는 특정 응용 프로그램이 다른 프로그램에서 생성한 파일을 삭제하지 못하도록 하는 권한 설정 시 사용된다. 이 권한은 실행 파일보다는 파일을 생성 또는 공유하여 사용하는 데 사용한다.

04 ②

명령어 chgrp는 파일 또는 디렉터리의 소유 그룹을 변경한다. 명령어 chgrp 형식은 다음 중 하나를 사용할 수 있다.
- chgrp [그룹] [파일명]
- chgrp -R [-H|-L|-P] 그룹 파일명

05 ④

명령어 chgrp는 파일 또는 디렉터리의 소유 그룹을 변경한다. 명령어 chgrp 형식은 다음 중 하나를 사용할 수 있다.
- chgrp [그룹] [파일명]
- chgrp -R [-H|-L|-P] 그룹 파일명

06 ③

파일 /etc/fstab은 6개의 필드 즉, 파일 시스템 장치명, 마운트 포인트, 파일 시스템 종류, 옵션, dump 관련 설정, 파일 점검 옵션으로 구성되어 있다. 첫 번째 필드에는 파일 시스템 장치명(예 /dev/sdb1), 볼륨 라벨(LABEL=/home), 또는 UUID가 올 수 있다.

07 ②

하드 디스크의 UUID(Universally Unique IDentifier)는 blkid 명령어로 확인할 수 있다.

08 ④

xfs_quota는 xfs 파일시스템에서 사용자 용량을 제한하며 문제에서는 계정자 ihduser이 사용할 수 있는 용량을 지정한다.

09 ④

uuid는 개체를 구분하는 고유번호로 리눅스에서는 파티션 생성 시 부여된다. uuid는 blkid 명령어로 확인할 수 있다.

10 ④

손상된 디렉터리나 파일을 수정 시 디렉터리 /lost+found에서 작업을 수행하고, 복구가 되면 /lost+found에서 없어진다.

11 ③

> **오답 피하기**

① ls : 현재 위치한 디렉터리의 파일 목록들을 나타내는 명령어
② df : 현재 마운트된 디스크 정보 확인 명령어
④ mount : 보조기억장치나 파일 시스템이 다른 디스크의 하위 디렉터리로 연결하여 사용 가능하게 해주는 명령어

12 ①

옵션 -vh는 메시지와 진행 상황을 '#'기호로 출력하며, --nodeps는 의존성 관계를 무시하고 설치한다.

13 ①

> **오답 피하기**

dpkg는 데비안 패키지 관리 시스템의 기초가 되는 소프트웨어이며, DNF는 RPM 기반 리눅스 배포판을 위한 패키지 관리 도구이다.

14 ①

fdisk는 디스크 파티션 테이블을 관리하는 명령어이다. 기존 파티션을 삭제 시 사용하는 옵션은 'd' 이다.

15 ②

① fdisk는 시스템에 플로피 디스크나 하드디스크, 시디롬 등의 장치들을 인식하게 하는 명령어이다.

16 ③

repquota는 파일 시스템에 설정된 쿼터 정보를 출력해 주는 명령어이다. 해당 그림은 계정별 쿼터 정보를 나타낸 것이다.

17 ④

변수 선언 후 명령어 echo로 해당 변수의 값을 확인할 수 있다.

18 ①

② ksh : 벨연구소의 데이비트 콘이 개발
③ bash : 1989년 브라이언 폭스가 개발
④ tcsh : 카네기 멜런 대학의 켄 그리어(Ken Greer)가 개발

19 ②

chsh −s 명령어를 통해 새로운 기본 셀을 선택할 수 있다.

20 ②

/etc/passwd의 7개의 필드는 다음과 같다.
username : password : UID : GID : Comment : HomeDirectory : LoginShell
7번째 필드에서 지정된 계정자의 로그인 셀을 확인할 수 있다.

21 ③

명령어 unset은 환경변수를 해제한다. 명령어 형식은 'unset 환경변수명'이다.

22 ④

SIGKILL은 프로세스를 강제 종료 시에 시그널 9가 전달되며, SIGTERM은 Kill 명령어 호출 시 시그널 15가 전달된다.

23 ④

• 'nice −10 bash'는 bash 프로세스 NI값을 10만큼 증가시키는 것이다. 값이 증가한다는 것은 우선순위를 낮추는 것이다.
• 우선순위를 높이는 명령어는 'nice −−10 bash'이다. 이것은 NI값을 −10만큼 감소시켜 우선순위를 높인다.

24 ②

fork와 exec는 시스템 프로세스 호출 방법이다. fork는 새로운 프로세스를 위해 메모리를 할당받아 복사본 형태의 프로세스를 실행한다. 반면, exec는 새로운 프로세스를 위한 메모리를 할당하지 않고 호출한 프로세스의 메모리에 새로운 프로세스의 코드를 덮어씌워 버린다.

25 ④

① init : init은 시스템 부팅 과정 중 최초의 프로세스로 시스템이 종료될 때까지 계속 실행하는 데몬 프로세스이다.
② inetd : 슈퍼 데몬으로 여러 가지 다른 서비스들을 제어하고 관리한다.
③ xinetd : inetd의 역할과 유사하다. 네트워크 서비스에 대한 접근 제어, login에 대한 접근 제어 등을 한다.

26 ④

daemon은 주기적이고 지속적인 서비스 요청을 처리하기 위해 실행되는 프로세스이며, background는 사용자 입력에 관계없이 실행되는 프로세스이다. 일반적으로 daemon은 background로 실행된다.

27 ②

프로세스들은 우선순위를 부여하여 관리된다. 우선순위 관련 항목으로는 PRI와 NI가 있다. PRI는 운영체제에서 참고하는 우선순위 값이며 NI는 관리자나 사용자가 제어하는 우선순위 값이다. 두 항목 모두 값이 낮을수록 우선순위가 높다. NI값을 변경하면 PRI 값이 변경되어 우선순위가 조정된다.

28 ④

기호 '*'은 모두, '−'은 연속된 설정 값을 지정, ','은 비연속적인 설정값, '/'은 지정된 범위에서 일정 주기를 지정할 때 사용한다.

분	시	날	달	요일	명령어
2	4	1	*	*	/etc/bakckup.sh

29 ③

① RAID−0은 고장 대비 능력이 없다.
② RAID−1은 미러링 방식으로 결함 허용을 제공하지만 데이터 저장 시 두 배의 용량이 필요하여 공간 효율성이 떨어진다.
④ RAID−6은 dual parity를 사용한다.

30 ①

스트라이핑 저장 방식은 연속된 데이터를 여러 디스크에 나눠 저장하는 것으로 최소 2개의 하드 디스크가 필요하다. 입출력 작업이 모든 디스크에 동시에 진행하기 때문에 저장과 읽기 속도가 가장 빠르지만 하나의 디스크라도 고장 나면 전체 시스템 사용 불가능하다.

31 ①

LVM(Logical Volume Manage)은 물리적 디스크를 논리적 볼륨 그룹으로 구성하고 이 논리적인 볼륨 그룹 내에 사용자가 원하는 만큼의 논리 볼륨을 할당 가능하다. 사용자 수가 가변적인 경우 LVM 환경을 구성하는 것이 적합하다.

32 ②

패키지를 제거할 때에는 −e 옵션을 사용하지만 다른 패키지에 대한 의존성이 발생할 경우에는 제거되지 않는다. 의존성이 발생한 패키지를 제거하기 위해서는 먼저 의존성 관련 패키지를 제거하거나 −−nodeps 옵션을 지정해야 한다.

33 ③

데비안 계열의 패키지 관리 도구에는 dpkg, apt−get, aptitude가 있다.

34 ①

alien은 이기종 리눅스 패키지 형식 간 변환 프로그램이다.

35 ④

• −z : gzip 압축 적용 옵션
• −j : bzip2 압축 적용 옵션
• −r : zip 압축 적용 옵션

36 ①

cmake를 이용한 프로그램은 MySQL, KDE, VTK 등이 있다. MySQL은 이전에 사용했던 configure와 make 설치 방식 대신 cmake를 이용하여 프로그램을 설치하고 있다.

37 ④

오답 피하기

① nano : GNU 프로젝트에서는 pico의 복제 버전 에디터인 nano를 개발하였다.
② gedit : 그놈 데스크톱 환경용으로 개발된 자유 소프트웨어 텍스트 편집기이다.
③ vim : 브람 무레나르(Bram Mooleannar)가 만든 편집기이다.

38 ①

오답 피하기

② set nu : 코드 작성 시 라인 번호 표시
③ set sm : 소스 코딩 작성 중 괄호를 닫을 때 어디에 있는 열기 괄호와 연관되어있는지 표시
④ set ts=n : tab 키를 눌렀을 경우 입력되는 이동 크기를 n만큼 설정할 수 있음

39 ③

GNU 프로젝트에서는 pico의 복제 버전 에디터인 nano를 개발하였다.

40 ①

오답 피하기

② !! : 바로 이전 명령 실행하기(마지막으로 실행했던 명령문 실행)
③ !* : 마지막으로 실행된 명령에 사용된 모든 argument
④ !-n : 현재 명령행에서 n 개수를 뺀 행의 명령어 실행

41 ①

Xfs_quota는 xfs 파일 시스템에서 사용자 용량을 제한한다. 위 예제는 계정자 joon이 사용할 수 있는 용량을 지정한다. bsoft는 사용자가 사용할 수 있는 block 용량을 의미하며, bhard 는 bsoft로 지정해 놓은 용량이 넘었을 때 bhard로 지정해 놓은 용량까지는 사용할 수 있다.

42 ③

명령줄이 긴 경우 '\' 기호를 이용하면 명령행을 연장할 수 있다. 명령어 줄이 바뀌면서 나타는 기호 '>'를 PS2 프롬프트라고 한다.

```
[root@localhost ~]# echo "this is \
>
>
```

43 ①

오답 피하기

② /etc/bash_profile : 개인 사용자의 셸 환경을 제어하는 지역적인 시스템 설정 파일
③ /etc/bashrc : 별칭과 bash가 수행 시 실행되는 함수를 전역적으로 제어하는 파일
④ ~/.bash_profile : 개인 사용자의 셸 환경을 제어하는 지역 설정 파일

44 ②

HISTSIZE 변수에 지정한 값만큼만 history 명령이 실행되며, HISTFILE-SIZE는 히스토리 파일 크기를 나타내는 환경변수이다.

45 ④

오답 피하기

① lpadmin : 로컬로 연결된 새 프린터를 설정할 수 있음
② cancel : 프린트 작업을 취소
③ lpc : 프린터나 프린터 큐를 제어

46 ①

오답 피하기

② LPRng : 버클리 프린팅 시스템
③ CUPS : 애플이 개발한 오픈 소스 프린팅 시스템
④ PPD : 프린터의 옵션과 기능을 지정

47 ①

오답 피하기

② scanadf : 자동 문서 공급 장치가 장착된 스캐너에서 여러 개의 사진을 스캔하는 명령어
③ scanimage : 이미지 스캔 명령어
④ sane-find-scanner : SCSI 스캐너나 USB 스캐너 관련 장치 파일을 찾아주는 명령어

48 ④

오답 피하기

① ALSA : 사운드 카드용 장비 드라이버를 제공하기 위한 리눅스 커널 요소
② CUPS : 애플이 개발한 오픈 소스 프린팅 시스템
③ SANE : 평판/핸드 스캐너, 비디오 캠 등 이미지 관련 하드웨어를 제어하는 API

2과목 **리눅스 활용**

49 ④

.Xauthority은 서버 컴퓨터에 원격으로 접속을 시도할 때 X 서버에 접속을 승인하는 정보(magic cookie, 실행 관련 키)를 저장하고 있는 권리 파일(authority file)이다.

50 ③

오답 피하기

① QT : KDE(K Desktop Environment) 생성 시 사용하는 주요 라이브러리
② KDE : 데스크톱 환경의 일종으로 Qt 라이브러리를 기반으로 개발되었음
④ Xfce : 현재 GTK+2를 기반으로 하는 모듈식의 저용량 데스크톱 환경

51 ④

X 프로토콜은 X Window에서 X 서버와 X 클라이언트의 메시지 교환 방법을 규정한다. X 서버와 클라이언트 사이에서 메시지 전달 포트는 TCP 6000번이다.

52 ④

Xfce는 데스크톱 관리자이다.

53 ②

QNX는 1982년에 개발한 유닉스 계열의 서버 운영 체제이다.

54 ③

오답 피하기

① Hadoop : 분산 환경에서 빅데이터를 저장하고 처리할 수 있는 자바 기반의 오픈 소스 프레임워크
② NoSQL : 전통적인 관계형 데이터베이스보다 덜 제한적인 고성능 비관계형 데이터베이스
④ Cassandra : 2008년에 아파치 오픈소스로 공개된 분산 데이터베이스

55 ③

오답 피하기

① IaaS : 업무 처리에 필요한 서버, 데스크톱 컴퓨터, 스토리지 같은 IT 하드웨어 자원을 원하는 만큼 빌려서 사용하려고 한다.
② SaaS : 클라우드 환경에서 동작하는 응용 프로그램들 서비스
④ DaaS : 사용자에게 가상화된 데스크톱을 아웃소싱 형태로 전달하는 서비스

56 ④

VMDK는 Virtual Machine Disk의 약자로, VMware와 VirtualBox와 같은 프로그램에서 사용하는 가상 하드 디스크 드라이브이다.

57 ③

오답 피하기

① 고계산용 클러스터 : 고성능의 계산 능력을 제공하기 위한 목적으로 제작된 것으로 과학계산용으로 활용가치가 높다.
② 부하분산 클러스터 : 대규모 서비스를 제공할 목적으로 구축된 시스템으로 다수 개의 서버가 로드밸런서에 연결된 서비스를 제공한다.
④ HPC(High Performance Computing) 클러스터 : 고성능의 계산 능력을 제공하기 위한 목적으로 여러 대의 컴퓨터를 병렬로 묶어서 슈퍼 컴퓨터를 제작하는 방식이다.

58 ③

오답 피하기

① KVM : Qumranet에서 개발한 하이퍼바이저로 x86 시스템을 기반함
② LXC : 컨테이너 엔진
④ Hadoop : 분산 환경에서 빅데이터를 저장하고 처리할 수 있는 자바 기반의 오픈 소스 프레임워크

59 ①

오답 피하기

② 세션 계층 : 종단 간 애플리케이션들의 연결 설정, 유지, 해제
③ 전송 계층 : 종단 간 연결, 응용 계층 사이에 논리적인 통로 제공
④ 네트워크 계층 : 경로 관리, 최적 경로 결정

60 ③

오답 피하기

① IP : 송수신 호스트가 패킷 교환 네트워크에서 정보를 주고받는 데 사용하는 3계층 프로토콜
② ICMP : 송신 시스템에게 IP 전달에 대한 다양한 메시지를 전달하기 위한 3계층 프로토콜
④ UDP : 비연결 지향, 송수신지 사이에 연결 설정 없이 데이터를 송신하는 4계층 프로토콜

61 ①

오답 피하기

② NIS : 호스트명, 망 주소, 사용자명, 사용자 암호 등과 같은 시스템 정보를 쉽게 찾고 관리하기 위해 sun 사가 개발한 이름 검색용 데이터베이스
③ SAMBA : 이기종 운영체제 간에 파일이나 프린터를 공유시키는 SMB
④ HTTP : WWW상에서 정보를 주고받을 수 있는 프로토콜

62 ①

5, 6, 7계층의 데이터전송단위는 메시지(message), 4계층은 세그먼트(segment), 3계층은 패킷(packet), 2계층은 프레임(trame), 1계층은 비트(bit)이다.

63 ②

ICMP, IP, ARP는 3계층 프로토콜이지만 UDP는 4계층 프로토콜이다.

64 ①

오답 피하기

② IEEE : 전기전자공학 전문가들의 국제조직
③ ITU-T : 국제 전기 통신 연합 부문의 하나로 통신 분야의 표준을 책정
④ ISO : 여러 나라의 표준 제정 단체들의 대표들로 이루어진 국제적인 표준화 기구

65 ②

MAC 주소는 xx-xx-xx-xx-xx-xx 형식으로 표시되며 12자리 16진수 체계이다. 즉, MAC 주소는 12*4=48비트 체계이다.

66 ①

오답 피하기

② X.25 : 두 단말장치가 패킷 교환망을 통해 패킷을 원활히 전달하기 위한 통신 절차이다.
③ Frame Relay : 데이터링크 계층에서 동작되는 대표적인 WAN 프로토콜
④ Cell Relay : 신뢰할 수 없는 연결 지향 패킷 교환식 데이터 통신 프로토콜

67 ③

- Repeater : 1계층 장비
- Bridge : 2계층 장비
- Router : 3계층 장비

68 ④

① ifconfig : 네트워크 인터페이스에 설정된 TCP/IP 정보 확인 명령어
② ifstat : 사용 중인 모든 네트워크 카드의 통신 상태가 1초 간격으로 출력하는 명령어
③ ss : 네트워크 상태를 확인하는 명령어

69 ④

하이퍼텍스트(hypertext)는 하이퍼링크를 통해 독자가 한 문서에서 다른 문서로 즉시 접근할 수 있는 텍스트이며, URL(Uniform Resource Locator)은 인터넷에서 웹 페이지, 이미지, 비디오 등 리소스의 위치를 가리키는 문자열이다.

70 ②

/16은 32비트 중 16개의 비트가 네트워크 비트를 의미한다. 즉, 이진화하면 1111 1111.1111 1111. 0000 0000.00000000이다. 이 값을 10진수를 변환하면 255.255.0.0이다.

71 ①

A class의 주소들의 공통점은 첫 번째 옥텟의 최상위 비트가 0이다. 10진수로는 0~127이다. 루프백 주소는 127으로 시작되므로 A class에 포함된다.

72 ②

클래스 별 IP 범위는 다음과 같다.
• A 클래스 IP 범위 : 0.0.0.0 ~ 127.255.255.255
• B 클래스 IP 범위 : 128.0.0.0 ~ 191.255.255.255
• C 클래스 IP 범위 : 192.0.0.0 ~ 223.255.255.255

73 ④

• 텔넷 서비스를 이용하여 특정 서비스 포트 개방을 확인하는 명령어 형식은 'telnet 접속사이트주소 확인할 서비스포트'이다.
• SFTP의 포트번호는 22이다.

74 ④

IPv6는 Pv4의 주소 고갈 문제를 해결하기 위하여 기존의 IPv4 주소 체계를 128비트 크기로 확장한 차세대 인터넷 프로토콜 주소이다.

75 ④

① TELNET – 23
② SSH – 22
③ FTP – 20, 21

76 ④

① 사파리 : 애플이 개발한 웹 브라우저
② 오페라 : 노르웨어의 회사에서 개발된 프리웨어 웹 브라우저로 다양한 운영체제에서 사용 가능
③ 크롬 : 구글이 개발 중인 프리웨어 웹 브라우저

77 ④

① 링(Ring)형 : 데이터를 안정적으로 전송이 가능하지만 한 노드 고장은 전체고장이며 네트워크 구조변경이 어려움
② 버스(Bus)형 : 트레픽 제어 간단하고 비용 저렴하며 확장이 쉽지만 노드 수가 증가하면 충돌증가로 통신효율 절감되고 문제 발생한 곳 찾기 어려움
③ 스타(Star)형 : 중앙 집중식으로 관리가 가능하고 확장과 관리가 편하지만 노드 수가 증가하면 패킷 충돌이 급격히 증가하여 효율이 떨어짐

78 ③

Half-open은 세션을 완전히 연결하지 않은 상태로 3way handshake 중 SYN 패킷을 전송해 응답을 기다리는 상태이다.

79 ②

① SSH : 원격 시스템에서 명령을 실행하고 다른 시스템으로 파일을 복사할 수 있도록 해주는 응용 프로토콜
③ NFS : 공유 파일 시스템 중의 하나로 서버/클라이언트 모델로 동작하는 스토리지 프로토콜
④ IRC : 실시간 인터넷 채팅 프로토콜

80 ④

SSH(Secure Shell)는 암호화된 통신을 통해 원격 시스템에 안전하게 접속하고 명령을 실행할 수 있게 해 준다.

최신 기출문제 02회

443쪽

01 ③	02 ③	03 ①	04 ④	05 ④
06 ①	07 ③	08 ①	09 ②	10 ④
11 ②	12 ③	13 ②	14 ②	15 ④
16 ①	17 ①	18 ④	19 ②	20 ④
21 ③	22 ①	23 ②	24 ③	25 ①
26 ③	27 ④	28 ④	29 ③	30 ③
31 ④	32 ③	33 ②	34 ②	35 ①
36 ④	37 ④	38 ①	39 ②	40 ③
41 ③	42 ②	43 ②	44 ①	45 ③
46 ③	47 ①	48 ③	49 ②	50 ④
51 ④	52 ①	53 ①	54 ④	55 ①
56 ①	57 ③	58 ①	59 ②	60 ②
61 ①	62 ②	63 ②	64 ③	65 ②
66 ④	67 ④	68 ④	69 ③	70 ④
71 ②	72 ①	73 ②	74 ①	75 ④
76 ②	77 ②	78 ④	79 ①	80 ③

1과목   리눅스 운영 및 관리

01 ③

오답 피하기

① ls : 현재 디렉터리의 파일 목록을 확인하는 명령어
② chgrp : 파일이나 디렉토리의 그룹을 변경하는 명령어
④ umask : 새로 생성되는 파일이나 디렉토리의 권한을 제한하는 명령어

02 ③

Set-GID가 파일에 설정되어 있을 경우, 해당 파일을 소유한 그룹 권한으로 인식한다. 이 권한이 설정된 디렉터리에 사용자들이 파일이나 디렉터리를 생성하면 사용자가 속한 그룹에 상관없이 디렉터리 소유 그룹 권한으로 만들어진다.

03 ①

명령어 chgrp 형식은 'chmod [OPTION] [MODE] [FILE]' 이다. 파일에 적용할 모드(mode) 문자열 조합은 아래와 같다.
• u,g,o,a : 소유자(u), 그룹(g), 그 외 사용자(o), 모든 사용자(a) 지정.
• +,−,= : 현재 모드에 권한 추가(+), 현재 모드에서 권한 제거(−), 현재 모드로 권한 지정(=)
• r,w,x : 읽기 권한(r), 쓰기 권한(w), 실행 권한(x)

04 ④

ihd 사용자는 joon.txt 파일에 대한 소유자이므로 read와 write 기능을 가지므로 수정할 수 있다.

05 ④

디렉터리 data는 other 권한이 r−w이므로 모든 사용자들의 접근이 가능하다. ihd 그룹 외의 다른 사용자들의 접근을 막기 위해서는 other 권한에서 x 권한을 제거해야 한다.

06 ①

오답 피하기

② chmod o−wx : Owner와 Group의 권한은 변경되지 않고 Other는 write와 execute 권한이 제거된다.
③ chmod ugo+rw : Owner, Group, Other에 read와 write 권한만이 부여되어 −rw−rw−rw−이 된다.
④ chmod o−r,o−rw ihd.txt : Owner와 Group의 권한은 변경되지 않고 Other는 read와 write 권한이 제거된다.

07 ③

특정 디렉토리 경로를 지정하여 용량을 확인할 때 사용하는 옵션은 'du −sh [디렉토리 경로]'이다.

08 ①

오답 피하기

② du : disk usage의 약자로서 현재 디렉터리 혹은 지정한 디렉터리의 사용량을 확인하는 명령어
③ free : 사용 중인 메모리와 사용하지 않는 메모리, 스왑 메모리 등의 전체적인 메모리 현황을 확인하는 명령어
④ fdisk : 파티션 분할 명령어

09 ②

• edquota는 편집기를 이용하여 사용자나 그룹에 디스크 사용량을 할당하는 명령어이다.
• 명령어 형식은 edquota [옵션] [계정명 또는 그룹명]

10 ④

명령어 mount 형식은 mount −t [파일 시스템] [디바이스명] [디렉토리] 이다.

11 ②

• edquota는 편집기를 이용하여 사용자나 그룹에 디스크 사용량을 할당하는 명령어이다.
• 명령어 형식은 edquota [옵션] [계정명 또는 그룹명]

12 ③

NI값은 프로세스의 우선순위는 나타내는 값으로 −20~19까지 설정 가능하다. 값이 작을수록 우선순위가 높다. 따라서 −20, 0, 10에서 −20이 우선순위가 가장 높으며, 10이 우선순위가 가장 낮다.

13 ②

파일 /etc/fstab은 6개의 필드로 '① 파일 시스템 장치명 ② 마운트 포인트 ③ 파일 시스템 종류 ④ 옵션, ⑤ dump 관련 설정 ⑥ 파일 점검 옵션 순으로 구성되어 있다. 마운트되는 옵션 정보는 4번째 필드에 있다.

14 ②

프로세스마다 고유의 프로세스 ID(PID)가 할당된다. 가장 먼저 실행되는 프로세스 init의 PID는 1이다.

15 ④

셸 변수 확인 명령어는 set이다.

오답 피하기

① printenv : 환경변수 이름의 값을 표시
② unset : 변수 정의 해제
③ env : 환경변수 확인

16 ①

변수 $SHELL에는 사용하고 있는 bash의 경로를 저장한다.

17 ①

명령어 ps는 현재 실행중인 프로세스를 조회한다. 프로세스 조회 시 이용 중인 셸을 확인할 수 있다. 아래 그림과 같다.

```
admin1@DESKTOP-3RGEACT: $ ps
   PID TTY          TIME CMD
   345 pts/0    00:00:00 bash
   514 pts/0    00:00:00 ps
```

18 ④

명령어 chsh는 로그인 셸을 변경한다. 명령어 형식은 'chsh [옵션]'이다. 옵션들은 다음과 같다.
- −s shell : 주어진 shell 을 login 셸로 사용
- −l : /etc/shells 에 기술된 셸들의 목록을 출력
- −h : 사용 설명서를 출력
- −v : 버전 정보 출력

19 ②

① /etc/passwd : 시스템에 로그인하여 자원을 이용할 수 있는 사용자 목록 저장 파일
③ /etc/login.defs : 사용자 계정 설정과 관련된 기본값을 정의한 파일
④ /etc/default/useradd : 사용자 계정 추가 시 적용되는 정보를 읽어오는 파일

20 ④

① S(Sleep) : 인터럽트에 의한 대기 상태(특정 이벤트가 완료되기까지 기다림)
② T(Traced) : 작업 제어 신호에 의해 중지된 상태
③ X : 프로세스가 죽어있는 상태(상태 값으로 볼 수 없음)

21 ③

백그라운드 작업으로 실행하고자 할 때 명령어 뒤에 '&'를 붙인다.

22 ①

- 명령어 renice는 수행 중인 프로세스의 nice값을 변경하고 우선순위를 변경한다.
- 명령어 형식은 'renice [옵션] NI값 PID'로 기존의 값과는 상관없이 지정할 NI 값을 할당한다.

23 ②

시스템 운영에 필요한 프로세스들은 fork( )을 이용하여 init 프로세스의 자식 프로세스들로 생성된다.

① exec : 호출 프로세스가 새로운 프로세스로 변경하는 방식으로 새로운 프로세스는 메모리를 할당하지 않는다.
③ inetd : 여러 데몬을 관리하면서 서비스 요청이 들어왔을 때 관련 프로세스를 메모리에 상주시키는 방식이다.
④ standalone : 서비스 요청이 들어오기 전에 서비스가 메모리에 상주하는 단독 실행 방식이다.

24 ③

NI값을 조정하여 프로세스의 우선순위를 변경한다. 조정할 수 있는 NI값의 범위는 −20(가장 높은 우선권) ~ 19(가장 낮은 우선권)이다.

25 ①

기호 '*'은 모두. '−'은 연속된 설정값을 지정, ','은 비연속적인 설정값. '/'은 지정된 범위에서 일정 주기를 지정할 때 사용한다.

분	시	날	달	요일	명령어
0−59/10	*	*	*	*	/etc/bakckup.sh

26 ③

① VG(Volume Group) : PV들이 모여서 생성되는 단위로 사용자는 VG를 원하는 대로 분할해서 LV로 만들게 된다.
② LV(Logical Volume) : 사용자가 최종적으로 사용하는 단위로, VG에서 필요한 크기로 할당받아 LV를 생성한다.
④ PE(Physical Extend) : 파일 시스템을 구성하는 디스크의 블록에 해당하고 일정한 크기를 갖는다.

27 ④

RAID−0은 연속된 데이터를 여러 디스크에 동시에 나눠 저장한다. 10GB 용량의 디스크가 4개인 경우 4개의 디스크에 동시에 데이터가 저장된다. 고장대비 기능은 없지만 저장과 읽기 속도가 가장 빠르다.

28 ④

RAID−1은 미러링 방식으로 하나의 디스크에 데이터를 저장하면 다른 디스크에 동일한 내용이 백업되어 저장한다. 데이터 저장 시 두 배의 용량이 필요하여 공간 효율성은 떨어지지만 결함허용을 제공한다.

29 ③

make clean을 실행함으로써 이전에 빌드했던 결과들은 전부 삭제되고, 다시 make를 실행하게 되면 컴파일부터 링크까지 빌드 과정을 재수행하게 된다.

30 ③

Zypper는 수세 리눅스(SUSE Linux)에서 사용하는 명령어 기반의 패키지 및 저장소 관리 도구이다.

31 ④

특정 파일을 어떤 패키지가 설치했는지 확인할 수 있는 명령어는 'rpm −qf 파일명'이다.

32 ③

make는 소프트웨어를 컴파일하는 유틸리티로 configure에 의해 변경된 내용을 반영하고 타겟과 의존성 관련 작업 후 실행 파일을 만든다.

33 ②

① alien : 레드햇 패키지(.rpm) 를 데비안 패키지(.deb) 로 변환해 주는 프로그램
③ dnf : RPM 기반 리눅스 배포판을 위한 패키지 관리도구
④ zypper : Zypper는 수세 리눅스(SUSE Linux)에서 사용하는 명령어 기반의 패키지 및 저장소 관리도구

34 ②

vim은 브람 무레나르(Bram Mooleannar)가 만든 편집기로 vi 편집기와 호환되면서 독자적으로 다양한 기능을 추가하여 만든 것이다.

35 ①

's/문자/치환문자/g'는 커서가 위치하고 있는 줄의 '문자'를 '치환문자'로 변환한다.

36 ④

명령어 'vi +[num] 파일명'은 파일을 열면서 커서를 해당 줄로 이동시킨다. [num]이 생략되고 '+'만 나타날 경우에는 커서의 위치를 마지막 줄로 이동한다.

37 ④

.exrc는 vi 편집기에서 사용하는 다양한 환경설정을 계속적으로 사용하기 위해 등록하는 파일이다. 사용자의 홈 디렉터리에 .exrc를 설정해 놓으면 vi를 실행할 때마다 .exrc에 설정된 내용이 적용된다.

38 ①

오답 피하기

② Ctrl+E : 줄 끝으로 이동
③ Ctrl+O : 현재 편집 중인 파일 저장
④ Ctrl+C : 현재 커서의 위치를 보여줌

39 ②

명령어 'chsh -l'은 설정 가능한 셸 종류를 확인할 수 있다.

40 ③

• 명령줄이 긴 경우 '\' 기호를 이용하면 명령행을 연장할 수 있다.
• 명령어 줄이 바뀌면서 나타나는 기호 '>'를 PS2 프롬프트라고 한다.

41 ③

오답 피하기

① ~/.bashrc : 개인 사용자의 alias를 등록할 때 사용
② ~/.bash_history : 사용자가 명령어나 키보드로 입력한 내용들을 기록
④ ~/.bash_logout : 개인 사용자가 로그아웃 직전에 실행되는 시스템 설정 파일

42 ②

PS1는 셸 프롬프트를 선언 시 사용하는 변수이다. 일반적으로 작업 터미널에 표시되는 프롬프트는 PS1이며, 명령어가 완벽히 입력되지 않았을 때 '>' 형태의 프롬프트는 PS2이다.

43 ②

history는 사용했던 명령어를 확인하거나 호출하여 다시 사용할 수 있게 하는 명령어이다. 'history n'은 최근에 사용했던 n개의 명령어만 출력한다.

44 ①

mke2fs는 ext2 이상 파일 시스템을 생성한다. 형식은 mke2fs [옵션] [대상 디바이스]이다. 옵션이 생략되면 대상 디바이스의 파일 시스템은 ext2를 지정한다. 옵션 - t는 지정된 파일 시스템 ext3 또는 ext4를 지정, 옵션 - j는 저널링 파일 시스템 ext3를 지정한다. 해당 문제는 어떠한 조건을 제시하지 않았기 때문에 옵션을 첨부하지 않는다.

45 ③

데비안 리눅스 패키지 파일명 형식은 '패키지명_버전-릴리즈번호-리버전_아키텍처.deb'이다.

46 ③

오답 피하기

① OSS(Open Sound System) : 사운드를 만들고 캡처하는 인터페이스
② ALSA(Advanced Linux Sound Architecture) : 사운드 장치 관리
④ LPRng : BSD 계열에서 사용하기 위해 개발된 초기 인쇄 시스템

47 ①

오답 피하기

② lpc : 프린터나 프린터 큐를 제어
③ lpstat : 프린터 큐의 작업 정보를 확인하는 명령어
④ lprm : 프린터 큐에 대기 중인 작업을 삭제하는 명령어

48 ③

오답 피하기

① ALSA : 사운드 장치 관리
② CUPS : 애플이 개발한 오픈 소스 프린팅 시스템
④ LPRng : BSD 계열에서 사용하기 위해 개발된 초기 인쇄 시스템

2과목 리눅스 활용

49 ②

오답 피하기

① MAIL : 도착한 메일이 저장되는 경로
③ TERM : 터미널 종류의 이름
④ TMOUT : 로그아웃 관련 시간제어

50 ④

• systemctl get-default은 시스템이 부팅 시 사용하는 타겟을 확인하며 systemctl set-default은 시스템이 부팅 시 사용하는 타겟을 변경한다.
• 부팅 시 제공하는 기능의 수준을 결정하는 Runlevel 중 X 윈도우 기반의 다중 사용자 모드는 graphical.target, 텍스트 기반의 다중 사용자 모드는 multi-user.target이다.

51 ④

오답 피하기

① LibreOffice Draw : 드로잉 프로그램
② LibreOfiice Writer : 문서 작성기
③ LibreOffice Calc : 스프레드시트

52 ①

오답 피하기

② 윈도 매니저 : X-윈도우상에서 윈도우의 배치와 표현을 담당하는 시스템 프로그램
③ 디스플레이 매니저 : X-윈도우 구성요소 중에 사용자 로그인 및 세션 관리 역할 수행 프로그램
④ 위젯 : 스크롤바, 메뉴 등 GUI를 구성하는 객체(object)

53 ①

GTK+는 GNOME, Qt는 KDE를 만드는 데에 사용된 라이브러리이다.

54 ④

- systemctl set-default은 시스템 부팅 시 사용하는 타겟을 변경한다.
- 부팅 시 제공하는 기능의 수준을 결정하는 Runlevel 중 X 윈도우 기반의 다중 사용자 모드는 graphical.target이다.

55 ①

오답 피하기

② KVM : 인텔의 VT 및 AMD-V를 기반으로 동작하는 전가상화 기술
③ Docker : 리눅스의 응용 프로그램들을 소프트웨어 컨테이너 안에 배치시키는 일을 자동화하는 오픈 소스 프로젝트
④ VirtualBox : 이노테크(InnoTek)가 개발, 현재는 오라클이 개발 중인 상용 소프트웨어

56 ①

오답 피하기

② SaaS : 클라우드 환경에서 동작하는 응용 프로그램들 서비스
③ PaaS : 소프트웨어 서비스를 개발하기 위한 플랫폼을 제공하는 클라우드 서비스
④ DaaS : 사용자에게 가상화된 데스크톱을 아웃소싱 형태로 전달하는 서비스

57 ③

오답 피하기

① QNX : 유닉스 계열의 서버 운영체제
② Bada OS : 삼성전자가 스마트폰 탑재를 위해 개발하였던 모바일 플랫폼
④ Tizen : 인텔과 삼성을 주축으로 만든 리눅스 기반의 무료 공개형 모바일 운영체제

58 ①

Rocky Linux는 레드햇 엔터프라이즈 리눅스 운영 체제 소스 코드를 사용한 다운스트림의 완전한 이진 호환 릴리스를 목표로 개발된 리눅스 배포판이다.

59 ②

OSI 모형(Open Systems Interconnection Reference Model)은 국제표준화기구(ISO)에서 개발한 모델로, 컴퓨터 네트워크 프로토콜 디자인과 통신을 계층으로 나누어 설명한 것이다.

60 ②

오답 피하기

① 전송계층 : 종단 간 연결(end-to-end connection), 응용 계층 사이에 논리적인 통로 제공
③ 데이터링크 계층 : 데이터 전송을 위한 형식 결정과 데이터 전송을 위하여 Media에 접근하는 방법 제공
④ 물리 계층 : 물리적인 연결, 전기적, 기계적, 기능적 절차적인 수단 제공

61 ③

오답 피하기

① 네트워크 계층 : 경로 관리와 최적 경로 결정
② 전송 계층 : 종단 간 연결(end-to-end connection), 응용 계층 사이에 논리적인 통로 제공

④ 표현 계층 : 부호화(encoding), 압축(compression), 암호화(encryption)

62 ④

mii-tool는 네트워크 인터페이스의 속도와 전송모드 등을 확인하는 명령어이다.

63 ②

① Gateway : 3계층 장비
② Repeater : 1계층 장비
③ Bridge : 2계층 장비
④ Router : 3계층 장비

64 ③

T568A 배열의 순서는 '흰색/녹색, 녹색, 흰색/주황색, 파란색, 흰색/파란색, 주황색,흰색/갈색, 갈색'이다.

65 ②

오답 피하기

① 스타(Star)형 : 중앙 집중식으로 관리가 가능하고 확장과 관리가 편하지만 노드 수가 증가하면 패킷 충돌이 급격히 증가하여 효율이 떨어짐
③ 망(Mesh)형 : 장애 발생 시에도 다른 시스템에 영향이 적어 가장 신뢰성이 높은 LAN 구성 방식
④ 버스(Bus)형 : 트래픽 제어 간단하고 비용 저렴하며 확장이 쉽지만 노드 수가 증가하면 충돌증가로 통신효율 절감되고 문제 발생한 곳 찾기 어려움

66 ④

IANA(Internet Assigned Numbers Authority)는 인터넷 할당 번호 관리 기관의 약자로 IP 주소, 최상위 도메인 등을 관리하는 단체이다. 현재 ICANN이 관리하고 있다.

67 ④

해당 컴퓨터는 192.168.5.128 대역대에 포함되어 있으며 브로드캐스트 주소는 192.168.1.60이다. 따라서 해당 대역대에서 사용 가능한 IP 주소는 192.168.1.129~159이므로 해당 숫자 중에 하나를 게이트웨이 주소로 사용할 수 있다.

68 ④

오답 피하기

① /etc/protocols : 서비스 가능한 프로토콜 목록이 정의된 파일
② /etc/hosts : IP 주소와 호스트명을 매핑시켜 놓은 파일
③ /etc/group : 그룹 정보가 담겨 있는 파일

69 ③

- A 클래스 대역은 IP 주소 첫 번째 부분의 1비트가 0이다.
- B 클래스 대역은 IP 주소 첫 번째 부분의 2비트가 10이다.
- C 클래스 대역은 IP 주소 첫 번째 부분의 3비트가 110이다.

70 ④

3-way handshaking은 TCP 클라이언트와 서버 간에 신뢰성 있는 데이터를 전송하기 위해 실제 데이터를 전송하기 전 통신을 개시할 것을 상호 확인하는 과정이다.

71 ②

클래스 별 사설IP주소는 다음과 같다.

- A 클래스 사설 IP 주소 범위 : 10.0.0.0~10.255.255.255
- B 클래스 사설 IP 주소 범위 : 172.16.0.0~172.31.255.255
- C 클래스 사설 IP 주소 범위 : 192.168.0.0~192.168.255.255

72 ①

ICANN에서 할당한 포트 번호 번호는 다음과 같다.
- 0번~1023번 : 잘 알려진 포트(well-known port)
- 1024번~49151번 : 등록된 포트(registered port)
- 49152번~65535번 : 동적 포트(dynamic port)

73 ②

FTP는 20, 21번 포트를 사용한다. FTP 클라이언트가 21번을 통해서 FTP서버에 접속을 하면 제어와 관련된 세션이 열린다. 다음으로 데이터를 전송하기 위해서 거꾸로 FTP서버에서 FTP client로 서버의 20번 포트를 사용하여 클라이언트에 접속하게 된다.

74 ①

파일 /etc/hosts을 호스트 이름과 IP 주소를 매핑하는 파일이다.

75 ④

ssh의 옵션 -l은 현재 클라이언트 쪽에서 로그인한 계정이 아닌 다른 계정으로 접속할 때 사용한다. 해당 명령어는 원격 www.ihd.or.kr에 induser가 아닌 kait라는 계정으로 접근하게 된다.

76 ②

명령어 ss는 서버의 특정 포트에 접속하여 연결된(ESTABLISHED) 정보를 확인한다.

77 ②

ss는 네트워크 상태를 확인하기 위해 사용하는 netstat 대체 명령어이다.

78 ④

오답 피하기
① nslookup : 도메인명으로 IP 주소를 조회하거나 또는 IP 주소로 도메인명을 조회하는 명령어
② ifconfig : 네트워크 인터페이스 설정 및 확인 명령어
③ arp : IP 주소를 물리적 하드웨어 주소로 대응(mapping)시키기 위해 사용하는 프로토콜

79 ①

오답 피하기
② 크롬 : 구글이 개발 중인 프리웨어 웹 브라우저
③ 마이크로소프트 엣지 : 2015년 7월 29일에 마이크로소프트가 출시한 웹 브라우저
④ 오페라 : 노르웨이의 회사에서 개발된 프리웨어 웹 브라우저로 다양한 운영체제에서 사용 가능

80 ③

오답 피하기
① LAN : 빌딩 내 혹은 근접한 거리의 빌딩들로 제한된 지역에 설치된 기기들은 연결한다.
② MAN : LAN보다는 큰 규모, WAN보다는 지리적으로 작은 규모의 자원들을 연결한다.
④ SAN : 스토리지를 위해 고안된 스토리지 전용 고속 네트워크이다.

1과목   리눅스 운영 및 관리

01 ②

umask는 새로 생성되는 파일이나 디렉터리의 기본 허가권 값을 지정한다. 파일 기본 권한은 0666, 디렉터리 기본 권한은 0777이다. ㉠의 umask값은 mkdir abc된 후에 디렉터리 권한으로 예측할 수 있다. mkdir abc 후 생성된 디렉터리 권한은 0755이다. 이것은 0777-umask=0755와 같다. 따라서 ㉠의 umask는 0022이다. umask가 0022인 경우 touch ihd.txt 후 파일 권한은 0666-0022, 즉 0644이므로 ihd.txt의 권한은 -rw-r--r-- 이다.

02 ③

dump 명령을 통한 백업 시 사용 주기를 매일 수행, 이틀에 한 번 수행, 덤프 수행 불가로 설정이 가능하다.

03 ①

오답 피하기
② chmod o-wx : Owner와 Group의 권한은 변경되지 않고 Other는 write와 execute 권한이 제거된다.
③ chmod ugo+rw : Owner, Group, Other에 read와 write 권한만이 부여되어 -rw-rw-rw- 이 된다.
④ chmod o-r,o-rw ihd.txt : Owner와 Group의 권한은 변경되지 않고 Other는 read와 write 권한이 제거된다.

04 ②

'mkfs -t 파일 시스템 장치명' 또는 'mke2fs -t 파일 시스템 장치명'으로 생성되는 장치의 파일 시스템을 지정한다. -t를 지정하지 않으면 ext2가 파일 시스템으로 지정된다.

05 ④

디렉터리 /nfs의 other 권한 x 자리에 t가 설정되어 있다. 기호 't'는 해당 디렉터리가 특수 권한 sticky bit가 설정되어 있는 것을 나타낸다.

06 ④

① + : 권한 부여
② - : 권한 제거
③ = : 특정 사용자에게만 권한 지정

07 ②

저널링 시스템은 ext3에서부터 적용되었다.
XFS는 SGI에서 개발한 저널링 시스템이며, Reiserfs는 독일 한스 라이저가 개발한 저널링 파일 시스템이다.

08 ④

① d : 파티션 삭제
② n : 새로운 파티션 추가
③ p : 파티션 테이블 정보를 확인

09 ③

① ls : 현재 위치한 디렉터리의 파일 목록들을 나타내는 명령어
② df : 현재 마운트된 디스크 정보 확인 명령어
④ mount : 보조기억장치나 파일 시스템이 다른 디스크의 하위 디렉터리로 연결하여 사용 가능하게 해주는 명령어

10 ①

② du : 디렉터리별로 디스크 사용량 확인 명령어
③ mkfs : 새로운 파일 시스템 생성 명령어
④ mount : 보조기억장치나 파일 시스템이 다른 디스크의 하위 디렉터리로 연결하여 사용 가능하게 해주는 명령어

11 ①

root 사용자가 지정된 계정의 셸을 변경할 경우, 명령어는 'chsh 계정명' 또는 'chsh 계정명 -s 변경셸명'이다.

12 ②

HISTSIZE 변수에 지정한 값만큼만 history 명령이 실행되며, HISTFILE-SIZE는 히스토리 파일 크기를 나타내는 환경변수이다.

13 ④

/etc/passwd의 7개의 필드는 다음과 같다.
username : password : UID : GID : Comment : HomeDirectory : LoginShell

14 ③

~/.bashrc에는 개인 사용자가 정의한 alias와 함수들이 설정되어 있으며, /etc/bashrc에는 시스템 전체 사용자에 적용되는 alias와 함수들이 설정되어 있다.

15 ③

① set : 셸 변수 확인 명령어
② env : 환경변수 확인 명령어
④ usermod : 사용자들의 계정 정보를 변경하는 명령어

16 ④

$를 붙여 환경변수를 구분한다. $USER는 사용자명을 나타내는 환경변수이며, $HOME은 사용자 홈 디렉터리를 나타내는 환경변수이다.

17 ②

~/.bash_logout : 개인 사용자가 로그아웃 직전에 실행되는 시스템 설정 파일
① ~/.bashrc : 시스템 전체 사용자에 적용되는 alias와 함수를 설정
③ ~/.bash_profile : 개인 사용자의 셸 환경을 제어하는 지역적인 시스템 설정 파일
④ ~/.bash_history : 사용자가 명령어나 키보드로 입력한 내용들을 기록

18 ③

① USER : 사용자명을 나타내는 환경변수
② HOME : 사용자 홈 디렉터리를 나타내는 환경변수
④ PWD : 사용자의 현재 작업 디렉터리를 나타내는 환경변수

19 ③

NI값은 프로세스의 우선순위는 나타내는 값으로 -20~19까지 설정 가능하다. 값이 작을수록 우선순위가 높다. 따라서 -20, 0, 10에서 -20이 우선순위가 가장 높으며, 10이 우선순위가 가장 낮다.

20 ②

SIGHUP : 1
① SIGINT : 2
③ SIGQUIT : 3
④ SIGCONT : 18

21 ④

기호 '*'은 모두, '-'은 연속된 설정 값을 지정, ','은 비연속적인 설정 값, '/'은 지정된 범위에서 일정 주기를 지정할 때 사용한다.

분	시	날	달	요일	명령어
1	1	*	*	5	/etc/bakckup.sh

22 ②

명령어 renice는 실행 중인 프로세스의 우선순위를 변경할 때 사용한다. 명령어 형식은 'renice [옵션] NI값 PID'이다. 'renice 1 1222'는 PID 1222에 NI값을 1로 설정한다.

23 ④

Ctrl + Z 입력 시 SIGTSTP 시그널이 발생하여 프로세스를 대기(suspend)로 전환시킨다.

24 ②

① fork : 하나의 프로세스가 새로운 프로세스를 생성할 때 새로운 프로세스를 위해 메모리를 할당받아 복사본 형태로 실행된다.
③ foreground process : 화면에서 실행되는 응용 프로세스로 사용자와 상호작용한다.
④ background process : 실행은 되지만 화면에 나타나지 않고 실행되므로 사용자의 입력에 관계 없이 수행한다.

25 ②

사용자가 새로운 프로세스를 생성하기 위해 사용하는 시스템 호출 함수는 fork( )와 exec( )가 있다. 시스템 운영에 필요한 프로세스들은 fork( )을 이용하여 init 프로세스의 자식 프로세스들로 생성된다.

26 ③

> 오답 피하기

① bg : 현재 실행 중인 프로세스를 백그라운드 작업으로 전환한다.
② fg : 현재 백그라운드로 실행 중인 명령어를 포어그라운드 작업으로 전환한다.
④ nohup : 프로세스가 중단되지 않고 백그라운드로 작업을 수행할 수 있게 한다.

27 ③

프로세스 상태 코드 중 '<'는 사용자에 의해 nice된 것이 아니라 인위적으로 높아진 상태를 나타내며 상태코드 'N'은 nice를 통해 인위적으로 우선순위가 낮아진 상태를 나타낸다.

28 ②

> 오답 피하기

① ps a : 터미널과 연관된 프로세스를 출력한다.
③ ps aux : 시스템에 동작 중인 모든 프로세스를 소유자 정보와 함께 출력한다.
④ ps -a : 세션 리더를 제외하고 터미널에 종속되지 않은 모든 프로세스를 출력한다.

29 ①

> 오답 피하기

③ Ctrl + X 다음에 Ctrl + S : 편집된 내용을 저장한다.
④ Ctrl + X 다음에 Ctrl + F : 새로운 파일명을 저장, 편집한다.

30 ③

gedit는 그놈 데스크톱 환경에서 개발된 자유 소프트웨어인 텍스트 편집기로 마이크로소프트, 윈도, 맥OS에서도 사용할 수 있다.

31 ①

특수 문자 '.'은 현재 줄을, '$'는 마지막 줄, '%'는 첫 번째 줄부터 마지막 줄을 나타낸다.

> 오답 피하기

② :1,$d : 첫 번째 줄부터 마지막 줄까지 삭제
③ :%d : 첫 번째 줄부터 마지막 줄까지 삭제
④ :.,%d : 현재 줄부터 마지막 줄까지 삭제

32 ③

w! 는 무조건 저장하며, q!는 변경된 내용이 있더라고 저장하지 않고 무조건 종료한다.

33 ④

> 오답 피하기

빌조이는 vi 편집기를, 리누스 토발즈는 리눅스 커널을 개발하였으며, 리처드 스톨만은 GNU 프로젝트와 자유 소프트웨어 재단의 설립자이다.

34 ②

vi 편집기는 명령, 입력, ex 명령 모드(편집 모드)로 분류 가능하다.

35 ②

• rpm의 -q는 질의 시 사용해야 하는 옵션이며, -a는 시스템에 설치된 모든 패키지 목록을 출력한다.
• 아파치 데몬명은 httpd이다.

36 ②

RPM과 YUM은 레드햇 계열의 패키지 관리 유틸리티이다.

37 ③

Zypper는 open SUSE, SUSE Linux Enterprise를 위한 패키지 관리자 엔진이다.

38 ①

옵션 -vh는 메시지와 진행 상황을 '#' 기호로 출력하며, --nodeps는 의존성 관계를 무시하고 설치한다.

39 ①

데비안 계열의 패키지 관리 도구에는 dpkg, apt-get, aptitude가 있다.

40 ④

x : 생성된 tar 파일을 푼다.

41 ③

clean 명령어는 /var/cache/apt/archive에 생성된 파일을 전부 삭제한다.

42 ③

GNU 컴파일러 모음(GCC, GNU Compiler Collection)은 GNU 프로젝트의 일환으로 개발되어 널리 쓰이고 있는 컴파일러이다.

43 ③

cups는 네트워크를 통해 프린터를 설정하기 위해 631포트(ipp)를 사용한다.

44 ③

'scanimage -x 100 -y 100 --format=tiff > lin.tiff'는 100*100mm 크기로 스캔하고 이미지 파일 형식은 tiff이다. 저장 파일명은 lin.tiff이다.

45 ④

> 오답 피하기

① lpr : 프린터 작업 요청 명령어
② lpq : 프린터 큐에 있는 작업 목록 출력 명령어
③ lprm : 프린터 큐에 대기 중인 작업을 삭제하는 명령어

46 ②

> 오답 피하기

XSANE은 X-windows 기반의 스캐너 프로그램으로 GTK+ 라이브러리로 만들어졌다.

47 ②

명령어 lp는 System V 계열에서 프린터 출력 작업 요청 시 사용하는 명령어이다.

48 ④

CUPS는 lpadmin 명령을 이용하여 웹상에서 프린팅 제어가 가능하다.

---

49 ②

Gwenview는 KDE에 포함되어 있는 이미지 뷰어 프로그램이다.

50 ①

윈도 매니저는 X 윈도우 환경에서 윈도의 배치와 표현을 담당하는 시스템 소프트웨어로 다양한 데스크톱 환경을 구성한다.

51 ①

KWin은 X Window System의 윈도우 관리자이며 Xfce, LXDE, GNOME은 데스크톱 관리자이다.

52 ①

xauth는 .Xauthority 파일의 쿠키 내용을 추가, 삭제, 리스트를 출력하는 유틸리티로 X-window 실행시에 생성되는 키 값으로 인증한다. 반면 xhost는 호스트 기반 인증 방식을 사용하기 위한 유틸리티이다.

53 ③

오답 피하기

① LibreOffice Calc : 스프레드시트
② LibreOffice Draw : 드로잉 프로그램
④ LibreOffice Impress : 프리젠테이션 프로그램

54 ①

KDE(K Desktop Environment)는 자유 소프트웨어 데스크톱 환경으로 노키아의 Qt 툴킷을 기반으로 하였다.

55 ①

오답 피하기

② +나 - 기호를 사용해 접근을 허용과 차단한다.
③ 사용자 기반 인증을 통한 접근허가 파일 관련 도구는 xauth이다.
④ 특정 사용자가 startx으로 X 윈도우를 실행하면 $HOME/.Xauthority 파일이 생성된다.

56 ④

환경변수 DISPLAY는 X 클라이언트 프로그램 실행 시 표시되는 창을 설정한다.

57 ③

NFS(Network File System)란 리눅스 머신에서 이더넷 기반으로 동작하는 가장 기본적인 공유 파일 시스템 중의 하나로 서버/클라이언트 모델로 동작하는 스토리지 프로토콜이다. NFC는 NIS와 RPC 프로토콜을 기반으로 작동되므로 해당 서비스를 실행시키는 데몬 RPCBIND가 먼저 실행되어야 한다.

58 ④

SMB(Server Message Block)는 도스나 윈도우에서 파일이나 디렉터리 및 주변 장치들을 공유하는데 사용되는 메시지 형식의 프로토콜이다. 삼바는 SMB를 이용하여 이기종 운영체제 간(유닉스 계열 운영체제와 윈도우 운영체제)의 자료 공유와 하드웨어 공유를 제공한다. 삼바가 처음 등장했을 때는 SMB를 사용하였으나 최근에는 CIFS 프로토콜을 사용한다.

59 ③

오답 피하기

① ss : 서버의 특정 포트에 접속하여 연결된(ESTABLISHED) 정보를 확인하는 명령어
② arp : ARP 테이블을 확인하고 추가, 삭제하는 명령어
④ ifconfig : 네트워크 인터페이스 구성을 위한 설정 또는 확인 명령어

60 ④

네트워크 주소는 호스트 ID 비트가 모두 0인 반면, 브로드캐스트 주소는 호스트 ID 비트가 모두 1인 경우이다.

```
      192.  168.    3.  129
  & 255.  255.  255.  128
  ─────────────────────────
      192.  168.    3.  128
      192.  168.    3.  255

    1100  0000. 1010  1000.  0000  0011. 1  0000001
  & 1111  1111.  1111  1111.  1111  1111. 1  0000000
  ─────────────────────────────────────────────────
    1100  0000. 1010  1000.  0000  0011. 1  0000000  (네트워크 주소, 호스트
                                                      비트 5개가 모두 0)
    1100  0000. 1010  1000.  0000  0011. 1  1111111  (브로드캐스트 주소, 호
                                                      스트 비트 5개가 모두 1)
```

61 ④

오답 피하기

① NIS : 썬 마이크로시스템즈의 클라이언트 서버 디렉터리 서비스 프로토콜이다.
② NFS : 네트워크를 통해 원격 디스크 장치내의 파일들을 공유시켜 주는 프로토콜이다.
③ Usenet : 관심사를 가진 사용자끼리 그룹을 만들어 메시지를 전송하는 인터넷 전자게시판 서비스이다.

62 ②

FTP의 put와 send 명령어는 로컬 시스템 있는 파일을 원격 FTP 서버에 전송하며, get과 recv 명령어는 원격 FTP 서버에 있는 파일을 로컬 시스템에 가져올 때 사용한다.

63 ③

오답 피하기

① ip : 이더넷 주소, IP 주소, 라우팅 정보를 출력하거나 변경하는 명령어
② route : 라우팅 테이블을 확인 및 디폴트 게이트 추가 또는 특정 네트워크 경로 추가/제거 명령어
④ ifconfig : 네트워크 인터페이스 구성을 위한 설정 또는 확인 명령어

64 ③

오답 피하기

SMTP는 메일 송신 프로토콜이며, POP3와 IMAP은 메일 수신 프로토콜이다.

65 ③

CSMA/CD는 유선 LAN 중 반 이중 방식의 이더넷(Ethernet) 환경에서 각 단말이 신호 전송을 위해 전송 공유매체에 규칙있게 접근하기 위한 매체 액세스 제어 방식이다.

66 ④

SSL(Secure Sockets Layer)은 암호화 기반 인터넷 보안 프로토콜로 세션 계층의 프로토콜이다.

67 ①

ssh의 옵션 –l은 현재 클라이언트 쪽에서 로그인한 계정이 아닌 다른 계정으로 접속할 때 사용한다.

68 ②

C 클래스에서 디폴트 서브넷 마스크는 255.255.255.0로 /24와 같다. 서브넷팅 된 후 서브넷 마스크가 255.255.255.192인 경우는 /26과 같다. 따라서 서브넷팅 시 사용된 subnet ID 비트 개수는 2개(26-24=2)가 된다. subnet ID 비트가 2개인 경우 생성 가능한 서브네트워크 개수는 4개($=2^2$)이다.

69 ②

오답 피하기

① 스타형 : 허브나 스위치와 같은 장비를 중심으로 모든 기기들이 point-to-point 방식으로 연결된다.
③ 링형 : 원형의 통신회선에 컴퓨터와 단말기를 연결한다.
④ 망형 : 네트워크 장비와 호스트들이 그물 형태로 연결되어 신뢰성이 높은 LAN 구성 방식이다.

70 ③

오답 피하기

① ISO(International Organization for Standardization) : 여러 나라의 표준 제정 단체들의 대표들로 이뤄진 국제적인 표준화 기구로 OSI 참조 모델을 제정
③ ITU(International Telecommunication Union) : 전기통신 수단 사용 보장을 목적으로 하는 정부 간 국제 기구
④ ICANN(Internet Corporation for Assigned Names and Numbers) : IP 주소 및 도메인을 관리하는 국제 관리 기구

71 ②

오답 피하기

① IP : 네트워크 계층 프로토콜로 호스트의 논리적 주소 지정과 패킷 분할 및 조립 기능을 제공한다.
③ UDP : 단방향성 프로토콜로 세그먼트를 보내기만 하고 응답을 주고받지 않는 비신뢰성 프로토콜이다.
④ ICMP : 메시지에 대한 오류 보고 이에 대한 피드백을 원래 호스트에 보고하는 역할 수행하는 프로토콜이다.

72 ①

오답 피하기

② SYN_RECEIVED : 서버가 원격 클라이언트로부터 연결 요청에 대한 응답을 송신하였지만 서버가 원격 클라이언트에 송신한 요청에 대한 응답을 수신하지 못한 상태
③ SYS-SENT : 클라이언트 애플리케이션이 원격 서버에 연결을 요청한 상태
④ ESTABLISHED : 클라이언트와 서버 간에 데이터 교환이 가능하게 연결된 상태

73 ①

/etc/hosts : IP 주소와 호스트명을 매핑시켜 놓은 파일

오답 피하기

② /etc/resolv.conf : 네임 서버 지정 파일
③ /etc/sysconfig/network : 게이트웨이 주소, 호스트명, 네트워크 허용 여부가 설정된 파일
④ /etc/sysconfig/network-scripts : 지정된 네트워크 인터페이스 환경 설정과 관련된 파일들이 저장

74 ①

서브넷마스크는 IP 주소를 구성하는 32비트 중 네트워크 ID 비트와 호스트 ID 비트를 구분시킨다. CIDR 표기법으로 표시된 서브넷 마스크 /24는 네트워크 ID 비트가 24개를 의미한다. 즉, /24는 1111 1111.1111 1111.1111 1111.0000 000000이다. 이것을 8비트 10진수로 변환하면 255.255.255.0이다.

75 ①

/etc/hosts : IP 주소와 호스트명을 매핑시켜 놓은 파일

오답 피하기

② /etc/resolv.conf : 네임 서버 지정 파일
③ /etc/sysconfig/network : 게이트웨이 주소, 호스트명, 네트워크 허용 여부가 설정된 파일
④ /etc/sysconfig/network-scripts : 지정된 네트워크 인터페이스 환경 설정과 관련된 파일들이 저장

76 ②

IPv6는 클래스를 사용하지 않는다. IPv6에서는 IPv4와 같이 클래스(A, B, C, D)를 나눠 IP 할당을 하지 않고 네트워크 규모 및 단말기 수에 따른 순차적 할당을 수행한다.

77 ③

오답 피하기

① SaaS(Storage as a Service) : 클라우드 환경에서 동작하는 응용 프로그램 서비스
② PaaS(Platform as a Service) : 소프트웨어 서비스를 개발하기 위한 플랫폼을 제공하는 클라우드 서비스
④ IaaS(Infrastructure as a Service) : 서버나 스토리지와 같은 하드웨어 자원을 임대하는 클라우드 서비스

78 ④

오답 피하기

① VirtualBox : 이노테크에서 개발한 오픈소스 하이퍼바이저로 전가상화만 지원한다.
② Kubernetes(쿠버네티스) : 컨테이너화된 애플리케이션의 자동 deploy, 스케일링 등을 제공하는 관리 시스템이다.
③ Prometheus(프로메테우스) : 이벤트 모니터링 및 경고에 사용되는 무료 소프트웨어 응용 프로그램이다.

79 ②

HA(고가용성) 클러스터는 지속적인 서비스 제공을 목적으로 한다. 이를 위해 Primary node가 부하분산처리를 수행하고 Backup node는 Primary node 상태를 체크하고 있다가 이상이 발생하면 서비스를 이어받아 처리함으로써 가용성을 높인다.

80 ②

QNX는 1982년에 개발한 유닉스 계열의 서버 운영체제이다.

01 ②	02 ②	03 ③	04 ③	05 ①
06 ④	07 ②	08 ④	09 ④	10 ④
11 ④	12 ②	13 ①	14 ③	15 ①
16 ②	17 ②	18 ④	19 ③	20 ③
21 ②	22 ②	23 ①	24 ②	25 ①
26 ③	27 ④	28 ④	29 ③	30 ③
31 ①	32 ①	33 ②	34 ②	35 ③
36 ④	37 ③	38 ②	39 ③	40 ①
41 ③	42 ①	43 ③	44 ③	45 ③
46 ①	47 ②	48 ①	49 ③	50 ④
51 ④	52 ②	53 ②	54 ④	55 ③
56 ③	57 ④	58 ②	59 ③	60 ④
61 ①	62 ③	63 ②	64 ②	65 ②
66 ②	67 ④	68 ③	69 ③	70 ①
71 ②	72 ③	73 ①	74 ③	75 ①
76 ②	77 ②	78 ①	79 ④	80 ③

1과목   리눅스 운영 및 관리

01 ②

/etc/passwd : 시스템에 로그인하여 자원을 이용할 수 있는 사용자 목록 저장 파일로 해당 사용자가 로그인하고 로그아웃할 때까지 사용자를 감시하기 위한 파일이다. 이 파일은 소유권 관련 설정 시 참조하게 된다.

오답 피하기
① ~/.profile : 사용자가 로그인했을 때 적용되는 스크립트를 정의해 놓은 파일이다.
③ /etc/shadow : 계정별 패스워드를 암호화하여 관리하기 위한 것이다.
④ /etc/default/useradd : 사용자 계정 추가 시 적용되는 정보를 읽어오는 파일이다.

02 ②

오답 피하기
파일 /bin/su, /bin/mount, /usr/bin/passwd에는 공통적으로 특수 권한 SetUID(-rwsr-xr-x)가 설정되어 있다.

03 ③

명령어 chgrp는 파일 또는 디렉터리의 소유 그룹을 변경한다. 명령어 chgrp 형식은 다음 중 하나를 사용할 수 있다.
• chgrp [그룹] [파일명]
• chgrp [-h] 그룹 파일명
• chgrp -R [-H|-L|-P] 그룹 파일명

04 ③

• quotacheck : 파일 시스템을 점검하여 쿼터 기록 업데이트 명령어
• edquota : 편집기를 이용하여 지정된 사용자 또는 그룹의 쿼터 설정 명령어
• quotaon : 설정된 쿼터의 활성화 명령어
• repquota : 파일 시스템 단위로 쿼터 설정 정보를 출력해 주는 명령어

05 ①

passwd 명령어에 Set-UID가 설정되어 있으면 일반 사용자가 파일의 소유자인 root 권한을 할당을 받을 수도 있기 때문에 보안상의 위험에 노출될 수 있다.

06 ④

오답 피하기
① fsck : 리눅스 파일 시스템을 검사하고 수리하는 명령어
② e2fsck : ext2, ext3, ext4 타입의 파일 시스템을 점검 및 복구하는 명령어
③ mount : 특정 디바이스를 특정 디렉터리처럼 사용하기 위해 장치와 디렉터리를 연결하는 명령어

07 ②

UUID(Universally Unique IDentifier)는 개체들을 구분하기 위한 식별자로 디스크에 파티션을 생성하면 UUID가 부여된다. 디스크 파티션에 부여된 UUID을 확인할 수 있는 명령어는 blkid이다.

08 ④

ext, vfat, ntfs는 로컬 시스템을 운영하는 파일 시스템인 반면, smb는 네트워크 기반의 파일 시스템이다.

09 ④

손상된 디렉터리나 파일을 수정할 때 디렉터리 /lost+found에서 작업을 수행하고, 복구가 되면 /lost+found에서 없어진다.

10 ④

오답 피하기
① -v : 실행되고 있는 모든 파일을 나열한다.
② -c : 권한이 변경된 파일 내용을 출력한다.
③ -f : 변경되지 않은 파일에 대해서 오류 메세지를 보여주지 않는다.

11 ④

오답 피하기
쉘 ksh, csh, tcsh는 모두 history 기능을 지원한다.

12 ②

오답 피하기
① /etc/shells : 현재 시스템에서 사용할 수 있는 셸 목록을 확인할 수 있다.
③ /etc/shadow : 사용자 계정에 대한 암호화된 패스워드와 패스워드 설정 기간이나 유효성 정보를 확인할 수 있다.
④ /etc/login.defs : 패스워드의 사용기간 만료, 최대 사용기간, 최소 변경기간 등 패스워드 정책을 확인할 수 있다.

13 ①

• csh : 1981년에 개발
• tcsh : 1982년에 개발
• bash : 1989년에 개발

14 ③

오답 피하기
① !1 : 히스토리 목록 번호 중 1번 명령어를 실행한다.
② !0 : 히스토리 목록 번호 중 0번 명령어 실행하는 것이지만 실제 명령어 번호에는 0번이 없다.

④ history −1 : 명령어 history 형식은 'history [−c] [−d offset] [n]'이다. 'history −1'은 명령어 형식에 맞지 않다.

15 ①

② /etc/bashrc : 시스템 전체(모든 사용자)에 적용되는 alias와 함수를 설정한다.
③ ~/.bash_profile : 개인 사용자의 환경 설정과 시작 프로그램 설정과 관련된 파일로 계정 별 로그인 시 적용된다.
④ ~/.bash_bashrc : 개인 사용자가 정의한 alias와 함수를 설정한다.

16 ②

해당 화면은 파일 /etc/shells에 설정되어 있는 현재 시스템에서 사용할 수 있는 셀 목록이다. 명령어 chsh −l는 /etc/shells과 동일한 내용을 확인할 수 있다.

17 ②

프롬프트(Prompt)는 컴퓨터가 입력을 받아들일 준비가 되어서 기다리고 있다고 알리는 메시지로, 리눅스에는 2가지 종류의 프롬프트가 있다. 일반적으로 작업 터미널에 표시되는 프롬프트는 PS1이며, 명령어가 완벽히 입력되지 않았을 때 '>' 형태의 프롬프트는 PS2이다.

18 ④

앨리어스 설정 형식은 'alias [별칭='명령어']'이며 설정된 앨리어스를 해제하는 형식은 'unalias 별칭'이다.

19 ③

명령어 nice는 프로세스의 우선순위를 변경한다. 명령어 형식은 'nice [옵션] 프로세스명'이다.

① nice −20 bash : bash 프로세스에 NI 값을 20만큼 증가시킨다. 현재 문제에서는 변경될 NI 값을 제시하지 않았다.
③ nice bash : bash의 NI 값을 10만큼 증가시켜 우선순위를 낮춘다(값을 지정하지 않으면 기본적으로 10이 지정된다).
②와 ④에서는 PID가 아닌 프로세스명 bash이다.

20 ③

SIGTSTP : 20

① SIGINT : 2
② SIGQUIT : 3
④ SIGCONT : 18

21 ②

① fork : 새로운 프로세스를 만들 때 기존 프로세스를 복제하는 방식을 사용한다.
③ daemon : 리눅스 시스템이 부팅 시 자동으로 실행되는 백그라운드 프로세스이다.
④ standalone : 서비스가 들어오기 전에 서비스가 메모리에 상주하여 단독 실행되는 데몬이다.

22 ②

프로세스마다 고유의 프로세스 ID(PID)가 할당된다. 가장 먼저 실행되는 프로세스 init의 PID는 1이다.

23 ①

기호 '*'은 모두, '−'은 연속된 설정 값을 지정, ','은 비연속적인 설정 값, '/'은 지정된 범위에서 일정 주기를 지정할 때 사용한다.

분	시	날	달	요일	명령어
*/30	*	*	*	*	/etc/bakckup.sh

24 ②

프로세스들은 우선순위를 부여하여 관리되며, 우선순위 관련된 항목에는 PRI와 NI가 있다. PRI는 운영체제에서 참고하는 우선순위 값이며 NI는 관리자나 사용자가 제어하는 우선순위값이다. 두 항목 모두 값이 낮을수록 우선순위가 높다. NI값을 변경하면 PRI값이 변경되어 우선순위가 조정된다.

25 ①

② exec : 호출하는 프로세스가 새로운 프로세스로 변경되는 방식으로 새로운 프로세스를 위한 메모리를 할당하지 않는다.
③ foreground process : 화면에서 실행되는 응용 프로세스로 사용자와 상호작용한다.
④ background process : 실행은 되지만 화면에 나타나지 않고 실행되므로 사용자의 입력에 관계 없이 수행한다.

26 ③

명령어 kill의 옵션 −9는 지정된 프로세스를 강제로 종료시킨다.

27 ④

'fg %2'는 작업번호가 2번인 프로세스를 포어그라운드(foregroud)로 전환하여 실행한다.

28 ④

포어그라운드 작업을 백그라운드 작업으로 전환해서 처리하고자 할 경우 전환 작업의 명령어 뒤에 '&'를 붙이면 된다.

29 ③

gedit는 그놈 데스크톱 환경에서 개발된 자유 소프트웨어인 텍스트 편집기로 마이크로소프트, 윈도, 맥OS에서도 사용할 수 있다.

30 ③

① + : lin.txt 파일을 열면서 마지막 라인에 커서를 둔다.
② −s : lin.txt 파일을 열면서 동시에 편집모드로 전환된다.
④ −R : lin.txt 파일을 읽기 전용으로 연다.

31 ①

② Ctrl + E : 현재 커서가 위치한 줄의 끝으로 커서를 이동한다.
③ Ctrl + I : 화면을 갱신한다.
④ Ctrl + O : 편집 내용을 저장한다.

32 ①

② pico : Aboil Kasar가 개발한 유닉스 기반의 텍스트 편집기이다.
③ nano : pico의 복제 버전의 편집기로 최근의 리눅스 배포판에는 pico 대신에 nano를 사용한다.

④ emacs : 최초의 개발자는 리처드 스톨만이며 이후 제임스 고슬링이
　　LISP언어를 기반으로 다양한 기능을 추가하였다.

33 ②

빌조이는 vi 편집기를 개발, 아보일 카사르는 pico 편집기를 개발하였다.
리눅스 토발즈는 리눅스 커널을 개발하였다.

34 ②

① a : 현재 커서 뒤부터 삽입하면서 입력 모드로 전환
③ i : 현재 커서 앞에서부터 삽입하면서 입력 모드로 전환
④ o : 현재 커서가 위치한 곳의 다음 줄에 삽입하면서 입력 모드로 전환

35 ③

소스 코드를 설치 시 ./configure를 이용하여 시스템 파일 또는 설치 파
일의 위치를 지정한다.

36 ④

① yum : 레드햇 배포판에 포함되어 있는 패키지 관리 툴
② apt-get : 데비안 배포판에 포함되어 있는 패키지 관리 툴
③ yast : openSUSE Linux 배포판과 SUSE 파생 상용 배포판에 포함
　　되어 있는 통합 관리 툴

37 ③

① yum list는 전체 패키지의 대한 정보를 출력한다.
② 일반적으로 yum install list 대신에 yum list installed를 이용하여 설
　　치된 패키지 정보를 출력한다.
④ yum command list는 사용 명령어가 아니다.

38 ②

tar rvf backup.tar lin.txt : lin.txt 파일을 backup.tar라는 파일에 추가로
묶는다. 옵션 -r은 기존 tar 파일에 파일을 추가한다.

① tar cvf backup.tar lin.txt : lin.txt 파일을 backup.tar로 묶으며 진행
　　결과를 출력한다. 일반적으로 여러 개의 파일을 묶어 새로운 tar 파일
　　을 생성 시 옵션 -c를 사용한다.
③ tar xvf backup.tar : 현재 디렉터리에 backup.tar 파일을 푼다.
④ tar tvf backup.tar : backup.tar의 내용을 보여준다.

39 ②

rpm 옵션들의 기능은 다음과 같다.

-q	질의 시 사용하는 옵션으로 지정된 패키지 이름과 버전만을 표시한다.
-i	지정된 패키지 정보를 출력한다.
-d	지정된 패키지의 문서 파일을 출력한다.
-V	지정된 패키지를 검증한다.

40 ①

기존 유틸리티보다 압축률이 가장 낮은 것은 compress를 통해 생성된
파일이며, 유틸리티 compress를 통해 생성된 파일의 확장자는 .Z이다.

41 ③

apt-get은 패키지 관련 정보를 확인하거나 패키지 설치 시 발생할 수
있는 의존성과 충돌 문제를 해결하기 위해 파일 /etc/apt/sources.list을
참조한다.

42 ①

② -r : 아카이브된 파일의 마지막 부분에 파일을 추가한다.
③ -u : 아카이브에 있는 기존 파일보다 새로운 파일로 업데이트한다.
④ -v : 처리하고 있는 파일의 정보를 화면에 출력한다.

43 ③

• 문서 출력을 요청하는 명령어는 lpr과 lp를 사용한다. lpr은 BSD 계열
　에서 사용하며, lp는 System V 계열에서 사용한다.
• lpr의 옵션 -r은 출력 뒤 지정된 파일을 삭제한다.

② lp의 옵션 -d는 기존 설정 프린트 외에 다른 프린터를 지정하여 파일
　을 출력한다.

44 ③

LPRng는 BSD 계열에서 사용하기 위해 개발된 초기 인쇄 시스템이며,
CUPS는 애플이 개발한 오픈 소스 프린팅 시스템이다.

45 ③

• 레드햇 계열에서 초기 X 윈도우 기반의 프린터 설정 유틸리티로
　printconf와 printtool, redhat-config-printer를 사용했다.
• 최근 배포판 centos 6, 7, 8 버전에서는 system-config-printer를 사
　용하고 있다.

46 ①

lpc, lpq, lpr은 BSD 계열이며 lp, lpstat, cancel은 System V 계열이다.

47 ②

① OSS(Open Sound System) : 사운드를 만들고 캡처하는 인터페이스
③ ALSA(Advanced Linux Sound Architecture) : 사운드 장치 관리
④ CUPS(Common Unix Printing System) : 프린트 관리

48 ①

② alsamixer : ALSA 사운드 카드 오디오 믹서 프로그램
③ cdparanoia : 음악 파일 추출 프로그램
④ aplay : 사운드 재생 프로그램

49 ③

X 윈도우 시스템은 MIT에서 1984년에 처음 개발되었다. X 윈도 시스템 프로토콜의 가장 최근 버전은 1987년 9월에 나온 X11이다. 지금은 X.Org 재단이 X 윈도우 시스템의 개발을 주도하고 있다. X.Org 재단은 X 윈도우 시스템의 참조 구현인 X.Org Server를 개발해서 MIT 오픈 소스 라이선스로 배포한다.

50 ④

KDM, GDM, XDM은 디스플레이 매니저인 반면, LXDE는 데스크톱 매니저이다.

51 ④

• Qt, GTK+, Xaw는 Xlib를 구성하는 라이브러리이다.
• 최근 X.org에서는 XCB로 대체하여 사용하고 있다.

52 ②

환경변수 DISPLAY는 X 클라이언트 프로그램이 실행 시 사용한다. 사용 형식은 'DISPLAY=IP주소:디스플레이번호.스크린번호'이다. 시스템 A에서 시스템 B로 Firefox 화면이 전송되기 위해서는 시스템 A에서 전송 시 시스템의 정보를 지정해야 한다. 즉, DISPLAY="192.168.12.22:0.0"는 시스템 A에서 시스템 B인 192.168.12.22 의 첫 번째 실행되는 X 서버의 첫 번째 모니터로 전송한다.

53 ②

xauth는 .Xauthority 파일의 쿠키 내용을 추가, 삭제, 리스트를 출력하는 유틸리티로 X-window 실행 시에 생성되는 키 값으로 인증한다. 반면 xhost는 호스트 기반 인증 방식을 사용하기 위한 유틸리티이다.

54 ④

① LibreOffice Calc : 스프레스시트
② LibreOffice Draw : 드로잉 프로그램
③ LibreOffice Writer : 문서 작성기

55 ③

① eog : GNOME 데스크톱에서 제공하는 이미지 뷰어 프로그램
② gimp : 사진 또는 그림 편집하는 자유 소프트웨어
④ ImageMagick : 비트맵 이미지를 보여주고, 생성 및 편집이 가능하도록 지원해 주는 프로그램 패키지

56 ③

리눅스 부팅 모드는 파일 /etc/inittab에 'id:runlevel:initdefault:'로 설정한다. runlevel값이 3인 경우는 텍스트 모드로, 5인 경우는 X 윈도우로 부팅된다.

57 ④

네트워크 주소는 호스트 ID 비트가 모두 0이다.

```
    192.  168.   3.  129
& 255.  255.  255.  128
─────────────────────────
    192.  168.   3.  128

    1100  0000. 1010  1000. 0000  0011. 10 000001
& 1111  1111. 1111  1111. 1111  1111. 10 000000
─────────────────────────
    1100  0000. 1010  1000. 0000  0011. 10 000000 (네트워크 주소, 호스트
                                                   비트 5개가 모두 0)
```

58 ②

B 클래스의 사설 IP 주소 대역은 172.16.0.0~172.31.255.255이다.

59 ③

① LISTEN : 서버에서 클라이언트로부터 들어오는 패킷을 위해 소켓을 열고 기다리는 상태
② SYN_RECEIVED : 서버가 원격 클라이언트로부터 연결 요청에 대한 응답을 송신하였지만 서버가 원격 클라이언트에 송신한 요청에 대한 응답을 수신하지 못한 상태
④ SYS-SENT : 클라이언트 애플리케이션이 원격 서버에 연결을 요청한 상태

60 ④

① ss : 서버의 특정 포트에 접속하여 연결된(ESTABLISHED) 정보를 확인하는 명령어
② ip : 이더넷 주소, IP 주소, 라우팅 정보를 출력하거나 변경 명령어
예 ip addr show
③ route : 라우팅 테이블을 확인 및 디폴트 게이트 추가 또는 특정 네트워크 경로 추가/제거 명령어

61 ①

FTP는 TCP 기반의 프로토콜로 TCP 제어 데이터는 21번 포트로 전송되며, 일반 전송 데이터는 20번 포트로 전송된다.

62 ③

① route : 라우팅 테이블을 확인 및 디폴트 게이트 추가 또는 특정 네트워크 경로 추가/제거 명령어
② netstat : 활성 TCP 연결, 컴퓨터가 수신 대기하는 포트, 이더넷 통계, IP 라우팅 테이블, IPv4 통계 및 IPv6 통계를 표시
④ hostname : 시스템의 이름을 확인하거나 바꿀 때 사용하는 명령어

63 ②

ssh는 네트워크상의 다른 컴퓨터에 로그인하거나 원격 시스템에서 명령을 실행하고 다른 시스템으로 파일을 복사할 수 있도록 해주는 응용 프로토콜이다. ssh는 패킷을 암호화하여 안전한 원격 로그인을 지원하며 명령어 scp를 이용하여 원격복사 기능과 sftp를 이용하여 안전한 파일 전송을 제공한다. slogin는 ssh 클라이언트의 앨리어스(alias)이다.

④ 파이어폭스 : 모질라 재단에서 개발한 웹 브라우저

64 ②

① NIS : 썬 마이크로시스템즈의 클라이언트 서버 디렉터리 서비스 프로토콜이다.
③ IRC : 실시간 채팅 프로토콜이다.
④ SAMBA : Windows 운영체제를 사용하는 PC에서 Linux 서버에 접속하여 파일이나 프린터의 공유를 제공하는 서비스이다.

65 ②

MAC 주소는 24비트의 제조회사 번호와 24비트의 일련번호로 구성된다.

66 ②

패킷 교환은 송수신지 간의 콜 설정(call setup)에 대한 오버헤드가 존재한다는 단점이 있다.

67 ②

파일/etc/services는 리눅스 서버에서 사용하는 모든 포트들에 대한 정의가 설정되어 있다. 보안을 위하여 이 파일을 적절히 조절하면 기본 사용 포트를 변경하여 사용할 수 있다.

68 ③

텔넷 접속 형식 : telnet IP 주소(또는 호스트명) 포트

69 ③

① 스타형 : 허브나 스위치와 같은 장비를 중심으로 모든 기기들이 point-to-point 방식으로 연결된다.
② 버스형 : 하나의 통신 회선에 여러 컴퓨터들이 연결해서 모든 장치들이 동등한 조건으로 연결된다.
③ 망형 : 네트워크 장비와 호스트들이 그물 형태로 연결되어 신뢰성이 높은 LAN 구성 방식이다.

70 ①

② EIA : 미국 전자 산업 협회
③ ITU : 전기통신 수단 사용 보장을 목적으로 하는 정부 간 국제 기구
④ IEEE : 전기 전자 기술자 협회

71 ②

TCP 반개방(half-open) 상태는 TCP 3-way 핸드쉐이크 과정 중 2단계까지만 진행된 상태로 SYN, SYN-ACK 후 최종 ACK를 기다리는 연결 상태이다. 클라이언트 입장에서는 서버로부터 SYN-ACK를 받고 ACK를 보내지 않은 상태로 완전한 TCP 연결이 맺어지지 않은 상태이다.

72 ③

삼바는 SMB를 이용하여 이기종 운영체제 간(유닉스 계열 운영체제와 윈도우 운영체제)의 자료 공유와 하드웨어 공유를 제공한다. 삼바가 처음 등장했을 때는 SMB를 사용하였으나 최근에는 CIFS 프로토콜을 사용한다.

73 ①

② 사파리 : 애플이 개발한 웹 브라우저
③ 오페라 : 노르웨이의 회사에서 개발된 프리웨어 웹 브라우저로 다양한 운영체제에서 사용 가능

74 ③

① /etc/hosts : IP 주소와 호스트명을 매핑시켜 놓은 파일
② /etc/resolv.conf : 네임 서버 지정 파일
④ /etc/sysconfig/network-scripts : 지정된 네트워크 인터페이스 환경 설정과 관련된 파일들이 저장

75 ①

② /etc/services : 리눅스서버에서 사용하는 모든 포트들에 대한 정의가 설정
③ /etc/sysconfig/network : 게이트웨이주소, 호스트명, 네트워크 허용 여부가 설정된 파일
④ /etc/sysconfig/network-scripts : 지정된 네트워크 인터페이스 환경 설정과 관련된 파일들이 저장

76 ②

① /etc/hosts : IP 주소와 호스트명을 매핑시켜 놓은 파일
③ /etc/sysconfig/network : 게이트웨이주소, 호스트명, 네트워크 허용 여부가 설정된 파일
④ /etc/sysconfig/network-scripts : 지정된 네트워크 인터페이스 환경 설정과 관련된 파일들이 저장

77 ②

도커는 하이퍼바이저를 사용하지 않고 서버 운영에 필요한 프로그램과 라이브러리로 이미지를 만들어 동작시키는 경량화 게스트 운영체제 설치를 지원한다.

78 ①

② 게스트 운영체제의 하드디스크를 기본값으로 VDI(Virtual Disk Image) 포맷으로 저장한다.
③ VMware 디스크 이미지를 이용하여 VirtualBox의 게스트 운영체제를 설치 실행할 수 있다.
④ InnoTek에서 처음 개발 후 Sun Mircrosystems를 거쳐 현재는 오라클(oracle)사에 인수되었다.

79 ④

리눅스 클러스터는 사용 목적에 따라 고가용성 클러스터, 고계산용 클러스터, 부하분산 클러스터로 구분할 수 있다.

80 ③

① DSP(Digital Signal Processor) : 디지털 신호 처리를 위해 특별히 제작된 마이크로 프로세서로 특히 실시간 운영체제 계산에 사용된다.
② PVM(Parallel Virtual Machine) : 컴퓨터의 병렬 네트워킹(클러스터)을 위한 소프트웨어 도구이다.
④ IVI(In-Vehicle Infotainment) : 정보 전달에 오락성을 가미한 시스템으로 자동차 내에 콘텐츠 재생이나 TV 기능, 자동차 네비게이션 시스템 등을 제공하는 하드웨어 장치이다.

최신 기출문제 05회

481쪽

01 ②	02 ①	03 ④	04 ②	05 ④
06 ③	07 ②	08 ②	09 ①	10 ④
11 ①	12 ④	13 ①	14 ④	15 ②
16 ②	17 ①	18 ①	19 ②	20 ③
21 ④	22 ②	23 ②	24 ④	25 ②
26 ②	27 ②	28 ①	29 ①	30 ①
31 ④	32 ①	33 ③	34 ④	35 ①
35 ②	37 ③	38 ③	39 ③	40 ①
41 ③	42 ③	43 ②	44 ④	45 ④
46 ③	47 ①	48 ①	49 ③	50 ②
51 ④	52 ③	53 ②	54 ②	55 ②
56 ③	57 ②	58 ①	59 ②	60 ④
61 ④	62 ②	63 ④	64 ④	65 ②
66 ②	67 ③	68 ②	69 ④	70 ④
71 ①	72 ③	73 ②	74 ②	75 ③
76 ③	77 ①	78 ②	79 ①	80 ②

1과목   리눅스 운영 및 관리

01 ②

• 그룹(group)의 x 권한 자리에 s가 설정되어 있으므로 디렉터리 /project에는 특수 권한인 SetGID가 설정되어 있음을 알 수 있다.
• chmod의 문자 모드에 대한 특수 권한 설정 형식은 다음과 같다.

	문자 모드
SetUID	u+s
SetGID	g+s
Sticky-bit	o+t

02 ①

Linux : 83

03 ④

오답 피하기
① quota : 사용자 할당량 지정
② quotaon : quota 실행
③ setquota : vi 편집기가 아닌 명령어 터미널에서 쿼터 설정 가능

04 ②

권한 w는 파일에 대해서는 내용을 수정할 수 있으며, 디렉터리에 대해서는 파일을 생성 또는 삭제할 수 있다.

05 ④

기호 '='는 기존 권한을 모두 지우고 지정한 권한만 설정한다. 따라서 lin.txt의 other에 설정된 권한 rwx는 초기화 되고 r(read) 권한만이 설정된다.

06 ③

저널 파일 시스템은 저널이라는 로그에 변경 사항을 저장하여 추적이 가능하게 만든 파일 시스템이다. ext3는 ext2의 확장판으로 저널링을 지원하도록 확장된 파일 시스템이다.

07 ②

• mke2fs는 ext2 이상 파일 시스템을 생성하며, 형식은 mke2fs [옵션] [대상 디바이스]이다.
• 옵션 -j는 저널링 파일 시스템인 ext3를 만든다.

08 ②

오답 피하기
① mkfs : root만 사용 가능한 명령어로 새로운 파일 시스템을 만들 수 있다.
③ free : 시스템의 메모리 상태(유휴 메모리 양, Swap 메모리 양 등)를 결정하는 명령어이다.
④ fdisk : 새로운 파티션을 생성하며, 기존 파티션의 삭제 등의 작업을 수행할 수 있다.

09 ①

• 생성되는 디렉터리나 파일의 권한은 '기본 권한 - umask'이다. 디렉터리 기본 권한은 0777이며 파일의 기본 권한은 0666이다.
• 해당 문제에서 생성된 디렉터리 joon의 권한은 0775(=0777-umask)이며 파일 lin.txt의 권한은 0664(=0666-umask)이다.
• 따라서 해당 권한을 만들 수 있는 umask는 0002이다.

10 ④

chown의 옵션 -R은 하위 디렉터리를 포함하여 디렉터리 내부의 모든 파일의 소유권을 변경한다.

11 ①

오답 피하기
② env : 현재 설정된 전체 환경 변수 값을 확인
③ chsh : 로그인 셸 변경 명령어
④ export : 환경 변수 리스트 확인

12 ④

/bin/bash, /bin/dash, /bin/tcsh은 일반 계정자들에게 설정된 셸들로 계정자가 시스템에 로그인을 하게 되면 해당 셸이 부여되어 다양한 명령을 수행할 수 있다. 반면 /sbin/nologin은 시스템 보안상 로그인이 불필요한 계정에 로그인을 막는다. 또한 sbin/nologin은 shell, ssh 및 홈 디렉터리 접근에는 제공되지 않지만 FTP 접근은 허용한다.

13 ①

오답 피하기
② !5 : 히스토리 명령 목록의 번호 중에서 5번에 해당하는 명령을 실행한다.
③ !-5 : 히스토리 명령 목록에서 5만큼 거슬러 올라가서 해당 명령을 실행한다.
④ history | head -5 : 히스토리 명령 목록에서 번호가 1번부터 5번에 해당하는 명령을 출력한다.

14 ④

bash : 1989년에 개발

① csh : 1981년에 개발
② ksh : 1986년에 개발
③ tcsh : 1982년에 개발

15 ②

환경 변수 $USER는 사용자 이름을 나타내는 것으로, 명령어 echo $USER는 사용자 이름이 출력된다.

16 ②

① history 5 : 최근에 실행한 마지막 5개의 명령어 목록을 출력한다.
③ !-5 : 히스토리 명령 목록에서 5만큼 거슬러 올라가서 해당 명령을 실행한다.
④ history | head -5 : 히스토리 명령 목록에서 번호가 1번부터 5번에 해당하는 명령을 출력한다.

17 ①

② dash : 1997년 초반 Herbert Xu에 의해 리눅스로 이식되었으며 2002년에 dash로 이름이 바뀌었다.
③ tcsh : csh과 호환되는 셀로 Ken Greer가 개발하였다.
④ ksh : AT&T 사의 David Korn이 개발하였다.

18 ①

PS1은 셀 프롬프트를 선언 시 사용하는 변수이다. 해당 화면에는 프롬프트가 경로에서 현재시간으로 변경되었다.

② PS2 : 2차 셀 프롬프트 선언 시 사용되는 변수이다.
③ DISPLAY : X-windows에서 X서버의 주소를 지정
④ PROMPT : 주요 환경 변수로 PROMPT는 정의되어 있지 않다.

19 ②

옵션 p는 모니터할 프로세스 ID(PID)를 지정한다.

20 ③

① cron은 일반 사용자 권한에서도 수행 가능하다.
② crontab 파일은 총 7개의 필드로 구성되어 있다.
④ 시스템 운영에 필요한 작업은 /etc/crontab 파일에 관련 정보가 저장된다.

21 ④

'fg %2'는 작업번호가 2번인 프로세스를 포어그라운드(foregroud)로 전환하여 실행한다.

22 ②

명령어 kill은 지정된 PID를 종료시킬 수 있는 반면, 명령어 killall은 같은 데몬의 여러 프로세스를 한 번에 종료시킨다.

• 명령어 kill 형식 : #kill [option] [signal] [PID 또는 %Jobnumber]
• 명령어 kaillall 형식 : #killall [option] 프로세스명

23 ②

① 시그널은 사용자의 인터럽트 키, 프로세스 시그널, 하드웨어 발생 시 그널 등 다양하게 발생된다.
③ 시그널 목록은 kill -l로 확인할 수 있고, 시그널 이름과 번호로 사용할 수 있다.
④ 일반적으로 사용하는 시그널은 SIGINT, SIGKILL, SIGSTOP 등이 있다.

24 ④

• daemon : 주기적이고 지속적인 서비스 요청을 처리하기 위해 실행되는 프로세스
• standalone : 요청이 들어오기 전에 서비스가 메모리에 상주하는 단독으로 실행되는 데몬

• multitasking : 동시에 하나 이상의 프로그램을 수행할 수 있는 다중 작업
• Crond : cron을 실행시키는 데몬

25 ②

(문제 오류로 가답안 발표 시 2번으로 발표되었으나, 확정 답안 발표 시 모두 정답 처리되었습니다. 본 도서에서는 가답안인 2번을 정답 처리합니다.)

기호 '*'은 모두, '-'은 연속된 설정 값을 지정, ','은 비연속적인 설정 값, '/'은 지정된 범위에서 일정 주기를 지정할 때 사용한다.

분	시	날	달	요일	명령어
*/30	*	*	*	*	/etc/bakckup.sh

26 ②

① 1 : SIGHUP
③ 9 : SIGKILL
④ 15 : SIGTERM

27 ②

명령 입력 후 수행 종료까지 기다려야 하는 포어그라운드(foreground) 프로세스와 다중 작업을 수행 시 사용자 입력에 관계 없이 실행되는 백그라운드(background) 프로세스가 있다.

28 ①

명령어 nice는 프로세스의 우선순위를 변경하며, 명령어 renice는 실행 중인 프로세스의 우선순위 변경 시 사용한다.

• nohub은 작업 중인 터미널 창이 닫혀도 실행 중인 프로세스를 백그라운드 프로세스로 실행하는 명령어이다.
• thread는 특정한 시점에 실행하는 프로그램 특정 모듈이다.

29 ①

명령어 'vi +/문자열 파일명'은 지정된 '파일명(/etc/hosts)'을 열면서 지정된 '문자열(ihd)'이 있는 위치로 커서를 둔다.

30 ①

.exrc는 vi 편집기의 환경 설정을 등록해 놓은 파일이다. 사용자의 홈 디렉터리에 .exrc를 설정해 놓으면 vi를 실행할 때마다 .exrc에 설정된 내용이 적용된다.

31 ④

vi(1976년에 개발) → vim(1991년에 개발) → gVim[1993년 Vim 2.0에 GUI Vim(gVim) 포함]

32 ①

오답 피하기

② ^ : 줄의 시작을 의미
③ 〉 : 단어의 끝을 의미
④ 〈 : 단어의 시작을 의미

33 ③

gedit은 GNOME 데스크톱 환경용으로 개발된 자유 소프트웨어인 텍스트 편집기로 콘솔 환경에서는 사용하지 못한다.

34 ④

오답 피하기

① :w : 작업 중인 내용을 저장
② :w! : 무조건 저장
③ :q! : 변경된 내용이 있더라도 저장하지 않고 무조건 종료

35 ①

configure가 지원하는 옵션 리스트는 './configure --help' 명령어를 통해 얻을 수 있다.

36 ②

q는 질의 시 사용되는 필수 옵션이다.

오답 피하기

① -c : 해당 패키지의 설정 파일이나 스크립트 파일을 출력
③ -l : 패키지에서 설치한 모든 파일 정보를 출력
④ -V : 시스템에 설치된 패키지를 검증

37 ③

• Makefile은 리눅스상에서 반복적으로 발생하는 컴파일을 쉽게 하기 위해서 사용하는 make 프로그램의 설정 파일이다.
• Makefile을 통하여 library 및 컴파일 환경을 관리할 수 있다.

오답 피하기

• configure는 소스 프로그램의 환경 설정 스크립트로 설치 프로그램의 환경을 구성한다.
• configure는 컴파일 과정에서 필요한 라이브러리나 유틸리티와 같은 정보를 시스템에서 찾아내고, 검색된 정보를 이용해 사용자 시스템에 적합한 소프트웨어 패키지가 생성되도록 Makefile을 만든다.

38 ③

• z : gzip 또는 gz로 압축하거나 해제
• t : 아카이브 파일 안에 있는 파일 목록 나열
• v : 처리하고 있는 파일의 정보를 화면에 출력
• f : 아카이브 파일명을 지정, 생략하면 디폴트 파일명으로 지정

39 ③

데비안 리눅스 패키지 파일명 형식 : 패키지명_버전-릴리즈번호-리버전_아키텍처.deb

40 ①

데비안 계열의 패키지 툴은 dpkg, apt-get, aptitude이며, 레드햇 계열의 페키지 툴은 rpm, yum이다.

41 ③

옵션 -e는 패키지 제거 옵션이며, --nodeps은 의존성 관계를 무시하고 설치한다.

42 ③

패키지 삭제 명령어는 'yum remove 패키지명' 또는 'yum groupremove 패키지명'이다.

43 ②

OSS의 지원을 받아서 미디어 합성, 다중 채널 하드웨어 믹싱 등 다양한 드라이버 기능을 지원한다.

44 ④

오답 피하기

① lp : System V 계열에서 프린터 작업 요청을 한다.
② lpr : BSD 계열에서 프린터 작업 요청을 한다.
③ lprm : BSD 계열에서 프린터 큐에 대기 중인 작업을 삭제한다.

45 ④

CUPS가 제공하는 장치 드라이버는 어도비의 PPD(Postscript Printer Description) 형식의 텍스트 파일을 이용하여 설정한다.

46 ③

lspci 명령을 통해 pci 장치의 값을 확인하여 사용되는 포트의 수를 확인할 수 있다.

오답 피하기

① pci(peripheral component interconnect) : 컴퓨터 메인보드에 주변 장치를 장착하는 데 쓰이는 컴퓨터 버스의 일종이다.
② lpc(line printer Control program) : 프린터 또는 프린터 큐 제어 명령어이다.
④ pciinfo : 해당 명령어는 제공되지 않는다.

47 ①

오답 피하기

② scanadf : 자동 문서 공급 장치가 장착된 스캐너에서 여러 개의 사진을 스캔하는 명령어
③ scanimage : 이미지 스캔 명령어
④ sane-find-scanner : SCSI 스캐너나 USB 스캐너 관련 장치 파일을 찾아주는 명령어

48 ①

오답 피하기

② lpr : BSD 계열 프린터 명령어로 프린터 작업을 요청한다.
③ lpq : BSD 계열 프린터 명령어로 프린터 큐에 있는 작업 목록을 출력한다.
④ lprm : BSD 계열 프린터 명령어로 프린터 큐에 대기 중인 작업을 삭제한다.

49 ③

- xauth는 원격 접속하는 X 클라이언트를 허가 시 IP나 호스트명이 아닌 키 값으로 인증한다.
- 명령어 'xauth list $표시장치명'은 지정된 표시 장치의 쿠키 값을 확인할 수 있다.

50 ③

오답 피하기

① 런레벨 5으로 설정된 상태라면 부팅 시에 X 윈도우가 시작된다.
② X 윈도우는 네트워크 프로토콜 기반의 그래픽 사용자 인터페이스 환경으로 서로 간의 통신을 위해 X protocol을 사용한다.
④ 현재 리눅스를 비롯해 유닉스 대부분에서 사용되는 X 윈도우는 X.org 기반이다.

51 ④

- 리눅스 부팅 모드는 파일 /etc/inittab에 'id:runlevel:initdefault:'로 설정한다.
- runlevel 값이 3인 경우는 텍스트 모드로, 5인 경우는 X 윈도우로 부팅된다.

52 ③

오답 피하기

① 1986년 Bob Scheifler가 오픈 소스 프로젝트로 만들었다.
② 아데나(Athena) 프로젝트의 일환으로 발표되었다.
④ X11R6.3 버전을 끝으로 X 컨소시엄은 해체되었다.

53 ②

X 윈도우 실행 시 $HOME/.Xauthority 파일이 생성된다. 이 파일에는 키 값을 가지고 있는데 이 키 값을 가지고 X 서버로 접근하면 해당 사용자로 인증하여 사용 가능하도록 한다.

54 ②

오답 피하기

① KDE : 데스크톱 환경의 일종으로 Qt 라이브러리를 기반으로 개발되었다.
③ KERNEL : 리눅스의 명령어 실행기이다.
④ KWin : KDE에서는 Kwin을 윈도우 매니저로 사용하고 있다.

55 ②

오답 피하기

① /etc/init : Upstart가 사용하는 설정 파일들을 담고 있다. Upstart는 init을 대체하기 위한 개발된 프로그램이다.
③ /etc/fstab : 파일 시스템 정보를 정적으로 저장하고 있는 파일이며, 리눅스의 부팅 시 마운트 정보를 가지고 있다.
④ /etc/runlevel : /etc/runlevel은 없으며 runlevel은 /etc/inittab의 'id:runlevel:initdefault:'에서 설정한다.

56 ③

eog(eye of GNOME)는 GNOME 데스크톱에서 제공하는 이미지 뷰어 프로그램이다.

57 ②

네트워크 주소는 호스트 ID 비트가 모두 0인 반면, 브로드캐스트 주소는 호스트 ID 비트가 모두 1인 경우이다.

```
      192.  168.    3.  130
  &   255.  255.  255.  192
  ─────────────────────────────
      192.  168.    3.  128
      192.  168.    3.  191

    1100 0000. 1010 1000. 0000 0011. 10 000010
  & 1111 1111. 1111 1111. 1111 1111. 11 000000
  ───────────────────────────────────────────────
    1100 0000. 1010 1000. 0000 0011. 10 000000   (네트워크 주소, 호스트
                                                  비트 5개가 모두 0)
    1100 0000. 1010 1000. 0000 0011. 10 111111   (브로드캐스트 주소, 호
                                                  스트 비트 5개가 모두 1)
```

58 ①

A 클래스의 사설 네트워크는 10.0.0.0~10.255.255.255로 하나의 대역만을 사용한다.

59 ②

오답 피하기

① NIS : 썬 마이크로시스템즈의 클라이언트 서버 디렉터리 서비스 프로토콜이다.
③ CIFS : 마이크로소프트사에서 개발한 파일 공유를 위한 SMB 프로토콜의 확장판이다.
④ SAMBA : SMB를 이용하여 이기종 운영체제 간의 자료 공유와 하드웨어 공유를 제공한다.

60 ④

오답 피하기

① FTP(File Transfer Protocol) 서버와 클라이언트 사이에서 파일 전송을 위한 프로토콜
② POP3, ③ IMAP : 메일 수신 프로토콜로 메일 서버에 도착한 메일을 사용자 컴퓨터에서 확인 시 사용되는 프로토콜

61 ④

디렉터리 /etc/sysconfig/network-script/ifcfg-ethX에는 지정된 네트워크 인터페이스 환경 설정과 관련된 파일들이 저장된다.

오답 피하기

- /etc/networking/devices와 /etc/sysconfig/devices 파일은 존재하지 않는다.
- 디렉터리 /etc/sysconfig에는 시스템 제어판용 설정 파일들이 저장된다.
- 파일 /etc/sysconfig/network에는 시스템 게이트웨이 주소, 호스트명, 네트워크 허용 여부가 설정된다.

62 ②

오답 피하기

- ip : 이더넷 주소, IP 주소, 라우팅 정보를 출력하거나 변경하는 명령어이다. **예** ip addr show
- route : 라우팅 테이블 확인 및 디폴트 게이트 추가 또는 특정 네트워크 경로를 추가/제거할 수 있다.

63 ④

명령어 ethtool은 이더넷 카드 설정 정보를 출력하거나 변경한다.

64 ④

ssh의 옵션 -l은 현재 클라이언트 쪽에서 로그인한 계정이 아닌 다른 계정으로 접속할 때 사용한다. 해당 명령어는 원격 www.ihd.or.kr에 ihduser가 아닌 kait라는 계정으로 접근하게 된다.

65 ②

FTP는 TCP 기반의 프로토콜로 TCP 제어 데이터는 21번 포트로 전송되며, 일반 전송 데이터는 20번 포트로 전송된다.

66 ②

오답 피하기

① ISO(International Organization for Standardization) : 여러 나라의 표준 제정 단체들의 대표들로 이뤄진 국제적인 표준화 기구로 OSI 참조 모델을 제정
③ ITU(International Telecommunication Union) : 전기통신 수단 사용 보장을 목적으로 하는 정부 간 국제 기구
④ IEEE(Institute of Electrical and Electronics Engineers) : 전기전자 공학 전문가들의 국제 조직으로 LAN과 MAN 관련 표준인 IEEE 802를 제정

67 ③

오답 피하기

① IP : 네트워크 계층 프로토콜로 호스트의 논리적 주소 지정과 패킷 분할 및 조립 기능을 제공한다.
② ARP : 논리적 주소(IP 주소)를 기반으로 물리적 주소(MAC 주소) 조회 시 사용하는 프로토콜이다.
④ TCP : 트랜스포트 계층 프로토콜로 연결 지향 프로토콜이며, 전송 시 데이터가 수신측에 제대로 전달되었는지를 확인시켜 송수신 간에 신뢰성을 보장한다.

68 ②

데이터의 전송 순서 및 동기점의 위치를 제공하는 역할은 5계층인 세션 계층에서 지원한다.

69 ④

오답 피하기

① IP : 네트워크 계층 프로토콜로 호스트의 논리적 주소 지정과 패킷 분할 및 조립 기능을 제공한다.
② ARP : 논리적 주소(IP 주소)를 기반으로 물리적 주소(MAC 주소) 조회 시 사용하는 프로토콜이다.
③ UDP : 단방향성 프로토콜로 세그먼트를 보내기만 하고 응답을 주고받지 않는 비신뢰성 프로토콜이다.

70 ④

① 스타형 : 허브나 스위치와 같은 장비를 중심으로 모든 기기들이 point-to-point 방식은 연결된다.
② 버스형 : 하나의 통신 회선에 여러 컴퓨터들이 연결해서 모든 장치들이 동등한 조건으로 연결된다.
③ 링형 : 원형의 통신회선에 컴퓨터와 단말기를 연결한다.

71 ①

80 : HTTP Server

오답 피하기

② 143 : IMAP
③ 8008 : HTTP Administration
④ 8080 : Tomcat(Tomcat은 8007과 8080 포트를 사용)

72 ③

오답 피하기

① 크롬 : 구글에서 개발한 웹 브라우저
② 사파리 : 애플이 개발한 웹 브라우저
④ 파이어폭스 : 모질라 재단에서 개발한 웹 브라우저

73 ②

서브넷 마스크가 255.255.255.192(11111111.11111111.11111111.11000000)이며 네트워크 ID 비트가 26개이므로 호스트 ID 비트 개수는 6개(32-26=6)이다. 호스트 비트가 6개인 경우 컴퓨터에게 할당 가능한 IP 주소의 개수는 62개(2^6-2)이다.

74 ②

/etc/resolv.conf : 네임 서버 지정 파일

오답 피하기

① /etc/hosts : IP 주소와 호스트명을 매핑시켜 놓은 파일
③ /etc/sysconfig/network : 게이트웨이 주소, 호스트명, 네트워크 허용 여부가 설정된 파일
④ /etc/sysconfig/network-scripts : 지정된 네트워크 인터페이스 환경 설정과 관련된 파일들이 저장

75 ③

IPv6 주소는 8개 필드이며 각 필드는 16비트로 구성된 128(8*16)비트 주소 체계이다.

76 ③

오답 피하기

① X.25 : 1970년대 후반에 개발된 공중 패킷 교환망이다.
② ATM : 회선교환의 실시간성 및 패킷 교환의 유연성을 통합시킨 연결 지향적 패킷 교환망이다.
④ FDDI : 이중 링 구조(dual ring)를 가진 고속 근거리 망이다.

77 ①

오답 피하기

② KVM : Qumranet에서 개발한 하이퍼바이저로 x86 시스템을 기반으로 CPU 전가상화 방식을 사용한다.
③ RHEV : KVM 기반으로 레드햇에 의해 만들어진 엔터프라이즈 가상화 제품이다.
④ VitualBox : 이노테크에서 개발한 오픈소스 하이퍼바이저로 전가상화만 지원한다.

78 ②

HA(고가용성) 클러스터는 지속적인 서비스 제공을 목적으로 한다. 이를 위해 Primary node가 부하분산처리를 수행하고 Backup node는 Primary node 상태를 체크하고 있다가 이상이 발생하면 서비스를 이어받아 처리함으로써 가용성을 높인다.

79 ①

② webOS : 팜(Palm)에서 시작하여 현재 LG전자에서 개발 중인 모바일 및 스마트 TV, 사물인터넷용 운영체제
③ Bada OS : Bada는 삼성전자가 스마트폰 탑재를 위해 개발하였던 모바일 플랫폼의 이름이다. Bada OS는 멘토 그래픽스사의 Nucleus RTOS 커널 또는 리눅스 커널을 기반으로 하며, OS 커널을 분리한 미들웨어 형태로도 탑재될 예정이었으나 개발이 중단되었다.
④ QNX : 1982년에 개발한 유닉스 계열의 서버 운영체제이다.

80 ②

① Arduino(아두이노) : 오픈 소스를 기반으로 한 단일 보드 마이크로 컨트롤러로 완성된 보드와 관련 개발 도구 및 환경이다.
③ Micro Bit(마이크로비트) : ARM 기반의 임베디드 시스템으로 코딩 교육용 소형 컴퓨터이다.
④ Cubie Board(큐비보드) : 라즈베리파이보다 고성능의 베어본 컴퓨터이다.

내가 깨면 병아리가 되지만
남이 깨면 달걀 프라이가 된다.

강호동